BUCKET LIST
1000 POMYSŁÓW
na przygody życia

Zapraszamy na www.publicat.pl

Tytuł oryginalny – *The Bucket List. 1000 Adventures Big & Small*
Copyright © 2017 Quarto Publishing plc

Wszelkie prawa zastrzeżone. Żadna część publikacji nie może być powielana i rozpowszechniana w jakiejkolwiek formie i w jakikolwiek sposób, elektronicznie, mechanicznie, poprzez fotokopiowanie, rejestrację lub inaczej, bez uprzedniej pisemnej zgody Wydawcy.

Redaktor zarządzający: Rica Dearman
Redaktor prowadzący: Kath Stathers
Redaktor: Caroline Elliker
Dyrektor wydawniczy: Emma Bastow
Projekt graficzny: Maru Studio
Projekt obwoluty: Linda Pricci
Dobór zdjęć: Lauren Azor
Dyrektor artystyczny: Michael Charles
Wydawca: Mark Searle

Tłumaczenie: TERKA – Krzysztof Krzyżanowski (s. 6–271),
Karolina Podlipna (s. 272–485, 493–495)
Koordynacja prac – Agata Mikołajczak-Bąk
Redaktor prowadzący – Justyna Sell
Redakcja: TERKA – Adrian Kyć
Korekta: TERKA – Anna Czubska
Korekta merytoryczna – Marta Jaśkiewicz
Skład i indeks: TERKA – Remigiusz Dąbrowski
Redakcja techniczna – Zbigniew Wera

Polish edition © Publicat S.A. MMXIX, MMXXI
All rights reserved
ISBN 978-83-271-2547-7

ⓟ publicat
WYDAWNICTWO

jest znakiem towarowym Publicat S.A.

PUBLICAT S.A.
61-003 Poznań, ul. Chlebowa 24
tel. 61 652 92 52, fax 61 652 92 00
e-mail: publicat@publicat.pl
www.publicat.pl

REDAKTOR PROWADZĄCY KATH STATHERS

BUCKET LIST
1000 POMYSŁÓW
na przygody życia

Za pomocą współrzędnych geograficznych można zlokalizować dowolne miejsce na świecie. Szerokość i długość geograficzna określają dokładne miejsce na półkulach północnej lub południowej i wschodniej lub zachodniej.

Tradycyjny, kartograficzny pomiar to podział na stopnie (°), minuty (') i sekundy ("). W tej książce zastosowano zapis dziesiętny DD, który ułatwia odnajdywanie wskazanych miejsc za pomocą popularnych przeglądarek map w Internecie (przyp. red.).

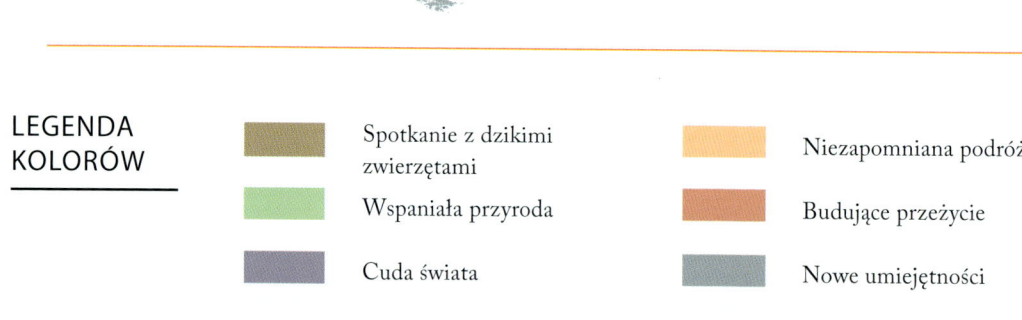

LEGENDA KOLORÓW

- Spotkanie z dzikimi zwierzętami
- Wspaniała przyroda
- Cuda świata
- Niezapomniana podróż
- Budujące przeżycie
- Nowe umiejętności

SPIS TREŚCI

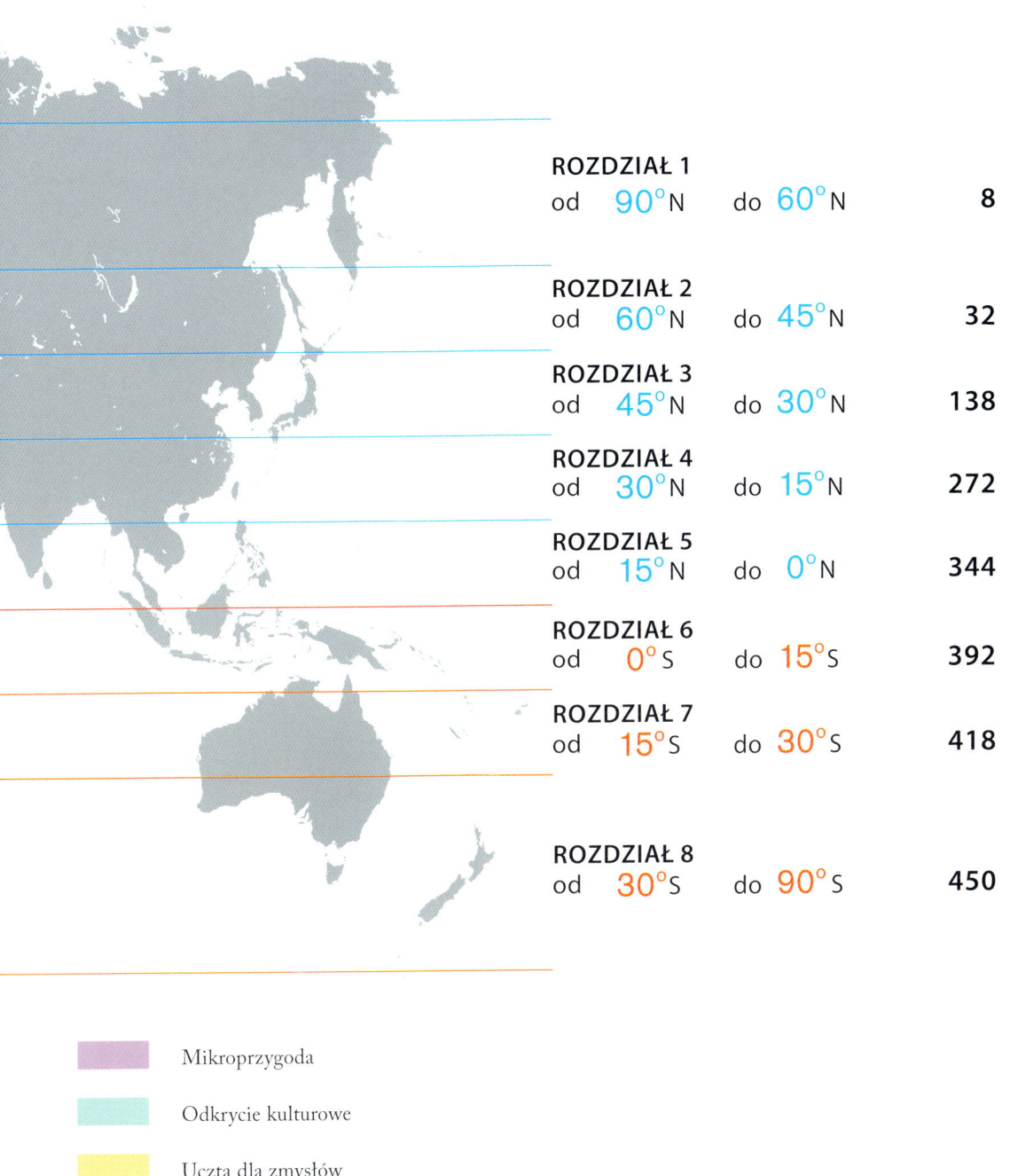

ROZDZIAŁ 1
od 90°N do 60°N — 8

ROZDZIAŁ 2
od 60°N do 45°N — 32

ROZDZIAŁ 3
od 45°N do 30°N — 138

ROZDZIAŁ 4
od 30°N do 15°N — 272

ROZDZIAŁ 5
od 15°N do 0°N — 344

ROZDZIAŁ 6
od 0°S do 15°S — 392

ROZDZIAŁ 7
od 15°S do 30°S — 418

ROZDZIAŁ 8
od 30°S do 90°S — 450

Mikroprzygoda

Odkrycie kulturowe

Uczta dla zmysłów

Huśtawka Casa del Arbol w Baños, Ekwador (zob. s. 400)

WSTĘP

Na każdym etapie życia spotykamy rzeczy, które bardzo, ale to bardzo pragniemy zrobić… Gdy mamy siedem lat, chcemy wystąpić na scenie z Kate Perry; gdy mamy 70 – marzy się nam spacer pod kwitnącymi drzewami wiśni w Kioto. Nazywamy spisy takich życzeń "listami rzeczy, które trzeba zrobić przed śmiercią", choć tworzymy je, będąc w różnym wieku, a nie tylko w obliczu zbliżającego się kresu swoich dni.

Takie pragnienia często związane są z podróżami, aczkolwiek nie musi to być regułą. W istocie anglojęzyczna nazwa takiego spisu, *bucket list*, została spopularyzowana dopiero w 2007 r., po sukcesie filmu *Choć goni nas czas* (oryginalny tytuł: *The Bucket List*). Scenarzysta Justin Zackham miał na swojej liście m.in. taki punkt: "Film z moim scenariuszem zrealizowany przez którąś z dużych wytwórni".

Marzenia, które chcemy urzeczywistnić przed śmiercią, przybierają rozmaite formy: mogą to być dążenia osobiste, jak chociażby napisanie powieści, względnie niezwykłe przygody, takie jak ambitna podróż samochodem. Może chodzić o coś wielkiego, na przykład zdobycie najwyższego szczytu na każdym kontynencie, albo drobne osiągnięcie, jakim jest sprzedanie czegoś będącego wytworem naszych rąk.

Spisy marzeń niektórych osób obejmują dokonanie czegoś w określonym czasie – James Asquith chciał przed ukończeniem 25. roku życia odwiedzić każde niepodległe państwo na świecie. Zrealizował swój cel, trafiając tym samym do *Księgi rekordów Guinnessa*.

Inne punkty z naszych spisów mogą się w większym stopniu koncentrować na prostych przyjemnościach podsuwanych przez życie. W filmie *Choć goni nas czas* trzecią pozycją na liście Jacka Nicholsona i Morgana Freemana było "Śmiać się do łez".

Duży wpływ na to, czy dany cel znajdzie się na twojej liście, ma fakt, że zrobisz tę rzecz po raz pierwszy w życiu. Takie działanie zapewni ci głęboką, osobistą satysfakcję, a ty zapamiętasz to doświadczenie na zawsze.

W tej książce zgromadziliśmy 1000 różnych pomysłów na niezwykłe rzeczy, których być może zechcesz zaznać przed śmiercią. Zaczniemy od bieguna północnego i będziemy zmierzać na południe, aż do południowego "krańca ziemi". Niektóre z propozycji (jak choćby wspięcie się na szczyt Sigirii w Sri Lance) są związane z określonymi miejscami, inne (spacer po Memory Lane w Syracuse w Stanach Zjednoczonych będący natchnieniem do spisania własnych wspomnień) mogą posłużyć jako zachęta do modyfikowania listy, sformułowania osobistych marzeń.

Zanim spiszesz swoją listę, przejrzyj tę książkę w poszukiwaniu inspiracji i sprawdź, co naprawdę do ciebie przemawia. Nie ma określonej liczby pozycji, którą powinien obejmować taki spis; nie ma też zasad dotyczących tego, jak często można tam coś dopisywać. Każdy sam musi ustalić, dokąd chce się udać, co pragnie zobaczyć i czego dokonać w swoim życiu. Zacznij więc marzyć i planować, a potem bierz się do działania!

Jeden z malowniczych fiordów na zachodzie Norwegii (zob. s. 14)

ROZDZIAŁ 1
PÓŁKULA PÓŁNOCNA
od 90°N do 60°N

PÓŁKULA PÓŁNOCNA   od 90°N do 60°N

GEOGRAFICZNY BIEGUN PÓŁNOCNY, ARKTYKA
1. Przelot nad pustkowiem bieguna północnego
Kiedy: zorganizowane wycieczki odbywają się w czerwcu i lipcu
Szerokość geograficzna: 90
Długość geograficzna: 0

Trasa polarna („skrót Świętego Mikołaja") od 2011 r. jest dostępna dla wielu dwusilnikowych samolotów dalekiego zasięgu, więc teoretycznie każdy może przelecieć nad biegunem północnym, zmierzając na wakacje. By znaleźć się jednak bliżej „czubka świata" – jedyne go miejsca na ziemi, skąd można spojrzeć jedynie na południe – trzeba wyruszyć w podróż lodołamaczem, a potem śmigłowcem lub balonem na uwięzi.

Jeśli pogoda na to pozwoli, można przelecieć wysoko ponad masami śniegu i lodu na Oceanie Arktycznym, unosząc się nad nieskalanym, biało-niebieskim pustkowiem ciągnącym się przez wiele kilometrów w każdym południowym kierunku.

OBEJMUJE OBYDWA BIEGUNY; POCZĄTEK W TANZANII
2. „Wielki Szlem" wspinaczki górskiej
Kiedy: przez cały rok
Szerokość geograficzna: 90
Długość geograficzna: 0

Aby przyłączyć się do niewielkiego grona osób, które skompletowały podróżniczego Wielkiego Szlema, trzeba się wspiąć na najwyższy szczyt każdego z siedmiu kontynentów, a także dotrzeć bez wsparcia na oba geograficzne bieguny Ziemi.

Najwyższe szczyty to: Kilimandżaro w Afryce, Elbrus w Europie (według niektórych źródeł Mont Blanc), Puncak Jaya (Piramida Carstensza) w Oceanii (według innych źródeł: w Azji), Aconcagua w Ameryce Południowej, Denali w Ameryce Północnej, Masyw Vinsona na Antarktydzie i Mount Everest w Azji. Oprócz tego podróżnikowi przyjdzie też zmierzyć się z obydwoma biegunami.

Kto ma ochotę powalczyć o Wielkiego Szlema, powinien się dobrze przygotować – do tej pory dokonało tego zaledwie 48 osób.

NORWEGIA I ARGENTYNA
3. Obserwowanie ptaków na krańcach ziemi
Kiedy: przez cały rok
(przy sprzyjającej pogodzie)
Szerokość geograficzna: 78.2167
Długość geograficzna: 15.5500
(Longyearbyen)

Wizyta w najbardziej na północ i południe wysuniętych miastach świata to gratka zwłaszcza dla wielbicieli ptaków. W Longyearbyen (stolicy Svalbardu) w Norwegii obowiązuje zakaz posiadania kotów, co ma pozytywny wpływ na liczebność arktycznego ptactwa morskiego, natomiast w Ushuaii w Argentynie można pospacerować wśród pingwinów.

PREIKESTOLEN, NORWEGIA
4. Spojrzeć w dół z krawędzi urwiska
Kiedy: od kwietnia do października
(żeby uniknąć śniegu i lodu)
Szerokość geograficzna: 69.9225
Długość geograficzna: 22.0925

Kto wespnie się na rozległą granitową platformę pochodzenia lodowcowego, która znajduje się na wysokości 604 m nad Lysefjorden („Jasnym Fiordem") i jest nazywana „Amboną", ten będzie miał przed sobą imponujący widok pięknych, zielonych dolin regionu Ryfylke. Choć droga na szczyt jest stroma, warto podjąć ten wysiłek.

POLAR PARK, BARDU, NORWEGIA
5. Wycie do księżyca w towarzystwie wilków
Kiedy: przez cały rok
Szerokość geograficzna: 68.6917
Długość geograficzna: 18.1098

Wilki w norweskim Polar Parku są przyzwyczajone do ludzi, co zapewnia okazję do nawiązania z tymi zwierzętami bezpośredniego kontaktu. Można się z nimi pobawić, poprzytulać się do nich, a nawet spędzić noc, wyjąc razem do księżyca.

ARCHIPELAG SVALBARD, NORWEGIA

6. Poszukiwania ostatnich niedźwiedzi polarnych w Europie

Kiedy: od czerwca do września
Szerokość geograficzna: 78.2167
Długość geograficzna: 15.5500

W miarę topnienia lodu morskiego na świecie z powodu rosnących temperatur niedźwiedzie polarne tracą swoje naturalne siedliska. Trafiły w związku z tym na listę gatunków zagrożonych, co oznacza, że liczebność tych zwierząt może spaść w ciągu najbliższych 30 lat o ponad 30%. W Europie można je znaleźć w północnej Norwegii, gdzie latem wody otaczające wyspy archipelagu Svalbard topią się na tyle, by łodzie mogły zabierać turystów na rejsy między wyspami. Jak podaje Norweski Instytut Polarny, w tych okolicach żyje do 3500 niedźwiedzi polarnych.

SYBERIA, ROSJA
7. Odkryć Stonehenge zbudowane z fiszbinów

Kiedy: przez cały rok
Szerokość geograficzna: 64.5833
Długość geograficzna: -172.4500

Dziesiątki liczących 600 lat fiszbinów, które wystają z ziemi wśród syberyjskiej tundry, tworząc na wyspie Itygran Aleję Wielorybów, zostały odkryte przez archeologów dopiero w latach 70. XX w. Okolica uchodzi za dawne miejsce kultu religijnego – warto ją odwiedzić, by poczuć oddech prehistorii.

PÓŁKULA PÓŁNOCNA   od 90°N do 60°N

REPUBLIKA KOMI, ROSJA
8. Spacer po pradawnych europejskich lasach
Kiedy: przez cały rok
(przy sprzyjającej pogodzie)
Szerokość geograficzna: 62.4167
Długość geograficzna: 58.7833
(Park Narodowy „Jugyd Wa")

Pierwszy rosyjski obszar wpisany na listę światowego dziedzictwa UNESCO, dziewicze lasy Komi, to największa i najstarsza puszcza w Europie. Na odkrywców czekają tutaj rozległe połacie porośnięte drzewami iglastymi i osikami, poprzecinane dodatkowo rzekami i jeziorami. Lasy obejmują obszar 3 280 000 ha i są domem m.in. dla wilków, reniferów, rosomaków, gronostai i polatuch.

JOSTEDAL, NORWEGIA
9. Wędrówka po lodowcu
Kiedy: od lipca do sierpnia
Szerokość geograficzna: 61.7106
Długość geograficzna: 6.9241

Liczący ponad 60 km długości Jostedalsbreen to największy lodowiec w kontynentalnej Europie. Latem można się po nim przespacerować wraz z przewodnikiem, krocząc po tym powoli przemieszczającym się relikcie historii geologicznej i wędrując wśród spektakularnych widoków oraz formacji z błękitnego lodu.

BERGEN, NORWEGIA
10. Przygotowywanie ozdób choinkowych
Kiedy: w grudniu
Szerokość geograficzna: 60.3894
Długość geograficzna: 5.3300

Jeśli chodzi o wymyślanie tradycji, żaden okres w roku nie dorównuje Bożemu Narodzeniu, a wypełnienie słodyczami norweskiego kosza w kształcie serca jest pięknym zwyczajem, który może wykształcić każda rodzina. Łatwo samodzielnie zrobić taki kosz – zgodnie z tradycją przygotowuje się go z przeplatanych kawałków czerwonego i zielonego papieru, ale jak to bywa w przypadku kreatywnych działań, kluczem do sukcesu jest improwizacja.

LOFOTY, NORWEGIA
11. Obserwacja maskonurów łowiących ryby na kolację
Kiedy: od czerwca do sierpnia
Szerokość geograficzna: 68.3333
Długość geograficzna: 14.6667

Urwiska i zatoki norweskiego archipelagu Lofotów są domem jednego z najbardziej wyjątkowych ptaków morskich na świecie, maskonura zwyczajnego. Przyjrzyj się temu, jak te wytrzymałe alki – nazywane też ze względu na barwne dzioby „papugami morskimi" – wychodzą ze swoich podziemnych nor i nurkują, by wyłonić się z chłodnych wód z dziobem pełnym drobnych ryb.

GEILO, NORWEGIA
12. Białe święta jak za dawnych czasów
Kiedy: 25 grudnia
Szerokość geograficzna: 60.5167
Długość geograficzna: 8.2000

Każdy powinien przynajmniej raz w życiu zobaczyć śnieg w okresie Bożego Narodzenia. Jest na to szansa, jeśli się wsiądzie do pociągu przemierzającego widokową trasę Oslo–Bergen i dotrze do malowniczej górskiej miejscowości Geilo. Tradycyjne uroczystości świąteczne, kuligi, a także mnóstwo *glöggu* (grzanego wina) i dobrej zabawy pozwolą na zawsze zapamiętać te święta.

Å, LOFOTY, NORWEGIA
13. Wizyta w mieście Å
Kiedy: przez cały rok
Szerokość geograficzna: 67.8792
Długość geograficzna: 12.9831

Chociaż słowo „Å" (wymawiane jako „o") oznacza w języku staronorweskim „rzeczkę", jest to również nazwa kilku norweskich wiosek. Odwiedzając jedną z nich, położoną w archipelagu Lofotów na północy kraju, zobaczysz przy okazji imponujące widoki, piękne góry i urokliwe osady rybackie.

PÓŁKULA PÓŁNOCNA   od 90°N do 60°N

ZACHODNIE WYBRZEŻE NORWEGII
14. Podróż wzdłuż malowniczego zachodnio-północnego wybrzeża Norwegii
Kiedy: przez cały rok (od czerwca do sierpnia, jeśli chcemy zobaczyć dzień polarny)
Szerokość geograficzna: 69.7269   **Długość geograficzna:** 30.0456 (Kirkenes, najbardziej wysunięty na północ port)

Do podróży wzdłuż skalistego zachodnio-północnego wybrzeża Norwegii zachęca wiele rzeczy: miejsca wpisane na listę światowego dziedzictwa UNESCO, porty rybackie, fiordy otoczone stromymi urwiskami, wodospady, a w lecie również słońce, które świeci przez całą dobę.

Najlepiej wybrać do tego łódź, która będzie na tyle zwinna, by dotrzeć do końca fiordów. Przed wyruszeniem z Bergen warto się pokręcić po zaułkach wpisanego na listę światowego dziedzictwa UNESCO nabrzeża Bryggen. Fiordy to polodowcowe zatoki, w których woda może mieć nawet 1300 m głębokości. Te szlaki wodne otoczone są imponującymi skalnymi ścianami wznoszącymi się na wysokość 2000 m.

Spośród wszystkich malowniczych fiordów jeden wyróżnia się szczególnym odcieniem błękitu wody i baśniowym krajobrazem ośnieżonych gór oraz

PÓŁKULA PÓŁNOCNA   od 90°N do 60°N

wspaniałych wodospadów: to Geirangerfjorden, jeden z dwóch norweskich fiordów znajdujących się na liście UNESCO. Morski szlak wodny niegdyś był jedyną drogą pozwalającą przemieszczać się po zachodniej Norwegii. Podążając nim dziś, podróżnik pokona tę samą trasę co łodzie, które za dawnych czasów dostarczały zapasy do położonych na wybrzeżu miejscowości.

Gdy zmierzając na północ, przekroczysz koło podbiegunowe, na Lofotach napotkasz wyjątkową architekturę, którą można podziwiać na tle zapierających dech w piersi krajobrazów, a także jedne z najdalej wysuniętych na północ plaż naszej planety wykorzystywanych przez surferów. Jeszcze dalej w kierunku północnym leży Tromsø, z piękną Katedrą Arktyczną. Kościół, usytuowany niedaleko szczytu Tromsdalstinden (1238 m n.p.m.), posiada jeden z największych witraży w Europie.

Kirkenes, najdalej na północ wysunięty punkt na trasie rejsu, znajduje się dalej na wschód niż Stambuł czy Petersburg. W zimie można stamtąd wyruszyć w podróż wśród skutego lodem krajobrazu, udając się psim zaprzęgiem do hotelu zbudowanego ze śniegu. Letnie wycieczki obejmują łowienie krabów królewskich, wędkowanie w Morzu Barentsa lub rejsy wśród chłodnych, arktycznych wód przy świetle słońca, które nie zachodzi przez całą dobę.

Malownicze zachodnie wybrzeże Norwegii

KAKSLAUTTANEN, FINLANDIA
15. Podziwianie magicznego światła zorzy polarnej
Kiedy: od września do marca
Szerokość geograficzna: 68.3354
Długość geograficzna: 27.3345

Żadne inne zjawisko naturalne nie wzbudza chyba takiego zachwytu jak zorza polarna, spotykana na większości terenów Skandynawii. W fińskiej Laponii można ją obserwować przez mniej więcej 200 nocy w roku; w południowej Finlandii ta liczba spada do 10–20 nocy. Widoczne tu zdjęcie wykonano na Islandii.

Wycieczki pozwalające obserwować zorzę polarną obejmują wędrówki na rakietach śnieżnych lub nartach biegowych, przejażdżki skuterem śnieżnym albo psim zaprzęgiem. Można też wybrać wieczorny odpoczynek w szklanym igloo, które zapewnia panoramiczny widok i stoi z dala od źródeł sztucznego światła – leżąc w ciepłym łóżku, turyści wygodnie obserwują barwną łunę zorzy polarnej.

PÓŁKULA PÓŁNOCNA   od 90°N do 60°N

RUKA, KUUSAMO, FINLANDIA
16. Śnieżne safari w finlandzkiej głuszy
Kiedy: od grudnia do marca
Szerokość geograficzna: 66.1651
Długość geograficzna: 29.1550

Kuusamo leży na północ od stolicy Finlandii, Helsinek, a zarazem na południe od Laponii. Położone wśród krystalicznie czystych jezior, malowniczych wodospadów oraz bujnych lasów, jest idealnym miejscem dla kogoś, komu się marzy zimowa wyprawa w głuszę.

Rozpoczynając safari na skuterach śnieżnych od pasma wzgórz Ruka, śmiałkowie zostawiają za sobą cywilizację (oraz maszty sieci komórkowych). Czeka ich podróż wśród oszałamiających widoków dziewiczych, zaśnieżonych lasów, a także szybka jazda po zamarzniętych jeziorach. Na części z nich w grubym lodzie wywiercono przeręble, z których mogą skorzystać wędkarze. Szlak prowadzi później do jednej z chat stojących w głuszy w okolicy Kuusamo, gdzie można odpocząć z dala od cywilizacji.

Śnieżne safari powinno też obejmować zdobycie mierzącego 481 m n.p.m. wzgórza Kuntivaara, wznoszącego się tuż przy granicy z Rosją. Idealnym zakończeniem wyprawy będzie przejazd saniami przez pasmo Ruka przy świetle gwiazd.

Łowienie ryb w finlandzkiej głuszy w Kuusamo

KVARKEN PÓŁNOCNY, FINLANDIA
17. Obserwowanie w Finlandii ruchów skorupy ziemskiej
Kiedy: przez cały rok
Szerokość geograficzna: 63.4096
Długość geograficzna: 20.9489

Archipelag Kvarken – fragment Zatoki Botnickiej między Finlandią a Szwecją – pozwala obserwować ląd, który całkiem dosłownie „wyrasta" z morza, gdyż po roztopieniu się lądolodów zachodzi tam rzadko spotykany proces geologiczny wynoszenia lądu, zwany izostazją.

W miarę wynoszenia się pasm i grzbietów (moren de Geera) wyłaniającego się z morza Kvarken Północnego między poszczególnymi formacjami tworzą się płytkie zbiorniki wodne, stanowiące prawdziwe raje dla ptactwa i dzikich zwierząt morskich. Gdy wynoszenie terenu przesuwa linie brzegowe zamieszkałych już wysp oraz stałego lądu po obu stronach zatoki, jednoczą się także ludzie zamieszkujący Kvarken.

Poznając tę cieśninę z łodzi, człowiek namacalnie doświadcza przestrzeni, spokoju oraz ponadczasowości tego miejsca.

LAPONIA, FINLANDIA
18. Podróż wśród stada reniferów
Kiedy: przez cały rok (jazda na saniach i nartach od listopada do kwietnia)
Szerokość geograficzna: 67.8402
Długość geograficzna: 25.2835

Renifery z Laponii są częściowo oswojone, tak więc spotkanie całego stada powinno być stosunkowo proste. Trzeba tylko wybrać, czy chcemy zająć miejsce w saniach ciągniętych przez te stworzenia podczas organizowanych dwa razy do roku spędów reniferów, czy może wolimy się przejechać wśród tych zwierząt na nartach.

PÓŁKULA PÓŁNOCNA   od 90°N do 60°N

PLAŻA RAUHANIEMI, TAMPERE, A TAKŻE RÓŻNE MIEJSCA W FINLANDII
19. W ogniu i lodzie fińskiej sauny nad jeziorem
Kiedy: zimą
Szerokość geograficzna: 60.3642
Długość geograficzna: 24.0038

Mieszkańcy Finlandii nie mają sobie równych, jeśli chodzi o sztukę saunowania: gdy w latach 1999–2010 organizowano mistrzostwa świata w saunowaniu, Finowie zwyciężali w nich co roku. W ich kraju działa również Fińskie Towarzystwo Sauny, które dba o utrzymywanie w takich przybytkach właściwych standardów. Jest tylko jeden sposób należytego saunowania i obejmuje on korzystanie z zamarzniętego jeziora.

Zanurzenie się w lodowatej wodzie tuż po wyjściu z gorącego pomieszczenia wymaga pewnej dozy śmiałości, ale poziom pobudzenia, zastrzyk energii oraz świeżo odkryta odwaga – a więc to, co odczuwasz, gdy minie już chwilowy zanik czucia w nogach i przestaniesz krzyczeć – są niezwykłe. Plaża Rauhaniemi to mekka miłośników saunowania, choć podobne miejsca są w całej Finlandii.

HELSINKI, FINLANDIA
20. Świętowanie wiosny w Helsinkach
Kiedy: od 30 kwietnia do 1 maja
Szerokość geograficzna: 60.1708
Długość geograficzna: 24.9375

Wraz z *Vappu*, nadejściem wiosny, mieszkańcy Helsinek porzucają reputację sumiennych pracowników i gromadnie biorą udział w festiwalu jedzenia i muzyki. Koniecznie trzeba się przyłączyć do tysięcy tubylców, którzy zmierzają do Kaivopuisto (jednego z najstarszych parków w mieście) z butelkami *simy* (fińskiego miodu pitnego), by urządzić tam przyjemny piknik.

Lodowata kąpiel w zamarzniętym fińskim jeziorze tuż po wyjściu z gorącej sauny

PÓŁKULA PÓŁNOCNA   od 90°N do 60°N

POCZĄTEK W QAANAAQ NA GRENLANDII
21. Moczenie stóp w każdym z oceanów na ziemi
Kiedy: zależnie od miejsca (lepiej sprawdzić, kiedy wody są najspokojniejsze)
Szerokość geograficzna: 77.4670   **Długość geograficzna:** -69.2222

Woda pokrywa ponad 71% powierzchni Ziemi, a w celu ułatwienia sobie nawigacji ludzie podzielili ją na pięć oceanów: Arktyczny, Atlantycki, Indyjski, Spokojny i Południowy. Na początek zamocz chociaż palce u nóg w lodowatych wodach Oceanu Arktycznego w Qaanaaq na Grenlandii – lodowce znajdują się tam w odległości niecałej godziny marszu od miasta. Później skieruj się ku ciepłym wodom wokół Bahamów; mocząc tam stopy, oddasz hołd Krzysztofowi Kolumbowi.

Portugalski żeglarz Vasco da Gama „odkrył" Azję podczas podróży, której celem były wody znane dziś jako Ocean Indyjski. Gdy tylko pomyślisz o miękkich, piaszczystych plażach oraz turkusowych wodach, które pozostają spokojne przez większą część roku, szybko stwierdzisz, że rezygnacja z przejścia się tam po kostki w wodzie byłaby sporym błędem.

Jeśli chodzi o przedostatni ocean na liście, trudno będzie znaleźć dziksze miejsce niż wyspy Galapagos. Warto przybyć nad te ciepłe wody między grudniem a majem, w czasie lęgu żółwi morskich. Później, w ramach ostatniego etapu moczenia stóp, udaj się do Albany na australijskim „Tęczowym Wybrzeżu" – w miejscu oddalonym o 15 299 km od punktu rozpoczęcia tej przygody czeka smagany wiatrami Ocean Południowy, którego wody krążą wokół Antarktydy.

ILULISSAT, GRENLANDIA
22. Wędrówka na rakietach śnieżnych
Kiedy: przez cały rok
Szerokość geograficzna: 69.2167
Długość geograficzna: -51.1000

Chodzenie na rakietach śnieżnych nie jest może najszybszym sposobem podróżowania, ale ten łatwy i przyjemny w obsłudze, a w dodatku tradycyjny środek lokomocji pozwala się zbliżyć do enigmatycznego arktycznego krajobrazu. Wystarczy przypiąć do butów rakiety śnieżne, by rozkoszować się pięknym grenlandzkim otoczeniem.

SKAFTAFELL, ISLANDIA
23. Trekking do „Czarnego Wodospadu"
Kiedy: przez cały rok
Szerokość geograficzna: 64.0230
Długość geograficzna: -16.9750

Na południowym skraju drugiego pod względem wielkości parku narodowego w Europie, Vatnajökull, znajduje się imponujący Svartifoss („Czarny Wodospad") o wysokości 20 m. Mierząca 5,5 km trasa, która doprowadzi cię do wodospadu w kształcie serca, wiedzie wśród dzikiej scenerii lodowców, wulkanów i czarnego piasku.

ISLANDIA
24. Przejażdżka monster truckiem
Kiedy: przez cały rok
Szerokość geograficzna: 64.1333
Długość geograficzna: -21.9333
(okolice Miðborg)

Monster trucki, wyposażone w koła o średnicy ponad metra, nieodparcie kojarzą się z przygodą. Kto wsiądzie do jednego z takich pojazdów na Islandii, pokona nieprzystępne górskie drogi i skute lodem bezdroża.

WYSPA VIÐEY, ISLANDIA
25. Poczuć miłość przy Wieży Pokoju
Kiedy: od października do marca (różne daty)
Szerokość geograficzna: 64.1643
Długość geograficzna: -21.8529

Koniecznie trzeba się zatrzymać przy zbudowanym przez Yoko Ono pomniku, który stoi na wyspie Viðey i wysyła w niebo słup światła, korzystając z energii geotermalnej. To pełen miłości monument dla jej zmarłego męża, Johna Lennona, a także fascynujące przypomnienie ostatecznego marzenia – tego, że wszyscy możemy sobie wyobrazić pokój, jeśli tylko spróbujemy.

ZATOKA SKJÁLFANDI, ISLANDIA
26. Wypatrywanie ogona wieloryba
Kiedy: od kwietnia do września
Szerokość geograficzna: 66.0500
Długość geograficzna: -17.3167

Niewiele widoków w świecie natury może się równać z podziwianiem idealnie czystych wód Morza Grenlandzkiego, z których wyłania się ogromne oceaniczne stworzenie. Podpatrywanie tak potężnych, a zarazem tak delikatnych zwierząt to budzące pokorę doznanie.

W sezonie letnim można wyruszyć łodzią z portu rybackiego w Húsavíku i wypłynąć na wody zatoki Skjálfandi, najważniejszego europejskiego punktu obserwacji wielkich waleni (islandzkie wody są zamieszkiwane przez 24 gatunki wielorybów). Zimą organizuje się mniej rejsów umożliwiających obserwowanie tych zwierząt, ale w tym okresie jest też szansa na zobaczenie zorzy polarnej.

PÓŁKULA PÓŁNOCNA   od 90°N do 60°N

REYKJAVÍK, ISLANDIA
27. Cała stolica państwa w zasięgu wzroku
Kiedy: przez cały rok (najlepiej latem)
Szerokość geograficzna: 64.1333
Długość geograficzna: -21.9333

Reykjavík to niezwykłe miejsce. Choć jest stolicą kraju, całe miasto można objąć wzrokiem, stojąc na szczycie przypominającej rakietę wieży kościoła Hallgrímskirkja. W dole jak okiem sięgnąć rozciąga się oryginalna mozaika barwnych dachów, za nimi zaś błyszczy morze.

Niepowtarzalny kościół Hallgrímskirkja w Reykjavíku na Islandii

WYBRZEŻE ISLANDII
28. Podróż linią brzegową wokół całej Islandii
Kiedy: latem
Szerokość geograficzna: 64.1333   **Długość geograficzna:** -21.9333

Islandia jest wyjątkowa. To kraj pełen gejzerów, gorących źródeł, pól lawowych, wodospadów, wulkanów i lodowców. Licząca 1323 km droga pozwala objechać wyspę wzdłuż linii brzegowej i podziwiać imponujące widoki. Choć może przydałby się samochód terenowy, jednak w zupełności wystarczy zwykłe auto rodzinne, o ile ktoś nie ma nic przeciwko temu, by zwolnić, gdy utwardzona nawierzchnia zamieni się w szutrową.

Trasa okrążająca wyspę prowadzi przez zarzuconą skałami arktyczną pustynię, a także przez zielone łąki. Trakt wiedzie wzdłuż łagodnych zatok, głębokich fiordów, półwyspów i wysp, z które wiele jest zamieszkanych wyłącznie przez ptactwo morskie.

Jadąc główną drogą, można podziwiać tak wiele rzeczy, że aż trudno nie zatrzymywać się w każdym punkcie zaznaczonym na mapie, ponieważ mijane miejsca nie przypominają tego, co spotyka się w innych częściach świata. Warto także poznać jaskinie lawowe, obserwować ptaki gniazdujące na brzegach fiordów, przyglądać się na morzu wielorybom czy przejechać się przez tundrę na kucu islandzkim, który porusza się unikatowym czterotaktowym krokiem zwanym *tölt*. Aby zmieścić w harmonogramie wszystkie te atrakcje, potrzeba naprawdę długiego dnia; na szczęście latem słońce ledwie kryje się tu za horyzontem.

BŁĘKITNA LAGUNA, ISLANDIA
29. Taplanie się w Błękitnej Lagunie
Kiedy: przez cały rok (najprzyjemniej zimą)
Szerokość geograficzna: 63.8441
Długość geograficzna: -22.4383

Błękitna Laguna to bodaj najcudowniejsze uzdrowisko na świecie. Ogromne, stworzone przez człowieka geotermiczne spa znajduje się na półwyspie Reykjanes, 39 km od Reykjavíku, jest zasilane przez pobliską elektrownię i leży wśród tajemniczych skał wulkanicznych. Laguna zawdzięcza swój niebieski kolor krzemionce zawartej w wodzie oraz sposobowi, w jaki odbija ona światło. Kąpiel w wodzie o temperaturze oscylującej od 37°C do 40°C jest niezwykłą przyjemnością.

Błękitna Laguna w Islandii

PÓŁKULA PÓŁNOCNA od 90°N do 60°N

SKAFTAFELL, ISLANDIA
30. Zobaczyć 50 odcieni błękitu
Kiedy: tylko zimą
Szerokość geograficzna: 64.0160
Długość geograficzna: -16.9720

Jeden z największych europejskich lodowców, Vatnajökull, wypełnia wiele górskich dolin, a gdy rzeki lodowcowe znikają w sezonie zimowym, można podziwiać powstające co roku nowe jaskinie lodowe. Widok imponujących odcieni błękitu, gdy światło przenika przez lód – bezcenny.

JUKKASJÄRVI, SZWECJA
31. Pobyt w hotelu, który roztopi się po zakończeniu sezonu
Kiedy: od grudnia do kwietnia
Szerokość geograficzna: 67.8497
Długość geograficzna: 20.5944

Co roku odbudowanie w północnej Szwecji Icehotelu, wznoszonego ze śniegu i bloków lodowych wyciętych z rzeki Torne, pochłania dwa miesiące; po pięciu miesiącach konstrukcja roztapia się, a woda trafia do tej samej rzeki. Wszystko w tym hotelu jest wykonane z lodu, względnie mieszanki śniegu i lodu. Nie ma tu dwóch identycznych pokoi, gdyż każdego roku artyści przedstawiają kreatywne projekty apartamentów – te najwyżej ocenione są potem kierowane do realizacji.

Od ponad 25 lat Icehotel jest swoistą galerią sztuki, a zarazem dziwacznym miejscem noclegowym. We wnętrzu muszą panować ujemne temperatury (zazwyczaj oscylują wokół –5°C), ale goście otrzymują futra reniferów oraz testowane w warunkach polarnych śpiwory, które mają zapewnić komfort termiczny.

Apartament Sztuki w Icehotelu w Jukkasjärvi na terenie Szwecji; dwie artystki, Lotta Lampa i Julia Gamborg Nielsen, stworzyły to miejsce, czerpiąc inspirację z powieści Michaela Endego *Momo*.

PÓŁKULA PÓŁNOCNA   od 90°N do 60°N

HARADS, SZWECJA
32. Nocleg na drzewie
Kiedy: przez cały rok
Szerokość geograficzna: 66.0667
Długość geograficzna: 20.9833

Szwedzki Treehotel oferuje niewiarygodny, ekologiczny i nowoczesny nocleg wysoko w lesie sosnowym w dolinie rzeki Lule. Przeszklone „pokoje na drzewach" umożliwiają podziwianie lasu i rzeki; można również wybrać apartament Mirrorcube, by cieszyć się panoramicznym widokiem.

Z ABISKO DO HEMAVAN, SZWECJA
33. Biegi na nartach za kołem podbiegunowym
Kiedy: zimą
Szerokość geograficzna: 69.3500
Długość geograficzna: 18.8167
(Abisko)

Za kołem podbiegunowym, w północnej Szwecji, na amatorów narciarstwa przełajowego czeka Kungsleden – długi, liczący około 440 km „Szlak Królewski" łączący Abisko i Hemavan. Podczas przemierzania tej niezwykłej trasy, prowadzącej przez rozległe pustkowia i białą tundrę, przydadzą się dobra kondycja oraz doświadczenie narciarskie.

KANADA
34. Spotkanie z najlepiej ubranymi policjantami
Kiedy: przez cały rok
Szerokość geograficzna: 62.4422
Długość geograficzna: -114.3975
(Terytoria Północno-Zachodnie, gdzie założono tę jednostkę)

Nie ma wątpliwości, że dzięki kapeluszom z szerokim rondem, czerwonym kurtom oraz żółtym lampasom na spodniach Kanadyjska Królewska Policja Konna jest najlepiej ubraną formacją policyjną na świecie. Podejście do takiego funkcjonariusza i uściśnięcie jego dłoni okaże się prawdziwą przyjemnością.

SZETLANDY, WIELKA BRYTANIA, A TAKŻE CAŁY ŚWIAT
35. Podróż rowerowa przez kontynent
Kiedy: przez cały rok
Szerokość geograficzna: 60.5400
Długość geograficzna: -1.3843
(„Szlak Wokół Morza Północnego", Szetlandy)

Rowerzysta – zwykle w przeciwieństwie do turysty zmotoryzowanego – często odkrywa, że prawdziwe skarby znajdują się z dala od utartych szlaków, a najlepszym potwierdzeniem tej tezy będzie przypuszczalnie podróż przez kontynent na dwóch kółkach.

Rower narodził się w Europie i m.in. dlatego można tu znaleźć niezwykłe wyzwania rowerowe: „Szlak Wokół Morza Północnego" (biegnie przez osiem krajów: Danię, Szwecję, Norwegię, Szkocję, Anglię, Belgię, Holandię oraz na odcinku 921 km przez Niemcy), o długości 6000 km, „Szlak Żelaznej Kurtyny", który ciągnie się przez 6800 km, od granicy norwesko-rosyjskiej nad Morzem Barentsa aż po Morze Czarne w Turcji, a także trasę prowadzącą wzdłuż trzech europejskich rzek (Loary, Renu i Dunaju), zaczynającą się w Saint-Nazaire we Francji, a kończącą w rumuńskiej Konstancy nad Morzem Czarnym. Jedynym ograniczeniem jest tak naprawdę wyobraźnia cyklisty.

MAINLAND (SZETLANDY), WHITBY I BRIGHTON, WLK. BRYTANIA
36. Uczta z najlepszej ryby z frytkami
Kiedy: przez cały rok
Szerokość geograficzna: 60.3964
Długość geograficzna: -1.3527 (Brae)

Nie ma takiego miejsca, w którym ryba z frytkami smakowałaby lepiej niż w Wielkiej Brytanii. Kawałek złowionych na miejscu plamiaka, dorsza lub flądry, zanurzony w cieście i usmażony na głębokim oleju na chrupiąco, a do tego duża torba gorących, tłustych frytek – właśnie o czymś takim marzą ludzie w piątkowy wieczór.

Gdzie jednak szukać najlepszej ryby z frytkami? W różnych miejscach w Wielkiej Brytanii można znaleźć świetne knajpy serwujące to danie. Do najlepszych zalicza się Frankie's Fish&Chips w Brae na wyspie Mainland w archipelagu Szetlandów. The Magpie Cafe w Whitby w Yorkshire słynie ze świeżej ryby (lokalną specjalnością jest złocica), natomiast na południowym wybrzeżu w Brighton najsmaczniejszym posiłkiem okaże się ryba z frytkami kupiona na wynos w Palm Court Restaurant.

PÓŁKULA PÓŁNOCNA   od 90°N do 60°N

PARK NARODOWY DENALI, ALASKA, USA
37. Śladami alaskańskiej „wielkiej piątki"
Kiedy: od maja do września
Szerokość geograficzna: 63.3333
Długość geograficzna: -150.5000

Park Narodowy Denali jest domem „wielkiej piątki" półkuli północnej: niedźwiedzia grizzly, karibu, wilka szarego, łosia amerykańskiego i owcy jukońskiej. Park zawdzięcza nazwę najwyższemu szczytowi Ameryki Północnej, czyli imponującemu Denali (6190 m n.p.m.). Do 2015 r. góra nosiła nazwę białego człowieka – Mount McKinley; obecna nazwa w języku miejscowych plemion oznacza „coś wielkiego, wysokiego".

Na północny wschód od Denali znajduje się Sable Pass, przełęcz opisywana jako „skrzyżowanie niedźwiedzich dróg"; otwarta tundra w okolicy pozwala wypatrzyć beżowe lub brązowe futro niedźwiedzi grizzly poszukujących jagód. W tym samym miejscu można również zobaczyć karibu – amerykańskie renifery pasą się w pobliżu niedźwiedzi, choć wybierają dogodne pozycje powyżej niedźwiedzich żerowisk, by mieć możliwość szybkiej ucieczki.

Jeśli chodzi o obserwowanie wilka szarego, trzeba do tego większej dozy dyskrecji i przebiegłości. Dobrym punktem do rozpoczęcia poszukiwań będzie źródło pożywienia drapieżców – chociażby karibu na Sable Pass. Tak naprawdę jednak rzadko udaje się wilki zobaczyć, częściej można usłyszeć ich przejmujące wycie.

Ponieważ brązowe futro łosia amerykańskiego idealnie stapia się z leśnym środowiskiem, najlepszym sposobem na wypatrzenie tego zwierza będzie znalezienie któregoś z elementów jego diety, a więc liściastych krzewów czy miękkiego igliwia. Łosie lubią też wodę, nierzadko zanurzają się w niej po uszy – warto wypatrywać łosich łopat widocznych tuż nad połyskującą powierzchnią jezior na terenie parku.

Jeśli ktoś chce zobaczyć obdarzone zakręconymi rogami owce jukońskie, powinien po prostu patrzeć w górę. Te zwinne stworzenia można dojrzeć na wysoko położonych półkach skalnych, gdzie szukają skąpej górskiej roślinności.

Niedźwiedź grizzly w Parku Narodowym Denali w Alasce, Stany Zjednoczone

Z WHITEHORSE DO DAWSON CITY, KANADA

38. Spływ kajakiem rzeką Jukon

Kiedy: od maja do września
Szerokość geograficzna: 60.7167
Długość geograficzna: -135.0465 (Whitehorse)

Głęboko w sercu Alaski mająca 3185 km długości rzeka Jukon przebija się przez góry, płynąc od źródeł bijących w Kanadzie aż do Morza Beringa. Ten gigantyczny szlak wodny nie jest zbyt wymagający, lecz jego rozmiary i otaczające go krajobrazy sprawiają, że spływ Jukonem staje się podróżą życia.

Niezwykle długie koryto rzeki obejmuje wiele fragmentów, które można pokonać kajakiem, lecz odcinek z Whitehorse do Dawson City, liczący 740 km, ma wyjątkowe znaczenie historyczne, a oprócz tego nie wymaga zbyt wielkich umiejętności kajakarskich. Pokonanie tej trasy zajmuje około trzech tygodni; podczas spływu co wieczór podróżnicy rozbijają obóz na piaszczystych brzegach rzeki.

Za dnia mija się opuszczone osady z czasów gorączki złota. Warto też zwracać uwagę na zwierzęta, choćby bieliki amerykańskie i niedźwiedzie. Szczególną ostrożność trzeba zachować na jeziorze Laberge, gdzie zdarzają się silne wiatry, a także w okolicach Five Finger Rapids – woda między tamtejszymi wyspami nieraz bywa wzburzona. Spływ skończy się w Dawson City, gdzie można pospacerować po historycznym mieście, w którym swego czasu biło serce gorączki złota.

PÓŁKULA PÓŁNOCNA   od 90°N do 60°N

Z ANCHORAGE DO NOME, ALASKA, USA
39. Emocje „ostatniego wielkiego wyścigu na ziemi"
Kiedy: w pierwszą sobotę marca
Szerokość geograficzna: 61.2167
Długość geograficzna: -149.9000 (Anchorage)

Pewien brytyjski dziennikarz przyglądający się w 1978 r. wyścigom psich zaprzęgów Iditarod na Alasce był pod tak wielkim wrażeniem skali i okazałości tej imprezy, a także wytrzymałości i umiejętności, jakimi musieli się wykazać jej uczestnicy, że nazwał ją „ostatnim wielkim wyścigiem na ziemi". Nietrudno zrozumieć, dlaczego ta nazwa się przyjęła: Iditarod pozostaje najważniejszym wyścigiem psich zaprzęgów na świecie, a jego trasa, licząca ponad 1600 km długości, wiedzie przez zaśnieżone góry i wybrzeża.

Uczestnicy wyścigu (określani mianem „maszerów") zmagają się z zamieciami śnieżnymi, trwającymi wiele godzin ciemnościami oraz siarczystym mrozem. Warto zobaczyć na własne oczy, jak mężczyźni i kobiety wraz ze swoimi zespołami psów husky mierzą się z naturą i składają hołd amerykańskiej tradycji psich zaprzęgów.

ALASKA, USA
40. Cyfrowy odwyk
Kiedy: od maja do sierpnia
Szerokość geograficzna: 67.7833
Długość geograficzna: -153.3000

W świecie, w którym technologia w tak dużym stopniu rządzi naszym życiem, odcięcie się od niej jest niezwykle istotne. Czasami trzeba uciec z miasta i cieszyć się cyfrowym odwykiem; warto to zrobić w najdzikszym amerykańskim parku narodowym – Gates of the Arctic („Wrota Arktyki").

COOPER LANDING, ALASKA, USA
41. Próba złowienia rekordowej ryby
Kiedy: od czerwca do października
Szerokość geograficzna: 60.4905
Długość geograficzna: -149.7945

Rzeka Kenai słynie z ogromnych ryb – w 1986 r. złowiono tu rekordowego łososia (czawycza), ważącego 45 kg. Każdy wędkarz radośnie powita napinającą się żyłkę oraz satysfakcję wynikającą z wyciągnięcia własnego trofeum; kiżucze płyną w górę rzeki na tarło co roku we wrześniu.

BARROW, ALASKA, USA
42. Jak zasnąć podczas niekończącego się dnia?
Kiedy: od maja do sierpnia
Szerokość geograficzna: 71.2956
Długość geograficzna: -156.7664

Co roku na początku maja słońce zachodzi nad Barrow po raz ostatni i oto w najdalej wysuniętym na północ mieście Stanów Zjednoczonych zaczyna się dzień polarny, który ciągnie się przez niemal trzy miesiące. Część osób zasłania wtedy szczelnie okna, by ułatwić sobie zasypianie. Można też zaopatrzyć się w latarkę i odwiedzić to miejsce między listopadem a styczniem, gdy słońce w ogóle tam nie wschodzi.

LOWER HERRING BAY, ALASKA, USA
43. Nad kotłującym się morzem
Kiedy: wiosną
Szerokość geograficzna: 60.3844
Długość geograficzna: -147.7997

Gdy tysiące śledzi przybywają co roku na tarło do Lower Herring Bay, morze się pieni, a woda robi się mlecznobiała. Warto zobaczyć ten spektakl, który przyciąga też uwagę ptactwa morskiego, orłów, niedźwiedzi i wilków, urządzających sobie ucztę z pysznej ikry.

PÓŁKULA PÓŁNOCNA   od 90°N do 60°N

Z PRUDHOE BAY NA ALASCE W USA DO USHUAI W ARGENTYNIE
44. Samochodem z jednego końca świata na drugi
Kiedy: przez cały rok, przy sprzyjającej pogodzie (niektóre odcinki są przejezdne tylko w porze suchej)
Szerokość geograficzna: 70.3256 **Długość geograficzna:** -148.7113 (Prudhoe Bay)

Z pewnością istnieją łatwiejsze sposoby dotarcia z północnego krańca Ameryki Północnej na południowy skraj Ameryki Południowej, ale przejechanie Drogi Panamerykańskiej zalicza się do najciekawszych. Zaczynamy wyprawę w Prudhoe Bay na Alasce, po czym pokonujemy ponad 30 000 km, jadąc przez 17 krajów, które zgodziły się w 1937 r. zbudować transkontynentalną szosę. Opisana w *Księdze rekordów Guinnessa* jako „najdłuższa przejezdna droga na świecie", szosa prowadzi najpierw z Alaski do Kanady. Stamtąd zmotoryzowani podążają szeregiem autostrad międzystanowych, aż docierają do granicy z Meksykiem. Następnie podróżują przez wszystkie kraje Ameryki Środkowej, aż po niemożliwy do pokonania przesmyk Darién w Panamie.

Po przedostaniu się do Kolumbii można kontynuować podróż; jadąc na południe wzdłuż zachodniego wybrzeża Ameryki Południowej, podróżni przemierzają tereny Ekwadoru, Peru, Chile i Argentyny. Na koniec przecinają imponującą głuszę Patagonii i docierają do malowniczej Ziemi Ognistej.

Trasa nie jest trudna, nie wolno jednak lekceważyć jej długości – na jej pokonanie należy założyć co najmniej 18 miesięcy. W przypadku tego typu podróży nie chodzi tak naprawdę o to, by dotrzeć z punktu A do punktu B (a w tym konkretnym przypadku – przejechać z północy na południe). Warto korzystać z okazji, by delektować się postojami, poznawać kolejne miejsca, spotykać nowych ludzi.

Dalton Highway w północnej Alasce – punkt początkowy najdłuższej trasy samochodowej na świecie

Niedźwiedź brunatny łapie na Alasce łososia wyskakującego z wody (zob. s. 101).

ROZDZIAŁ 2
PÓŁKULA PÓŁNOCNA

od 60°N   do 45°N

PÓŁKULA PÓŁNOCNA   od 60°N do 45°N

▼ PETERSBURG, ROSJA
45. Podziwianie imponującej rosyjskiej architektury
Kiedy: przez cały rok
Szerokość geograficzna: 59.9342
Długość geograficzna: 30.3350

Petersburg, zbudowany od zera jako gigantyczny pomnik dowodzący potęgi imperium Piotra Wielkiego, zachwyca wielbicieli architektury niesamowitymi pałacami i soborami. Majestatyczne cebulaste kopuły wieńczące Cerkiew na Krwi sprawiają wrażenie reliktu minionej epoki, w Ermitażu zaś można się zgubić na całą wieczność. Państwowe Muzeum Rosyjskie – działające w czterech różnych lokalizacjach – szczyci się przebogatą kolekcją rosyjskiej sztuki; oprócz tego są jeszcze Peterhof oraz Teatr Maryjski. Koniecznie trzeba mieć w aparacie naprawdę dużą kartę pamięci!

RZEKA KRUTYNIA, POLSKA
46. Spływ najpiękniejszą europejską trasą kajakową
Kiedy: przez cały rok
Szerokość geograficzna: 53.6778
Długość geograficzna: 21.4302

Każdy, komu niestraszna woda, powinien przepłynąć kajakiem jeden z najładniejszych szlaków wodnych w Europie. Krutynia jest popularnym celem kajakarzy, którzy rozkoszują się zróżnicowaną trasą liczącą 91 km. Przecina ona 20 różnych jezior, mijając sześć rezerwatów, ośrodek rehabilitacji dzikich zwierząt oraz przepiękny klasztor. To również wspaniała trasa dla początkujących.

Sobór św. Izaaka w Petersburgu, Rosja

PÓŁKULA PÓŁNOCNA   od 60°N do 45°N

TALLINN, ESTONIA
47. **Przyjęcie na rok innego stylu życia**
Kiedy: przez cały rok
Szerokość geograficzna: 59.4370   **Długość geograficzna:** 24.7536

Tradycyjny *gap year* – czyli dłuższe podróżowanie po świecie – nie traci na popularności, choć jeśli ktoś naprawdę chce spojrzeć inaczej na życie, może powinien spędzić rok w jednym obcym miejscu i dobrze je poznać.

Przenosiny do średniowiecznego Starego Miasta w Tallinnie, stolicy nadbałtyckiej Estonii, są budującym doświadczeniem umożliwiającym zmianę perspektywy. Ta historyczna dzielnica jest na tyle zwarta, że można się po niej poruszać na piechotę. Pod względem architektonicznym cechuje się dyskretnym ekscentryzmem, a zarazem roztacza cudownie swobodną atmosferę.

Niektóre atrakcje powinny trafić na listę każdego podróżnika: w kościele św. Mikołaja można podziwiać przerażający *Taniec Śmierci* Bernta Notkego, Muzeum Okupacji ukazuje wstrząsający obraz tragicznej, złożonej historii kraju, na rynku wokół gotyckiego ratusza rozlokowało się wiele dobrych restauracji, a w okresie Bożego Narodzenia odbywa się tu barwny jarmark.

Spokojni, powściągliwi i uprzejmi Estończycy sprawiają, że sympatycznie się wśród nich żyje, a gdy już się rozluźnią, okazują się niesamowitymi kompanami i sąsiadami.

HIUMA, ESTONIA
48. **Nocleg na plaży poprzedzony odyseją kajakową**
Kiedy: przez cały rok
Szerokość geograficzna: 58.9239
Długość geograficzna: 22.5919

Wyspa Hiuma zalicza się do najpilniej strzeżonych europejskich tajemnic, a najlepiej poznać to urokliwe miejsce, pływając wokół niego kajakiem po ciepłych, osłoniętych wodach. Po idealnym dniu spędzonym na wodzie można zanocować przy ognisku na plaży na południowym brzegu wyspy.

SZWECJA
49. **Biwakowanie na dziko**
Kiedy: przez cały rok (jeśli się odważysz)
Szerokość geograficzna: 59.3878
Długość geograficzna: 18.7358
(Archipelag Sztokholmski)

Allemansrätten („prawo do kontaktu z naturą") jest w Szwecji gwarantowane przez konstytucję; w tej sytuacji biwakowanie na dziko staje się czymś właściwie obowiązkowym. Istnieją podstawowe, rozsądne reguły dotyczące bezpieczeństwa oraz szacunku dla środowiska naturalnego i ziemi będącej w prywatnych rękach, ale zasadniczo każdy ma prawo biwakować na dziko. Łatwo dostępne piaszczyste plaże Archipelagu Sztokholmskiego to doskonałe miejsce na rozpoczęcie przygody.

SZTOKHOLM, SZWECJA
50. **Śpiewać każdy może…**
Kiedy: przez cały rok
Szerokość geograficzna: 59.3325
Długość geograficzna: 18.0647

Jeśli chodzi o romantyczne gesty, mało co zdoła przebić napisanie piosenki dla osoby, którą darzymy miłością. Za inspirację może posłużyć Sztokholm, miejsce narodzin Maxa Martina, najwybitniejszego autora tekstów piosenek na świecie. Stworzył on 54 przeboje z listy Top Ten – to więcej niż Madonna, Elvis lub Beatlesi. Niewykluczone, że nasza piosenka nie będzie aż takim przebojem, lecz można ją wypełnić głębokimi treściami oraz nawiązać do wspólnych wspomnień z ukochaną osobą.

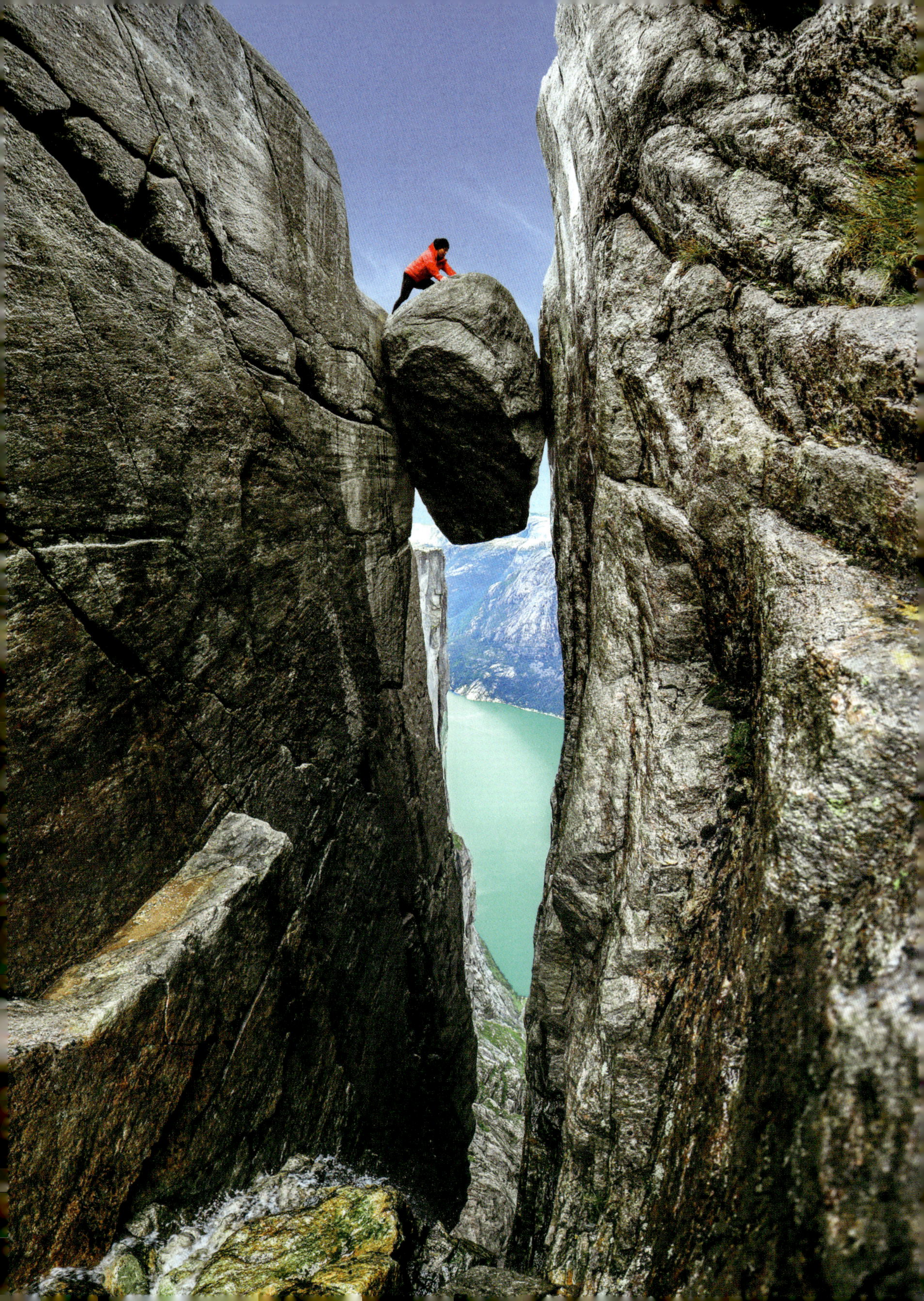

PÓŁKULA PÓŁNOCNA od 60°N do 45°N

◀ ROGALAND, NORWEGIA
51. Rzut oka w otchłań
Kiedy: przez cały rok
(przy sprzyjającej pogodzie)
Szerokość geograficzna: 59.0337
Długość geograficzna: 6.5930

Głaz Kjeragbolten wisi nad przepaścią mierzącą 984 m głębokości, zaklinowany w szczelinie na skraju góry Kjerag w norweskim Rogalandzie. Można tam dotrzeć w ramach pieszej wycieczki bez żadnego sprzętu wspinaczkowego – by zapewnić sobie fantastyczną okazję do robienia zdjęć, wystarczy wskoczyć na duży kamień.

STAVANGER, NORWEGIA
52. Podziwianie gigantycznej śpiącej postaci
Kiedy: przez cały rok
Szerokość geograficzna: 58.9633
Długość geograficzna: 5.7189

W 2015 r. francuscy artyści Ella & Pitr stworzyli największy na świecie mural namalowany na dachach. Dzieło zdobiące kilka budynków przemysłowych w norweskim Stavanger ma powierzchnię 21 000 m² i przedstawia śpiącą kobietę. Cóż, żeby w pełni docenić malowidło, trzeba je oglądać z samolotu.

OSLO, NORWEGIA
53. Polowanie na duchy w nawiedzonym zamku
Kiedy: przez cały rok
Szerokość geograficzna: 59.9067
Długość geograficzna: 10.7361

Twierdza Akershus – wzniesiona jako średniowieczny zamek, a potem wykorzystywana jako więzienie i miejsce kaźni – ma długą i krwawą historię. Doskonale nadaje się również do opowieści o dziwnych hałasach, które słychać nocą. Ponieważ regularnie pojawia się na listach najbardziej nawiedzonych miejsc na świecie, lepiej przygotować się na coś więcej niż tylko wspaniałe widoki z fortyfikacji tej popularnej atrakcji turystycznej.

BILLUND, DANIA
54. Zobaczyć w godzinę cały świat
Kiedy: od marca do października
Szerokość geograficzna: 55.7356
Długość geograficzna: 9.1261

Pierwszy LEGOLAND®, zbudowany niedaleko pierwszej fabryki LEGO® w Danii, zapoczątkował modę na parki miniatur. Pomniejszony świat zbudowano z milionów zabawkowych cegiełek i ta sama koncepcja leży u podstaw każdego z parków LEGOLAND®, które powstawały z czasem na całym świecie.

DORNOCH, SZKOCJA, WIELKA BRYTANIA
55. Nocleg w XV-wiecznym zamku…
Kiedy: przez cały rok
Szerokość geograficzna: 57.8803
Długość geograficzna: -4.0283

… lub szkole, areszcie, sądzie czy domku myśliwskim. Zamek Dornoch na jakimś etapie swojej historii pełnił wszystkie te funkcje. Dziś jest hotelem, w którym można wynająć pokój, ale wciąż ma wiele cech dawnej siedziby rodowej: pokoje w wieży, łóżka z baldachimem, wielkie kamienne piece – przypuszczalnie gdzieś można też znaleźć rycerza w pełnej zbroi.

HEBRYDY, SZKOCJA, WIELKA BRYTANIA
56. Wśród pradawnego dziedzictwa Szkocji
Kiedy: przez cały rok
Szerokość geograficzna: 57.5400
Długość geograficzna: -7.3573

Hebrydy Zewnętrzne, wyspy leżące w pobliżu północno-zachodniego wybrzeża Szkocji, są znane z liczących 5000 lat budowli megalitycznych w Callanish, siedlisk z epoki żelaza, średniowiecznego zamku oraz celtyckiego dziedzictwa, które słychać w mowie mieszkańców archipelagu. Warto z bliska zobaczyć lokalne pasma górskie, wrzosowiska, złote, piaszczyste plaże oraz 2000 słodkowodnych jezior.

Głaz Kjeragbolten na górze Kjerag w norweskim okręgu Rogaland

PÓŁKULA PÓŁNOCNA   od 60°N do 45°N

POCZĄTEK W OKOLICACH ZAMKU INVERNESS, SZKOCJA, WIELKA BRYTANIA
57. Podróż jedną z najwspanialszych dróg na świecie
Kiedy: przez cały rok
Szerokość geograficzna: 57.4763   **Długość geograficzna:** -4.2256

Jak można dobrze poznać Szkocję? Najlepiej objechać ją samochodem, a trasa North Coast 500 – sieć dróg, które pozwalają podróżnym okrążyć północną część kraju – będzie najtrafniejszym wyborem. Choć oficjalnie otwarto ją dopiero w 2015 r., błyskawicznie trafiła na listy najwspanialszych dróg na świecie.

Nie jest to wyłącznie trasa, która pokazuje najlepsze, co Szkocja ma do zaoferowania: scenerię, jedzenie, trunki i kulturę; trzeba się również nastawić na podróż w czasie. Droga zaczyna się w tętniącym życiem Inverness, przy prastarym zamku, który pełni tę funkcję w takiej czy innej formie od ponad 900 lat.

Podróż prowadzi najpierw przez zachodnią część regionu Highlands, krętą drogą Bealach na Bà. Po dotarciu do Applecross koniecznie trzeba odwiedzić tamtejsze piaszczyste, wydmowe plaże. Dalej szosa pokonuje niemal połowę imponującego zachodniego wybrzeża, wiodąc do urokliwego nadmorskiego miasta Ullapool, gdzie zaczyna się najbardziej odludny fragment trasy North Coast 500. W tym smaganym wiatrem, zagubionym na krańcu świata miejscu znaleziono ślady wcześniejszych mieszkańców tych okolic – w jaskiniach natrafiono na liczące ponad 20 000 lat fragmenty czaszek niedźwiedzi polarnych.

Zmierzając dalej zachodnim wybrzeżem do Lochinver, warto się zatrzymać, aby podziwiać nieskalany biały piasek plaży w Achmelvich. Tamtejszy Hermit's Castle zalicza się do najmniejszych zamków w Europie. Następnie podróżników czeka imponująca krzywizna mostu Kylesku i ruiny XVI-wiecznego zamku Ardvreck, stojące tuż nad Loch Assynt. Kierując się na wschód (i przecinając w ten sposób całą szerokość kraju w pobliżu jego północnego krańca), dotrzemy do John o'Groats – to miejsce wraz z Land's End w Kornwalii tworzy dwa najbardziej oddalone od siebie punkty na stałym lądzie na terenie Wielkiej Brytanii (dzieli je 1407 km), choć John o'Groats nie jest jeszcze najbardziej wysuniętym na północ punktem Wielkiej Brytanii (na takie miano zasłużył sobie pobliski malowniczy przylądek Dunnet Head).

Odcinek, który pozwoli zamknąć całą pętlę, prowadzi z powrotem do Inverness, obok baśniowego zamku Dunrobin. Stanowi on romantyczne zakończenie zachwycającej podróży wśród surowych, spowitych mgłą gór, pozornie bezdennych jezior oraz odludnych dolin zamieszkiwanych wyłącznie przez jelenie.

Jedna z najwspanialszych dróg na świecie, okolice Inverness, Szkocja, Wielka Brytania

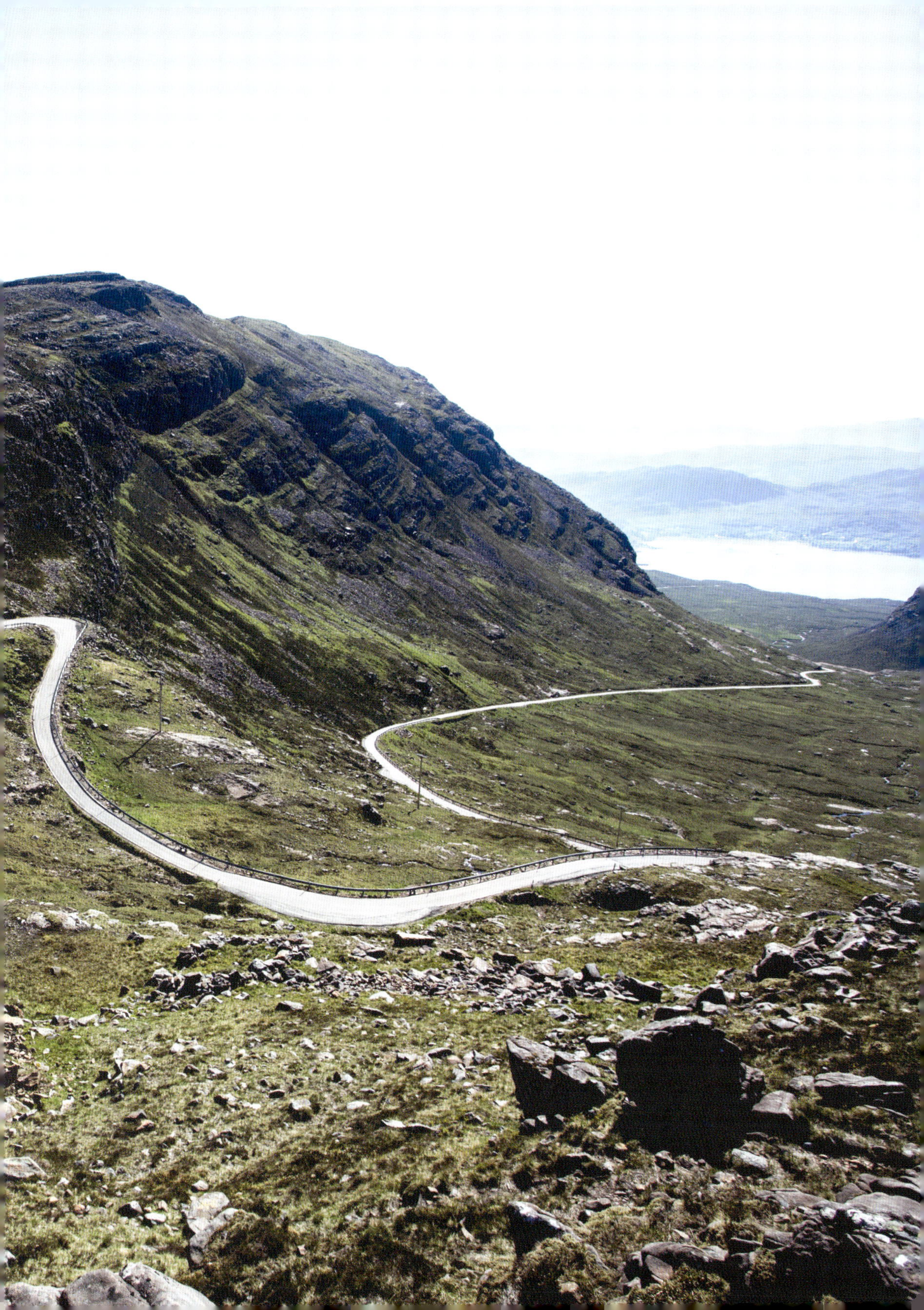

Skok bez ubrania na bungee z kolejki linowej w Poruce nad rzeką Gaują na Łotwie

▲ PORUKA, ŁOTWA
58. Skok z kolejki linowej… nago!
Kiedy: przez cały rok
Szerokość geograficzna: 56.9632
Długość geograficzna: 23.7485

Każdy, w kim drzemie duch Jamesa Bonda, powinien go obudzić i skoczyć z wagonika kolejki linowej. Skoki na bungee zawsze sprawiają ludziom dziką radość, ale zrobienie czegoś takiego z jaskrawożółtej kolejki Sigulda nad rzeką Gaują na Łotwie zapewnia dodatkową porcję emocji, a prawdziwi śmiałkowie robią to w stroju Adama…

TURAIDA, ŁOTWA
59. Wybijanie w żelazie pogańskich symboli
Kiedy: przez cały rok
Szerokość geograficzna: 57.1804
Długość geograficzna: 24.8404

Na terenie muzeum i rezerwatu w Turaidzie znajduje się piękny zamek z czerwonej cegły; nazwę „Turaida" tłumaczy się jako „ogród Boga". Główną atrakcją wizyty jest jednak zwiedzanie kuźni, gdzie prawdziwy kowal pomaga turystom wybić pogańskie symbole Liwów na niewielkich kawałkach żelaza, które staną się wyjątkową pamiątką.

SKYE, SZKOCJA, WIELKA BRYTANIA
60. Poszukiwanie kolacji na smaganej wiatrem plaży
Kiedy: przez cały rok
Szerokość geograficzna: 57.5312
Długość geograficzna: -6.2289

Żaden posiłek nie smakuje tak dobrze jak ten przyrządzony z własnoręcznie zebranych składników. Gdy dotrzemy na wyspę Skye, miejscowy *ghillie* (czyli przewodnik opiekun, w tej roli Mitchell Partridge) nauczy nas korzystać z naturalnej szkockiej spiżarni – zbierać świeże małże ze skał, a potem gotować je na ognisku z żywicy i suchych liści.

od 60°N do 45°N

ARBROATH, SZKOCJA, WIELKA BRYTANIA
62. Degustacja pyszności tam, gdzie smakują one najlepiej
Kiedy: przez cały rok
Szerokość geograficzna: 56.5614
Długość geograficzna: -2.5857

Arbroath *smokie* – wędzony łupacz z niewielkiej wioski rybackiej Arbroath w Szkocji – zalicza się do wielu produktów umieszczonych przez Unię Europejską na liście chronionych oznaczeń geograficznych. Te produkty są oryginalne tylko wtedy, jeżeli zostaną wytworzone w określony sposób i w konkretnym miejscu. Podążając za lokalnymi potrawami i napojami, można przemierzyć sporą część Wielkiej Brytanii (a w istocie również i świata): warto skosztować tart w angielskim Bakewell w Derbyshire, a potem porównać je z *pastéis de Belém* w Lizbonie w Portugalii.

Z FORT WILLIAM DO MALLAIG, SZKOCJA, WIELKA BRYTANIA
61. Pociągiem do Hogwartu
Kiedy: od maja do października
Szerokość geograficzna: 56.8207   **Długość geograficzna:** -5.1047

Ciągnięty przez parowóz pociąg „The Jacobite", który przemierza zachodnią część szkockiego regionu Highlands, jest jednym z nielicznych składów nawiązujących do czasów świetności kolei. Kursuje w okresie turystycznym i wozi pasażerów na liczącej 66 km długości trasie z Fort William, największego miasta w Highlands, do niewielkiego portu rybackiego Mallaig na zachodnim wybrzeżu Szkocji.

Ta przejażdżka stanowi prawdziwą podróż w czasie – w wagonach są staroświeckie tapicerowane siedzenia, zasłony i dywany. Pociąg może się też wielu osobom wydać znajomy, gdyż został spopularyzowany przez święcące sukcesy filmy o Harrym Potterze. Każdy, kto je widział, bez wątpienia rozpozna łuk wiaduktu Glenfinnan – niezwykłej, podpartej 21 przęsłami konstrukcji, która zapewnia widok na Loch Shiel i umożliwia pociągom przejazd przez dolinę od początku XX w.

West Highlands Line to linia kolejowa, która regularnie trafia do zestawień najwspanialszych tras kolejowych na świecie i trudno się temu dziwić. Krajobrazy przesuwające się za oknem należą do najpiękniejszych widoków na naszej planecie. Duże, zdawałoby się, że bezdenne jeziora otoczone są tonącymi we mgle górami i kontrastują z pofałdowanymi zboczami, wdzięczącymi się każdym możliwym odcieniem zieleni. Trudno sobie wyobrazić przyjemniejszą podróż w naturalnej scenerii.

41

PÓŁKULA PÓŁNOCNA   od 60°N do 45°N

SCHIEHALLION, SZKOCJA, WIELKA BRYTANIA
63. Polowanie na *munro*
Kiedy: przez cały rok (zimą niezbędne będą odpowiedni sprzęt, umiejętności i doświadczenie)
Szerokość geograficzna: 56.6664
Długość geograficzna: -4.1016

Niewiele miejsc na ziemi sprawia wrażenie dachu świata w takim stopniu jak szkocki region Highlands, a każdy z tamtejszych szczytów mierzących powyżej 3000 stóp (914,4 m) nazywany jest *munro*. Scottish Mountaineering Club wymienia takich szczytów 282, a liczba osób, które „upolowały" je wszystkie, przekracza 6400.

Największy *munro* to oczywiście Ben Nevis (1345 m n.p.m.). Na śmiałków czeka tu wymagająca wspinaczka, która wraz z drogą powrotną zajmie około dziewięciu godzin. Jeśli ktoś szuka czegoś trochę łatwiejszego, może wybrać Schiehallion (1083 m n.p.m.) w Perthshire, jeden z najłatwiej dostępnych szczytów w Szkocji. Ten piękny stożek został wykorzystany w 1774 r. podczas przełomowego eksperymentu mającego na celu oszacowanie masy Ziemi – matematyk Charles Hutton po raz pierwszy zastosował poziomice wykorzystywane na mapach.

LOCHABER, SZKOCJA, WIELKA BRYTANIA
64. Obserwowanie wyjątkowych rytuałów godowych
Kiedy: od końca września do listopada
Szerokość geograficzna: 56.8198
Długość geograficzna: -5.1052

Oto jeden z najbardziej imponujących spektakli, jakie można obserwować w świecie zwierząt w Europie: zapamiętałe, hałaśliwe, prymitywne, podsycane testosteronem zmagania ważących do 200 kg jeleni. Samce ścierają się porożami, aby zrobić wrażenie na samicach i zdobyć partnerkę (a właściwie stadko partnerek).

SAINT ANDREW, FIFE, SZKOCJA, WIELKA BRYTANIA
65. Mecz na jednym z najstarszych pól golfowych na świecie
Kiedy: od kwietnia do października (choć obiekt jest otwarty przez cały rok)
Szerokość geograficzna: 56.343
Długość geograficzna: -2.8030

Golf traktowany jako hobby szybko zamienia się w obsesję, a rozegranie meczu w „kolebce golfa" staje się życiowym celem. Liczący 6146 m Old Course w Saint Andrew o wartości par równej 72 należy do najtrudniejszych pól golfowych na świecie. Słynie z podwójnych greenów i 112 przeszkód. Jak powiedział Jack Nicklaus, zwycięzca zawodów The Open: „Żadne inne pole golfowe nie może się nawet próbować z nim równać".

WALIA, WIELKA BRYTANIA
66. Trekking niesamowitą trasą Wales Coast Path
Kiedy: od maja do września
Szerokość geograficzna: 53.2110
Długość geograficzna: -3.0160

Wybrzeże Walii to mozaika pięknych zatoczek, spektakularnych urwisk i nieskazitelnie czystych plaż. Wzdłuż brzegów wytyczono łącznie ponad 1400 km szlaków turystycznych. Jeśli ktoś ma zamiar dotrzeć z Chepstow na południu do Queensferry na północy, pokonanie całej tej zapierającej dech w piersiach trasy może mu zająć wiele tygodni. Szlak biegnący wzdłuż wybrzeża Walii należy jednak przemierzać powoli; jest on podzielony na osiem fragmentów (wszystkie są równie piękne i zróżnicowane), a każdy podróżnik na tej urzekającej nadbrzeżnej trasie znajdzie coś dla siebie.

Jeleń w Szkocji, Wielka Brytania

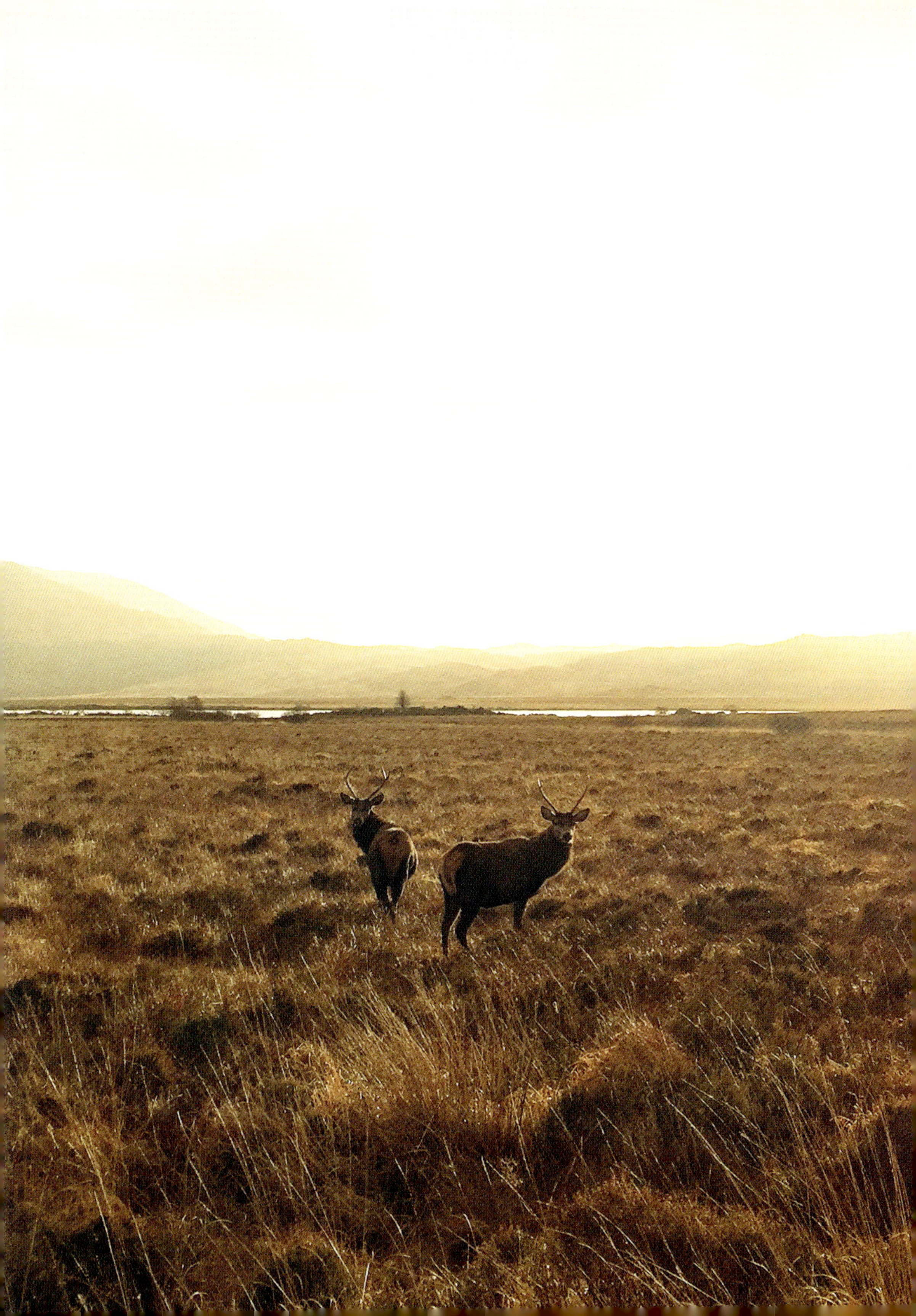

PÓŁKULA PÓŁNOCNA   od 60°N do 45°N

EDYNBURG, SZKOCJA, WIELKA BRYTANIA
67. Wspinaczka na szczyt Arthur's Seat
Kiedy: przez cały rok
Szerokość geograficzna: 55.9442
Długość geograficzna: -3.1619

Szczyt Arthur's Seat, pojawiający się na wielu zdjęciach Edynburga, świetnie nadaje się do podziwiania panoramy miasta. Drogę prowadzącą na górę można łatwo pokonać, w dodatku jest to ważny element każdej podróży do stolicy Szkocji.

EDYNBURG, SZKOCJA, WIELKA BRYTANIA
68. Przechadzka po historycznej Royal Mile
Kiedy: przez cały rok
Szerokość geograficzna: 55.9532
Długość geograficzna: -3.1882

Ciąg ulic łączący dwie wspaniałe atrakcje: zamek w Edynburgu i pałac Holyrood roztacza wspaniałą aurę przeszłości. Royal Mile ocieka wręcz historią, na turystów czeka tu mnóstwo restauracji i pubów, a także sporo sklepów nęcących kraciastymi pamiątkami.

GROBLA OLBRZYMA, IRLANDIA PŁN.
69. Spacer śladem legendarnego giganta
Kiedy: przez cały rok
Szerokość geograficzna: 55.2408
Długość geograficzna: -6.5117

Na skutek erupcji wulkanu, do której doszło ponad 50 milionów lat temu, część wybrzeża dzisiejszej Irlandii Północnej pokryła się sześciokątnymi kolumnami zastygłej lawy. Dziś można się przespacerować po tych prehistorycznych „schodach"; legenda głosi, że zbudował je olbrzym Fionn mac Cumhail.

WYSPA MULL, SZKOCJA, WIELKA BRYTANIA
70. Przenosiny do świata znanego z telewizji
Kiedy: przez cały rok
Szerokość geograficzna: 56.6200
Długość geograficzna: -6.0700

Tobermory na wyspie Mull nie jest wyłącznie pocztówkową miejscowością; ludzie znają ją też z ekranów telewizyjnych. Barwne, urokliwe domki na brzegu sprawiają, że ten niewielki port rybacki warto odwiedzić ze względu na czarujące widoki, ale powstało tu również wiele filmów i seriali – najbardziej znany jest popularny serial dla dzieci wyprodukowany przez BBC, *Balamory*. Kręcenie zdjęć dobiegło końca dawno temu (filmowano w latach 2002–2005), lecz serial nadal jest pokazywany w brytyjskiej telewizji.

ARGYLL, SZKOCJA, WIELKA BRYTANIA
71. Dzierganie swetra w romby w hrabstwie Argyll
Kiedy: przez cały rok
Szerokość geograficzna: 56.2500
Długość geograficzna: -5.2500

Tartan klanu Campbellów zdobył na świecie sławę, gdy jego wzór w romby spopularyzowała marka Pringle. Jeśli ktoś jednak chce zrobić na drutach (lub choćby kupić) sweter z pięknym wzorem klanu Campbellów w miejscu, z którego on pochodzi, musi się udać na zachodnie wybrzeże Szkocji. Książę Windsoru chętnie nosi swetry i skarpetki ozdobione tym wzorem; w hrabstwie Argyll nie brakuje też pól golfowych, na których można dumnie zaprezentować swój nowy strój.

Tobermory na wyspie Mull, Szkocja, Wielka Brytania

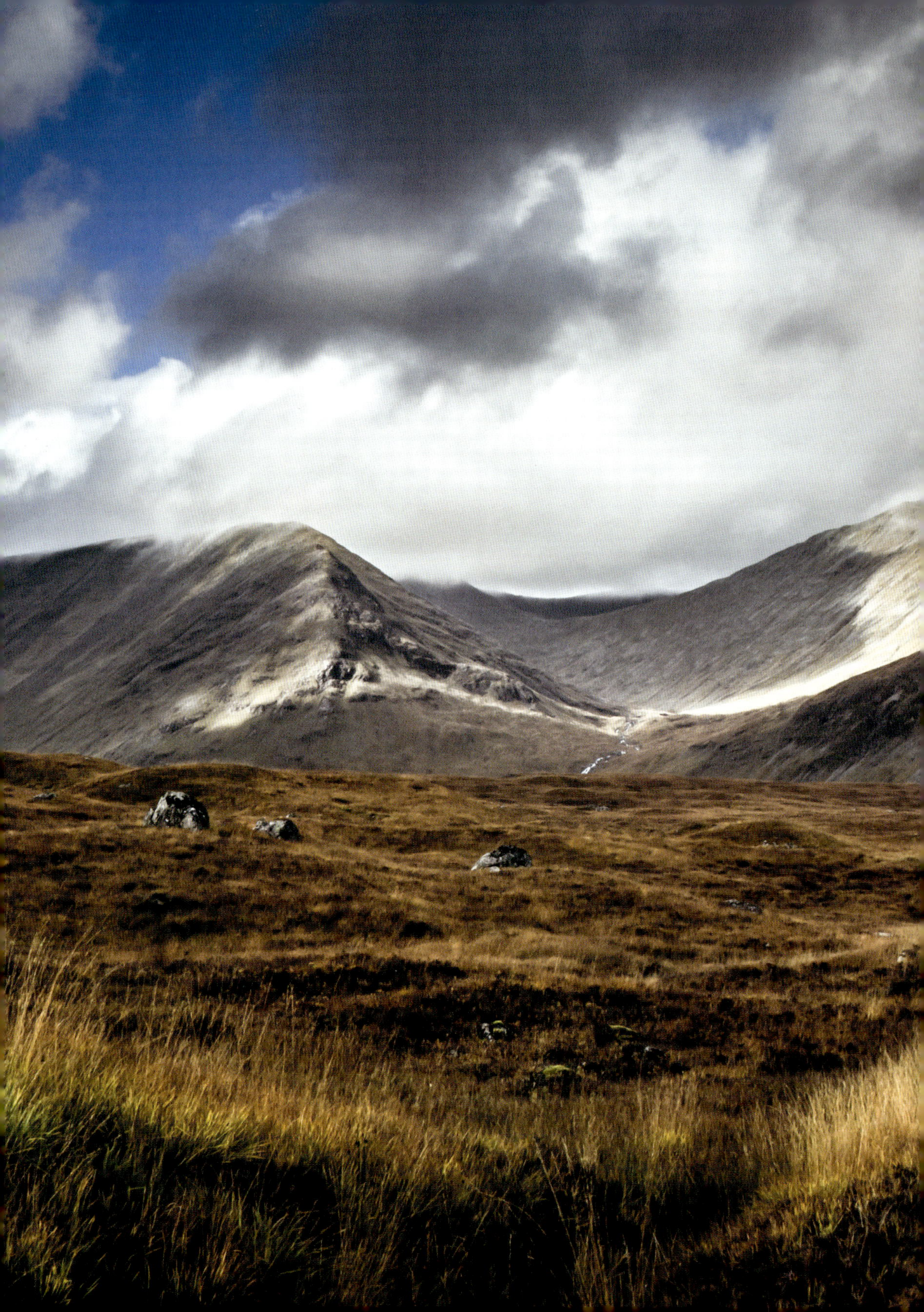

PÓŁKULA PÓŁNOCNA   od 60°N do 45°N

Z MILNGAVIE DO FORT WILLIAM, SZKOCJA, WLK. BRYTANIA
72. Trekking szlakiem West Highland Way
Kiedy: przez cały rok
Szerokość geograficzna: 55.9421
Długość geograficzna: -4.3137

Trudno sobie wyobrazić lepszą metodę poznawania szkockich wyżyn, zwanych Highlands, niż trekking szlakiem West Highland Way, prowadzącym z Milngavie w pobliżu Glasgow na południu do Fort William na północy.

Na południu można się spodziewać idyllicznych, sielankowych pejzaży wśród pofałdowanych wzgórz Campsie Fells; dalej – tchnących spokojem widoków pięknych brzegów i gładkich wód Loch Lomond, budzących podziw krajobrazów na bagnistych wrzosowiskach odludnego Rannoch Moor, a także imponującego (i skłaniającego do zadzierania głowy) widoku Ben Nevis oglądanego znad jeziora u stóp tej góry. Warto też zajrzeć do Glencoe, a po przekroczeniu pasma wzgórz dotrzeć nad piękne, przejrzyste jezioro Loch Leven.

Aby w pełni obcować ze szkockim krajobrazem, najlepiej obozować wśród natury; wzdłuż opisywanego tu szlaku można rozbijać namioty (jedynym wyjątkiem jest znaczna część wschodniego brzegu Loch Lomond w okresie letnim). Oprócz tego są także hotele i pensjonaty położone w rozsądnych odległościach jeden od drugiego. W wielu przypadkach można się umówić z personelem na podwiezienie: pod koniec dnia z określonego miejsca na trasie do hotelu czy pensjonatu, a rano z powrotem na szlak.

Szlak West Highland Way,
Szkocja, Wielka Brytania

PÓŁKULA PÓŁNOCNA   od 60°N do 45°N

▼ Z MOSKWY DO WŁADYWOSTOKU, ROSJA
73. Podróż najdłuższą na świecie linią kolejową
Kiedy: przez cały rok (ze względu na dłuższy dzień i dobrą pogodę najlepiej od maja do września)
Szerokość geograficzna: 55.7733
Długość geograficzna: 37.6564 (Moskwa)

Kolej Transsyberyjska łączy Moskwę w zachodniej części Rosji z Władywostokiem na wschodzie kraju. Trasa mierząca 9289 km jest najdłuższą pojedynczą linią kolejową na świecie i na pewno należy do najbardziej fascynujących. Niezależnie od tego, czy ktoś postanowi pokonać ten dystans w ciągu tygodnia bez żadnych przerw, czy będzie sobie urządzać po drodze przystanki, powinien się zaopatrzyć w zegarek, który łatwo da się przestawiać – trasa prowadzi przez osiem stref czasowych.

MOSKWA, ROSJA
74. Wizyta na Kremlu
Kiedy: przez cały rok
Szerokość geograficzna: 55.7528
Długość geograficzna: 37.6177

Będący niegdyś twierdzą carów (a dziś oficjalną siedzibą prezydenta Federacji Rosyjskiej) moskiewski Kreml jest dla wielu osób symbolem Rosji. Podczas zwiedzania koniecznie trzeba zajrzeć do Zbrojowni będącej zarazem skarbcem – przechowuje się w niej m.in. dawne regalia, w tym imponującą kolekcję jajek Fabergé.

Najdłuższa na świecie linia kolejowa – Kolej Transsyberyjska w Rosji

PÓŁKULA PÓŁNOCNA   od 60°N do 45°N

▶ MOSKWA, ROSJA
75. **Pocztówkowy widok kolorowej cerkwi**
Kiedy: przez cały rok
Szerokość geograficzna: 55.7525
Długość geograficzna: 37.6231

Bajecznie kolorowy XVI-wieczny sobór Wasyla Błogosławionego, zbudowany na rozkaz Iwana Groźnego, przypomina dzieło stworzone w studiu Disneya – w powszechnej świadomości jest jednak symbolem Rosji. Kto znajdzie się na południowym krańcu moskiewskiego Placu Czerwonego, z pewnością nie przegapi tej świątyni.

Pocztówkowo piękny sobór Wasyla Błogosławionego w Moskwie, Rosja

MOSKWA, ROSJA
76. **Przedstawienie baletowe w teatrze Bolszoj**
Kiedy: przez cały rok
Szerokość geograficzna: 55.7558
Długość geograficzna: 37.6173

Nikt nie może się uważać za prawdziwego wielbiciela piruetów i tańca na pointach, jeśli nie odwiedził teatru Bolszoj. Jest to przypuszczalnie najsłynniejszy zespół baletowy na świecie – został założony w latach 70. XVIII w., choć dopiero na początku XX w. zyskał sławę jako jedna z czołowych instytucji związanych z tą dziedziną sztuki.

Teatr Bolszoj cieszy się niezrównaną reputacją, jeśli chodzi o wystawianie ogromnych, odważnych i ekstrawaganckich widowisk. To główne centrum moskiewskiego świata kultury; w wolnych chwilach zaglądają tu oligarchowie, a goście z zagranicy nie mogą się pozbyć wrażenia, że cofnęli się w czasie. Teatr Bolszoj jest klasą samą dla siebie, gdy mowa o wystawianiu przebojów, od *Don Kichota* po *Jezioro łabędzie*, a także tworzeniu ogromnych, fascynujących spektakli. To oszałamiające i przytłaczające doświadczenie, które pod wieloma względami przypomina przedstawiony w miniaturze świat świeżo upieczonych rosyjskich bogaczy.

MOSKWA, ROSJA
77. **W najpiękniejszym metrze na świecie**
Kiedy: przez cały rok
Szerokość geograficzna: 55.7550
Długość geograficzna: 37.6542
(wejście do stacji Komsomolskaja)

Imponujący system kolei podziemnych rosyjskiej stolicy składa się z 12 linii, 224 stacji, 383 km torów. Warto zacząć podróż od wyjątkowej stacji Komsomolskaja – ma ona 12 m wysokości i została tak zaprojektowana, by ukazywać majestat sowieckiego imperium. Niektóre stacje – zwłaszcza te o pałacowym wystroju albo ozdobione motywami w stylu art déco – zasługują na szczególny podziw.

49

PÓŁKULA PÓŁNOCNA   od 60°N do 45°N

MOSKWA, ROSJA
78. Zwiedzanie domów wielkich powieściopisarzy
Kiedy: przez cały rok
Szerokość geograficzna: 55.7500
Długość geograficzna: 37.6167

Dzięki swojej pajęczynie ulic i wąskich zaułków stolica Rosji stała się miejscem akcji wielu powieści. Dziś można zwiedzić muzea poświęcone niektórym spośród najbardziej znanych rosyjskich powieściopisarzy; to właśnie w tym mieście Lew Tołstoj napisał *Wojnę i pokój*.

NIŻNY NOWOGRÓD, ROSJA
79. Przekraczanie bariery dźwięku na pokładzie myśliwca
Kiedy: przez cały rok
(przy sprzyjającej pogodzie)
Szerokość geograficzna: 56.3269
Długość geograficzna: 44.0075

Startując z rosyjskiego lotniska wojskowego Dolińsk-Sokół w Niżnym Nowogrodzie, można przeżyć na pokładzie myśliwca MiG-29 niezwykłe chwile, robiąc beczki, pętle, gwałtowne wznoszenie się i nurkowanie, a także przełamać barierę dźwięku i zasmakować przeciążeń. Siedząc za jednym z czołowych rosyjskich pilotów, pasażer doświadcza oszałamiającej prędkości i akrobacji. Nie należy się dziwić propozycji przejęcia sterów maszyny.

MOSKWA, ROSJA
80. Zwiedzanie Galerii Trietiakowskiej
Kiedy: przez cały rok
Szerokość geograficzna: 55.7423
Długość geograficzna: 37.6208

W żadnym innym miejscu na świecie nie ma tak bogatych zbiorów sztuki rosyjskiej – ta kolekcja jest największa i obejmuje wybitne dzieła stworzone w ciągu ostatnich 10 wieków. Na zachwyt zwiedzających czeka ponad 180 000 prac rosyjskich artystów, w tym ikony i impresjonistyczne obrazy Walentina Sierowa, m.in. *Dziewczyna z brzoskwiniami*.

KAZAŃ, ROSJA
81. Konkurencyjny, biały kreml
Kiedy: przez cały rok
Szerokość geograficzna: 55.8000
Długość geograficzna: 49.1000

Chwileczkę. Czyżby istniał więcej niż jeden Kreml? Owszem, swoją twierdzę miało niegdyś każde szanujące się miasto na Rusi. Uderzająco biały Kreml kazański, wpisany na listę światowego dziedzictwa UNESCO, szczyci się fragmentami pochodzącymi z XVI w. Jest tu mnóstwo galerii i muzeów, a także park oraz obiekty sakralne.

KOPENHAGA, DANIA
82. Uroki Ogrodów Tivoli
Kiedy: otwarte co roku latem (od kwietnia do września), na Halloween (październik) i Boże Narodzenie (od połowy listopada do 31 grudnia)
Szerokość geograficzna: 55.6747
Długość geograficzna: 12.5656

Ten park rozrywki działa od 1843 r. (był drugim tego rodzaju obiektem na świecie) i zainspirował Walta Disneya do stworzenia Disneylandu. Wieczorem wesołe miasteczko rozbłyskuje tysiącami lamp i lampek, a w okresie bożonarodzeniowym dostaje specjalną oprawę świetlną, która tworzy magiczną, zimową krainę czarów.

ROSKILDE, DANIA
83. Zostać na jeden dzień wikingiem
Kiedy: przez cały rok
Szerokość geograficzna: 55.6500
Długość geograficzna: 12.0833

By się przekonać, jak tysiąc lat temu wyglądało życie przemierzających morza skandynawskich wojowników, wystarczy odwiedzić Vikingeskibsmuseet (Muzeum Łodzi Wikingów) w Roskilde. Ekspozycja obejmuje pięć jednostek pływających; chętni mogą spróbować postawić żagle na długiej łodzi wikingów.

CIEŚNINA SUND, MIĘDZY SZWECJĄ A DANIĄ
84. Przejazd w eleganckim stylu ponad morzem
Kiedy: przez cały rok
Szerokość geograficzna: 55.5832
Długość geograficzna: 12.7943

Mosty są wspaniałymi znakami interpunkcyjnymi podczas każdej podróży, a najdłuższy most drogowo-kolejowy świata, który został poprowadzony nad cieśniną Sund i łączy Malmö w Szwecji z Kopenhagą w Danii, przypomina delikatny myślnik. Przejazd tą trasą zapiera dech w piersiach.

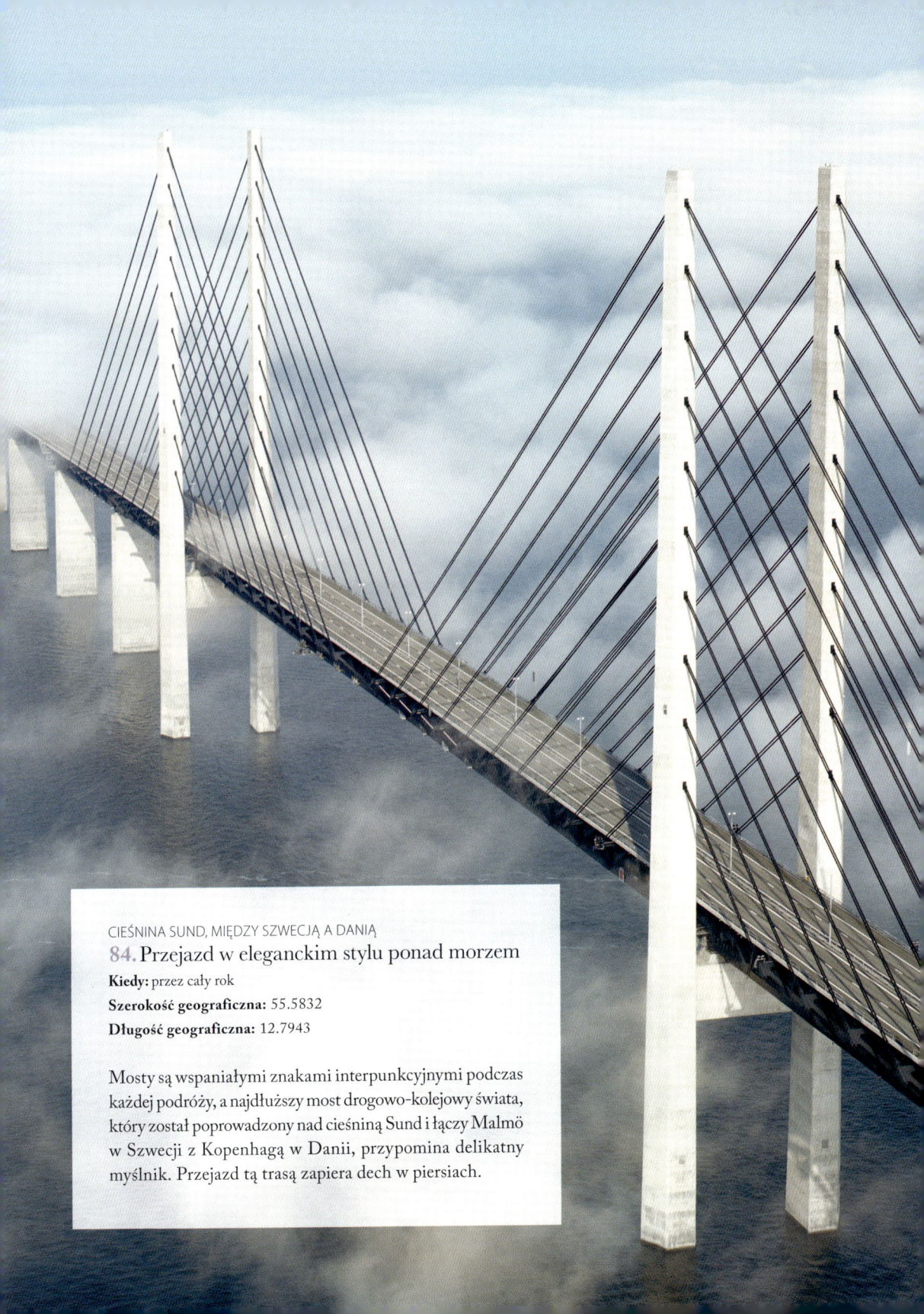

Wspaniałe ptasie akrobacje w Tønder, w Jutlandii, Dania

▲ TØNDER, JUTLANDIA, DANIA
85. Podziwianie wspaniałych ptasich akrobacji
Kiedy: wiosną i jesienią
Szerokość geograficzna: 54.9516
Długość geograficzna: 8.8818

Oto jeden z najbardziej fascynujących spektakli w świecie natury: setki tysięcy idealnie współpracujących szpaków przesłaniają o zmierzchu niebo potężną, skłębioną chmarą. Czasami określane mianem „czarnego słońca", te ptasie akrobacje na niebie tworzą prawdziwe dzieła sztuki. Jak twierdzą eksperci, takie popisy mają zdezorientować potencjalne drapieżniki – być może szpakom chodzi o zapewnienie sobie bezpieczeństwa za sprawą liczebności, ale przy okazji wystawiają dla obserwatorów niesamowity spektakl.

KUMBRIA, ANGLIA, WIELKA BRYTANIA
86. Zgłębianie magii w jej kolebce
Kiedy: przez cały rok
Szerokość geograficzna: 54.6733
Długość geograficzna: -3.2778

Temat magii ułatwia nawiązywanie kontaktów, a gdzie znajdziesz lepsze miejsce do jej praktykowania niż w Wielkiej Brytanii, wśród licznych kamiennych kręgów, jak ten u stóp wzgórza Elva? Takie miejsca są porozrzucane po całej Kumbrii, a wiele z nich znajduje się w pobliżu powszechnie dostępnych ścieżek, dzięki czemu łatwo do nich dotrzeć. Ponieważ zbudowano je w czasach prehistorycznych, trudno powiedzieć o nich cokolwiek ze stuprocentową pewnością. Niezależnie jednak od tego, w jakich okolicznościach powstały, są wspaniałymi miejscami przesyconymi tajemnicą i magią.

WHITBY, ANGLIA, WIELKA BRYTANIA
87. Gotycka atmosfera w mieście Draculi
Kiedy: w kwietniu i listopadzie
Szerokość geograficzna: 54.4858
Długość geograficzna: -0.6206

W ciągu 10 lat od powołania do życia gotyckich weekendów w Whitby przerodziły się one w tętniące życiem festiwale muzyki alternatywnej, które przyciągają do tego nadmorskiego miasta w północno-wschodniej Anglii setki zwariowanych, ekscentrycznych osób. Może warto do nich dołączyć w miejscu akcji powieści *Drakula* Brama Stokera?

PÓŁKULA PÓŁNOCNA   od 60°N do 45°N

OD WYBRZEŻA DO WYBRZEŻA, ANGLIA, WIELKA BRYTANIA
88. Wędrówka w poprzek szacownego kraju
Kiedy: od maja do września (ten okres zapewnia najlepszą pogodę)
Szerokość geograficzna: 54.4038
Długość geograficzna: -2.1639 (osada Keld leżąca w połowie trasy)

Najlepsze piesze wędrówki zapewniają człowiekowi poczucie, że zdołał czegoś dokonać. Do tej kategorii z pewnością zalicza się trasa, która pozwala dotrzeć znad Morza Irlandzkiego na zachodnim wybrzeżu Wielkiej Brytanii nad Morze Północne na wschodzie. Szlak został wymyślony przez wielkiego brytyjskiego wędrownika Alfreda Wainwrighta.

Zgodnie z tradycją moczymy czubki butów w morzu w punkcie początkowym w Saint Bees, a potem robimy to samo na końcu trasy, w Robin Hood's Bay. Szlak wiedzie przez trzy parki narodowe: Lake District charakteryzuje się pięknymi górami i przejrzystymi jeziorami; Yorkshire Dales kojarzy się z kamiennymi murkami przecinającymi zielone pola; North York Moors to z kolei smagane wiatrem wrzosowiska oraz Robin Hood's Bay – zatoka, w której można ponownie zamoczyć buty w morzu i pomyśleć o tym, ile kroków trzeba było wykonać, przemierzając ten szlak.

▼ SZAWLE, LITWA
89. Nabożny nastrój Góry Krzyży
Kiedy: przez cały rok
Szerokość geograficzna: 56.0154
Długość geograficzna: 23.4142

Na Górze Krzyży znajduje się nawet 150 000 krzyży – a także figur Chrystusa, różańców i posągów Matki Boskiej – wydających na wietrze przeróżne odgłosy. Po odwiedzeniu tego tajemniczego miejsca uświadomimy sobie, z jakim uporem tutejsi katolicy przeciwstawiali się Sowietom podczas niedawnej okupacji.

Góra Krzyży nieopodal Szawli, Litwa

PÓŁKULA PÓŁNOCNA   od 60°N do 45°N

ULSTER WAY, IRLANDIA PÓŁNOCNA, WIELKA BRYTANIA
90. Trekking wokół całego kraju
Kiedy: przez cały rok
Szerokość geograficzna: 55.2408
Długość geograficzna: -6.5117

Wyzwanie dla wytrwałych piechurów: przemierzyć wszystkie sześć hrabstw wchodzących w skład Irlandii Północnej i pokonać pętlę szlaku Ulster Way, mierzącą imponujące 1006 km długości.

Trasa została otwarta w latach 70. XX w., by pokazać miłośnikom długich wędrówek najpiękniejsze miejsca, jakie ma do zaoferowania północnoirlandzki krajobraz. Najpopularniejszym punktem rozpoczęcia trekkingu jest osobliwa Grobla Olbrzyma, której wiekowe, kamienne „stopnie" wystają z morza przy północnym brzegu kraju. Zgodnie z ruchem wskazówek zegara szlak prowadzi stamtąd przez lasy oraz zielone wzgórza Glens of Antrim, a także przez Glenariff Forest Park, usiany wodospadami i wąwozami o stromych zboczach. Później trasa, wiodąc wzdłuż wschodniego wybrzeża, doprowadza do Belfastu, stolicy kraju.

Wznoszące się na południowy-wschód góry Mourne dzięki licznym leśnym ścieżkom i szlakom górskim pozwalają zdobyć najwyższe szczyty w kraju. Dalej trasa przemierza okolice o bardziej rolniczym charakterze niż inne mijane tereny – biegnie wśród jezior i strumieni położonych wokół Sliabh Beagh Way. Kolejnym etapem trekkingu są tereny położone nad jeziorami i małe wysepki hrabstwa Fermanagh, a także słynne urwiska Magho. Na koniec szlak prowadzi przez góry Sperrin na zachodzie i z powrotem na północ do punktu, w którym rozpoczęła się wyprawa.

Najlepszym okresem na tę wędrówkę jest lato – kiepska pogoda sprawia, że wspaniałe widoki szybko nabierają przygnębiającego charakteru. Nawet w optymalnych miesiącach nie można jednak zapominać, że Irlandia słynie z opadów, tak więc koniecznie trzeba mieć kurtkę przeciwdeszczową i pokrowiec na plecak.

Grobla Olbrzyma w Irlandii Północnej, Wielka Brytania

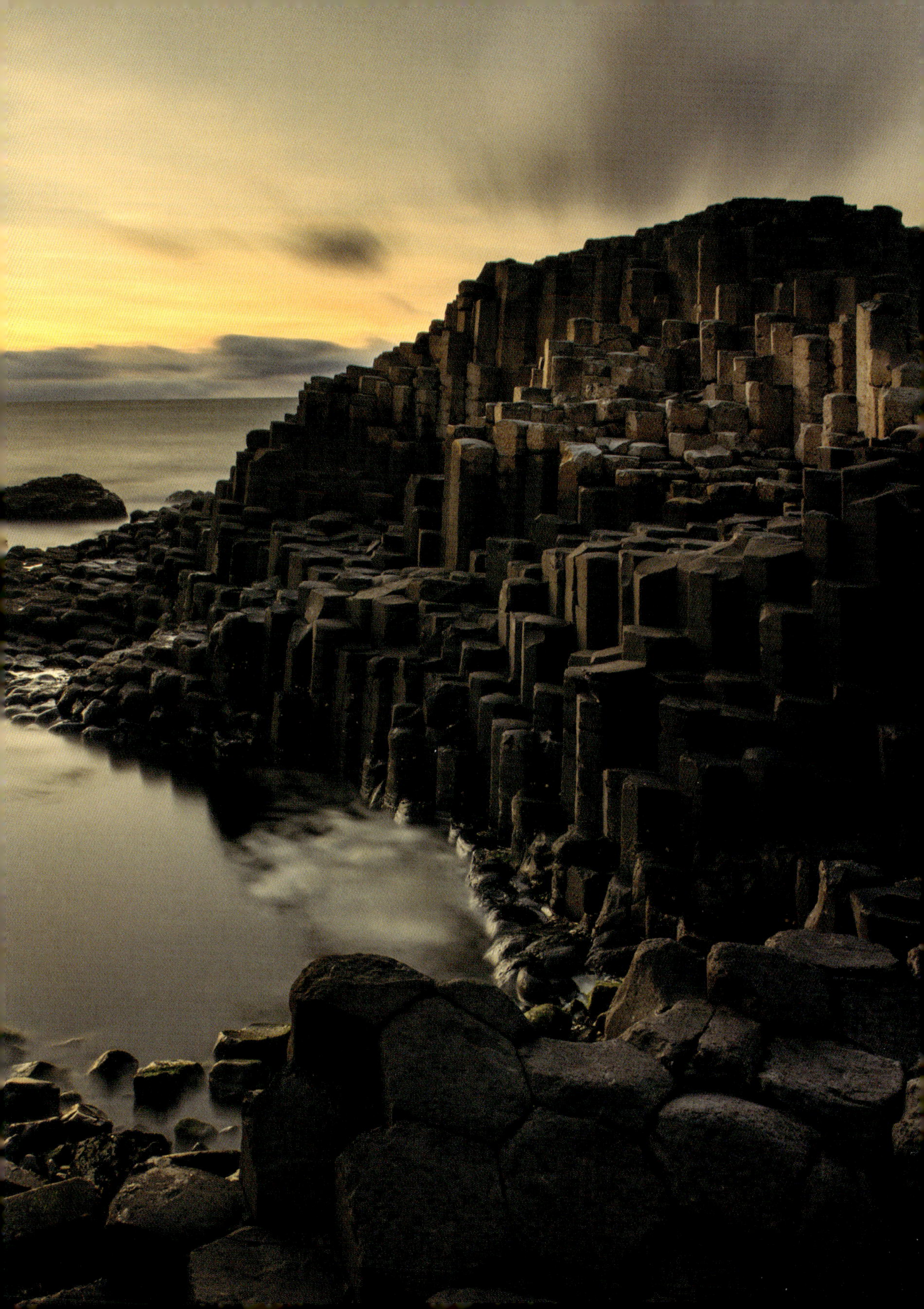

PÓŁKULA PÓŁNOCNA   od 60°N do 45°N

LISDOONVARNA, IRLANDIA
91. Poszukiwania miłości podczas festiwalu swatów
Kiedy: we wrześniu
Szerokość geograficzna: 53.0303
Długość geograficzna: -9.2894

Lisdoonvarna to co prawda maleńkie irlandzkie miasteczko, ale mimo to słynie jako miłosna stolica świata. Co roku we wrześniu przyjeżdżają tutaj tysiące samotnych osób na miesiąc swatania, słuchania muzyki i tańczenia podczas festiwalu organizowanego od ponad 150 lat.

NORFOLK, ANGLIA, WIELKA BRYTANIA
92. Kibicowanie podczas najwolniejszego wyścigu na świecie
Kiedy: w lipcu lub sierpniu
Szerokość geograficzna: 52.7819
Długość geograficzna: 0.5399

„Na miejsca… gotowi… powoli!" Tak rozpoczynają się organizowane co roku mistrzostwa świata w wyścigach ślimaków. Te najwolniejsze sprinty w świecie sportowym odbywają się w Congham od ponad 25 lat. Podczas jednego z letnich dni można obserwować, jak około 200 ślimaków przywiezionych do tej małej angielskiej wioski sprawdza swoje umiejętności, rywalizując w pełzaniu ze swoimi współbraćmi.

SNOWDON, WALIA, WIELKA BRYTANIA
93. Widok Walii z jej najwyższego punktu
Kiedy: przez cały rok (zależnie od pogody)
Szerokość geograficzna: 53.0917
Długość geograficzna: -3.8026

Snowdon (1085 m n.p.m.) to najwyższy punkt na terenie Wielkiej Brytanii (nie licząc Szkocji). Jest absolutnie zniewalający, a ze wspinaczką na szczyt poradzą sobie nawet umiarkowanie sprawne osoby; tak naprawdę można tam również wjechać kolejką. Na czubku można się napawać oszałamiającymi widokami Irlandii, Szkocji, Anglii oraz (oczywiście) Walii.

CROAGH PATRICK, MAYO, IRLANDIA
94. Na górski szczyt boso
Kiedy: ostatnia niedziela lipca
Szerokość geograficzna: 53.7595
Długość geograficzna: -9.6584

Uważa się, że tradycja pielgrzymowania na najświętszą górę Irlandii liczy ponad 5000 lat i sięga epoki kamienia, czyli czasów zdecydowanie poprzedzających pojawienie się na wyspie chrześcijaństwa. Poganie podobno gromadzili się na tym wzniesieniu w celu uczczenia dobrych żniw. Dziś wielką atrakcją jest doroczna pielgrzymka ku czci Świętego Patryka – legenda głosi, że właśnie z tej góry przemawiał, gdy na zawsze przegonił z Irlandii węże.

Zgodnie z tradycją pielgrzymi zdobywają Croagh Patrick boso, co jest formą pokuty, ale na szczyt można się wspiąć przy dobrej pogodzie przez cały rok, a buty są nie tyle opcjonalnym, ile wręcz zalecanym elementem ekwipunku. Na górę patrona Irlandii oprócz pielgrzymów wdrapują się wędrowcy, archeolodzy i miłośnicy natury z całego świata, a spokojna wędrówka zajmuje im około dwóch godzin.

▶ KOLUMBIA BRYTYJSKA, KANADA
95. Na tropie niedźwiedzia ducha
Kiedy: od sierpnia do października
Szerokość geograficzna: 53,7267°N
Długość geograficzna: -127.6476

Niedźwiedzie duchy są odmianą niedźwiedzia czarnego obdarzoną białym lub kremowym futrem. Zapewnia im ono magiczną aurę, więc nic dziwnego, że prowincja Kolumbia Brytyjska wybrała sobie to zwierzę na swój symbol. Głównym siedliskiem jasnowłosych baribali jest Great Bear Rainforest – chroniony las wilgotny strefy umiarkowanej, w którym najprędzej je znajdziemy.

Niedźwiedź duch na Wyspie Księżnej Royal w pobliżu Great Bear Rainforest, Kanada

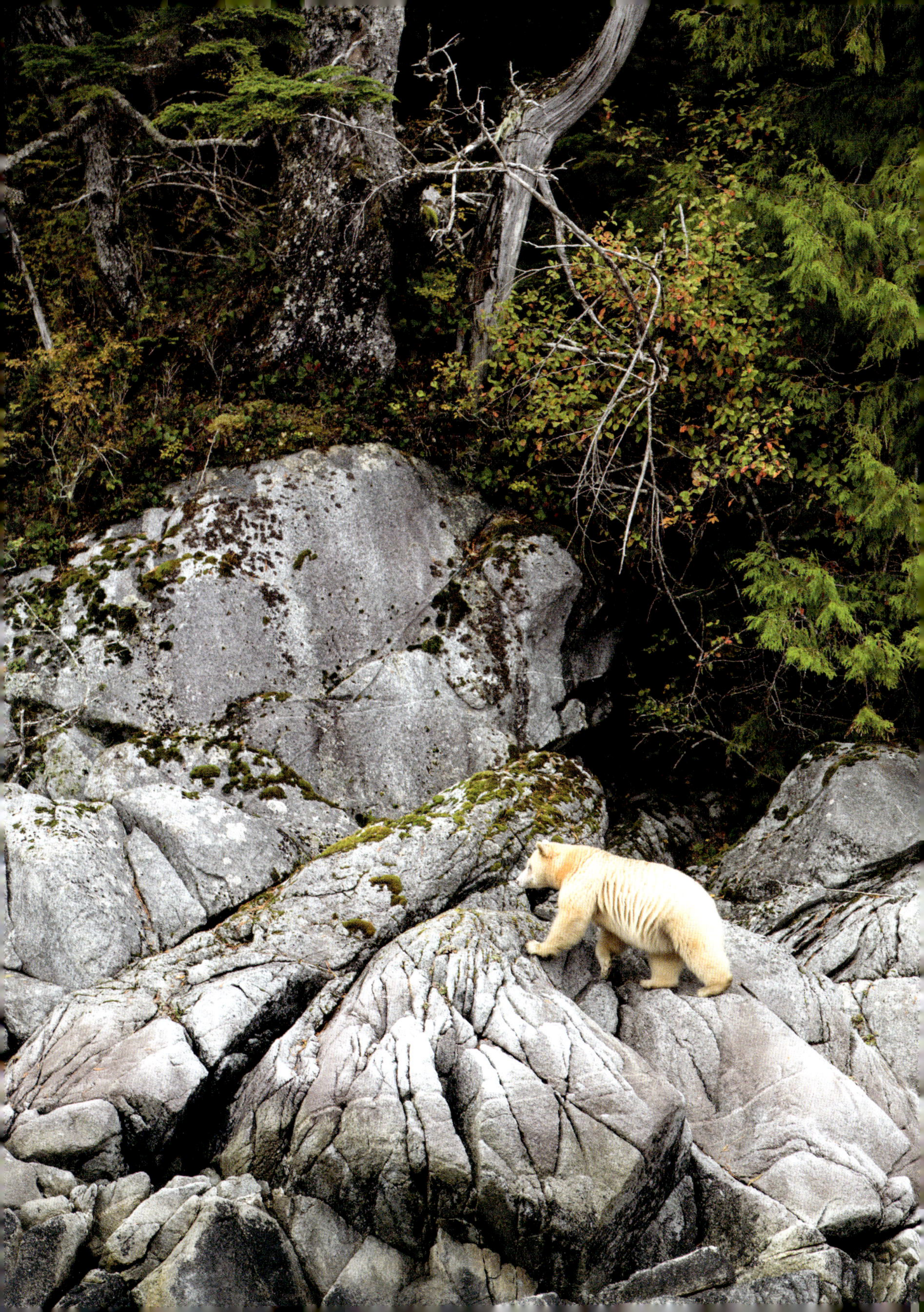

PÓŁKULA PÓŁNOCNA   od 60°N do 45°N

WAKEFIELD, ANGLIA, WIELKA BRYTANIA
96. Wśród rzeźb Henry'ego Moore'a w Yorkshire
Kiedy: otwarte codziennie (oprócz 24 i 25 grudnia)
Szerokość geograficzna: 53.6140   **Długość geograficzna:** -1.5671

Jedną z pierwszych rzeczy, które witają zwiedzających w Parku Rzeźby Yorkshire, jest będący dziełem Leo Fitzmaurice'a znak drogowy „Arcadia", nawiązujący do obrazu lub idei życia na wsi uważanej za idealne środowisko. Dalej wśród pagórkowatych pól prowadzących do parku widać rzeźby Henry'ego Moore'a – jednego z najsłynniejszych artystów z Yorkshire, założyciela tego parku, a także prawdziwego piewcy lokalnych krajobrazów oraz tutejszego dziedzictwa kulturowego.

Rzeźby stoją pod gołym niebem, w tym różne dzieła Moore'a wykonane z brązu – ich megalityczne, pełne krągłości sylwetki wyraźnie odcinają się na tle pofałdowanych wzgórz oraz wiejskiej scenerii. W istocie park stanowi wspaniałą oprawę dla jednej z najbogatszych europejskich kolekcji rzeźb z brązu autorstwa tego artysty.

Aby doświadczyć pełni mocy owych dzieł sztuki, koniecznie trzeba się przejść po parku; to niezwykły spacer, podczas którego widoki zmieniają się, w miarę jak podchodzimy do rzeźb. Warto stanąć tuż obok gładkiego brązu, a potem trochę się cofnąć – to właśnie tak wyobrażał sobie oglądanie tych dzieł ich twórca.

Oprócz rzeźb Moore'a w parku znajdują się też stałe lub czasowe ekspozycje rzeźb innych artystów, takich jak Barbara Hepworth, Sophie Ryder i Tim Paul.

LIVERPOOL, ANGLIA, WIELKA BRYTANIA
97. W domu Johna Lennona
Kiedy: przez cały rok (tylko w ramach zorganizowanych wycieczek)
Szerokość geograficzna: 53.3772
Długość geograficzna: -2.8813

Za szarą, kamienną fasadą budynku pod numerem 251 przy Menlove Avenue w Woolton na przedmieściach Liverpoolu kryje się miejsce głęboko związane z historią jednego z najwybitniejszych zespołów muzycznych wszech czasów.

Od lipca 1946 r. do połowy 1963 r. dom był własnością Johna Lennona, który wraz z przyjacielem z dzieciństwa Paulem McCartneyem tworzył piosenki zespołu The Beatles. Miłośnicy Fab Four mogą teraz wziąć udział w zorganizowanych wycieczkach po miejscu, w którym narodziła się legenda. Ta niezwykła podróż w czasie zapewnia wspaniały wgląd w powojenne środowisko, w którym powstał zespół zachowujący swoją charyzmę pomimo upływu ponad 50 lat.

Będąc na miejscu, można również dołączyć do The Beatles Magical Mystery Tour, wycieczki autobusowej pozwalającej odwiedzić wiele ważnych miejsc w historii zespołu.

DUBLIN, IRLANDIA
98. Degustacja lokalnych trunków
Kiedy: przez cały rok
Szerokość geograficzna: 53.3498
Długość geograficzna: -6.2603

Gdy podczas wakacji kupimy butelkę jakiegoś lokalnego trunku, dziwnym trafem po powrocie do domu nigdy nie smakuje on tak dobrze jak w miejscu, z którego pochodzi. To zjawisko ma wytłumaczenie naukowe: badania dotyczące tego, dlaczego guinness smakuje najlepiej w Irlandii, pozwoliły zidentyfikować kilka czynników; zalicza się do nich to, że napój nie jest wystawiany na szkodliwe działanie podróży, a większy popyt na miejscu oznacza, że klienci piją świeższe piwo. Ta teoria znajduje zastosowanie w kontekście wielu innych napojów, co przemawia za konsumpcją lokalnych specjałów na miejscu.

Biblioteka Trinity College w Dublinie, Irlandia

LIVERPOOL, ANGLIA, WIELKA BRYTANIA
99. Spacer wśród instalacji *Another Place*
Kiedy: przez cały rok
Szerokość geograficzna: 53.4875
Długość geograficzna: -3.0507

Instalacja *Another Place* sir Anthony'ego Gormleya składa się ze 100 żeliwnych postaci rozstawionych na trzykilometrowym odcinku Crosby Beach, mniej więcej kilometr w głąb morza. Po tym, jak były wystawiane w Niemczech, Norwegii i Belgii, teraz stały się elementem krajobrazu okolic Liverpoolu. Klucząc wśród nich, można zgłębić relacje łączące człowieka z naturą.

LIVERPOOL, ANGLIA, WIELKA BRYTANIA
100. Z niewielką pomocą przyjaciół
Kiedy: przez cały rok
Szerokość geograficzna: 53.4061
Długość geograficzna: -2.9872
(The Cavern Club)

Zespół The Beatles nagrał ponad 300 piosenek. Może warto ich posłuchać tam, gdzie wszystko się zaczęło, w historycznym Liverpoolu? Dla fanów ważnym przeżyciem będzie spacer po mieście: od The Cavern Clubu – miejsca narodzin zespołu – przez Penny Lane, Strawberry Field i inne lokalizacje, o których śpiewali Beatlesi.

▲ DUBLIN, IRLANDIA
101. Zatopić się w lekturze w bibliotece Trinity College
Kiedy: przez cały rok
Szerokość geograficzna: 53.3453
Długość geograficzna: -6.2578

Trinity College to jedna z najwspanialszych uczelni na świecie. Tamtejsza biblioteka skrywa pradawne arcydzieło – *Księgę z Kells*, którą ogląda się po wniesieniu stosownej opłaty. Nie można jednak tak po prostu wejść do słynnej sali Long Room; kto nie jest studentem, musi pokonać wiele przeszkód formalnych i udowodnić, że książki, z którą chce się zapoznać, nie da się znaleźć w żadnym innym miejscu.

LOUGH CORRIB, IRLANDIA
102. Co dzień inna wyspa
Kiedy: przez cały rok
Szerokość geograficzna: 53.4333
Długość geograficzna: -9.2333

Legenda głosi, że na jeziorze Lough Corrib w Irlandii jest 365 wysp – po jednej na każdy dzień w roku. Przesada? Wręcz przeciwnie: na tym wspaniałym jeziorze znajduje się w istocie aż 1327 wysp.

Zachodnie wybrzeże Irlandii usiane jest słodkowodnymi jeziorami; okolicę określa się czasami mianem irlandzkiego pojezierza, Lake District. Lough Corrib to największe z jezior (ma powierzchnię 176 km^2) i z pewnością najbardziej nastrojowe: nad wodą zalega skłębiona mgła, podczas gdy powietrze wypełnia się odgłosami poranka. Można tu znaleźć jedne z najlepszych miejsc do łowienia ryb w całej Europie.

Oto wyzwanie: ile wysp uda się odwiedzić podczas jednego urlopu?

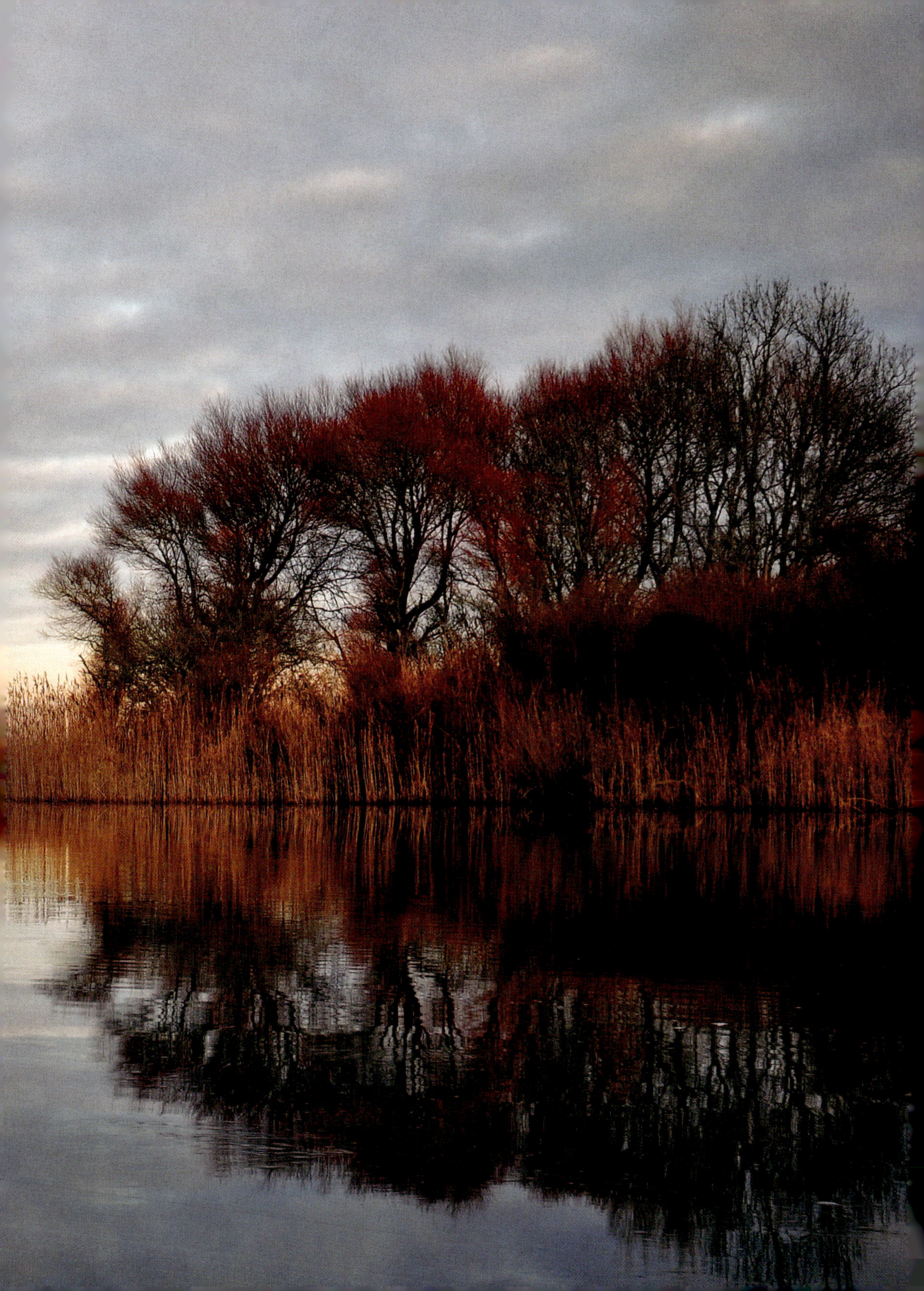

GRONINGEN, HOLANDIA
103. Arcywspinaczka
Kiedy: przez cały rok
Szerokość geograficzna: 53.2408
Długość geograficzna: 6.6008

Fani wspinaczki skałkowej honorowo muszą się zmierzyć z najwyższą wolnostojącą ścianką wspinaczkową na świecie, która wyrasta wśród płaskiego krajobrazu Holandii. Excalibur mierzy 37 m wysokości, a jego przewieszenie sięga 11 m – oznacza to bardzo ambitne wyzwanie wspinaczkowe. Na pewno nie jest to miejsce dla osób, które mają lęk wysokości…

PÓŁKULA PÓŁNOCNA   od 60°N do 45°N

Krzywy Las w Nowym Czarnowie, Polska

WIELKA BRYTANIA
104. Odpłynąć w medytację
Kiedy: przez cały rok
Szerokość geograficzna: 51.5000
Długość geograficzna: -0.1167
(Wielka Brytania)

▲ NOWE CZARNOWO, POLSKA
105. Przechadzka po Krzywym Lesie
Kiedy: przez cały rok
Szerokość geograficzna: 53.1833
Długość geograficzna: 14.4833

WYŻYNA ŚLĄSKA, POLSKA
106. Spacer po pustyni… w Polsce?!
Kiedy: przez cały rok
Szerokość geograficzna: 50.3716
Długość geograficzna: 19.4308

Medytacja transcendentalna wykorzystuje powtarzanie wyjątkowej mantry i jest bez wątpienia świetnym sposobem, by się rozluźnić, a także uciec myślami od zgiełku współczesnego życia. Osoby praktykujące ją (do tego grona zaliczają się zarówno Beatlesi, jak i Rupert Murdoch) twierdzą też, że zapewnia ona korzyści zdrowotne. Na chętnych czekają liczne brytyjskie ośrodki organizujące stosowne kursy.

Do dziś nie wiadomo, co sprawiło, że pnie drzew w tym lesie są zakrzywione pod kątem prostym. Może była to burza śnieżna? A może jest to sprawka człowieka hodującego krzywe drzewa na meble? Spacer po lesie pomoże nam wymyślić własne teorie dotyczące okoliczności powstania tego miejsca.

Europa niekoniecznie kojarzy się z pustyniami, ale największa europejska równina pokryta piaskiem, Pustynia Błędowska w Polsce, jest fascynującym obszarem o powierzchni 33 km². Po piaszczystych szlakach można się przejść lub przejechać konno, a dotrzeć tam łatwo samochodem – zaledwie godzina drogi od Krakowa.

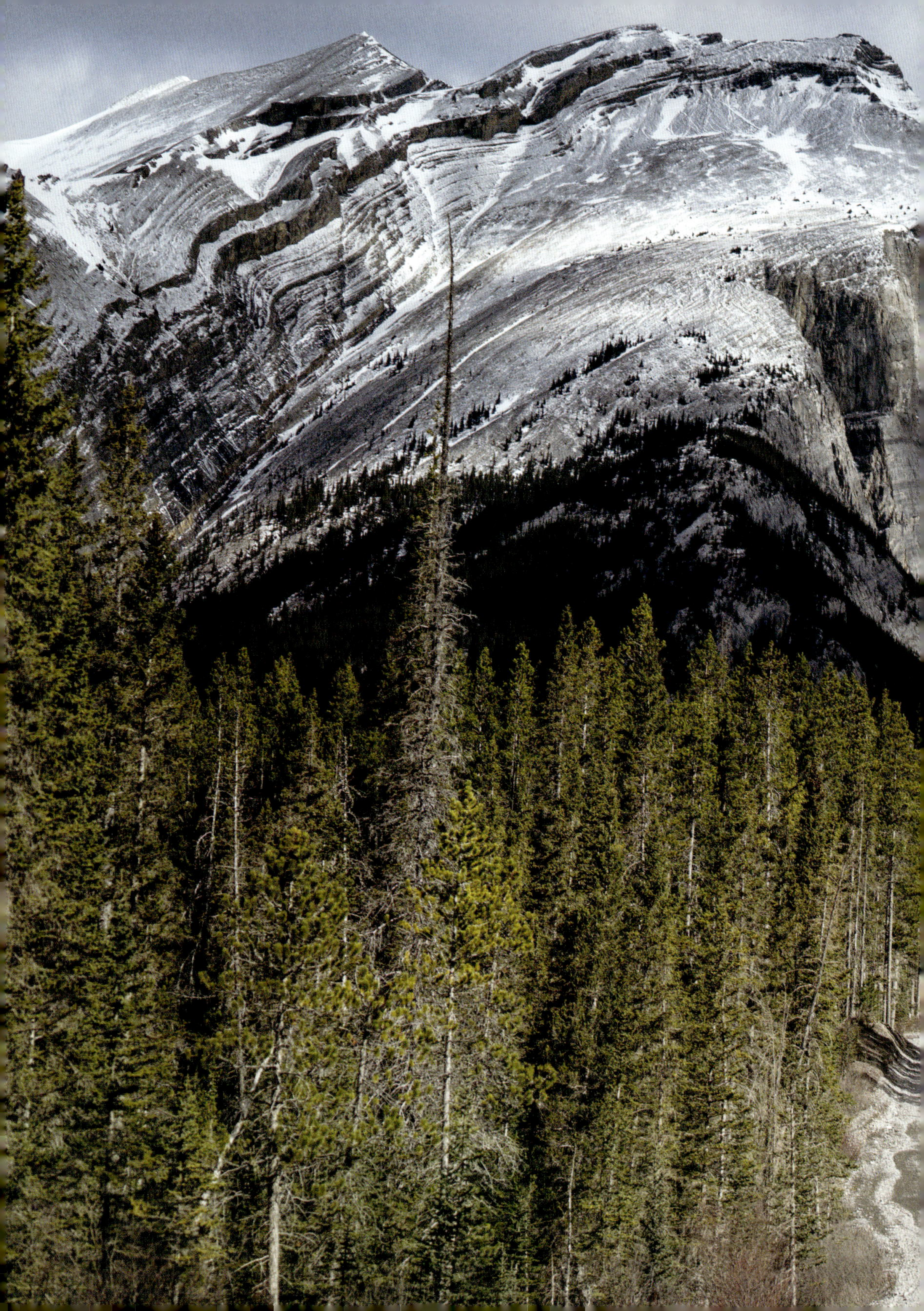

ALBERTA, KANADA

107. Rowerem przez Canadian Rockies

Kiedy: od maja do września **Szerokość geograficzna:** 52.8731
Długość geograficzna: -118.0822 (Jasper, punkt wysunięty najdalej na północ)

Licząca 232 km długości trasa ciągnąca się wzdłuż Icefields Parkway w prowincji Alberta – od Jasper na północy do Lake Louis na południu – zalicza się do najwspanialszych szlaków rowerowych na świecie. Rowerzyści, którzy wyruszają w cztero- lub pięciodniową podróż przez dziewicze pustkowia wpisanych na listę światowego dziedzictwa UNESCO parków narodowych w kanadyjskich Górach Skalistych, mogą liczyć na wspaniałe widoki starych pól lodowych, setek lodowców, wodospadów płynących wśród skalnych iglic, pokrytych śniegiem szczytów, a także błękitnych jezior w głębokich dolinach. Dodajmy do tego bogactwo fauny – żyją tu niedźwiedzie czarne i grizzly, jelenie kanadyjskie, orły przednie, łosie i wilki. Po drodze można sobie urządzać zasłużone odpoczynki na zlokalizowanych nad strumieniami kempingach, na których wolno rozpalać ogniska. Prowiant należy trzymać w pojemnikach niedostępnych dla niedźwiedzi. Innym rozwiązaniem są hostele oferujące atmosferę prostych chat – w takich miejscach spędzimy trochę czasu z innymi podróżnikami.

PÓŁKULA PÓŁNOCNA   od 60°N do 45°N

SPANDAU, BERLIN, NIEMCY
108. Łodzią albo kajakiem z Berlina nad Bałtyk
Kiedy: od maja do września
Szerokość geograficzna: 52.5361
Długość geograficzna: 13.2033

Czasami najwolniejsze rozwiązania są najlepsze. Korzystając z pociągu, można pokonać trasę z Berlina, obfitującej w historyczne obiekty stolicy Niemiec, nad brzeg Morza Bałtyckiego w Szczecinie w niewiele ponad dwie godziny. Ile jednak będzie w tym romantyzmu i poczucia przygody?

Jeśli ktoś tęskni za spokojniejszym tempem podróży drogą wodną i chce przeznaczyć na pokonanie tej trasy kilka dni, powinien wybrać znacznie bardziej interesujące rozwiązanie – liczący 161 km długości szlak wodny. Niewykluczone, że w kilku miejscach zboczy też trochę z drogi, by urządzić sobie postój. Szlaki wodne wypływające ze Spandau zmierzają we wszystkich kierunkach, również na północny wschód, w stronę Bałtyku. Kilka tamtejszych firm ma w swojej ofercie zarówno łodzie do wynajęcia, jak i wycieczki z przewodnikiem.

Podróż kanałami zapewni mnóstwo czasu na podziwianie widoków, pozwalając spojrzeć zupełnie innym okiem na miejsca mijane leniwie, w niespiesznym tempie.

BERLIN, NIEMCY
109. Wystawa własnych prac
Kiedy: przez cały rok
Szerokość geograficzna: 52.5233
Długość geograficzna: 13.3839

W Berlinie aż się roi od galerii sztuki – można zatem wynająć tam przestrzeń wystawową i zaprezentować swoje obrazy, fotografie lub inne dzieła sztuki, dołączając tym samym do setek artystów podejmujących takie kroki. W poszukiwaniu inspiracji warto zwiedzić Bunkier Borosa, zbudowany w 1942 r. jako odporny na działanie bomb schron o ścianach grubych na 3 m. Ten obiekt jest jednak otwarty od czwartku do niedzieli i na wizytę trzeba się umówić z wyprzedzeniem.

KILONIA, NIEMCY
110. Wysłanie listu w butelce
Kiedy: przez cały rok
Szerokość geograficzna: 54.3333
Długość geograficzna: 10.1333

Nie wolno tylko zapomnieć o załączeniu swojego adresu e-mail, na który można byłoby wysłać odpowiedź. Choć trudno się temu dziwić, takiej informacji zabrakło w liście wyłowionym w butelce w 2014 r. z Bałtyku w okolicach Kilonii. Ta wiadomość dryfowała w morzu przez ponad 100 lat i jest uważana za najstarszy tego rodzaju list na świecie.

NIEMCY
111. Pomknąć bez ograniczeń prędkości
Kiedy: przez cały rok
Szerokość geograficzna: 52.5167
Długość geograficzna: 13.3833
(Berlin)

System niemieckich autostrad o łącznej długości 15 306 km słynie z długich odcinków dróg, na których nie ma ograniczeń prędkości (choć istnieją stosowne zalecenia). Można bez trudu wyjechać na te drogi z większości niemieckich miast, włącznie ze stolicą, Berlinem.

FLEVOLAND, HOLANDIA
112. Podróż trasą Tulpenroute
Kiedy: od połowy kwietnia do maja
Szerokość geograficzna: 52.6926
Długość geograficzna: 5.7378

Jadąc „Drogą Tulipanów", Tulpenroute w gminie Noordoostpolder, koniecznie trzeba wysiąść z samochodu i obejrzeć kwiaty z bliska. Barwne tulipany rosną jak okiem sięgnąć, kołysząc się na polach o powierzchni ponad tysiąca hektarów. Ten kolorowy, żywy krajobraz jest odpowiednim hołdem dla najsłynniejszego holenderskiego kwiatu i stanowi zarazem niezwykłe świadectwo ogrodniczych umiejętności Holendrów.

Tulpenroute, Flevoland, Holandia

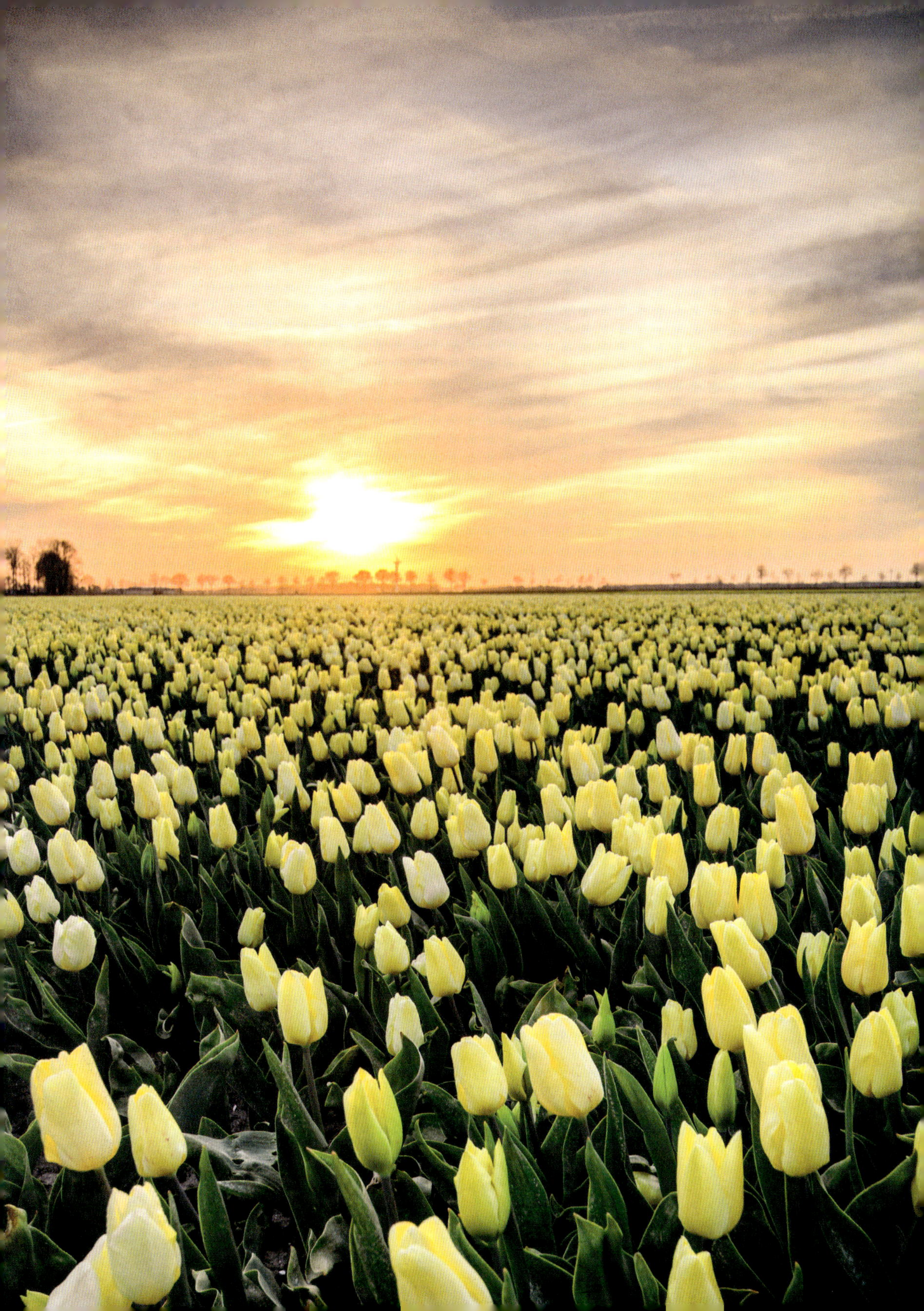

PÓŁKULA PÓŁNOCNA   od 60°N do 45°N

BERLIN, NIEMCY
113. Przechadzka wzdłuż najbardziej niesławnego muru w historii ludzkości
Kiedy: przez cały rok
Szerokość geograficzna: 52.5200   **Długość geograficzna:** 13.4049

Mur Berliński w latach 1961–1989 dzielił Niemcy na wschodnią i zachodnią część, symbolizując globalną walkę o władzę między komunizmem a zachodnią cywilizacją; zapobiegał też masowym ucieczkom mieszkańców bloku wschodniego. Była to przerażająca budowla z wieżyczkami strażniczymi, rowami przeciwczołgowymi oraz cieszącą się złą sławą „strefą śmierci", w której zginęło wiele osób próbujących przedostać się na zachodnią stronę.

Dziś ta dawna bariera została przekształcona w szlak historyczny. Trasa ciągnie się przez około 160 km i prawie cały ten odcinek można pokonać pieszo lub na rowerze. Długość dawnego muru może się wydać przytłaczająca, ale przebycie tego szlaku na pewno pozytywnie wpłynie na wiedzę odwiedzającego; niewykluczone też, że poprawi jego formę fizyczną.

Najbardziej niesławne ogrodzenie na świecie – Mur Berliński w Niemczech

▶ AMSTERDAM, HOLANDIA
114. Smutne echa historii w Domu Anne Frank
Kiedy: przez cały rok
Szerokość geograficzna: 52.3752
Długość geograficzna: 4.8840

Na zwiedzających czekają pomieszczenia, w których Anne Frank mieszkała z krewnymi przez dwa lata podczas II wojny światowej. Rodzina Franków ukrywała się w aneksie za biurem ojca dziewczyny i to właśnie tam młoda Żydówka napisała swój słynny pamiętnik. Do kryjówki prowadzi wejście schowane za regałem z książkami – w 1960 r. urządzono tutaj muzeum, by ludzie mogli się czegoś dowiedzieć o życiu i twórczości Anne. Wizyta w tym miejscu wzbudza zarówno szacunek, jak i przerażenie, gdy się zestawi całe ciepło i miłość przebijające z dziennika Anne z brutalnym okrucieństwem Holokaustu.

Dom Anne Frank w Amsterdamie, Holandia

BERLIN, NIEMCY
115. Podziwianie na żywo kunsztu sir Simona Rattle'a
Kiedy: trzeba sprawdzić daty koncertów
Szerokość geograficzna: 52.5200
Długość geograficzna: 13.4049

Sir Simon Rattle, powszechnie uważany za najlepszego dyrygenta na świecie, w latach 2002–2017 kierował Filharmonikami Berlińskimi, by zostać później dyrektorem muzycznym London Symphony Orchestra. Warto być przy tym, jak energiczny artysta z Liverpoolu interpretuje klasyczne dzieła – to coś, co trzeba ujrzeć na własne oczy.

PARK TIERGARTEN, BERLIN, NIEMCY
116. Paradowanie nago w centrum ruchliwego miasta
Kiedy: gdy tylko zrobi się ciepło...
Szerokość geograficzna: 52.5145
Długość geograficzna: 13.3500

Rozbieranie się do naga bez śladu zażenowania jest cechą szczególną Niemców; golizna na plażach oraz opalanie się bez ubrań w parkach publicznych są tu czymś powszechnym. Park Tiergarten w Berlinie – największa przestrzeń zielona w niemieckiej stolicy – ma wydzieloną strefę dla naturystów, która pozwala zasmakować tego doznania i towarzyszącego mu poczucia swobody.

PÓŁKULA PÓŁNOCNA   od 60°N do 45°N

HAGA, HOLANDIA
117. Tajemnicze spojrzenie *Dziewczyny z perłą*
Kiedy: przez cały rok
Szerokość geograficzna: 52.0803
Długość geograficzna: 4.3142

Koniecznie trzeba ulec naturalnemu urokowi „Mona Lisy północy" Jana Vermeera – obrazu wystawianego w Królewskiej Galerii Malarstwa (Mauritshuis). Kim właściwie była ta dziewczyna i dlaczego ma na głowie niebieski turban, a w uchu zawieszony tytułowy, niewiarygodnych rozmiarów kolczyk z perłą?

HRABSTWO CORK, IRLANDIA
118. Pocałunek złożony na kamieniu z Blarney
Kiedy: przez cały rok
Szerokość geograficzna: 51.9343
Długość geograficzna: -8.5669

Pocałowanie tego kamienia ma ponoć zapewniać dar przekonywania i elokwencję. Ta tradycja sięga czasów, w których budowniczy zamku w Blarney po pocałowaniu tego głazu wygrał sprawę w sądzie. Wespnij się zatem na mury, wychyl do tyłu poza krawędź ganku i złóż pocałunek, który może ci zapewnić pomyślność.

▶ AMSTERDAM, HOLANDIA
119. Zwiedzanie Wenecji Północy na rowerze
Kiedy: przez cały rok
Szerokość geograficzna: 52.3667
Długość geograficzna: 4.9000

Niezależnie od tego, czy do największego miasta Holandii przyciągnęły nas dzieła Rembrandta i van Gogha, czy raczej coffee shopy i dzielnica czerwonych świateł, Amsterdam najlepiej zwiedzać na rowerze. To prawdziwa przyjemność – zgubić się podczas pedałowania wśród malowniczych kanałów, domów z wąskimi fasadami oraz kołyszących się barek mieszkalnych. Grachtengordel, czyli „pas kanałów", to system złożony z ponad 80 kanałów przecinających centrum miasta (w całym mieście jest ich półtora tysiąca). A skoro są kanały, to i liczne mosty – dlatego właśnie mówi się o Wenecji Północy.

Amsterdam, Holandia

PÓŁKULA PÓŁNOCNA   od 60°N do 45°N

▶ PN PEMBROKESHIRE COAST, WALIA, WLK. BRYTANIA
120. Wielki plusk
Kiedy: od maja do września
Szerokość geograficzna: 51.8812
Długość geograficzna: -5.2660 (St David's)

Coasteering – opisywany jako „wspinaczka w bok" – został wymyślony w Pembrokeshire na zachodnim wybrzeżu Walii w połowie lat 80. XX w., a okolica wciąż pozostaje głównym ośrodkiem tej aktywności. Sport polega na przemieszczaniu się w piance pływackiej wzdłuż linii brzegowej i stanowi połączenie wspinaczki, wdrapywania się na skały, eksplorowania jaskiń, pływania, surfingu bez deski, a okazjonalnie także skakania z urwisk. Zmieniające się pływy, fale oraz flora i fauna sprawiają, że każdy taki wypad okazuje się wyjątkowy; coasteering zapewnia też mnóstwo energii i zabawy całej rodzinie. Należy zatem przywdziać piankę do pływania i ruszyć na odkrywanie okolicy – trzeba tylko pamiętać o tym, by skorzystać z usług wykwalifikowanego przewodnika, który zna to miejsce.

Coasteering na zachodnim wybrzeżu Walii, Wielka Brytania

DUNGENESS, ANGLIA, WIELKA BRYTANIA
121. Uroki postmodernistycznego ogrodu
Kiedy: przez cały rok (od strony drogi)
Szerokość geograficzna: 50.9193
Długość geograficzna: 0.9652

Na kamienistym wybrzeżu niedaleko elektrowni jądrowej w Dungeness znajduje się niezwykły raj – miejsce stworzone przez nieżyjącego już artystę, pisarza, scenografa i reżysera filmowego Dereka Jarmana (1942–1994). „Raj nawiedza ogrody, a niektóre ogrody są rajami. Mój jest jednym z nich" – napisał w swojej ostatniej książce, *Derek Jarman's Garden*, wydanej już po jego śmierci. Raj Jarmana wciąż rozwija się wokół jego ostatniego miejsca zamieszkania, Prospect Cottage w Dungeness. Na czarnej, drewnianej ścianie domku znalazły się fragmenty wiersza Johna Donne'a *Wschód słońca*. Ogród można podziwiać z drogi lub przejść się po sąsiedniej plaży, na którą ten powoli już wkracza.

OKSFORD, ANGLIA, WIELKA BRYTANIA
122. Poszerzanie swojego zasobu słówek
Kiedy: przez cały rok
Szerokość geograficzna: 51.7519
Długość geograficzna: -1.2578
(miejsce, w którym wydawany jest *Oxford English Dictionary*)

Na naukę nigdy nie jest za późno, a włączanie do rozmowy nowych słów może sprawiać mnóstwo radości. Warto się uzbroić w słownik (albo pobrać aplikację) i postawić sobie za cel uczenie się każdego dnia jednego nowego słowa. Dziś może to być *pogonophobia* – po polsku pogonofobia, czyli strach przed zarostem.

PÓŁKULA PÓŁNOCNA   od 60°N do 45°N

SKELLIG MICHAEL, KERRY, IRLANDIA
123. Wspinaczka na kraniec wszechświata
Kiedy: latem (przy sprzyjającej pogodzie)
Szerokość geograficzna: 51.7711
Długość geograficzna: -10.5406

Luke Skywalker ukrywał się latami w najdalszym zakątku wszechświata, na skalistej wyspie otoczonej przez morze; to właśnie tam został odnaleziony w końcowych scenach *Przebudzenia mocy*, wyprodukowanego w 2015 r. filmu zwiastującego powrót sagi *Gwiezdnych wojen*. Jeśli wrócimy do prawdziwego świata, okaże się, że imponująca lokalizacja, w której kręcono te sceny, jest w istocie tylko trochę łatwiej dostępna niż fikcyjne międzygalaktyczne ustronie, któremu użyczyła scenerii. Podobnie jednak jak w filmie wysiłki podejmowane w celu dotarcia w to miejsce zostaną hojnie wynagrodzone: wyspa Skellig Michael położona jest na Atlantyku u wybrzeży irlandzkiego hrabstwa Kerry i znajduje się na liście światowego dziedzictwa UNESCO. Strome schody i urwiska odstraszają jednak bojaźliwe osoby, a dostęp do wyspy jest silnie uzależniony od warunków pogodowych.

▼ OSS, HOLANDIA
124. Pobyt w hotelu z piasku
Kiedy: latem
Szerokość geograficzna: 51.7611
Długość geograficzna: 5.5140

Nocleg w zamku wykonanym z piasku przez holenderskich rzeźbiarzy to spełnienie dziecięcych marzeń. Ten zaskakująco luksusowy obiekt posiada nawet most zwodzony i wieżyczki; pod koniec lata zostaje zburzony (przypuszczalnie przy użyciu ogromnej łopaty).

Hotel z piasku w Oss w Holandii

PÓŁKULA PÓŁNOCNA od 60°N do 45°N

POCZĄTEK W THAMES HEAD W ANGLII, WIELKA BRYTANIA
125. Podróż wzdłuż rzeki od jej źródeł do morza

Kiedy: przez cały rok
Szerokość geograficzna: 51.6943
Długość geograficzna: -2.0297

Aby doświadczyć zachodzącego w naturze kompletnego procesu transformacji, można odbyć podróż (pieszo, biegiem, rowerem lub nawet wpław) od źródeł rzeki aż do jej ujścia do morza. Ze względu na swoją dostępność świetnym celem może być Tamiza w Anglii, najdłuższa rzeka tego kraju (ma 346 km długości). Po drodze mnóstwo wspaniałych miejsc będzie zachęcało do odpoczynku i zwiedzania. Trasa zaczyna się w Thames Head, niedaleko wsi Kemble w Gloucestershire, a kończy w Essex; po drodze jest oczywiście Londyn – być może odrębna przygoda.

Tamiza wypływająca ze źródła w Thames Head w Gloucestershire (po lewej) i zmierzająca do morza przez Londyn (poniżej)

PÓŁKULA PÓŁNOCNA   od 60°N do 45°N

DOLINA RHONDDA, WALIA
126. Śpiewanie z walijskim chórem
Kiedy: przez cały rok
Szerokość geograficzna: 51.6159
Długość geograficzna: -3.4175

Walia szczyci się długą i wspaniałą historią związaną ze śpiewaniem; obejmuje ona piosenki ludowe, które przetrwały próby wyparcia języka walijskiego, męskie chóry górników wydobywających węgiel, a także z zapałem kręcącego biodrami Toma Jonesa. Chóry istnieją w dolinie Rhondda od ponad 150 lat i łatwo się do nich przyłączyć – wystarczy przyjść na zbiórkę i zacząć śpiewać z innymi.

LONDYN, ANGLIA, WIELKA BRYTANIA
127. Całus z celebrytą
Kiedy: przez cały rok
Szerokość geograficzna: 51.5228
Długość geograficzna: -0.1553

W realnym świecie raczej nie uda się pocałować swojego idola, lepiej więc odwiedzić muzeum figur woskowych Madame Tussaud, które zaczęło działalność w Londynie, a teraz ma filie rozsiane po całym świecie. Są tam figury wielu osobistości, ale trafiają się też prawdziwi celebryci, z krwi i kości. Ozzy Osbourne, Arnold Schwarzenegger, członkowie zespołu One Direction i nie tylko oni stawali w muzeum zamiast swoich woskowych podobizn, by spłatać psikusa niczego niepodejrzewającym gościom.

LONDYN, NOWY JORK, TOKIO
128. Zakupy w trzech mekkach mody
Kiedy: przez cały rok
Szerokość geograficzna: 51.5149
Długość geograficzna: -0.1445
(Oxford Street w Londynie)

Święta trójca prawdziwych zakupoholików. Jeśli ktoś nie dał rady znaleźć tego, czego szukał, w butikach, sklepach i wielkich domach towarowych w tych trzech miejscach zakupowego kultu, być może nadszedł czas, by zaprzestać poszukiwań.

LONDYN, ANGLIA, WIELKA BRYTANIA
129. Nawarzyć własnego piwa
Kiedy: przez cały rok
Szerokość geograficzna: 51.5333
Długość geograficzna: -0.1333

Czy można sobie wyobrazić lepszy sposób celebracji odrodzenia brytyjskiej kultury piwowarskiej niż rozkoszowanie się własnoręcznie warzonym piwem typu ale w upojnych oparach chmielu? Kto przeznaczy dzień na warzenie piwa w Brewhouse & Kitchen w Islington w Londynie, wyjdzie stamtąd z pięciolitrową beczką własnego trunku.

LONDYN, ANGLIA, WIELKA BRYTANIA
130. Mecz krykieta na stadionie Lord's
Kiedy: latem
Szerokość geograficzna: 51.5306
Długość geograficzna: -0.1695

„Kolebka krykieta" stanowi cudowne zderzenie tradycji (mecze są tu rozgrywane od 1814 r.) i nowoczesności (dzięki gustownej modernizacji, która pochłonęła 200 milionów funtów). Każda osoba, która gra w krykieta, marzy o rozegraniu meczu na stadionie w dzielnicy St. John's Wood; ten na wskroś angielski obiekt jest też najlepszym miejscem, by posłuchać dźwięku wydawanego przez pokrytą skórą piłkę uderzaną kijem z drewna wierzbowego.

LONDYN, ANGLIA, WIELKA BRYTANIA
131. Obserwowanie procesu wymierzania sprawiedliwości
Kiedy: od poniedziałku do piątku
Szerokość geograficzna: 51.5158
Długość geograficzna: -0.1019

Centralny Sąd Kryminalny, określany też czule mianem „Old Bailey", był świadkiem procesów wytoczonych wielu niesławnym postaciom, takim jak doktor Crippen i bracia Kray. Wstęp na salę rozpraw jest darmowy, trzeba się jednak przygotować na czekanie w kolejce, zwłaszcza w przypadku spraw budzących zainteresowanie mediów.

PÓŁKULA PÓŁNOCNA　　od 60°N do 45°N

LONDYN, ANGLIA, WIELKA BRYTANIA
132. Mecz piłki nożnej na Wembley
Kiedy: zależnie od dostępności obiektu
Szerokość geograficzna: 51.5560
Długość geograficzna: -0.2795

Co trzeba zrobić, by zagrać na stadionie Wembley? Trenować. Jeden z najbardziej znanych obiektów piłkarskich na świecie może pomieścić 90 000 widzów, kosztował niemal 800 milionów funtów, a pod jego stalowym łukiem chce zagrać każdy piłkarz. Są tu organizowane zawody, dzięki którym zwycięzcy spełniają swoje marzenie; pozostali mogą skorzystać ze znajdującego się tuż obok kompleksu dla pięcioosobowych drużyn piłkarskich.

▼ LONDYN, ANGLIA, WIELKA BRYTANIA
133. Przejście przez Abbey Road w stylu Fab Four
Kiedy: przez cały rok
Szerokość geograficzna: 51.5367
Długość geograficzna: -0.1830

W każdym innym miejscu na świecie znaki namalowane na jezdni w celu zarządzania ruchem oraz umożliwiania pieszym przejścia przez ruchliwą ulicę zostałyby uznane za coś przyziemnego. Przejście dla pieszych na Abbey Road w dzielnicy St John's Wood stało się jednak atrakcją turystyczną, gdyż pojawiło się na okładce 11. albumu Beatlesów (noszącego również tytuł *Abbey Road*). Skrzyżowanie położone w pobliżu studia, w którym montowano materiał na tę płytę, ma teraz status chronionego obiektu kategorii II; jest też oblegane przez wielbicieli grupy, którzy robią sobie tu zdjęcia, próbując odtworzyć oryginalną fotografię. Kto wrzuci swoją fotkę na stronę abbeyroadcrossing.com, znajdzie się wśród zdjęć tysięcy innych osób, które przesłały wiele bardzo zróżnicowanych fotografii.

Przejście przez Abbey Road w stylu Fab Four w Londynie, Anglia, Wielka Brytania

PÓŁKULA PÓŁNOCNA   od 60°N do 45°N

Julia Roberts i Hugh Grant w filmie *Notting Hill*, Londyn, Anglia, Wielka Brytania

▲ LONDYN, ANGLIA, WIELKA BRYTANIA
134. Podróż śladami Julii Roberts i Hugh Granta
Kiedy: przez cały rok
Szerokość geograficzna: 51.5096
Długość geograficzna: -0.2043

Spacer po modnej londyńskiej dzielnicy Notting Hill, zaczynający się od tętniącego życiem targu przy Portobello Road, a kończący się na słynnych niebieskich drzwiach pod numerem 280 na Westbourne Park Road, daje mnóstwo radości. Dla wielbicieli filmu z 1999 r. to absolutnie obowiązkowa przechadzka.

LONDYN, ANGLIA, WIELKA BRYTANIA
135. Czas wygłosić tyradę!
Kiedy: w każdą niedzielę
Szerokość geograficzna: 51.5132
Długość geograficzna: -0.1589

Bastion wolności słowa oraz prawa do wygłaszania protestów, Speakers' Corner, od ponad 150 lat jest miejscem, w którym można przedstawić swoje poglądy lub wysłuchać różnych opinii. Kto zacznie tutaj dyskusję, dołączy do wyjątkowego grona obejmującego sufrażystki, Karola Marksa i George'a Orwella.

LONDYN, ANGLIA, WIELKA BRYTANIA
136. Znalezienie bardzo osobistego kawałka historii
Kiedy: podczas niskiego pływu
Szerokość geograficzna: 51.5097
Długość geograficzna: -0.1044

Spacer po odsłoniętej plaży nad Tamizą może być dla początkującego historyka niezwykle satysfakcjonującym doznaniem. Niewykluczone, że znajdzie tu fragmenty glinianych fajek lub naczyń, stare kości i krzemienie. Nawet jeżeli nie wszystkie pochodzą z czasów Cesarstwa Rzymskiego, niektóre mogą być rzeczywiście stare!

LONDYN, ANGLIA, WIELKA BRYTANIA
137. Obejrzeć musical na West Endzie
Kiedy: przez cały rok
Szerokość geograficzna: 51.5133
Długość geograficzna: -0.1286

Historia francuskiej polityki, wczesne lata działalności grupy popowej lub losy lwa, który nie chce być królem – każda opowieść może zostać dopełniona przez grupę tańczących statystów, wspaniałe kostiumy oraz (oczywiście) niezapomniane melodie. A ile radości płynie z tych piosenek!

LONDYN, ANGLIA, WIELKA BRYTANIA
138. Przez Tower Bridge
Kiedy: przez cały rok
Szerokość geograficzna: 51.5045
Długość geograficzna: -0.0761

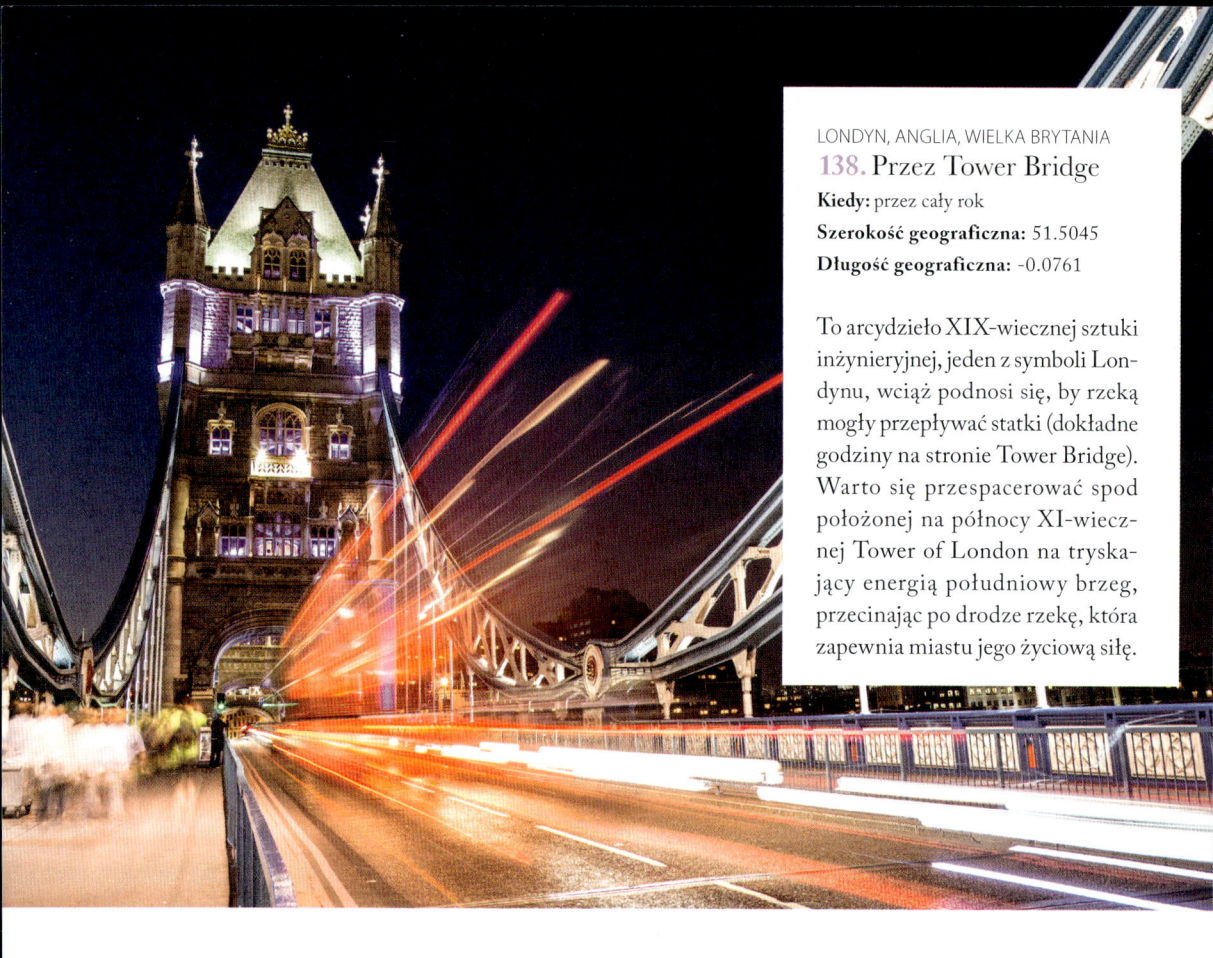

To arcydzieło XIX-wiecznej sztuki inżynieryjnej, jeden z symboli Londynu, wciąż podnosi się, by rzeką mogły przepływać statki (dokładne godziny na stronie Tower Bridge). Warto się przespacerować spod położonej na północy XI-wiecznej Tower of London na tryskający energią południowy brzeg, przecinając po drodze rzekę, która zapewnia miastu jego życiową siłę.

GREENWICH, LONDYN, ANGLIA
139. Jedną nogą na wschodzie, drugą na zachodzie
Kiedy: przez cały rok
Szerokość geograficzna: 51.2840
Długość geograficzna: 0

Co prawda stanąć okrakiem nad południkiem zero można w dowolnym miejscu od bieguna do bieguna, ale chyba najlepiej zrobić to u źródeł, czyli na terenie Królewskiego Obserwatorium Astronomicznego w Greenwich. Nie szkodzi, że od 1984 r. prawdziwy południk zerowy przebiega o 102 m na wschód. Najważniejsze są magiczna linia na budynku i chodniku oraz fakt, że się ją przekracza.

LONDYN, ANGLIA, WIELKA BRYTANIA
140. Pływanie na świeżym powietrzu w stolicy Wielkiej Brytanii
Kiedy: przez cały rok
Szerokość geograficzna: 51.5624
Długość geograficzna: -0.1621

Kto ma na to ochotę, może przez cały rok robić użytek ze stroju kąpielowego i pływać żabką wśród innych stworzeń w zielonym Hampstead, jednej z dzielnic Londynu. Są tam przebieralnia pod chmurką oraz do wyboru trzy zbiorniki wodne: jeden dla kobiet, jeden dla mężczyzn i jeden wspólny dla obu płci.

ANGLIA, A TAKŻE CAŁY ŚWIAT
141. Dać życie roślinie
Kiedy: wiosną
Szerokość geograficzna: 51.4792
Długość geograficzna: -0.2928
(Kew Gardens, Wielka Brytania)

Niezależnie od tego, czy w grę wchodzą żołądź, z którego ma wyrosnąć dąb, czy może groszek zamieniający się w kaskadę kwiatów, w sile natury, dzięki której małe nasiono potrafi się przerodzić w ogromną roślinę, jest coś imponującego. Warto stać się częścią tego procesu, hodując własny, mały cud.

PÓŁKULA PÓŁNOCNA   od 60°N do 45°N

ANGLIA, WIELKA BRYTANIA, A TAKŻE CAŁY ŚWIAT
142. Występ na scenie
Kiedy: przez cały rok
Szerokość geograficzna: 51.5073
Długość geograficzna: -0.1278 (Londyn)

Występ na scenie teatralnej nie przypomina udziału w programie telewizyjnym lub filmie – nikt nie zawoła „cięcie", by aktor, który pomylił kwestię, mógł ją powtórzyć. Ten brak dodatkowych zabezpieczeń zapewnia szczególny dreszczyk emocji.

Od czego zacząć? Przed zagraniem dużej roli warto trochę oswoić się ze sceną. Na świecie działają tysiące amatorskich towarzystw teatralnych zapewniających drobne role ludziom, którzy chcą spróbować swoich sił. Wiele osób po pierwszym występie zamierza kontynuować tę przygodę. Trema i nerwy są w teatrze czymś nieuniknionym, choć z czasem słabną. A zatem powodzenia – i pamiętaj, by nie wspominać w teatrze o *Makbecie*…

LONDYN, ANGLIA, WIELKA BRYTANIA
143. Udział w Maratonie Londyńskim
Kiedy: pod koniec kwietnia
Szerokość geograficzna: 51.5073
Długość geograficzna: -0.1277

Maraton Londyński nie ma sobie równych, jeśli chodzi o wsparcie oferowane sportowcom – 38 000 biegaczy ma zapewniony doping 750 000 widzów stojących wzdłuż trasy liczącej 42,2 km. Gdyby nie ból w nogach, zawody mogłyby się wydać jedną wielką imprezą, choć i tak zapewniają mnóstwo frajdy. Warto wystartować wśród tłumów celebrytów oraz osób w wymyślnych strojach, a potem posłuchać krzyków kibiców, gdy zawodnicy wbiegają na The Mall.

BRUGIA, BELGIA
144. Oświadczyny lub odnowienie ślubów w Brugii
Kiedy: przez cały rok (choć zimowy zmierzch zapewnia romantyczną scenerię)
Szerokość geograficzna: 51.2167
Długość geograficzna: 3.233

Gdzie indziej też można podziwiać średniowieczne budynki, brukowane ulice oraz kręte kanały, ale żadne miejsce nie łączy tych elementów w tak czarujący sposób jak Brugia. To piękne, zabytkowe miasto świetnie się nadaje do tego, by wyrazić na głos swoje uczucia, dzięki czemu stanie się „waszym" romantycznym miejscem na ziemi.

HANNUT, BELGIA
145. Poszukiwanie brakującego elementu układanki…
Kiedy: w październiku
Szerokość geograficzna: 50.6667
Długość geograficzna: 5.0833

Wielbiciele układanek wszystkich krajów, łączcie się: najbardziej prestiżowe zawody w układaniu puzzli trwają 24 godziny, a są organizowane co roku w październiku w belgijskim Hannut. Spotykają się tutaj najlepsi specjaliści od układania puzzli z całego świata; oni też przypuszczalnie zaczynają od czterech rogów obrazka…

BRUKSELA I INNE MIEJSCA W BELGII
146. Delektowanie się belgijskimi specjałami
Kiedy: przez cały rok
Szerokość geograficzna: 50.8503
Długość geograficzna: 4.3517

Belgowie zmonopolizowali kilka gastronomicznych nisz; warto tu wymienić świętą trójcę złożoną z piwa, czekolady i muli. Każda wizyta na tych europejskich nizinach – począwszy od uroczych miejsc w rodzaju Brugii, a skończywszy na zbiurokratyzowanej Brukseli – nabiera dodatkowego smaku dzięki rozkoszowaniu się przynajmniej jednym z tych specjałów (a najlepiej wszystkimi trzema).

LONDYN, ANGLIA, WIELKA BRYTANIA
147. Kilka rundek wokół olimpijskiej historii
Kiedy: od marca do października
Szerokość geograficzna: 51.4510
Długość geograficzna: -0.0915

Wizyta w południowej części Londynu zapewnia możliwość ścigania się na ostatnim istniejącym obiekcie igrzysk olimpijskich z 1948 r. – welodromie w Herne Hill. Ponieważ można tu wypożyczyć rower torowy na jeden dzień i skorzystać z lekcji dla początkujących, każdy ma szansę śmigać po welodromie niczym brytyjski kolarz Bradley Wiggins.

LONDYN, ANGLIA, WIELKA BRYTANIA
148. Mecz tenisa na Wimbledonie
Kiedy: przez cały rok
Szerokość geograficzna: 51.4387
Długość geograficzna: -0.2052

Osoby postronne nie mogą zagrać na słynnym korcie centralnym, a żeby zostać członkiem klubu i rozegrać mecz na którymś z pozostałych kortów, trzeba pokonać mnóstwo przeszkód formalnych, lecz każdy może zagrać w tenisa w uświęconym miejscu z kodem pocztowym SW11, a konkretniej – na kortach położonych tuż obok, w Wimbledon Park. Warto zajrzeć tam w środkową sobotę turnieju na nieumawianą wcześniej sesję z trenerem; tradycyjnie już pojawiają się tam niektórzy uczestnicy Wimbledonu.

LONDYN, ANGLIA, WIELKA BRYTANIA
149. Kolacja z nieznajomymi członkami klubu smakoszy
Kiedy: przez cały rok
Szerokość geograficzna: 51.4617
Długość geograficzna: -0.1396

Koncepcja zapraszania do domu na posiłek zupełnie obcych osób narodziła się w epoce Internetu, gdy wielbiciele dobrego jedzenia zaczęli się ze sobą kontaktować za pośrednictwem mediów społecznościowych, organizując nieoficjalne kluby smakoszy uwielbiających pyszne potrawy oraz dobre towarzystwo. Londyńczycy stworzyli pierwsze takie środowisko w Wielkiej Brytanii; w tym momencie istnieją stałe kluby smakoszy, a w Internecie pojawiają się informacje o ich spotkaniach. W roli organizatora takiej kolacji może wystąpić właściwie każdy!

PÓŁKULA PÓŁNOCNA   od 60°N do 45°N

LONDYN (EUROPEJSKA MEKKA TURYSTYCZNA), ANGLIA, WIELKA BRYTANIA
150. Jak być turystą we własnym mieście?
Kiedy: przez cały rok i całe życie
Szerokość geograficzna: 51.5055
Długość geograficzna: -0.0754

Nic nie może się równać ze świetną znajomością danego miasta – naprawdę warto wiedzieć, gdzie pójść na drinka po pracy, które ulice zostały pokazane w słynnych filmach i powieściach, a także gdzie znajdują się parki ukryte wśród bocznych uliczek. Tak dogłębne poznawanie własnego miejsca zamieszkania to coś naprawdę niesamowitego.

Londyn jest corocznie odwiedzany przez 17 milionów turystów. Większość z nich pomacha w kierunku okien pałacu Buckingham, usiądzie na górnym pokładzie piętrowego autobusu i posłucha Big Bena wybijającego godzinę, ale już ten mały wycinek Londynu skrywa dużo więcej ciekawych rzeczy. Gdyby ci ludzie przespacerowali się na przykład aleją The Mall spod pałacu Buckingham w kierunku Trafalgar Square, a potem zatrzymali się pod lewym łukiem Admiralty Arch, mogliby unieść wzrok i zobaczyć coś, co przypomina wystający z kamienia zapasowy nos Nelsona, który stoi dumnie na swojej kolumnie. (Niektórzy twierdzą, że to odłamek pocisku z czasów II wojny światowej, ale są także bardziej przyziemne wyjaśnienia).

Doskonałe poznanie każdego fragmentu rodzinnego miasta jest zadaniem na całe życie, ale już samo rozpoczęcie zgłębiania tego tematu może otworzyć przed człowiekiem zupełnie nowy, interesujący świat. Każdy powinien się zatem zastanowić, jak dobrze zna otaczającą go rzeczywistość.

LONDYN, ANGLIA, WIELKA BRYTANIA
151. Angielska herbatka w najlepszym stylu…
Kiedy: przez cały rok
Szerokość geograficzna: 51.5072
Długość geograficzna: -0.1417
(Hotel Ritz, Londyn)

Któż nie chciałby być traktowany niczym koronowana głowa? Rytuał picia popołudniowej herbaty w luksusowym hotelu to doświadczenie, którego nie wolno przegapić. Począwszy od smakowitych kanapek, poprzez wyszukane ciasta i wyroby cukiernicze, a skończywszy na dużej ilości gorącej herbaty i najlepszej porcelanie – tradycja wciąż pozostaje żywa.

LONDYN, ANGLIA, WIELKA BRYTANIA
152. Zostać bohaterem drugiego planu
Kiedy: w dowolnym momencie
Szerokość geograficzna: 51.4992
Długość geograficzna: -0.1247

Osoby, które nie mają raczej szans na to, by zostać politykami pokazywanymi w serwisach informacyjnych, zawsze mogą spróbować usunąć ich w cień. Jednym z miejsc, w których najłatwiej zostać bohaterem drugiego planu, są okolice pałacu Westminsterskiego w Londynie – nie ma dnia, by tamtejsze wydarzenia polityczne nie budziły zainteresowania mediów. Jakaś drobniejsza sprawa zapewnia większe szanse, by zakraść się w pobliże, dyskretnie przejść obok… a następnie wejść w kadr i zacząć gorączkowo wymachiwać rękami do najbliższych.

KENT, ANGLIA, WIELKA BRYTANIA
153. Przejażdżka po torze wyścigowym
Kiedy: przez cały rok
Szerokość geograficzna: 51.3567
Długość geograficzna: 0.2625

Słynny tor Brands Hatch, kolebka brytyjskich sportów motorowych, to idealne miejsce, by zasiąść za kierownicą supersamochodu. Wspomniany tor zalicza się do najwspanialszych obiektów tego rodzaju; ścigały się tutaj takie sławy, jak: Jackie Stewart, Stirling Moss i Ayrton Senna. Warto pójść w ich ślady i pokonać słynny Paddock Hill Bend – wiraż znajdujący się tuż za szczytem wzniesienia.

Z MINEHEAD DO POOLE, ANGLIA, WIELKA BRYTANIA

154. Szlak South West Coast Path

Kiedy: przez cały rok
Szerokość geograficzna: 51.2038
Długość geograficzna: -3.4738 (Minehead)

Niewiele szlaków zapewnia tyle wrażeń, co South West Coast Path w Anglii. Można tam podziwiać poszarpane urwiska porośnięte wrzosami i kwiatami polnymi, a także jasne, błękitne wody Atlantyku, które obmywają gładkie, miękkie plaże albo z hukiem rozbijają się o skały.

To najdłuższy pieszy szlak w kraju – liczy 1014 km, zaczyna się w Minehead w hrabstwie Somerset, prowadzi brzegiem wrzosowisk Exmoor, przez północny Devon i Kornwalię, a następnie zawraca południowym brzegiem hrabstw Devon i Dorset, kończąc się w Poole. Podczas wędrówki będzie okazja do podziwiania zachodów słońca nad wysepkami na Atlantyku, fok wylegujących się na skałach oraz krążących w powietrzu sokołów wędrownych. Całą trasę można pokonać za jednym zamachem (co potrwa przynajmniej 30 dni), lecz nic nie stoi na przeszkodzie, by przejść tylko jeden czy dwa z 52 krótkich, kilkunastokilometrowych odcinków.

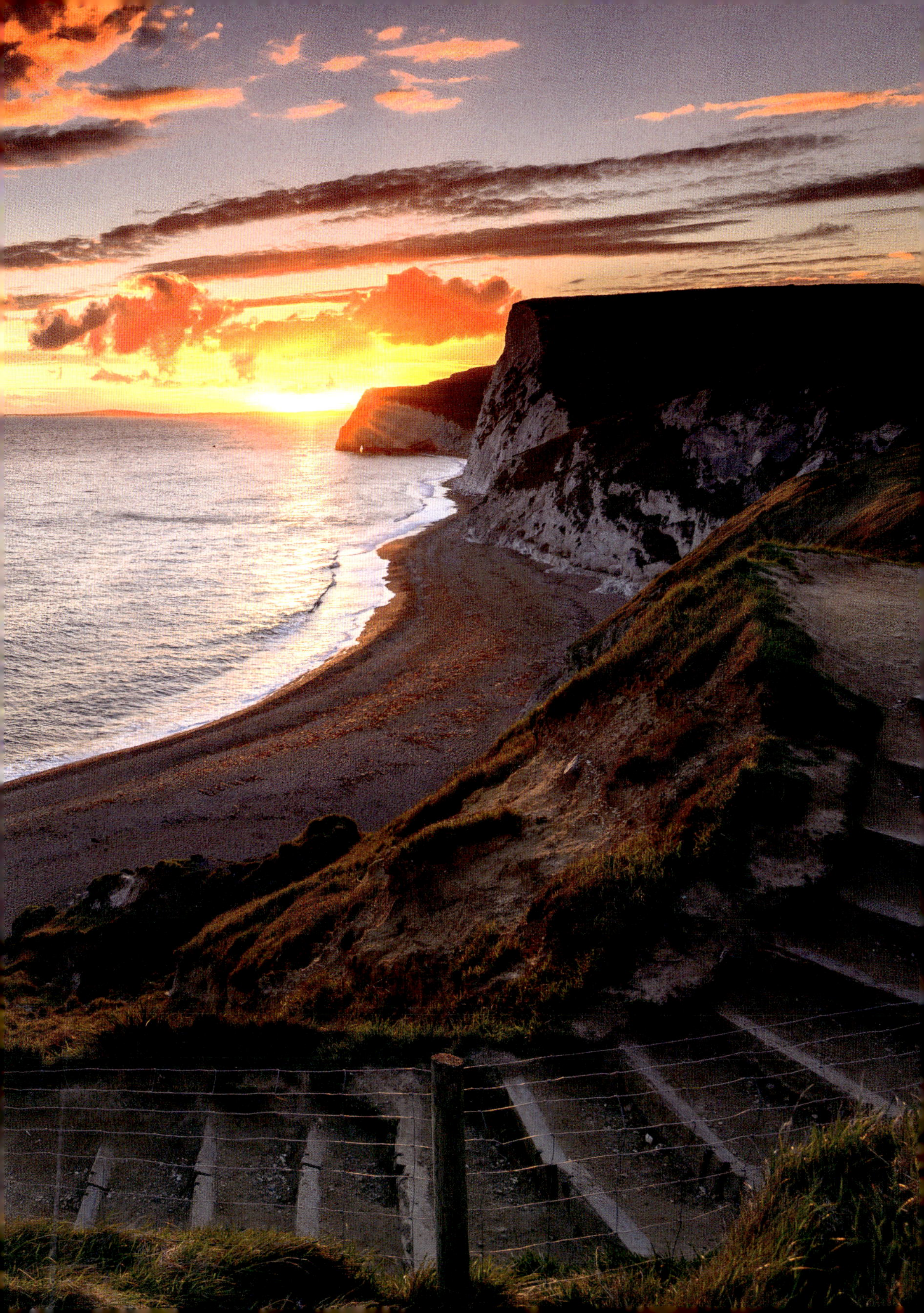

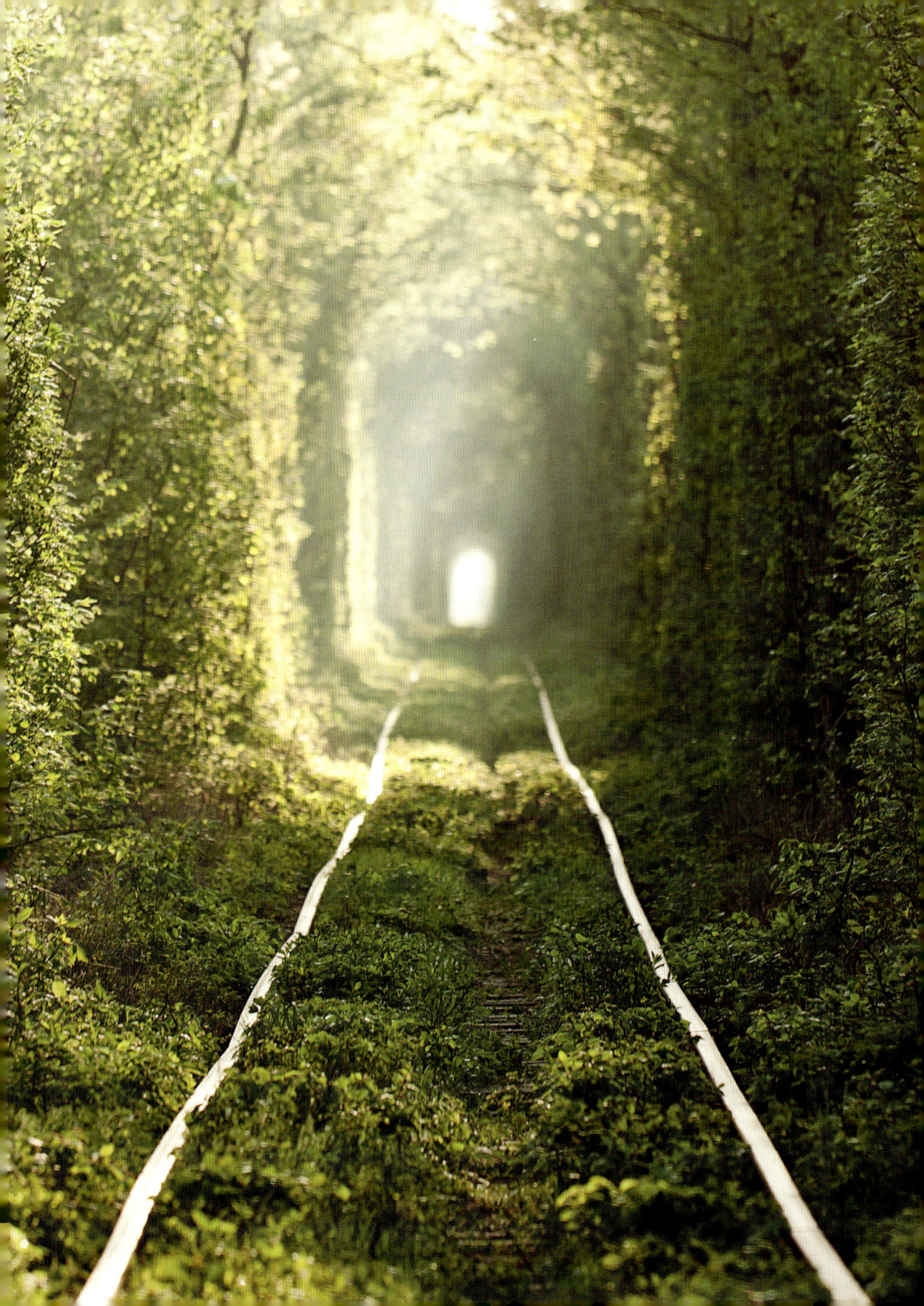

PÓŁKULA PÓŁNOCNA   od 60°N do 45°N

NEDERLANDSE KUSTROUTE, HOLANDIA
155. Pokonanie na rowerze 160 km w ciągu jednego dnia
Kiedy: przez cały rok
Szerokość geograficzna: 51.3333   **Długość geograficzna:** 3.4833 (Sluis, Holandia)

Rower stał się (i pozostaje) w Holandii popularnym środkiem lokomocji głównie dlatego, że kraj jest płaski, a Holendrzy podczas planowania miast zawsze spoglądali na rowerzystów bardzo przychylnym okiem.

Trasy rowerowe wytyczone poza terenami miejskimi łączą miasta i wsie, tworząc ogólnokrajową siatkę takich traktów. Określane mianem „dróg LF", przecinają cały kraj – trudno znaleźć na świecie lepsze miejsce dla rowerzysty, który chce pokonać w ciągu dnia 160 km.

LF1, Noordzeeroute („Szlak Morza Północnego"), i LF10, Waddezeeroute („Szlak Morza Wattowego"), są razem określane mianem „Holenderskiego Szlaku Nadbrzeżnego", Nederlandse Kustroute. To licząca 570 km trasa wiodąca wzdłuż pięknego wybrzeża, wysp Zelandii oraz nadmorskich kurortów, od Sluis aż po Den Helder. Później można ruszyć na północ, z Callantsoog do Bad Nieuweschans, na drugą część trasy. Przy okazji warto też przejechać po Afsluitdijk, liczącej 32 km drodze po grobli, którą zbudowano w latach 20. XX w., by służyła jako zapora.

Jeśli ta trasa wydaje się komuś zbyt krótka, powinien wiedzieć, że jest ona częścią „Szlaku Wokół Morza Północnego", który przecina osiem krajów położonych nad tym akwenem (zob. przygoda 35.). Wspomniany szlak jest z kolei jedną z 14 długodystansowych europejskich tras rowerowych składających się na tworzoną aktualnie sieć EuroVelo. Gdy prace nad tym projektem dobiegną końca (zgodnie z planem ma do tego dojść w 2020 r.), rowerzyści otrzymają do dyspozycji imponujące ponad 70 000 km szlaków oplatających cały kontynent.

◀ OKOLICE KLEWANIA, UKRAINA
156. Przechadzka „tunelem miłości"
Kiedy: od kwietnia do września (wtedy będzie najwięcej liści)
Szerokość geograficzna: 50.7503
Długość geograficzna: 26.0438°

Głęboko wśród wołyńskich lasów znajduje się idealny zielony tunel utworzony przez drzewa, które rosną wzdłuż torów kolejowych i zamykają się nad nimi. To reakcja natury na sytuację, w której pociąg przejeżdża tą trasą zaledwie trzy razy dziennie, a przez resztę czasu drzewa mogą rosnąć bez zakłóceń. Efekty są po prostu magiczne. Warto przejść się tym uroczym korytarzem, który podbił serca romantyków z całego świata i zyskał w okolicy miano „tunelu miłości".

LONDYN, ANGLIA, WIELKA BRYTANIA
157. Pobyt w luksusowym hotelu
Kiedy: przez cały rok
Szerokość geograficzna: 51.4975
Długość geograficzna: -0.1456

W korzystaniu z usług serwisu pokojowego jest coś cudownie dekadenckiego. W ekskluzywnych hotelach można poczuć dreszczyk ekscytacji, gdy człowiek dzwoni do recepcji, a ta przysyła odzianego w uniform pracownika obsługi, który grzecznie stuka do drzwi pokoju z tacą pełną jedzenia, napojów lub innych zamówionych rzeczy. Jeden z brytyjskich hoteli zapewnia gościom złotą rybkę dotrzymującą im towarzystwa przez noc, podczas gdy goszczący koronowane głowy londyński hotel Goring rozprasowuje codzienną prasę przed dostarczeniem jej do pokoi. To się nazywa obsługa!

„Tunel miłości" w pobliżu
Klewania na Ukrainie

PÓŁKULA PÓŁNOCNA od 60°N do 45°N

▶ BRUKSELA, BELGIA
158. Przepych Wielkiego Placu w Brukseli
Kiedy: przez cały rok
Szerokość geograficzna: 50.8467
Długość geograficzna: 4.3525

Ogromna pusta przestrzeń, otoczona bogato zdobionymi, barokowymi budynkami, zapewniła Wielkiemu Placowi w Brukseli miejsce na liście światowego dziedzictwa UNESCO. Wystarczy jednak pogrzebać trochę głębiej w historii tego słynnego rynku, a okaże się, że istniał (choć w innej postaci) już w XII w.

ALDERMASTON, ANGLIA, WLK. BRYTANIA
159. Walka o zmianę świata na lepsze
Kiedy: przez cały rok
Szerokość geograficzna: 51.3830
Długość geograficzna: -1.1500
(początkowy cel marszów CND)

Jednym z najlepiej rozpoznawalnych znaków na świecie jest pacyfa – symbol Kampanii na rzecz Rozbrojenia Nuklearnego, CND. Każdą kampanię zapoczątkowują działania podejmowane przez grupę osób wyznających podobne poglądy – nie warto zatem kryć się z tym, co budzi twoją pasję; wyjdź raczej na ulicę i pokaż światu, co uważasz za ważne!

Przepych Wielkiego Placu w Brukseli, Belgia

PÓŁKULA PÓŁNOCNA   od 60°N do 45°N

▼ GIVERNY, FRANCJA
160. Wizyta w ogrodzie Moneta w Giverny
Kiedy: od marca do listopada
Szerokość geograficzna: 49.0770
Długość geograficzna: 1.5257

To właśnie tu wielki impresjonista Claude Monet malował słynne obrazy przedstawiające lilie wodne. „Muszę mieć kwiaty, zawsze i zawsze" – powiedział artysta. Ta idea skłaniała go do namalowania, a także do stworzenia jednego z najpiękniejszych ogrodów na świecie: Jardin de Monet à Giverny.

LA FÉE VERTE, PARYŻ, FRANCJA
161. Picie absyntu w stylu francuskich intelektualistów
Kiedy: w wieczór poprzedzający wolny dzień
Szerokość geograficzna: 48.8578
Długość geograficzna: 2.3801

Niewiele trunków dorównuje absyntowi, jeśli chodzi o mistyczną otoczkę. Popularny wśród francuskich myślicieli *la belle époque*, był zakazany we Francji od 1915 r. aż do lat 90. XX w., gdyż obawiano się, że wywołuje halucynacje i szaleństwo. Teraz ten zielony płyn nie jest już zabroniony, tak więc każdy może go sączyć w specjalnych barach, chociażby w La Fée Verte.

BRZEGI SEKWANY, FRANCJA
162. Bachiczny piknik w parku
Kiedy: od czerwca do września
Szerokość geograficzna: 48.9333
Długość geograficzna: 2.3333

Monet, Manet, Cézanne – każdy z nich stworzył obraz zatytułowany *Śniadanie na trawie*, wynosząc skromny piknik do rangi wyszukanego posiłku. Warto pójść w ślady wielkich artystów, gromadząc ulubionych przyjaciół, przygotowując wspaniałe jedzenie i serwując je na białym obrusie wśród pięknej scenerii – z nagimi damami lub bez nich!

Ogród Moneta w Giverny, Francja

PARK NARODOWY BANFF, KANADA

163. Zachwyt nad pięknem jeziora Moraine

Kiedy: końcówka czerwca zapewnia najcudowniejsze kolory
Szerokość geograficzna: 51.3225
Długość geograficzna: -116.1855

Spokojne, przejrzyste turkusowe wody jeziora Moraine odbijające imponujący krajobraz Parku Narodowego Banff tworzą jeden z tych pejzaży, które można podziwiać godzinami. Ten naprawdę wyjątkowy widok ukazuje naturalne piękno naszej planety – nie wolno go przegapić!

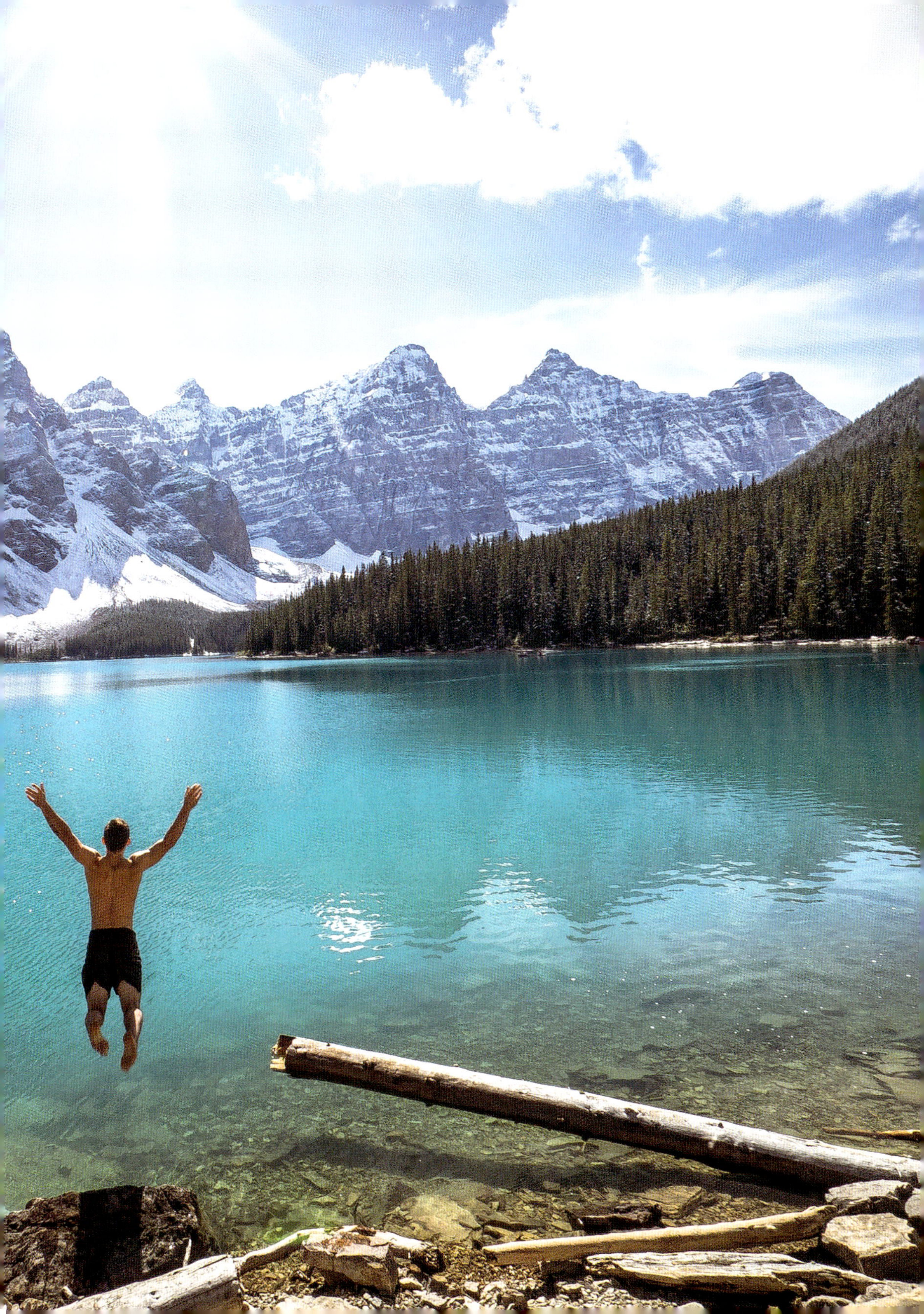

WILTSHIRE, ANGLIA, WIELKA BRYTANIA
164. Obchody przesilenia letniego wśród druidów w Stonehenge
Kiedy: w okolicach 21 czerwca **Szerokość geograficzna:** 51.1788 **Długość geograficzna:** -1.8262

Gromadzenie się w celu obserwowania wschodu słońca podczas najdłuższego dnia w roku – zazwyczaj 21 czerwca około 4:50 rano – jest starą pogańską tradycją. Trudno sobie wyobrazić lepszy czas lub miejsce do przeżywania wspólnego transcendentalnego, duchowego momentu niż chwile, gdy promienie słoneczne prześwitują kusząco między znanymi na całym świecie neolitycznymi głazami w Wiltshire.

Oczywiście, ponieważ wszystko rozgrywa się w Wielkiej Brytanii, ilość światła słonecznego może być mniejsza lub większa, a zainteresowani powinni włożyć coś, co przygotuje ich na różne scenariusze pogodowe. Tego dnia w okolicach Stonehenge pojawiają się przeróżne osoby: zawsze są tam druidzi odprawiający prastare rytuały w poważnie wyglądających kręgach, ale nie brakuje też imprezowiczów związanych z New Age. Zgromadzenie przypominające Glastonbury Festival z czasów przed komercjalizacją tej imprezy przyciąga wielu podróżników, a także służby porządkowe – aczkolwiek przesilenie letnie jest zazwyczaj radosnym i spokojnym wydarzeniem, do którego przyłącza się też sporo rodzin z dziećmi.

To również jedna z tych kilku okazji w roku, kiedy odwiedzający mogą naprawdę dotknąć głazów, a dzięki temu być może doświadczyć duchowej więzi z tymi obeliskami.

Oczekiwanie na świt wśród bębniarzy wybijających plemienne rytmy oraz osób, które rozjaśniają tę krótką noc, żonglując ogniem, wystarcza, by rozbudzić w każdym drzemiącego w nim hipisa, a także skłonić do podjęcia rozważań nad tą pradawną architektoniczną zagadką. Skąd wzięły się tutaj te ogromne, ważące po ponad 18 ton głazy, jeśli wziąć pod uwagę, że najbliższy kamieniołom jest oddalony o ponad 30 km, a ludzie w tamtych czasach nie dysponowali znanymi nam urządzeniami? Czy istnienie tego kręgu świadczy o wizycie istot pozaziemskich lub działaniu sił nadprzyrodzonych?

Nie zachowały się żadne pisemne świadectwa z tamtych czasów, od których dzieli nas ponad 2500 lat, nigdy więc nie poznamy odpowiedzi na te pytania, choć osoby obecne w Wiltshire podczas przesilenia letniego chętnie dzielą się swoimi teoriami.

Wydarzenie przyciąga wprawdzie ludzi pragnących na moment zapomnieć o nowoczesnym życiu i komercjalizacji, ale ten fakt bynajmniej nie zniechęcił kilku przedsiębiorców, którzy postanowili zarobić na przesileniu: niedaleko organizowany jest czterodniowy festiwal z muzyką, jedzeniem, piwem i cydrem (oraz autobusem, który dowozi chętnych do Stonehenge w dniu przesilenia), dzięki czemu kto chce, może zamienić to wydarzenie w weekendową imprezę.

PÓŁKULA PÓŁNOCNA   od 60°N do 45°N

▼ SOMERSET, ANGLIA, WIELKA BRYTANIA
165. Wielkie imprezowanie w Glastonbury
Kiedy: w czerwcu
Szerokość geograficzna: 51.1676
Długość geograficzna: 2.5789

Najsłynniejszy festiwal na ziemi nieustannie się zmienia: początkowo był idyllicznym zlotem wielbicieli rocka, odbywającym się w szczerym polu; w latach 70. i 80. zamienił się w ogromne psychodeliczne hipisowskie spotkania z darmowym wstępem, by w połowie lat 90. wykształcić niemożliwe do pokonania bariery i ulec komercjalizacji. Nadal jest to największy festiwal muzyczny organizowany bez istniejącej infrastruktury – co roku odwiedza go ponad 100 000 osób. Oprócz koncertów na słynnej Pyramid Stage impreza obejmuje najróżniejsze prelekcje oraz występy komediowe i muzyczne.

HAMPSHIRE, ANGLIA, WIELKA BRYTANIA
166. Obserwowanie kuców biegających na wolności w New Forest
Kiedy: przez cały rok
Szerokość geograficzna: 50.8189
Długość geograficzna: -1.5757

Park Narodowy New Forest, niegdyś królewskie tereny łowieckie Wilhelma Zdobywcy, składa się z pięknych brytyjskich terenów wiejskich i zajmuje sporą część hrabstwa Hampshire. Po tamtejszych wrzosowiskach i lasach biega ponad 3000 żyjących na wolności kuców, więc któryś z nich zawsze będzie w pobliżu. Warto dobrze im się przyjrzeć, gdy pasą się tuż obok rozbitych przez ludzi namiotów albo wędrują po niezliczonych leśnych ścieżkach rowerowych. Wiosną i latem można także obserwować źrebienie się klaczy.

Impreza Glastonbury w Somerset, Wielka Brytania

PÓŁKULA PÓŁNOCNA   od 60°N do 45°N

TRASA Z DOVER DO CALAIS, ZACZYNA SIĘ W ANGLII NA TERENIE WIELKIEJ BRYTANII
167. Pokonanie wpław kanału La Manche
Kiedy: przez cały rok
Szerokość geograficzna: 51.1278   **Długość geograficzna:** 1.3134 (Dover)

Próby pokonania wpław kanału La Manche – niemal zawsze rozpoczynające się na Shakespeare Beach w Dover – często kończą się właśnie na próbach. Najpierw trzeba spędzić sześć godzin, pływając w zimnej wodzie o temperaturze poniżej 15°C; dopiero wtedy można wystąpić do Channel Swimming Association z prośbą o stosowne pozwolenie. Wszystkie próby muszą się odbywać przy wsparciu oficjalnego pilota – co pociąga za sobą koszty i wymusza rezerwację z nawet trzyletnim wyprzedzeniem. Francuzi zakazali podejmowania takich wyzwań, wychodząc z założenia, że są one zbyt niebezpieczne, a zatem jedynym legalnym rozwiązaniem jest pokonywanie tej trasy z Anglii do Francji.

Co jeszcze mogłoby zniechęcić śmiałków? Nie wolno korzystać z pianek pływackich, a wiele prób zostaje przerwanych z powodu hipotermii. Posmarowanie ciała gęsim smalcem stwarza warstwę izolacyjną i pomaga uniknąć odparzeń, choć można sobie zabrudzić w ten sposób okularki. Do tego dochodzi choroba morska wywoływana wysokimi falami, a także obawy związane z odwodnieniem, głodem i wyczerpaniem. Istnieje też problem zanieczyszczenia wód, no i meduzy. Należy brać pod uwagę długi wysiłek: najszybsza osoba pokonała tę trasę w 6 godzin i 55 minut, najwolniejsza zaś potrzebowała 27. Wielu śmiałków rezygnuje, a wyzwaniu podołało niespełna 2000 osób (liczba zdobywców Mount Everestu jest dwukrotnie wyższa).

Co zatem sprawia frajdę w całym tym wyzwaniu? Sporo osób wspomina o niezwykłym poczuciu odizolowania i więzi z naturą. Podobnie jak w przypadku wielu innych przygód to linia mety sprawia, że całe przedsięwzięcie warte jest potężnego wysiłku.

POCZĄTEK W PN SOUTH DOWNS, ANGLIA, WIELKA BRYTANIA
168. Odkrywanie urzekającego piękna angielskich krajobrazów
Kiedy: przez cały rok
Szerokość geograficzna: 50.9685
Długość geograficzna: -0.6953

Człowiek nie musi być wcale na wakacjach, by odwiedzić park narodowy; warto odkrywać również takie miejsca we własnej ojczyźnie. Osoby zamieszkujące Kanadę mogą zarezerwować na to kilka lat – na terenie ich kraju znajdują się 43 parki narodowe. Mieszkańcy Afganistanu mają łatwiejsze zadanie, gdyż jest tam tylko jeden taki obiekt – Park Narodowy Band-e Amir w Hindukuszu.

Jeśli chodzi o Wielką Brytanię, 15 znajdujących się tam parków narodowych zajmuje 8% powierzchni kraju. Najnowszym takim obszarem jest Park Narodowy South Downs, powołany do życia w 2011 r. Obejmuje on zarówno pofałdowane wzgórza kredowe i idylliczne tereny uprawne Downs, jak i linię brzegową ze spektakularnymi białymi klifami Seven Sisters. W obrębie parku poprowadzono szlak pieszy o długości 160 km; wiedzie on z Winchesteru na zachodzie do Eastbourne na wschodzie.

WIELKA BRYTANIA, A TAKŻE CAŁY ŚWIAT
169 Ukończenie zawodów triathlonowych
Kiedy: przez cały rok
Szerokość geograficzna: 51.5000
Długość geograficzna: -0.1167
(Wielka Brytania)

Zawody triathlonowe rozgrywane są na różnych dystansach: od imprez dla początkujących, które obejmują zaledwie 200 m pływania, 10 km na rowerze i 2,5 km biegania, aż do imponującego Ironmana. Ukończenie jakichkolwiek zawodów w tej dyscyplinie, która zapewnia wyjątkowe połączenie głębokiego uzależnienia oraz przyjemności mającej pozytywny wpływ na formę fizyczną, przynosi mnóstwo satysfakcji.

PÓŁKULA PÓŁNOCNA   od 60°N do 45°N

Ciuchcia w hrabstwie Dorset, Anglia, Wielka Brytania

▲ DORSET, ANGLIA, WIELKA BRYTANIA
170. Zabawa w maszynistę prawdziwego parowozu
Kiedy: od czerwca do września
Szerokość geograficzna: 50.6100
Długość geograficzna: -1.9600

A może by tak zająć miejsce w kabinie maszynisty parowozu. Dorzucić paliwa do pieca, a następnie robić na przejazdach użytek z gwizdka, podróżując ze Swanage wokół pięknego półwyspu Dorset, obfitującego w polne kwiaty, zamki i rzeki… To niezapomniane doświadczenie będzie spełnieniem życiowego marzenia wielu osób.

DORSET, ANGLIA, WIELKA BRYTANIA
171. Za kierownicą pojazdu opancerzonego
Kiedy: przez cały rok
(najlepiej w deszczu i błocie)
Szerokość geograficzna: 50,6952
Długość geograficzna: -2.2436

Każdy chciałby chyba zrealizować dziecięce marzenie, siadając za sterami ciężkiego sprzętu wojskowego i rozbijając się wśród pięknego, brytyjskiego krajobrazu. Niezapomniane doznania związane z kierowaniem czołgiem obejmują przejazd przez tor przeszkód, miażdżenie samochodów, czołgowego paintballa oraz strzelanie z działa.

DORSET, ANGLIA, WIELKA BRYTANIA
172. Poznawanie skrajów mapy
Kiedy: przez cały rok
Szerokość geograficzna: 50.5500
Długość geograficzna: -2.4400

Który skraj mapy może być ciekawszy niż półwysep Portland? Ta przyczepiona do lądu wyspa znajduje się na zachodnim krańcu pierwszego obszaru zmapowanego przez brytyjską agencję Ordnance Survey (w 1791 r.). Chętni mogą podążać ścieżkami wśród wydm i przez rozległe piaszczyste plaże, dopóki nie skończy im się mapa.

PÓŁKULA PÓŁNOCNA od 60°N do 45°N

LONDYN, ANGLIA, WIELKA BRYTANIA
173. Szyty na miarę garnitur z Savile Row
Kiedy: przez cały rok
Szerokość geograficzna: 51.5119
Długość geograficzna: -0.1414

Ta ulica w centrum Londynu stała się na początku XVIII w. miejscem jednoznacznie kojarzonym z ręcznie krojonymi, szytymi na miarę ubraniami. Nadal działa tu rodzinna firma Henry'ego Poole'a, twórcy smokingu.

PUNKT POCZĄTKOWY: PADSTOW, ANGLIA, WIELKA BRYTANIA
174. Uroki kornwalijskich krajobrazów podziwiane z Camel Trail
Kiedy: najlepiej latem
Szerokość geograficzna: 50.5421
Długość geograficzna: -4.9390

Jeśli ktoś chce podziwiać z wysokości siodełka rowerowego imponujące widoki kornwalijskiego wybrzeża, wcale nie musi być szczególnie wysportowany. Biegnący przez północną Kornwalię i mierzący 28 km długości Camel Trail zaczyna się w Padstow i wiedzie przez Wadebridge oraz Bodmin. Został poprowadzony nieużywaną trasą kolejową, dzięki czemu znaczna jego część jest wyjątkowo płaska i przyjazna dla całej rodziny.

Opisywany szlak zapewnia piękne widoki na ujście rzeki Camel, a także na lasy i pofałdowane doliny. Na trasie nie brakuje malowniczych miejsc, a turyści mogą wybierać, które spośród ślicznych miast i wiosek mijanych po drodze postanowią lepiej poznać.

Wypożyczenie dwóch kółek nie będzie trudne, choć w miesiącach letnich, gdy rowery szybko się rozchodzą, najlepsze rozwiązanie to wcześniejsza rezerwacja telefoniczna.

YORKSHIRE, ANGLIA, WIELKA BRYTANIA
175. Rozpoznawanie ptaków wyłącznie po ich śpiewie
Kiedy: przez cały rok (najlepiej wiosną)
Szerokość geograficzna: 53.7437
Długość geograficzna: -1.3175

Rozkoszowanie się śpiewem ptaków zawsze jest wspaniałym doświadczeniem, ale staje się jeszcze bardziej satysfakcjonujące, gdy człowiek potrafi zidentyfikować skrzydlatego śpiewaka po jego trelach. W brytyjskim rezerwacie Fairburn Ings można słuchać na przykład radośnie przedstawiającego się zaganiacza zwyczajnego czy rozświergotanych trznadli.

VANCOUVER, KANADA
176. Przejście przez most wiszący Capilano
Kiedy: przez cały rok
Szerokość geograficzna: 49.3437
Długość geograficzna: -123.1125

Mosty wiszące są ziszczeniem ludzkich marzeń o podbojach: „Pokonam ten wąwóz, jakbym był stworzony do latania". Most Capilano wiszący nad rzeką o tej samej nazwie zapewnia niezwykłe wrażenia: wisi na wysokości 70 m, jest na tyle szeroki, by obok siebie mogły stanąć dwie osoby, i ma 140 m długości. Każdy, kto na niego wchodzi, ma poczucie, że otacza go wyłącznie powietrze.

DARMSTADT, NIEMCY
177. Wizyta w zakrzywionym bloku mieszkalnym
Kiedy: przez cały rok
Szerokość geograficzna: 49.8856
Długość geograficzna: 8.6558

Waldspirale („leśna spirala") to odpowiednia nazwa dla domu mieszkalnego zaprojektowanego przez austriackiego architekta Friedensreicha Hundertwassera. Dwunastopiętrowy budynek tworzy barwną spiralę zwieńczoną zielonym, obsadzonym roślinnością dachem, a kawiarnia na szczycie pozwala oglądać to architektoniczne cudo z góry.

95

PÓŁKULA PÓŁNOCNA   od 60°N do 45°N

KOLUMBIA BRYTYJSKA, KANADA
178. W krainie imponujących zamków z piasku
Kiedy: w lipcu i sierpniu
Szerokość geograficzna: 49.3150
Długość geograficzna: -124.3120

Co roku w lipcu i sierpniu na plaży w Parksville w Kanadzie powstają niesamowite zamki z piasku. W istocie samo określenie „zamki z piasku" nie oddaje sprawiedliwości tym wspaniałym dziełom sztuki, tworzonym przy okazji dorocznego konkursu Parksville Beach Festival. Warto przyjrzeć się rzeźbom przygotowywanym przez artystów, którzy przybywają tu z całego świata; koniecznie trzeba też zajrzeć w to miejsce później, by podziwiać ukończone zamki w ich całej okazałości.

KOLUMBIA BRYTYJSKA, KANADA
179. Wypatrywanie niedźwiedzia grizzly
Kiedy: we wrześniu i w październiku
Szerokość geograficzna: 49.5701
Długość geograficzna: -116.8312

Grizzly Bear Ranch, znajdujące się w głębi dziewiczej doliny w górach Selkirk, gwarantuje odwiedzającym 95-procentowe szanse na zobaczenie tego rzadko spotykanego, fascynującego stworzenia; co więcej, w dotychczasowej historii rancza żaden z gości nie odniósł nawet najmniejszych obrażeń. Niedźwiedzie grizzly potrafią biegać w tempie koni wyścigowych, pokonują bystrza i wspinają się na drzewa, choć wbrew temu, co można wywnioskować z filmu *Zjawa*, spędzają większość czasu, grzebiąc wśród liści. Opisywane tu miejsce najlepiej odwiedzić jesienią – to idealny okres do obserwowania niedźwiedzi, które schodzą z gór do rzek, by polować na łososie udające się na tarło.

WYSPA VANCOUVER, KOLUMBIA BRYTYJSKA, KANADA
180. Podziwianie orek z pokładu łodzi
Kiedy: od połowy czerwca do października
Szerokość geograficzna: 50.5458
Długość geograficzna: -126.8332

Jeśli chodzi o możliwości obserwowania wielorybów, Kanadyjczycy znajdują się w wyjątkowo korzystnej sytuacji – wzdłuż mierzącej 202 080 km linii brzegowej ich kraju występuje ponad 30 gatunków takich stworzeń. Na wodach otaczających wyspę Vancouver można jednak spotkać „Świętego Graala" wielbicieli dużych ssaków morskich. Budzące podziw orki patrolują tu Pacyfik razem z humbakami i walami szarymi. Poszukiwania orek najlepiej zacząć od Robson Bight / Johnstone Strait, jedynego kanadyjskiego rezerwatu zamieszkiwanego przez te stworzenia. Największe szanse na spotkanie daje niewielka, odosobniona zatoka Telegraph Cove, oddalona od miasta Vancouver o jakieś sześć i pół godziny jazdy samochodem. Ponad 200 orek zamieszkujących północne wody powraca co roku do tej zatoczki, by najeść się łososi i pozbyć się na plażach części naskórka.

Widok pokrytej pąklami, ociekającej wodą orki, która wyłania się z głębin, wyskakuje do góry, a po chwili znika wśród fal zaledwie kilka metrów od obserwujących ją ludzi, naprawdę zapiera dech w piersiach i pozostawia niezatarte wspomnienia.

KANADA
181. Heliskiing w miejscu jego narodzin
Kiedy: zimą
Szerokość geograficzna: 50.7191
Długość geograficzna: -116.7656
(Bugaboos)

Heliskiing narodził się w latach 60. XX w. w górach Bugaboos i to właśnie tam najlepiej uprawiać ten sport, wyzwalający wyjątkowo dużo adrenaliny. Przygoda zaczyna się od podniecającej podróży helikopterem, który zabiera narciarzy w wysokie partie gór zapewniające długie zjazdy po dziewiczym śniegu. Później jest już tylko z górki – choć jedynie w kontekście kierunku jazdy.

Heliskiing w Kanadzie

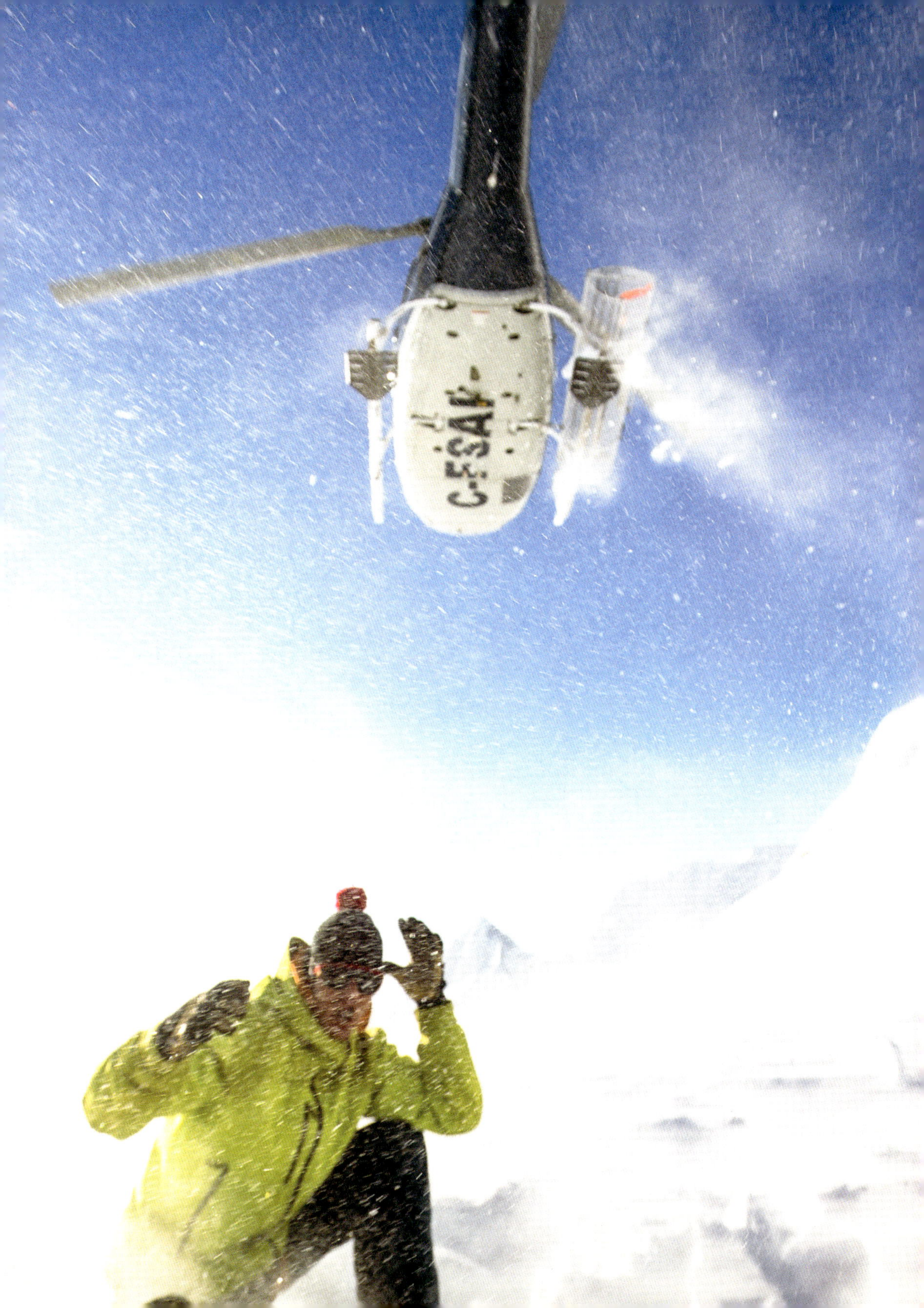

Zimowa Praga widziana od strony Starego Miasta – na pierwszym planie most Karola, po prawej u góry Hradczany, Czechy

▲ PRAGA, CZECHY
182. Zimowy spacer po średniowiecznym moście
Kiedy: od listopada do marca
Szerokość geograficzna: 50.0865
Długość geograficzna: 14.4111

Most Karola w Pradze to magiczne miejsce, a szczególnego uroku nabiera, gdy otaczające go miasto pokryte jest białym śniegiem. Brukowane arcydzieło mierzące 516 m długości łączy dwa światy czeskiej stolicy: Stare Miasto z Małą Strainą i Hradczanami, na których wznosi się zamek.

Z POŁUDNIOWO-ZACHODNIEGO KRAŃCA WIELKIEJ BRYTANII NA PÓŁNOC
183. Pieszo na ukos przez Wielką Brytanię
Kiedy: przez cały rok (choć wiosna i lato mogą być najprzyjemniejsze)
Szerokość geograficzna: 50.0686
Długość geograficzna: -5.7161

Piesza trasa wiodąca z południowo-zachodniego krańca Anglii na północno-wschodni kraniec Szkocji (względnie droga prowadząca w odwrotnym kierunku) z pewnością nie jest dobrym pomysłem dla bojaźliwych osób. Szlak prowadzi jednak przez wspaniałe okolice – wybrzeże Atlantyku otaczające przylądek Land's End w Kornwalii należy do najbardziej widokowych miejsc w Anglii, a odludne góry i wąwozy szkockiego odcinka trasy mogą śmiało rywalizować z innymi podobnymi miejscami porozrzucanymi po całym świecie.

W przypadku pokonywania odległości między skrajnymi punktami Wielkiej Brytanii samochodem trasa między Land's End na południu i John o'Groats na północy będzie miała 1407 km. Osoba, która zdecyduje się na pieszą wyprawę, przejdzie około 1930 km, a pokonanie tego dystansu zabierze jej od dwóch do trzech miesięcy.

KUTNÁ HORA, CZECHY
186. Modlitwa w kaplicy zbudowanej z kości
Kiedy: przez cały rok
Szerokość geograficzna: 49.9620
Długość geograficzna: 15.2883

Makabryczna Kaplica Czaszek znajduje się w skromnej podmiejskiej dzielnicy Kutnej Hory. Wnętrze tego niewielkiego kościoła jest zdobione kośćmi 40 000 ludzi, którzy zmarli w XIV i XV w.

SUSSEX, ANGLIA, WIELKA BRYTANIA
184. Przejażdżka „statkiem kosmicznym" w Brighton
Kiedy: przez cały rok
Szerokość geograficzna: 50.6083
Długość geograficzna: -1.9608

Przejażdżka British Airways i360 w Brighton to obowiązkowy punkt programu dla każdego wielbiciela wysokości. Atrakcja przypominająca pojazd kosmiczny (lub ogromnego lizaka, względnie grzyba – każdy może wybrać to, co bardziej mu odpowiada) została uruchomiona w 2016 r. i jest pierwszą na świecie pionową kolejką linową, a także najwyższą ruchomą wieżą obserwacyjną (pasażerowie są wywożeni na wysokość 138 m). Kto znajdzie się już na górze, może podziwiać panoramiczny widok obejmujący osobliwe nadmorskie miasto, a także wybrzeże hrabstwa Sussex.

KARLOWE WARY, CZECHY
185. Dmuchanie szkła w Czechach
Kiedy: przez cały rok
Szerokość geograficzna: 50.2333
Długość geograficzna: 12.8667

Czeskie kryształy są znane na całym świecie z wysokiej jakości oraz kunsztu, jakim wykazują się ich twórcy, a huta szkła Moser wytwarza luksusowe, zdobione kryształy budzące zainteresowanie kolekcjonerów. Zwiedzając zakłady tej firmy w Karlowych Warach, skąd wywodzi się to przedsiębiorstwo, można użyć własnych rąk (a raczej ust) do dmuchania szkła. Fachowcy wytwarzający kryształy zaczynają od umieszczenia płynnej masy szklanej w drewnianej formie; później dmuchają przez obracającą się rurę, dopóki szkło nie pokryje wnętrza formy i nie przybierze jej kształtu. Taka praca wymaga mocniejszych płuc, niż można byłoby sobie wyobrazić!

MONTANA, USA
187. Puszczanie kaczek w nieskalanej scenerii
Kiedy: przez cały rok   **Szerokość geograficzna:** 48.5787   **Długość geograficzna:** -113.9225

Jednym z najbardziej malowniczych miejsc, gdzie można się nauczyć sztuki puszczania kaczek, jest jezioro McDonald w Parku Narodowym Glacier w Montanie. Ci, którzy szczególnie dobrze sobie z tym radzą, mogą wziąć udział w dorocznych mistrzostwach świata w tejże dyscyplinie, organizowanych na wyspie Easdale w Szkocji. Zwycięża osoba, której kamień pokona największy dystans i odbije się od powierzchni wody przynajmniej trzy razy.

PÓŁKULA PÓŁNOCNA   od 60°N do 45°N

ALASKA, USA
188. Obserwowanie misia podczas połowu
Kiedy: od lipca do października
Szerokość geograficzna: 58.5533
Długość geograficzna: 155.7927

Jak gdyby obserwowanie łososi skaczących w górę wodospadu nie było wystarczająco fantastyczne, natura podsuwa nam widok niedźwiedzia, który łapie te ryby w powietrzu zębami. Gromadka wielkich grizzly robiących coś takiego w jednym wodospadzie to doprawdy niewiarygodny obrazek. Kto chciałby to zobaczyć, powinien się wybrać do Brooks Falls w Parku Narodowym Katmai na Alasce.

SEATTLE, WASZYNGTON, USA
189. Wyzwolić w sobie gwiazdę rocka
Kiedy: przez cały rok
Szerokość geograficzna: 47.6097   **Długość geograficzna:** -122.3331

Kto nigdy nie marzył o tym, by wejść na scenę, złapać mikrofon i uwolnić drzemiącą w nim gwiazdę rocka (albo popu, rapu, względnie innego gatunku muzycznego)? A gdzie się popisać ukrytymi talentami skuteczniej niż w kolebce grunge'u, tętniącej chyba wszystkimi możliwymi gatunkami muzycznymi znanymi na naszej planecie? Seattle szczyci się wspaniałym dziedzictwem muzycznym. Najlepiej będzie udać się do czterech z ośmiu historycznych dzielnic Seattle i znaleźć miejsce związane z określoną odmianą muzyki. W okolicach Pike Place Market występują utalentowani grajkowie uliczni; w barach, kawiarniach i restauracjach przy Ballard Avenue dominuje muzyka akustyczna o zabarwieniu folkowym; w dzielnicy Columbia City każdy może powalczyć o pięć minut sławy, natomiast w West Seattle z mikrofonu skorzystają wszyscy chętni.

Mile widziani na scenie są również poeci, mówcy i gawędziarze – każdy, kto chce coś zaśpiewać, powiedzieć lub wyrecytować, zapewne znajdzie w Seattle miejsce gromadzące odpowiednią publiczność.

Światowej sławy gwiazdor rocka Kurt Cobain zaczynał na lokalnej scenie muzycznej w Seattle w Stanach Zjednoczonych.

TATRZAŃSKI PARK NARODOWY, SŁOWACJA
190. Przez Tatry na dwóch kółkach
Kiedy: najlepiej latem
Szerokość geograficzna: 49.1803
Długość geograficzna: 19.9194

Karpaty ciągną się przez osiem europejskich krajów, od Austrii po Rumunię. Na Słowacji zajmują aż 61% powierzchni kraju, zależnie od pory roku przyciągając rzesze narciarzy, piechurów lub rowerzystów.

Najwyższy odcinek Karpat, Tatry Wysokie, leży na terenie największego parku narodowego na Słowacji. Przeciwnie niż w Polsce, znaczna ich część jest udostępniona dla miłośników pedałowania na dwóch kółkach. Szesnaście dobrze oznakowanych i utrzymanych tras rowerowych wije się wśród górskich jezior i licznych malowniczych wodospadów.

Z Tatr Wysokich warto się skierować na południe, w Niżne Tatry, gdzie znajduje się drugi co do wielkości park narodowy na Słowacji. Można tam korzystać z 50 tras rowerowych prowadzących przez porośnięte gęstymi lasami góry, które są naturalnym siedliskiem wilków, niedźwiedzi i rysi. Tutejsze widoki okazują się absolutnie nieziemskie – jak okiem sięgnąć góry ciągną się po horyzont i jest ich po prostu znacznie więcej niż po polskiej stronie granicy.

Dalsza trasa prowadzi w kierunku Wielkiej Fatry; tam też można podziwiać przepiękną scenerię i spotkać rzadkie zwierzęta. W tej części Słowacji znajduje się także wiele miejsc umieszczonych na liście światowego dziedzictwa UNESCO (pytanie tylko, czy pokonując szlaki na rowerze, będziemy jeszcze mieli siły na zwiedzanie).

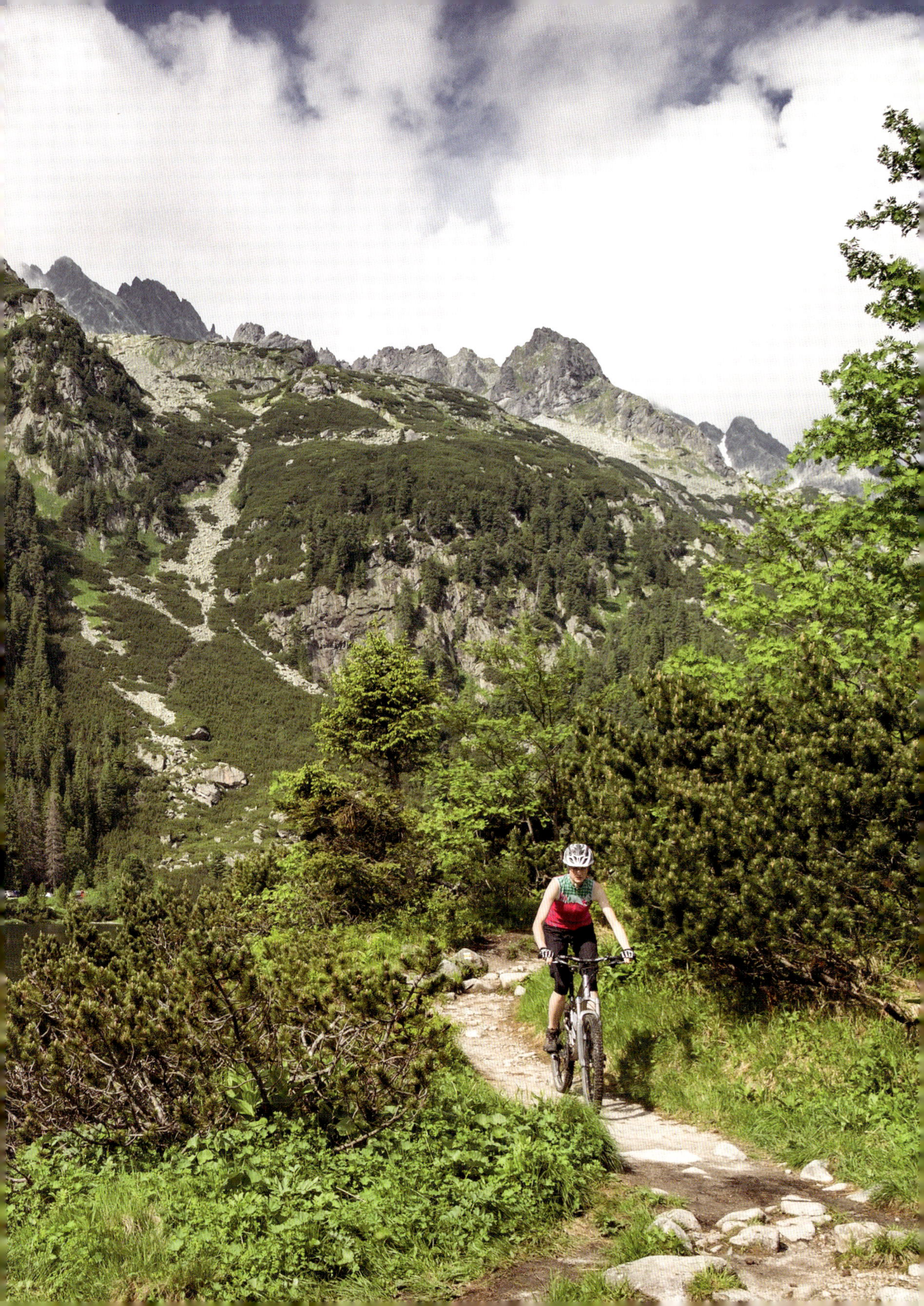

PÓŁKULA PÓŁNOCNA od 60°N do 45°N

▼ DOOD CAGAAN NUUR, MONGOLIA
191. Nocleg na terenie Mongolii
Kiedy: najlepiej latem
Szerokość geograficzna: 51.3544
Długość geograficzna: 99.3533

Społeczności Dukha hodujące renifery nie są może grupami, do których łatwo dotrzeć, ale wykazują się niezwykłą gościnnością. Zamieszkują odległe góry na północy Mongolii, przy granicy z Rosją, a kto chce je odwiedzić, musi się przygotować na całodzienną jazdę po wyboistych drogach (warto zabrać ze sobą tabletki przeciw chorobie lokomocyjnej) oraz przynajmniej jeden lub dwa dni spędzone na końskim grzbiecie.

Nagrodą za te trudy będą wyjątkowe przeżycia wśród jednego z ostatnich żyjących na ziemi wędrownych plemion, które hodują renifery; bywa, że ci ludzie przenoszą swoje obozy nawet 10 razy w roku, by zapewnić swoim zwierzętom pożywienie i warunki do rozmnażania.

NURSUŁTUN (dawn. ASTANA), KAZACHSTAN
192. Chłonięcie energii narodów podczas wystawy światowej
Kiedy: lata 2020, 2022, 2024…
Szerokość geograficzna: 51.1667
Długość geograficzna: 71.4333

Podczas wystaw światowych poszczególne kraje prezentują swoje dokonania w pawilonach stanowiących przykład awangardowej architektury. Każdy z takich obiektów jest miniaturowym muzeum, które poświęcono jakiemuś zagadnieniu związanemu z danym krajem, a całe wydarzenie stwarza okazję do wznoszenia nowatorskich budowli, organizowania widowiskowych parad i pokazów. Dość przypomnieć, że wieża Eiffla powstała właśnie z okazji wystawy światowej z 1889 r. Ostatnia wystawa odbyła się w Kazachstanie w 2017 r., następne będą kolejno w 2020 r. w Dubaju, w 2022 w Buenos Aires, w 2024 w Łodzi…

Członek społeczności Dukha ze swoimi reniferami w okolicach Dood Cagaan nuur, Mongolia

AŁTAJ, MONGOLIA

193. Polowanie z orłami

Kiedy: przez cały rok

Szerokość geograficzna: 49.0000

Długość geograficzna: 89.0000

Jedną z metod pozwalających wyżywić rodzinę na stepach Eurazji jest polowanie z orłami przednimi; umieją one łapać nawet wilki i lisy, a do tego wiążą się na całe życie z ludźmi, którzy je wyszkolili. Wizyta w Ałtaju pozwala obserwować nomadów praktykujących tę pradawną, zamierającą tradycję.

MONGOLIA

194. Unikatowy solowy koncert na łonie przyrody

Kiedy: przez cały rok

Szerokość geograficzna: 47.9184

Długość geograficzna: 106.9177 (Ułan Bator)

Początkowo może się wydawać, że te dźwięki nie są czymś, co mogłoby skłonić człowieka do pokonania tysięcy kilometrów. Spotykany w muzyce tuwińskiej i mongolskiej śpiew alikwotowy *chöömej* ma jednak niezwykłe cechy. Po pierwsze, jest przejawem niebywałych umiejętności muzycznych (jedna osoba generuje w tym samym czasie dwa dźwięki o różnej wysokości), a po drugie, najważniejszą rolę odgrywa w nim kontekst. To pasterska tradycja, w której chodziło o naśladowanie odgłosów natury. Mogły to być rozmaite dźwięki, począwszy od łagodnego, letniego wietrzyku, poprzez śpiew ptaków, rumor spadających kamieni i szmer płynących potoków, a skończywszy na cykaniu świerszczy. W tej sytuacji niektórzy muzycy musieli pokonywać wiele kilometrów, by znaleźć odpowiednią rzekę lub dane zbocze górskie, do których pasowałaby ich pieśń. Czy opisywany tu śpiew nie sprawia wrażenia czegoś, co warto byłoby usłyszeć na żywo?

KOSTOMAROWO, ROSJA

195. Wizyta w skalnej cerkwi

Kiedy: przez cały rok

Szerokość geograficzna: 50.2000

Długość geograficzna: 39.5833

Klasztor i cerkiew Świętego Zbawiciela w pobliżu Kostomarowa to prawdziwie magiczne miejsce. Lśniące kopułki wieńczą wapienne skały sterczące z bezleśnego wzgórza, a w środku znajduje się wykuta w skale świątynia oraz cudowna ikona namalowana na metalu zamiast na desce.

PÓŁKULA PÓŁNOCNA   od 60°N do 45°N

▼ POISSY, ÎLE-DE-FRANCE, FRANCJA
196. Elegancja modernistycznej willi Le Corbusiera
Kiedy: przez cały rok
Szerokość geograficzna: 48.9244
Długość geograficzna: 2.0283

Francuski architekt szwajcarskiego pochodzenia Le Corbusier jest często uznawany za ojca stylu modernistycznego. Warto cofnąć się w czasie do lat 30. XX w. i odwiedzić niezwykłą willę „Savoye" na zachodnich przedmieściach Paryża – obiekt należy do najwspanialszych dzieł tego artysty. Czyste linie, duże okna, pełne wdzięku krzywizny wewnętrzne oraz przestrzenny projekt pozbawiony ścianek działowych sprawiły, że ta willa wyznaczała kierunki stylistyczne; początkowo była luksusowym domem weekendowym, a podczas niemieckiej okupacji w trakcie II wojny światowej służyła jako skład siana. Dopiero w 1965 r. francuskie władze uratowały ten budynek, wciągając go na listę zabytków.

PLACE DU TERTRE, PARYŻ, FRANCJA
197. Pozowanie do karykatury
Kiedy: przez cały rok
Szerokość geograficzna: 48.8865
Długość geograficzna: 2.3408

Ktoś, kto się odważy pozować w Paryżu do karykatury, może odkryć, że ten pieprzyk na nosie, który w jego przekonaniu nie przyciągał niczyjej uwagi, jest najważniejszym elementem jego twarzy. Na tym polega urok pozowania: klient otrzymuje portret, który budzi jego uśmiech, a do tego powstał w wyjątkowym miejscu.

Elegancka postmodernistyczna willa „Savoye" Le Corbusiera w Poissy pod Paryżem, Francja

PÓŁKULA PÓŁNOCNA   od 60°N do 45°N

▶ PARYŻ, FRANCJA
198. Mała czarna w lokalu znanym z filmu
Kiedy: przez cały rok
Szerokość geograficzna: 48.8849
Długość geograficzna: 2.3336

W historycznej paryskiej dzielnicy Montmartre, zamieszkiwanej niegdyś przez artystów takich jak Picasso, van Gogh czy Toulouse-Lautrec (by wymienić tylko trzech), znajduje się Café de Deux Moulins – lokal, który stał się sławny za sprawą innej dziedziny sztuki. Było to miejsce pracy Amelii, tytułowej bohaterki filmu z 2001 r. W okolicy nie brakuje miejsc znanych z filmów; ta sama kawiarnia została też pokazana w dwóch innych produkcjach. Tutaj życie naśladuje sztukę; liczni miłośnicy kinematografii robią sobie zdjęcia, korzystając z małych ekranów, by uwiecznić miejsca prezentowane niegdyś na wielkim ekranie.

Café de Deux Moulins to istniejący w prawdziwym świecie paryski lokal znany z filmów.

POLA ELIZEJSKIE, PARYŻ, FRANCJA
199. Wyimaginowane zwycięstwo w Tour de France
Kiedy: w niedziele
Szerokość geograficzna: 48.8705
Długość geograficzna: 2.3082

Pola Elizejskie w ostatnim dniu Tour de France nie przypominają wcale tego, jak prezentuje się na co dzień ta ośmiopasmowa ulica. W niedziele robi się tu jednak cudownie spokojnie, więc może by tak przejechać tędy rowerem i wyobrazić sobie własne zwycięstwo w wyścigu?

LUWR, PARYŻ, FRANCJA
200. Zatonąć w spojrzeniu Mona Lisy
Kiedy: przez cały rok
Szerokość geograficzna: 48.8641
Długość geograficzna: 2.3425

Mona Lisa to jedno z tych dzieł sztuki, które potrafią zadziwić, nawet jeżeli prawie każdy, kto je ogląda, już gdzieś je widział. Kto chce obejrzeć ten wspaniały portret pędzla Leonarda da Vinci, przypuszczalnie będzie musiał odczekać swoje w kolejce, ale warto to zrobić, by móc podziwiać ten obraz i poddać analizie zagadkowe myśli kryjące się za enigmatycznym uśmiechem tajemniczej damy.

PÓŁKULA PÓŁNOCNA   od 60°N do 45°N

POCZĄTEK W MUSÉE D'ORSAY W PARYŻU WE FRANCJI
201. Zwiedzanie „wielkiej piątki" światowych muzeów

Kiedy: przez cały rok
Szerokość geograficzna: 48.8600
Długość geograficzna: 2.3266

Lista rzeczy, które chciałby zrobić przed śmiercią miłośnik sztuki, musi obejmować wizytę w jednym z muzeów tworzących „wielką piątkę": Musée d'Orsay w Paryżu, Ermitażu w Petersburgu, Prado w Madrycie, Tate Modern w Londynie i MoMA w Nowym Jorku. Każdy z tych obiektów gwarantuje wyjątkową obfitość rozkoszy zmysłowych i od dawna rywalizuje z pozostałymi o tytuł muzeum posiadającego najwspanialsze zbiory, a zwiedzający będą się świetnie bawić, próbując ustalić, które z tych miejsc najbardziej im się podoba.

Paryskie Musée d'Orsay zajmuje budynek Gare d'Orsay, dawnego dworca kolejowego na lewym brzegu Sekwany; gdy człowiek tam wchodzi, czuje, że znalazł się w niemal magicznym miejscu.

Petersburski Ermitaż mieści się w sześciu historycznych budynkach, w tym w pałacu Zimowym, którego główna fasada ciągnie się na długości 215 m.

Prado w Madrycie jest subtelną i pełną wdzięku przestrzenią, po której można wędrować, oddając się przy tym rozmyślaniom. Tate Modern z kolei ulokowało się w dawnym budynku Bankside Power Station, w londyńskiej dzielnicy South Bank; tamtejsza Hala Turbin doskonale nadaje się do eksponowania ogromnych, imponujących dzieł sztuki. Ostatnią pozycją na liście jest nowojorskie Muzeum Sztuki Nowoczesnej (Museum of Modern Art, MoMA), urzekający labirynt, po którym można się przechadzać niespiesznym krokiem. To zwiedzający musi jednak zdecydować, które z tych pięciu muzeów najbardziej mu odpowiada.

Musée d'Orsay w Paryżu we Francji, jeden z obiektów zaliczanych do „wielkiej piątki" światowych muzeów

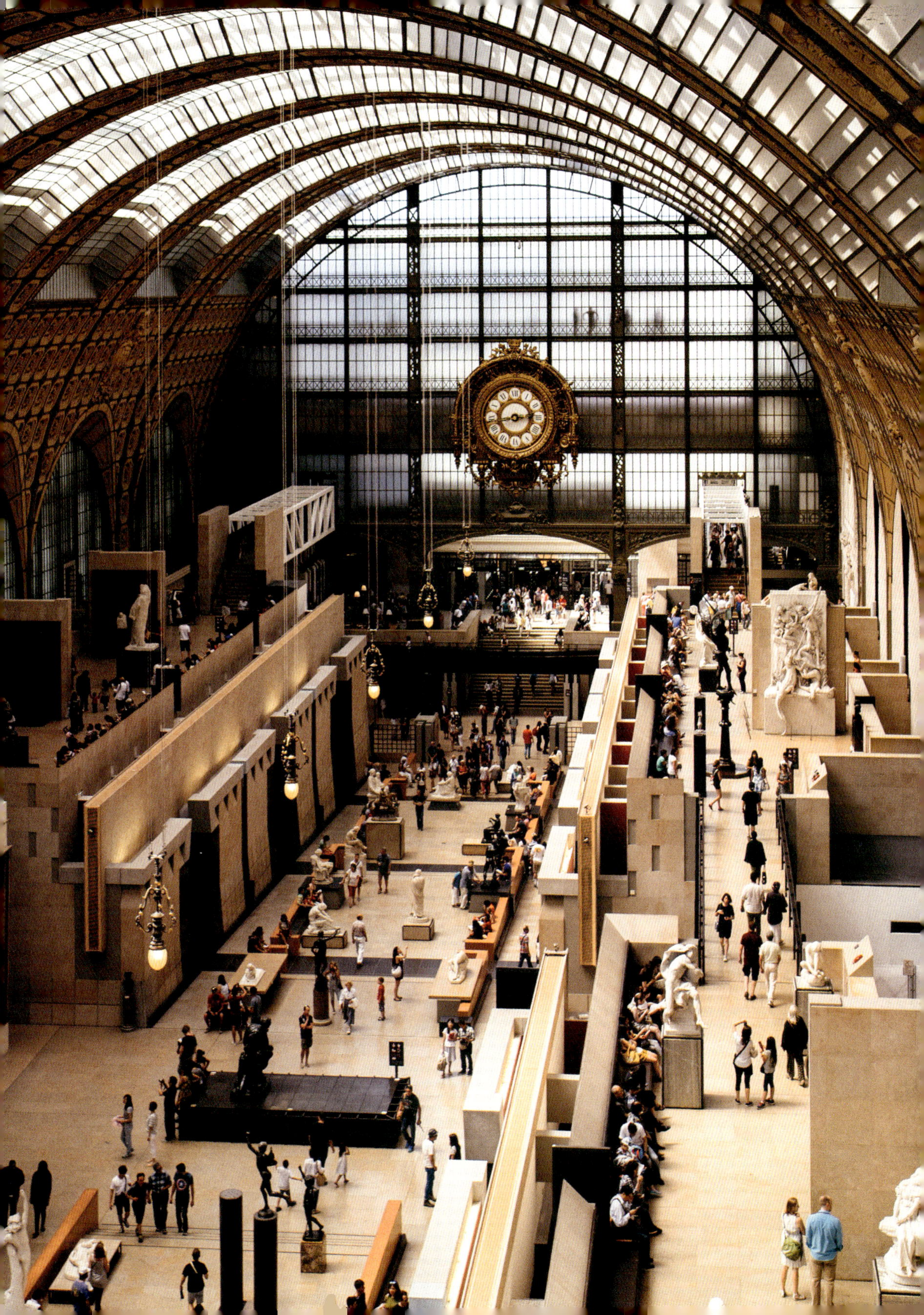

PÓŁKULA PÓŁNOCNA   od 60°N do 45°N

FRANCJA
202. Pedałowanie na trasie jednego z odcinków Tour de France
Kiedy: przez cały rok
Szerokość geograficzna: 48.8567
Długość geograficzna: 2.3508 (Paryż)

To, co rozpoczęło się jako kampania promocyjna mająca zwiększyć sprzedaż czasopisma „L'Auto", stało się z czasem jednym z tych wydarzeń sportowych, które budzą na świecie największe zainteresowanie (a czasem wywołują też największe kontrowersje). Trasa wyścigu – odbywającego się co roku od 1903 r., z wyjątkiem krótkich przerw na obydwie wojny światowe – ulega zmianom, aczkolwiek formuła pozostaje stała i obejmuje czasówki, przejazd przez Pireneje oraz Alpy, a także ekscytujący finisz na Polach Elizejskich w Paryżu.

Emocji, jakich dostarcza pokonywanie trasy wyścigu, można posmakować o dowolnej porze roku, choć w lipcu będzie na niej sporo cyklistów, włącznie z jednym pedałującym w żółtej koszulce. Nie można jednak zapominać o tym, że odcinki Tour de France nie są przeznaczone dla bojaźliwych kolarzy, a na chętnych czekają bardzo strome podjazdy na górskie przełęcze.

Nic nie stoi na przeszkodzie, by przejechać poszczególne odcinki zaledwie kilka godzin po zawodnikach – ich wysiłki stają się jeszcze bardziej imponujące, gdy człowiek sam odczuwa ból wywołany trudem pedałowania. Chętni mogą również pokonywać odcinki trasy z pomiarami czasu; coś takiego zapewni kolarzom amatorom wyobrażenie o presji związanej z rywalizacją. Podczas takiego ścigania się będzie brakować tylko jednej rzeczy: podekscytowanych widzów, którzy próbują biec przed zawodnikami i przeszkadzają w ten sposób kolarzom.

Jeden z etapów
Tour de France

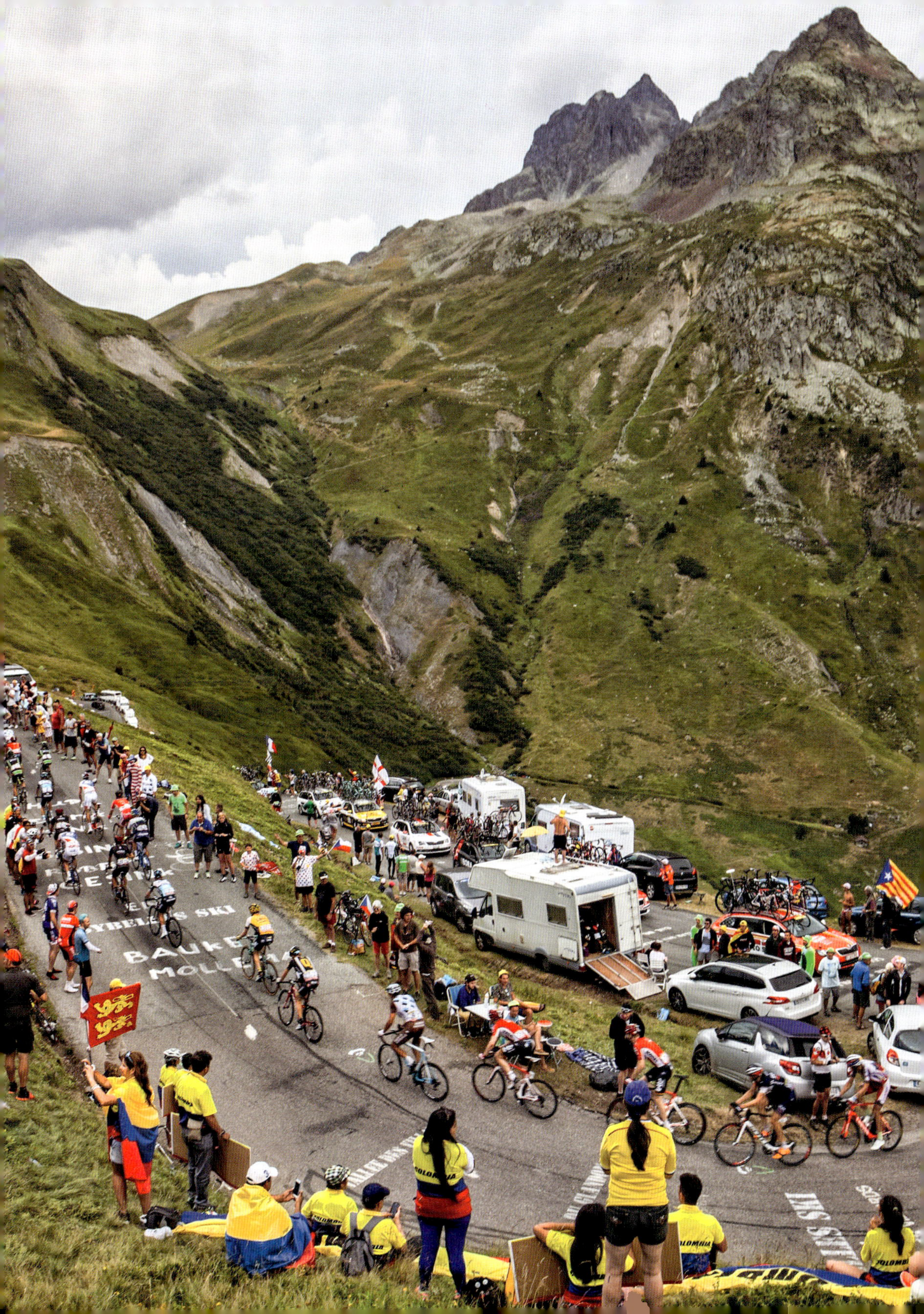

PÓŁKULA PÓŁNOCNA od 60°N do 45°N

GARE DE LYON, PARYŻ, FRANCJA
203. Zasnąć w pociągu i obudzić się w innym kraju
Kiedy: przez cały rok
Szerokość geograficzna: 48.8447
Długość geograficzna: 2.3739

Wystarczy wsiąść do międzynarodowego nocnego pociągu, który przewozi śpiących pasażerów przez granice i górskie tunele, a człowiek budzi się rano w zupełnie innym kraju.

WERSAL, FRANCJA
204. Smakowanie nadzwyczajnej przeszłości Francji
Kiedy: przez cały rok (zamknięte w poniedziałki)
Szerokość geograficzna: 48.8044
Długość geograficzna: 2.1232

Gdy mowa o bogactwach i luksusie, zwykle od razu przychodzi na myśl rozległy, wystawny zespół pałacowy w Wersalu, położony 21 km na południowy zachód od Paryża. Zbudowany w XVII w., był siedzibą rodziny królewskiej, dopóki Ludwik XVI i Maria Antonina nie zostali w 1793 r. straceni na szafocie; jest też doskonałym przykładem tego, jak wspaniałe rzeczy można sobie sprawić za pieniądze. Bogactwa nie podobały się wprawdzie francuskim rewolucjonistom, ale dzisiejsi zwiedzający chętnie podziwiają złoto, marmury, freski i bezkresne ogrody.

▶ KATEDRA NOTRE-DAME, PARYŻ
205. Wkład w odbudowę dostojnego zabytku
Kiedy: przez cały rok
Szerokość geograficzna: 48.8530
Długość geograficzna: 2.3499

Nie będzie przesady w stwierdzeniu, że losy katedry Notre-Dame są drogie sercu nie tylko paryżan. Swego czasu dzwony tej dostojnej świątyni padły ofiarą rewolucji francuskiej i zostały przetopione na armaty; w ich miejsce zawieszono zamienniki, które brzmiały fałszywie, raniąc uszy słuchaczy. Paryżanie i turyści niedługo jednak cieszyli się czystym dźwiękiem nowych dzwonów, zamówionych w 2013 r. Po katastrofalnym pożarze z 2019 r. ludzie dobrej woli z całego świata przesyłają datki na odbudowę zniszczonego zabytku.

Dziś każdy może się przyczynić do odtworzenia dostojnego zabytku – nawa główna katedry Notre-Dame w Paryżu przed pożarem z 2019 roku.

VAL THORENS, FRANCJA
206. Podniebna podróż przez alpejską dolinę
Kiedy: od grudnia do kwietnia
Szerokość geograficzna: 45.2982
Długość geograficzna: 6.5824

Najwyższa tyrolka na świecie znajduje się w Val Thorens. Pozwala dotrzeć narciarzom ze szczytu o wysokości 3230 m n.p.m. na drugą stronę doliny. Dystans 1300 m pokonywany jest w ciągu 1 minuty i 45 sekund; w tym czasie śmiałkowie przemieszczają się w powietrzu, wolni (prawie) jak orły.

CMENTARZ PÈRE-LACHAISE, PARYŻ, FRANCJA
207. Napisanie własnego epitafium
Kiedy: przez cały rok
Szerokość geograficzna: 48.8600
Długość geograficzna: 2.3960

To nieco ponura myśl, ale może warto się zastanowić, jakie słowa powinny się znaleźć na naszym nagrobku, gdy przyjdzie czas, by wyruszyć w ostatnią podróż i zająć się wąchaniem kwiatków od spodu? Osoby poszukujące inspiracji powinny skierować swe kroki w stronę Père-Lachaise w Paryżu, najchętniej odwiedzanego cmentarza na świecie. Można tam wędrować wśród 70 000 zdobionych nagrobków; nie brakuje również grobów bogatych i sławnych osobistości. Popularnym miejscem jest nagrobek gwiazdy rocka Jima Morrisona; wiele osób odwiedza też grób Oscara Wilde'a. Na tym cmentarzu spoczywają także Chopin, Molier oraz wielu znanych poetów, pisarzy i malarzy.

NORMANDIA, FRANCJA
208. Spacerem na wyspę
Kiedy: przez cały rok
Szerokość geograficzna: 48.6360
Długość geograficzna: -1.5114

Mont-Saint-Michel jest pięknym skupiskiem zabudowań, które wznoszą się spiralą wzdłuż wąskich, brukowanych uliczek, prowadząc na szczyt, do klasztoru. To również wyspa pływowa – podczas niskiego stanu wody można na nią dotrzeć po piasku, choć ponad 100 lat temu zbudowano też stałą drogę, na grobli.

PÓŁKULA PÓŁNOCNA   od 60°N do 45°N

▶ FONTAINEBLEAU, FRANCJA
209. Obiad w stylu francuskiej arystokracji
Kiedy: przez cały rok
Szerokość geograficzna: 48.3365
Długość geograficzna: 2.6982

Zjedzenie obiadu w XVII-wiecznym królewskim Château de Bourron, otoczonym średniowieczną fosą i położonym na skraju lasu Fontainebleau, to bodaj najlepszy sposób na to, by poczuć smak okresu świetności francuskiej arystokracji. Za niezwykłe doznania kulinarne odpowiada szef kuchni wyróżniony przez przewodnik Michelin.

Warto poznać również 40-hektarowy teren rozciągający się za imponującym zamkiem i otaczającymi go budynkami; ponadto w pobliżu znajduje się wspaniała rezydencja królewska w Fontainebleau.

Posiłek godny francuskiej arystokracji, okolice Fontainebleau, Francja

STRASBURG, FRANCJA
210. Zakupy na tradycyjnym jarmarku bożonarodzeniowym
Kiedy: od listopada do grudnia
Szerokość geograficzna: 48.5734
Długość geograficzna: 7.7521

W Strasburgu można zrobić zakupy na najstarszym jarmarku bożonarodzeniowym w Europie – organizuje się go w tym mieście od 1570 r. Co roku pod koniec listopada na ulicach i placach pojawia się 300 drewnianych straganów z dziełami sztuki, wyrobami rzemieślniczymi, jedzeniem i napojami. Po zakupach można pojeździć na łyżwach pod gołym niebem.

FORÊT D'ORIENT, FRANCJA
211. Grzybobranie we Francji
Kiedy: od października do grudnia
Szerokość geograficzna: 48.3000
Długość geograficzna: 4.4166

Przechadzka po lesie nabiera nieco innego charakteru, gdy człowiek zacznie patrzeć pod nogi, szukając wymyślnych kształtów kurek, borowików i kolczaków obłącząstych. Kiedy spacerowicz zapozna się już z przepisami dotyczącymi zbierania grzybów i nauczy się, jakich gatunków powinien szukać, może po owocnych zbiorach upichcić sobie w domu smaczny posiłek.

WIEDEŃ, AUSTRIA
212. Picie kawy wzorem rewolucjonistów
Kiedy: przez cały rok
Szerokość geograficzna: 48.2082
Długość geograficzna: 16.3738

Goście, którzy przychodzą do Café Central w Wiedniu, mają zapewnioną nie tylko znakomitą kawę, lecz także wyjątkową, historyczną atmosferę – regularnymi bywalcami tego lokalu byli radzieccy rewolucjoniści Włodzimierz Lenin i Lew Trocki. Siedząc w tej staromodnej kawiarni, z łatwością można sobie wyobrazić te ważne dla świata osobistości z przyjemnością popijające kawę i czytające gazety.

PÓŁKULA PÓŁNOCNA   od 60°N do 45°N

▼ WIEDEŃ, AUSTRIA
213. Głęęęęboookiiii seeeen w kolebce hipnozy
Kiedy: przez cały rok
Szerokość geograficzna: 48.2000
Długość geograficzna: 16.3667

Żyjący w XVIII w. niemiecki lekarz Franz Anton Mesmer zdobył sławę, popularyzując hipnozę, czyli zmienianie ludzkich zachowań przy użyciu siły sugestii. Za życia Mesmera nie określano jednak tych działań mianem hipnozy, od jego nazwiska zaś ukuto czasownik „mesmeryzować". Mesmer w czasach swojej świetności praktykował w Wiedniu, a do jego słynnych pacjentów zaliczali się Mozart i cesarzowa Maria Teresa.

Dziś osoby praktykujące hipnoterapię można spotkać właściwie wszędzie. W Wiedniu, podobnie jak w każdym innym dużym mieście, znajduje się mnóstwo ośrodków hipnozy, które próbują pomagać klientom borykającym się z rozmaitymi problemami, począwszy od depresji i stresu, a skończywszy na paleniu i nadwadze.

HOTEL SACHER, WIEDEŃ, AUSTRIA
214. Czekoladowa rozkosz w cesarskiej stolicy
Kiedy: 5 grudnia
(Narodowy Dzień Tortu Sachera)
Szerokość geograficzna: 48.2039
Długość geograficzna: 16.3694

Potrzeba było długiej batalii sądowej, by wiedeński hotel Sacher mógł nazwać swoje pyszne czekoladowo-morelowe ciasto oryginalnym tortem Sachera – słynnym wiedeńskim specjałem. Podczas zwiedzania miasta warto spróbować tego przysmaku, inaczej wizyta w stolicy Austrii będzie pozbawiona kropki nad i.

Kolebka hipnozy – Wiedeń, Austria

PÓŁKULA PÓŁNOCNA   od 60°N do 45°N

◀ OKOLICE INNSBRUCKA, AUSTRIA
215. Odtwarzanie sceny z *Dźwięków muzyki*
Kiedy: wiosną (żeby było autentycznie)
Szerokość geograficzna: 47.6958
Długość geograficzna: 13.0450

Czy istnieje osoba, której serce nie wypełnia się radością, gdy Julie Andrews – a raczej Maria – kręci się po tyrolskiej łące, śpiewając o tym, że okoliczne góry ożywają za sprawą dźwięku muzyki? Warto odtworzyć ten moment w górach Tyrolu; tyrolski strój ludowy jest tylko opcjonalnym dodatkiem.

Julie Andrews jako Maria w *Dźwiękach muzyki*, zdjęcia kręcone w Austrii

SALZBURG, AUSTRIA
216. W bajecznym wnętrzu jaskiń lodowych
Kiedy: przez cały rok
Szerokość geograficzna: 47.4950
Długość geograficzna: 13.2894

Położone w austriackich górach jaskinie Eiskogelhöhle pozwalają podziwiać imponujące lodowe formacje. Przesiąknięta niezwykłą atmosferą przestrzeń wewnątrz jaskiń zachwyca wszelkimi możliwymi odcieniami błękitu, które składają się razem na ten podziemny plac zabaw dla dorosłych.

BREGENCJA, AUSTRIA
217. Niezapomniany koncert na Jeziorze Bodeńskim
Kiedy: od lipca do sierpnia
Szerokość geograficzna: 47.6363
Długość geograficzna: 9.3892

Na świecie nie brakuje wspaniałych miejsc, w których można słuchać muzyki i podziwiać akcję sceniczną, ale żadna z tych lokalizacji nie dorównuje pływającej scenie znajdującej się na pięknych wodach Jeziora Bodeńskiego. Festiwal Bregencki to wyjątkowe wydarzenie, które w pełni zasługuje na swoją renomę i pozwala posłuchać muzyki orkiestrowej.

SZWAJCARIA
218. Śniadanie w ojczyźnie musli
Kiedy: przez cały rok
Szerokość geograficzna: 47.3667
Długość geograficzna: 8.5500 (Zurych)

Czasami przygodą jest już zmiana utartych nawyków. Warto zatem po przebudzeniu otworzyć drzwi prowadzące na taras czy balkon, a następnie zjeść śniadanie na świeżym powietrzu. Takie działanie może zapewnić człowiekowi zupełnie inny nastrój na cały dzień (nawet jeśli teren poza tarasem czy balkonem pozostawia wiele do życzenia).

PÓŁKULA PÓŁNOCNA   od 60° N do 45° N

BUKOWINA, RUMUNIA
219. Zwiedzanie malowanych cerkwi w rumuńskiej Bukowinie
Kiedy: przez cały rok
Szerokość geograficzna: 47.7782
Długość geograficzna: 25.7112

Wizyta w monastyrze w Suczawicy jest ucztą dla oczu, a zarazem pozwala oddać hołd dziedzictwu sztuki bizantyjskiej na głębokiej prowincji. Całą XVI-wieczną świątynię pokrywają malowidła, zarówno w środku, jak i na zewnątrz. Ściany mają 6 m wysokości i są zapełnione scenami biblijnymi, które ciągną się przez całą szerokość obiektu. Monastyr jest jedną z ośmiu takich malowanych cerkwi północnej Mołdawii, które znalazły się wspólnie na liście światowego dziedzictwa UNESCO; wszystkie powstały w XV lub XVI w. Obecni zwiedzający nie mogą się nadziwić, w jak znakomitym stanie zachowały się te świątynie.

Malowana ściana monastyru w Suczawicy na Bukowinie, Rumunia

PÓŁKULA PÓŁNOCNA   od 60°N do 45°N

POCZĄTEK U ŹRÓDEŁ RZEKI, W DONAUESCHINGEN W NIEMCZECH
220. Podróż rowerowa przez Europę brzegami Dunaju
Kiedy: od maja do września
Szerokość geograficzna: 47.9531
Długość geograficzna: 8.5033

Długość całkowita Dunaju, od jego źródeł w Niemczech do Morza Czarnego, liczy około 2850 km. Trasa rowerowa biegnąca wzdłuż tej rzeki – jeden z najwspanialszych europejskich szlaków rowerowych – może być celem, który przekona wielbicieli dwóch kółek do wytrwałego pedałowania.

Wijący się leniwie Dunaj jest najdłuższą rzeką na terenie Unii Europejskiej i zapewnia bajeczną, przyjemną podróż przez samo serce fascynująco zróżnicowanego kontynentu. Źródła Dunaju znajdują się w Donaueschingen, w pięknym niemieckim Szwarcwaldzie, a podróż brzegami rzeki zapewnia przez większość czasu kapitalne widoki. Dwukołowi podróżni przejeżdżają przez 10 krajów, 21 parków narodowych i 79 miast, nim Dunaj wpadnie wreszcie do Morza Czarnego.

Wspaniałe w tej wyprawie jest m.in. to, że wszystkie decyzje pozostają w rękach (i łydkach) samego podróżnika. Bogactwo kulturalne, oszałamiające widoki i piękne średniowieczne miasta nigdzie nie uciekną.

OBERAMMERGAU, NIEMCY
221. Pasja wystawiana w Oberammergau
Kiedy: lata 2020, 2030, 2040…
Szerokość geograficzna: 47.5956
Długość geograficzna: 11.0723

Niezwykła tradycja wystawiania pasji w Oberammergau sięga 1634 r.; jest to najstarsze regularnie odgrywane misterium w świecie chrześcijaństwa. Warto przyjrzeć się historii wjazdu Jezusa do Jerozolimy oraz jego ukrzyżowania, przedstawianej zbiorowo przez mieszkańców tego bawarskiego miasta; surowe, do pewnego stopnia męczące przedstawienie trwa pięć godzin i jest odgrywane codziennie przez mniej więcej trzy miesiące.

ZAMEK NEUSCHWANSTEIN, NIEMCY
222. Wizyta w zamku, który zainspirował Disneya
Kiedy: przez cały rok
Szerokość geograficzna: 47.5575
Długość geograficzna: 10.7500

Gdy ktoś wyobraża sobie zamek z filmu Disneya, być może umysł podsunie mu obraz baśniowego Neuschwansteinu. Trudno się w sumie dziwić, gdyż to bawarskie cacko było inspiracją dla Zamku Śpiącej Królewny z pierwszego Disneylandu, a następnie w kolejnych, rozsianych po całym świecie. Jego sylwetkę widać również w logo pojawiającym się na początku niezliczonych filmów z wytwórni Walta Disneya.

Pałac stylizowany na zamek, usytuowany na wzniesieniu w malowniczej górskiej scenerii, został wzniesiony w XIX w. jako romantyczna samotnia dla rozmiłowanego w baśniach, mitach i legendach króla bawarskiego Ludwika II. Jak na ironię już siedem tygodni po śmierci władcy obiekt udostępniono zwiedzającym, by odzyskać choć część funduszy zainwestowanych w budowę. Warto przyłączyć się do niemal półtoramilionowej rzeszy turystów, którzy co roku podziwiają „prawdziwy zamek Disneya".

BADEN-BADEN, NIEMCY
223. Zmyć z siebie troski w Szwarcwaldzie
Kiedy: przez cały rok
Szerokość geograficzna: 48.7628
Długość geograficzna: 8.2408

To piękne miasto uzdrowiskowe, położone na pogórzu Szwarcwaldu, cieszy się popularnością wśród wielbicieli sportów – zapewnia świetne warunki miłośnikom golfa, tenisa, jeździectwa, wędrówek, a w okresie zimowym usatysfakcjonuje również narciarzy. Jednak to uzdrawiające moce tutejszych słynnych wód przyciągały odwiedzających od III w., od czasów panowania rzymskiego cesarza Karakalli; warto o tym pamiętać i zmyć z siebie troski w którejś z łaźni miejskich.

PÓŁKULA PÓŁNOCNA   od 60°N do 45°N

MONACHIUM, NIEMCY
224. Kufel piwa podczas Oktoberfestu
Kiedy: od 17 września do 2 października
Szerokość geograficzna: 48.1351
Długość geograficzna: 11.5819

To wydarzenie pozwala gościom zanurzyć się w radosnej bawarskiej kulturze: na odwiedzających czekają ogromne kufle z piwem (wszystkie trunki są warzone w Monachium i muszą spełniać rygorystyczne normy), mnóstwo smażonych kiełbasek (serwowanych z knedlami i kiszoną kapustą), muzyka, parki rozrywki, stragany oraz tańczący faceci w skórzanych spodniach. *Prost*!

ROTHENBURG, NIEMCY
225. Wizyta w bajkowym mieście
Kiedy: przez cały rok
Szerokość geograficzna: 49.3801
Długość geograficzna: 10.1867

To średniowieczne niemieckie miasto nie zmieniło się od 950 r. i wygląda niczym żywcem wyjęte ze stronic jakiejś bajki; obrazu dopełniają gotyckie iglice oraz klimatyczne domy ze ścianami szachulcowymi. Trudno się zatem dziwić, że to na Rothenburgu wzorowano scenerię pokazaną w Disneyowskim *Pinokiu* z 1940 r.; kręcono tu także niektóre części filmów przedstawiających przygody Harry'ego Pottera. W okresie Bożego Narodzenia rozkręca się tu świąteczny jarmark.

▶ PIENINY, POLSKA
226. Spływ przełomem Dunajca
Kiedy: od maja do września
Szerokość geograficzna: 49.4164
Długość geograficzna: 20.3986

Podczas kilkunastokilometrowego spływu przełomem Dunajca turyści, sunąc na tradycyjnych tratwach przez Pieniński Park Narodowy, podziwiają malowniczy krajobraz lesistych wzgórz i wapiennych skałek. Na niektórych odcinkach mają prawie na wyciągnięcie ręki porośnięte lasem urwiska o wysokości 300 m, a przez całą drogę słuchają dykteryjek i dowcipów, którymi każdy flisak sypie jak z rękawa.

Spływ przez piękne tereny Pienińskiego Parku Narodowego, Polska

119

PÓŁKULA PÓŁNOCNA   od 60°N do 45°N

Gra w szachy w termach Széchenyi w Budapeszcie na Węgrzech

▲ BUDAPESZT, WĘGRY
227. Zwycięstwo w meczu szachowym rozgrywanym w termach
Kiedy: przez cały rok
Szerokość geograficzna: 47.5186
Długość geograficzna: 19.0819 (termy Széchenyi)

Budapeszt nie bez powodu nazywany jest „miastem łaźni"; znajduje się tu niemal 120 obiektów, w których można skorzystać ze źródeł termalnych. Podczas relaksowania się w gorących źródłach Węgrzy bardzo chętnie zmuszają do wysiłku swoje umysły, grając w szachy. Warto dołączyć do licznego grona osób rozważającego następny ruch w łaźniach na terenie tego miasta – do najwspanialszych obiektów tego typu zaliczają się termy Széchenyi.

▶ BUDAPESZT, WĘGRY
228. Żonglowanie wzorem mistrzyni
Kiedy: przez cały rok
Szerokość geograficzna: 47.4925
Długość geograficzna: 19.0514

Martha „Trixie" Firschke urodziła się w 1920 r. w węgierskiej rodzinie cyrkowej i wyrosła na pierwszą damę świata żonglerki. Wieść niesie, że od pierwszej próby potrafiła trzymać w ustach kijek, na którego końcu spoczywała piłka i nie spadała! „Trixie" radziła sobie również z jednoczesnym podbijaniem głową dwóch piłek. A może by odwiedzić rodzinne miasto Marthy, czyli Budapeszt? Naukę żonglerki najlepiej zaczynać jednak od piłek, a nie od talerzy używanych przez „Trixie".

Pierwsza dama świata żonglerki, Martha „Trixie" Firschke

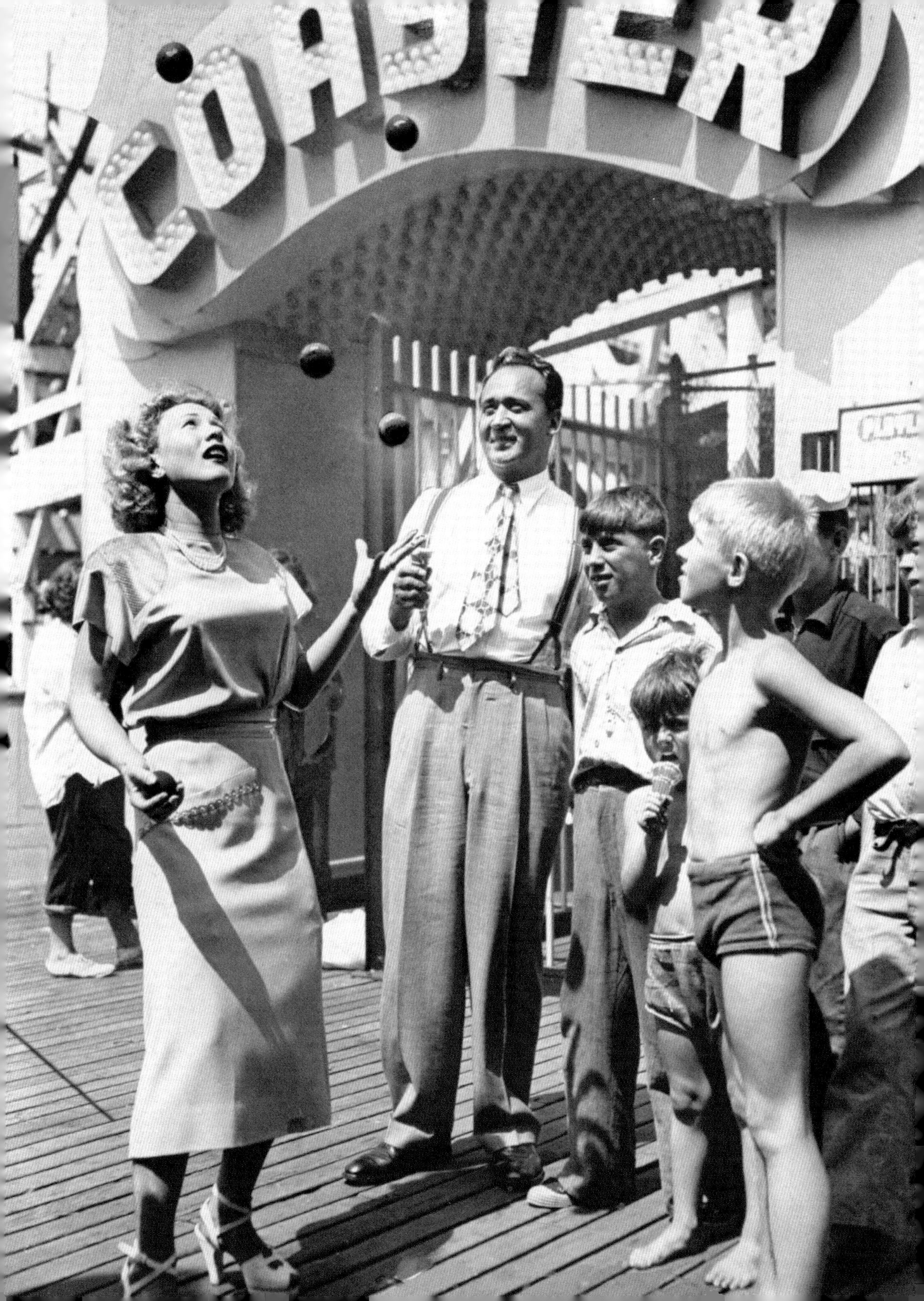

Hotele nad jeziorem Como we Włoszech

MEDIOLAN, WŁOCHY
229. Wydać w Mediolanie fortunę na buty
Kiedy: przez cały rok
Szerokość geograficzna: 4.4667
Długość geograficzna: 9.1833

Włochy słyną na cały świat z wyrabiania na zamówienie różnych elementów garderoby – zwłaszcza butów. Każdy, komu marzy się wielka moda, powinien odwiedzić jej stolicę, Mediolan, i sprawdzić, co mają aktualnie do zaoferowania najlepsze włoskie warsztaty wytwarzające obuwie na wymiar.

▲ COMO, WŁOCHY
230. Szczyt luksusu nad jeziorem Como
Kiedy: przez cały rok
Szerokość geograficzna: 46.0160
Długość geograficzna: 9.2571

Dla wielu osób okolice polodowcowego jeziora Como są absolutnym szczytem, jeśli chodzi o luksus – to malownicze miejsce, w którym głębokie wody kontrastują z górskimi stokami. Na gości czeka tu wiele luksusowych hoteli, będących doskonałą bazą dla wielbicieli pływania, pieszych wędrówek, jazdy na rowerze, a także zwyczajnego relaksowania się w kafejce.

ALBERTA, KANADA; MONTANA, USA
231. Uścisk rąk ponad pokojową granicą
Kiedy: przez cały rok
Szerokość geograficzna: 49.0000
Długość geograficzna: -113.9167

Międzynarodowy Park Pokoju Waterton-Glacier – pierwszy taki obiekt na świecie – skrywa piękne, dzikie tereny pełne jezior i gór; miejsce to symbolizuje również harmonię między narodami. Park został stworzony, gdy Stany Zjednoczone i Kanada połączyły ze sobą dwa odrębne parki narodowe. Turyści mogą teraz stanąć nad granicą i uścisnąć sobie ręce na znak pokoju.

PÓŁKULA PÓŁNOCNA   od 60°N do 45°N

GROSSGLOCKNER HOCHALPENSTRASSE, AUSTRIA
232. Przejazd alpejskimi serpentynami
Kiedy: od maja do października
Szerokość geograficzna: 47.0833   **Długość geograficzna:** 12.8427

Großglockner Hochalpenstraße to jedna z najpopularniejszych atrakcji turystycznych w Austrii; co roku przyciąga prawie milion turystów i niemal ćwierć miliona samochodów.

Trasa zaczyna się w Heiligenblut w Karyntii, a kończy w gminie Bruck w Salzburgu, przecinając Park Narodowy Wysokie Taury. Ma 36 serpentyn, a strome urwiska opadające tuż za poboczem zapierają dech w piersiach. Niewiele jest widoków, które budzą w sercach miłośników motoryzacji większą radość niż pusta górska droga wijąca się w polu widzenia przez wiele kilometrów.

Zieleń stoków, biel i granitowa szarość szczytów, błękit nieba, a także gwałtownie opadające kłęby mgły – tak właśnie przedstawia się idealna przejażdżka wśród gór. Wielbiciele takich klimatów powinni koniecznie usiąść za kółkiem, by poznać te majestatyczne okolice.

Góry otaczające Großglockner Hochalpenstraße w Austrii

PÓŁKULA PÓŁNOCNA   od 60°N do 45°N

▶ QUEBEC, KANADA
233. Rowerem przez francuskojęzyczną prowincję Kanady
Kiedy: wiosną i latem
Szerokość geograficzna: 48.8167   **Długość geograficzna:** -71.2167 (miasto Quebec, prowincja Quebec, Kanada)

W oczach wielbicieli natury mało co zdoła przebić bezkresne połacie lasów, malownicze akweny, bogactwo przyrody oraz niezliczone jeziora i rzeki Quebecu, a najlepszym punktem, z którego można to wszystko podziwiać, jest siodełko roweru.

Przez tereny pięknej prowincji Quebec ciągnie się La Route Verte („zielony szlak") – licząca 5000 km długości sieć tras rowerowych wytyczonych na tym rozległym, zróżnicowanym obszarze. Wspomniana sieć obejmuje ścieżki miejskie w Montrealu i mieście Quebec, a także trasy wokół tych miast i szlaki biegnące wzdłuż majestatycznej Rzeki Świętego Wawrzyńca, pozwala też ruszyć w bardziej odległe tereny na północy. La Route Verte doprowadza do granic amerykańskich stanów Vermont, Maine i Nowy Jork.

Podobnie jak to bywa na wielu długich trasach rowerowych, zagorzali wielbiciele dwóch kółek stawiają sobie za cel pokonanie o własnych siłach każdego metra La Route Verte. Bez problemu można jednak przygotować zindywidualizowany plan podróży i przemierzyć poszczególne odcinki w różnych okresach. Warto poszukać w Internecie informacji, które pozwolą zaplanować przejazd.

Podróż na rowerze po Quebecu, Kanada

MONTREAL, QUEBEC, KANADA
234. Pękanie ze śmiechu podczas największego festiwalu komediowego na świecie
Kiedy: w lipcu
Szerokość geograficzna: 45.5000
Długość geograficzna: -73.5667

Trudno uśmiać się bardziej niż podczas festiwalu komediowego Just for Laughs w Montrealu. Impreza, zorganizowana po raz pierwszy ponad 30 lat temu jako dwudniowe francuskojęzyczne wydarzenie, szybko zamieniła się w doroczny letni maraton śmiechu, który przez prawie cały miesiąc przyciąga najlepszych światowych komików, również anglojęzycznych.

ALPY, SZWAJCARIA
235. Delektowanie się pysznym serowym fondue
Kiedy: od listopada do kwietnia
Szerokość geograficzna: 46.5592
Długość geograficzna: 8.5614

Szwajcarzy maczają chleb we wspólnym garnku z roztopionym serem co najmniej od początku XVIII w., ale dopiero w latach 30. XX w. podzielili się z resztą świata tą najbardziej towarzyską formą spożywania smakołyków poprawiających nastrój. Każdy powinien spróbować tego przysmaku w drewnianej górskiej chacie przy ogniu buzującym na kominku.

PÓŁKULA PÓŁNOCNA   od 60°N do 45°N

NA CAŁYM ŚWIECIE, ALE NAJLEPIEJ ZACZĄĆ W BURGUNDII WE FRANCJI
236. Odyseja śladami wina
Kiedy: przez cały rok
Szerokość geograficzna: 49.3493   **Długość geograficzna:** 4.0695

Trudno zaprzeczyć temu, że wino jakimś cudem najlepiej smakuje w winnicy, z której pochodzi. W tej sytuacji doskonałym pomysłem będzie degustacja trunków w różnych istotnych punktach winiarskiej mapy świata.

Miłośnicy klasycznych win powinni zacząć od Francji – Burgundia, Bordeaux i Dolina Loary nadal pozwalają skosztować najlepszych win na świecie. Włoski Piemont umożliwia łączenie degustacji wina z posiłkami w restauracjach, które otrzymały gwiazdkę Michelin, choć w Europie warto też rozważyć kilka innych lokalizacji, takich jak hiszpańska La Rioja, dolina rzeki Duero w Portugalii i dolina Mozeli w Niemczech.

Za stolicę amerykańskiego winiarstwa uważa się Napa Valley, choć fantastyczne trunki pochodzą również z sąsiedniego hrabstwa Sonoma. O miano najlepszego regionu winiarskiego Nowego Świata ubiega się też Willamette Valley w Oregonie.

Południowoafrykańska Prowincja Przylądkowa Zachodnia zapewnia bezkonkurencyjną scenerię; lokalnym ośrodkiem winiarstwa i dobrego jedzenia jest miasto Stellenbosch. W Australii na wzmiankę zasługują dolina Barossa oraz Hunter Valley.

Nowozelandzkie Central Otago jest najdalej wysuniętym na południe regionem winiarskim, podczas gdy dolina Maipo w Chile uchodzi za południowoamerykański odpowiednik Bordeaux. A zatem – na zdrowie!

MONTREUX, SZWAJCARIA
237. Słuchanie piosenki tam, gdzie została napisana
Kiedy: warto powiązać to z lipcowym festiwalem jazzowym
Szerokość geograficzna: 46.4333
Długość geograficzna: 6.9167

Piosenka *Smoke on the Water* zespołu Deep Purple opisuje pożar studia nagraniowego usytuowanego w kompleksie Casino Barrière de Montreux, gdzie zespół miał właśnie zacząć nagrywać swój album *Machine Head*. Aby odbyć prawdziwą rockową pielgrzymkę, dobrze będzie usiąść ze słuchawkami na uszach nad brzegiem Jeziora Genewskiego.

TICINO, SZWAJCARIA
238. Skok do wody w pięknej scenerii
Kiedy: od maja do września
Szerokość geograficzna: 45.9676
Długość geograficzna: 8.6532
(Lago Maggiore)

Choć mało kto będzie chciał powtórzyć rekordowy 59-metrowy skok oddany przez Laso Schallera z urwiska w Ticino w 2015 r., szwajcarskie jeziora alpejskie, które rywalizują ze sobą o miano „najpiękniejszego widoku na świecie", zapewniają mnóstwo fantastycznych miejsc, w których można dać nura do wody. Każdy znajdzie tu coś dla siebie!

APPENZELL, SZWAJCARIA
239. Jodłować w Alpach, aż… przyjdą krowy
Kiedy: od maja do września
Szerokość geograficzna: 47.3349
Długość geograficzna: 9.4066

Alpejscy rolnicy od ponad 500 lat jodłowaniem przywołują bydło z pastwisk. Człowiek odczuwa niezwykłe poczucie swobody, gdy stanie na szczycie góry i zacznie robić użytek z tego szczególnego śpiewu, wymyślonego w szwajcarskiej wsi Appenzell w XVI w.

PÓŁKULA PÓŁNOCNA   od 60°N do 45°N

▼ ADELBODEN, SZWAJCARIA
240. Kąpiel w basenie infinity z niesamowitym widokiem
Kiedy: przez cały rok
Szerokość geograficzna: 46.4930
Długość geograficzna: 7.5595

Trzymanie się krawędzi basenu infinity, z którego roztacza się zapierający dech w piersiach widok, z jakiegoś powodu jest popularnym chwytem wykorzystywanym w broszurach biur podróży – ta czynność sprawia po prostu mnóstwo frajdy. Każdy może się o tym przekonać sam w najlepszym basenie tego typu; znajduje się on przy hotelu Cambrian i pozwala się napawać pocztówkowym widokiem szwajcarskich Alp.

SANKT MORITZ, SZWAJCARIA
241. Doskonalenie w Alpach umiejętności dojenia krów
Kiedy: od maja do września
Szerokość geograficzna: 46.5000
Długość geograficzna: 9.8333

Gdy śnieg się już stopi, a narciarze pojadą do domów, szwajcarskie krowy mogą się rozkoszować spokojem, oddychając świeżym powietrzem i pogryzając słodką trawę; to właśnie dzięki nim powstaje potem pożądany alpejski ser. Wiele gospodarstw pozwala turystom samodzielnie wydoić mućki, więc może warto skorzystać z okazji?

Basen infinity przy hotelu Cambrian, Adelboden, Szwajcaria

ALPY, EIGER, SZWAJCARIA
242. BASE jumping z Eigeru

Kiedy: latem (wtedy panuje najlepsza pogoda)
Szer. geogr.: 46.5776
Dł. geogr.: 8.0054

Chociaż może się to wydać wręcz niewiarygodne, BASE jumping jest w niektórych miejscach legalny – jeden z takich punktów to Eiger w Szwajcarii w Alpach Berneńskich. Wspinaczka na szczyt góry i skok pozwalający pokonać w pionie ponad 2658 m to brawurowy wyczyn – wcześniej trzeba jednak oddać wiele łatwiejszych skoków ćwiczebnych.

PÓŁKULA PÓŁNOCNA   od 60°N do 45°N

LE PUY-EN-VELAY, FRANCJA
243. Kosztowanie w Puy soczewicy du Puy
Kiedy: przez cały rok
Szerokość geograficzna: 45.0442
Długość geograficzna: 3.8858

Zielona soczewica pochodząca z okolic tego miasta na południu Francji jako jedyna może nosić miano soczewicy du Puy, znanej na całym świecie z doskonałego smaku. Ten przysmak najlepiej popić szklanką słynnego lokalnego Verveine – likieru z cytryny i werbeny.

MORAVSKE TOPLICE, SŁOWENIA
244. W dół i do góry na zjeżdżalni wodnej
Kiedy: przez cały rok
Szerokość geograficzna: 46.6857
Długość geograficzna: 16.2225

Terme 3000 w Słowenii to pierwszy na świecie kompleks basenów, w którym zbudowano zjeżdżalnię tworzącą pętlę 360 stopni. Jak gdyby spadanie do basenu z prędkością 80 km/h nie wystarczało, tutaj człowiek może jeszcze zostać po drodze odwrócony niemalże do góry nogami!

▶ LES HOUCHES, OKOLICE CHAMONIX, FRANCJA
245. Niesamowity trekking wokół masywu Mont Blanc
Kiedy: od połowy czerwca do początku września
Szerokość geograficzna: 45.8908
Długość geograficzna: 6.7992

Tour du Mont Blanc, jeden z najwspanialszych szlaków trekkingowych na świecie, daje możliwość podziwiania fantastycznej górskiej scenerii na terytorium trzech państw: Francji, Szwajcarii i Włoch. Wędrowiec ma do pokonania 170 km, a suma przewyższeń wynosi około 10 000 m.

Punktem rozpoczęcia i zakończenia trekkingu jest tradycyjnie Les Houches. Przebycie całej trasy pochłania około 10 dni, choć istnieje możliwość pokonywania jej odcinkami. Szczyt, mający 4810 m n.p.m., bez przerwy góruje nad wędrowcem, tworząc fascynujące tło. Kondycja fizyczna i przygotowanie są tu ważnymi czynnikami, ale nie należy się obawiać – małe przyjemności zawsze są stosunkowo blisko. Gościnne wioski, osady oraz schroniska górskie zapewniają po drodze noclegi, jedzenie i picie.

Oprócz widoków na góry i lodowce turystę czekają też wędrówka przez cudowne, pachnące sosnami lasy oraz pokryte barwnymi kwiatami łąki, pokonywanie mostków nad wartkimi, górskimi rzekami, a także spotkania ze zwierzętami, takimi jak jelenie i orły. Opis trekkingu brzmi zadziwiająco, a rzeczywistość dorównuje tym oczekiwaniom.

Niesamowita radość podczas trekkingu wokół masywu Mont Blanc, Les Houches w pobliżu Chamonix, Francja

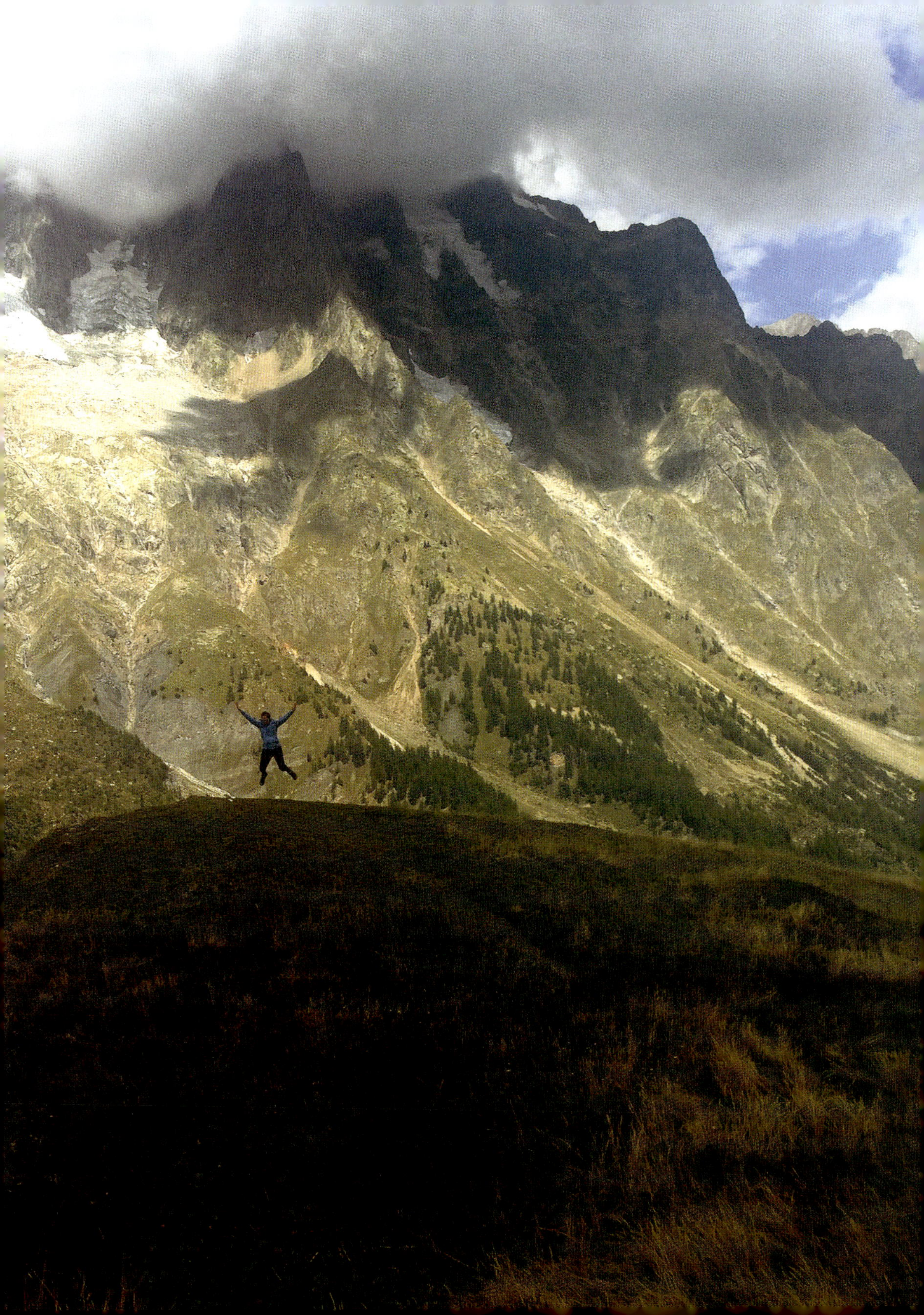

PÓŁKULA PÓŁNOCNA   od 60°N do 45°N

ALPY FRANCUSKIE, ALPY JAPOŃSKIE, ALPY AUSTRALIJSKIE, WHISTLER, CANADIAN ROCKIES, ANDY, G. DŻURDŻURA
246. Narciarski wyścig z globalnym ociepleniem
Kiedy: od listopada do marca (na półkuli północnej), od czerwca do października (na półkuli południowej)
Szerokość geograficzna: 45.8326   **Długość geograficzna:** 6.8527 (Alpy Francuskie)

Spalona słońcem planeta całkowicie pozbawiona śniegu to nadal apokaliptyczny i na pozór odległy scenariusz, lecz zjeżdżanie po białym puchu na wszystkich kontynentach – czy to na nartach, czy też na desce – już wkrótce może się stać trudniejsze do zorganizowania lub bardzo kosztowne. To zatem odpowiednia chwila, by spróbować pojeździć na każdym kontynencie zamieszkanym przez człowieka.

Poszczególne kontynenty oferują zróżnicowane atrakcje: Alpy Francuskie mają większą liczbę stoków niż jakikolwiek inny region w Europie. Chamonix, Tignes, Val d'Isere i Trzy Doliny to klasyczne miejsca odwiedzane przez miłośników białego szaleństwa.

Czterema kluczowymi obszarami w Ameryce Północnej są: Kalifornia, Kolorado, Utah i Nowa Anglia, natomiast w Kanadzie świetny śnieg można znaleźć w Kolumbii Brytyjskiej i paśmie Canadian Rockies. W Ameryce Południowej najciekawsze tereny są w chilijskich Andach, z popularnymi ośrodkami: Portillo, Valle Nevado i La Parva, a także obszary wulkaniczne, jak Llama i Pucón.

Narciarstwo w Japonii rozkwita w licznych niewielkich ośrodkach; stoki nie są przesadnie strome lub wymagające, choć zawsze można się tam rozkoszować świeżym puchem i brakiem tłumów. Śnieg niekoniecznie kojarzy się z Australią, ale w Nowej Południowej Walii i Wiktorii można znaleźć przyzwoite stoki; najciekawszym wyborem będą przypuszczalnie Perisher i Thredbo.

Jazda na nartach w Afryce? Tak, to możliwe. Ośrodek Chréa, znajdujący się w Algierii, w górach Dżurdżura, skrywa górskie obszary porównywalne z alpejskimi. Wizyta tutaj powinna się znaleźć na liście marzeń każdego narciarza, który uwielbia przygody.

TRYDENT, WŁOCHY
247. Pieszo przez Dolomity
Kiedy: przez cały rok
Szerokość geograficzna: 46.2366
Długość geograficzna: 11.8830

Wędrowcy muszą się przygotować na śnieg, wiatr i deszcz występujące przez cały rok, ale niesamowite widoki, jakie czekają ich w Parku Natury Paneveggio, w pełni to zrekompensują. Wznoszące się na terenie parku ostre, budzące podziw szczyty masywu Pale di San Martino są poprzecinane siatką szlaków dostarczających turystom wielu emocji.

MEDIOLAN, WŁOCHY
248. Nauka pieczenia własnego, unikalnego ciasta
Kiedy: przez cały rok
Szerokość geograficzna: 45.4654
Długość geograficzna: 9.1859

Pieczenie wraca do łask dzięki popularności wielu programów telewizyjnych, a przygotowanie własnego, niepowtarzalnego ciasta jest całkiem proste i pozwala zaimponować rodzinie oraz przyjaciołom. W tym celu należy zgłębić sztukę tworzenia słodkości; potem pozostaje już tylko zaprezentować własny wypiek podczas jednej z licznych konkursów, na przykład odbywających się w Mediolanie mistrzostw świata w pieczeniu ciast.

MEDIOLAN, WŁOCHY
249. Pokaz mody z bliska
Kiedy: od lutego do marca (kolekcje jesienno-zimowe); od września do października (kolekcje wiosenno-letnie)
Szerokość geograficzna: 45.4654
Długość geograficzna: 9.1859

Każdy, kto uwielbia kreacje Armaniego i Gucciego, powinien odwiedzić Mediolan; ostatnimi czasy organizacje charytatywne zapewniają chętnym możliwość zajęcia podczas najważniejszych pokazów pożądanych miejsc w pierwszym rzędzie. Jeśli zapłacenie za tę przyjemność ponad 50 000 dolarów wydaje się komuś przesadą, większość pokazów jest też transmitowana online.

PÓŁKULA PÓŁNOCNA   od 60° N do 45° N

TURYN, WŁOCHY
250. Chłonięcie historycznej atmosfery Turynu
Kiedy: przez cały rok   **Szerokość geograficzna:** 45.0727   **Długość geograficzna:** 7.6893

Wiele osób miałoby poważny problem z podaniem nazwy pierwszej stolicy zjednoczonych Włoch. Był nią piękny Turyn, który stanowił też siedzibę dynastii sabaudzkiej, jednego z najstarszych rodów królewskich na świecie. W XVII i XVIII w. członkowie tej dynastii wznosili wspaniałe pałace; niegdyś były one ośrodkami życia dworskiego, domkami myśliwskimi oraz miejscami wypoczynku. Serce miasta stanowił plac zamkowy – Piazza Castello; stojące tam wystawne pałace wraz z willami znajdującymi się poza centrum miasta określano mianem *corona delle delizie*, czyli „korony rozkoszy". W 1997 r. 14 pałaców wpisano na listę światowego dziedzictwa UNESCO.

Turyści mogą zwiedzać wystawne wnętrza królewskich domostw Turynu; tuż przy głównym placu jest usytuowany Palazzo Reale (Pałac Królewski). Na środku placu stoi Palazzo Madama z elementami romańskimi, średniowiecznymi i barokowymi; krótki spacer z tego miejsca pozwala dotrzeć do Palazzo Carignano. Do innych atrakcji miasta należą niezliczone kawiarnie i Muzeum Egipskie; X muzie jest natomiast poświęcone Narodowe Muzeum Kinematografii, mające siedzibę w wysokim gmachu Mole Antonelliana.

Konny posąg Kastora przed Palazzo Reale w Turynie, Włochy

PÓŁKULA PÓŁNOCNA   od 60°N do 45°N

TURDA, OKRĘG KLUŻ, RUMUNIA
251. Wędrówka za żyłą soli przez podziemną krainę czarów
Kiedy: przez cały rok
Szerokość geograficzna: 46.5877
Długość geograficzna: 23.7874

Jeśli sól kojarzy się komuś wyłącznie z frytkami, powinien się jeszcze raz zastanowić albo wybrać do niezwykłej kopalni soli w Turdzie, w samym sercu Rumunii. Ten obiekt zapewnia niezwykły – i zaskakująco malowniczy – wgląd w migoczący, kryształowy świat, który został w pewnym momencie uznany za najpiękniejszą podziemną atrakcję na naszej planecie.

LA PLAGNE, FRANCJA
252. Zjazd na bobslejach po torze olimpijskim
Kiedy: od grudnia do kwietnia
Szerokość geograficzna: 45.5217
Długość geograficzna: 6.6778

Gdy człowiek włoży wełniane spodnie i zjeżdża na sankach z górki pokrytej świeżym śniegiem, odczuwa radość zatracenia się w pędzie i swobodzie; płuca wypełnia mu rześkie powietrze, a atmosfera przesycona jest śmiechem, w którym pobrzmiewa też nutka niebezpieczeństwa. Wielu osobom ta radość wystarczy; inni, którym marzą się wyższe wzniesienia i więcej emocji, mogą skorzystać z olimpijskiego toru bobslejowego w La Plagne we Francji. W czasie potrzebnym na przeczytanie tego akapitu można przejechać trasę o długości 1,5 km i pokonać 19 zakrętów, rozwijając przy tym prędkość 80 km/h.

ZAMEK W BRANIE, RUMUNIA
253. Odkryć w sobie wampira
Kiedy: przez cały rok
Szerokość geograficzna: 45.5150
Długość geograficzna: 25.3672

Po spakowaniu do plecaka czosnku i krzyża można już ruszać na zwiedzanie malowniczego, ale bardzo sympatycznego zamku, który zdaniem wielu osób był inspiracją dla złowieszczego domostwa na wzgórzu opisanego w *Drakuli* Brama Stokera. I Bran, i ruiny zamku prawdziwego Włada Palownika znajdują się (oczywiście) w sercu Siedmiogrodu, czyli Transylwanii.

MURANO, WŁOCHY
254. Sączenie wina z kryształowego kieliszka
Kiedy: przez cały rok
Szerokość geograficzna: 45.4590
Długość geograficzna: 12.3523

Luksusy nie są zarezerwowane dla bogaczy. Każdy może się napić wina z prawdziwego weneckiego kryształu, który powstał na Murano – „wyspie szkła". Po stuknięciu w bok takiego kieliszka można się wsłuchać w dźwięk kryształu, co pozwala ocenić jego autentyczność.

NAQUANE, LOMBARDIA, WŁOCHY
255. Odcyfrowywanie prehistorycznych rysunków naskalnych
Kiedy: przez cały rok
Szerokość geograficzna: 46.0275
Długość geograficzna: 10.3508

Co ciekawe, pierwszy włoski obiekt wciągnięty na listę światowego dziedzictwa UNESCO, rysunki naskalne w Val Camonica, znajduje się z dala od popularnych turystycznych szlaków. A tymczasem usiany tysiącami petroglifów Park Narodowy Rytów Naskalnych naprawdę warto odwiedzić – to jedno z największych skupisk rysunków prehistorycznych na świecie.

WENECJA, WŁOCHY
256. Barkarola wysłuchana w weneckiej gondoli
Kiedy: przez cały rok
Szerokość geograficzna: 45.4408
Długość geograficzna: 12.3155

Pływanie po wodach Wenecji przy akompaniamencie barkaroli śpiewanej przez gondoliera to wspaniałe doświadczenie; nie bez powodu uchodzi za kwintesencję romantyzmu. Można się przy okazji upajać pięknem barokowych budynków lub kieliszkiem prosecco sączonym w towarzystwie ukochanej osoby lub nawet w samotności.

PÓŁKULA PÓŁNOCNA   od 60°N do 45°N

WENECJA, WŁOCHY
257. Zgubić się w labiryncie miasta na wodzie
Kiedy: przez cały rok; latem miasto jest zatłoczone, więc lepsza będzie późna wiosna
Szerokość geograficzna: 45.4408   **Długość geograficzna:** 12.3155

Nic chyba nie jest w stanie przygotować turystów na przyjemności, które zawładną ich zmysłami w tym najbardziej romantycznym mieście świata. Wędrowanie bez celu i gubienie się to ważny element poznawania Wenecji; wcale nie jest też takie trudne.

Miasto składa się z plątaniny czarujących uliczek, do których warto zajrzeć; można ruszyć przed siebie bez konkretnego celu, wstąpić gdzieś na kawę, lody lub aperitif, poszperać w niewielkich sklepach sprzedających weneckie maski, barwne szkło oraz misterne koronki, podziwiać maleńkie kościółki wyłożone cennym marmurem, rozkoszować się świeżutkimi owocami morza, zachwycać się Canal Grande i stojącym nad nim Pałacem Dożów, a także wskoczyć do gondoli, wsłuchać się w śpiew gondoliera i napawać się odbiciami pięknych budynków.

Zgubienie się nie będzie oczywiście większym problemem – wszystkie drogi prowadzą ostatecznie do jakiegoś miejsca w centrum, a na każdym rogu jest mnóstwo drogowskazów.

PADWA, WŁOCHY
258. Nurkowanie w najgłębszym basenie na świecie
Kiedy: przez cały rok
Szerokość geograficzna: 45.3190
Długość geograficzna: 11.7844

Y-40 – „Deep Joy" – to futurystyczna nazwa najgłębszego basenu na świecie; działa on przy hotelu Terme Millepini. Niezwykły, głęboki na 14 pięter obiekt skrywa podwodne jaskinie, rafy, a nawet szklany tunel dla spacerowiczów. Przyjemna temperatura wody, wynosząca 32°C, pozwala korzystać z uroków tego basenu nawet komuś, kto ma na sobie zwyczajny strój kąpielowy.

▶ WENECJA, WŁOCHY
259. Zabawa incognito podczas karnawału w Wenecji
Kiedy: przez dwa tygodnie poprzedzające ostatki
Szerokość geograficzna: 45.4408
Długość geograficzna: 12.3155

Każdy, kto chciałby poczuć zakazaną przyjemność wynikającą z anonimowości, powinien wziąć udział w karnawale w Wenecji. Co roku przyciąga on około 3 milionów gości, a jest organizowany od 900 lat. Ważnymi elementami obchodów są przyjęcia, kolacje i wydarzenia takie jak Wielki Bal Maskowy na placu miejskim (lub mniej tradycyjny Bal 50 Odcieni Casanovy). Ci, którzy nie mają zaproszeń, mogą po prostu wędrować ulicami, zapewniając sobie tajemniczy wygląd dzięki masce; to również doskonała okazja, by trochę poflirtować.

Karnawał w Wenecji we Włoszech

Balkon Julii w „domu Julii" w Weronie we Włoszech

WENECJA, WŁOCHY
260. Biennale w Wenecji
Kiedy: od maja do listopada, co drugi rok
Szerokość geograficzna: 45.4408
Długość geograficzna: 12.3155

Niewiele wydarzeń pozwala zanurzyć się w świecie sztuki współczesnej w takim stopniu jak Biennale w Wenecji. W 2015 r. w imprezie wzięło udział 89 krajów, prezentujących wystawy w różnych obiektach na terenie miasta. Czy trzeba lepszego powodu, by odwiedzić to miejsce?

WENECJA, WŁOCHY
261. Wenecka noc godna gwiazdy
Kiedy: przez cały rok
Szerokość geograficzna: 45.4408
Długość geograficzna: 12.3155

Hotel Belmond Cipriani, zbudowany przez Giuseppe Ciprianiego, twórcę koktajlu Bellini, to okazała budowla, z której roztacza się wspaniały widok na Wenecję. Jeżeli ktoś jest gotów zapłacić za pokój od kilku do kilkunastu tysięcy złotych, może dołączyć do grona znanych gości tego obiektu – nocowali tu m.in. Henry Kissinger, Gwyneth Paltrow i José Carreras.

▲ WERONA, WŁOCHY
262. Wołanie do Romea z balkonu Julii
Kiedy: przez cały rok
Szerokość geograficzna: 45.4333
Długość geograficzna: 10.9833

Casa di Giulietta („dom Julii") to XIV-wieczny budynek w Weronie, gdzie każda młoda dziewczyna lub chłopak mogą się wcielić w swojej wyobraźni w bohaterów dramatu Szekspira, stając na domniemanym balkonie Julii. Czy to brzmi zbyt pięknie, by mogło być prawdą? Tak też jest w istocie: historycy twierdzą, że balkon został dobudowany do tego domu już po śmierci Szekspira.

PÓŁKULA PÓŁNOCNA   od 60°N do 45°N

Idealne linie nakreślone w śnieżnym puchu na terenie Stanów Zjednoczonych

▲ WASZYNGTON, USA
263. Kreślenie idealnej linii na puszystym śniegu
Kiedy: od grudnia do marca
Szerokość geograficzna: 48.7773
Długość geograficzna: -121.8132

Ośrodek, w którym notuje się w skali roku rekordowy opad śniegu, to z pewnością miejsce, które powinien odwiedzić ktoś, kto planuje zostawienie idealnego śladu na stoku. Na rozległych terenach wokół Mount Baker można śmiało kreślić w białym puchu nieskomplikowane, perfekcyjne zakosy.

BEAVERCREEK, OREGON, USA
264. Szukanie ukrytych skarbów za pomocą odbiornika GPS
Kiedy: przez cały rok
Szerokość geograficzna: 45.2879   **Długość geograficzna:** -122.5353

Geocaching – podjęty po raz pierwszy 2 maja 2002 r. w Beavercreek w Oregonie – jest aktywnością na miarę XXI w. Chodzi o znajdowanie przy użyciu odbiorników GPS niewielkich wodoodpornych pojemników („skrytek") w ramach nowoczesnego poszukiwania skarbów. Większość skrytek, rozsianych aktualnie po całym świecie, zawiera dziennik, w którym można dodać datę znalezienia skarbu i wpisać swój kryptonim; później należy umieścić całość tam, gdzie została ona znaleziona. Niektóre skrytki zawierają zabawne przedmioty, przeznaczone do sprzedania albo na wymianę. Każdy może się przyłączyć do takich poszukiwaczy i stworzyć własną skrzynkę; informacje łatwo znaleźć w Internecie.

HARBIN, CHINY

265. Podziwianie wspaniałych rzeźb lodowych

Kiedy: w styczniu
Szerokość geograficzna: 45.8037   **Długość geograficzna:** 126.5349

Ósma pod względem wielkości metropolia Chin, a także najdalej wysunięte na północ duże miasto nosi miano „Miasta lodu" ze względu na notowane zimą bardzo niskie temperatury. Mroźna pora została tam jednak zamieniona w spory atut. Międzynarodowy Festiwal Rzeźb Lodowych gromadzi zespoły liczące do 15 000 osób, które ciężko pracują przez trzy tygodnie, przygotowując ekspozycję złożoną z lodowych budynków naturalnej wielkości.

Warto odwiedzić dwa główne obszary składające się na wystawę: na Wyspie Słońca można podziwiać świątynie i kopie słynnych obiektów, chociażby Wielkiego Sfinksa, natomiast Świat Śniegu i Lodu prezentuje podświetlane dzieła, które najlepiej oglądać nocą. Myśl o tym, że te konstrukcje już wkrótce się roztopią, może przyprawić człowieka o ból serca.

Muzeum Guggenheima w Bilbao, Hiszpania (zob. s. 180)

ROZDZIAŁ 3
PÓŁKULA PÓŁNOCNA
od 45°N do 30°N

Zdumiewające wodospady nad Jeziorami Plitwickimi w Chorwacji

ZADAR, CHORWACJA

266. Muzyka morskich fal

Kiedy: przez cały rok
Szerokość geograficzna: 44.1194
Długość geograficzna: 15.2314

Marmurowe schody przebudowanego bulwaru w Zadarze umożliwiają zejście do morza; wewnątrz nich ukryto organy generujące 35 dźwięków. Chętni mogą posłuchać hipnotyzującej muzyki, która powstaje, gdy fale tłoczą powietrze do piszczałek organów.

▲ JEZIORA PLITWICKIE, CHORWACJA

267. Spacer wśród setek wodospadów

Kiedy: przez cały rok
Szerokość geograficzna: 44.8588
Długość geograficzna: 15.5904

Jedną z najwspanialszych atrakcji świata natury w Europie jest ta grupa 16 jezior połączonych setkami strumieni i wodospadów. Odwiedzający mogą obserwować, jak woda mieni się każdym możliwym odcieniem błękitu, gdy jeziora krasowe odbijają chorwackie niebo.

WYBRZEŻE DALMACJI, CHORWACJA

268. Sączenie koktajlu w luksusowym barze

Kiedy: przez cały rok
Szerokość geograficzna: 43.1729
Długość geograficzna: 16.4411

Lazurowe Wybrzeże, a nawet Ibiza wyszły już z mody; gwiazdy rocka spędzają teraz czas w Chorwacji, a wyspa Hvar dołączyła do najbardziej imprezowych miejsc w Europie. Popijanie kosztownego drinka w ekskluzywnym barze na wodzie to obowiązkowe zajęcie w takim miejscu; co więcej, nie jest to (jeszcze) tak kosztowne jak na południu Francji.

PÓŁKULA PÓŁNOCNA   od 45°N do 30°N

▶ MAJORKA, HISZPANIA
269. Przejazd ulubioną drogą filmowców
Kiedy: przez cały rok
Szerokość geograficzna: 39.8500
Długość geograficzna: 2.7998

Szosa, którą można podziwiać w setkach filmów i reklam samochodów – wijące się serpentyny Carretera de Sa Calobra na Majorce – musi być najbardziej malowniczą trasą na świecie. Warto się nią przejechać choćby dlatego, że ma średnie nachylenie 7% i składa się z 800 zakrętów. W takim miejscu człowiekowi uchodzi nawet na sucho, jeśli opuści szybę i poudaje, że jest Bondem.

MALI STON, CHORWACJA
270. Zajadanie świeżych ostryg na bulwarze
Kiedy: przez cały rok
Szerokość geograficzna: 42.8469
Długość geograficzna: 17.7030

Wybrzeże Dalmacji obfituje w cudowne małe miasteczka nadmorskie, takie jak Mali Ston, gdzie owoce morza są nadzwyczajnie świeże i po prostu przepyszne. Człowieka aż kusi, by usiąść niedaleko brzegu i zatopić zęby w najlepszych owocach morza na świecie.

Ulubiona droga filmowców – Carretera de Sa Calobra na Majorce, Hiszpania

FLORENCJA, TOSKANIA, WŁOCHY

271. Boski Dawid Michała Anioła

Kiedy: przez cały rok
(poza sezonem jest mniejszy ruch)
Szer. geogr.: 43.8001 **Dł. geogr.:** 11.2258

W Galleria dell'Accademia trzeba odstać swoje w kolejce, ale nie będzie to stracony czas: ta rzeźba jest klejnotem w koronie najpiękniejszego europejskiego miasta. Wielka marmurowa postać stworzona przez Michała Anioła spogląda groźnie w stronę konkurencyjnego Rzymu. To naprawdę fantastyczna rzeźba, a zarazem imponujący symbol siły i młodzieńczej doskonałości.

PÓŁKULA PÓŁNOCNA   od 45°N do 30°N

▼ PORTOFINO, LIGURIA, WŁOCHY
272. Radosne pstrykanie w malowniczym Portofino
Kiedy: przez cały rok
(najlepiej od maja do września)
Szerokość geograficzna: 44.3032
Długość geograficzna: 9.2098

Kto wybiera się do Portofino, tak cenionego przez celebrytów, nie może zabrać samochodu (korzystanie z takich pojazdów jest tam zabronione); wolno jednak wziąć ze sobą aparat i utrwalić widoki tego ekskluzywnego włoskiego miasteczka. Siedząc w pobliżu wypełnionej jachtami przystani w otoczeniu ślicznych pastelowych domków, można zobaczyć, jak żyją najbogatsi.

LIGURIA, WŁOCHY
273. Trekking po urokliwym Cinque Terre
Kiedy: w maju, czerwcu lub wrześniu (by uniknąć tłumów)
Szerokość geograficzna: 44.1349
Długość geograficzna: 9.6849

Jeśli ktoś szuka surowego piękna i romantycznych widoków, żadna wędrówka nie dorówna podróży przez Cinque Terre na Riwierze Włoskiej. Owych „pięć krain" znajduje się w Ligurii; to pięć niemal idealnych miejscowości – Vernazza, Monterosso al Mare, Corniglia, Manarola i Riomaggiore. Opisywany tu obszar znalazł się dzięki swojemu nieskalanemu pięknu na liście światowego dziedzictwa UNESCO; istotnie, zbudować tam cokolwiek byłoby tak trudno, że nie sposób zaszkodzić malowniczej scenerii. Imponujące tarasy wychodzą wprost na Morze Śródziemne, a do przemieszczania się między nimi służą jedynie ścieżki oraz łodzie.

Wędrówka od miasta do miasta jest stosunkowo krótka – wszystkie przycupnęły na zaledwie kilkunastokilometrowym odcinku wybrzeża – ale nawet jeżeli potrwa maksymalnie kilka godzin, i tak obejmuje bardzo strome odcinki. To właśnie one zapewniają widoki, które zaskoczą nawet najbardziej wytrawnych podróżników.

Malownicze Portofino we Włoszech

PÓŁKULA PÓŁNOCNA   od 45°N do 30°N

▶ LANGWEDOCJA, FRANCJA
274. Spływ kajakiem pod Pont du Gard
Kiedy: od maja do września
Szerokość geograficzna: 43.9473
Długość geograficzna: 4.5355

Trzy kondygnacje idealnie proporcjonalnych rzymskich łuków wznoszą się nad rzeką Gard na wysokość 49 m. Brunatnożółta barwa akweduktu kontrastuje z błękitem nieba, jakiego można się spodziewać latem w tych okolicach. Spływając rzeką pod tym pięknie zachowanym zabytkiem, obejrzymy go z wyjątkowej perspektywy.

Spływ pod imponującym akweduktem Pont du Gard na południu Francji

CANNES, FRANCJA
275. Aura gwiazd świata filmu
Kiedy: w maju (zazwyczaj)
Szerokość geograficzna: 43.5504
Długość geograficzna: 7.0174
(Pałac Festiwalowy w Cannes)

Przesycony wyrafinowaniem Festiwal Filmowy w Cannes gromadzi najważniejsze i najbardziej wpływowe osobistości związane z kinematografią. W przypadku oficjalnych pokazów potrzebne jest zaproszenie – i formalny strój – lecz nie brakuje okazji, by obejrzeć filmy podczas innych imprez odbywających się w tym samym czasie.

PARMA, WŁOCHY
276. Obżarstwo w Parmie
Kiedy: przez cały rok
Szerokość geograficzna: 44.8100
Długość geograficzna: 10.3333

Nie jest tajemnicą, że wyprawa do włoskiej Parmy będzie obfitować w przyjemności gastronomiczne. Te okolice słyną z pysznej szynki i wyśmienitego parmezanu, choć warto przeznaczyć trochę czasu, by zakosztować też kulturalnych i architektonicznych rozkoszy tego renesansowego miasta.

FLORENCJA, TOSKANIA, WŁOCHY
277. Śmiganie na skuterze w europejskim stylu
Kiedy: przez cały rok
Szerokość geograficzna: 43.7833
Długość geograficzna: 11.2500

Jeśli chodzi o jazdę skuterem, liczy się tylko jedna marka, Vespa, oraz jeden kraj, Włochy. Przyjezdni mogą bez trudu wypożyczyć we Florencji taki pojazd na jedno popołudnie i ruszyć na wycieczkę wśród pięknych wzgórz Toskanii.

PÓŁKULA PÓŁNOCNA   od 45°N do 30°N

BOLONIA, WŁOCHY
278. Kurs kuchni włoskiej
Kiedy: przez cały rok
Szerokość geograficzna: 44.4949
Długość geograficzna: 11.3426

Niezależnie od tego, czy chodzi o pizzę, czy o makarony, chyba każdy ma słabość do kuchni słonecznej Italii. Kto sam lubi kucharzyć, powinien nauczyć się przyrządzać włoskie specjały w miejscach, w których je wymyślono: w Bolonii (sos bolognese), Genui (pesto), Neapolu (pizza) lub Turynie (grissini).

PIZA, TOSKANIA, WŁOCHY
279. Pozowanie do klasycznej turystycznej fotki
Kiedy: najlepiej latem (by zapewnić sobie czyste, niebieskie niebo w tle)
Szerokość geograficzna: 43.7230
Długość geograficzna: 10.3966

To stary, ale dobry chwyt: fotografia wykorzystująca perspektywę tak, by wydawało się, że uwieczniona osoba podpiera Krzywą Wieżę w Pizie. Oprócz tego będzie to okazja, by przyjrzeć się temu arcydziełu XII-wiecznej inżynierii.

START: FLORENCJA, WŁOCHY
280. Degustacja lodów w każdym regionie Włoch
Kiedy: latem
Szerokość geograficzna: 43.7695
Długość geograficzna: 11.2558

Florencja jest stolicą lodów – to tutaj je wynaleziono – więc warto spróbować ich w La Carraia i w Vivoli. Inne godne polecenia miejsca to Il Massimo w Mediolanie, I Caruso w Rzymie, La Sorbetteria w Bolonii, Alberto Marchetti w Turynie, Alaska w Wenecji i Emilia Cremeria w Parmie.

FLORENCJA, TOSKANIA, WŁOCHY
281. Porównanie dwóch najlepszych panoram Florencji
Kiedy: przez cały rok
Szer. geogr.: 43.7695   **Dł. geogr.:** 11.2558

Najpiękniejsze miasto Toskanii chyba najlepiej prezentuje się z kopuły katedry. Wspinaczka na balkon widokowy jest długa, a korytarz miejscami robi się bardzo wąski – to zdecydowanie nie miejsce dla osób cierpiących na klaustrofobię – lecz po pokonaniu tych 463 stopni można liczyć na nagrodę. Kto się nie pisze na wspinaczkę, może podjechać do ogrodu Boboli, na południe od Arno; stamtąd również roztacza się wspaniały widok na czerwone dachy miasta.

AMALFI, WŁOCHY

282. Wakacje w wielkim stylu

Kiedy: przez cały rok
Szerokość geograficzna: 40.6340
Długość geograficzna: 14.6026

Wybrzeże Amalfitańskie to przepiękny region wpisany na listę światowego dziedzictwa UNESCO. Wizyta w tym raju pozwala nacieszyć się dziewiczymi miasteczkami, świeżymi owocami morza, likierem limoncello, wycieczkami łodzią oraz kąpielą w Morzu Tyrreńskim.

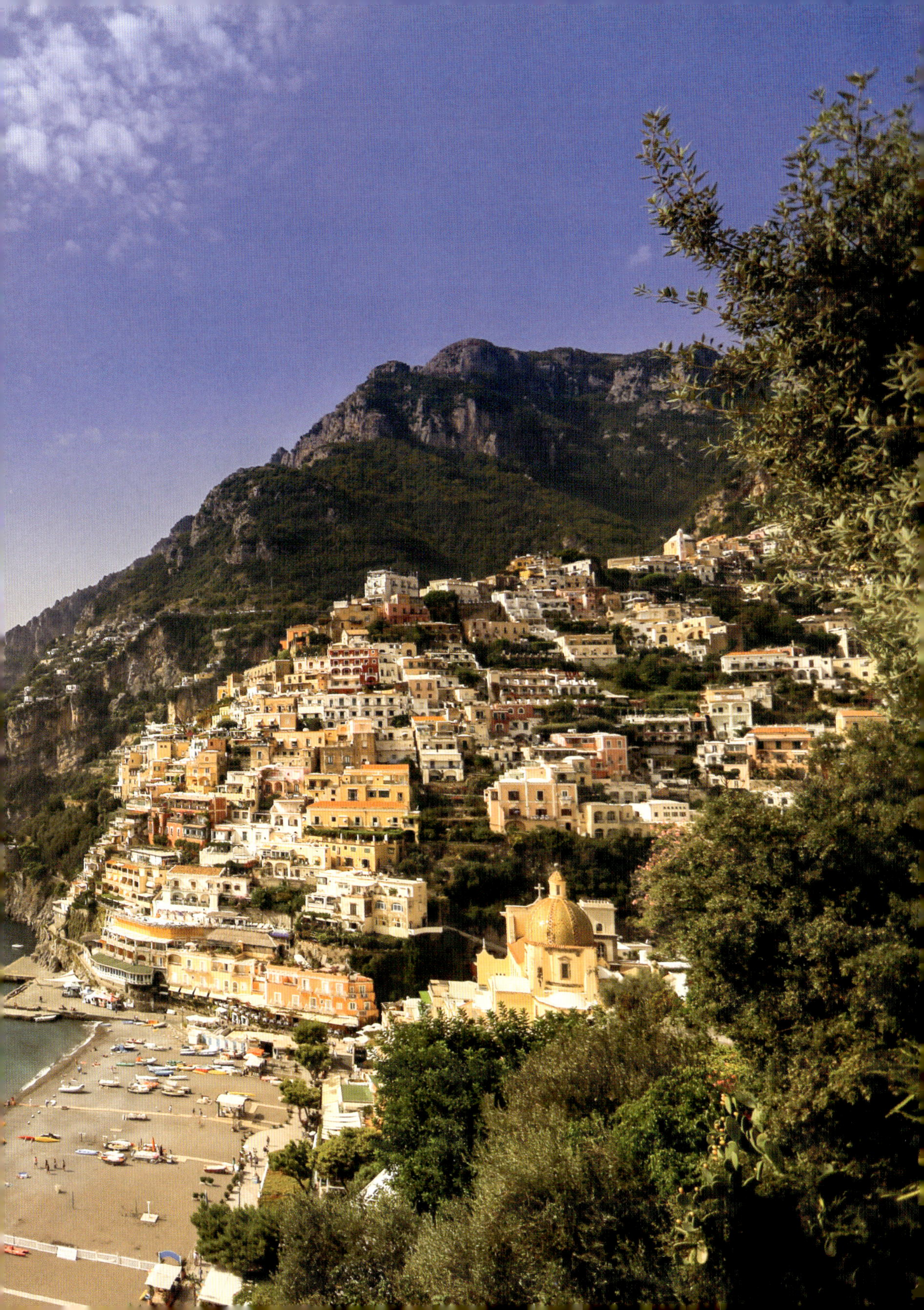

PÓŁKULA PÓŁNOCNA   od 45°N do 30°N

▼ CAMARGUE, FRANCJA
283. Jazda na białym koniu w Camargue
Kiedy: przez cały rok
Szerokość geograficzna: 43.5939   **Długość geograficzna:** 4.4689

Camargue jest jednym z ostatnich miejsc w Europie Zachodniej dających poczucie autentycznej dziczy; to egzotyczne, błotniste, smagane wiatrem laguny. Te okolice upodobały sobie też słynne zdziczałe siwki – konie camargue, jedna z najstarszych ras koni na świecie. Te wytrzymałe, spokojne i inteligentne stworzenia są przystosowane do życia w tym częstokroć surowym środowisku i stanowią najlepszy środek lokomocji pozwalający poznawać podmokłe okolice; na szczęście dla początkujących łatwo też nauczyć się na nich jeździć. Wiele szkółek jeździeckich sprawdza rano umiejętności odwiedzających, by po południu pozwolić im na przejażdżkę po plaży, a nawet w wodzie.

Białe konie na dzikich terenach Camargue, Francja

CANNES, FRANCJA
284. Własny film
Kiedy: przez cały rok
(festiwal odbywa się w maju)
Szerokość geograficzna: 43.5528
Długość geograficzna: 7.0173

Kręcenie filmów jest teraz łatwiejsze niż kiedykolwiek wcześniej; materiał gotowy do pokazania w kinie można stworzyć, używając jedynie lustrzanki i laptopa. Dzięki naprawdę udanemu dziełu obiecujący filmowiec może nawet wziąć udział w Festiwalu Filmowym w Cannes i powalczyć o Złotą Palmę…

PÓŁKULA PÓŁNOCNA   od 45°N do 30°N

Obsadzona drzewami aleja we Francji

▲ WIEJSKIE TERENY FRANCJI
285. Podróż aleją wśród drzew
Kiedy: przez cały rok
Szerokość geograficzna: 43.6667
Długość geograficzna: 3.1667
(Langwedocja, gdzie nadal można znaleźć takie aleje)

Aleje obsadzone drzewami są na wiejskich terenach Francji typowym widokiem. By je podziwiać, jak należy, koniecznie trzeba dosiąść starego francuskiego motocykla albo chociaż przycupnąć na tylnym siedzeniu. Warto przyjrzeć się pasiastym cieniom, poczuć wiatr we włosach i wsłuchać się w niepowtarzalny szum mijanych drzew.

PROWANSJA, FRANCJA
286. Czar zapachu prowansalskiej lawendy
Kiedy: od czerwca do sierpnia
Szerokość geograficzna: 44.0144
Długość geograficzna: 6.2116

Serce wypełnia się radością, gdy człowiek pomyśli, że ta niepozorna roślina może być uprawiana tak obficie, że jej pola tworzą surrealistyczne obrazy, a zapach wypełnia całą okolicę. Warto poczuć to samemu, poznając przy okazji prowansalską kuchnię i biorąc udział w dorocznych festiwalach związanych z lawendą.

LAZUROWE WYBRZEŻE, FRANCJA
287. Własna pamiątka znad Morza Śródziemnego
Kiedy: przez cały rok
Szerokość geograficzna: 43.1204
Długość geograficzna: 6.9209

Plaże Riwiery Francuskiej – skąpanej w promieniach słonecznych Lazurowego Wybrzeża – są pełne płaskich, szarych kamieni, na które mówi się tutaj *galet*. To one sprawiają, że woda zyskuje niesamowity błękitny kolor. Wystarczy zabrać kilka takich kamyków do domu, a potem je pomalować; staną się piękną pamiątką ze wspaniałej wyprawy.

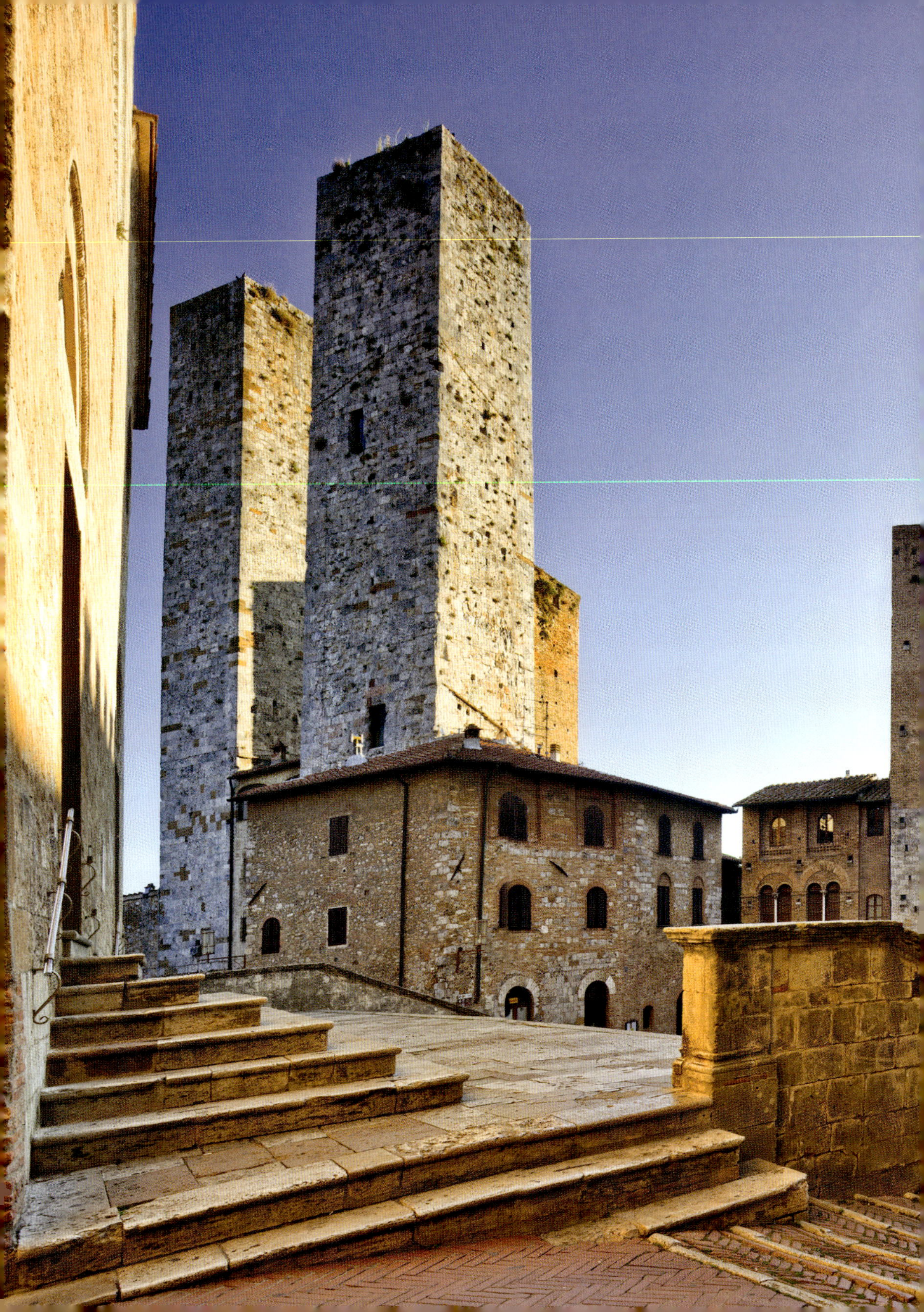

SAN GIMIGNANO, TOSKANIA, WŁOCHY
288. Zwiedzanie średniowiecznych wieżowców
Kiedy: przez cały rok
Szer. geogr.: 43.4654   **Dł. geogr.:** 11.0485

Trzynaście wież San Gimignano widzianych z pewnej odległości może zmylić turystę, sprawiając wrażenie wieżowców. Te budowle powstały jednak w XIV w., kiedy zamożne rodziny wznosiły dla siebie ufortyfikowane domostwa, które miały zarazem dowodzić bogactwa właścicieli. Najwyższa z wież, Torre Grossa, pozwala się rozkoszować wspaniałymi toskańskimi pejzażami.

SAINT-TROPEZ, FRANCJA

289. Opalanie się wśród śmietanki towarzyskiej

Kiedy: od czerwca do września
Szer. geogr.: 43.2676
Dł. geogr.: 6.6407

Saint-Tropez i jego plaże tętnią życiem – ludzie przyjeżdżają tu po to, żeby się pokazać i poprzyglądać innym. Warto zatem wypatrywać celebrytów na jachtach, czerpać przyjemność z płacenia niewielkiego zastawu za leżak, no i nie wolno zapomnieć kremu do opalania!

PÓŁKULA PÓŁNOCNA   od 45°N do 30°N

GAIOLE IN CHIANTI, WŁOCHY
290. Rowerem
po *strade bianche*
Kiedy: w październiku
Szerokość geograficzna: 43.4667
Długość geograficzna: 11.4333

Organizowany we Włoszech wyścig L'Eroica to towarzyskie zawody dla miłośników klasycznych rowerów; trasa liczy ponad 200 km i prowadzi głównie po białych szutrach, czyli *strade bianche*. Uczestnicy wyścigu jadą na rowerach, które są starsze od nich – ruszają z Gaiole in Chianti i pokonują pętlę wśród pięknych toskańskich terenów.

SIENA, TOSKANIA, WŁOCHY
291. Emocje towarzyszące Palio w Sienie
Kiedy: 2 lipca i 16 sierpnia
Szerokość geograficzna: 43.3188
Długość geograficzna: 11.3307

Palio w Sienie to najbardziej widowiskowe wyścigi konne na świecie, a także znakomita okazja do obserwowania dumy, pasji i przepychu. Organizuje się je dwa razy do roku, a tradycja związana z tą gonitwą ma korzenie w średniowieczu.

Sam wyścig to trwające nieco ponad minutę szaleństwo, w którym bierze udział 10 koni. Dosiadający ich dżokeje, ubrani w barwne stroje, jadą na oklep, a reprezentują część spośród 17 dzielnic, zwanych *contrade*. Miejscowa i przyjezdna publiczność zapewnia gorący doping.

Przyłączenie się do rozentuzjazmowanego tłumu podczas Palio to wyjątkowe doświadczenie. Sygnał do rozpoczęcia wyścigu daje głośny huk; po trzech okrążeniach jest po wszystkim, a tłum wpada w euforię. Zdradliwy tor sprawia jednak, że niektórzy jeźdźcy lądują na piasku. Koń może też wygrać bez jeźdźca, drugie miejsce zaś uznaje się za gorsze niż ostatnie. Zwycięzca otrzymuje proporzec i prawo do przechwalania się przez następny rok.

LOURDES, FRANCJA
292. Atmosfera świętości i cudów w Lourdes
Kiedy: przez cały rok
Szerokość geograficzna: 43.0915
Długość geograficzna: -0.0457

Wody w Lourdes zostały uświęcone w 1858 r., gdy Matka Boża ukazała się tamtejszej dziewczynie, Bernadette, i opisała lokalizację źródła. Teraz jest ono przesłonięte szklanym ekranem, a umieszczone obok krany pozwalają do woli czerpać wodę, która wyleczyła już niejednego wierzącego.

MONAKO
293. Oblać przyjaciół szampanem
Kiedy: przez cały rok
Szerokość geograficzna: 43.7384
Długość geograficzna: 7.4246

Podczas pobytu w Monako można zaszaleć z radości niczym zwycięzca Grand Prix Formuły 1 i urządzić przyjaciołom prysznica z szampana. Ponieważ triumfujący kierowcy dostają butelkę trunku wartą jakieś 2000 zł, oszczędniejsze osoby powinny rozważyć zastąpienie szampana włoskim prosecco.

RIWIERA FRANCUSKA, MONAKO
294. Obserwowanie Grand Prix z Riwiery Francuskiej
Kiedy: w maju
Szerokość geograficzna: 43.7384
Długość geograficzna: 7.4246

Będące ucieleśnieniem przepychu Grand Prix Formuły 1, organizowane w uwielbianym przez milionerów Monako, doskonale nadaje się do obserwowania ludzi, nie tylko sytuacji na torze. Podziwiać wydarzenia i chłonąć atmosferę ulicznego wyścigu najlepiej będzie z mariny, a konkretniej – z pokładu któregoś z jachtów.

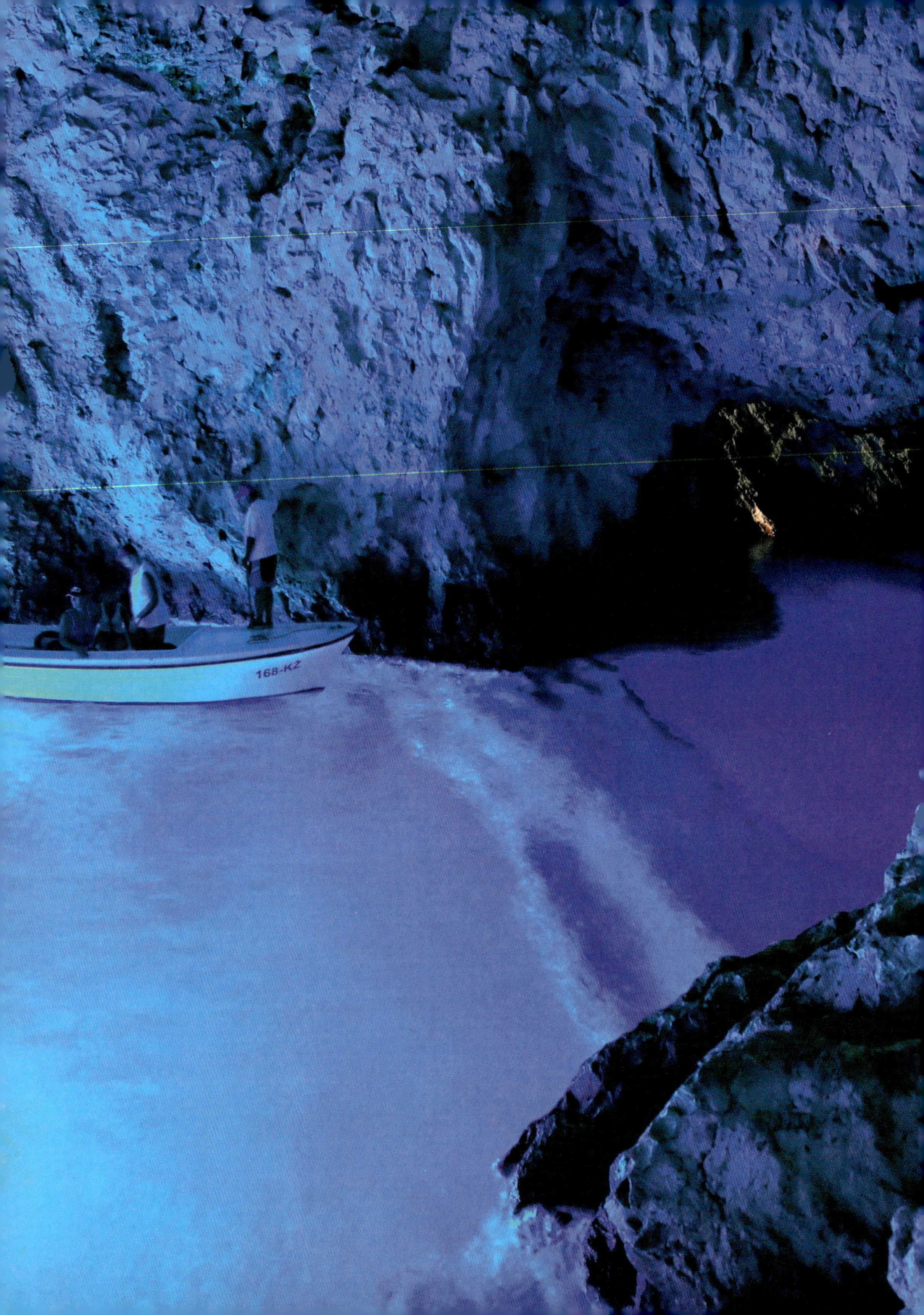
168-KZ

PÓŁKULA PÓŁNOCNA   od 45°N do 30°N

DROGI JAKUBOWE, HISZPANIA
295. Wędrówka szlakiem pielgrzymkowym
Kiedy: przez cały rok
Szerokość geograficzna: 42.8781
Długość geograficzna: -8.5448 (Santiago de Compostela)

Camino de Santiago, czyli droga św. Jakuba, jest chyba najbardziej uczęszczanym szlakiem w historii. Już w IX w. wśród katolików wykształcił się zwyczaj wyruszania na pielgrzymkę do katedry w Santiago de Compostela w Galicji, gdzie zgodnie z tradycją pochowano św. Jakuba Starszego, który jako pierwszy z apostołów zginął śmiercią męczeńską.

Współcześnie co roku drogami jakubowymi wędruje około 200 000 ludzi. Tras prowadzących do Santiago de Compostela jest wiele, a najpopularniejsza – i bodaj najkrótsza – zaczyna się w galicyjskim mieście Sarria. Powód jest prosty: osoby, które chcą sobie zapewnić oficjalne potwierdzenie swojej wędrówki, otrzymują po jej ukończeniu *compostela* (certyfikat). Aby dostać taki dokument, należy pokonać przynajmniej 100 km pieszo lub 200 km na rowerze. To spokojna i niezwykle piękna wędrówka; powagi przydaje jej fakt, że odbywali ją również papieże, ale punktem kulminacyjnym pozostaje niezmiennie wkroczenie do Santiago de Compostela.

◀ BIŠEVO, CHORWACJA
296. Wpław do Błękitnej Jaskini
Kiedy: przez cały rok
Szerokość geograficzna: 43.0602
Długość geograficzna: 16.1828

Ta niezwykle piękna i obdarzona trafną nazwą jaskinia morska na wyspie Biševo wywołuje bajeczne wrażenie. Pod względem rozmiarów dorównuje zaledwie sporemu basenowi pływackiemu, ale kto wybierze się do jej wnętrza wpław lub łodzią wiosłową mniej więcej w południe, może liczyć na fenomenalne, romantyczne doznania, których nie zepsują mu nawet tłumy turystów.

WEZUWIUSZ, NEAPOL, WŁOCHY
297. Wspinaczka na aktywny wulkan
Kiedy: przez cały rok
Szerokość geograficzna: 40.8167
Długość geograficzna: 14.4333

Wznoszący się blisko Neapolu Wezuwiusz to właśnie ten wulkan, który wybuchł niemal 2000 lat temu, zamykając starożytne rzymskie Pompeje w lawowej kapsule czasu. W nowożytności została ona odkopana i zrekonstruowana jako wyjątkowa atrakcja turystyczna. Wulkan wciąż jest aktywny, ale można na niego wejść; spiralna ścieżka prowadzi aż na krawędź kaldery, skąd warto rzucić okiem w głąb niesamowitego krateru.

Błękitna Jaskinia na chorwackiej wyspie Biševo

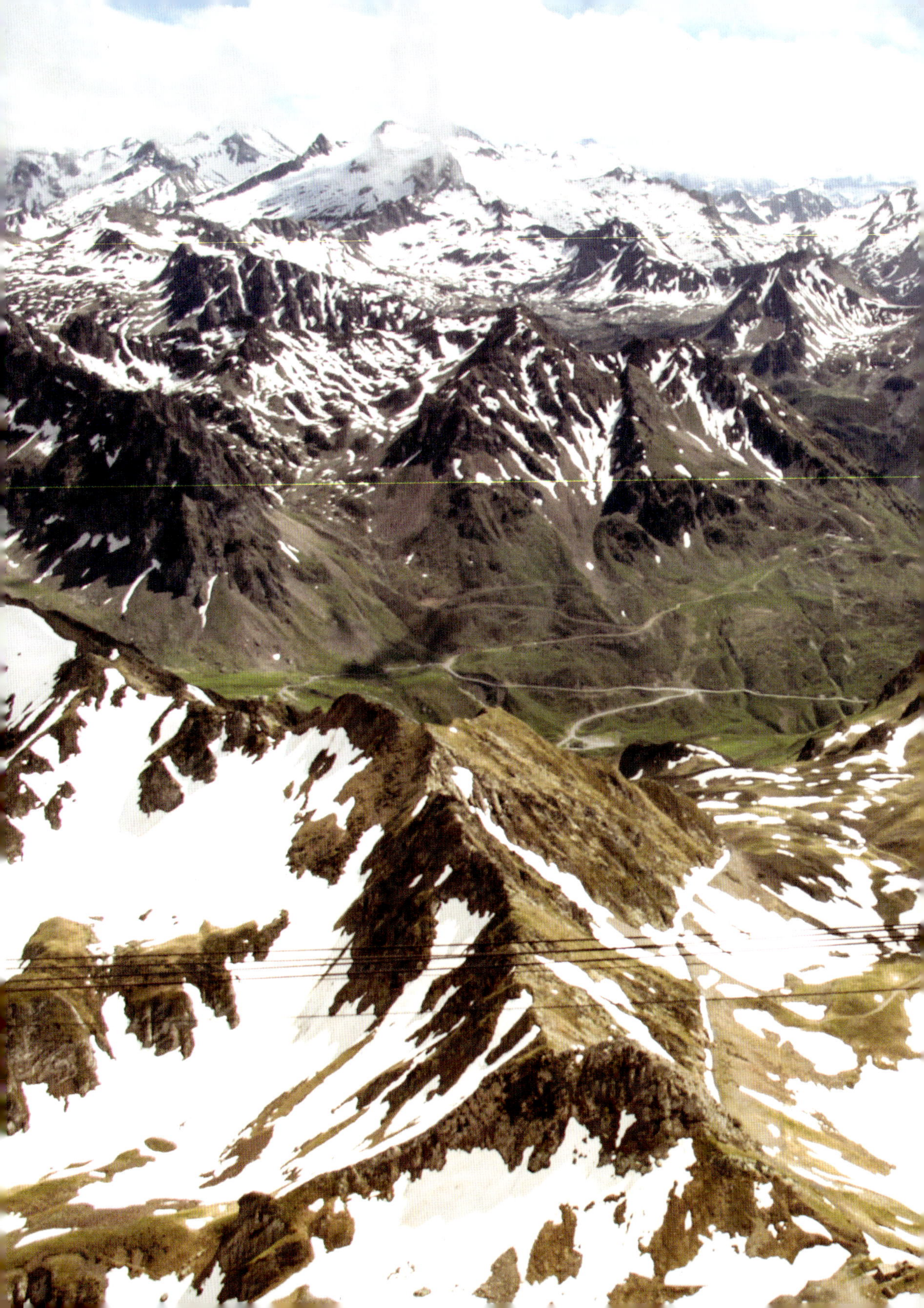

BAGNÈRES-DE-BIGORRE, PIRENEJE, FRANCJA
298. Wizyta na dachu świata
Kiedy: przez cały rok
Szer. geogr.: 42.9103   **Dł. geogr.:** 0.1828

Wspaniałe widoki w Pirenejach można podziwiać również bez mozolnej wspinaczki. Kolejka linowa z punktem startowym w ośrodku narciarskim La Mongie wwozi turystów na mierzący 2877 m n.p.m. szczyt Pic du Midi, gdzie ogromny taras pozwala podziwiać ośnieżone góry ciągnące się na przestrzeni dziesiątek kilometrów.

PÓŁKULA PÓŁNOCNA   od 45°N do 30°N

▶ KORTEZUBI, REZERWAT BIOSFERY URDAIBAI, HISZPANIA
299. Zgłębianie więzi między naturą a sztuką
Kiedy: przez cały rok
Szerokość geograficzna: 43.3400
Długość geograficzna: -2.6549

Przechadzka po spokojnym Lesie Oma, wśród pomalowanych sosen kalifornijskich, jest ucztą dla zmysłów. W latach 80. XX w. rzeźbiarz i artysta Agustín Ibarrola wymalował na pniach drzew kolorowe wzory; niektóre z nich zmieniają kształt i ukazują się z nowej perspektywy, w miarę jak obserwator przemieszcza się po lesie. To muzeum pod gołym niebem jest przykładem sztuki ziemi, w której naturę wykorzystano jako element dzieła artysty. Miejsce to pozwala też obcować z dziełami naśladującymi paleolityczną twórczość, której przykłady zachowały się w pobliskich jaskiniach. Spacer wśród drzew i paproci tego magicznego lasu każe się zadumać nad zależnością łączącą człowieka z naturą.

STARA PŁANINA, BUŁGARIA
300. Rowerem przez Starą Płaninę
Kiedy: przez cały rok
Szerokość geograficzna: 42.7468
Długość geograficzna: 25.0788

Większość wielbicieli górskiej turystyki rowerowej rozmyśla nad wyjazdem w Alpy lub Pireneje, a tymczasem Stara Płanina w Bułgarii zapewnia wymagające podjazdy i rozległe widoki, a zarazem dużo mniejszy ruch i ograniczoną liczbę turystów. Najlepiej przybyć w te góry, zanim rzuci się na nie cała reszta Europy.

START: WYSPA MLJET W CHORWACJI
301. Morska wyprawa przez Adriatyk – z wyspy na wyspę
Kiedy: w miesiącach letnich
Szerokość geograficzna: 42.7478   **Długość geograficzna:** 17.5150

Chorwacka linia brzegowa Morza Adriatyckiego jest wręcz usiana wyspami – jest ich ponad 1000, wszystkie są piękne, zachęcają do odwiedzin i bardzo się od siebie różnią. W miesiącach letnich promy ułatwiają przemieszczanie się między większymi z nich. Podróż można zacząć na południu, w Dubrowniku, a potem kierować się wzdłuż wybrzeża na północ, poznając kolejne wyspy.

Pierwszym punktem takiej wyprawy będzie porośnięta bujnym lasem wyspa Mljet oraz zajmujący ponad połowę jej powierzchni park narodowy; tamtejsza linia brzegowa obfituje też w piękne zatoki. Dalej na północny zachód znajduje się Korčula, pełna atrakcji historycznych i kulturalnych. Później można się udać na Vis – mniejszą wyspę, wyróżniającą się pięknymi zatokami i kilkoma piaszczystymi plażami.

Na przeciwległym krańcu tego spektrum plasuje się Hvar: przy tamtejszym porcie działa mnóstwo barów, a w zatoce cumują liczne luksusowe statki wycieczkowe. Chętnie bawią się tu zamożni turyści, ale portowemu miasteczku nie brakuje uroku. Dalej na północ znajduje się wyspa Brač, znana z trójkątnego cypla – wcinającego się w morze Złotego Rogu, z dwóch stron pokrytego piaszczystymi plażami. Urlopowicze wypoczywają tu we wspaniałej scenerii wybrzeża Dalmacji.

Na północnym końcu trasy można wrócić na stały ląd w Splicie, drugim co do wielkości mieście Chorwacji. Oprócz pięknych widoków zwiedzających przyciągają do tego miejsca pozostałości rzymskiego pałacu Dioklecjana.

Natura i sztuka łączą się w Lesie Oma, Hiszpania.

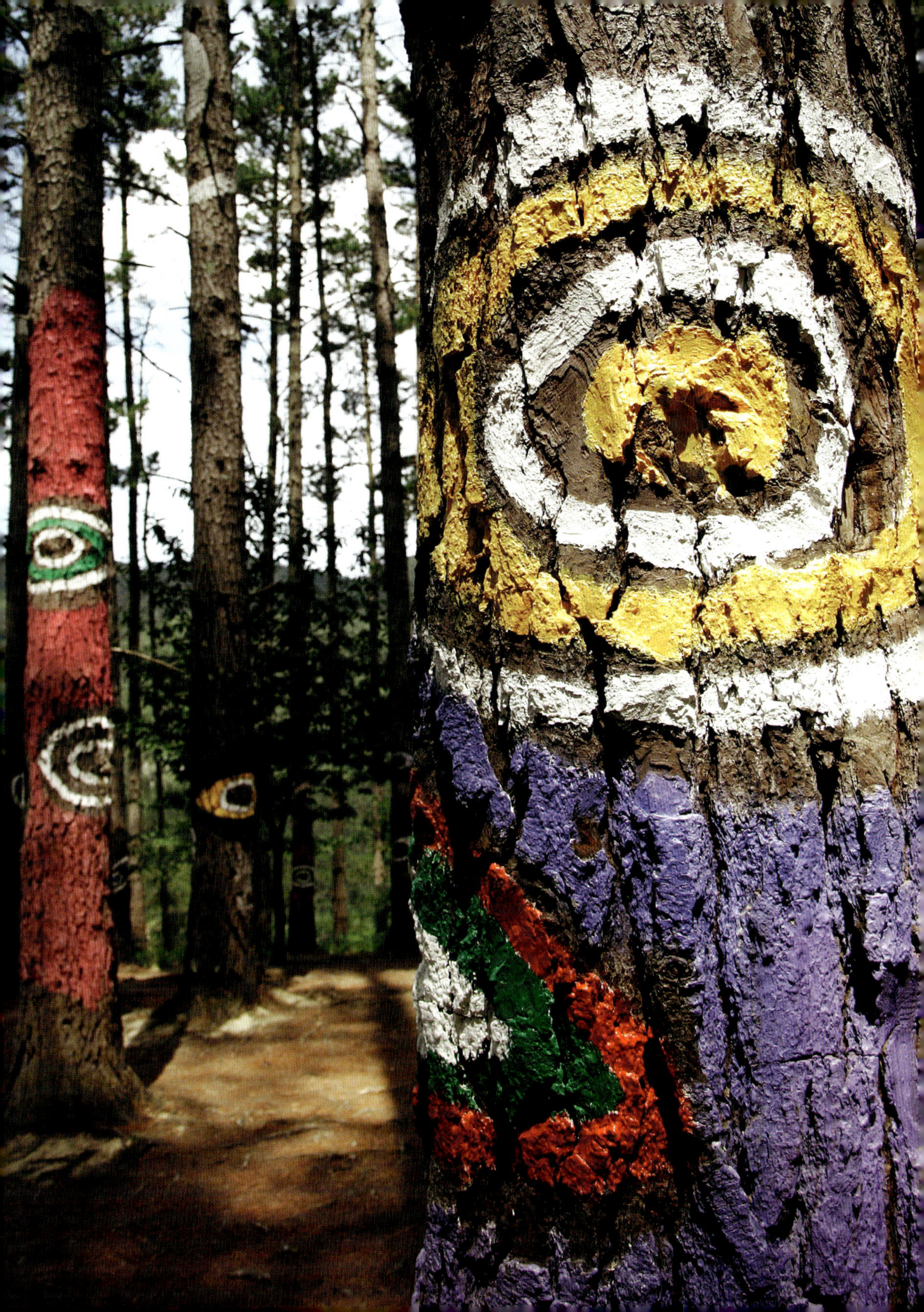

PÓŁKULA PÓŁNOCNA   od 45°N do 30°N

DUBROWNIK, CHORWACJA
302. Spacer po murach Starego Miasta w Dubrowniku
Kiedy: przez cały rok
Szerokość geograficzna: 42.6403   **Długość geograficzna:** 18.1083

Położony na południowym krańcu Chorwacji Dubrownik – otoczony fortyfikacjami w kolorze miodu, poprzecinany krętymi, brukowanymi uliczkami oraz pełen budynków o zielonych okiennicach i dachach z terakoty – może śmiało rywalizować o tytuł najpiękniejszego miasta w Europie.

Perłę Adriatyku, jak się określa Dubrownik, warto oglądać, spacerując po murach miejskich – kompletnym pasie zwieńczonych blankami umocnień i solidnych fortów, których historia sięga XII w. Wąski trakt pozwala odbyć dwukilometrowy spacer okraszony wspaniałymi widokami Adriatyku.

Dla większości osób punktem rozpoczęcia i zakończenia spaceru po murach jest brama Pile. Jeśli ktoś chce uniknąć tłumów, powinien się tam udać wczesnym rankiem. Idąc zgodnie z ruchem wskazówek zegara, jako pierwszą napotkamy wieżę Minčeta, z której widać pobliskie wzgórze Srd. Północny odcinek murów prowadzi potem przez bramę Północną do baszty św. Łukasza, a następnie wokół zabytkowego portu miejskiego.

Dalszy odcinek umocnień biegnie wzdłuż Adriatyku, przechodząc przez fort św. Jana; później zakręca na zachód, ponad Pustijerną, jedną z najstarszych dzielnic miasta. Podążając murami z powrotem do bramy Pile, można obserwować ludzi opalających się na skałach poniżej i pływających w morzu. Chętni mogą się do nich łatwo przyłączyć – wystarczy skorzystać z mało widocznego przejścia w murach.

FONTANNA DI TREVI, RZYM, WŁOCHY
303. Plusk! – grosikiem do słynnej fontanny
Kiedy: przez cały rok
Szerokość geograficzna: 41.9009
Długość geograficzna: 12.4833

Niewiele scen filmowych zapada w pamięć tak wyraźnie jak fragment *Słodkiego życia*, kiedy Anita Ekberg wskakuje w ubraniu do fontanny di Trevi. Włoscy policjanci nie pochwalają prób odtwarzania tej sceny, ale legenda głosi, że każdy, kto wrzuci przez ramię monetę do fontanny, wróci jeszcze do Rzymu.

ALBA, PIEMONT, WŁOCHY
304. Truflobranie ze świniami
Kiedy: od końca października do początku stycznia
Szerokość geograficzna: 44.6899
Długość geograficzna: 8.0513

Nadejście października rozpoczyna we Włoszech sezon na jedną z najbardziej ekscytujących i nietypowych aktywności, w jakich można wziąć udział: poszukiwanie białych trufli w towarzystwie świń i psów, które potrafią wywęszyć te grzyby pod korzeniami drzew. Te cenniejsze od złota skarby są potem największym przysmakiem w każdym jesiennym menu.

▶ SATURNIA, TOSKANIA, WŁOCHY
305. Kąpiel w kuszącej Toskanii
Kiedy: od maja do września
Szerokość geograficzna: 42.6480
Długość geograficzna: 11.5123

Jeden z najpilniej strzeżonych sekretów południowej Toskanii, Cascate del Mulino w miejscowości Saturnia, zachęca do rozkoszowania się cudownymi kąpielami. Można tu podziwiać widoki, wygrzewając się w wodzie, która ma temperaturę 37,5°C i spływa kaskadami po szeregu naturalnych tarasów, tworząc baseny pod gołym niebem. Co najlepsze, kąpiel w tych termach jest darmowa!

Kąpiel w Cascate del Mulino
w Saturnii, Toskania, Włochy

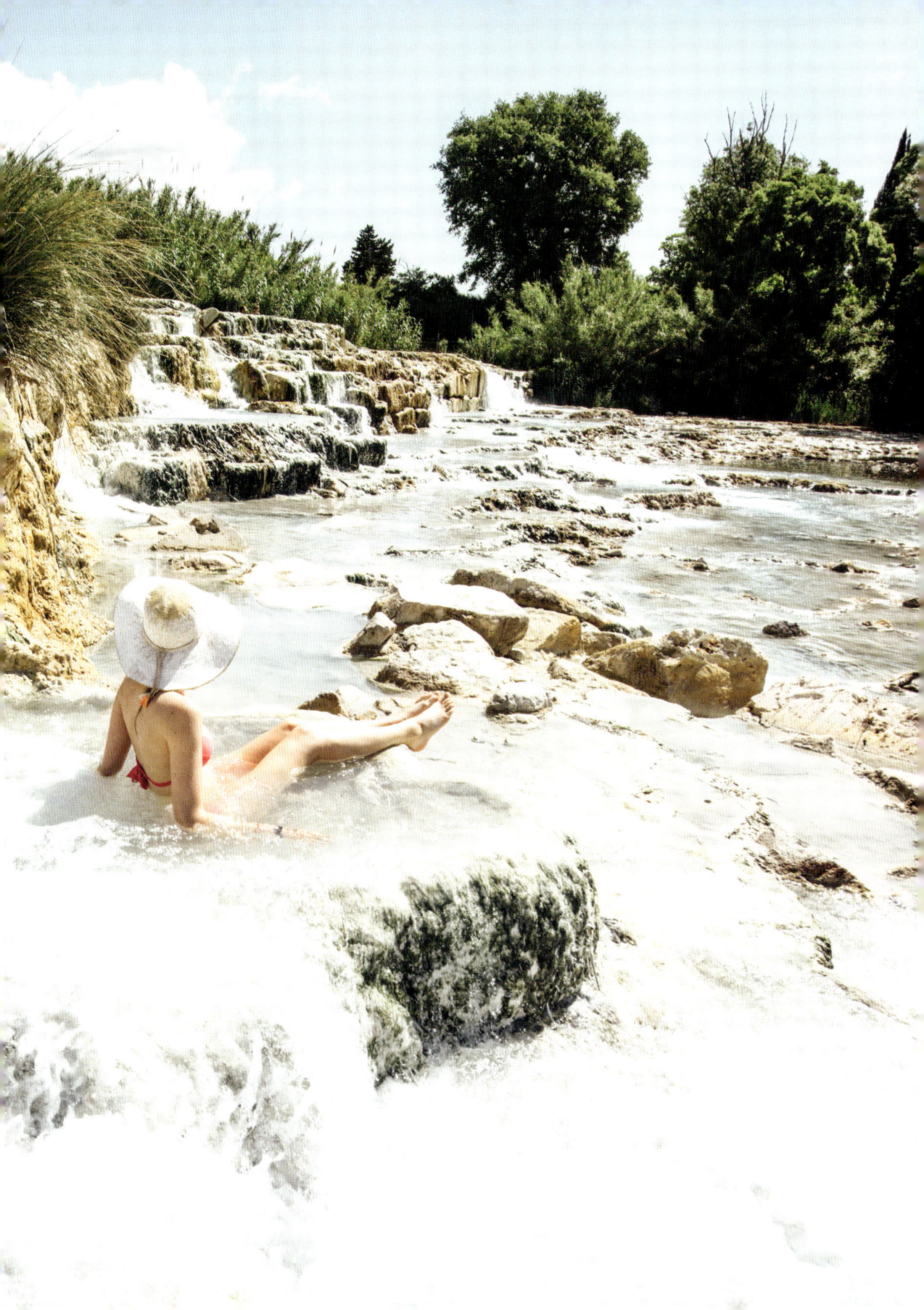

STAMBUŁ, TURCJA
306. Relaks w łaźni tureckiej
Kiedy: przez cały rok
Szerokość geograficzna: 41.0082
Długość geograficzna: 28.9783

Hammam (łaźnia turecka) to doskonałe miejsce na pozbycie się wszelkich bólów wywołanych przez podróż. Takie obiekty są rozsiane po całym kraju, ale na szczególną uwagę zasługują malownicze marmurowe łaźnie w Stambule, które zapewniają klientom porcję przyjemnych tortur: para wodna, kąpiel, a potem masaż olejkami pozwalają wspaniale rozpocząć podróż po Turcji.

STAMBUŁ, TURCJA
307. Stylowy przyjazd do miasta
Kiedy: przez cały rok
Szerokość geograficzna: 41.0082
Długość geograficzna: 28.9784

Do niektórych miejsc można przybyć z wielką klasą; w przypadku Stambułu najodpowiedniejszym pomysłem będzie… jacht. Żegluga ku kopułom i minaretom, z widocznym w tle mostem Bosforskim, który spina Europę z Azją, na pewno pozostawi w pamięci niezatarte wrażenia.

MADRYT, HISZPANIA
308. Nauka nowego języka
Kiedy: przez cały rok
Szerokość geograficzna: 40.4153
Długość geograficzna: -3.7089

Każdy, kto podczas podróży chce się naprawdę zanurzyć w nowym środowisku, musi poznać lokalny język. Hiszpański będzie idealnym wyborem: posługuje się nim około 560 milionów ludzi na świecie.

Karaiby w Europie… Praia das Rodas w archipelagu Cíes, Hiszpania

BARCELONA, HISZPANIA
309. Szalone dzieła Gaudíego w parku Güell
Kiedy: przez cały rok
Szerokość geograficzna: 41.4142
Długość geograficzna: 2.1521

Barcelona może czasami sprawiać wrażenie gigantycznej wystawy twórczości Gaudíego; jego budynki i dzieła są prawie wszędzie. Najlepiej wyeksponowano je w pięknym parku Güell – niezwykłe ławki i budynki autorstwa katalońskiego geniusza secesji zamieniły to miejsce w baśniowy zakątek.

LOGROÑO, HISZPANIA
310. Wyciskanie stopami soku z winogron
Kiedy: we wrześniu
Szerokość geograficzna: 42.4653
Długość geograficzna: -2.4802

W dzisiejszych czasach w większości winnic nie wyciska się już winogron stopami, ale na szczęście festiwale takie jak San Mateo wciąż przypominają tę tradycyjną metodę produkcji. Kadzie wypełnia się owocami, a chętni z zapałem depczą owoce, podczas gdy miękki miąższ przepływa im między palcami u stóp.

▲ PRAIA DAS RODAS, HISZPANIA
311. Odkrywanie Karaibów… w Europie
Kiedy: latem
Szerokość geograficzna: 42.2238
Długość geograficzna: -8.9028

Archipelag Cíes, położony na północ od Portugalii, może się poszczycić zadziwiająco pustymi plażami, które bardzo przypominają najwspanialsze plaże Kraibów. Miejsce, które tubylcy nazywają Praia das Rodas, urzeka jasnym, miękkim piaskiem, spokojną laguną i turkusem morza; nie da się jednak ukryć, że woda jest zimna!

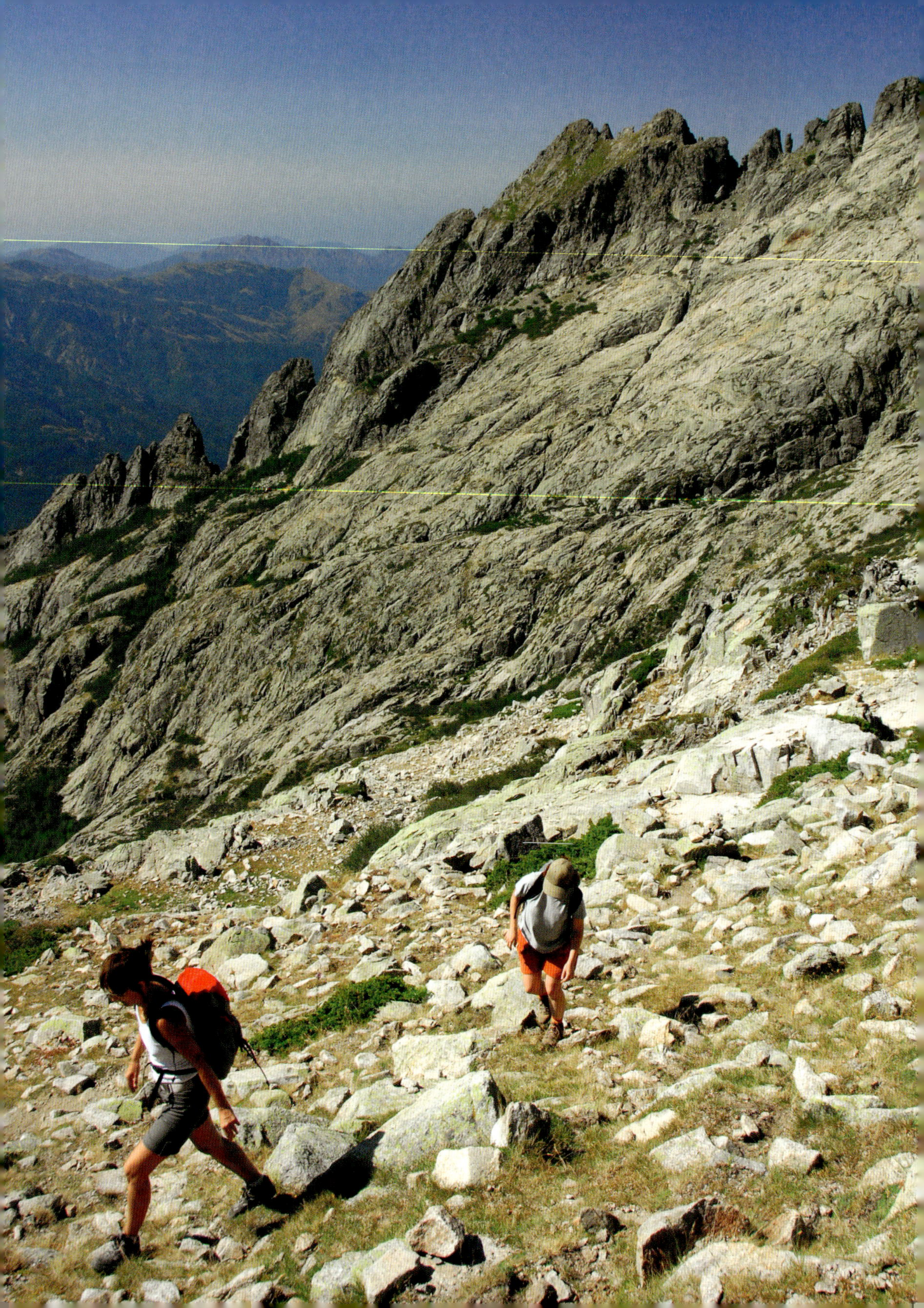

PÓŁKULA PÓŁNOCNA od 45°N do 30°N

WATYKAN, RZYM, WŁOCHY
312. Podziwianie dzieła Michała Anioła
Kiedy: otwarte od poniedziałku do soboty i w ostatnią niedzielę każdego miesiąca
Szerokość geograficzna: 41.9029
Długość geograficzna: 12.4544

Stworzenie Adama opowiada historię narodzin świata; palce Boga i Adama znajdują się bardzo blisko siebie, ale się nie stykają. Gdy ogląda się freski na sklepieniu kaplicy Sykstyńskiej, można zadać sobie pytanie: czy tłumy zwiedzających przyciąga piękne malarstwo, czy może fakt, że artysta musiał pracować na leżąco, a żrąca farba kapała mu przy tym do oczu?

WATYKAN, RZYM, WŁOCHY
313. Gra światła w dostojnej świątyni
Kiedy: otwarte od poniedziałku do soboty i w ostatnią niedzielę każdego miesiąca
Szerokość geograficzna: 41.9022
Długość geograficzna: 12.4533

Popołudniowa wizyta w bazylice św. Piotra daje okazję podziwiania, jak ukośne promienie światła odbijają się od brązu i złota ołtarza głównego.

ARBOUSSOLS, FRANCJA
314. Wizyta w „komnacie pewności"
Kiedy: przez cały rok
Szerokość geograficzna: 42.6644
Długość geograficzna: 2.4861

Po odebraniu kluczy od burmistrza można ruszyć górską ścieżką do La Chambre de Certitudes Wolfganga Laiba – wykutego w granicie zamkniętego pomieszczenia, którego ściany zostały pokryte woskiem pszczelim, a źródłem światła jest pojedyncza wisząca żarówka. Barwy i zapach tego miejsca są bardzo intensywne, ale wzbudzają w człowieku dziwne poczucie spokoju.

◀ KORSYKA, FRANCJA
315. Wędrówka jednym z najdłuższych szlaków pieszych w Europie
Kiedy: przez cały rok
Szerokość geograficzna: 42.0396   **Długość geograficzna:** 9.0218

Każdy szanujący się piechur powinien umieścić na swojej liście marzeń pokonanie liczącej 180 km trasy, która prowadzi przez bajeczną Korsykę. Szlak GR20, przecinający ukośnie wysokie pasma górskie, zalicza się do najdłuższych i najtrudniejszych tras tego typu w Europie.

Poza tym, że ta wędrówka jest fizycznym wyzwaniem, zapewnia rozmaite nagrody. Piechurzy przemieszczają się wśród wyjątkowych krajobrazów, niemal o każdej porze roku skąpanych w żywych barwach. Droga wiedzie w otoczeniu wysokich szczytów, bujnych lasów sosnowych, wspaniałych jezior polodowcowych i zaśnieżonych przełęczy. Widoki uatrakcyjnia też fakt, że przebywamy na wyspie: wystarczy minąć zakręt, by nagle ujrzeć skaliste wybrzeże i lśniące morze.

Niespodzianki mogą także wędrowcom sprawić flora i fauna. Korsyka jest ojczyzną muflona – górskiej dzikiej owcy, występującej w rezerwatach w okolicach Asco i w paśmie górskim Bavella. Na niebie przy dużej dozie szczęścia udaje się czasem wypatrzeć niezwykle rzadkiego orłosępa – ptaka szponiastego o rozpiętości skrzydeł sięgającej 3 m. Na ziemi z kolei pysznią się cyklameny, krokusy, zawilce, czerwone piwonie oraz ciemierniki korsykańskie.

Większość piechurów potrzebuje na pokonanie tego szlaku od 10 do 15 dni; po drodze można nocować w domkach i schroniskach – często są to proste, staroświeckie chaty, otwarte od czerwca do jesieni, oferujące łóżka piętrowe oraz smaczny posiłek.

Szlak GR20 na Korsyce we Francji zalicza się do najdłuższych takich tras w Europie.

PŁN. CHINY / PŁD. MONGOLIA
316. Nocleg na pustyni Gobi
Kiedy: przez cały rok
Szerokość geograficzna: 42.5898
Długość geograficzna: 103.4299

Żeby dotrzeć w głąb rozległej pustyni Gobi, trzeba przez cały dzień jechać z Ułan Bator w Mongolii rozklekotanym minibusem. Gdy podróż dobiegnie końca, okazuje się jednak, że pustynia jest nastrojowym miejscem. W ramach wycieczki turyści spędzają noc w *ger* (jurcie), rozkoszując się lokalnymi potrawami pod migoczącym kocem z gwiazd.

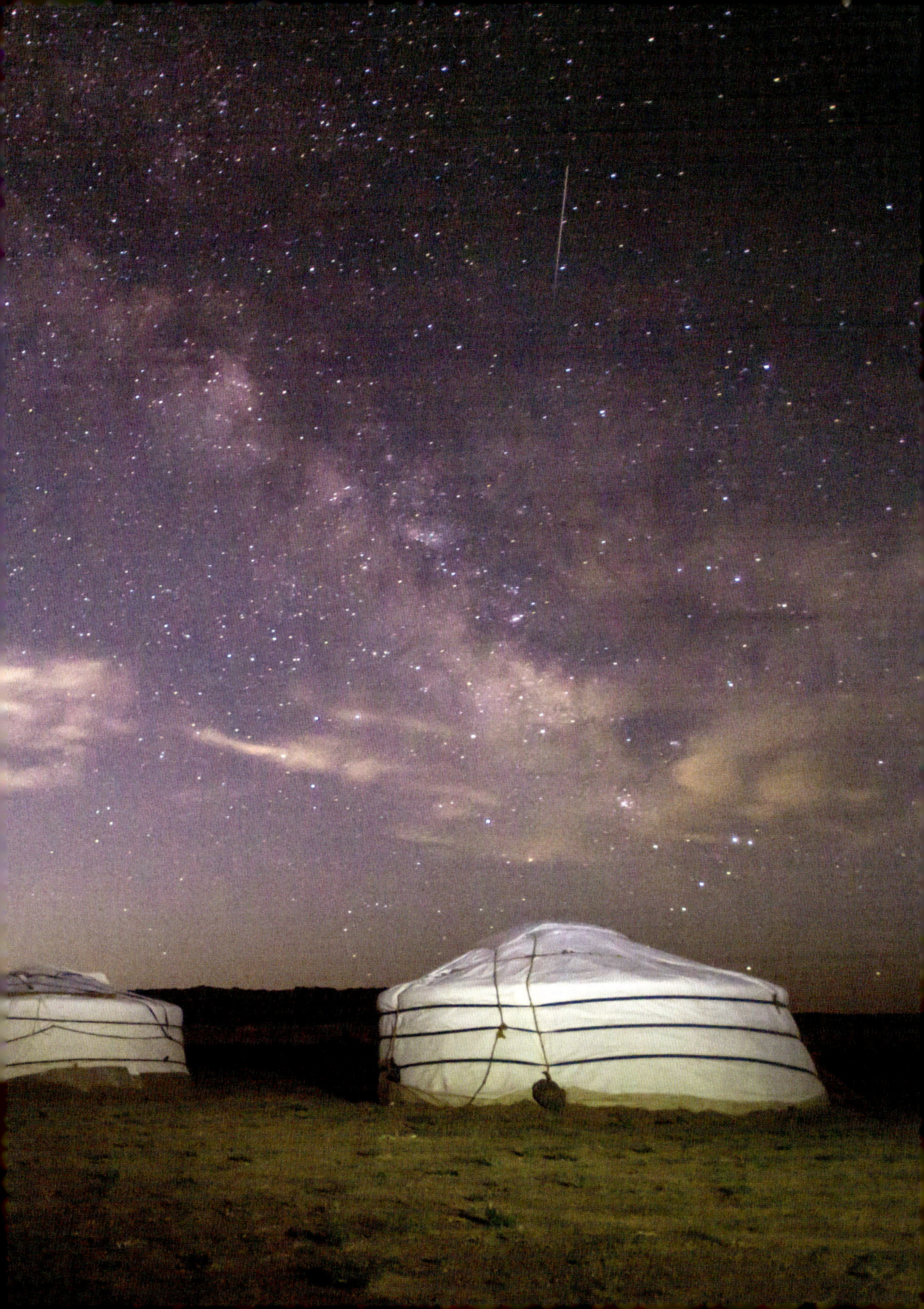

PÓŁKULA PÓŁNOCNA   od 45°N do 30°N

STAMBUŁ, TURCJA
317. Wizyta na siedmiu kontynentach;
na początek dwa kontynenty w jeden dzień
Kiedy: przez cały rok
Szerokość geograficzna: 41.1194
Długość geograficzna: 29.0753 (Bosfor)

Postawienie stopy na każdym kontynencie naszej planety jest podróżniczym celem wielu osób. Bywa, że odfajkowanie wszystkich pozycji na tej liście – Afryki, Antarktydy, Azji, Australii, Europy, Ameryki Północnej i Ameryki Południowej – zajmuje wiele lat, ale za to w kosmopolitycznej Turcji można odwiedzić dwa kontynenty w ciągu kilku minut.

Niesłychanie fascynujący Stambuł leży na granicy Europy i Azji, po dwóch stronach tętniącej życiem cieśniny Bosfor. Handlowe i historyczne centrum miasta znajduje się po europejskiej stronie, choć niemal jedna trzecia spośród 15 milionów mieszkańców Stambułu żyje w Azji.

Inne kraje położone na pograniczu Europy i Azji to: Azerbejdżan, Gruzja, Kazachstan i Rosja. Egipt za sprawą półwyspu Synaj też znajduje się na terenie dwóch kontynentów: Afryki i Azji. Spojrzenie na mapę pozwala przypuszczać, że równie bezproblemowe połączenie między obydwiema Amerykami można znaleźć na Przesmyku Panamskim. Okazuje się jednak, że ze względu na chaos polityczny i działania zbrojne w tym regionie lepiej nie próbować wyprawy lądowej. Najłatwiejszym rozwiązaniem będzie w tym miejscu krótka podróż samolotem.

STAMBUŁ, TURCJA
318. Głęboki spokój Hagii Sophii
Kiedy: przez cały rok
Szerokość geograficzna: 41.0082
Długość geograficzna: 28.9783

Wizyta w Hagii Sophii – niegdyś chrześcijańskiej bazylice, później meczecie, a teraz muzeum – nadal pozostawia wrażenie pouczającego doznania religijnego. Wielka kopuła byłej świątyni jest arcydziełem architektury, a muzeum pokazuje w miniaturze ekscytującą różnorodność kulturalną i religijną Turcji.

STAMBUŁ, TURCJA
319. Słuchanie w Stambule śpiewu muezina
Kiedy: przez cały rok
Szerokość geograficzna: 41.0082
Długość geograficzna: 28.9783

Błękitny Meczet – ze swoimi sześcioma smukłymi minaretami i licznymi półkopułami – zalicza się do najważniejszych atrakcji turystycznych Stambułu, choć stanowi też miejsce kultu religijnego. O świcie można posłuchać tu wezwania do modlitwy, będącego klimatycznym i hipnotyzującym elementem krajobrazu miasta.

IBIZA, BALEARY, HISZPANIA
320. Całonocna impreza na Balearach
Kiedy: od maja do października
Szerokość geograficzna: 38.9067
Długość geograficzna: 1.4206
(miasto Ibiza)

Każdy, kto lubi imprezować, koniecznie powinien odwiedzić europejskie centrum nocnych szaleństw: mierzącą 571 km² powierzchni wyspę w archipelagu Balearów, na Morzu Śródziemnym. Niewyżyci imprezowicze co roku latem tłumnie odwiedzają dwa miasta, Ibizę i San Antonio, by tańczyć przez całą noc, aż do „dyskotekowych wschodów słońca".

IBIZA, BALEARY, HISZPANIA
321. Motorówką po morzu
Kiedy: przez cały rok
Szerokość geograficzna: 38.9089
Długość geograficzna: 1.4328

Ląd niemal całkowicie otacza Morze Śródziemne, dzięki czemu przez cały rok jest ono stosunkowo ciepłe i spokojne. To doskonały akwen na wycieczkę pędzącą motorówką. Chętni mogą wypożyczyć taką łódź na słynącej z imprez Ibizie, naśladując tym samym celebrytów.

TARRAGONA, HISZPANIA

322. Budowanie „wieży z ludzi"

Kiedy: w październiku (co dwa lata)
Szerokość geograficzna: 41.1188
Długość geograficzna: 1.2444

Osoby uczestniczące w tych zawodach, organizowanych co dwa lata w Hiszpanii, potrzebują od 100 do 500 przyjaciół, dużego zapasu czasu na ćwiczenie swojego układu, a także siły, wyczucia równowagi oraz sporej dozy śmiałości. Concurs de Castells, tarragońska tradycja licząca ponad 200 lat, gromadzi chętnych próbujących stworzyć jak najwyższe i jak najbardziej skomplikowane ludzkie wieże. Kto nie uczestniczy w konkursie, może podziwiać tę barwną rywalizację.

PÓŁKULA PÓŁNOCNA   od 45°N do 30°N

▶ BARCELONA, HISZPANIA
323. Barcelona z lotu ptaka
Kiedy: przez cały rok
Szer. geogr.: 41.4044   **Dł. geogr.:** 2.1757

Barcelonę można oglądać z góry z różnych punktów widokowych. Niezapomnianym przeżyciem będzie wspinaczka na wybraną z kilku wież kościoła Sagrada Família, mierzących od 90 do 170 m wysokości. Ta wyjątkowa bazylika znajduje się w samym centrum miasta, a jej wieże pozwalają podziwiać panoramiczne widoki, obejmujące również rozsiane po całym mieście inne charakterystyczne projekty Gaudíego. Śmierć twórcy świątyni sprawiła, że Sagrada Família pozostała niedokończona. Dalsze prace budowlane nadzorowali kolejni wybitni architekci, których wpływ tylko umocnił zjawiskowość tej wyjątkowej budowli.

RZYM, WŁOCHY
324. Poznawanie wielowiekowej historii Rzymu
Kiedy: przez cały rok
Szerokość geograficzna: 41.9027
Długość geograficzna: 12.4963

Słowo „Rzym" nie bez powodu budzi szacunek. Przez trzy tysiąclecia ten ośrodek wpływał na świat sztuki, polityki, biznesu, kultury… W istocie oddziaływał na znaczną część planety. Wizyta w tym miejscu powinna się znaleźć na każdej liście marzeń do spełnienia.

Zwiedzanie Rzymu musi objąć podróż w czasie aż do okresu świetności imperium rzymskiego – koniecznie trzeba zobaczyć Koloseum, Forum Romanum i Panteon. Do tego dochodzi jeszcze historia Kościoła katolickiego: na terenie Rzymu znajduje się wiele bazylik i innych ważnych kościołów. Z kolei Watykan, siedziba papieża oraz władz Kościoła posiadającego 1,25 miliarda wyznawców, skrywa imponującą bazylikę św. Piotra oraz Muzea Watykańskie. Podczas zwiedzania Wiecznego Miasta można też zajrzeć do słynnych galerii, wspiąć się na schody Hiszpańskie, zrobić zdjęcie na Piazza Navona i wrzucić monetę do fontanny di Trevi.

Sagrada Família w Barcelonie, Hiszpania

PÓŁKULA PÓŁNOCNA   od 45°N do 30°N

▼ BARCELONA, HISZPANIA
325. Kibicowanie podczas meczu piłkarskiego w Hiszpanii
Kiedy: od września do maja
Szerokość geograficzna: 41.3809
Długość geograficzna: 2.1228

O zaciekłości rywalizacji między dwoma najsłynniejszymi klubami piłkarskimi na świecie najlepiej świadczy historia o tym, jak portugalski gwiazdor Luís Figo opuścił FC Barcelonę i przeszedł do Realu Madryt, po czym w jego barwach zagrał na Camp Nou. Jego dawni kibice rzucili w niego głową świni – tradycyjnym symbolem zdrajcy. Rywalizacja sportowa sprawia, że FC Barcelona, duma Katalonii, staje przeciwko Realowi Madryt, drużynie uważającej się za symbol całej Hiszpanii. Warto obejrzeć jedno ze starć tych klubów (zdarzają się przynajmniej dwa razy w sezonie). W słynnych meczach występowały gwiazdy formatu Zinedine'a Zidane'a i Lionela Messiego, gromadząc przed telewizorami na całym świecie publiczność liczącą 150 milionów fanów.

JEZIORO ISSYK-KUL, KIRGISTAN
326. Wizyta w popularnym radzieckim kurorcie
Kiedy: przez cały rok
Szerokość geograficzna: 42.5214
Długość geograficzna: 77.2713

Jezioro Issyk-kul („Gorące Jezioro") w Kirgistanie może nie kojarzyć się od razu z ośrodkiem wypoczynkowym, ale był to jeden z najpopularniejszych kurortów letnich na terenie Związku Radzieckiego. Latem można tu jeździć konno i urządzać sobie piesze wędrówki, a zimą chętni mogą pojeździć na nartach w kurorcie Karakol.

Mecz FC Barcelony z Realem Madryt na stadionie Camp Nou w Barcelonie, Hiszpania

MORZE KASPIJSKIE
327. Kawior i szampan na stół!
Kiedy: przez cały rok
Szerokość geograficzna: 41.6667
Długość geograficzna: 50.6667

Szampan i kawior są ucieleśnieniem luksusu, a prócz tego doskonale do siebie pasują. Jeśli chcesz sobie zapewnić prawdziwie dekadenckie doznania, jedz kawior (w miejscu, z którego pochodzi, a więc nad Morzem Kaspijskim) prosto z naczynia, używając łyżki, której nie wykonano z metalu, i pamiętaj, by wybrać wytrawnego szampana.

PÓŁKULA PÓŁNOCNA   od 45°N do 30°N

HARTFORD, CONNECTICUT, USA
328. Odtwarzanie przygód bohaterów Marka Twaina
Kiedy: przez cały rok
Szerokość geograficzna: 41.7637
Długość geograficzna: -72.6850

Które z dużych dzieci nie chciałoby się wcielić w Tomka i Hucka? Ponadczasowe powieści o dzieciństwie przeżywanym nad Missisipi inspirowały miliony młodych ludzi na całym świecie do poznawania i obserwowania otaczającego ich świata. Najlepszym miejscem do rozpoczęcia tej przygody jest dom pisarza w Hartford w stanie Connecticut. Samuel Langhorne Clemens (czyli Mark Twain) zamieszkał w nim, gdy się co nieco ustatkował; tam też powstały jego znane powieści i opowiadania.

▶ SAVANNAH, GEORGIA, USA
329. Zwiedzanie cmentarzy w Savannah
Kiedy: przez cały rok
Szerokość geograficzna: 32.0835
Długość geograficzna: -81.0998

Savannah, przedstawione w niesamowity sposób w książce Johna Berendta *Północ w ogrodzie dobra i zła*, to miasto przesycone wyjątkową, niejednokrotnie mroczną atmosferą, pełną południowego uroku oraz upiornych tajemnic. Bonaventure jest bodaj najczęściej fotografowanym cmentarzem na świecie; na okładce książki Berendta znajdowało się zdjęcie nagrobka Bird Girl, który niegdyś stał na tym cmentarzu, ale jakiś czas temu został przeniesiony do Telfair Museum.

W Colonial Park Cemetery znalazła spoczynek większość najstarszych mieszkańców Savannah (wielu z nich zginęło w pojedynkach). Dziś nekropolia stanowi popularny punkt programu wycieczek po mieście organizowanych z myślą o miłośnikach mocnych wrażeń. Na Laurel Grove Cemetery z kolei pochowano 1500 żołnierzy Konfederacji; jest to także jeden z najstarszych nadal czynnych cmentarzy społeczności afroamerykańskich. Ralph Mark Gilbert Civil Rights Museum organizuje przez sześć dni w tygodniu fascynujące wycieczki po tej nekropolii.

WIELKIE JEZIORO SŁONE, UTAH, USA
330. Pełen zadumy spacer po *Spiralnej grobli*
Kiedy: przez cały rok
Szerokość geograficzna: 41.4377
Długość geograficzna: -112.6689

Spiralna grobla to mierząca około 450 m długości rzeźba stworzona z naturalnych materiałów przez Roberta Smithsona. Każdy może się po tej spirali przejść (znajduje się przy północno-wschodnim brzegu Wielkiego Jeziora Słonego w Utah), choć warto zachować ostrożność: zdarzają się okresy, kiedy ze względu na poziom wody grobla zostaje zatopiona.

MASSACHUSETTS, USA
331. Kręcenie na palcu piłką do koszykówki
Kiedy: przez cały rok
Szerokość geograficzna: 42.1124
Długość geograficzna: -72.5475

Koszykówkę wymyślił w 1891 r. nauczyciel wychowania fizycznego James Naismith ze Springfield w stanie Massachusetts. Zwiedzanie kolebki tego sportu jest okazją, by nauczyć się jednej z najfajniejszych sztuczek związanych z koszykówką, czyli kręcenia piłką na palcu. Bardzo pomocne okaże się wypuszczenie z piłki odrobiny powietrza.

NEW WINDSOR, NOWY JORK, USA
332. Rozległy park rzeźby
Kiedy: przez cały rok (godziny zmienne, zależnie od pory roku)
Szerokość geograficzna: 41.4249
Długość geograficzna: -74.0592

Storm King Art Center – oszałamiająco piękny obszar naturalnego krajobrazu, gdzie na powierzchni mniej więcej 200 ha rozstawiono ponad 100 rzeźb – idealnie nadaje się do tego, by zagubić się wśród dzieł sztuki, takich jak rzeźba *Three Legged Buddha* Zhanga Huana, sztachety *Mirror Fence* Alyson Shotz czy dzieła np. Andy'ego Goldsworthy'ego lub Roya Lichtensteina.

Cmentarz w Savannah, Georgia, Stany Zjednoczone

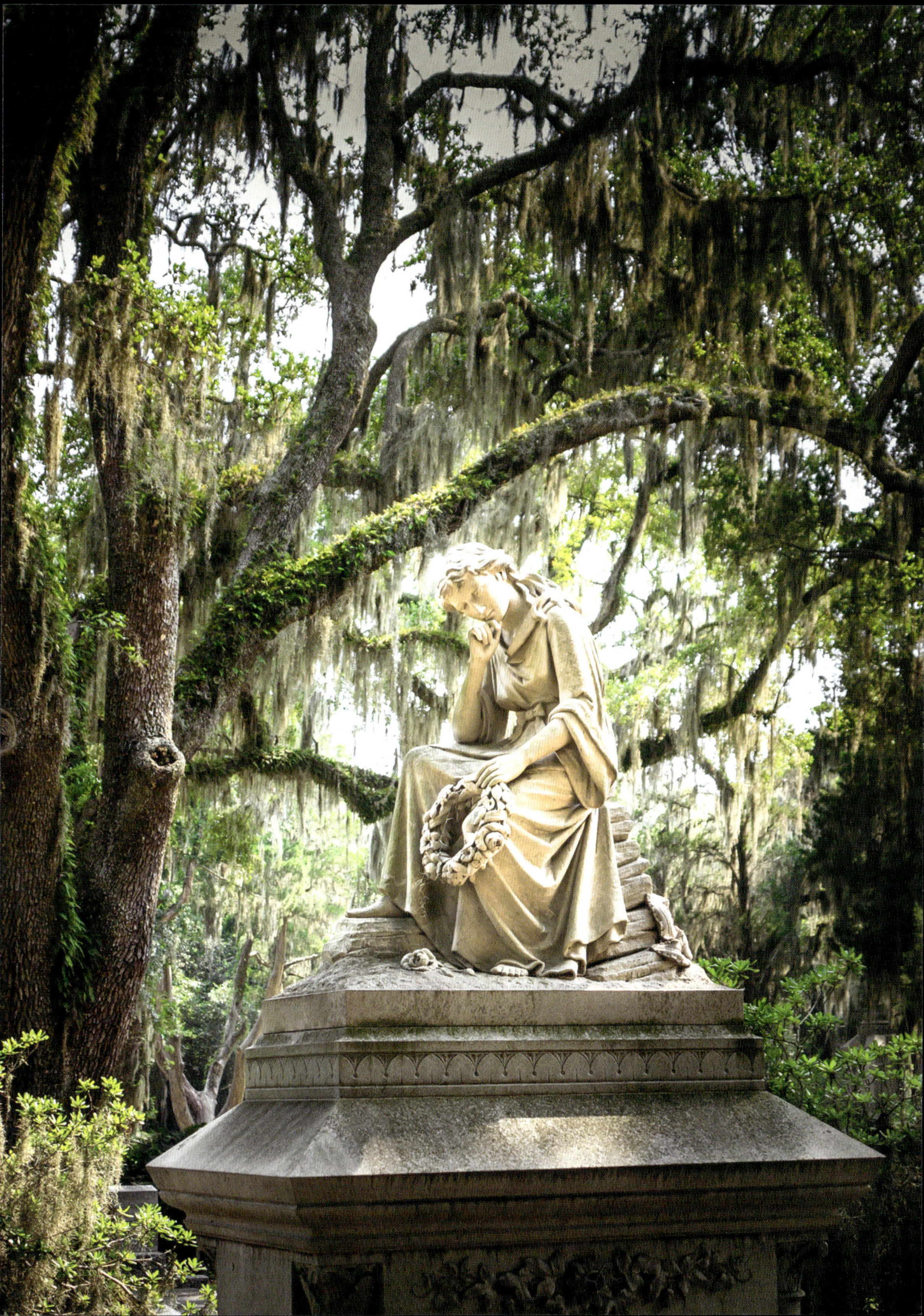

PÓŁKULA PÓŁNOCNA   od 45°N do 30°N

GDZIEŚ NA TRASIE W STANACH ZJEDNOCZONYCH
333. Pełen przygód przejazd szosą Route 66
Kiedy: przez cały rok
Szerokość geograficzna: 41.8781   **Długość geograficzna:** -87.6297 (Chicago)

Route 66 – najbardziej idealizowana droga na świecie, występująca w wielu dziełach literackich, filmowych i piosenkach – łączy Chicago z Santa Monica, prowadząc przez Missouri, Oklahomę, Nowy Meksyk i rozległe połacie Arizony, by dotrzeć wreszcie nad Pacyfik. Przejazd nią to jedna z najpopularniejszych wypraw zmotoryzowanych, jakie można zorganizować.

Większość osób jedzie ze wschodu na zachód, a chociaż te 3940 km można pokonać szybciej, najczęściej zaleca się przeznaczenie na to 12 dni (co obejmuje dwa dni odpoczynku bez żadnej jazdy). Po opuszczeniu Chicago przyjemne tereny rolnicze prowadzą do St. Louis oraz słynnego Chain of Rocks Bridge, gdzie szosa przekracza wody Missisipi.

Następną atrakcją na trasie są pofałdowane wzniesienia gór Ozark; droga zmierza wtedy do Springfield, a następnie do Oklahomy, gdzie z powodu częstych susz krajobraz jest zwykle spowity pyłem.

Odcinek prowadzący do Tucumcari w Nowym Meksyku sprawia wrażenie egzotycznego; wyraźnie widoczne są tutaj wpływy rdzennych mieszkańców Ameryki oraz grup latynoskich. Można w tej okolicy podziwiać stare drogi oraz urokliwe budynki z cegły suszonej na słońcu – to autentyczne świadectwa historii tego kraju. Później trasa wiedzie przez Albuquerque, Holbrook, rezerwat Nawahów oraz malownicze tereny Arizony. Tutaj chętni mogą zboczyć odrobinę z drogi, by zachwycić się pobliskim Wielkim Kanionem Kolorado. Kolejna atrakcja na trasie to Las Vegas i rozrywki zapewniane przez to miasto. Do wybrzeża, na którym kończy się cała podróż, jest już stamtąd naprawdę niedaleko.

BOSTON, MASSACHUSETTS, USA
334. Przyjemność z wręczenia komuś własnoręcznie uszytego prezentu
Kiedy: przez cały rok
Szerokość geograficzna: 42.3500
Długość geograficzna: -71.0667

W dzisiejszych czasach mamy w zwyczaju kupować prezenty, ale mało co może się równać z zadaniem sobie trudu i samodzielnym zrobieniem czegoś, co zostanie potem wręczone ukochanej osobie. Ci, którzy nie czują pociągu do starej maszyny do szycia marki Singer (opatentowanej przez Isaaca Merritta Singera w Bostonie w stanie Massachusetts w 1851 r.), mogą zainwestować w igły do szycia ręcznego. Uśmiech obdarowanej osoby będzie wart pokłutych palców.

FOXBOROUGH, MASSACHUSETTS, USA
335. Oglądanie pod gołym niebem meczu hokeja na lodzie
Kiedy: w styczniu
Szerokość geograficzna: 42.0944
Długość geograficzna: -71.2651

Hokej na lodzie należy do najszybszych i najbardziej szalonych zimowych dyscyplin sportowych, ale w naszych czasach mecze odbywają się z reguły w zamkniętych obiektach. Amerykańska organizacja National Hockey League zaczęła jednak organizować spotkania Winter Classic rozgrywane na ogromnych stadionach do baseballu i futbolu amerykańskiego. W 2016 r. odwieczni rywale Montréal Canadiens i Boston Bruins zmierzyli się w Nowy Rok na gigantycznym Gillette Stadium. Ten powrót hokeja do jego korzeni z roku na rok przybiera na sile. Obserwowanie jednego z takich meczów może się okazać niezapomnianym przeżyciem.

PUSTYNIA BLACK ROCK, NEVADA, USA

336. Wizyta w świecie Burning Mana

Kiedy: od ostatniej niedzieli sierpnia do pierwszego poniedziałku września
Szerokość geograficzna: 40.9107
Długość geograficzna: -119.0560

To zwariowane i czasami oszałamiające doświadczenie, które nigdy nie staje się nudne: dziesiątki tysięcy ludzi spotykają się na pustyni w Nevadzie, tworzą prowizoryczne miasto poświęcone sztuce i autoekspresji, a później opuszczają to miejsce, nie zostawiając po sobie żadnych śladów. Głównym motywem jest bezinteresowne robienie użytku z własnych uzdolnień tak, by sprawiać wszystkim przyjemność. Ważnymi elementami tych doznań są rzeźby, budowle, występy oraz misternie zdobione samochody.

Warto przyłączyć się do 70 000 uczestników tej imprezy i doświadczyć jej punktu kulminacyjnego: urządzanego w sobotę rytualnego palenia wielkiego drewnianego człowieka.

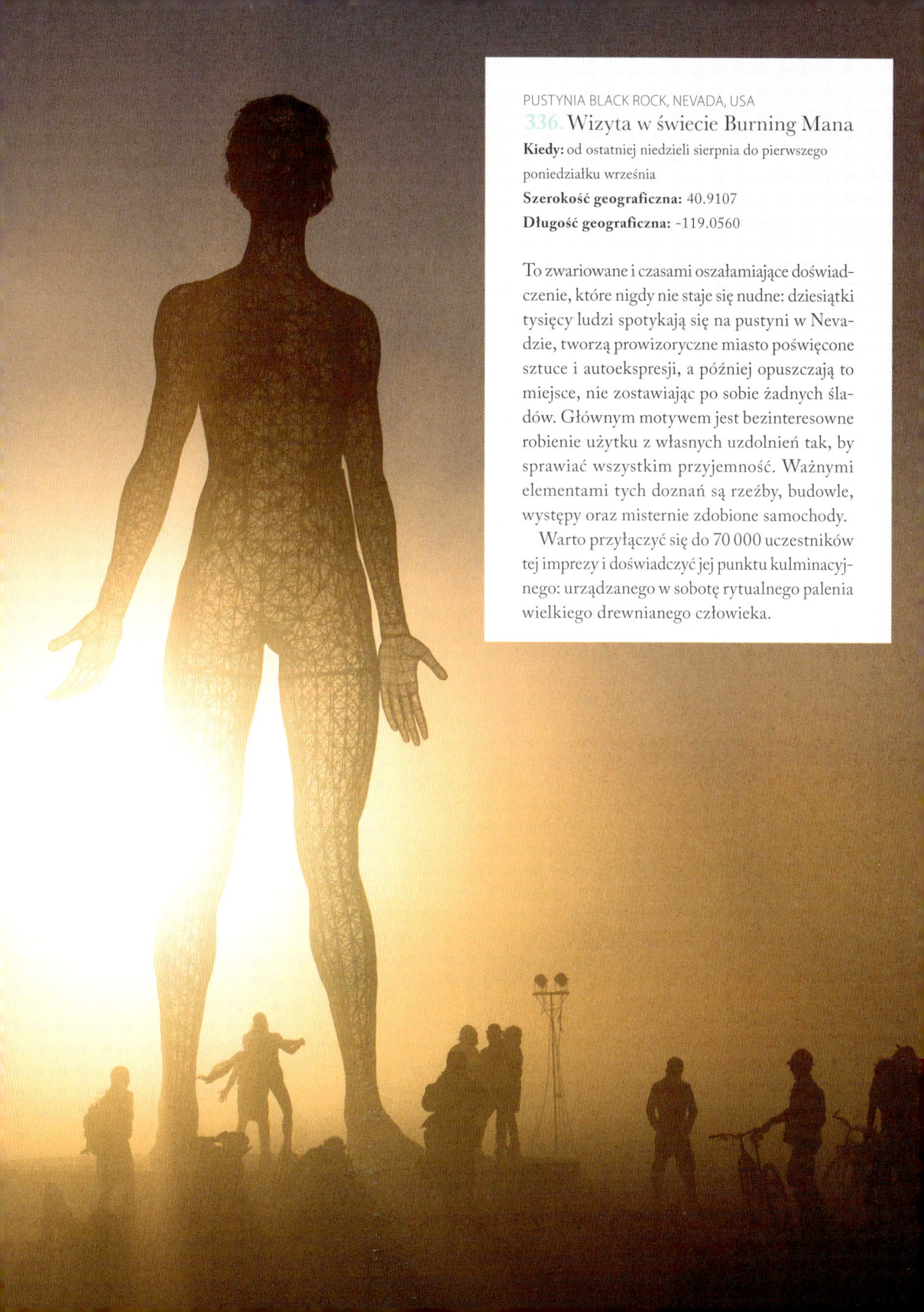

START: NOWY JORK, USA

337. Fotografowanie nocą najpiękniejszych miast

Kiedy: przez cały rok
Szerokość geograficzna: 40.8260
Długość geograficzna: -73.9303

Uwiecznienie dla potomności zarysów słynnych miast na tle nieba jest sporym wyzwaniem dla każdego początkującego fotografa lub artysty, choć spędzanie czasu wśród drapaczy chmur, cieni i gwiazd pozwala poczuć jedność z miastem i spojrzeć na nie świeżym okiem.

Fotografowanie najpiękniejszych panoram miejskich można zacząć od Nowego Jorku, podziwiając Manhattan z Jersey City, Brooklyn Bridge Park, promu Staten Island Ferry, Statui Wolności lub Empire State Building. Kolejnym przystankiem na trasie może być Tokio, które robi wrażenie niezwykłą grą świateł. Jednakowo imponujące są zarówno widoki w okręgach Shibuya i Shinjuku, jak i panorama z Roppongi Hills Mori Tower. Nocny zarys Londynu pięknie się prezentuje z Mudchute Park and Farm, Primrose Hill, a także z Oka Londynu, z kolei Monument to the Great Fire of London pozwala obserwować miasto z bardziej dogodnej perspektywy. Hongkong przedstawia się znakomicie z pokładu promu Star Ferry, Wzgórza Wiktorii i Alei Gwiazd, a pozornie bezkresny Szanghaj najlepiej będzie fotografować z promenady Bund lub hotelu Park Hyatt.

Manhattan nocą, Nowy Jork, Stany Zjednoczone

PÓŁKULA PÓŁNOCNA   od 45°N do 30°N

LEADVILLE, KOLORADO, USA
338. Udział w rowerowym „podniebnym wyścigu"
Kiedy: w drugą sobotę sierpnia
Szerokość geograficzna: 39.2500   **Długość geograficzna:** -106.2917

Ambitne wyścigi MTB wymagające pokonania ponad 160 km terenu zaczęły w ostatnich latach zdobywać sporą popularność. Leadville Trail 100 MTB w Kolorado zalicza się do najstarszych i najbardziej znanych imprez tego typu. Ten wyścig wiąże się z Leadville 100 – ultramaratonem, który odbywa się na bardzo podobnej trasie i jest znany jako „podniebny wyścig". Opisywana tu impreza prowadzi rowerzystów w samo serce Gór Skalistych.

Duża wysokość i trudny teren są tutaj chlebem powszednim. Widoki zapierają dech w piersiach, ale powietrze jest mocno rozrzedzone (dobrze będzie zatem uważać na chorobę wysokościową, zwłaszcza jeśli wziąć pod uwagę wyczerpanie będące następstwem rywalizacji).

Aktualny rekord trasy to 6 godzin i 16 minut, ale niezłym wynikiem będzie też 12 godzin; tak naprawdę liczy się ukończenie wyścigu. Przypomnienie, że chętni do tego rajdu powinni być sprawni fizycznie, będzie ogromnym niedopowiedzeniem: nawet ci, którzy mieli na tyle dużo szczęścia, by dotrzeć do mety, ledwie potrafią potem ustać na nogach. To autentycznie wykańczająca impreza.

LOUISVILLE, KENTUCKY, USA
339. Kibicowanie podczas Kentucky Derby
Kiedy: w pierwszą sobotę maja
Szerokość geograficzna: 38.2526
Długość geograficzna: -85.7584

Ta gonitwa – znana też jako „najbardziej ekscytujące dwie minuty w sporcie" i „wyścig po róże" (zwycięzca jest okrywany kwiatami) – wywołuje na torze Churchill Downs absolutne szaleństwo. Zgodnie z tradycją należy się tu napić koktajlu miętowego, spałaszować miskę gulaszu i, rzecz jasna, postawić na wybranego konia.

NOWY JORK, USA ORAZ CAŁY ŚWIAT
340. Udział we flash mobie
Kiedy: przez cały rok
Szerokość geograficzna: 40.8260
Długość geograficzna: -73.9303
(Manhattan)

Flash moby to nowoczesne zjawisko: zwariowany, odważny i zabawny sposób na spędzenie kilku minut (oraz przyciągnięcie zdziwionych spojrzeń). Pierwszą udaną akcję tego typu zorganizowano w sklepie Macy's na Manhattanie, gdzie 130 osób zgromadziło się w ramach eksperymentu społecznego wokół jednego dywanu. Później przyszły inne akcje: „ciche dyskoteki" na brytyjskich dworcach kolejowych oraz zbiorowe bitwy na poduszki w Kanadzie. Każdy może zorganizować flash moba – nie ma żadnych zasad!

CONEY ISLAND, NOWY JORK, USA
341. Amerykański sen na Coney Island
Kiedy: latem
Szerokość geograficzna: 40.5744
Długość geograficzna: -73.9786

Każdy, kto ma ochotę na zastrzyk adrenaliny, powinien odwiedzić miejsce nazywane „amerykańskim placem zabaw" lub „Sodomą nad morzem". Ponoć była to jedyna rzecz w Stanach Zjednoczonych, która interesowała Freuda. Park rozrywki na Coney Island został unieśmiertelniony w książkach i filmach – większość z nich ukazuje czasy świetności tego obiektu, czyli początek XX w.

NOWY JORK, USA ORAZ CAŁY ŚWIAT
342. Spisanie historii własnego życia
Kiedy: przez cały rok
Szerokość geograficzna: 43.0481
Długość geograficzna: -76.1474
(Syracuse)

Dokumentowanie własnych losów może się stać dla człowieka okazją do zanurzenia się we wspomnieniach. Historia uwieczniona przy użyciu maszyny do pisania lub laptopa nie musi wcale trafić na półki księgarń. Dobrym punktem wyjścia może być przechadzka po Memory Lane w Syracuse w stanie Nowy Jork. Jeżeli ktoś sądzi, że nie przeżył jeszcze niczego, co warto byłoby opisać, może najpierw spróbować zrobić pozostałe 999 rzeczy opisanych w tej książce…

PÓŁKULA PÓŁNOCNA   od 45°N do 30°N

CENTRAL PARK, NOWY JORK, USA
343. Przejażdżka łódką po Central Parku
Kiedy: od kwietnia do listopada (przy sprzyjającej pogodzie)
Szerokość geograficzna: 40.7830
Długość geograficzna: -73.9712

Znalezienie oazy spokoju w hałaśliwym, starym mieście, które nigdy nie zasypia, zapowiada się jako świetny pomysł. W Loeb Boathouse w Central Parku można wypożyczyć łódkę, która umożliwi niespieszne wiosłowanie po jeziorze o powierzchni 9 ha, zamieszkanym m.in. przez czaple.

NOWY JORK, USA
344. Wizyta na stadionie baseballowym w Bronxie
Kiedy: od kwietnia do października
Szerokość geograficzna: 40.8295
Długość geograficzna: -73.9265

Klub, z którym związany był Babe Ruth, a zarazem jedna z najsłynniejszych franczyz sportowych Ameryki, New York Yankees, ma od 2009 r. nowy stadion, który kosztował 2,3 miliarda dolarów. Mecze można oglądać zarówno w tym pięknym obiekcie, jak i w bardziej przyziemnej, pełnej pasji atmosferze panującej na Citi Field – stadionie rywali Jankesów, drużyny New York Mets.

BROADWAY, NOWY JORK, USA
345. Sztuka wystawiana na Broadwayu
Kiedy: przez cały rok
Szerokość geograficzna: 40.7590
Długość geograficzna: -73.9844

Na najsłynniejszej ulicy teatralnego świata zawsze czuje się splendor; to świetne miejsce, żeby obejrzeć jakąś sztukę. Nieważne, czy ktoś jest wielbicielem dramatu, komedii czy może musicalu – z racji tego, że działa tu ponad 40 teatrów (a każdy może pomieścić ponad 500 widzów), nietrudno o spektakl pasujący do każdego teatralnego gustu.

◀ MANHATTAN, NOWY JORK, USA
346. Rozpoczęcie dnia w nowojorskiej knajpce
Kiedy: przed południem
Szerokość geograficzna: 40.7830
Długość geograficzna: -73.9312

Jest tylko jeden sposób, by przygotować się na całodzienną wędrówkę po ulicach Wielkiego Jabłka: trzeba usiąść na tapicerowanej ławce w tradycyjnej knajpce na Manhattanie i zamówić półmisek z górą smażonego jedzenia. Stos naleśników, jajka przyrządzone na wiele sposobów oraz kilka dolewek kawy – to wszystko zapewni potem energię do zwiedzania miasta.

Narożna knajpka w Nowym Jorku, Stany Zjednoczone

Jazda na łyżwach na ślizgawce przy Rockefeller Center w Nowym Jorku, Stany Zjednoczone

▲ MANHATTAN, NOWY JORK, USA
347. Ślizgiem po lodzie u Rockefellera
Kiedy: od października do kwietnia
Szerokość geograficzna: 40.7830
Długość geograficzna: -73.9712

Bodaj najbardziej rozpoznawalne lodowisko na świecie, zlokalizowane w Rockefeller Center, zyskało niezwykłą popularność, a na taflę wpuszczanych jest jednocześnie tylko 150 osób. Chętni mogą się wybrać na poranną sesję o 7 rano lub wieczorną jazdę od 22:30 do północy.

MANHATTAN, NOWY JORK, USA
348. Zwiedzanie Empire State Building
Kiedy: przez cały rok
Szerokość geograficzna: 40.8260
Długość geograficzna: -73.9303

Chociaż na całym świecie wyrosły już dużo wyższe budynki, reprezentujący cudowny styl art déco Empire State Building wciąż pozostaje jednym z najwspanialszych wieżowców. Z tarasu widokowego tego budynku roztacza się fantastyczny widok na Wielkie Jabłko.

NOWY JORK, USA
349. Czytanie poezji w Greenwich Village
Kiedy: przez cały rok
Szerokość geograficzna: 40.7335
Długość geograficzna: -74.0002

W latach 60. XX w. klienci miejscowych lokali nie mogli się doczekać, aż Jack Kerouac lub Bob Dylan wypełnią zadymioną piwnicę rewolucyjnymi słowami. W miejscach takich jak White Horse Tavern i Café Wha? w Greenwich Village nadal organizowane są wieczory *open mike*, które podtrzymują tę tradycję.

PÓŁKULA PÓŁNOCNA   od 45°N do 30°N

NOWY JORK, USA; BILBAO, HISZPANIA; WENECJA, WŁOCHY
350. Wizyta we wszystkich Muzeach Guggenheima
Kiedy: przez cały rok   **Szer. geogr.:** 40.7747   **Dł. geogr.:** -73.9653 (Nowy Jork)

Odwiedzenie wszystkich Muzeów Guggenheima jest atrakcyjnym celem dla każdego szanującego się wielbiciela sztuki – a jeśli wziąć pod uwagę okazałość budynków, w których znajdują się te muzea, również dla każdego miłośnika architektury. Warto zacząć od nowojorskiej placówki znajdującej się w centrum Manhattanu – działa ona od 1959 r. i mieści się przy Piątej Alei, w charakterystycznym gmachu zaprojektowanym przez Franka Lloyda Wrighta. Następne może być muzeum w Bilbao, które zapewniło rozgłos temu miastu. Siedziba, zaprojektowana przez Franka Gehry'ego, zalicza się do najbardziej znanych dzieł architektury współczesnej w Europie.

Na koniec zostaje jeszcze słabiej znana (choć nic mniej ciekawa) Kolekcja Peggy Guggenheim w Wenecji. Mieści się ona w Palazzo Venier dei Leoni przy Canal Grande, a szczególną atrakcją okazuje się podróż do tego muzeum drogą wodną. Co przyniosą nadchodzące lata? Istnieją plany otworzenia Muzeum Guggenheima w Helsinkach; mówi się także o uruchomieniu placówki w Abu Zabi.

▶ USA ORAZ CAŁY ŚWIAT
351. Udział w biegu Color Run
Kiedy: przez cały rok
Szerokość geograficzna: 40.7607
Długość geograficzna: -111.8910
(Salt Lake City)

Ten bieg różni się od zwyczajnego truchtania po parku. W trakcie wyścigu inspirowanego hinduistycznym świętem holi uczestnicy są obsypywani kolorowym proszkiem. Mówi się, że jest to „najbardziej radosny bieg na 5 km na naszej planecie"; to również najbarwniejsza metoda zadbania o własną formę fizyczną.

MAROON BELLS, KOLORADO, USA
352. Utrwalanie jednego widoku dzień po dniu
Kiedy: przez cały rok
Szerokość geograficzna: 39.0708
Długość geograficzna: -106.9889

Zmieniające się pory roku skłaniają do podjęcia medytacji nad naturą życia oraz jego cyklicznością, a powracanie w to samo miejsce każdego dnia, względnie raz na tydzień lub miesiąc, by dokumentować zachodzące tam zmiany za sprawą słów, obrazów albo fotografii, pozwala obserwatorowi nauczyć się wielu rzeczy. Cieszące się popularnością miejsce zawsze ułatwia to zadanie, a szczyty Maroon Bells – świetnie znane góry, które odbijają się w Maroon Creek i są najczęściej fotografowanym widokiem w Kolorado – znakomicie się do tego nadają. Taki sam plan można jednak realizować również w ogrodzie za domem w dowolnym zakątku naszej planety.

ELLIS ISLAND, NOWY JORK, USA
353. Badanie własnego drzewa genealogicznego
Kiedy: przez cały rok
Szerokość geograficzna: 40.6994
Długość geograficzna: -74.0438

Ellis Island – miejsce, w którym stoi Statua Wolności, a także pierwszy przystanek 12 milionów imigrantów, którzy przybyli do Ameryki w latach 1892–1954 – inspiruje amerykańskie rodziny do poszukiwania własnych korzeni. Na pomniku ku czci imigrantów wymieniono 775 000 osób, a zainteresowani mogą złożyć prośbę o dodanie nowych nazwisk. Nie trzeba być jednak Amerykaninem, by czuć się wychodźcą – w Europie Środkowej osoby szukające swoich przodków mogą skorzystać z pomocy wyspecjalizowanych firm oraz organizacji non profit – i jedne, i drugie można znaleźć w Internecie.

Color Run w Salt Lake City w stanie Utah, Stany Zjednoczone

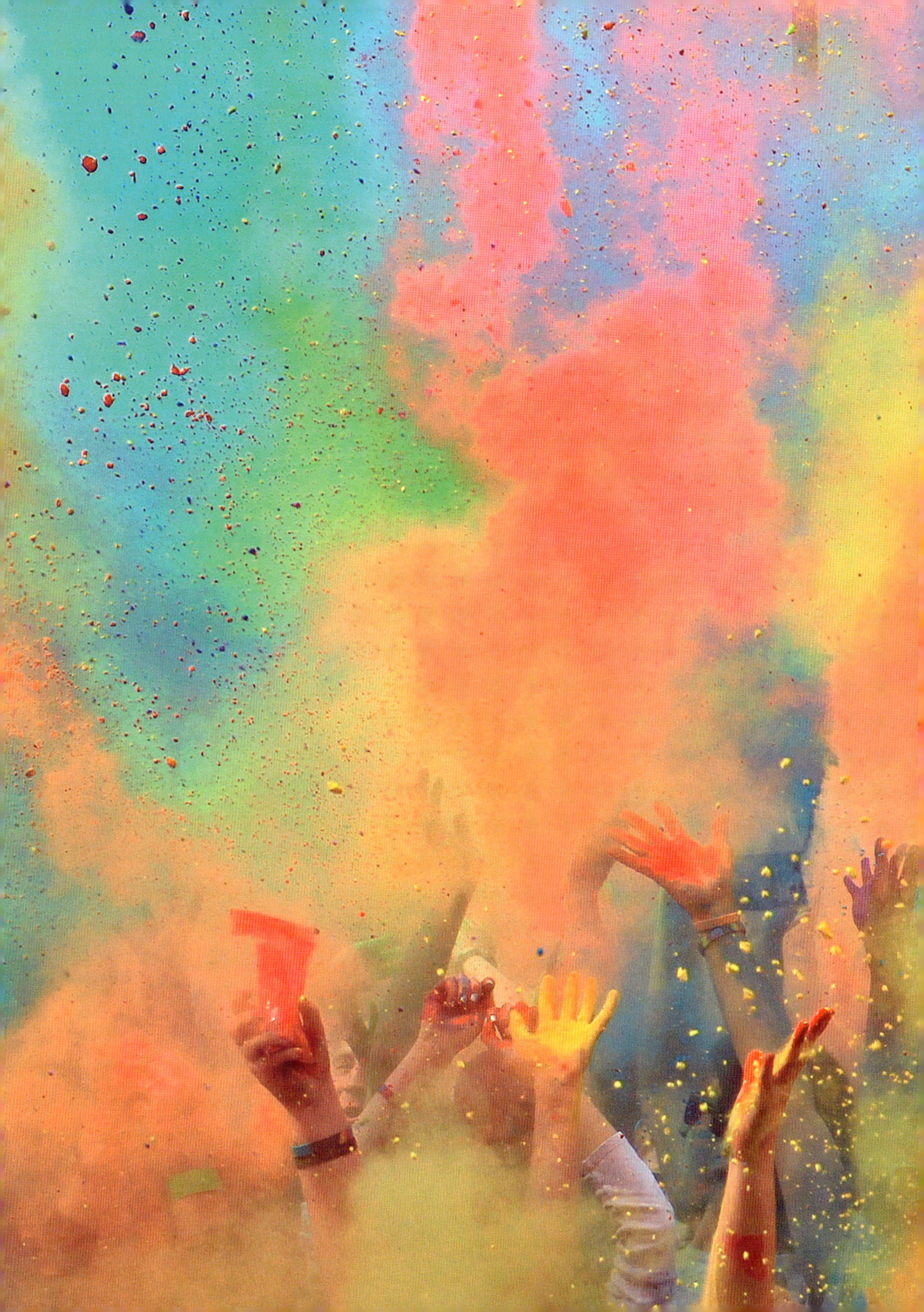

PÓŁKULA PÓŁNOCNA   od 45°N do 30°N

ONLINE, IDEA WYSZŁA Z USA
354. Wsparcie jakiegoś projektu na Kickstarterze
Kiedy: przez cały rok
Szer. geogr.: 40.6781
Dł. geogr.: -73.9441 (Brooklyn)

Oto przykład nowoczesnego ducha przedsiębiorczości: dziś każdy może wesprzeć jakąś koncepcję biznesową lub projekt, który ma szansę zmienić świat. Kickstarter – globalny serwis crowdfundingowy z siedzibą w Brooklynie – umożliwił już realizację ponad 250 000 kreatywnych projektów; tak powstał smartwatch Pebble z Kalifornii.

LAS VEGAS, NEVADA, USA
355. Nocleg w penthousie
Kiedy: przez cały rok
Szerokość geograficzna: 36.1699
Długość geograficzna: -115.1398

Niewiele rzeczy trąci dekadencją tak bardzo jak zarezerwowanie najdroższego apartamentu na najwyższym piętrze hotelu. Aby wszystko odbyło się we właściwym stylu, należy zrobić to w Las Vegas, gdzie ludzie najwyraźniej nie znają słowa „przesada". W hotelu Mandarin Oriental można nawet rozmienić banknot 1000-dolarowy…

MANHATTAN, NOWY JORK, USA
356. Przechadzka po High Line
Kiedy: przez cały rok
Szerokość geograficzna: 40.7590
Długość geograficzna: -73.9844

Podczas przyjemnego spaceru tą estakadą, która niegdyś stanowiła naziemny element sieci kolejowej, można się przyjrzeć Wielkiemu Jabłku z innej perspektywy, unikając równocześnie ruchu samochodowego. Obiekt został otwarty w 2009 r., jest porośnięty zielenią i zapewnia nietypowe widoki na niektóre spośród słynnych atrakcji tego miasta.

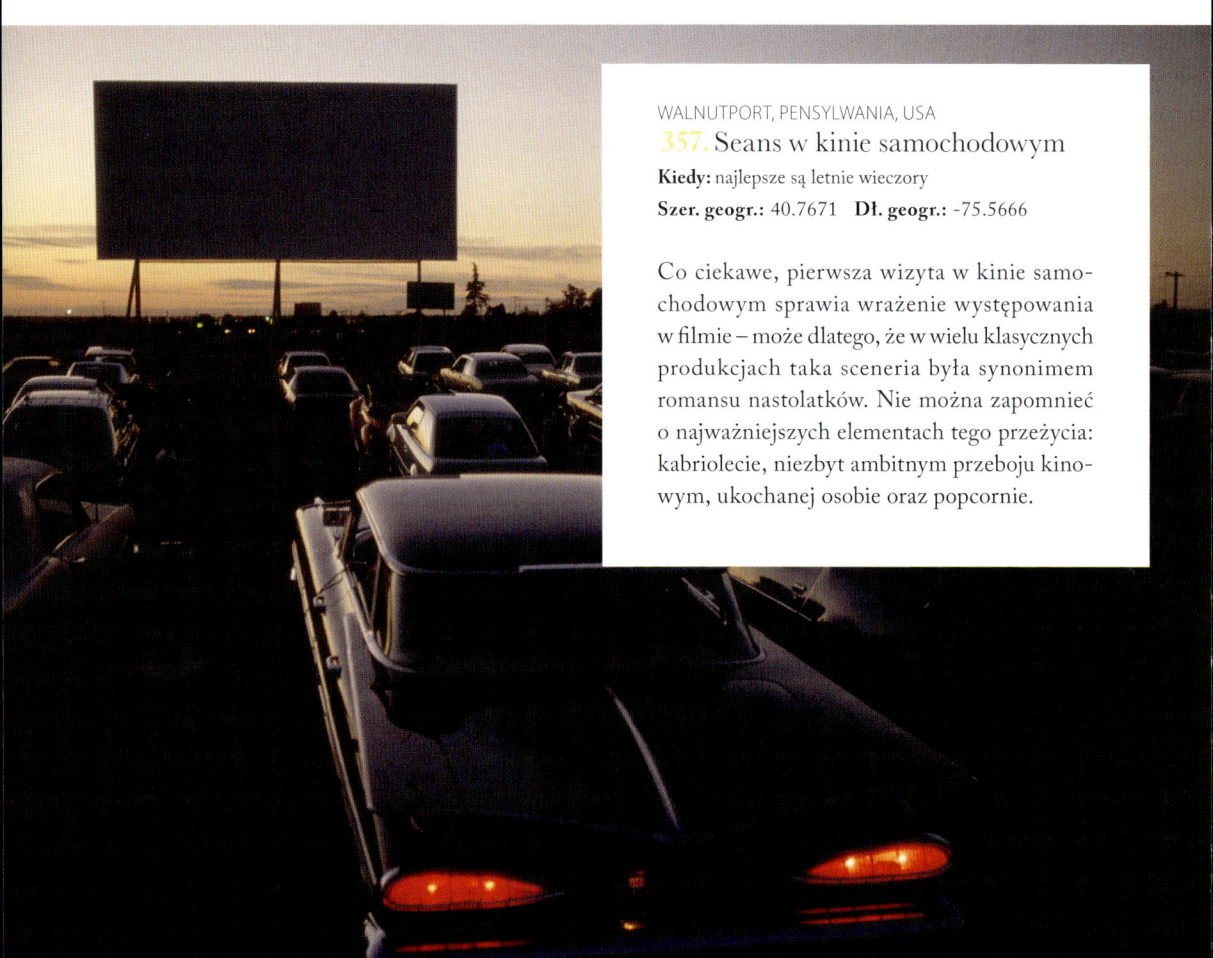

WALNUTPORT, PENSYLWANIA, USA
357. Seans w kinie samochodowym
Kiedy: najlepsze są letnie wieczory
Szer. geogr.: 40.7671   **Dł. geogr.:** -75.5666

Co ciekawe, pierwsza wizyta w kinie samochodowym sprawia wrażenie występowania w filmie – może dlatego, że w wielu klasycznych produkcjach taka sceneria była synonimem romansu nastolatków. Nie można zapomnieć o najważniejszych elementach tego przeżycia: kabriolecie, niezbyt ambitnym przeboju kinowym, ukochanej osobie oraz popcornie.

PÓŁKULA PÓŁNOCNA od 45°N do 30°N

MANHATTAN, NOWY JORK, USA
358. Udział w licytacji
Kiedy: przez cały rok
Szerokość geograficzna: 40.7403
Długość geograficzna: -73.9001

Aukcje Sotheby's są otwarte dla publiczności, a wstęp jest darmowy; można je również obserwować w Internecie. Niezależnie od formy uczestnictwa nie ma obowiązku licytowania, co wydaje się całkiem rozsądne – wśród ciekawych przedmiotów, które tu sprzedano, był kompletny szkielet dinozaura, kupiony za sporą sumkę. Każdy musi samodzielnie podjąć decyzję, jaki przedmiot postanowi licytować.

Licytowanie podczas aukcji w Sotheby's, Nowy Jork, Stany Zjednoczone

Z NOWEGO JORKU DO LOS ANGELES, USA
359. Klasyczna podróż od jednego do drugiego wybrzeża Ameryki
Kiedy: przez cały rok
Szerokość geograficzna: 40.7549
Długość geograficzna: -73.9840 (Nowy Jork)

Legendarny Cannonball Run („Wyścig Armatniej Kuli"), unieśmiertelniony w hollywoodzkiej komedii z 1981 r. z Burtem Reynoldsem, polegał na przejechaniu od oceanu do oceanu. Klasyczna trasa – nazwana na cześć kierowcy wyścigowego Edwina „Cannonballa" Bakera – zaczyna się przy Red Ball Garage na Manhattanie, a kończy obok hotelu Portofino w Redondo Beach w Kalifornii. Ma długość ponad 4500 km i prowadzi przez sam środek Stanów Zjednoczonych, a rekordowy czas to 28 godzin i 50 minut (osiągnięte dzięki regularnemu przekraczaniu dozwolonej prędkości). Lepszym rozwiązaniem będzie rezygnacja z szalonej prędkości na rzecz frajdy płynącej z jazdy.

MANHATTAN, NOWY JORK, USA
360. Kibicowanie bokserom w Madison Square Garden
Kiedy: przez cały rok, zależnie od terminów walk
Szerokość geograficzna: 40.7507
Długość geograficzna: -73.9944

Madison Square Garden jest mekką boksu i fanów tej dyscypliny sportu. W 1971 r. odbyła się tam „walka stulecia" – pojedynek, w którym wzięli udział Joe Frazier i Muhammad Ali. Znaczenie tego historycznego obiektu doceni zarówno zapalony kibic boksu, jak i ciekawski widz.

PARK NARODOWY YELLOWSTONE, USA

361. Lekcja ewolucji środowiska naturalnego w najstarszym parku narodowym świata

Kiedy: przez cały rok   **Szerokość geograficzna:** 44.4280   **Długość geograficzna:** -110.5885

Yellowstone, pierwszy park narodowy powołany do życia na naszej planecie, słynie z malowniczych wąwozów, dolin rzecznych oraz gorących źródeł (w tym gejzerów). Obszar ten jest także domem rozmaitych zwierząt, m.in. niedźwiedzi, wilków, bizonów, łosi i antylop.

Najbardziej interesująco prezentuje się jednak odtworzenie naturalnego ekosystemu, czyli zwieńczona sukcesem introdukcja drapieżników, które stąd kiedyś zniknęły. Wspomniane drapieżniki – chociażby wilki szare i pumy – zostały wytępione przez osadników zasiedlających te tereny. To doprowadziło do znaczącego wzrostu populacji łosi, lecz nie wpłynęło pozytywnie na inne gatunki.

W 1995 r. do ekosystemu Yellowstone wprowadzono wilka szarego. Wilki zaczęły polować na łosie, zmuszając je do częstszego zmieniania żerowisk. Ponieważ łosie nie wyjadały doszczętnie roślinności w poszczególnych miejscach, flora stawała się tam bujniejsza, co przyciągało z kolei więcej ptaków i bobrów. Taka sytuacja zaś doprowadziła do wzrostu liczebności wydr, ryb i płazów. Wilki polują też na kojoty, więc zwiększyła się liczba myszy i królików, a to automatycznie skusiło więcej jastrzębi, łasic, lisów i borsuków.

Teraz Yellowstone pozwala przyjrzeć się cudom natury w formie zbliżonej do tej, która istniała, zanim ludzie zaczęli podejmować próby zapanowania nad przyrodą.

PÓŁKULA PÓŁNOCNA   od 45°N do 30°N

Pasące się bizony w Parku Stanowym Custer, Dakota Południowa, Stany Zjednoczone

▲ DAKOTA POŁUDNIOWA, USA
362. Obserwowanie bizonów w Parku Stanowym Custer
Kiedy: przez cały rok
Szerokość geograficzna: 43.7266
Długość geograficzna: -103.4168

Stado złożone z ponad 1000 bizonów wędruje swobodnie po liczącym powyżej 28 000 ha parku położonym wśród pięknych gór Black Hills w Dakocie Południowej. Chętni mogą obserwować te potężne stworzenia przez cały rok; wrzesień to okres spędu i sprzedaży setek tych zwierząt.

PŁN. CZĘŚĆ STANU NOWY JORK, USA
363. Jeden park stanowy – mnóstwo wrażeń
Kiedy: od maja do sierpnia lub od listopada do kwietnia (sporty zimowe)
Szerokość geograficzna: 44.2717
Długość geograficzna: -74.6712

Park Stanowy Adirondack, o powierzchni ponad 24 000 km², jest największym takim obiektem na terenie Stanów Zjednoczonych. Można tu do woli zażywać świeżego powietrza, degustować piwo i wino albo zaszyć się w obozowisku, do którego dotrzemy wyłącznie łodzią. Wisienką na torcie jest galeria z dziełami m.in. Picassa w Glens Falls.

PN BADLANDS, USA
364. Lot helikopterem nad „Złymi Ziemiami"
Kiedy: przez cały rok
Szerokość geograficzna: 43.8554
Długość geograficzna: -102.3397

Noszący złowieszczą nazwę obszar Badlands wyrasta z prerii w Dakocie Południowej, obejmując ostre szczyty i głębokie kaniony, ukazujące wyraźne uwarstwienie geologiczne skał. Widoki oglądane z poziomu gruntu są piękne, ale dopiero podczas turystycznego przelotu śmigłowcem można w pełni docenić rozmiar i majestat tych skał.

PÓŁKULA PÓŁNOCNA   od 45°N do 30°N

▶ ALTON, ILLINOIS, USA
365. Nauka gry na trąbce
Kiedy: przez cały rok
Szerokość geograficzna: 38.8906
Długość geograficzna: -90.1842

Miles Davis zaczął grać na trąbce w wieku 13 lat i szybko okazało się, że ma do tego niezwykły talent – nie minęło wiele czasu, a podbił szturmem świat jazzu. Jego postać może być inspiracją do tego, by wziąć do ręki trąbkę i spróbować coś na niej zagrać w miejscu urodzenia tego muzyka, w Alton w stanie Illinois. Szybko zauważymy, że nie chodzi tu wyłącznie o wdmuchiwanie powietrza do ustnika instrumentu, ale o to, by pozwolić przy tym wibrować wargom.

Miles Davis grający na trąbce

START (WZOREM ALBERTA PODELLA): BROOKLYN, USA
366. Wizyta we wszystkich krajach świata
Kiedy: przez cały rok
Szer. geogr.: 40.6280   **Dł. geogr.:** -73.9445

Odwiedzenie wszystkich krajów na świecie – ONZ podała ostatnio, że jest ich 206, ale ta liczba wciąż się zmienia – może być najpoważniejszym wyzwaniem dla kogoś, kto chciałaby na swojej liście marzeń umieścić naprawdę ambitny cel. Jak dotychczas czegoś takiego dokonał Albert Podell: odwiedził 196 krajów (wówczas były to wszystkie istniejące państwa), co zabrało mu 50 lat. Nie obowiązują tu żadne zasady, choć warunkiem przyjętym przez Podella było spędzenie w kraju przynajmniej 24 godzin i zdobycie pieczątki w paszporcie.

Takie przedsięwzięcie pociąga za sobą wyzwania natury logistycznej: niektóre kraje są niebezpieczne, wyjazd do innych wymaga dużych nakładów finansowych, starannego planowania i zdobycia wizy. Każdy może jednak sprawdzić, ile państw już odwiedził, a potem zająć się tworzeniem planów na najbliższe lata.

NOWY JORK, PARYŻ LUB LONDYN
367. Oglądanie z powietrza najpiękniejszych miast na świecie
Kiedy: przez cały rok
Szerokość geograficzna: 40.7127
Długość geograficzna: -74.0059 (Nowy Jork)

Oglądanie miasta z poziomu gruntu to jedno; czymś zupełnie innym jest jednak rzut oka ze sporej wysokości, tuż sponad zabudowy. To dlatego żadna wizyta w Nowym Jorku, Paryżu lub Londynie nie będzie w pełni udana, jeśli jej częścią nie stanie się wycieczka nad miastem na pokładzie śmigłowca. Przelot nad charakterystycznymi budowlami metropolii będzie niezwykłym doświadczeniem, chociaż warto pamiętać o tym, że helikoptery gwałtownie zmieniają wysokość i poruszają się w inny sposób niż niewielkie samoloty, a żołądki pasażerów mogą wyraźnie odczuć tę różnicę. Jednakże mało kto będzie zwracał uwagę na takie rzeczy, gdy wokół roztaczają się niesamowite widoki.

PÓŁKULA PÓŁNOCNA   od 45°N do 30°N

KOLORADO I WYOMING, USA
368. Zmotoryzowana podróż przez Góry Skaliste
Kiedy: przez cały rok (z wyłączeniem zimy)
Szer. geogr.: 40.3771   **Dł. geogr.:** -105.5255 (Estes Park, Kolorado)

Nie ma „najlepszej" drogi prowadzącej przez Góry Skaliste – każda trasa obfituje w niesamowite widoki, wyjątkowe ciekawostki geologiczne oraz niezapomniane spotkania z fauną i florą. Góry Skaliste ciągną się na długości około 4800 km, od zachodniej Kanady aż po Nowy Meksyk, a obszar znajdujący się na terenie stanów Wyoming i Kolorado jest kluczowym fragmentem każdej trasy prowadzącej przez to pasmo.

Warto zacząć wyprawę od autostrady numer 34 – od miejsca, w którym dociera ona do Estes Park. Mierzący niemal 20 km odcinek znany pod nazwą Trail Ridge Road biegnie ponad linią drzew, prowadząc przez niesamowity, niemal księżycowy krajobraz górskiej tundry. Widoki, które można tam podziwiać, są absolutnie wyjątkowe: Góry Skaliste rozciągają się dosłownie we wszystkich kierunkach. Łatwo zrozumieć, dlaczego Park Narodowy Gór Skalistych zalicza się do najczęściej odwiedzanych parków narodowych w Stanach Zjednoczonych. Na miłośników przyrody i świeżego powietrza czekają tu górskie widoki, jeziora i niemal 500 km szlaków.

ZACHODNIE WYBRZEŻE, USA
369. Pieszo z Meksyku do Kanady
Kiedy: przez cały rok
Szerokość geograficzna: 32.6076
Długość geograficzna: -116.4697
(Campo, Kalifornia)

Urzekający szlak Pacific Crest Trail prowadzi przez Kalifornię, Oregon i Waszyngton, tworząc trasę o długości 4265 km, która ciągnie się przez całe zachodnie Stany Zjednoczone. Punktem początkowym jest Campo na granicy z Meksykiem. W trakcie tej niezwykłej podróży na wędrowca czekają pustynie, lasy, góry, kaniony, jeziora polodowcowe i wulkany.

▶ WODOSPAD NIAGARA, KANADA
370. Podziwianie legendarnego wodospadu
Kiedy: od maja do września
Szerokość geograficzna: 43.0845
Długość geograficzna: -79.0894

Wodospad Niagara można oglądać z różnych miejsc; istnieje też wiele opinii, jeśli chodzi o to, który widok jest najlepszy. Warto zobaczyć wodospad z perspektywy, która zrobiła w 1842 r. wielkie wrażenie na Charlesie Dickensie: z dołu, gdzie słychać potężny grzmot i czuć wielką moc Niagary. Dickens napisał później: „Wielkie nieba […], cóż za ściana jasnozielonej wody".

Jeden z najbardziej znanych wodospadów na świecie – Niagara, na granicy Kanady i USA

PÓŁKULA PÓŁNOCNA   od 45°N do 30°N

WIEŻA CN, TORONTO, KANADA
371. Kurs pod niebiosa przeszkloną windą
Kiedy: przez cały rok (najlepiej o zachodzie słońca)
Szerokość geograficzna: 43.6426
Długość geograficzna: -79.3871

Przeszklone są nie tylko boczne ściany windy w wieży CN, lecz także fragment jej podłogi. To oznacza, że goście zmierzający na szczyt słynnej budowli o wysokości 553,3 m mogą spoglądać na ziemię, od której oddalają się z prędkością 24 km/h.

▶ JACKSON, NEW JERSEY, USA
372. Przejażdżka najwyższym rollercoasterem na świecie
Kiedy: od końca marca do początku stycznia
Szerokość geograficzna: 40.1392
Długość geograficzna: -74.4365

Każdy wielbiciel wysokości powinien się przejechać kolejką Kingda Ka w parku rozrywki Six Flags Great Adventure – to nie tylko najwyższy rollercoaster na świecie (139 m wysokości), ale również jeden z najdłuższych i drugi pod względem prędkości (rozpędza się w 3,5 sekundy do 206 km/h). Szybsza jest jedynie Formula Rossa w Ferrari World w Abu Zabi. Chętni powinni zapiąć pasy i przygotować się na przejażdżkę życia!

Kingda Ka w New Jersey, Stany Zjednoczone

PÓŁKULA PÓŁNOCNA   od 45°N do 30°N

LEBANON, KANSAS, GEOGRAFICZNE CENTRUM KONTYNENTALNEJ CZĘŚCI USA
373. Wizyta w każdym z amerykańskich stanów
Kiedy: przez cały rok
Szerokość geograficzna: 39.8097   **Długość geograficzna:** -98.5556

Jeżeli ktoś chce poznać prawdziwe Stany Zjednoczone, powinien odwiedzić cztery rogi tego kraju i poznać wszystkie 50 stanów – począwszy od Alaski na północy, a skończywszy na Hawajach na Pacyfiku. To świetny sposób, by dobrze zrozumieć ten wielki i zróżnicowany kraj.

Lista najważniejszych punktów związanych z poznawaniem USA właściwie nie ma końca; każdy znajdzie tu coś dla siebie. Kąpiele i plażowanie, trekkingi i wspinaczka, poznawanie historii, rajdy przygodowe, podziwianie architektury, poznawanie smaku pysznych potraw lub proste przyjemności związane z obserwowaniem horyzontu, który nieustannie zmienia się podczas niesamowitej podróży – ta przygoda będzie obejmować wszystkie te elementy.

Sposób poruszania się po kraju zależy od indywidualnych preferencji, ale osadzony w kulturze romantyczny obraz przemierzania bezkresnych dróg przemawia za wyprawą zmotoryzowaną. Niezależnie od tego, czy w grę wchodzi podróż wzdłuż wybrzeża Pacyfiku po California Highway 1, czy też jazda trasą Route 66, do marzeń o przemierzaniu Ameryki najlepiej pasuje wizja odpalenia silnika motocykla i ruszenia w kierunku zachodzącego słońca. Lot będzie oczywiście koniecznością w przypadku Alaski i Hawajów, ale wszędzie indziej samo toczenie się szosą okaże się równie ważnym elementem dobrej zabawy, jak docieranie do kolejnych celów.

DENVER, KOLORADO, USA
374. D(r)eszczyk emocji podczas polowania na tornado
Kiedy: od marca do czerwca
Szerokość geograficzna: 39.7392
Długość geograficzna: -104.9902

Gdy zwyczajny człowiek widzi nadchodzącą burzę, ma raczej tendencję do tego, by ukryć się w budynku. Odważniejsze osoby mogą jednak wybrać zgoła odmienne zachowanie i poczuć na własnej skórze potęgę żywiołów. Polowanie na burze – podążanie za tornadami i huraganami – może się wiązać z mnóstwem emocji, choć bywa też szalenie niebezpieczne. Nie należy tego robić bez doświadczonego i rozsądnego przewodnika; prawie zawsze używa się do tego specjalnego samochodu w rodzaju TIV-2 – ośmiotonowego potwora, którego nawet tornado nie zdoła ruszyć z miejsca. Wycieczki związane z polowaniem na burze organizuje się chociażby w Denver; obejmują one teren amerykańskiej „Alei Tornad". Każda burza jest inna i niesie ze sobą wyjątkowy zestaw emocji oraz zagrożeń, lecz człowiek, który wyjdzie z niej cało, nauczy się lepszego rozumienia potęgi natury (a przy odrobinie szczęścia zachowa również wspaniałe zdjęcia).

SKOPELOS, GRECJA
375. Po 110 schodach do kaplicy na skale
Kiedy: przez cały rok
Szerokość geograficzna: 39.1251
Długość geograficzna: 23.6800

Maleńka kaplica św. Jana na wyspie Skopelos znajduje się na szczycie skały mierzącej 100 m wysokości. Prowadzące tam schody zostały wykute w skale i pozwalają dotrzeć do świątyni z terenów położonych poniżej. To wspaniałe miejsce daje odwiedzającym możliwość podziwiania fantastycznej panoramy wyspy (którą wiele osób zna z filmu *Mamma Mia!*).

CAŁY STAN VERMONT, USA

376. Wycieczka rowerowa w jesiennej scenerii Vermontu

Kiedy: na przełomie września i października
Szer. geogr.: 44.5588   **Dł. geogr.:** -72.5778

Vermont słynie z niepowtarzalnej jesiennej scenerii, gdy liście eksplodują milionem odcieni koloru pomarańczowego i czerwonego. Oprócz kolorów liczą się też zapachy, najlepiej więc napawać się nimi, jadąc na rowerze; sprzyja temu również siatka dobrze oznaczonych tras przecinających tę pełną barwnych liści krainę. Malowniczymi jesiennymi pejzażami mogą się też poszczycić Maine i północna część stanu Nowy Jork.

PÓŁKULA PÓŁNOCNA   od 45°N do 30°N

▶ CUENCA, HISZPANIA
377. Zawrót głowy w wiszących domach Cuenki
Kiedy: przez cały rok
Szerokość geograficzna: 40.0703
Długość geograficzna: -2.1374

Te niepewnie wyglądające domy, zbudowane wzdłuż granicy zabytkowego miasta, nad kanionem rzeki Huécar, wiszą tuż nad krawędzią przepaści – przez drewniane poręcze balkonów wychylą się tylko najwięksi śmiałkowie. Do naszych czasów przetrwało zaledwie kilka oryginalnych budowli tego typu; większość z nich znajduje się w prywatnych rękach, ale każdy chętny może wejść do jednego z tych domów, będącego aktualnie siedzibą muzeum hiszpańskiej sztuki abstrakcyjnej. Można tam podziwiać pasujące do tego miejsca nietypowe zbiory obrazów i rzeźb.

Wiszące domy w Cuence, Hiszpania

BUCHARA, UZBEKISTAN
378. Przechadzka średniowiecznymi ulicami miasta leżącego na Jedwabnym Szlaku
Kiedy: przez cały rok
Szerokość geograficzna: 40.0430
Długość geograficzna: 64.4448

Posiadająca długą historię Buchara była niegdyś ważnym przystankiem na Jedwabnym Szlaku, a w średniowieczu stała się wpływowym ośrodkiem islamskiej teologii i kultury, współzawodnicząc pod tym względem z Bagdadem. Spacer po krętych uliczkach wokół cytadeli i podziwianie wysokich meczetów zwieńczonych szmaragdowymi cebulastymi kopułkami figurują na liście atrakcji każdej wycieczki po Azji Środkowej. Buchara stanowi w tym regionie najlepszy przykład średniowiecznego miasta.

Zwiedzanie tego miasta nie sprowadza się wyłącznie do podziwiania historii i architektury. Stragany w Bucharze aż uginają się pod ciężarem szmaragdowozielonych wyrobów ceramicznych i pięknych karmazynowych dywanów, a tuż obok można kupić szyte ręcznie ubrania, jedwabne szaliki i klejnoty.

SAMARKANDA, UZBEKISTAN
379. Niezwykła islamska architektura
Kiedy: przez cały rok
Szerokość geograficzna: 39.6270
Długość geograficzna: 66.9749

Samarkanda należy do najstarszych miast w Azji; swoje bogactwo zawdzięczała znakomitej lokalizacji na Jedwabnym Szlaku, łączącym Chiny z basenem Morza Śródziemnego. Ten ośrodek islamskiej kultury obejmuje też wiele wspaniałych budynków – każdy turysta powinien np. odwiedzić plac Registan i meczet Bibi Chanum.

▲ SEDONA, ARIZONA, USA
380. Droga Mleczna w całej krasie
Kiedy: przez cały rok
Szerokość geograficzna: 34.8697
Długość geograficzna: -111.7609

Przepiękna Droga Mleczna najlepiej prezentuje się w miejscach takich jak Sedona. I bez tego jest to niesamowita część Arizony, przyciągająca rowerzystów, piechurów i wspinaczy z całego świata, ale jeszcze bardziej zyskuje po zachodzie słońca, gdy wszystkie oczy zwracają się ku niebu. Sedona słynie z braku zanieczyszczenia świetlnego: to jedno z zaledwie 20 miejsc na całym świecie wyróżnionych przez International Dark-Sky Association, a podziwianie skrzących się gwiazd z miejsca położonego na wysokości 1326 m n.p.m. jest źródłem niezwykle romantycznych doznań. Można się tu również rozkoszować magią „niebieskiego księżyca", czyli drugiej pełni w ciągu miesiąca kalendarzowego. Prawie każda część cyklu zresztą świetnie nadaje się do tego, by w ramach podziwiania Srebrnego Globu udać się na nocny spacer w miejsce takie jak Boynton Canyon i chłonąć tam niepowtarzalne widoki, nierzadko przy akompaniamencie przejmującego wycia stada kojotów.

Wspaniała Droga Mleczna nad Sedoną w Arizonie, Stany Zjednoczone

RZEKA KOLORADO, USA
381. Spływ spienionymi wodami rzeki Kolorado
Kiedy: od maja do września
Szerokość geograficzna: 34.3388   **Długość geograficzna:** -114.1720

Niezwykła różnorodność raftingu na rzece Kolorado sprawia, że każdy może tam znaleźć odpowiednio emocjonujący poziom trudności, podobnie jak narciarze, którzy wybierają z szerokiego wachlarza między łagodnymi stokami a przerażająco stromymi, czarnymi trasami. Płynąc po Kolorado, można się przemieszczać po stosunkowo spokojnych wodach lub mknąć wśród rozszalałych bystrzy, a każdy uczestnik spływu zapewne przynajmniej raz wyląduje w wodzie. Po wyjściu na suchy ląd można się również porządnie zrelaksować, gdyż jednym z elementów takich wypraw jest często zwiedzanie miejsc w rodzaju Wielkiego Kanionu.

PÓŁKULA PÓŁNOCNA   od 45°N do 30°N

WALENCJA, HISZPANIA
382. Smakowanie paelli w jej ojczyźnie
Kiedy: przez cały rok
Szerokość geograficzna: 39.4699
Długość geograficzna: -0.3763

Walencja jest niekwestionowanym miejscem narodzin paelli – nie istnieje jednak jeden, najlepszy przepis na to smakowite połączenie ryżu, kurczaka, fasoli, warzyw, szafranu i owoców morza. Warto zebrać grupkę przyjaciół, a potem zjeść wspólnie to danie prosto z rondla.

PORTO, PORTUGALIA
383. Szycie narzuty o rozmiarach trzech boisk
Kiedy: przez cały rok
Szerokość geograficzna: 41.1579
Długość geograficzna: -8.6291

Zszywanie narzut jest bardzo relaksującą, terapeutyczną czynnością; niektórych jednak trochę przy niej ponosi. W Porto powstała gigantyczna *Manta da Cultura* („Pled Kultury"), która ma powierzchnię 25 100 m². Może na początek lepiej jednak zacząć od zwykłej narzuty...?

LIZBONA, PORTUGALIA
384. Chrupanie *churrosów* w Lizbonie
Kiedy: przez cały rok
Szerokość geograficzna: 38.7222
Długość geograficzna: -9.1393

Uważa się, że Portugalczycy sprowadzili *churrosy* do Europy z Chin, a stolica Portugalii jest wciąż najlepszym miejscem, by spróbować tych tłustych przekąsek. Snucie się po przepięknych ulicach Lizbony z gorącym słodkim ciastkiem (najlepiej zanurzonym w gorącej czekoladzie) będzie prawdziwie dekadenckim rozpoczęciem dnia.

▶ WALENCJA, HISZPANIA
385. Szaleństwo podczas Święta Ognia
Kiedy: od 15 do 19 marca
Szer. geogr.: 39.4699   **Dł. geogr.:** -0.3763

Wszystko zaczęło się w średniowieczu, gdy cieśle z Walencji w wigilię świętego Józefa świętowali koniec zimy, uroczyście paląc drewno, na którym stawiali wcześniej świece umożliwiające im pracę podczas długich, ciemnych popołudni. Drewno – znane jako *parots* – było przed paleniem coraz misterniej dekorowane, co doprowadziło do narodzin dzisiejszych ogromnych konstrukcji nazywanych *fallas* i uroczyście palonych w dniu Las Fallas.

Każda dzielnica w Walencji tworzy własną *fallę*, a potem zaczyna się pięciodniowy festiwal uliczny. Pokazy fajerwerków z dnia na dzień robią się coraz bardziej spektakularne, a te najwspanialsze można oglądać 19 marca, w *la nit del foc*, czyli „noc ognia". To właśnie w tę noc palone są *falle*. Ogień płonie w każdej dzielnicy, a punktem kulminacyjnym jest spalenie po północy ostatniej, największej *falli* na plaza del Ayuntamiento.

To hałaśliwe, ekscytujące wydarzenie stanowi afirmację życia; ci, którzy je widzieli, przez wiele lat wspominają to później z uśmiechem na ustach.

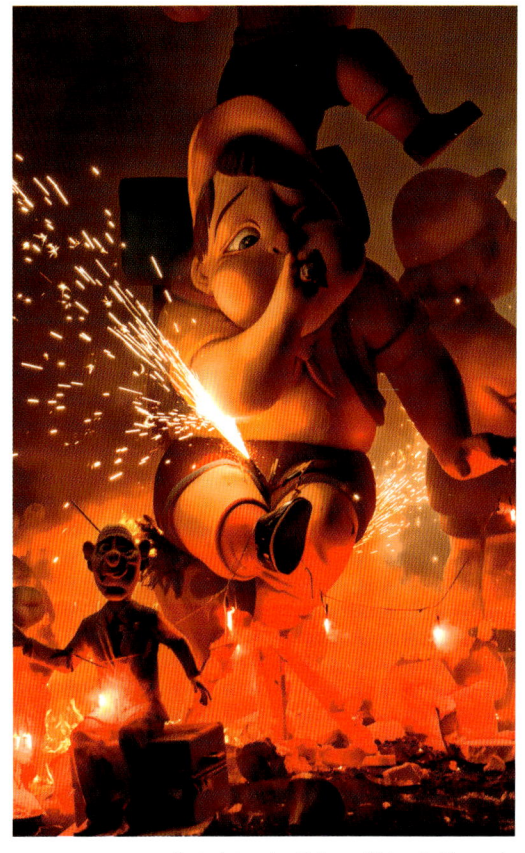

Szaleństwo Las Fallas w Walencji, Hiszpania

PÓŁKULA PÓŁNOCNA   od 45°N do 30°N

▶ APULIA, WŁOCHY
386. Nocleg w *trullo*
Kiedy: przez cały rok
Szerokość geograficzna: 40.7928
Długość geograficzna: 17.1012

Tradycyjne kamienne budynki wznoszone w Apulii na południu Włoch są okrągłe i mają stożkowe dachy. Dawniej były przede wszystkim domami mieszkalnymi na terenach wiejskich lub służyły jako składy, ale teraz część z nich stanowi część lokalnej bazy turystycznej. Podczas wizyty w okolicy warto zanocować w którymś z tych uroczych budynków.

Tradycyjne *trulli* w Apulii, Włochy

BUÑOL, HISZPANIA
387. Walka na pomidory
Kiedy: w ostatnią środę sierpnia
Szerokość geograficzna: 39.4203
Długość geograficzna: -0.7901

Czyż życie nie byłoby prostsze, gdyby ludzie czasami wyładowywali swoje frustracje, rozmazując jedzenie na twarzach uprzykrzonych osób? Istnieje uświęcona tradycją okazja pozwalająca właśnie na coś takiego – jest nią cudownie dziecinna jednodniowa wojna na pomidory, która odbywa się w mieście Buñol w Walencji i nosi nazwę La Tomatina.

Chętni mogą się tu przyłączyć do tysięcy ludzi zjeżdżających z całego świata na bitwę, podczas której każdy walczy z każdym. To niezwykle chaotyczne wydarzenie, więc warto się na nie odpowiednio przygotować (nie ma raczej sensu wkładać nowego, jasnego ubrania!).

MATERA, BASILICATA, WŁOCHY
388. Z wizytą u jaskiniowców
Kiedy: przez cały rok
Szerokość geograficzna: 40.6667
Długość geograficzna: 16.6000

Niewiele miast we Włoszech budzi taki szacunek i podziw jak Matera – osada, której mieszkańcy do dziś żyją w jaskiniach. Wędrówka po krętych kamiennych uliczkach sprawia, że człowiek czuje się niczym bohater filmu *Flinstonowie*. Skała była tu niegdyś drążona oskardami (rodzaj kilofu), co doprowadziło do powstania wyjątkowej gmatwaniny krętych schodów, nierównych dachów i niepewnie wyglądających chodników. Aby lepiej poznać tutejszą atmosferę, można się zatrzymać na jedną lub dwie noce w hotelu mieszczącym się – oczywiście – w jaskini.

PÓŁKULA PÓŁNOCNA   od 45°N do 30°N

ARIZONA, USA
389. Wędrówka na dno Wielkiego Kanionu i z powrotem na górę
Kiedy: najlepiej wiosną lub jesienią
Szerokość geograficzna: 36.0544
Długość geograficzna: -112.1401

Wielki Kanion przemawia do wyobraźni jak mało która formacja geologiczna na świecie. Rzeka Kolorado kształtowała go przez miliony lat i nietrudno zrozumieć, dlaczego rdzenni mieszkańcy Ameryki uważają go za święte miejsce. To również jeden z najwspanialszych celów dla wielbicieli wędrówek. Malownicze widoki są tu czymś oczywistym – przed piechurem rozpościera się prawdziwy cud świata – ale podczas wędrówki można się też nauczyć wielu rzeczy. Choć okolica być może będzie sprawiać wrażenie jałowej, naliczono tam 1737 gatunków roślin naczyniowych.

Klasyczna trasa prowadzi z krawędzi kanionu na jego dno i z powrotem na górę; zawsze obejmuje też nocleg. Taka wędrówka oznacza rozpoczęcie podróży na wysokości około 3000 m n.p.m. i ostrożne schodzenie ścieżkami prowadzącymi w dół. Trekking może być męczący, ale poczucie odosobnienia, dzikości natury oraz otaczającej człowieka ciszy rekompensuje wszelkie trudy.

Mnóstwo przyjemności sprawia też obserwowanie środowiska, które nieustannie się zmienia wraz ze zbliżaniem się do dna kanionu. Można tu również zauważyć wiele zwierząt: bieliki amerykańskie, bobry, kojoty, rysie rude, tarantule, sześć gatunków grzechotników, a nawet pumy (które na szczęście trzymają się zazwyczaj z dala od ludzi).

Po noclegu w kanionie (wiele osób śpi w Phantom Ranch) trzeba odbyć podróż powrotną, która jest zdecydowanie bardziej wymagająca niż droga w dół. Każda piesza wycieczka w Wielkim Kanionie powinna zostać starannie zaplanowana; większość ludzi donosi również, że wędrówka okazała się trudniejsza, niż się spodziewali, a odpowiednie służby co roku muszą udzielać pomocy ponad 250 turystom!

Krawędź Wielkiego Kanionu Kolorado w Arizonie, Stany Zjednoczone

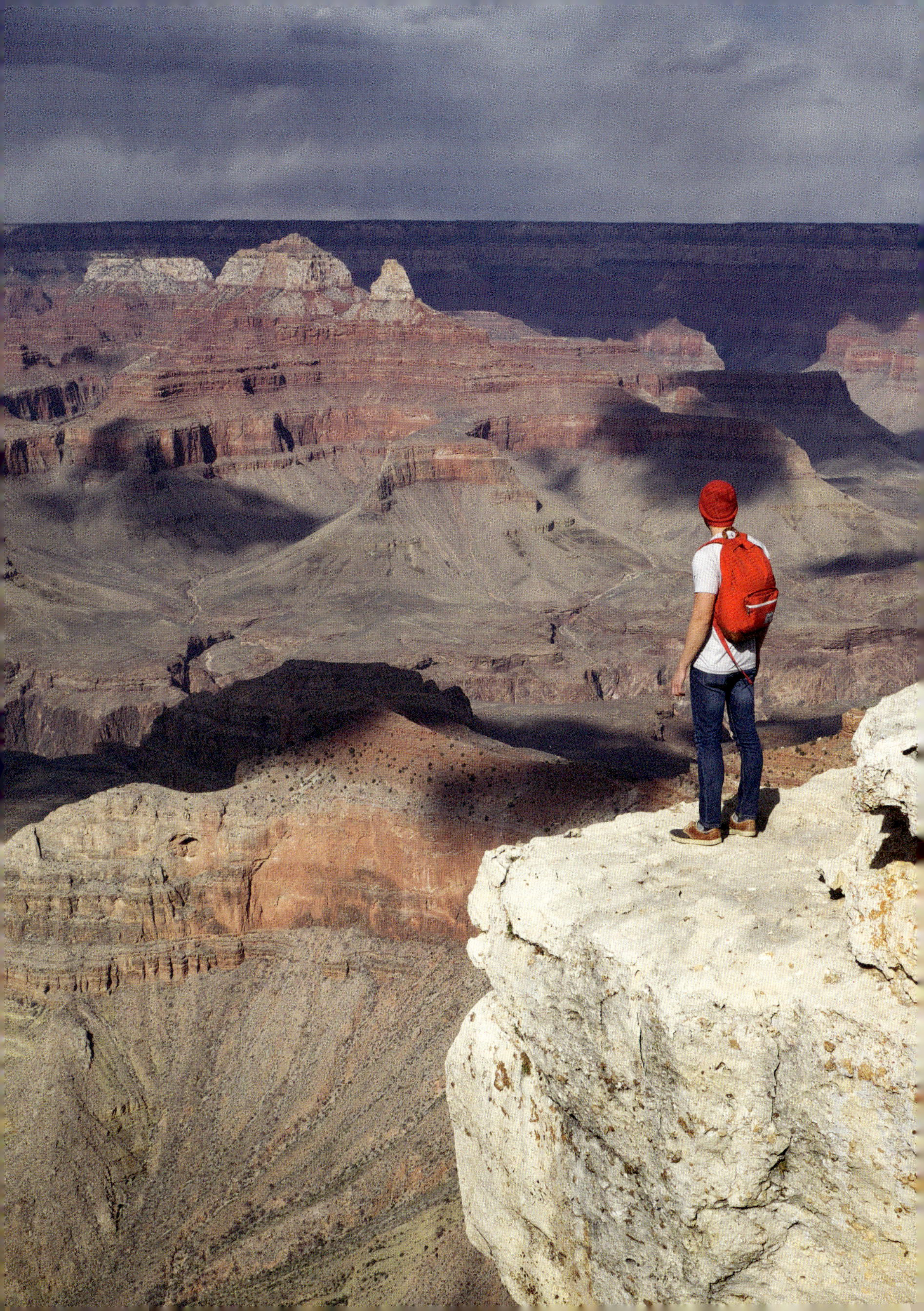

PÓŁKULA PÓŁNOCNA   od 45°N do 30°N

KALIFORNIA, USA
390. Wśród gigantycznych sekwoi
Kiedy: przez cały rok
Szerokość geograficzna: 36.1304
Długość geograficzna: -118.8179

Ogromne sekwoje są największymi żyjącymi organizmami na ziemi – dożywają ponad 2000 lat, osiągając nawet 110 m wysokości. Rosną tylko w wąskim pasie wybrzeża Kalifornii, m.in. w Parku Stanowym Big Basin Redwoods i Pomniku Narodowym Giant Sequoia.

Z ST. CHARLES NA ZACHODNIE WYBRZEŻE, USA
391. Śladami Lewisa i Clarka
Kiedy: przez cały rok
Szer. geogr.: 38.7887 **Dł. geogr.:** -90.5118

Kapitan Meriwether Lewis i porucznik William Clark w 1804 r. stanęli na czele ekspedycji, która wyruszyła z St. Charles w stanie Missouri i dotarła do wybrzeża Pacyfiku; uczestnicy wyprawy pokonali podczas podróży w obie strony prawie 13 000 km, a potrzebowali na to dwóch lat, czterech miesięcy i dziesięciu dni. Ich wyczyn zainspirował odkrywców, kupców, różnych poszukiwaczy i osadników, by ruszyć na zachód, co przyczyniło się do gospodarczego rozwoju tych obszarów.

Żeby cieszyć się autentyczną atmosferą tamtej wyprawy, warto wyciągnąć z szafy buty trekkingowe, przygotować rower do długiej podróży i znaleźć kamizelkę ratunkową; ta przygoda okaże się połączeniem trekkingu, wyprawy rowerowej, spływu i raftingu. Niezależnie od tego, czy w podróż śladami dawnych odkrywców uda się zapalony podróżnik, botanik, zoolog czy może historyk, bez wątpienia czekają go niezwykłe przeżycia.

▶ WASZYNGTON, D.C., USA
392. Napisać powieść, która od dawna się o to prosi
Kiedy: przez cały rok
Szerokość geograficzna: 38.9072
Długość geograficzna: -77.0369

Każdy ludzki umysł skrywa jakąś powieść. Jeżeli ktoś szuka inspiracji, która ułatwi mu pokonanie długiej drogi prowadzącej od pustej strony aż do dzieła stojącego na półce w księgarni, może odwiedzić Bibliotekę Kongresu w stolicy Stanów Zjednoczonych. Ta największa na świecie biblioteka ma w swoich zbiorach 38 milionów pozycji, w tym 6487 książek, które należały niegdyś do prezydenta Thomasa Jeffersona.

Wnętrze Biblioteki Kongresu w Waszyngtonie, Stany Zjednoczone

PÓŁKULA PÓŁNOCNA   od 45°N do 30°N

▶ LONG ISLAND, NOWY JORK, USA
393. Wypoczynek
w Hamptons
Kiedy: przez cały rok
Szerokość geograficzna: 40.7891
Długość geograficzna: -73.1349

Kto chciałby przeżyć lato tak jak zamożni mieszkańcy Nowego Jorku, powinien się udać na wschodni kraniec Long Island. To właśnie tam skupia się grupka niezwykle zadbanych miasteczek i osad położonych wokół Southampton oraz East Hampton, nazywanych też zbiorczo „Hamptons". W okolicy znajdują się najdroższe nieruchomości w Stanach oraz letnie domy wielu najbogatszych nowojorczyków. Podczas spaceru wzdłuż brzegu w Sag Harbor można podziwiać jachty kołyszące się na wodzie i wyobrażać sobie życie grubych ryb z Manhattanu.

Plaża w East Hampton, Long Island, Stany Zjednoczone

WASZYNGTON, D.C., USA
394. Podziwianie pomników Waszyngtonu
Kiedy: przez cały rok
Szerokość geograficzna: 38.9071   **Długość geograficzna:** -77.0368

Aby naprawdę zrozumieć Stany Zjednoczone, warto się udać do stolicy tego kraju – to miasto ma mnóstwo zabytków, muzeów oraz nadal pełniących swe funkcje gmachów rządowych, które pokazują fascynującą przeszłość i teraźniejszość tego kraju.

Na obejrzenie najważniejszych atrakcji Waszyngtonu potrzeba niemal tygodnia, a spis obowiązkowych miejsc do zwiedzenia obejmuje Kapitol oraz Biały Dom, imponujące Mauzoleum Lincolna zaprojektowane przez Henry'ego Bacona, poruszający pomnik Weteranów Wojny Wietnamskiej, gigantyczny obelisk Waszyngtona i pomnik Drugiej Wojny Światowej.

Oprócz wymienionych powyżej obiektów w mieście można znaleźć dziesiątki innych ważnych zabytków; do listy rzeczy godnych zobaczenia zaliczają się też Muzeum Sztuki Amerykańskiej im. Smithsona oraz Narodowe Muzeum Lotnictwa i Przestrzeni Kosmicznej.

NOWY MEKSYK, USA
395. Obserwowanie
chmary nietoperzy
Kiedy: od kwietnia do listopada
Szerokość geograficzna: 32.1517
Długość geograficzna: -104.5558
(PN Carlsbad Caverns)

Jaskinie Carlsbad, położone w sercu gór Guadalupe, są kryjówką niemal 800 000 molosów meksykańskich, a także 16 innych gatunków nietoperzy. Chętni mogą obserwować w letnie wieczory, jak te nieduże nietoperze gromadnie opuszczają swoje schronienie, aby żerować przez jakieś trzy godziny. Nie dla osób o słabych nerwach.

PÓŁKULA PÓŁNOCNA   od 45°N do 30°N

▶ UTAH, USA ORAZ CAŁY ŚWIAT
396. Nauka jazdy na monocyklu
Kiedy: przez cały rok
Szer. geogr.: 38.5733
Dł. geogr.: -109.5438 (Moab, Utah)

Nauka jazdy na rowerze, który ma tylko jedno koło, sprawia mnóstwo frajdy, a większość osób opanowuje tę sztukę w ciągu tygodnia. Jeżdżenie takim pojazdem (i spadanie z niego) oprócz tego, że jest zabawne, ma pozytywny wpływ na postawę. Co prawda nie byłby to najlepszy sposób na dojeżdżanie do pracy (poruszanie się monocyklem po drogach publicznych jest zabronione), ale rowery jednokołowe są lekkie, niewielkie, łatwe w utrzymaniu i bez problemu można je przewozić w środkach transportu publicznego.

Jazda na monocyklu w Moab w Utah, Stany Zjednoczone

UTAH, USA
397. Naturalne dzieła kamieniarki bożej w Parku Narodowym Arches
Kiedy: przez cały rok
Szerokość geograficzna: 38.7330
Długość geograficzna: -109.5925

„Bóg jest kamieniarzem" – to słowa, które często można usłyszeć w tej okolicy. Gdy człowiek wędruje wśród majestatycznych naturalnych łuków i iglic wyrzeźbionych w rudopomarańczowych skałach stanu Utah, łatwo mu uwierzyć w takie twierdzenie. Turyści mogą tu spacerować lub jeździć na rowerach między łukami rozrzuconymi na powierzchni 309 km^2. Szczególnie urokliwe są poranki i wieczory, ponieważ promienie słońca oświetlają wtedy piaskowcowe skały i tworzą na linii horyzontu niezwykłe spektakle. Na terenie parku znajduje się około 2000 łuków, w tym najsłynniejszy Landscape Arch – mierząca 93 m kamienna forma, którą trzeba zobaczyć, aby uwierzyć w jej istnienie.

OKOLICE CORTEZ, KOLORADO, USA
398. Okrakiem na amerykańskim czworostyku
Kiedy: przez cały rok
Szerokość geograficzna: 36.9990
Długość geograficzna: -109.0452

Four Corners, czyli punkt styku stanów Utah, Kolorado, Nowego Meksyku i Arizony, jest jedynym miejscem w Stanach Zjednoczonych, gdzie można jednocześnie znajdować się na terenie czterech stanów. Do tradycji przeszło pstrykanie sobie fotek w rozkroku lub na czworakach – ponad granicami.

PÓŁKULA PÓŁNOCNA   od 45°N do 30°N

▼ MONUMENT VALLEY, UTAH, USA
399. W samym sercu Dzikiego Zachodu
Kiedy: przez cały rok
Szerokość geograficzna: 37.0042
Długość geograficzna: -110.1735

Licząca 27 km trasa wiodąca przez Dziki Zachód Johna Wayne'a i Johna Forda pozwala przyjrzeć się amerykańskiej kulturze i tradycji Nawahów. Po drodze nie zabraknie niezwykłych piaskowcowych iglic i stoliw (wzgórz o ściętych szczytach), które wznoszą się na 300 m ponad poziom pustyni. Nie wolno zapomnieć o ostrogach!

PN MESA VERDE, KOLORADO, USA
400. Echa amerykańskiej prehistorii
Kiedy: przez cały rok
Szerokość geograficzna: 37.1102
Długość geograficzna: -108.2916

Przodkowie rdzennych mieszkańców amerykańskiego Południowego Zachodu zamieszkiwali zdumiewające skalne siedziby wbudowane w ściany trudno dostępnych urwisk. Warto odwiedzić największą z tych osad, Cliff Palace, mieszczącą się w obrębie Parku Narodowego Mesa Verde – dotknąć kamiennych murów, zajrzeć w głąb obrzędowych studni zwanych *kiva*.

STREFA 51, NEVADA, USA
401. Poszukiwanie kosmitów
Kiedy: przez cały rok
Szerokość geograficzna: 35.2350
Długość geograficzna: -115.8111

Nie ma oczywiście gwarancji, że wizyta w centrum aktywności istot pozaziemskich na naszej planecie pozwoli nam spotkać kosmitów, ale… Można tu podziwiać kiczowate oblicze Strefy 51: przejechać się po Extraterrestrial Highway, wstąpić do knajpy na alien burgera i rzucić okiem na Black Mailbox – skrzynkę pocztową miejscowego farmera Steve'a Medlina, która stała się punktem spotkań entuzjastów UFO.

Stoliwo w samym sercu Dzikiego Zachodu, w Utah, Stany Zjednoczone

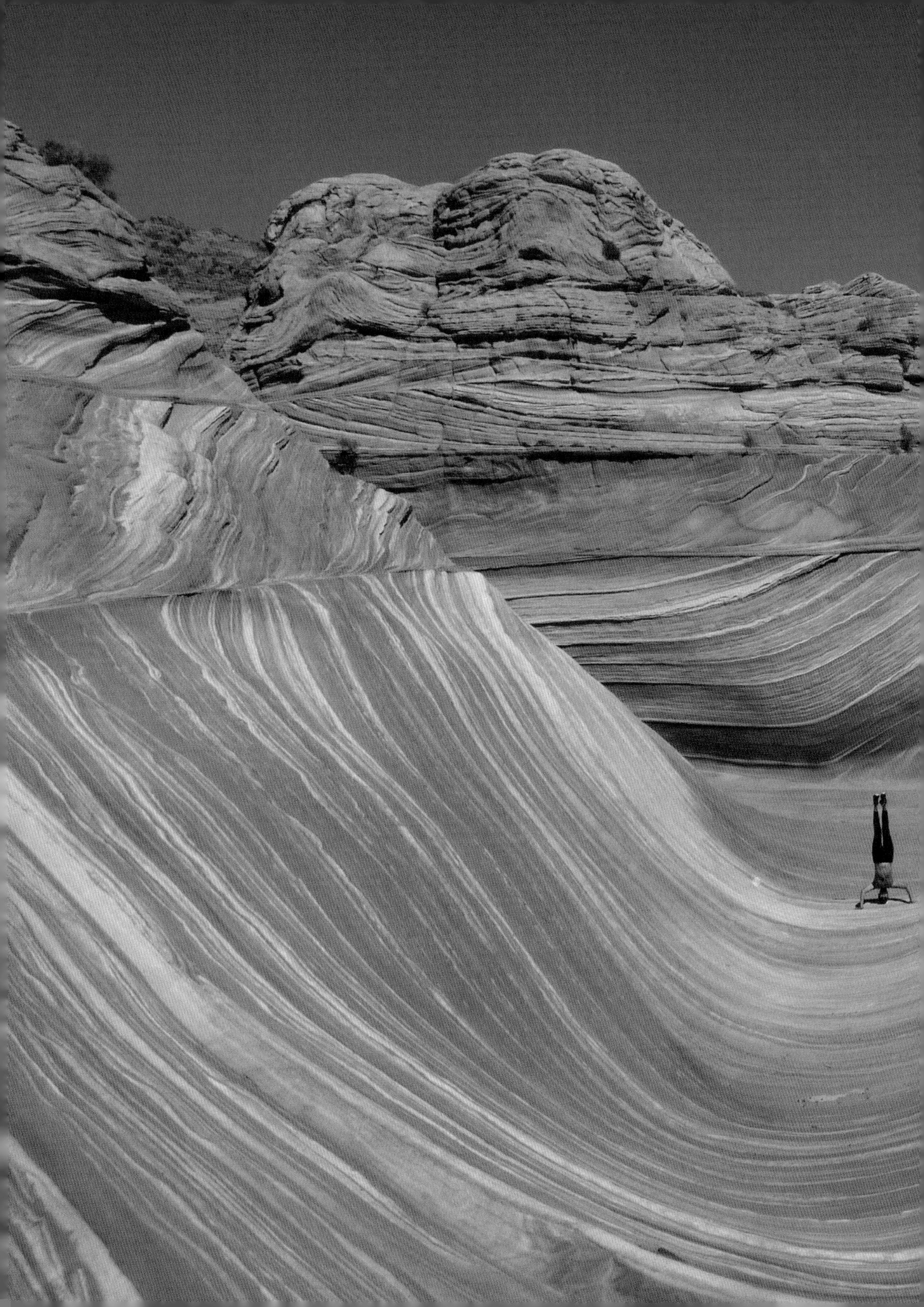

COYOTE BUTTES, ARIZONA, USA

402. Jazda na kamiennej „Fali"

Kiedy: przez cały rok
Szer. geogr.: 37.0016   **Dł. geogr.:** -111.8657

Trudno uwierzyć w to, że „the Wave", imponująca falista formacja z czerwonego piaskowca w kanionie rzeki Paria, jest tworem natury – jej pofałdowane, surrealistyczne pasy sprawiają wrażenie starannie zaprojektowanego dzieła. W istocie powstało ono za sprawą wody, a potem wiatru, które miarowo przekształcały jurajski piaskowiec, nadając mu niesamowitą postać, podziwianą dziś przez turystów. Każdy, kto będzie miał na tyle szczęścia, aby otrzymać pozwolenie, powinien bez wahania przeznaczyć trzy godziny na trekking w to miejsce. Najlepiej udać się tam w południe, gdy ograniczone do minimum cienie pozwolą zrobić niepowtarzalne zdjęcie – marzenie każdego fotografa.

PÓŁKULA PÓŁNOCNA   od 45°N do 30°N

WIELKIE RÓWNINY, USA
403. Obserwowanie pustynnych biegaczy
Kiedy: przez cały rok
Szerokość geograficzna: 38.0168
Długość geograficzna: -81.1218
(na zachód od Appalachów)

Rozległe prerie Wielkich Równin ciągną się przez centralną część Stanów Zjednoczonych, obejmując tereny m.in. Kolorado, Kansas, Montany, Nebraski, Nowego Meksyku, obu Dakot, Oklahomy, Teksasu i Wyomingu. Spoglądając na horyzont i obserwując toczące się po pustkowiu krzewy zwane biegaczami, warto pomyśleć o pionierach przemierzających niegdyś te tereny.

START: YOSEMITE, USA
404. Szlakiem Johna Muira
Kiedy: od lipca do września
Szerokość geograficzna: 37.8651
Długość geograficzna: -119.5383

John Muir Trail to najsłynniejszy amerykański szlak pieszy, nazwany na cześć szkockiego przyrodnika. Przecinająca dzikie tereny trasa mierzy 343,9 km długości, zaczyna się w Yosemite, wiedzie przez parki narodowe Kings Canyon oraz Sekwoi i kończy się na Mount Whitney. Podczas trekkingu będzie okazja do podziwiania największych atrakcji malowniczego pasma Sierra Nevada.

KALIFORNIA, USA
405. Zawieszenie w stanie nieważkości
Kiedy: przez cały rok
Szerokość geograficzna: 37.7833
Długość geograficzna: -122.4167
(San Francisco)

Firma Zero Gravity Corporation organizuje loty, podczas których pasażerowie mogą doświadczyć stanu nieważkości dzięki specyficznym akrobacjom wykonywanym przez pilota. Chętni mogą unosić się w powietrzu i robić w nim fikołki niczym astronauci, a wszystko to dzieje się na pokładzie jednego z samolotów, które startują z wielu różnych miejsc, w tym z San Francisco.

▶ KALIFORNIA, USA
406. Relaks w namiocie rozpiętym w powietrzu
Kiedy: przez cały rok
Szerokość geograficzna: 37.8651
Długość geograficzna: -118.5383

Trudno zejść z powrotem na ziemię, gdy człowiek zasmakuje egzystencji ptaka i zamieszka w hamaku rozwieszonym między gałęziami drzew lub skałami. Szczególnych emocji dostarcza pobyt na portaledge'u na El Capitanie w Parku Narodowym Yosemite.

Namiot zawieszony w powietrzu

PÓŁKULA PÓŁNOCNA   od 45°N do 30°N

▶ SAN FRANCISCO, KALIFORNIA, USA
407. Dać się zamknąć w Alcatraz
Kiedy: latem
Szerokość geograficzna: 37.8269
Długość geograficzna: -122.4229

Perspektywa spędzenia nocy w Alcatraz przerażała niegdyś nawet najbardziej zatwardziałych kryminalistów. Teraz to miejsce jest popularną atrakcją turystyczną, a w celach byłego więzienia można przenocować, choć szansę na coś takiego otrzymuje co roku jedynie 600 osób, a wszystkim zarządza organizacja charytatywna Friends of the Golden Gate. Miejsca są przydzielane w drodze losowania; ci, którym dopisze szczęście, wylądują na wąskiej pryczy w miejscu przesiąkniętym niezwykłą, upiorną atmosferą.

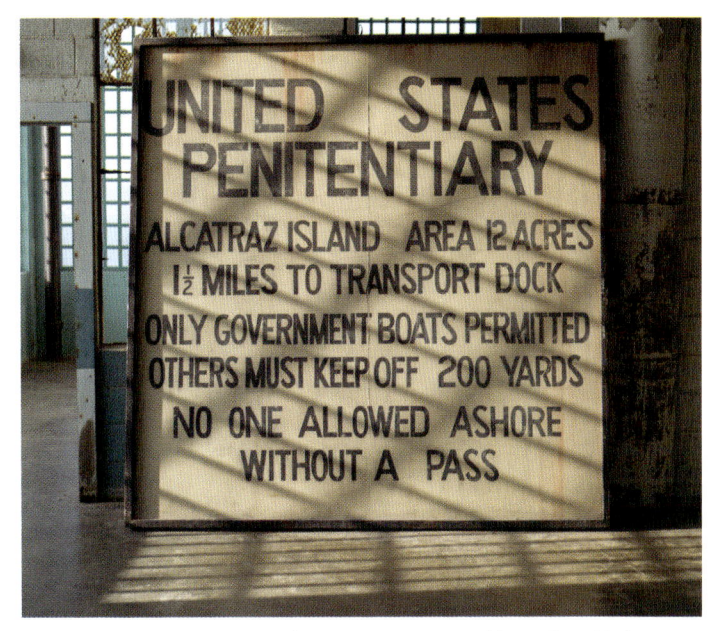

Alcatraz, San Francisco, Kalifornia, Stany Zjednoczone

SAN FRANCISCO, KALIFORNIA, USA
408. Przejażdżka po Lombard Street
Kiedy: przez cały rok
Szerokość geograficzna: 37.8010
Długość geograficzna: -122.4262

Lombard Street to jedna z najbardziej malowniczych ulic w Stanach Zjednoczonych i choć pięknie się prezentuje, za sprawą ciasnych zakrętów przysparza kierowcom wielu trudności. Każdy, kto tamtędy jedzie, zdąży się nacieszyć zapachem pięknych kwiatów, gdyż na ulicy obowiązuje ograniczenie prędkości do 8 km/h.

MONTEREY, KALIFORNIA, USA
409. Rzut oka w głębiny w Monterey Bay Aquarium
Kiedy: przez cały rok
Szerokość geograficzna: 36.6002
Długość geograficzna: -121.8946

Wyjątkowe połączenie lokalizacji nad Pacyfikiem oraz niezwykłych okazów – w tym żarłaczy białych, wydr morskich, tuńczyków błękitno- i żółtopłetwych, płaszczek i pingwinów – sprawia, że jest to jedna z najczęściej odwiedzanych i najciekawszych atrakcji w Stanach Zjednoczonych. Bardzo interesująco prezentuje się również wystawa ukazująca dawne oblicze Cannery Row, gdzie aktualnie mieści się opisywane oceanarium.

JAMESTOWN, KALIFORNIA, USA
410. Poszukiwanie złota
Kiedy: przez cały rok
Szerokość geograficzna: 37.9532
Długość geograficzna: -120.4226

To miejsce pamięta słynną gorączkę złota, która wstrząsnęła Ameryką w połowie XIX w. Dziś każdy może w Jamestown spróbować swoich sił – zrobić użytek z patelni do płukania złota i zasmakować dreszczyku emocji związanego z możliwością nagłego wzbogacenia się.

PÓŁKULA PÓŁNOCNA   od 45°N do 30°N

GOLDFIELD, NEVADA, USA
411. Opad szczęki w International Car Forest of the Last Church
Kiedy: przez cały rok
Szerokość geograficzna: 37.7086
Długość geograficzna: -117.2356

Goldfield w Nevadzie, dawne miejsce zamieszkania słynnych szeryfów Wyatta i Virgila Earpów, obecnie słynie z postapokaliptycznej panoramy tworzonej przez mniej więcej 40 postawionych pionowo osobówek, ciężarówek, autobusów, a nawet samochodu-lodziarni. To nietypowe dzieło sztuki ma obrazować indywidualność, a także odrzucenie zorganizowanej religii. Oprócz tego stanowi ciekawy, skłaniający do refleksji punkt postoju pośrodku brązowej pustyni przy autostradzie międzystanowej nr 95.

SAN JOSE, KALIFORNIA, USA
412. Nauka kodowania w Dolinie Krzemowej
Kiedy: przez cały rok
Szerokość geograficzna: 37.3382
Długość geograficzna: -121.8863

Geekowie przejęli panowanie nad światem, a pierwsi przedstawiciele tej grupy kierują teraz wielkimi firmami z branży technologicznej, takimi jak Facebook, Google czy Amazon. San Jose, centrum ekonomii nowych mediów, zachęca, by właśnie tu nauczyć się kodować; można to zrobić w bibliotece publicznej lub podczas specjalnych warsztatów. Kto wie – może będzie to pierwszy krok pozwalający założyć firmę, która przyniesie miliardy?

KOLORADO, USA
413. Stylowa podróż ciuchcią przez Kolorado
Kiedy: od maja do października
Szerokość geograficzna: 35.2753
Długość geograficzna: -107.8801
(Durango)

Obsługiwana przez parowozy linia kolejowa łącząca Durango z Silverton działa od 1882 r. Zbudowano ją, by wywozić z gór San Juan rudę srebra i złota. Dziś można się tam przejechać ciągniętym przez lokomotywę parową pociągiem pokonującym trasę o długości 72 km. Żelazna droga wiedzie przez doliny polodowcowe, wąskie półki skalne i gęste lasy gór San Juan.

SAN FRANCISCO I SAUSALITO, KALIFORNIA, USA
414. Rowerem przez Golden Gate Bridge
Kiedy: od wiosny do jesieni
Szer. geogr.: 37.8197   **Dł. geogr.:** -122.4785 (San Francisco)

Oto przepis na doskonały dzień: wystarczy wypożyczyć rower na nabrzeżu Fisherman's Wharf, a następnie przejechać niespiesznie po cudownym brzegu i przez słynny most, podziwiając po drodze piękno zatoki. Sausalito, położone po drugiej stronie Złotych Wrót, jest malowniczą artystyczną enklawą, w której można zjeść lunch. Podróż powrotna łodzią będzie czystą przyjemnością.

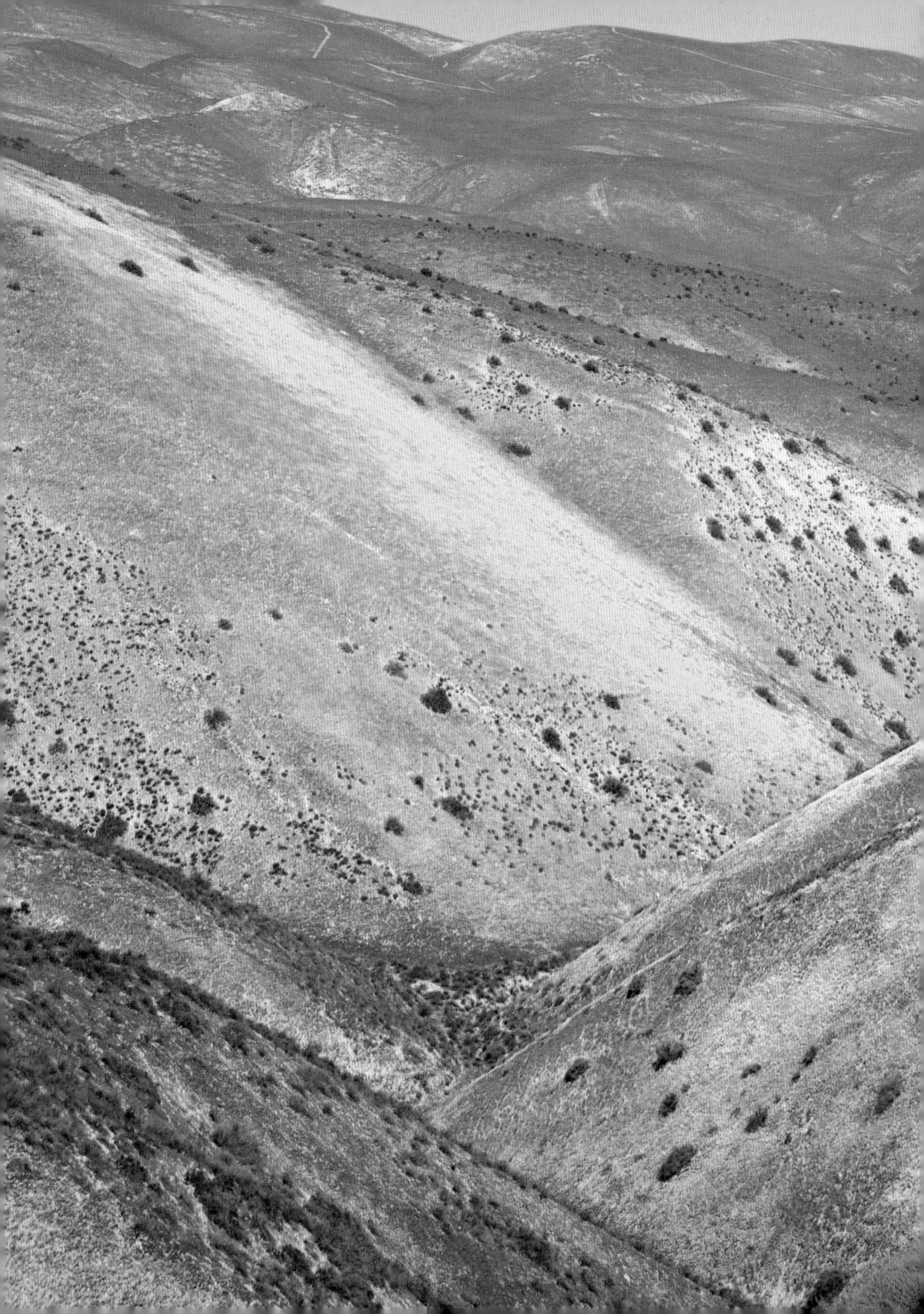

od 45°N do 30°N

TEMBLOR RANGE, KALIFORNIA, USA
415. Wędrówka wśród tęczy z kwiatów polnych

Kiedy: od marca do kwietnia (warto sprawdzać raporty na temat kwitnienia)
Szerokość geograficzna: 35.3252
Długość geograficzna: -119.8000

Okolice pasma górskiego Temblor w Kalifornii mogą wiosną wyglądać tak, jak gdyby ktoś oblał wzgórza i doliny farbą – łany żółtych, różowych, fioletowych, pomarańczowych i niebieskich kwiatów polnych tworzą prawdziwy kalejdoskop barw, a osoby podziwiające ten widok mogą się też rozkoszować wspaniałymi zapachami. Człowiekowi od razu przychodzi na myśl ballada *Over the Rainbow…*

Podobno Pomnik Narodowy Carrizo Plain, którego wschodnią granicę wyznacza właśnie pasmo Temblor, przypomina dawny wygląd Doliny Kalifornijskiej – z czasów, zanim pojawiło się w niej rolnictwo. Miejmy nadzieję, że Temblor pozostanie ostoją dzikiej przyrody przez wiele, wiele lat.

Tęcza z kwiatów polnych w paśmie górskim Temblor w Kalifornii, Stany Zjednoczone

PÓŁKULA PÓŁNOCNA   od 45°N do 30°N

▶ GRENADA, ANDALUZJA, HISZPANIA
416. Rowerem górskim przez Sierra Nevada
Kiedy: latem
Szerokość geograficzna: 37.0931
Długość geograficzna: -3.3952

Zimą te okolice są popularne wśród narciarzy, a w cieplejszych miesiącach Sierra Nevada staje się ulubionym celem podróży rowerzystów górskich. Mają tutaj do dyspozycji łącznie 30 km różnych oznakowanych tras (od łatwych po bardzo trudne) i mogą śmigać po górach, z tętniącą w żyłach adrenaliną.

Jazda na rowerze górskim w Sierra Nevada w Grenadzie, Hiszpania

GENALGUACIL, ANDALUZJA, HISZPANIA
417. Nocleg w jurcie
Kiedy: od maja do października
Szerokość geograficzna: 36.5500
Długość geograficzna: -5.2333

Jurty – okrągłe namioty z jednym pomieszczeniem – są od dawna popularnym rozwiązaniem w świecie luksusowego biwakowania. Warto spędzić noc w jurcie w dolinie rzeki Genal: niezwykłe wygody w środku będą idealnie pasować do cudownej lokalizacji.

LANJARÓN, ANDALUZJA, HISZPANIA
418. Walka w bitwie wodnej
Kiedy: 23 czerwca
Szerokość geograficzna: 36.9187
Długość geograficzna: -3.4795

Doroczny „festiwal wody" w Lanjarón obejmuje wielką bitwę o północy – w ruch idą wtedy pistolety na wodę, wiadra i balony napełnione wodą, a każdy ostatecznie przemoknie do suchej nitki!

GRENADA, ANDALUZJA, HISZPANIA
419. Szturm na Alhambrę
Kiedy: przez cały rok
Szerokość geograficzna: 37.1760
Długość geograficzna: -3.5882

Alhambra (dosłownie „czerwona") to tajemniczy, rajski wręcz pałac oraz kompleks warowny, wzniesiony przez Rzymian, a potem przebudowany przez Maurów. To jeden z najwspanialszych przykładów architektury islamskiej: po zwiedzeniu tego cudu architektury każdy zrozumie, dlaczego Alhambra bywa nazywana „perłą oprawioną w szmaragdy".

KAPADOCJA, TURCJA

420. Balonem nad baśniowymi skałami

Kiedy: przez cały rok
Szer. geogr.: 38.6459   **Dł. geogr.:** 34.8424

Na niezwykłą rzeźbę skalną Kapadocji składają się pofałdowane doliny zbudowane z wyraźnie zaznaczonych warstw, sterczące kominy, podziurawione wzgórza i wysokie głazy wulkaniczne. Przelot balonem nad tym zdumiewającym skrawkiem ziemi będzie niewątpliwie niesamowitym przeżyciem. Unosząc się wysoko pod niebem, można się przyglądać barwnym warstwom skalnym i wyobrażać sobie, że jest się w Narnii. Większość balonów startuje bardzo wcześnie (około 5 lub 6 rano), co pozwala w pełni wykorzystać wspaniały wschód słońca; rejs trwa około godziny, a turyści przelatują ponad skałami, w których wykuto m.in. niesamowite kościoły.

ATENY, GRECJA

421. Oddech historii wśród ruin Akropolu

Kiedy: przez cały rok
Szer. geograficzna: 37.9713
Dł. geograficzna: 23.7260

Akropol – górujący nad Atenami klejnot starożytnej Grecji – zachwyca i pięknem, i ogromnym znaczeniem historycznym. Gdy stoi się obok Partenonu, Propylejów, Erechtejonu i świątyni Ateny Nike, z łatwością można się zatopić w rozmyślaniach nad wspaniałością okresu klasycznego.

PÓŁKULA PÓŁNOCNA   od 45°N do 30°N

ARGOLIDA, PELOPONEZ, GRECJA
422. Przejście po najstarszym moście na świecie
Kiedy: przez cały rok
Szerokość geograficzna: 37.5908
Długość geograficzna: 22.8267

Kamienną kładkę Arkadiko zbudowano w Argolidzie w czasach poprzedzających grecki antyk – ludzie chodzą po niej od mniej więcej 3300 lat. Wielkie głazy ułożono bez użycia zaprawy – to wspaniały przykład muru cyklopowego.

ITAKA, WYSPY JOŃSKIE, GRECJA
423. Wejść w rolę mentora
Kiedy: przez cały rok (najlepiej od maja do września)
Szerokość geograficzna: 38.4285
Długość geograficzna: 20.6765

Każdy, kto ma ochotę podtrzymać wywodzącą się ze starożytnej Grecji tradycję występowania w roli mentora, powinien poszukać inspiracji na wakacyjnej greckiej wyspie – Itace. Jak można się dowiedzieć z *Odysei* Homera, Mentor był nauczycielem, doradcą i obrońcą Telemacha, syna króla wyspy. Imię Mentora stało się synonimem osoby będącej dla kogoś przewodnikiem duchowym.

PALERMO, SYCYLIA, WŁOCHY
424. Spacer wśród zmarłych
Kiedy: przez cały rok
Szerokość geograficzna: 38.1120
Długość geograficzna: 13.3410

Katakumby Kapucynów w Palermo skrywają największą kolekcję mumii na świecie. Przechadzka po tym upiornym miejscu jest zarówno dziwna, jak i przerażająca, gdyż rzędy niesłychanie ekspresyjnych, odzianych w ubrania mumii nachylają się niepokojąco ku przechodzącym.

GÖREME, TURCJA
425. Pobudka w jaskini skalnej
Kiedy: przez cały rok
Szerokość geograficzna: 38.6431
Długość geograficzna: 34.8289

Kapadocja słynie z bajecznych tufowych kominów – domów stworzonych w niesamowitych formacjach skalnych. W Göreme turyści mogą przenocować w skalnym hotelu, doświadczając piękna jego starożytnej architektury (uzupełnionego udogodnieniami: Wi-Fi i łazienką).

PROWINCJA DENIZLI, TURCJA
426. Gorąca kąpiel w Pamukkale
Kiedy: przez cały rok (najlepiej w zimie)
Szerokość geograficzna: 37.9186
Długość geograficzna: 29.1103

Kąpiel w naturalnych płytkich basenach, w wodzie o temperaturze około 36°C, obfitującej we wzmacniające minerały, jest niezimskim przeżyciem. Ten budzący podziw wapienny cud powstawał przez tysiące lat – słowo *pamukkale* oznacza „bawełniany zamek".

KONYA, TURCJA
427. Podziw dla wirujących derwiszy
Kiedy: w sobotnie wieczory
Szerokość geograficzna: 37.8667
Długość geograficzna: 32.4833

Wirujący derwisze to nazwa nadana sufitom wykorzystującym pradawną sztukę wirowania, która pozwala osiągnąć medytacyjny stan religijnej ekstazy. Ten fascynujący taniec, praktykowany od XIII w., można podziwiać m.in. w Konyi, w Turcji.

Prawdopodobnie najwyżej położona droga na świecie: Chundźerab Daban, granica Chin i Pakistanu

CHUNDŹERAB DABAN, GRANICA CHIŃSKO-PAKISTAŃSKA
428. Podróż jedną z najwyżej położonych dróg o utwardzonej nawierzchni
Kiedy: wiosną lub wczesną jesienią
Szerokość geograficzna: 36.8500   **Długość geograficzna:** 75.4278

Szosa Karakorumska łączy zachodnie Chiny i północny Pakistan, a przełęcz Chundźerab Daban w Karakorum jest jej najwyżej położonym punktem. Trasa wiedzie z Kaszgaru w Chinach do Abbottabadu w Pakistanie, ma około 1300 km długości i zalicza się do najniebezpieczniejszych dróg na świecie. Nigdy nie zdołano doprowadzić jej do doskonałego stanu ze względu na to, jak niebezpieczny jest teren, który przecina – powodzie błyskawiczne i osunięcia ziemi pochłonęły ponad 1000 ofiar wśród pracowników, którzy budowali tę trasę przez 25 lat.

Wiosna lub wczesna jesień to najlepszy czas na podróżowanie tą drogą; dobrze będzie również wybrać samochód z napędem 4×4. Na trasie znajduje się mnóstwo zakrętów ograniczonych z jednej strony bezlitosną ścianą skalną, a z drugiej – otchłanią urwiska.

Dlaczego zatem ktoś miałby w ogóle zaprzątać sobie głowę tą podróżą? Cóż, w Pakistanie znajduje się osiem spośród 14 ośmiotysięczników istniejących na ziemi, a w pobliże pięciu spośród nich można dotrzeć właśnie Szosą Karakorumską.

PÓŁKULA PÓŁNOCNA   od 45°N do 30°N

KASARWAN, LIBAN

429. Uroki podziemnego świata

Kiedy: przez cały rok
(zamknięte w piątki i soboty)
Szerokość geograficzna: 33.9438
Długość geograficzna: 35.6399

Połączone ze sobą wapienne jaskinie Jeita, położone niedaleko Bejrutu, mają razem długość niemal 9 km i tworzą najdłuższy taki system na Bliskim Wschodzie – ponadto obfitują w przykuwające wzrok formacje skalne. Można tu podziwiać mierzący 8 m długości stalaktyt, a dolną jaskinię zwiedza się tylko z pokładu łódek.

ISPARTA, TURCJA

430. Wgryźć się w jabłko zerwane prosto z drzewa

Kiedy: od września do października
Szerokość geograficzna: 37.7647
Długość geograficzna: 30.5567

Każdy owoc smakuje lepiej, gdy jest świeży, ale ta zasada sprawdza się zwłaszcza w przypadku jabłek, które właśnie tuż po zerwaniu mają przyjemną chrupkość, smakowicie pachnący sok i delikatny smak. Sięgnięcie po taki owoc, wytarcie go rękawem i zjedzenie to jedna z tych prostych przyjemności, których powinien zakosztować każdy człowiek. Ponieważ Turcja znajduje się na trzecim miejscu wśród światowych producentów jabłek, warto skosztować jej owoców na miejscu.

Z FETHIYE DO ANTALYI, TURCJA

431. Na Szlaku Licyjskim

Kiedy: wiosną (od lutego do maja) lub jesienią (od września do listopada)
Szer. geograficzna: 36.6592
Dł. geograficzna: 29.1263 (Fethiye)

Jeśli ktoś czuje gotowość, by zmierzyć się z ambitnym wyzwaniem, czeka na niego mierzący około 540 km długości Szlak Licyjski, jedna z najwspanialszych tras pieszych w Azji. Ta wymagająca kamienista trasa biegnie przez wiele fantastycznych miejsc, począwszy od lubianej przez paralotniarzy góry Babadağ, 18-kilometrowej plaży Patara i zamku w Üçağız, a skończywszy na latarni morskiej na przylądku Gelidonya, gdzie można zanocować, oraz górach Olimp i Felen, na które warto się wspiąć. Nie należy jednak zapominać o tym, że szlak z każdym kilometrem staje się coraz trudniejszy.

CHIMERA, OKOLICE ÇIRALI, TURCJA

432. Magia ogników płonących wśród skał

Kiedy: przez cały rok (najlepiej nocą)
Szerokość geograficzna: 35.4030
Długość geograficzna: 30.4710

Na zboczu leżącym w dolinie Olympos co jakiś czas pojawiają się i płoną niewielkie ogniki. To zjawisko jest następstwem ulatniania się z ziemi gazów i zachodzi tam od tysięcy lat. Niewykluczone, że właśnie tutaj powstały legendy o Chimerze – potworze znanym z mitologii greckiej.

ANATOLIA, TURCJA

433. Zgłębianie historii w Göbekli Tepe

Kiedy: przez cały rok
Szerokość geograficzna: 37.2170
Długość geograficzna: 38.8542

Göbekli Tepe, ucieleśnienie marzeń archeologa, jest niezwykle starym stanowiskiem: uważa się je za najstarsze znane miejsce kultu stworzone przez człowieka i datuje na 10 000 lat p.n.e. Ponadto wciąż odkopuje się tam i odkrywa wiele artefaktów. Podczas zwiedzania warto się zadumać nad ewolucją rodzaju ludzkiego.

SANTORYN (THIRA), GRECJA

434. Prask! – talerzem podczas greckiego wesela

Kiedy: przez cały rok
Szerokość geograficzna: 36.3931
Długość geograficzna: 25.4615

Tradycja rozbijania talerzy mogła się narodzić podczas wesel zamożnych osób – bogaci gospodarze zachęcali gości do tłuczenia naczyń, by pokazać, że przyjaźń jest dla nich ważniejsza niż dobra materialne. Warto spróbować czegoś takiego na niewielkiej wulkanicznej wyspie Santoryn (Thira na Morzu Egejskim), często przedstawianej jako niezwykle romantyczne miejsce.

PÓŁKULA PÓŁNOCNA   od 45°N do 30°N

OKOLICE FETHIYE, TURCJA
435. Skok z Babadağ i lot nad plażę
Kiedy: wiosną i latem
Szerokość geograficzna: 36.5282   **Długość geograficzna:** 29.1849

Trudno powiedzieć, co jest bardziej przerażające: szybka podróż na szczyt góry samochodem, który ma otwartą pakę i jedzie z dużą prędkością drogą poprowadzoną wzdłuż przepaści, czy sam skok na paralotni, który wymaga podbiegnięcia z pełną szybkością do krawędzi szczytu o wysokości 1969 m n.p.m. i oderwania się od podłoża. Bez wątpienia będzie to wyzwanie dla osoby szukającej mocniejszych wrażeń, ale pozostawi w pamięci niesamowitą satysfakcję.

Babadağ to piękna góra wznosząca się nad lśniącą, błękitną zatoką Ölüdeniz. Dzięki temu, że szczyt znajduje się w odległości 5 km od morza, na śmiałków czeka idealne lądowisko i świetne warunki do uprawiania paralotniarstwa. Jeśli komuś brakuje odpowiednich umiejętności, może polecieć z wykwalifikowanym pilotem. Największą radość sprawią lotnikowi widoki – na pobliskie miasto Fethiye, niebieskawozieloną Błękitną Lagunę, a także złote piaski Ölüdeniz. Taki skok daje człowiekowi mnóstwo energii i pozwala zasmakować czegoś, co w maksymalnym stopniu przypomina doznania związane ze swobodnym lotem.

Skok z Babadağ, niedaleko Fethiye, Turcja

OIA, SANTORYN (THIRA), GRECJA

436. Oszałamiający zachód słońca na Thirze

Kiedy: od maja do września
Szer. geogr.: 36.4618   **Dł. geogr.:** 25.3753

Każdy może się upajać pięknym widokiem horyzontu, który staje się ciemnoróżowy i pomarańczowy, podczas gdy wśród bielonych budynków przycupniętych na zboczu góry zaczynają migotać światełka. Dotychczas nie znaleziono jeszcze miejsca, w którym zachody słońca byłyby cudowniejsze niż w tym malowniczym miasteczku, nad jedną z największych na świecie kalder.

PÓŁKULA PÓŁNOCNA   od 45°N do 30°N

ICHEON, KOREA POŁUDNIOWA
437. Degustacja trunku, o którym nigdy nie słyszałeś
Kiedy: przez cały rok
Szerokość geograficzna: 37.2719
Długość geograficzna: 127.4348

Globalna sprzedaż Jinro Soju, koreańskiego wina ryżowego, trzykrotnie przewyższa wyniki osiągane przez największego rywala tego trunku, wódkę Smirnoff. Chętni mogą zwiedzić destylarnię w mieście Icheon – zakład, który produkuje pięć milionów butelek *soju* („wody ognistej") dziennie.

SEUL, KOREA POŁUDNIOWA
438. Zakupy w wirtualnym supermarkecie
Kiedy: przez cały rok
Szerokość geograficzna: 37.5045
Długość geograficzna: 127.0490

Stacja metra nie jest może miejscem, w którym człowiek spodziewałby się pierwszego na świecie wirtualnego supermarketu, ale zapracowane osoby dojeżdżające do pracy w Seulu od 2011 r. korzystają z telefonów, by skanować i zamawiać towary z wirtualnej wystawy na ścianach Seolleung Station. Każdy może tu wybrać (ze ściany) coś dla siebie.

ANDALUZJA, HISZPANIA
439. Energia świata flamenco
Kiedy: przez cały rok
Szerokość geograficzna: 37.5442
Długość geograficzna: -4.7277

Pstrykanie palcami, tupanie, klaskanie, kręcenie spódnicą i pełne emocji dźwięki gitar – obejrzawszy pokaz flamenco, można ten taniec pokochać całym sercem. Warto zasmakować tej pasji i dynamizmu, a także barw i energii prawdziwie teatralnej nocy.

POHANG, KOREA POŁUDNIOWA
440. Światła na nocnym niebie
Kiedy: na przełomie lipca i sierpnia
Szerokość geograficzna: 36.0322
Długość geograficzna: 129.3650

Co roku latem na plaży Bukbu w Pohangu odbywa się południowokoreański Międzynarodowy Festiwal Fajerwerków. Przez ponad tydzień wieczorne niebo nad plażą Yeongildae rozświetla się wspaniałymi pokazami fajerwerków przygotowywanymi przez specjalistów z całego świata. Nic dziwnego, że miejsce to nazywa się „miastem światła i ognia". Kto chce zobaczyć pokazy, powinien się udać na plażę około godziny 21. Następnego dnia można odwiedzić inne lokalizacje wokół miasta, by przyjrzeć się pozostałym festiwalowym atrakcjom.

▶ START: MYKONOS, MORZE EGEJSKIE, GRECJA
441. Żegluga wśród greckich wysp
Kiedy: od wiosny do jesieni
Szerokość geograficzna: 37.4467
Długość geograficzna: 25.3288

Żeglowanie wśród greckich wysp to niezapomniane przeżycie: można się rozkoszować powiewem ciepłego wiatru na twarzy, łykiem retsiny, skokiem z pokładu do idealnie czystej wody, a także niezwykłym poczuciem odosobnienia (choć jest to jeden z najpopularniejszych regionów turystycznych na świecie). Ponieważ do Grecji należy 6000 wysp położonych w niewielkiej odległości jedna od drugiej, dwie wizyty tutaj nigdy nie będą takie same, a do tego łatwo będzie zatrzymać się w jakimś całkowicie odizolowanym od świata miejscu i przez całe popołudnie cieszyć się zupełnie pustą plażą.

Żegluga wśród skalistych wysp Grecji

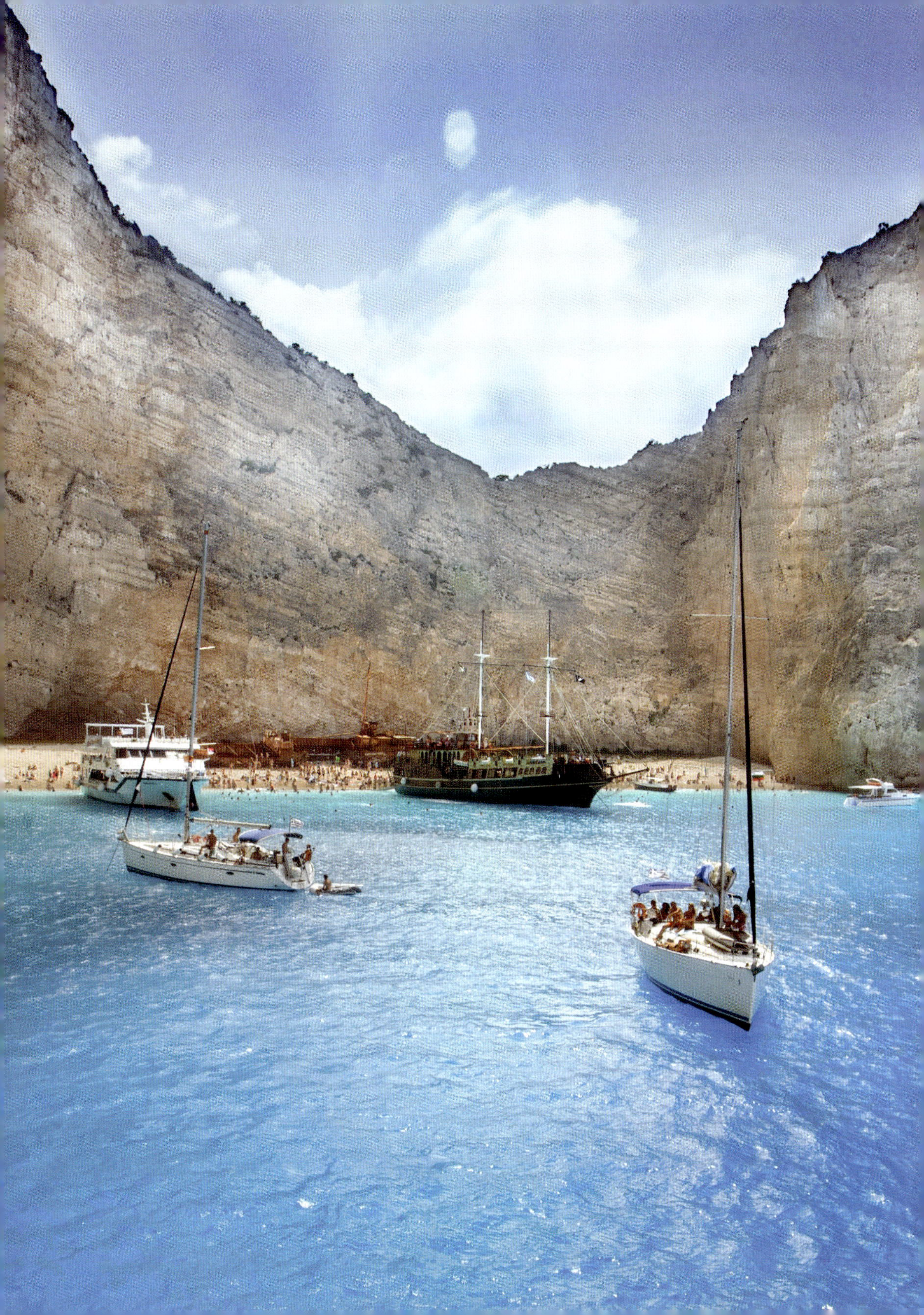

PÓŁKULA PÓŁNOCNA   od 45°N do 30°N

PARK NARODOWY DOLINY ŚMIERCI, KALIFORNIA, USA
442. Nocleg w Dolinie Śmierci
Kiedy: od października do kwietnia (park działa przez cały rok, ale lato będzie dla większości turystów zbyt gorące)
Szerokość geograficzna: 36.2469
Długość geograficzna: -116.8169

Spędzenie nocy w najgorętszym miejscu na naszej planecie, istnym piekle na ziemi, może początkowo nie wyglądać na spełnienie marzenia. Dolina Śmierci we wschodniej Kalifornii ma jednak do zaoferowania jedne z najbardziej niesamowitych, zróżnicowanych, a czasem i niebezpiecznych obszarów naturalnych, jakie można znaleźć na świecie. Ucieleśnienie marzeń amatora fotografii, licząca około 500 km^2 pustynia solna wokół Badwater Basin, pozwala obserwować nietypowy wschód słońca, podczas gdy faliste wydmy w okolicach Stovepipe Wells kuszą romantycznym urokiem. Warto również podziwiać barwny zachód słońca w Zabriskie Point, obejrzeć zmierzch na Artist's Drive i poleżeć pod gwiazdami na Dante's Point.

MONUMENT VALLEY, UTAH I ARIZONA, USA
443. Konna przejażdżka w westernowej scenerii
Kiedy: przez cały rok
Szerokość geograficzna: 37.0042
Długość geograficzna: -110.1734

Monument Valley, dolina pełna majestatycznych piaskowcowych stoliw (skał o ściętych szczytach) posłużyła jako tło dla dziesiątków, a może nawet setek westernów – wielbiciele tego gatunku filmowego znają ten teren o powierzchni 5 km^2 równie dobrze jak własne podwórko. Turysta może tu wskoczyć na koński grzbiet i ruszyć na wycieczkę z przewodnikiem; ma również szansę wypożyczyć klasyczny kowbojski kapelusz i szczerze mówiąc, trudno nie poczuć się przy tej okazji jak jeździec znikąd.

SEWARD, NEBRASKA, USA
444. Zakopanie kapsuły czasu
Kiedy: przez cały rok
Szerokość geograficzna: 40.9111
Długość geograficzna: -97.0969

Warto zainspirować się pomysłem mieszkańca Nebraski Harolda Keitha Davissona i wypełnić własną kapsułę czasu czymś trochę bardziej nietypowym niż zdjęcia i pamiętnik. W 1975 r. Davisson stworzył ogromną kapsułę, w której zamknął 5000 przedmiotów, w tym nieużywanego chevroleta vegę. Kapsuła z Seward ma zostać otwarta 4 lipca 2025 r. – to ważna data, gdyż miasto słynie z wystawnych obchodów Dnia Niepodległości, które przyciągają dziesiątki tysięcy turystów.

NASHVILLE, TENNESSEE, USA
445. Muzyczny koktajl Nashville
Kiedy: przez cały rok
Szerokość geograficzna: 36.1667   **Długość geograficzna:** -86.7833

Nashville kojarzy się przede wszystkim z muzykami country – człowiekowi od razu przychodzą na myśl takie imiona jak Dolly, Kenny, Patsy i Shania. W tym „Mieście Muzyki" nie chodzi jednak wyłącznie o to, że kobiety opłakują utratę swoich mężczyzn, a mężczyźni rozpaczają nad odejściem dobrych kobiet. W Nashville najważniejsza jest sama muzyka. Jeśli chodzi o tworzenie nagrań, od lat 60. XX w. to miasto ustępuje jedynie Nowemu Jorkowi. Wszystkie wytwórnie z „wielkiej czwórki" mają w Nashville swoje siedziby, a producent gitar, Gibson, działa tu od 1984 r. To w Nashville Jimi Hendrix grał zębami na gitarze, Bob Dylan nagrał *Blonde on Blonde*, a rozmaici muzycy (od Roberta Planta po The Black Eyed Peas) pisali znane piosenki. Całe miasto przesiąknięte jest muzyką: podczas śniadania człowiekowi towarzyszy bluegrass, w okolicach lunchu rozbrzmiewa americana, a przy kolacji – honky-tonk, po którym nadchodzi czas na country. Na ulicach aż roi się od świetnych muzyków, a przechodniowi trudno wręcz uwierzyć, że tak dobrzy twórcy i wykonawcy nie podpisali jeszcze kontraktu z jakąś wytwórnią.

PÓŁKULA PÓŁNOCNA   od 45°N do 30°N

Tańczące fontanny Bellagio, Las Vegas, Nevada, Stany Zjednoczone

AUGUSTA, GEORGIA, USA
446. Partyjka golfa na słynnych polach
Kiedy: przez cały rok (wiosną są najpiękniejsze widoki)
Szerokość geograficzna: 33.4734
Długość geograficzna: -82.0105

Rozegranie meczu na perfekcyjnie utrzymanym, acz piekielnie trudnym polu Augusta National Golf Club to marzenie każdego golfisty. Co roku rozgrywa się tutaj turniej US Masters (jedyny duży turniej organizowany zawsze w tym samym miejscu), każdy dołek nosi nazwę drzewa lub krzewu, a pole otoczone jest wspaniałą florą i fauną. Nic dziwnego, że uśmiechy nie schodzą golfistom z twarzy, nawet jeżeli spora część piłek ląduje w wodzie.

▲ LAS VEGAS, NEVADA, USA
447. Spektakl tańczących fontann Bellagio
Kiedy: przez cały rok
Szerokość geograficzna: 36.1699
Długość geograficzna: -115.1398

Podczas wizyty w Vegas koniecznie trzeba zobaczyć to widowisko typu „światło i dźwięk", nieodmiennie będące atrakcją Miasta Grzechu. Starannie wyreżyserowany spektakl wodny, odbywający się przed jednym z najbardziej prestiżowych kasyn, wykorzystuje pas fontann o szerokości ponad 300 m, a ich działanie jest doskonale zsynchronizowane z przebojami muzyki klasycznej i operowej oraz piosenkami w stylu Sinatry.

LAS VEGAS, NEVADA, USA
448. Postawić wszystko na czarne
Kiedy: przez cały rok
Szerokość geograficzna: 36.1214
Długość geograficzna: -115.1689

Las Vegas Strip to miejsce, gdzie przy ponadsześciokilometrowym bulwarze skupia się mnóstwo kasyn oraz hoteli próbujących zrobić wrażenie na klientach. Trudno znaleźć na ziemi drugie podobne miejsce – można tu spotkać wszelkie możliwe style, od neogotyku po wenecki (z kanałami i gondolami); nie zabraknie też egipskiej piramidy!

HRABSTWO APACHE, ARIZONA, USA

449. Przejmująca mocą pieśń dziczy

Kiedy: przez cały rok
Szerokość geograficzna: 36.1336
Długość geograficzna: -109.4694

Będący pomnikiem przyrody kanion De Chelly to jedno z najczęściej odwiedzanych miejsc w rezerwacie Nawahów w Arizonie. Nadal mieszka tu wielu Indian, którzy wierzą w to, że wybitna formacja Spider Rock jest mieszkaniem Babki Pająka. Aby w pełni docenić historię oraz kulturę tych ludzi, warto przyjrzeć się panoramie gigantycznego naturalnego amfiteatru, słuchając przy tym pieśniarza z plemienia Nawahów, który wraz z towarzyszem grającym na bębnach prezentuje urzekającą pieśń o swojej ojczyźnie i jej tradycjach.

PÓŁKULA PÓŁNOCNA   od 45°N do 30°N

▶ LAS VEGAS, NEVADA, USA
450. Zatańczyć na rurze
Kiedy: przez cały rok
Szerokość geograficzna: 36.1699
Długość geograficzna: -115.1398

Las Vegas może się kojarzyć z ruletką, stołami do blackjacka oraz efekciarskimi występami piosenkarzy rozpoznawanych już po samym imieniu – Celine, Britney czy Elton – ale jest to również kolebka tańczenia do góry nogami na metalowym pręcie. Taniec na rurze zdobył popularność dzięki temu, że dając poczucie zmysłowej swobody, pozwala też zadbać o formę fizyczną. Dobrze będzie od razu obalić kilka mitów: mężczyźni też mogą tańczyć na rurze; odsłanianie skóry podczas tej aktywności ma na celu poprawę chwytu, a nie wywołanie podniecenia; słuszny wiek nie jest powodem, by unikać tańca na rurze (wystarczy spojrzeć na Gretę Pontarelli, która zdobywa tytuły mistrzowskie, choć ma prawie 70 lat). Może zatem warto spróbować?

Taniec na rurze w Las Vegas, Nevada, Stany Zjednoczone

SANTA FE, NOWY MEKSYK, USA
451. Wizyta w amerykańskiej mekce sztuki
Kiedy: przez cały rok
Szerokość geograficzna: 35.6870
Długość geograficzna: -105.9378

Stolica stanu Nowy Meksyk – bez wątpienia najbardziej artystyczne miasto w Stanach Zjednoczonych – dumnie obnosi się ze swoją kreatywnością. To właśnie tu urodziła się Georgia O'Keeffe, „matka amerykańskiego modernizmu", a w mieście prezentowanych jest wiele jej dzieł. Podczas wizyty w Santa Fe koniecznie trzeba się przejść ulicą galerii sztuki, Canyon Road, która jest niezwykle ważnym punktem na mapie tego miasta.

KAROLINA PŁN. I TENNESSEE, USA
452. Podziwianie świetlików w parku narodowym
Kiedy: od końca maja do połowy czerwca
Szerokość geograficzna: 35.3964
Długość geograficzna: -83.2041
(PN Great Smoky Mountains)

Park Narodowy Great Smoky Mountains, położny na granicy Karoliny Północnej i Tennessee, należy do najczęściej odwiedzanych obszarów chronionych. Będąc tu, nie wolno przegapić jednej z jego głównych atrakcji: co roku ogromna liczba świetlików migocze synchronicznie przez dwa tygodnie we wspólnym rytmie, przywabiając w ten sposób partnerów i partnerki.

NASHVILLE, TENNESSEE, USA
453. Nauka gry na harmonijce ustnej
Kiedy: przez cały rok
Szerokość geograficzna: 36.1626
Długość geograficzna: -86.7816

Amerykańskie Południe jest nierozerwalnie związane ze swoją muzyką, a istotną rolę odgrywają tutaj tradycje związane z bluesem oraz muzyką gospel i country. *Amazing Grace* to lokalny hymn i ulubiony standard gospel – może warto zatem kupić w jednym z licznych sklepów muzycznych harmonijkę ustną i nauczyć się na niej grać?

PÓŁKULA PÓŁNOCNA

▶ ZHANGYE DANXIA, GANSU, CHINY
454. Wędrówka po kolorowych górach
Kiedy: przez cały rok
Szerokość geograficzna: 38.9252
Długość geograficzna: 100.1331

Bajecznie pastelowe góry Zhangye Danxia były przedstawiane na wielu obrazach, trudno jednak uwierzyć w prawdziwość tych pejzaży, dopóki człowiek nie zobaczy tego miejsca na własne oczy. Pasmo to zawdzięcza swoje niesamowite barwy różnym formacjom skalnym oraz warstwom piaskowca liczącym około 24 milionów lat. Podczas całodniowego trekkingu po tym fotogenicznym miejscu okaże się, że nie ma tu dwóch wież, filarów lub wąwozów o takim samym kształcie bądź odcieniu.

PEKIN, CHINY
455. Aura Zakazanego Miasta
Kiedy: przez cały rok
Szerokość geograficzna: 39.9159
Długość geograficzna: 116.3979

Od czasu, kiedy w 1420 r. w Pekinie zbudowano pałac cesarski, przez 500 lat nikt nie mógł wejść na jego teren (ani opuścić jego murów) bez jednoznacznego pozwolenia cesarza; stąd też wzięła się nazwa Zakazane Miasto. Sytuacja diametralnie się zmieniła i dziś jest to najpopularniejsze muzeum na świecie – powinien tam zajrzeć każdy, kto odwiedza stolicę Chin.

Barwne góry Zhangye Danxia w Gansu, Chiny

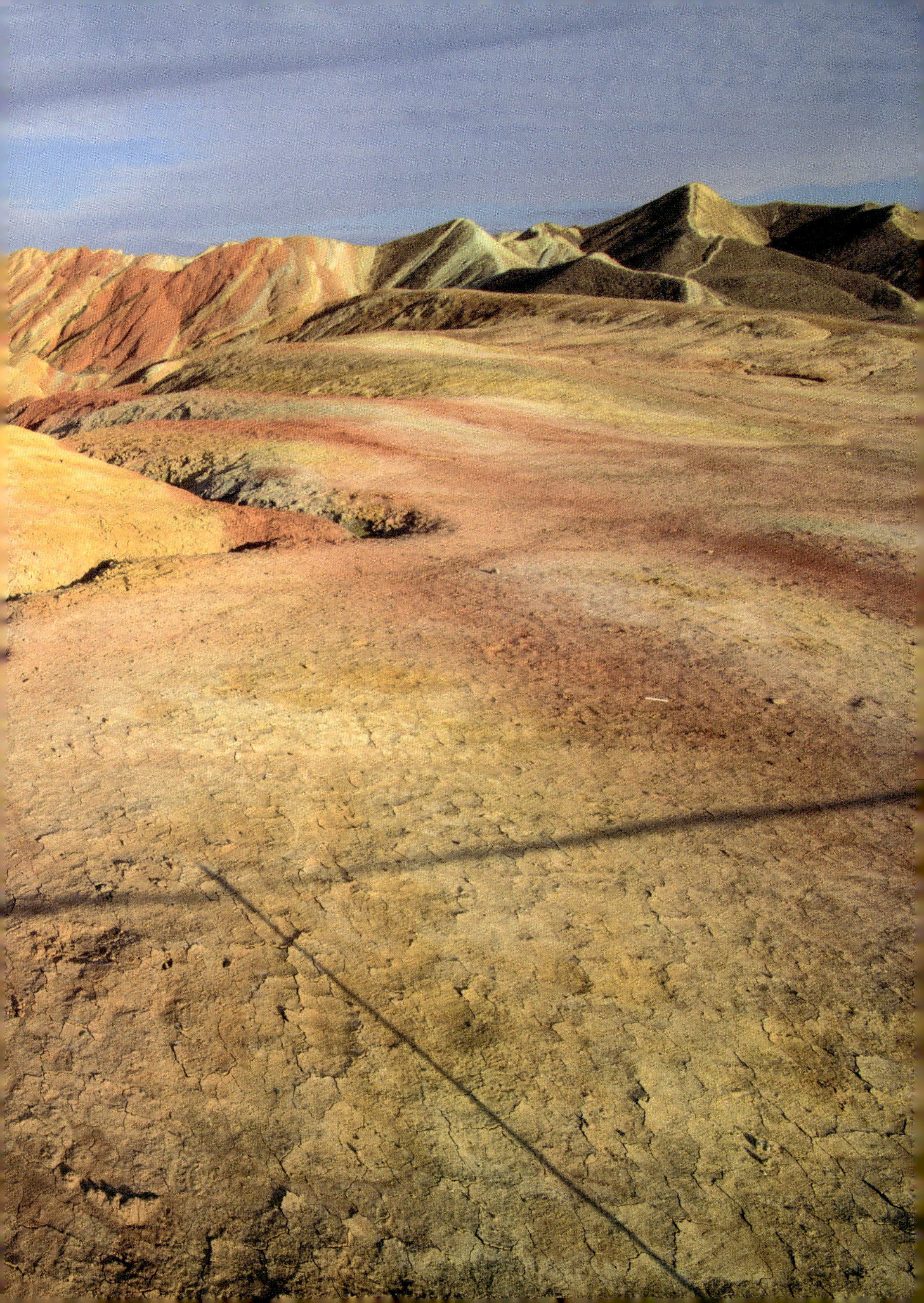

Legendarny Mercado de San Miguel w Madrycie, Hiszpania

▲ MADRYT, HISZPANIA
456. Śniadanie na targu w Madrycie
Kiedy: przez cały rok
Szerokość geograficzna: 40.4153
Długość geograficzna: -3.7089

Usytuowany w centrum Madrytu Mercado de San Miguel to przypuszczalnie najlepszy targ na świecie dla ludzi z pustym żołądkiem, a także popularne miejsce, w którym można spróbować pysznych tapas. W nastrojowej hali wykonanej ze stali i szkła znajdują się 33 stragany, na których sprzedawane są znakomite mięsa, oliwki, ostrygi, krewetki, kawior i wino Rioja.

MADRYT, HISZPANIA
457. Buszowanie wśród antyków na pchlim targu
Kiedy: w niedzielne poranki
Szerokość geograficzna: 40.4089
Długość geograficzna: -3.7075

Co niedziela tysiące osób zmierzają w kierunku El Rastro, niezwykle popularnego pchlego targu odbywającego się pod gołym niebem w Madrycie, na południe od stacji metra La Latina. Warto zanurzyć się w atmosferze tego miejsca i poszukać czegoś interesującego wśród przedmiotów kolekcjonerskich, bibelotów oraz innych sprzedawanych tu rarytasów i ciekawostek.

SEWILLA, ANDALUZJA, HISZPANIA
458. Degustowanie tapas w ich małej ojczyźnie
Kiedy: przez cały rok
Szerokość geograficzna: 37.3890
Długość geograficzna: -5.9869

Tapas wymyślono w Andaluzji, a gorąca Sewilla jest najlepszym miejscem, by zajadać te przekąski w barach. Trzeba przy tym wiedzieć, że żaden mieszkaniec Sewilli nie pomyśli nawet o tym, by ruszyć na miasto przed godziną 22. Dobrze będzie przyjść na calle Mateos Gago na skraju barrio de Santa Cruz lub na plaza del Salvador i szukać tych barów, które przyciągają największe tłumy. Potem wystarczy zamawiać w każdym lokalu jedną przystawkę i zajadać przysmaki, niespiesznie wędrując dalej od baru do baru.

PÓŁKULA PÓŁNOCNA   od 45° N do 30° N

MADRYT, HISZPANIA
459. Kontemplowanie daremności wojny przed *Guernicą*
Kiedy: przez cały rok (zamknięte we wtorki; warto sprawdzić godziny otwarcia w niedziele i święta państwowe)
Szerokość geograficzna: 40.4076
Długość geograficzna: -3.6948

Guernica była reakcją Picassa na wiadomość o zbombardowaniu przez nazistów baskijskiego miasta Guernica podczas hiszpańskiej wojny domowej. Sam obraz, wysoki na 3,5 m i szeroki na 7,8 m, jest jednym z najbardziej poruszających antywojennych malowideł, jakie kiedykolwiek stworzono. Pozostaje mieć nadzieję, że dzieło wystawiane w Muzeum Królowej Zofii nadal będzie zachęcało ludzi do unikania wojen.

COSTA DE LA LUZ, ANDALUZJA, HISZPANIA
460. Kamperem przez południową Hiszpanię
Kiedy: od maja do września
Szerokość geograficzna: 36.0143
Długość geograficzna: -5.6044

Zamiast przemierzać popularną trasę wzdłuż Costa del Sol, a potem zmagać się z tłokiem na tamtejszych plażach oraz oglądać stojące tam wysokie bloki, lepiej będzie ruszyć na zachód. Costa de la Luz jest przeciwieństwem Costa del Sol – ma rozległe plaże i otwarte, dziewicze tereny.

Dobrym punktem do rozpoczęcia podróży będzie znane ze swobodnej atmosfery miasto Tarifa, będące najdalej wysuniętym na południe fragmentem Europy. Trasa biegnie później przez Jerez de la Frontera i Huelvę, wiodąc w kierunku Portugalii. Łatwo znaleźć tu kempingi, lecz warto przygotować się na silny wiatr wiejący od Atlantyku. To właśnie ten wiatr sprawia, że okolica jest rajem dla miłośników kitesurfingu.

SHIBUYA, TOKIO, JAPONIA
461. Odegranie słynnej sceny karaoke
Kiedy: przez cały rok
Szerokość geograficzna: 35.6640
Długość geograficzna: 139.6982

Każdy, kto ma ochotę pośpiewać, może odtworzyć słynną scenę karaoke z filmu *Między słowami*, kiedy Bill Murray i Scarlett Johansson bawią się w pokoju 601 w obiekcie Karaoke-kan położonym w tętniącym życiem okręgu Shibuya. W tym samym filmie pokazano też kilka innych znanych atrakcji: Tokyo Tower, Tęczowy Most oraz bar na najwyższym piętrze hotelu Park Hyatt.

GÓRA FUDŻI, WYSPA HONSIU, JAPONIA
462. Pielgrzymka na zaśnieżony szczyt góry Fudżi
Kiedy: szczyt jest dostępny tylko od początku lipca do połowy września (szlaki są otwarte zależnie od warunków pogodowych)
Szerokość geograficzna: 35.3605
Długość geograficzna: 138.7277

Przy dobrej widoczności piękny, idealnie symetryczny stożek góry Fudżi można podziwiać z Tokio, leżącego niecałe 100 km na północny wschód. To najwyższy szczyt Japonii (mierzy 3776 m n.p.m.), do tego wpisany na listę światowego dziedzictwa UNESCO jako miejsce, które „inspirowało artystów i poetów, a także było od stuleci celem pielgrzymek".

Chociaż japońscy buddyści i szintoiści uważają ten aktywny stratowulkan za jedną ze swoich najświętszych gór, wspinaczka na szczyt nie jest świętokradztwem, a pielgrzymi od stuleci zdobywali wierzchołek Fudżi. Większość osób zgadza się co do tego, że na szczyt najlepiej dotrzeć o świcie, gdy dolina poniżej skąpana jest w słońcu – ta pora zapewnia najlepsze widoki i najgłębsze doznania duchowe.

Makak japoński w okolicach Shibu Onsen, Japonia

▲ YAMANOUCHI, JAPONIA
463. Wspólna kąpiel w Shibu Onsen
Kiedy: przez cały rok
Szer. geogr.: 36.7446 **Dł. geogr.:** 138.4125

Już sama wędrówka cudownymi ulicami Shibu byłaby wystarczającym powodem, by odwiedzić to miejsce, lecz główną atrakcją zawsze było tam dziewięć publicznych łaźni – od stuleci przyciągały pielgrzymów, artystów, a nawet samurajów. Jeśli nie liczyć jednej w pełni dostępnej łaźni, przyjezdni, którzy się chcą rozkoszować *onsenem*, muszą się zatrzymać na noc w hotelu. Każda z łaźni ma inny charakter i powinna leczyć inne dolegliwości, a odwiedzający mogą w nich zbierać pieczątki, a także przechadzać się po ulicach w kimonach z poszczególnych łaźni. Oprócz tego w Shibu można odpocząć w 400-letnich zajazdach (ryokanach) i podziwiać makaki japońskie, które kręcą się czasem między budynkami.

TOGAKUSHI, NAGANO, JAPONIA
464. Poczuć ducha wojowników ninja
Kiedy: przez cały rok
Szerokość geograficzna: 36.7413
Długość geograficzna: 138.0845

Duży biały gmach muzeum Togakure Ninpo oglądany z zewnątrz sprawia wrażenie tradycyjnego japońskiego budynku, ale gdy zwiedzający przekroczy już próg, stwierdza, że były to jedynie pozory. To dom wojowników ninja: każde jego pomieszczenie pokazuje sztuczki i przeszkody, których używali, by zmylić wrogów. Drzwi są tu poukrywane za regałami z książkami, nie brakuje też tajnych przejść (zaskoczenie było kluczowym chwytem stosowanym przez ninja). W całym muzeum wystawiono narzędzia, broń oraz fotografie dające niezwykły wgląd w działania oraz techniki stosowane przez tych wojowników.

PÓŁKULA PÓŁNOCNA   od 45°N do 30°N

PREFEKTURA NIIGATA, JAPONIA
465. Najbardziej kulturalny festiwal rockowy na świecie
Kiedy: w lipcu
Szerokość geograficzna: 36.7928
Długość geograficzna: 138.7782

Ludzie spodziewają się po festiwalu muzycznym kilku konkretnych rzeczy: odpowiedniego poziomu artystycznego, ciekawej okolicy i dobrej atmosfery. Odbywający się w pięknych Alpach Japońskich Fuji Rock Festival spełnia wszystkie te oczekiwania.

Festiwal odbywa się wysoko w górach, z dala od miast i wiosek, we własnym, niewielkim świecie położonym wśród łąk. Jeśli chodzi o stronę muzyczną, impreza przyciąga wielkie nazwiska, a stutysięczny tłum gwarantuje odpowiednią atmosferę.

Na tle innych wyróżnia tę imprezę fakt, że tłum, który wystarczyłby do zasiedlenia wielu małych miast, zachowuje się życzliwie, uprzejmie i zadziwiająco schludnie. To całkiem oczywiste, że ktoś rozłoży sobie matę, zje na niej posiłek i na cały dzień urządzi tu sobie „bazę". Zupełnie naturalne będzie również to, że inni nie będą zakłócać spokoju tej bazy.

Wszystkie śmieci podlegają utylizacji, a palacze przywożą ze sobą popielniczki. Gdy obozowicze pakują pod koniec weekendu swoje namioty, na miejscu nie zostaje absolutnie nic, nawet pojedynczy śledź do namiotu. Teren obozowiska znów wygląda niczym dziewicze pole.

NAGANO, JAPONIA
466. Stworzyć własne haiku
Kiedy: przez cały rok
Szerokość geograficzna: 36.6513
Długość geograficzna: 138.1810

Tradycyjna sztuka poezji haiku nie ogranicza się do zawarcia myśli w trzech wersach i 17 sylabach (chociaż już to jest sporym wyzwaniem). W większym stopniu chodzi o analizowanie otaczającego nas świata i podważanie natury egzystencji. Każdy może spróbować ułożyć haiku w miejscu, w którym urodził się mistrz tej poezji Issa Kobayashi, choć będzie to przypuszczalnie jedna z bardziej wymagających przygód opisanych w tej książce.

SAPPORO, JAPONIA
467. Gra w kulinarną rosyjską ruletkę
Kiedy: od listopada do lutego (gdy ryby nagromadzą tłuszcz pozwalający przetrwać zimę)
Szerokość geograficzna: 43.0621
Długość geograficzna: 141.3544

Wnętrzności fugu (rozdymki) są bardziej toksyczne niż cyjanek, przez co dla niektórych pechowych smakoszy posiłek kończy się błyskawicznym paraliżem i śmiercią. Kto przeżyje konsumpcję tego przysmaku, może się rozkoszować świeżym, półprzezroczystym mięsem ryby, którego smak bywa porównywany do kurczaka. A więc… smacznego?

KANAZAWA, PREFEKTURA ISHIKAWA, JAPONIA
468. Zachwyt nad precyzją japońskiego ogrodnictwa
Kiedy: przez cały rok
Szerokość geograficzna: 36.5613   **Długość geograficzna:** 136.6562

Japońska sztuka projektowania i dbałość o precyzję szczególnie uwidaczniają się w legendarnych ogrodach krajobrazowych. Zdaniem wielu znawców klejnotem w koronie japońskich ogrodów jest Kenroku-en, położony niedaleko zamku Kanazawa i przypominający żywą galerię sztuki. Rozmiarom tego 11-hektarowego ogrodu dorównuje jedynie jego majestat objawiający się w skali mikro.

Największa atrakcja Kenroku-en to wielki sztuczny staw Kasumigaike, połyskujący wodą w otoczeniu wzgórz wieńczonych różnymi budowlami. Choć akwen jest dziełem człowieka, spowija go mistyczna atmosfera. Nazwa *Kenroku-en* – w dosłownym tłumaczeniu „sześć atrybutów" – odnosi się do różnych elementów, które zdaniem tutejszych ogrodników złożyły się na doskonałość tego miejsca. Wspomniane atrybuty to: przestrzenność, odosobnienie, twórczość człowieka, elementy wywodzące się z przeszłości, woda oraz wspaniałe widoki. Każda osoba odwiedzająca to miejsce potwierdzi, że wszystkie te cechy są tu wyraźnie widoczne.

ASHIKAGA, JAPONIA
469. Upajający zapach baldachimu z glicynii
Kiedy: od kwietnia do czerwca (uwaga na święta państwowe)
Szerokość geograficzna: 36.3140
Długość geograficzna: 139.5202

Idziesz przez tunel pięknie pachnących kwiatów, a miliony fioletowych, żółtych, białych lub różowych płatków spływają kaskadami i jarzą się w promieniach słońca lub świetle księżyca. Tak właśnie wygląda w kwietniu park Ashikaga, który potrafi autentycznie oczarować zwiedzających.

PÓŁKULA PÓŁNOCNA   od 45°N do 30°N

OMIYA, TOKIO, JAPONIA
470. Uprawa drzewa bonsai – dla potomności
Kiedy: przez cały rok
Szerokość geograficzna: 35.9064
Długość geograficzna: 139.6287

Drzewa bonsai są elementem japońskiej kultury. Osoba, która je hoduje, musi się wykazać spokojem i pomysłowością, tak aby się stały obiektem do kontemplacji. Wielbiciele tej sztuki mogą zaczerpnąć inspirację w ogrodach w Omiyi, a potem udać się do którejś z tamtejszych szkółek i zacząć własną ogrodniczą medytację.

TOKIO, JAPONIA
471. Przemiana wewnętrzna w światowej stolicy karate
Kiedy: przez cały rok
Szerokość geograficzna: 35.7076
Długość geograficzna: 139.7441

Karate – po japońsku „droga pustej ręki" – ma korzystny wpływ na ludzkie ciało i duszę. Chętni powinni rozważyć branie lekcji tej pradawnej sztuki walki w siedzibie Japońskiego Związku Karate na przedmieściach Tokio; prawdziwy rozwój związany z tą aktywnością mierzony jest wewnętrzną przemianą, a nie czarnymi pasami.

TOKIO, JAPONIA
472. Krótki pobyt w hotelu miłości
Kiedy: przez cały rok
Szerokość geograficzna: 35.6894
Długość geograficzna: 139.6917

Człowieka dopada czasem chętka na miłość fizyczną. Na ogół jeżeli ktoś próbuje zameldować się w hotelu na popołudniową sesję uciech cielesnych, ryzykuje uniesienie brwi recepcjonisty, ale na pewno nie dojdzie do tego w hotelach miłości w Tokio. Można tu oczekiwać kiczowatego wystroju wnętrz i ścian pokrytych lustrami, lecz działanie takich obiektów jest już tokijską tradycją, a każdy, kto ma w tym mieście ochotę na erotyczne uniesienia, może skorzystać z tej okazji.

WYSPA HONSIU, JAPONIA
473. Nauka tworzenia zwierząt origami
Kiedy: przez cały rok
Szerokość geograficzna: 36.0786
Długość geograficzna: 138.0804

Origami, czyli tradycyjna japońska sztuka składania papieru, wywodzi się z VI w. n.e. Początkowo była związana wyłącznie z ceremoniami religijnymi, ale z czasem przeszła wyraźną ewolucję i dzisiaj jest czymś w rodzaju działalności artystycznej. Jej wielbiciele powinni odwiedzić wyspę Honsiu, skąd pochodził Akira Yoshizawa, znany twórca origami. Niewykluczone, że na początek dobrze będzie się zapisać na zajęcia dla dzieci.

JAPONIA ORAZ CAŁY ŚWIAT
474. Posiłek we wszystkich restauracjach na świecie, które otrzymały trzy gwiazdki Michelina
Kiedy: przez cały rok
Szerokość geograficzna: 35.6833   **Długość geograficzna:** 139.7667 (Tokio)

Upragnione trzy gwiazdki przewodnika Michelina otrzymują restauracje oferujące „wyjątkową kuchnię, która jest warta specjalnego odbycia podróży w dane miejsce". Trzeba przyznać, że odwiedzenie wszystkich trzygwiazdkowych restauracji jest ambitnym wyzwaniem. Sama prośba o rezerwację zgłoszona z kilkumiesięcznym wyprzedzeniem w tokijskim lokalu Sukiyabashi Jiro po prostu nie wystarczy – potrzebny będzie również mieszkający w Japonii znajomy, który wpłaci poręczenie w wysokości 20 000 jenów. Dla chcącego jednak nic trudnego: krytyk kulinarny Andy Hayler zdołał odwiedzić w 2014 r. wszystkie 110 restauracji szczycących się trzema gwiazdkami Michelina.

Publikacja przewodników Michelina dotyczących Japonii jest zawsze wyczekiwanym wydarzeniem, ponieważ od 2009 r. to właśnie w tym kraju znajduje się najwięcej trójgwiazdkowych restauracji. Posiłek w każdym z tych lokali powinien być ucztą dla zmysłów. Nie chodzi tu tylko o spożywane potrawy, ale również o znakomitą (acz nienachalną) obsługę, odpowiednią atmosferę oraz o pasujące do całego doświadczenia otoczenie.

PÓŁKULA PÓŁNOCNA   od 45°N do 30°N

TOKIO, JAPONIA
475. Porywająca atmosfera igrzysk olimpijskich
Kiedy: od 24 lipca do 9 sierpnia 2020 r.
Szerokość geograficzna: 35.6894   **Długość geograficzna:** 139.6917

Igrzyska olimpijskie są wyjątkowym wydarzeniem, a najbliższe odbędą się w Japonii – w 2020 r. gospodarzem 32. letnich igrzysk olimpijskich będzie Tokio.

Pomimo dużego popytu na bilety warto pamiętać, że wydarzenia w rodzaju maratonu lub kolarstwa szosowego można oglądać za darmo. Wielu emocji dostarcza też kibicowanie w specjalnie przygotowanych miejscach na terenie miasta organizującego zawody, a Tokio obiecuje w tej kwestii wyjątkowe atrakcje. „Strefa historyczna" ma obejmować siedem obiektów, w tym Yoyogi National Gymnasium, wspaniały ogród przy Pałacu Cesarskim, a także legendarną halę Nippon Budokan. Zawody będą również rozgrywane na wodach pięknej Zatoki Tokijskiej.

Amatorzy sportu nie powinni też zapominać o paraolimpiadzie, siostrzanej imprezie rozgrywanej od 25 sierpnia do 6 września. Będzie to okazja do podziwiania wielu niesamowitych dyscyplin, takich jak goalball (gra drużynowa dla niewidomych), boccia (odmiana gry w bule dla osób z porażeniem mózgowym) czy rugby na wózkach, a rywalizacja będzie równie inspirująca jak zmagania podczas klasycznych igrzysk. Obydwie te imprezy zapowiadają się jako wydarzenia, które zmieniają świat na lepsze.

JAPONIA
476. Magia teatru kabuki
Kiedy: przez cały rok
Szerokość geograficzna: 35.6833
Długość geograficzna: 139.6833
(Tokio)

Kabuki ma sprawić, by widzowie ulegli wpływowi swojej wyobraźni. Aby w pełni cieszyć się tą wysoce stylizowaną odmianą japońskiego teatru, trzeba zaakceptować zmasowany atak bodźców na zmysły – warto tu wspomnieć chociażby o wyszukanych kostiumach, uderzającym makijażu, przesadzonych ruchach oraz obsadzie złożonej z samych mężczyzn, których część specjalizuje się w rolach kobiecych (*onnagata*). Tego rodzaju spektakle można podziwiać w Tokio, Osace czy Fukuoce.

HITACHINAKA, JAPONIA
477. Kąpiel w morzu kwiatów
Kiedy: przez cały rok (ale porcelanka Menziesa kwitnie pod koniec kwietnia i na początku maja)
Szerokość geograficzna: 36.4006
Długość geograficzna: 140.5914

Każdy powinien zobaczyć na własne oczy, jak jaskrawe barwy mogą nadać krajobrazowi surrealistyczny charakter fotografii poddanej retuszowi. Nadmorski park Hitachi, o powierzchni 350 ha, słynie z 4,5 miliona kwiatów porcelanki Menziesa, ale można tu również podziwiać 170 gatunków tulipanów, milion żonkili oraz ogromne pola jaskrawoczerwonych mietelników.

TOKIO, JAPONIA
478. Kibicowanie zawodnikom sumo
Kiedy: przez cały rok
Szerokość geograficzna: 35.6894
Długość geograficzna: 139.6917

Niewprawny obserwator mógłby odnieść wrażenie, że patrzy na dwóch przepychających się grubasów, ale ta starożytna i subtelna sztuka cieszy się w Japonii ogromną popularnością, a szczególne zainteresowanie budzi sześć wielkich turniejów. Warto zobaczyć któryś z nich na własne oczy; trzy spośród tych imprez rozgrywane są w tokijskiej hali Ryōgoku Kokugikan, duchowej kolebce sumo, a ostatni dzień zawsze jest niesłychanie ekscytujący.

Zapasy sumo w Tokio, Japonia

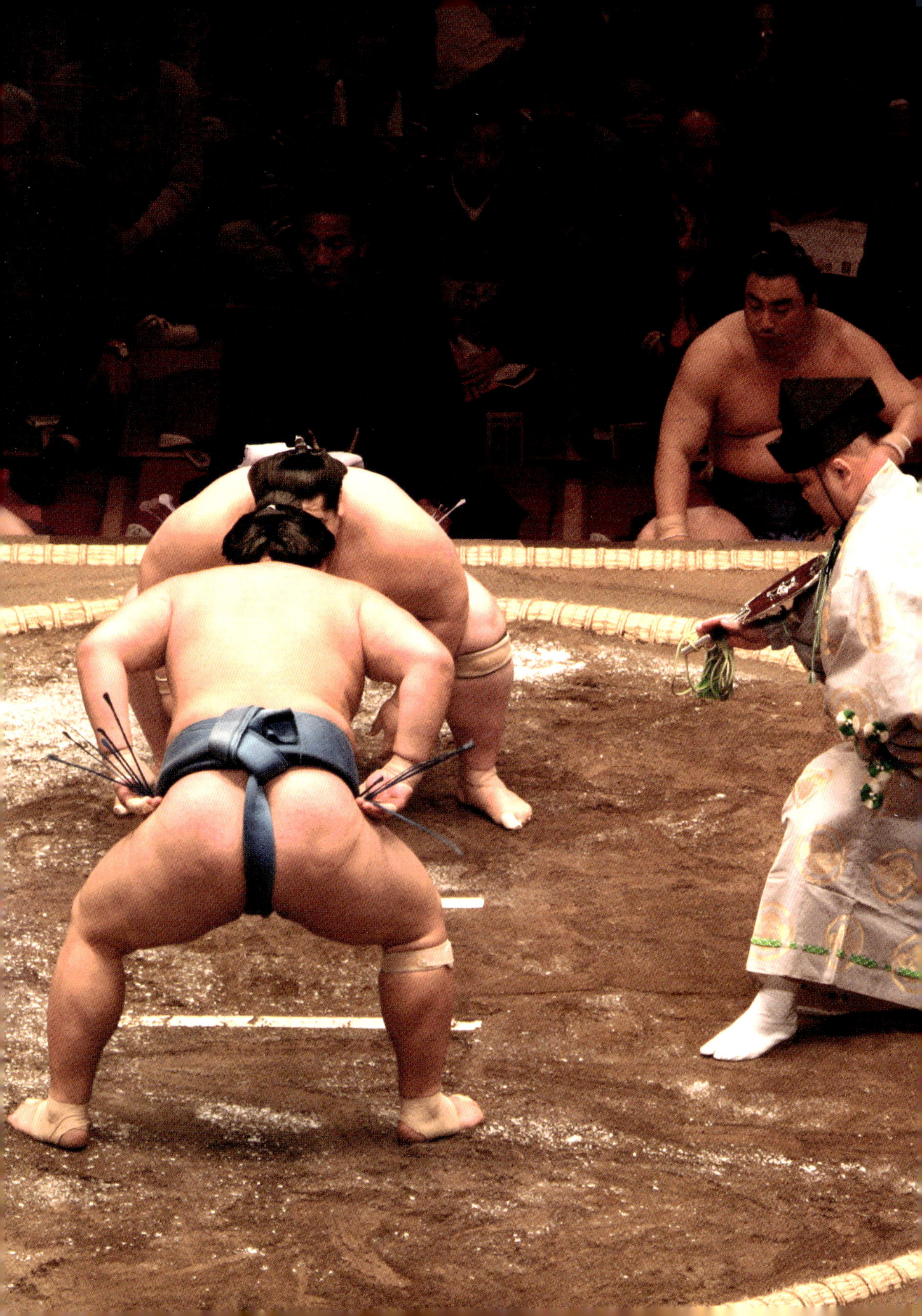

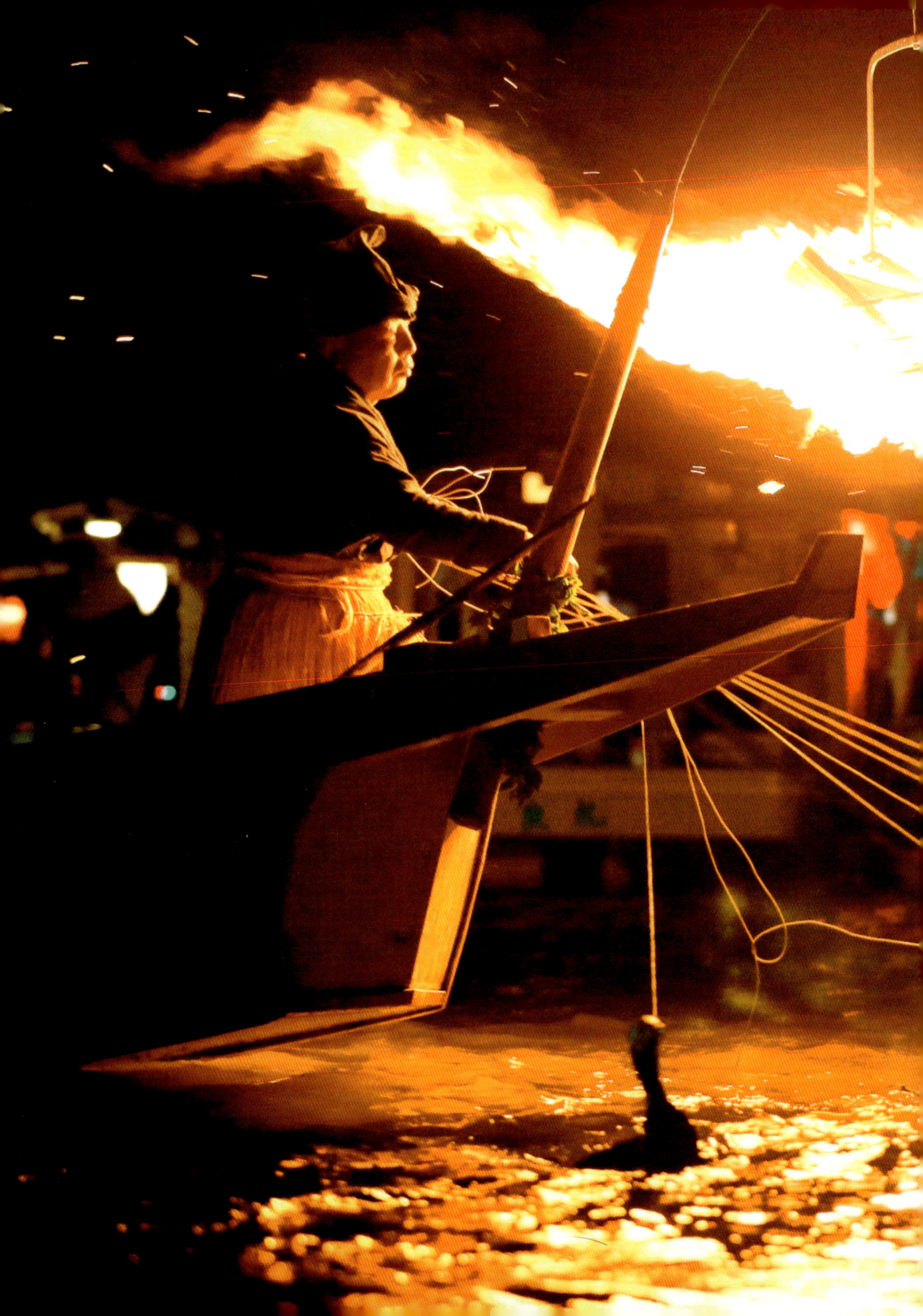

RZEKA NAGARA, GIFU, JAPONIA
479. *Ukai* – łowienie ryb z kormoranami
Kiedy: od maja do października
Szerokość geograficzna: 35.4167
Długość geograficzna: 136.7667

Do grona zagorzałych fanów tej liczącej 1300 lat tradycji należał Charlie Chaplin – i nietrudno go zrozumieć. Połowy odbywają się nocą i nie brakuje podczas nich sake; rybacy zaganiają ryby aju na płyciznę, po czym wypuszczają na te wody od 10 do 12 kormoranów.

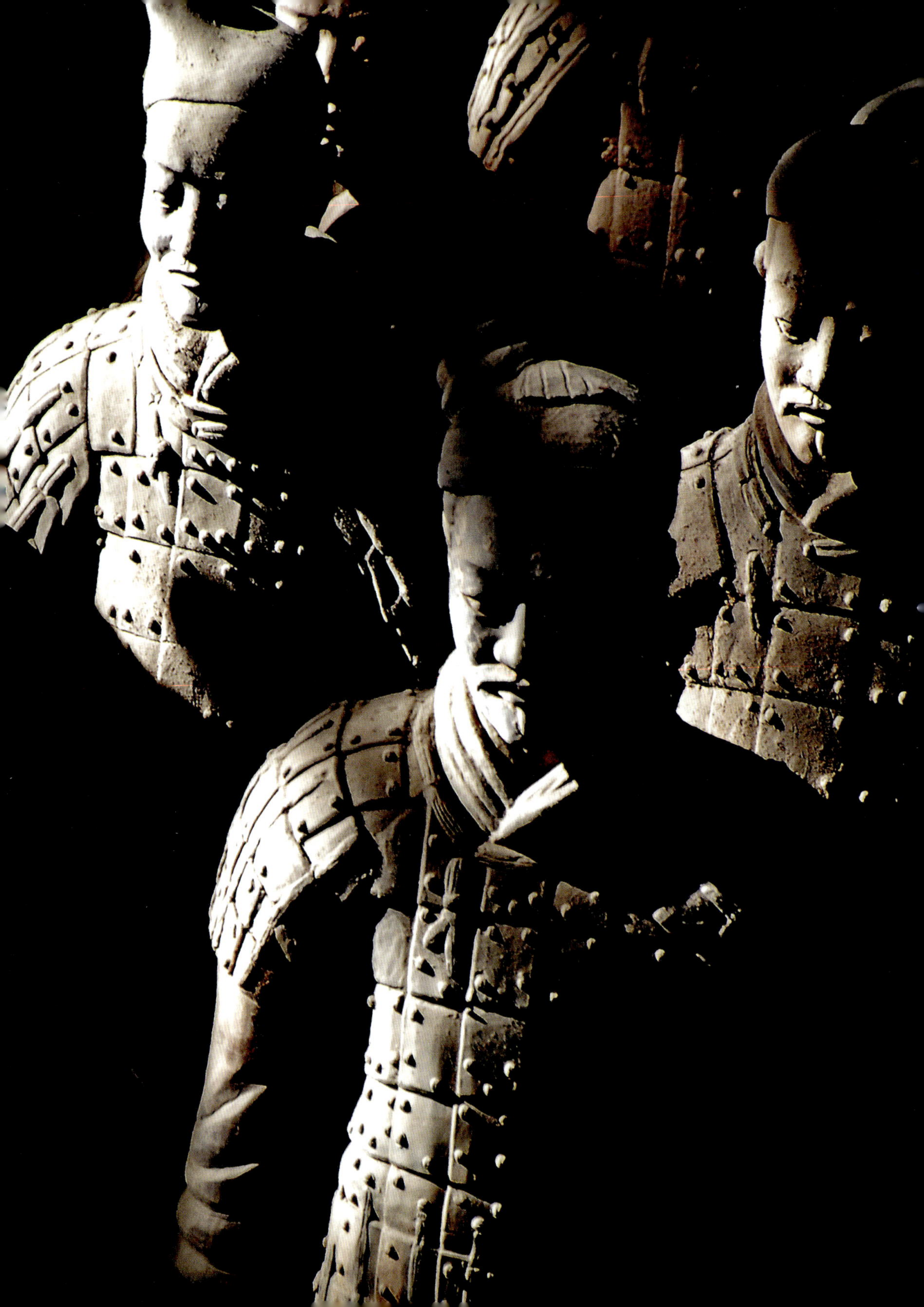

PÓŁKULA PÓŁNOCNA   od 45°N do 30°N

◀ DZIELNICA LINTONG, XI'AN, CHINY
480. W szeregach Terakotowej Armii
Kiedy: przez cały rok
Szerokość geograficzna: 34.3841
Długość geograficzna: 109.2783

Ponad 8000 pełnowymiarowych figur z terakoty, stworzonych w III w. p.n.e. i odnalezionych w ziemi w pobliżu mauzoleum Pierwszego Cesarza Qin, stanowi dziś niesamowity widok. Każdy z tych wojowników jest wyjątkowy – uważa się, że figury są podobiznami swoich twórców. W szeregach armii można też dostrzec rydwany, konie, muzyków, a nawet akrobatów.

▶ KORYTARZ CHANG'AN–TIENSZAN, CHINY
481. Podróż Jedwabnym Szlakiem
Kiedy: przez cały rok (najlepiej od maja do października)
Szer. geogr.: 34.5594 **Dł. geogr.:** 102.9678

Podróżowanie Jedwabnym Szlakiem nawiązuje do dawnych czasów, kiedy karawany wielbłądów i koni przemierzały dzikie, egzotyczne tereny. Chiny miały monopol na produkcję jedwabiu i to właśnie stąd wzięła się nazwa tej sieci dróg.

Starożytny Jedwabny Szlak powstał w II w. p.n.e. i był wykorzystywany aż do XVI w. Cała trasa jest niezwykle długa, ale kilka lat temu jeden z jej odcinków trafił na listę światowego dziedzictwa UNESCO. To niemal 5000 km dróg, które często prowadzą przez odosobnione tereny ze środkowych Chin do Kazachstanu i Kirgistanu. Jedwabny Szlak łączy miasta, pałace, świątynie, pradawne ścieżki oraz fragmenty Wielkiego Muru Chińskiego. To historia prezentowana na wielką skalę.

Sam szlak jest równie bezkresny jak historia, którą można dzięki niemu zgłębiać, a w trakcie podróży podziwia się przeróżne miejsca położone czy to w de-

Korytarz Chang'an–Tienszan na pradawnym Jedwabnym Szlaku, Chiny

presji, czy powyżej 7300 m n.p.m. Najlepiej wyruszyć na wyprawę w okresie od początku maja do końca października – ciepłe, długie dni zapewniają mnóstwo czasu, ponadto latem wzdłuż trasy Jedwabnego Szlaku organizowanych jest wiele festiwali.

Terakotowa Armia, dzielnica Lintong, Xi'an, Chiny

PÓŁKULA PÓŁNOCNA   od 45°N do 30°N

PEKIN, CHINY
482. Ślizganie się po zamarzniętym jeziorze… na krześle
Kiedy: zimą
Szerokość geograficzna: 39.9442
Długość geograficzna: 116.3818

Mieszkańcy Pekinu podczas srogich zim uwielbiają odwiedzać zamarznięte jeziora – nic więc dziwnego, że z tego miasta pochodzi tak wielu znakomitych łyżwiarzy figurowych. Chętni mogą też wypożyczyć przy stołecznym jeziorze Houhai krzesło na płozach i ślizgać się z dziecięcą radością po zamarzniętej wodzie.

PEKIN, CHINY
483. Opanowanie nowego sportu – tenisa stołowego
Kiedy: przez cały rok
Szerokość geograficzna: 39.9042
Długość geograficzna: 116.4073

Stymulacja nowych obszarów mózgu, zdobywanie kolejnych przyjaciół lub szukanie ukrytych talentów – istnieje wiele powodów, by spróbować nowego sportu. Tenis stołowy świetnie się do tego nadaje: początki są nieskomplikowane i nie wymagają dużych nakładów finansowych, a ponieważ jest to siódmy pod względem popularności sport na świecie, gdzieś w pobliżu zawsze znajdzie się partner do gry.

PEKIN, CHINY
484. Zanikające klimaty zaułków Pekinu
Kiedy: przez cały rok
Szerokość geograficzna: 39.9042
Długość geograficzna: 116.4073

Przechadzka po starych uliczkach Pekinu – gdzie można zobaczyć osobę zdzierającą skórę z żywego węża szykowanego na obiad – pozwala zapoznać się ze starą kulturą Chin, która już wkrótce może zostać wyparta przez nowoczesność.

PEKIN, CHINY
485. Uczta z kaczki po pekińsku… w Pekinie
Kiedy: przez cały rok
Szerokość geograficzna: 39.9042
Długość geograficzna: 116.4073

To danie było podawane w stolicy Chin od czasów dynastii Qin. Niejednej osobie ślinka pociekne już na samą myśl o cienkiej, chrupiącej skórce i soczystym mięsie. Kaczka po pekińsku – marynowana, a potem zawijana wraz z ogórkiem i sosem hoisin w naleśniki – zalicza się do najsmaczniejszych przystawek na świecie.

PANJIN, CHINY
486. Niepowtarzalny widok rzek płynących wśród czerwieni
Kiedy: od września do października
Szerokość geograficzna: 40.6764
Długość geograficzna: 122.1420

Delta rzeki Liao He wygląda jesienią tak, jakby ktoś poprawił ten widok w Photoshopie. Dopływy rzeki wiją się wśród malowniczego, zabarwionego na czerwono krajobrazu, ale nie jest to żadna sztuczka: roślinność występują na tych zasadowych glebach robi się jesienią czerwona i ten kolor ciągnie się jak okiem sięgnąć, wyraźnie przydając uroku pejzażowi.

CHINY
487. Regenerujący masaż gorącymi kamieniami
Kiedy: przez cały rok
Szerokość geograficzna: 39.9042
Długość geograficzna: 116.4074
(Pekin)

Masaż gorącymi kamieniami narodził się w Chinach jakieś 2000 lat temu, a ma za zadanie łagodzić napięcie, poprawiać krążenie oraz rozluźnić obolałe mięśnie. Chociaż teraz jest popularny na całym świecie, Chiny pozostają jego kolebką i najlepszym miejscem, w którym można się poddać tej cudownie rozluźniającej terapii.

START: PEKIN, CHINY
488. Przechadzka po Wielkim Murze Chińskim
Kiedy: przez cały rok
Szerokość geograficzna: 40.4405 **Długość geograficzna:** 116.5595
(fragment muru najbliżej Pekinu)

Morgan Freeman i Jack Nicholson zagrali w filmie *Choć goni nas czas* odważny duet, który ucieka ze szpitala, by przejechać się motocyklem po Wielkim Murze Chińskim. Chociaż nie jest to zasadniczo zabronione, zdecydowanie lepszym pomysłem będzie zwiedzanie tego zabytku na piechotę. Pokonanie całego muru, mierzącego 21 196 km długości, nie wchodzi raczej w grę (a może jednak?), lecz każdy chętny może wziąć udział w fantastycznych wycieczkach, dzięki którym turyści oglądają najwspanialsze atrakcje, w tym Pekin, Laolongtou („Głowę Starego Smoka", czyli miejsce, w którym mur dociera do morza) i cesarskie grobowce dynastii Qing.

PÓŁKULA PÓŁNOCNA   od 45°N do 30°N

▶ ECHIGO-TSUMARI, PREFEKTURA NIIGATA, JAPONIA
489. Największy na świecie festiwal sztuki na świeżym powietrzu
Kiedy: przez cały rok (najbliższe triennale wypada w 2021 r.)
Szerokość geograficzna: 33.8403 **Długość geograficzna:** 134.3973 (Echigo)

Każdy, kto interesuje się koncepcją życia w harmonii z naturą, powinien odwiedzić Echigo-Tsumari Art Field w Japonii, gdzie co trzy lata odbywa się festiwal Echigo-Tsumari Art Triennial. Głównym tematem tej imprezy jest idea, zgodnie z którą „ludzie są częścią natury", a także prezentowanie tego, w jaki sposób możemy budować więzi z naturą i zapobiegać dalszej degradacji środowiska naturalnego.

Dzieła sztuki są wystawiane w mniej więcej 200 miasteczkach rozrzuconych na obszarze 760 km^2; to świadome przeciwstawienie się efektywności i racjonalnemu podejściu nowoczesnego społeczeństwa, które wybrałoby raczej pojedyncze miejsce lub ośrodek. W trakcie festiwalu można obejrzeć około 160 prac artystów z całego świata.

Chętni podziwiający te dzieła zwiedzają cały region, stykając się przy okazji z lokalnymi świętami i zwyczajami. Organizatorzy imprezy stawiają sobie za cel podkreślanie piękna i bogactwa tamtejszego krajobrazu, uwrażliwianie ludzi na cud naszej egzystencji, a także wzmacnianie więzi łączących istoty ludzkie z pobratymcami i ze środowiskiem.

Największy światowy festiwal sztuki wystawianej pod gołym niebem oraz lokalny, zamglony krajobraz kojarzący się z haiku najlepiej zaprezentują się tym, którzy przyjadą tutaj na tydzień, poprzebywają wśród dzieł sztuki i odkryją w sobie więź łączącą człowieka z naturą.

PREFEKTURA YAMANASHI, JAPONIA
490. Przejażdżka rollercoasterem o największym przyśpieszeniu na świecie
Kiedy: przez cały rok
Szerokość geograficzna: 35.4870
Długość geograficzna: 138.7800

Do-Dodonpa, działający w parku rozrywki Fuji-Q Highland, nie jest już najszybszym rollercoasterem na świecie (zajmuje w tym rankingu czwarte miejsce), ale utrzymuje pierwszą pozycję, jeśli chodzi o przyspieszenie. Przejażdżka pozwala doświadczyć przeciążenia sięgającego 3,26 g – z czymś podobnym mają do czynienia astronauci podczas startu wahadłowców.

HAKONE, JAPONIA
491. Odpoczynek w spokojnej atmosferze ryokanu
Kiedy: przez cały rok
Szerokość geograficzna: 35.2324
Długość geograficzna: 139.1069

Nocleg w ryokanie – tradycyjnej japońskiej gospodzie – jest niezwykłym doznaniem. Najlepsze lokale tego typu są doskonałym przykładem wysmakowanej prostoty: można się tu spodziewać ścian z papieru, niskich mebli, świetnego jedzenia oraz gościnności. Szczególnie warto polecić ryokany w Hakone, na historycznym szlaku.

Echigo-Tsumari Art Triennial w japońskiej prefekturze Niigata – największy festiwal sztuki prezentowanej na świeżym powietrzu

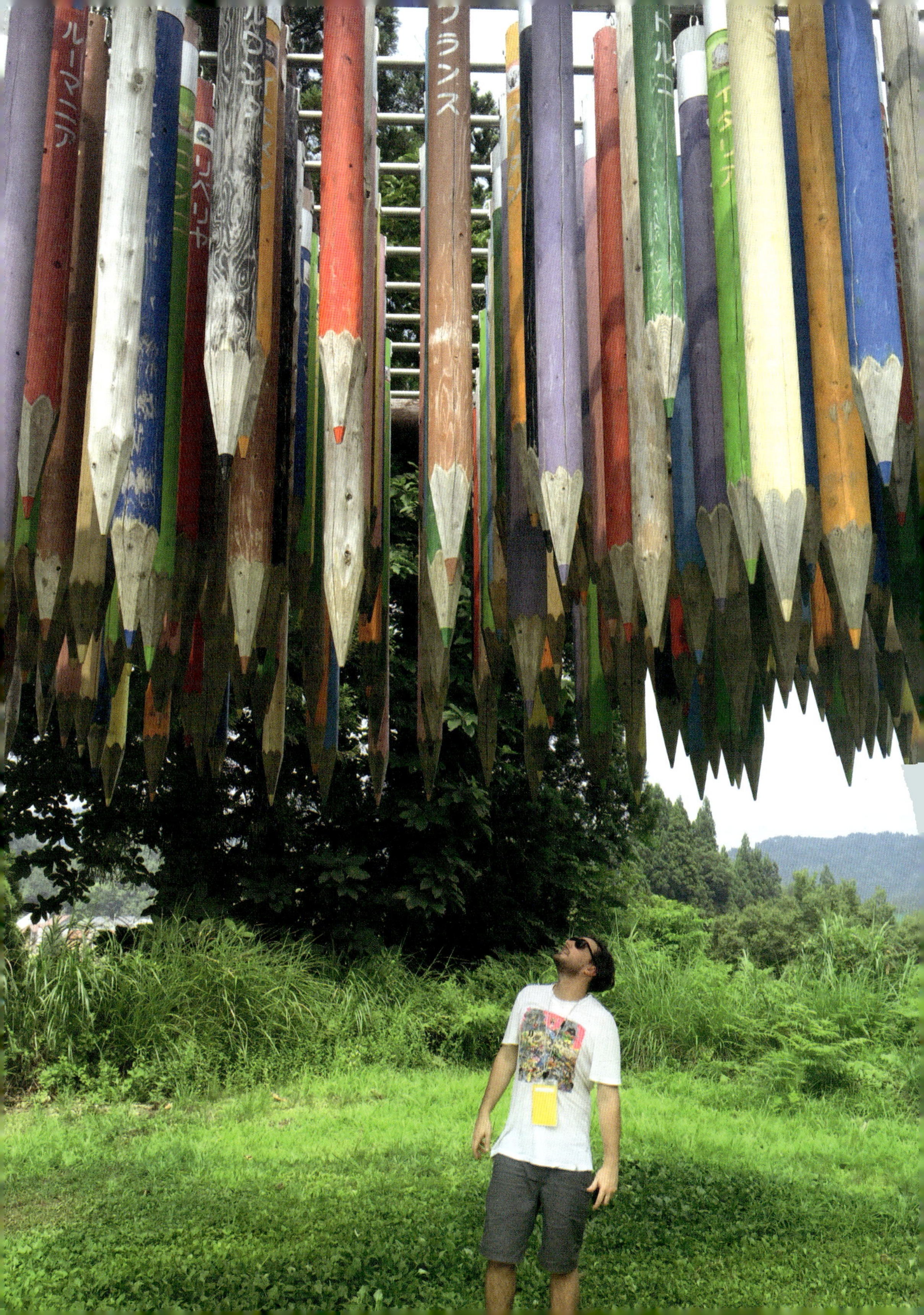
ルーマニア
リベリア
フランス

PÓŁKULA PÓŁNOCNA   od 45°N do 30°N

TRASA MIĘDZY SPRINGER MOUNTAIN W GEORGII A MOUNT KATAHDIN W MAINE, USA
492. Wędrówka słynnym amerykańskim szlakiem
Kiedy: start od końca marca do połowy maja (jeśli się zmierza na północ)
Szerokość geograficzna: 34.6267   **Długość geograficzna:** -84.1936 (okolice Springer Mountain)

Przeznaczony dla piechurów Szlak Appalachów ciągnie się od Springer Mountain w Georgii do Mount Katahdin w Maine. Wraz z Pacific Crest Trail i Continental Divide Trail tworzy potrójną koronę szlaków pieszych na terenie Stanów Zjednoczonych.

Od czasu wytyczenia tej trasy w 1937 r. była ona inspiracją dla milionów osób. Część wędrowców ogranicza swój trekking do jednego lub dwóch dni, podczas gdy inni starają się przejść cały szlak w ciągu jednego sezonu (aczkolwiek na taką próbę należy zarezerwować około sześciu miesięcy).

Szlak jest dobrze oznakowany, a ponad 250 kempingów i schronisk nie tylko użycza noclegu, lecz także świetnie się nadaje do poznawania ludzi. Napotkani na trasie wędrowcy opisują niesamowite widoki, dzielą się sugestiami, a także snują opowieści o spotkaniach z dzikimi zwierzętami, wśród których zdarza się czasem niedźwiedź.

Pod koniec września większość osób próbujących pokonać cały szlak za jednym podejściem kończy już trekking. Ci ludzie mają już za sobą około 3500 km wędrówki, a suma pokonanych przez nich przewyższeń odpowiada mniej więcej zdobyciu Mount Everestu 16 razy. Bez wątpienia jest to męcząca podróż, ale pozwala też wielu osobom zmienić spojrzenie na świat, co znakomicie pokazano w książce i filmie *Piknik z niedźwiedziami*.

LOS ANGELES, KALIFORNIA, USA
493. Występ w roli statysty
Kiedy: przez cały rok
Szerokość geograficzna: 34.0928
Długość geograficzna: -118.3286

Twórcy filmów i seriali nie poradziliby sobie bez armii statystów, a zagranie drobnej roli w jakiejś produkcji jest łatwiejsze, niż mogłoby się komuś wydawać. Z reguły nie zarabia się na tym wiele, ale co może dorównać występowi w roli zombie w *Żywych trupach* lub zajrzeniu na plan przeboju kasowego?

YOSEMITE, KALIFORNIA, USA
494. Podziwianie zachodu słońca w Yosemite
Kiedy: przez cały rok (ale najlepiej latem)
Szerokość geograficzna: 37.8651
Długość geograficzna: -119.5383

Niewiele jest miejsc, które oferowałyby atrakcyjniejszą scenerię: wodospady, doliny, łąki i ogromne drzewa tworzą razem nieopisanie piękne, wpisane na listę światowego dziedzictwa UNESCO miejsce, w którym można obserwować, jak wieczór ustępuje miejsca nocy (wrażenia są jeszcze silniejsze po całym dniu spędzonym na wędrówce). Najpiękniej słońce zachodzi tu latem.

BEVERLY HILLS, KALIFORNIA, USA
495. Szybkie randkowanie tam, gdzie je wymyślono
Kiedy: przez cały rok
Szerokość geograficzna: 34.0731
Długość geograficzna: -118.3994

Choć może się to wydawać niewiarygodne, szybkie randki zostały wynalezione przez rabina. Pierwsze takie wydarzenie – kiedy samotne osoby starające się znaleźć drugą połówkę przysiadały się tylko na kilka minut do potencjalnego partnera, po czym zaczynały rozmowę z następną osobą – zostało zorganizowane w Peet's Café w Beverly Hills w 1998 r. Trudno będzie zatem znaleźć lepsze miejsce, by spróbować czegoś takiego, prawda?

HUA SHAN, PREFEKTURA WEINAN, CHINY
496. Pielgrzymka nad przepaścią
Kiedy: należy unikać miesięcy zimowych – lód i śnieg są dodatkowym zagrożeniem
Szerokość geograficzna: 33.4779 **Długość geograficzna:** 110.0848

Hua Shan w Chinach od dawna słynie jako góra ważna dla taoistów i buddystów. Ma pięć wierzchołków, a na każdym z nich wzniesiono świątynię. Jedna jest również herbaciarnią – otworzoną być może po to, by koić nerwy gości (głównie Chińczyków), którzy tam docierają.

Przed wyruszeniem w drogę dobrze się będzie przygotować: u stóp Hua Shan znajdują się „Niebiańskie Schody" – zniechęcający (i męczący) ciąg stopni. Wokół roztaczają się fantastyczne widoki, ale lepiej nieustannie patrzeć pod nogi, gdyż wciąż zdarzają się tu wypadki śmiertelne, a szlak na niektórych odcinkach jest bardzo wąski. Po pokonaniu pierwszego fragmentu wiele osób wsiada do kolejki, którą można dotrzeć na południowy szczyt góry. Powyżej tego punktu zaczyna się najsłynniejsza część – chodnik z belek. Szlak ograniczono tutaj do drewnianych kłód i ciągu łańcuchów, których się można przytrzymać. W kilku miejscach pielgrzymi przemieszczają się nad przepaścią mierzącą setki metrów głębokości, a w określonych punktach muszą się piąć po łańcuchach i specjalnie przygotowanych stopniach. Można wypożyczyć uprzęże (co jest zdecydowanie zalecane), ale dla wielu i tak będzie to niezwykle wymagająca wędrówka.

Tym, którzy lubią takie atrakcje, przemieszczanie się wzdłuż gładkiej ściany skalnej zapewni sporo adrenaliny. Wszyscy inni znajdą sobie herbaciarnie w przystępniejszych miejscach.

Niebezpieczna droga po drewnianych belkach na zboczu Hua Shan w chińskiej prefekturze Weinan

PÓŁKULA PÓŁNOCNA   od 45°N do 30°N

SAN DIEGO, KALIFORNIA, USA
497. Praca opiekuna zwierząt w zoo
Kiedy: przez cały rok
Szerokość geograficzna: 32.7357
Długość geograficzna: -117.1516

Zoo w kalifornijskim San Diego idealnie się nadaje na miniaturowe safari. Zajmuje powierzchnię 40 ha i skupia na niej przedstawicieli ponad 650 gatunków zwierząt. Ponadto umożliwia zwiedzającym przyłączenie się do opiekuna zwierząt i zobaczenie, jak wygląda funkcjonowanie tego parku od kuchni. Chętni będą mogli wziąć udział w podróży przez różne strefy klimatyczne i obejrzeć z bliska słonie, koale, niedźwiedzie polarne oraz rzadko spotykane pandy wielkie.

Trzymanie w niewoli dzikich zwierząt budzi zastrzeżenia wielu osób, ale zoo w San Diego cieszy się opinią ośrodka, który dba o ochronę zagrożonych gatunków i ponownie wprowadza ich przedstawicieli do środowiska naturalnego. Pionierskie podejście do ochrony zwierząt można też dostrzec w samym parku. Granicę wielu wybiegów wyznaczają nie tyle pręty klatek, ile woda lub fosy. Do lokalnych atrakcji zalicza się też Skyfari – kolejka linowa, w której zwiedzający przejeżdżają wysoko nad wybiegami zwierząt, dzięki czemu nie są one zbytnio niepokojone.

PIGEON FORGE, TENNESSEE, USA
498. Wygłupy w Dollywood
Kiedy: przez cały rok
Szerokość geograficzna: 35.7884
Długość geograficzna: -83.5543

Właścicielką najpopularniejszej atrakcji turystycznej stanu Tennessee jest jego najsłynniejsza mieszkanka – Dolly Parton. Jej Dollywood to zabawne miejsce, w którym można przeżyć wiele przygód i spędzić dzień na błahych rozrywkach, takich jak przejażdżki rollercoasterami w słynnej atmosferze Południa przy tamtejszej muzyce.

▶ DETROIT, MICHIGAN, USA
499. Gaz do dechy w mustangu Shelby
Kiedy: przez cały rok
Szerokość geograficzna: 42.4015
Długość geograficzna: -82.9239

Trudno się dziwić, że przejażdżka mustangiem Shelby znalazła się na liście marzeń Morgana Freemana i Jacka Nicholsona w filmie *Choć goni nas czas*: ten amerykański samochód sportowy był bohaterem wielu motoryzacyjnych marzeń nastolatków. Niezależnie od tego, czy w grę wchodzi klasyczny, czy współczesny model, być może to właśnie ten pojazd powinni wziąć pod uwagę marzyciele planujący podróż szosą Route 66.

Morgan Freeman w mustangu Shelby; kadr z filmu *Choć goni nas czas*

PÓŁKULA PÓŁNOCNA   od 45°N do 30°N

▶ ALBUQUERQUE, NOWY MEKSYK, USA
500. Długi lot balonem
Kiedy: w październiku
Szerokość geograficzna: 35.1961
Długość geograficzna: -106.5975

Co roku podczas Festiwalu Balonów, organizowanego w pierwszym tygodniu października, nad Albuquerque unoszą się setki tych statków powietrznych. To największy festiwal balonowy na świecie, więc można się tu spodziewać kolorowej flotylli na niebie i wielu miłośników baloniarstwa.

Festiwal Balonów w Albuquerque w Nowym Meksyku, Stany Zjednoczone

COLUMBUS, NOWY MEKSYK, USA
501. Trekking wzdłuż kontynentalnego wododziału
Kiedy: przez cały rok
Szerokość geograficzna: 31.8276
Długość geograficzna: -107.6400

Każdy, kto uważa, że odwodnienie, pioruny, wodospady, lawiny, hipotermia, niedźwiedzie, pumy i odciski to błahe przeszkody, które łatwo się dadzą pokonać, powinien pomyśleć o trekkingu trasą Continental Divide Trail, wzdłuż „kręgosłupa" Ameryki. Ta ambitna wędrówka z Kanady do Meksyku wymaga pokonania około 5000 km i może pochłonąć jakieś pół roku.

MEMPHIS, TENNESSEE, USA
502. Uroki życia Króla
Kiedy: przez cały rok
Szerokość geograficzna: 35.0480
Długość geograficzna: -90.0260

Po przejściu przez bramę Graceland odwiedzający wkraczają w jaskrawy, kuszący świat Elvisa Presleya. Gwiazdor kupił ten dom w 1957 r. dla swojej matki (która zmarła rok później), a zgodnie z życzeniem byłej żony Elvisa, Priscilli, jadalni i salonowi przywrócono ich pierwotny wygląd z początku lat 60.

Kuchnia, w której powstawały słynne zapiekane kanapki z masłem orzechowym i bananem, jest zaledwie przedsionkiem do najważniejszego miejsca: pokoju telewizyjnego. To krzykliwe pomieszczenie przypomina ucieleśnienie młodzieńczych marzeń o kawalerstwie – jest utrzymane w dwóch kolorach, niebieskim i żółtym, a do tego zostało wyposażone w lustrzany sufit i trzy telewizory (dzięki czemu Elvis mógł oglądać trzy mecze futbolu amerykańskiego jednocześnie). O tragicznym końcu wyjątkowej kariery Elvisa przypomina Ogród Medytacji, gdzie przy nagrobku Króla wylano wiele łez.

Droga Leh–Manali, prowadząca przez Himalaje w Indiach

DROGA LEH–MANALI, INDIE
503. Przejazd przez Himalaje
Kiedy: od maja lub czerwca do września (choć najlepsze są sierpień i wrzesień)
Szerokość geograficzna: 34.1454 **Długość geograficzna:** 77.5676 (Leh)

Droga Leh–Manali w północnych Indiach ma długość 479 km, a prowadzi przez himalajskie przełęcze i miasteczka, wijąc się wśród świątyń i pięknych krajobrazów. Podróżni powinni jednak zachować ostrożność: kierowca musi się tu wykazać sporymi umiejętnościami. Drogę często przecinają wartkie, lodowate strumienie spływające z pokrytych śniegiem gór oraz lodowców – trzeba wówczas przejeżdżać przez wodę.

Szosa nie została zbudowana zbyt solidnie, często zdarzają się na niej osunięcia ziemi, które dodatkowo niszczą nawierzchnię i zmniejszają bezpieczeństwo podróży. Trasa jest otwarta tylko latem, przez mniej więcej cztery i pół miesiąca w roku, a najlepiej wybrać się na nią w sierpniu lub wrześniu. Ta piękna droga zalicza się do najwyżej położonych na ziemi – jej średnia wysokość to ponad 4000 m n.p.m., a najwyższy punkt znajduje się na 5328 m n.p.m. Dzięki startowi w Leh podróżni mają szansę lepiej się zaaklimatyzować – warto o tym pamiętać, gdyż oprócz wyzwań drogowych poważnym zmartwieniem może się okazać choroba wysokościowa.

Na podróżnych czekają efektowne serpentyny, wcięte doliny rzeczne, a także brązowe, spalone słońcem pustynie stwarzające wrażenie niesamowitego, bezkresnego krajobrazu księżycowego. Nigdzie indziej na świecie nie ma drugiej podobnej drogi.

PÓŁKULA PÓŁNOCNA   od 45°N do 30°N

LOS ANGELES, KALIFORNIA, USA
504. Pobyt w najbardziej luksusowym hotelu Hollywood
Kiedy: przez cały rok
Szerokość geograficzna: 34.0981
Długość geograficzna: -118.3686

Klucze do pokoju w luksusowym hotelu Chateau Marmont – zamku na skraju Hollywood Hills – sprawiają, że człowiek niemal awansuje do roli gwiazdy fabryki snów. Aby się dopasować do towarzystwa sław, należy przesłonić twarz wielkimi okularami przeciwsłonecznymi, a do walizki koniecznie spakować najmodniejsze stroje.

Wieżyczki i kolumnady tego neogotyckiego hotelu emanują przepychem, który dominował w Hollywood w latach 30. XX w. Lista gości pozwala z kolei zobaczyć, kto zalicza się do najważniejszych osobistości świata filmu, muzyki i rozrywki.

Celebryci od dawna tłumnie odwiedzają osłonięte palmami tereny Chateau Marmont, ceniąc sobie brak natrętnych fotografów i dyskrecję, z której hotel słynie od 1929 r., kiedy został otwarty. Oczywiście nie sposób odmówić sobie przyjemności płynącej z obserwowania sławnych ludzi…

Usytuowany z dala od zgiełku miasta hotel zapewnia idealną bazę, w której można się rozkoszować luksusem i przepychem. Goście wciąż znajdują się jednak całkiem blisko takich miejsc jak Viper Room, a od luksusowych butików przy Rodeo Drive dzieli ich tylko krótka przejażdżka.

USA ORAZ CAŁY ŚWIAT
505. Randka zorganizowana przez Tindera
Kiedy: przez cały rok
Szerokość geograficzna: 34.0221
Długość geograficzna: -118.2852
(Uniwersytet Południowej Kalifornii, Los Angeles)

Tinder, mobilny portal randkowy, zrewolucjonizował proces zawierania znajomości. Firma z siedzibą w Kalifornii wykorzystuje profile z Facebooka i pozwala użytkownikom kompletować wirtualne listy przebywających w pobliżu osób, z którymi chętnie by się spotkali. Tym serwisem interesują się głównie osoby samotne, które chcą się wybrać na niezobowiązującą randkę lub szukają drugiej połówki. Takie spotkanie bywa zabawnym przeżyciem, które może czasem poprawić człowiekowi nastrój.

▶ LOS ANGELES, KALIFORNIA, USA
506. Spacer hollywoodzką Aleją Gwiazd
Kiedy: przez cały rok
Szer. geogr.: 34.0928   **Dł. geogr.:** -118.3286

W Hollywood liczą się tylko ci, którzy mają własną gwiazdę. Los Angeles to miasto zbudowane na marzeniach, a jeśli ktoś myśli o karierze związanej z filmem, powinien się przejść wśród wmurowanych w chodnik ponad 2600 pięcioramiennych gwiazd i puścić przy tym wodze fantazji. Aleja Gwiazd, ciągnąca się wzdłuż 15 kwartałów Hollywood Boulevard i Vine Street, świetnie się nadaje na marzycielski spacer, podczas którego można wypatrywać nazwisk znanych z telewizji, muzyki, radia i teatru. Pierwszych osiem gwiazd pojawiło się tutaj w 1956 r.; od tego czasu co roku dochodzi do nich 20 kolejnych, a ta nieustannie rozrastająca się atrakcja turystyczna pozwala zaprezentować Los Angeles jako znane na całym świecie centrum kulturalne.

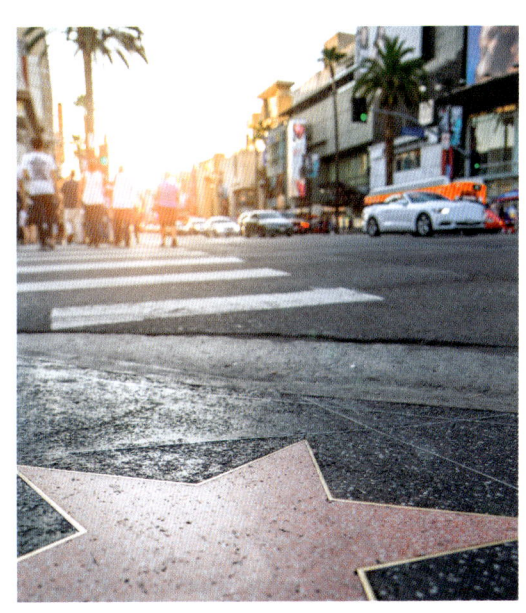

Aleja Gwiazd w Kalifornii, Stany Zjednoczone

247

PÓŁKULA PÓŁNOCNA   od 45°N do 30°N

Hałaśliwe wyścigi dragsterów na torze Pomona w Kalifornii, Stany Zjednoczone

▲ TOR WYŚCIGOWY POMONA, KALIFORNIA (FINAŁY), USA
507. Emocje na wyścigach dragsterów
Kiedy: od lutego do listopada
Szerokość geograficzna: 34.0950
Długość geograficzna: -117.7698

Wyścigi dragsterów są głośne, brudne, ostentacyjne, zdecydowanie niebezpieczne i sprawiają wyjątkowo dużo frajdy. To współczesna ekscytująca postać dawnych nielegalnych wyścigów ulicznych ze startu zatrzymanego. Na krótkim, prostym torze rywalizują ze sobą dwa niezwykle szybkie pojazdy. NHRA Mello Yello Drag Racing Series to najważniejszy cykl takich wyścigów, rozgrywany w 24 miastach. Każdy chętny może się przyłączyć do wiwatującego tłumu miłośników motoryzacji, którzy ślinią się na widok samochodów – i często sami modyfikują swoje.

LOS ANGELES, KALIFORNIA, USA
508. Polowanie na celebrytów na czerwonym dywanie
Kiedy: przez cały rok
Szerokość geograficzna: 34.1000
Długość geograficzna: -118.3333

Najlepszym miejscem na łowienie celebrytów jest bez wątpienia Los Angeles. Premiery filmowe pozwalają zbliżyć się do gwiazd tak bardzo, jak to tylko możliwe. Bez znajomości trudno będzie oczywiście zdobyć bilet, ale każdy może się wychylić przez barierkę, licząc na selfie z gwiazdą.

Kolejną sposobność zapewniają zdjęcia kręcone w miejscach publicznych – przy odrobinie szczęścia można wtedy spotkać jakichś celebrytów. Chętni mają też szansę zasiąść w studiu wśród publiczności podczas nagrywania cyklicznych programów albo wziąć udział w wycieczkach po Hollywood Hills, podczas których turystom pokazuje się domy gwiazd.

PÓŁKULA PÓŁNOCNA   od 45°N do 30°N

LOS ANGELES, KALIFORNIA, USA
509. Sparing w znanym klubie bokserskim
Kiedy: przez cały rok
Szerokość geograficzna: 34.0591
Długość geograficzna: -118.3271

Kluby bokserskie, które niegdyś były budzącymi strach świątyniami testosteronu, otworzyły szeroko swoje podwoje dla chętnych obojga płci w dowolnym wieku. Najlepszym miejscem do rozpoczęcia przygody z boksem będzie duchowa kolebka tej dyscypliny sportu – Stany Zjednoczone. Bardzo blisko Santa Monica Boulevard w Los Angeles znajduje się klub Wild Card, rozsławiony przez mistrza świata Manny'ego Pacquiao i jego trenera Freddiego Roacha. Każdy może tam potrenować lub po prostu usiąść przy ringu, gdy zbliża się jakaś walka, i obserwować trening zawodowców. Ważne miejsce w historii pięściarstwa zajmuje też Gleason's Gym w Nowym Jorku.

LONG BEACH, KALIFORNIA, USA
510. Lot dwupłatem
Kiedy: przez cały rok
Szerokość geograficzna: 33.7700
Długość geograficzna: -118.1937

Bez względu na rozwój nowoczesnych samolotów niewiele doznań lotniczych może się równać z dreszczykiem emocji i euforią, które towarzyszą podróży dwupłatem. Na Long Beach uczyła się latać Amelia Earhart, pierwsza kobieta, która przeleciała samotnie nad Atlantykiem. Nadal latają tutaj wspaniałe dwupłaty inspirowane konstrukcjami z lat 30. XX w. Doświadczony pilot może pokazać pasażerom niesamowitą panoramę portu Los Angeles, a także liniowiec „Queen Mary" oraz port Long Beach.

LINCOLN, NOWY MEKSYK, USA
511. Szczypta prawdziwego Dzikiego Zachodu
Kiedy: przez cały rok
Szerokość geograficzna: 33.4920
Długość geograficzna: -105.3839

„Spacer śladami historii" to obiegowe powiedzonko, ale w tym doskonale zachowanym miasteczku na Dzikim Zachodzie nabiera ono odmiennego wydźwięku. W budynku sądu każdy może stanąć w miejscu, w którym 28 kwietnia 1881 r. legendarny przestępca Billy the Kid zastrzelił zastępcę szeryfa. Całe miasto znajduje się na liście zabytków i doskonale oddaje atmosferę XIX-wiecznego Dzikiego Zachodu.

OKOLICE PHOENIX, ARIZONA, USA
512. Deszcz meteorytów na czystym niebie
Kiedy: w połowie grudnia
Szerokość geograficzna: 33.4483
Długość geograficzna: -112.0740
(Phoenix)

Brak zanieczyszczenia świetlnego sprawia, że niebo Arizony znakomicie nadaje się do podziwiania niesamowitego spektaklu tworzonego przez meteoryty spalające się po wejściu w atmosferę naszej planety. Najlepszym terminem na wizytę w tych okolicach jest grudzień, kiedy można obserwować rój Geminidów w gwiazdozbiorze Bliźniąt.

LONG BEACH, KALIFORNIA, USA
513. W kolejce do kosmosu
Kiedy: można się zapisać już teraz (choć data uruchomienia programu nie jest jeszcze znana)
Szerokość geograficzna: 33.7683
Długość geograficzna: -118.1956

Epoka popularyzacji lotów w kosmos zbliża się wielkimi krokami, a firma Virgin Galactic przygotowuje statek kosmiczny, który już w najbliższych latach może się stać pierwszym komercyjnym pojazdem tego typu. Chętni muszą zapłacić 200 000 dolarów za bilet, aby dołączyć do listy oczekujących, na której znajdują się już dziesiątki tysięcy osób.

PÓŁKULA PÓŁNOCNA   od 45°N do 30°N

GÓRY KII, JAPONIA
514. Wędrówka szlakami Kumano Kodō
Kiedy: przez cały rok
Szerokość geograficzna: 34.0000
Długość geograficzna: 135.7500 (centralny punkt szlaku Kii Hanto)

Pradawna, mistyczna atmosfera otaczająca sieć szlaków Kumano Kodō – a także ich znaczenie historyczne oraz tradycja łączenia ważnych ośrodków religijnych – powoduje, że wędrówka tymi ścieżkami nadal sprawia wrażenie pielgrzymki, dokładnie tak samo jak w IX w. n.e.

Wijąc się przez półwysep Kii (największy w Japonii), szlaki Kumano Kodō przecinają góry Kii położone nad Oceanem Spokojnym, przebiegając pośród przepięknych widoków. W dolinach można się natknąć na ogromne wodospady, które pokrywają pyłem wodnym wielowiekowe świątynie. Szlaki biegną w otoczeniu tysięcy idealnie prostych drzew, między którymi padają ukośnie promienie słoneczne. Jesienią to miejsce skąpane jest w dwóch kolorach: czerwonym i pomarańczowym, natomiast przez kilka wiosennych dni ścieżki pokrywają się pięknymi barwami za sprawą kwiatów wiśni. To przykład żywej japońskiej kultury: przy odrobinie szczęścia można na tych ścieżkach napotkać współczesnych pielgrzymów wędrujących w dużych słomkowych kapeluszach i woalkach, jakie widuje się tu od setek lat.

Opisywane szlaki łączą trzy obiekty znajdujące się na liście światowego dziedzictwa UNESCO – chramy Kumano Hongu Taisha, Kumano Nachi Taisha i Kumano Hayatama Taisha. Pielgrzymi przemierzający ścieżki między pradawnymi stolicami Nata i Kioto byli wyznawcami rozmaitych tradycji, reprezentujących zarówno szintoizm – stary japoński system wierzeń – jak i buddyzm, który przywędrował tu z Korei i Chin. W ciągu 1200 lat niewiele się tu zmieniło – środowisko zostało zachowane w idealnym stanie, a przy szlakach wciąż stoją fascynujące świątynie.

Prawdziwa radość kryje się w wędrowaniu wśród bujnej roślinności, we wschodach i zachodach słońca, w scenerii pofałdowanych wzgórz i widoku barwnych kwiatów. To coś więcej niż zwykła wędrówka.

Szlak Kumano Kodō w górach Kii, Japonia

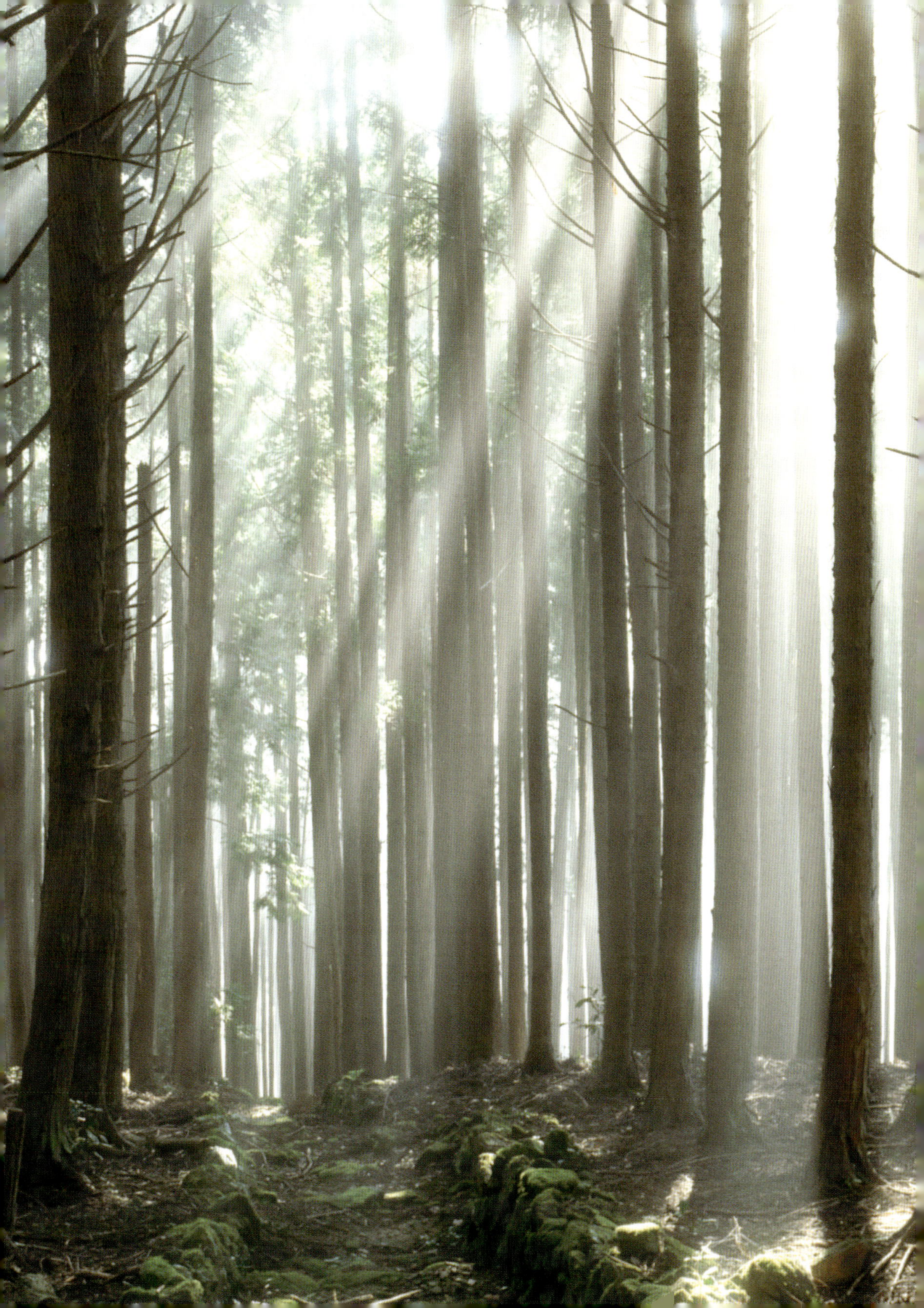

PÓŁKULA PÓŁNOCNA   od 45°N do 30°N

KOBE, ZATOKA OSAKA, JAPONIA
515. Smak najlepszej wołowiny na świecie
Kiedy: przez cały rok
Szerokość geograficzna: 34.6900
Długość geograficzna: 135.1956

Krowy z Kobe są pojone piwem i masowane, a ich skórę naciera się sake, co ma pozytywnie wpłynąć na smak delikatnego, soczystego mięsa oraz jego marmurkowy wzór. Ponieważ tę wołowinę rzadko wysyła się na eksport, najlepiej będzie spróbować jej w Kobe, gdzie ceny są rozsądne, a kucharze pedantycznie kroją mięso na porcje rozmiarów kęsa, dopasowując się do tempa, w jakim goście restauracji spożywają posiłki.

TOKIO, JAPONIA
516. Podziwianie w Japonii kwitnących wiśni
Kiedy: wiosną
Szerokość geograficzna: 35.7331
Długość geograficzna: 139.7467

Choć wiśnie pięknie kwitną w wielu miejscach w Japonii, najlepiej oglądać je w Tokio – nie tylko dlatego, że jest ich tu dużo, ale również za sprawą lokalnej popularności *hanami* („oglądania kwiatów"). *Hanami* to japońska tradycja powitania wiosny i oddawania czci narodowemu kwiatowi tego kraju, wiśni, gdy jest on w pełni rozkwitu. Ludzie przechadzają się między drzewami i urządzają pod nimi pikniki, ale obchody można też kontynuować w godzinach nocnych – tysiące drzew wiśni w parkach są wtedy pięknie podświetlane, dzięki czemu prezentują się niezwykle romantycznie i stają się popularnymi miejscami spotkań przyjaciół oraz zakochanych.

ABASHIRI, JAPONIA
517. Podróż na pokładzie lodołamacza
Kiedy: zimą
Szerokość geograficzna: 44.0206
Długość geograficzna: 144.2733

Ten niezwykły, mało znany sposób podróżowania jest oczywiście atrakcją samą w sobie. Rejs na pokładzie potężnego lodołamacza wyruszającego z Abashiri, odległego północnego zakątka Japonii, pozwala podziwiać przebijanie się tej jednostki przez budzący respekt pak lodowy.

KIOTO, JAPONIA
518. Popijanie herbaty w Kioto
Kiedy: przez cały rok
Szerokość geograficzna: 35.0117
Długość geograficzna: 135.7683

Przygotowywanie naparu to ceremonia służąca odmładzaniu, ale w samym centrum świata herbaty uważa się ją za najwyższą prawdę buddyzmu zen. Czyszczenie naczyń, a także trzykrotne zamieszanie płynu zgodnie z ruchem wskazówek zegara przed upiciem pierwszego łyku najczystszej, delikatnej herbaty dają czas na kontemplację i rozluźnienie. Dzięki kojącej filiżance szlachetnego naparu pijący może odnaleźć wewnętrzny spokój.

OSAKA, JAPONIA
519. Nocleg w hotelu kapsułowym
Kiedy: przez cały rok
Szerokość geograficzna: 34.6939
Długość geograficzna: 135.5022

Niezwykle japońskie w swoim charakterze hotele kapsułowe nie przyjęły się na Zachodzie, być może dlatego, że trudno w nich zasnąć, zwłaszcza gdy człowiek cierpi na klaustrofobię. Warto jednak przynajmniej raz spróbować noclegu w wykonanej z włókna szklanego kapsule, która jest tylko minimalnie większa od trumny, chociaż zawiera telewizor. Można nawet za jednym zamachem posmakować tego doświadczenia dwa razy – pierwszy i ostatni.

TSUKIJI, TOKIO, JAPONIA
520. Sushi na tokijskim targu rybnym
Kiedy: przez cały rok
Szer. geogr.: 33.6273   **Dł. geogr.:** 135.9426

Szaleńcze tempo wydarzeń, wyraziste zapachy oraz spektakl towarzyszący licytacjom tuńczyka odbywającym się o piątej rano na największym i najbardziej zatłoczonym targu rybnym na świecie koniecznie należy dopełnić śniadaniem złożonym z sushi. Chętni muszą odstać w kolejce trzy godziny, ale coś takiego świadczy o jakości *omakase* (dań wybranych przez kucharza), których prawdziwy smakosz z pewnością nie może przegapić.

MATMATA, TUNEZJA

521. Nocleg w domu Luke'a Skywalkera

Kiedy: przez cały rok
Szerokość geograficzna: 33.4552
Długość geograficzna: 9.7679

Wielbiciele kina bardzo chętnie odwiedzają egzotyczne miejsca, w których kręcono ich ulubione dzieła. Fani *Gwiezdnych wojen* mają nawet możliwość przespania się w domu, w którym Luke Skywalker dorastał w filmie *Gwiezdne wojny: część IV – Nowa nadzieja* – to hotel Sidi Driss na pustyni w Tunezji.

PÓŁKULA PÓŁNOCNA   od 45°N do 30°N

DERWEZE, TURKMENISTAN
522. Żar buchający z piekieł
Kiedy: przez cały rok
Szerokość geograficzna: 40.2526
Długość geograficzna: 58.4394

Krater gazowy w Derweze w Turkmenistanie bywa „czule" nazywany „Bramą Piekieł". W 1971 r. podpalono tam gaz, by zapobiec sytuacji, w której uchodziłby on do atmosfery. Krater płonie do dziś, choć od tamtych wydarzeń minęło prawie 50 lat.

DEMAWEND, IRAN
523. Lodowce na irańskiej pustyni
Kiedy: przez cały rok
Szerokość geograficzna: 35.9556
Długość geograficzna: 52.1100

Niewykluczone, że Iran nie będzie pierwszym miejscem, które przyjdzie do głowy osobie poszukującej lodowców, ale można je znaleźć w górach wznoszących się nad jałowymi terenami na północy kraju. Chętni powinni zobaczyć lodowe języory, póki jeszcze tam są, gdyż pod wpływem zmian klimatycznych dość szybko topnieją.

▼ ISFAHAN, IRAN
524. Wizyta w malowniczym perskim mieście
Kiedy: przez cały rok
Szerokość geograficzna: 32.6333
Długość geograficzna: 51.6500

Jak głosi stare perskie powiedzenie, „Isfahan to połowa starożytnego świata". Piękne zabytkowe miasto, będące niegdyś stolicą Persji, zachowało swój urok do dziś. Obsadzone drzewami bulwary, malownicze zabudowane mosty oraz cudowne ogrody – przechadzka po tym cudownym miejscu sprawia ogromną przyjemność.

Meczet Imama w Isfahanie, Iran

PÓŁKULA PÓŁNOCNA   od 45°N do 30°N

IBUSUKI, WYSPA KIUSIU, JAPONIA
525. Kąpiel w gorących piaskach
Kiedy: przez cały rok
Szerokość geograficzna: 31.2528
Długość geograficzna: 130.6331

Japonia słynie z leczniczych gorących źródeł, ale jeżeli ktoś nie lubi wody, może wybrać inną metodę pozwalającą czerpać korzyści z naturalnego ciepła. Czekające na plaży pracownice kurortu zakopują chętnych aż po szyję, przykrywając ich piaskiem ogrzanym przez położone głębiej źródła – ten zabieg ma ponoć wspomagać krążenie.

▶ WYSPA KIUSIU, JAPONIA
526. Czar starych drzew w Kirishima-Yaku
Kiedy: przez cały rok
Szerokość geograficzna: 31.8872
Długość geograficzna: 130.8559

Niektórzy Japończycy uważają, że Park Narodowy Kirishima-Yaku to miejsce, w którym bogowie zeszli na ziemię. I rzeczywiście – niezwykle stare drzewa rosnące w północnej części prefektury Kagoshima i zachodniej części prefektury Miyazaki otacza niemal nabożna atmosfera. Te prastare okazy kryptomerii japońskiej (znanej tu pod nazwą *yakusugi*) są naprawdę niesamowite: niektóre mają ponad 1000 lat, a obwód ich pnia sięga 16 m. W parku można też podziwiać dziko rosnące azalie oraz ogromny wodospad Senrigataki.

Jedno ze starych drzew w Parku Narodowym Kirishima-Yaku na wyspie Kiusiu, Japonia

▶ TADŻYKISTAN
527. Trekking po Dachu Świata
Kiedy: od lipca do września
Szerokość geograficzna: 38.5618
Długość geograficzna: 73.2312 (Górski Badachszan)

Tadżykistan to kraj niedoścignionych pejzaży. Określany mianem Dachu Świata wysoki łańcuch górski Pamiru obejmuje szczyty przekraczające 7000 m n.p.m. Na takiej wysokości lato trwa krótko, a zima ciągnie się przez wiele miesięcy. Lokalny transport ma ograniczony zasięg, trudno zdobyć mapy, a nieznajomość języka oznacza, że człowiek szybko może się poczuć zagubiony. Wystarczy jednak zignorować te trudności, a okaże się, że pozytywy zdecydowanie przeważają nad problemami. Ze względu na dużą wysokość i brak wody na trasie trzeba wynająć przewodnika.

Wysiłki zostaną nagrodzone widokami terenów polodowcowych, na których szmaragdowozielone jeziora przeplatają się z pasami jałowego, pustynnego terenu. Równie wspaniała jest niezwykła gościnność mieszkańców Pamiru. Wędrowiec prawie na pewno zostanie zaproszony na herbatę lub posiłek.

Droga do najwyższych pasm górskich Azji w Tadżykistanie

JAPONIA
528. Karmienie ryb… własną stopą
Kiedy: przez cały rok
Szerokość geograficzna: 35.2324
Długość geograficzna: 139.1069
(Hakone – to tutaj zaczęto stosować rybi pedicure)

Pedicure wykonywany przez rybki przestał być mrzonką i wkroczył do japońskich kurortów (*onsenów*). Słodkowodne „ryby lekarze" wyjadają martwy naskórek z nóg zanurzonych w wodzie, pozostawiając po 15 minutach cudownie gładką skórę. Nie dla wrażliwych.

MCLEOD GANJ (GÓRNA DHARAMSALA), INDIE
529. Żartowanie z królem-bogiem w jego rezydencji
Kiedy: przez cały rok
Szerokość geograficzna: 32.2433   **Długość geograficzna:** 76.3210

Zabudowania znajdujące się powyżej osady McLeod Ganj, położonej na wysokości niemal 2100 m n.p.m., są siedzibą Dalajlamy, który (zależnie od punktu widzenia) jest królem-bogiem, buddyjskim mistrzem, inspirującym przykładem, względnie – gdyby zapytać przedstawiciela chińskich władz – imperialistyczną marionetką. Choć budzi tyle kontrowersji, a zarazem cieszy się takim uwielbieniem i zetknął się z tak wielką tragedią, tryska intelektem, humorem oraz spokojem, które są niezwykłym świadectwem jego wiary (i/lub odporności), jeśli wziąć pod uwagę, ile problemów doznał jego ojczysty Tybet pod rządami Chińczyków. Tysiące ludzi przybywają co roku do Dharamsali, by słuchać wykładów Dalajlamy. Typowymi elementami audiencji u Jego Świątobliwości są zazwyczaj liczne żarty oraz podarunek w postaci białej szarfy.

PÓŁKULA PÓŁNOCNA   od 45°N do 30°N

MARRAKESZ, MAROKO
530. Intensywny kobaltowy błękit Ogrodów Majorelle
Kiedy: otwarte przez cały rok (godziny zmieniają się zależnie od pory roku)
Szerokość geograficzna: 31.6414
Długość geograficzna: -8.0023

Malarz Jacques Majorelle stworzył Ogrody Majorelle w Marrakeszu ponad 40 lat temu. Składają się one z kilku budynków w różnych stylach (mauretańskim, berberyjskim – wraz z wysoką wieżą z suszonej cegły – i kubistycznym) oraz pergoli inspirowanej budownictwem arabskim. Wszystkie te zabudowania znajdują się pośrodku stworzonej przez Majorelle'a oazy wypełnionej rzadko spotykanymi egzotycznymi roślinami, które artysta przywoził z licznych podróży po pięciu kontynentach. Turyści mogą teraz zwiedzać tę czarującą posiadłość (obecnie muzeum) i spacerować wśród barwnych budynków oraz niezwykle nastrojowych ogrodów.

AMRITSAR, STAN PENDŻAB, INDIE
531. Modlitwa w Złotej Świątyni
Kiedy: przez cały rok
Szerokość geograficzna: 31.6200
Długość geograficzna: 74.8769

Złota Świątynia (Harmandir Sahib) w Amritsarze w stanie Pendżab jest najważniejszą świątynią sikhizmu. Mówi się, że wody otaczające lśniącą świątynię mają właściwości lecznicze, dlatego pielgrzymi przyjeżdżają tu z całego świata, aby się w nich obmyć. Sama świątynia składa się z najniższego piętra wykonanego z rzeźbionego marmuru, wyższej kondygnacji ozdobionej pięknymi grawerunkami w złocie, a także umieszczonych powyżej kopuł. We wnętrzu nieustannie rozbrzmiewają śpiewy z sikhijskiej świętej księgi, a wizyta w tym miejscu jest niezwykle głębokim przeżyciem duchowym.

MASADA, IZRAEL
532. Śladami starożytnych powstańców
Kiedy: przez cały rok
Szerokość geograficzna: 31.3109
Długość geograficzna: 35.3640

Każdy, kto pokona przed świtem około 400 m w pionie i dotrze do Masady, legendarnej żydowskiej twierdzy obleganej przez Rzymian w 73 r. n.e., zrozumie, dlaczego ten pradawny, odizolowany od świata płaskowyż wybrano na lokalizację twierdzy. Wspaniały widok wschodu słońca z pewnością wynagrodzi podjęty wcześniej wysiłek.

HAJFA, IZRAEL
533. Urok współczesnych wiszących ogrodów
Kiedy: przez cały rok
Szerokość geograficzna: 32.7940
Długość geograficzna: 34.9896

Przed Mauzoleum Bába w Hajfie w Izraelu znajduje się 19 tarasów znanych jako wiszące ogrody w Hajfie. Tworzą one koncentryczne okręgi i mają reprezentować pierwszych 18 uczniów Bába. Czy to właśnie tak wyglądał jeden z cudów starożytnego świata, wiszące ogrody w Babilonie? Odwiedzając Hajfę, sami wyrobimy sobie zdanie na ten temat.

STARE MIASTO W JEROZOLIMIE, IZRAEL
534. Widok złotego blasku nad Jerozolimą
Kiedy: przez cały rok (zamknięte w muzułmańskie święta religijne)
Szerokość geograficzna: 31.7780
Długość geograficzna: 35.2354

Ozdobiona wspaniałymi marmurami, mozaikami oraz lśniącym złotem hipnotyzująca Kopuła na Skale na Wzgórzu Świątynnym znajduje się w świętym miejscu trzech religii – judaizmu, islamu i chrześcijaństwa. Ten niezwykły budynek zaskakuje pięknem i w środku, i na zewnątrz; jego uroda jest bezdyskusyjna.

PÓŁKULA PÓŁNOCNA   od 45°N do 30°N

BETLEJEM, PALESTYNA
535. Świętowanie Bożego Narodzenia w Betlejem
Kiedy: w Boże Narodzenie, choć miejsce jest dostępne przez cały rok
Szerokość geograficzna: 31.7054   **Długość geograficzna:** 35.2024

Miasteczko Betlejem, miejsce narodzin Jezusa Chrystusa, budzi wiele ciepłych uczuć w sercach wszystkich osób, które są jakoś związane z chrześcijaństwem. Miejscowość od wieków przyciąga pielgrzymów, historyków i podróżników. Na każdym, kto dorastał w chrześcijańskim środowisku, bożonarodzeniowy wyjazd w to święte miejsce będzie sprawiał wrażenie obcowania z historią – to miasteczko jest po prostu przesiąknięte znajomymi opowieściami i obrazami.

Choć na pokrytych pyłem peryferiach królują sklepy z pamiątkami, dalej napotykamy ulice o nazwach związanych z Ewangelią. Centralny plac Żłóbka oraz jego główna atrakcja, Bazylika Narodzenia Pańskiego, robią spore wrażenie i skłaniają do refleksji. Turyści zwiedzający najstarszy nieprzerwanie działający kościół na świecie – tutejsza świątynia funkcjonuje od 339 r. n.e. – wchodzą do środka przez niewielkie „drzwi pokory", by później zejść do Groty Narodzenia, w której przyszedł na świat Jezus. Dokładne miejsce jego narodzin oznaczono 14-ramienną srebrną gwiazdą.

Choć wizyta w tym miejscu będzie fascynująca o każdej porze roku, w Boże Narodzenie siłą rzeczy wszystko nabiera tu szczególnego wydźwięku.

TYBERIADA, IZRAEL
536. Oczyszczająca kąpiel w biblijnych wodach
Kiedy: przez cały rok
(choć zimą może być chłodno)
Szerokość geograficzna: 32.8244
Długość geograficzna: 35.5880

Choć niektórzy nazywają ten mały akwen morzem, jest to najniżej położone jezioro słodkowodne na świecie, niezwykle ważne w tradycji chrześcijańskiej. Obecnie Jezioro Tyberiadzkie cieszy się popularnością wśród plażowiczów i każdy chętny może się zanurzyć w wodach wielokrotnie opisywanych w Biblii.

▶ ŚCIANA PŁACZU, JEROZOLIMA, IZRAEL
537. Prośba do Boga wsunięta między kamienie Ściany Płaczu
Kiedy: przez cały rok
Szerokość geograficzna: 31.7767
Długość geograficzna: 35.2345

Ściana Płaczu na Wzgórzu Świątynnym w Jerozolimie to jedyny zachowany fragment ogromnej starożytnej świątyni. Zgodnie z tradycją żydowską za tą ścianą znajduje się wzgórze, na którym Abraham miał się przygotowywać do złożenia Bogu ofiary ze swojego syna Izaaka. Od stuleci to miejsce jest co roku odwiedzane przez tysiące wiernych, którzy modlą się przy murze lub wsuwają między jego kamienie modlitwy zapisane na karteczkach. Przyjmuje się, że w dzisiejszych czasach rocznie pojawia się tu milion takich karteczek (a organizacje działające w Internecie umożliwiają przesłanie tego typu modlitw pocztą elektroniczną).

Ściana Płaczu w Jerozolimie, Izrael

PÓŁKULA PÓŁNOCNA   od 45°N do 30°N

Serce Dżami al-Fany w Marrakeszu, Maroko

▲ MARRAKESZ, MAROKO
538. Rytm bijącego serca placu Dżami al-Fana
Kiedy: przez cały rok
Szerokość geograficzna: 31.6260
Długość geograficzna: -7.9890

Dżami al-Fana to plac miejski, a zarazem tętniące życiem targowisko, punkt gastronomiczny, teatr pod gołym niebem oraz muzeum pełne egzotycznych okazów. Za dnia jest tu dość spokojnie, lecz nocą Dżami al-Fana pulsuje gorączkowym rytmem. Przy straganach z jedzeniem rozpalane są paleniska, a wieczorny wietrzyk unosi dym oraz zapach smażonego mięsa. Miejscowi przychodzą tu licznie na wieczorny spacer, podziwiając przy okazji występy gawędziarzy, magików, akrobatów i muzyków – co kilka kroków kolejna grupka obserwuje inne widowisko.

Dobrym pomysłem będzie zaszycie się w kawiarni na dachu i obserwowanie tego wszystkiego z góry: można wtedy przyglądać się rozwojowi wielu wydarzeń naraz, a następnie włączyć się do walki o herbatę miętową przesyconą energią tego placu.

AS-SUWAJRA, MAROKO
539. Gra w piłkę nożną na piaszczystym boisku
Kiedy: przez cały rok
Szerokość geograficzna: 31.5085
Długość geograficzna: -9.7595

Plaża w As-Suwajrze nie tylko jest imponująco długa; podczas odpływu robi też duże wrażenie jej szerokość. Ten fakt nic umknął uwadze lokalnych miłośników piłki nożnej. Gdy tylko piasek wyłania się spod wody, pojawiają się również prowizoryczne słupki i drużyny piłkarskie, które z radością powitają każdego, kto ma ochotę zagrać na skrzydle czy w centrum.

MORZE MARTWE, JORDANIA
540. Unoszenie się na powierzchni Morza Martwego

Kiedy: przez cały rok
(choć w zimie może być chłodno)
Szerokość geograficzna: 31.5590
Długość geograficzna: 35.4732

Niezwykłe Morze Martwe należy do tych miejsc, które koniecznie należy odwiedzić. Położone w najgłębszej depresji na ziemi, jest bardzo zasolone – zawiera dziesięciokrotnie więcej soli niż oceany – co oznacza, że jedynymi żywymi istotami, jakie można zobaczyć w tych wodach, są unoszący się na ich powierzchni turyści.

PÓŁKULA PÓŁNOCNA   od 45°N do 30°N

MAROKO
541. Trekking w Atlasie Wysokim
Kiedy: przez cały rok
Szerokość geograficzna: 31.0598
Długość geograficzna: -7.9149 (Tubkal)

Nazwa „Atlas Wysoki" nie jest przesadzona – najczęstszy cel trekkingów w Maroku (oraz bez wątpienia jedno z najciekawszych tego typu miejsc w całej Afryce) to łańcuch górski złożony z 12 szczytów, z których najwyższy mierzy 4167 m n.p.m. (Tubkal). Podczas wędrówki przez te góry można się natknąć na fascynujących ludzi, malownicze krajobrazy, niezwykle odosobnione miejsca, prastare wioski, sielskie doliny, a także malownicze ukryte tunele prowadzące na półki i urwiska z niesamowitymi punktami widokowymi.

Wędrówka przez te tereny może przybrać rozmaite formy, począwszy od jednodniowych wypadów z Marrakeszu, a skończywszy na trzy- lub pięciodniowych wycieczkach pozwalających zdobyć przynajmniej kilka szczytów. Zawsze warto skorzystać ze wsparcia lokalnego przewodnika posługującego się językiem angielskim. Silny muł pomoże transportować prowiant, a przewodnicy zajmują się też z reguły przygotowywaniem wszystkich posiłków. Wybór szlaku zależy od sprawności fizycznej i budżetu podróżnika, ale możliwości są nieograniczone.

Niezależnie od tego, czy będzie się przechodzić przez opuszczone kasby, jeździć na wielbłądzie, czy też podziwiać zadbane ogrody lokalnych wieśniaków, przed człowiekiem staje wyjątkowa okazja, by zapomnieć o krzątaninie współczesnego świata, zaczerpnąć w płuca świeżego powietrza i rozkoszować się prostszym życiem.

Atlas Wysoki w Maroku

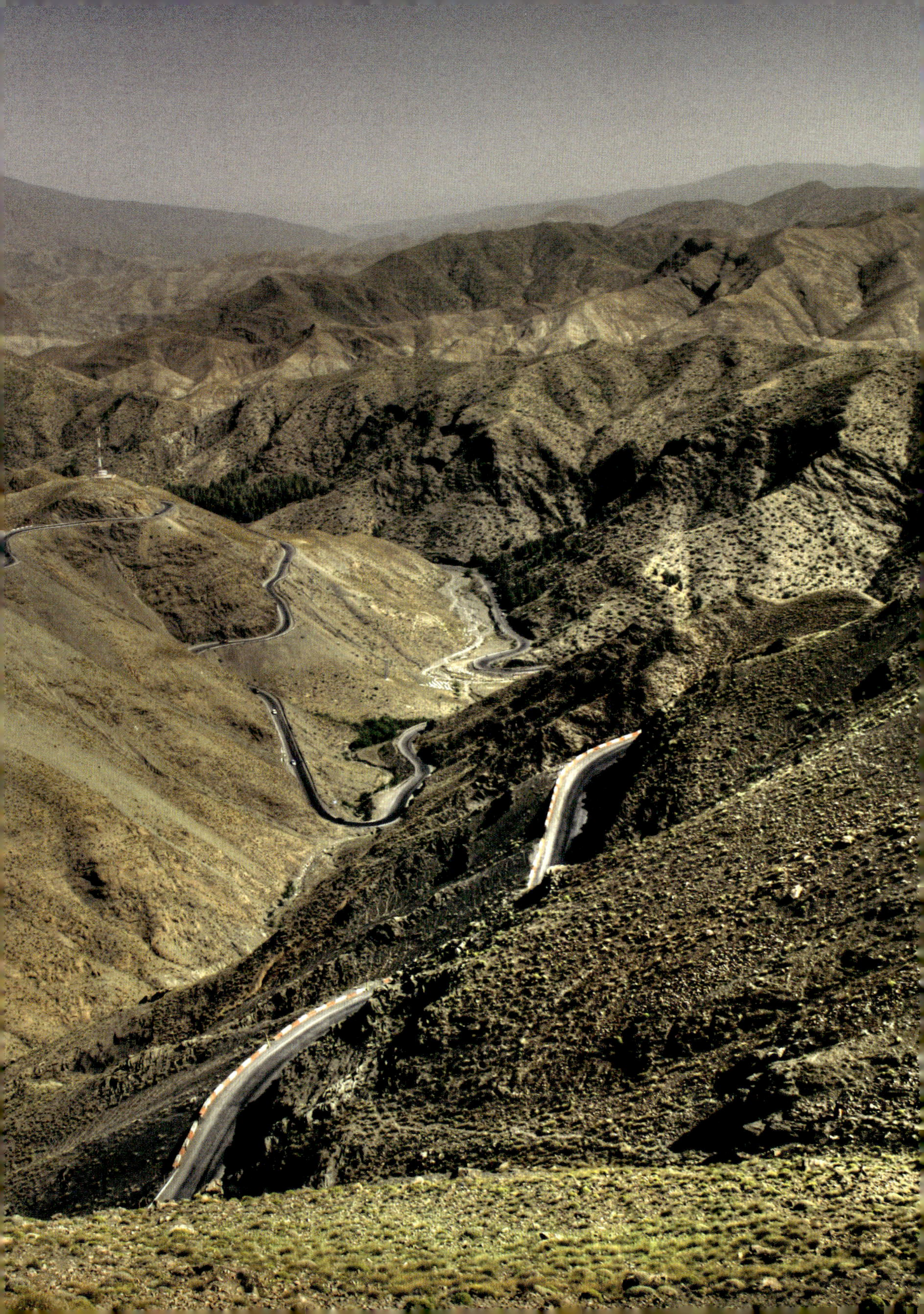

PÓŁKULA PÓŁNOCNA   od 45°N do 30°N

SZANGHAJ, CHINY
542. Superekspresem do pracy
Kiedy: przez cały rok
Szerokość geograficzna: 31.1433
Długość geograficzna: 121.8053

Pociąg Transrapid Szanghaj jeździ z zawrotną prędkością 431 km/h – czyli porusza się niemal dwa razy szybciej niż najszybszy rollercoaster na świecie – zatem jest to najszybszy komercyjny pociąg świata. Warto wsiąść do niego wraz z osobami, które dojeżdżają nim do pracy i naprawdę nie mają żadnego wytłumaczenia, gdy się spóźnią do biura.

▶ SZANGHAJ, CHINY
543. Rejs po rzece Jangcy
Kiedy: przez cały rok
Szerokość geograficzna: 31.2304   **Długość geograficzna:** 121.4737

Mierząca około 6300 km długości, otoczona mistyczną atmosferą rzeka Jangcy zaczyna swój bieg w sercu Chin, a uchodzi do morza w okolicach Szanghaju. Przez tysiące lat stanowiła arterię komunikacyjną Państwa Środka, jej brzegi były kolebką handlu i kultury. Rejs po tej potężnej rzece – trzeciej pod względem długości na świecie – pozwala człowiekowi spojrzeć na Chiny z nowej perspektywy. Osoba podróżująca po Jangcy nieustannie mija ważne historycznie miejsca zasługujące na postój i zwiedzanie, a oprócz tego może także podziwiać z pokładu niezwykłe widoki.

Po tych wodach pływa wiele statków wycieczkowych; najsłynniejszym odcinkiem są Trzy Przełomy, gdzie rzeka pokonuje niesamowite wąwozy. Fotografowie będą się świetnie bawić, mijając wszystkie zakręty w okolicach przełomu Wu, a także magiczne Dwanaście Szczytów Wushan, zamieszkiwane przez słynną boginię. Wąski przełom Qutang zachwyca wapiennymi ścianami, a przełom Xiling – najdłuższy z tych trzech – prowadzi wśród malowniczej scenerii z Jiangxi do miasta Yichang.

Tygodniowy rejs zadowoli wiele osób, które połączą taką wycieczkę ze zwiedzaniem Wielkiego Muru Chińskiego, Szanghaju i Xi'an, ale chętni mogą się też wybrać na 11-dniową wyprawę, podczas której przepłyną ponad 2200 km i solidnie odpoczną, zmieniając przy okazji sposób myślenia.

MARRAKESZ, MAROKO
544. Nocleg w tradycyjnym riadzie
Kiedy: przez cały rok
Szerokość geograficzna: 31.6295
Długość geograficzna: -7.9811

Opuszczenie marokańskiej ulicy i wejście do riadu oznacza ucieczkę od zgiełku i zanurzenie się w świecie relaksu. Pokoje otaczają centralny dziedziniec, który wraz ze znajdującą się pośrodku fontanną lub sadzawką tworzy zamknięty, samodzielny świat, a wszystko to przesiąknięte jest wielowiekową historią.

MARRAKESZ, MAROKO
545. Targowanie się w Maroku
Kiedy: przez cały rok
Szer. geogr.: 31.6924   **Dł. geogr.:** -7.9811 (Marrakesz)

Od Fezu i Rabatu aż po As-Suwajrę i Tarudant, marokańska tradycja organizowania targowisk jest kluczowym elementem kultury tego kraju, a zarazem czymś, czego powinien posmakować każdy przyjezdny. Reguły wciąż pozostają niezmienne: warto wcześnie dotrzeć na miejsce, by zdążyć przed tłumami i upałem. Po krótkim szwendaniu się bez celu zaczynają się długie rozważania dotyczące kupna takiej czy innej rzeczy; koniecznie trzeba się też targować. Rezygnacja z negocjacji handlowych zostanie odebrana jako nietakt.

Na marokańskich targowiskach można dziś kupić właściwie wszystko, choć najczęstszym nabytkiem są wyroby miejscowego rękodzieła. Aby skutecznie się targować, trzeba udawać obojętność, zachowywać przez cały czas uprzejmość i zaproponować mniej więcej jedną trzecią początkowej ceny podanej przez sprzedawcę.

Rejs po rzece Jangcy w Chinach

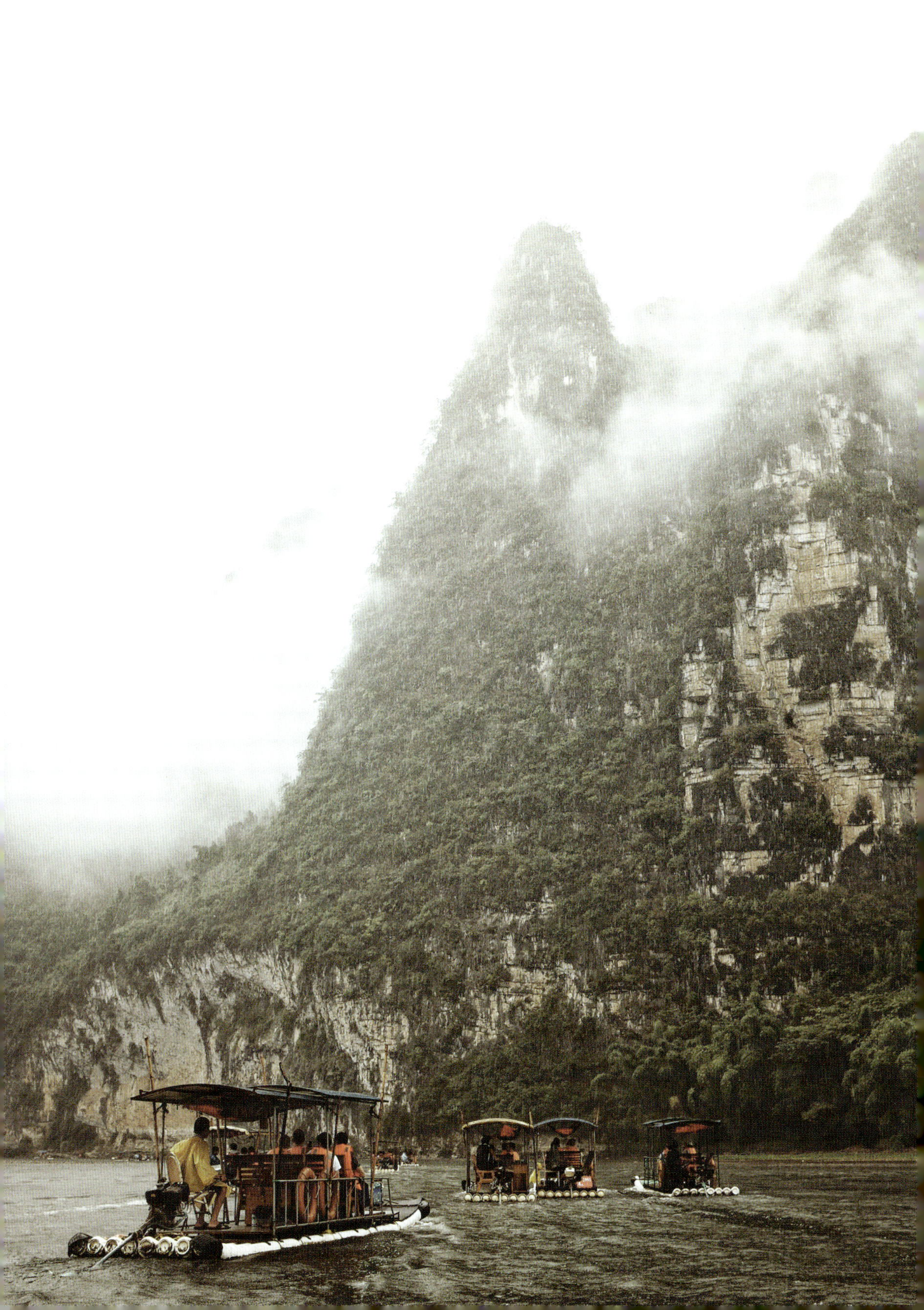

PÓŁKULA PÓŁNOCNA

▶ KURDYSTAN, IRAK
546. Zwiedzanie najstarszego miasta na ziemi
Kiedy: przez cały rok
Szerokość geograficzna: 35.1910
Długość geograficzna: 44.0090

Cytadela w Irbilu w Iraku pozostaje nieprzerwanie zamieszkana od co najmniej 2300 r. p.n.e., co czyni ją najstarszym miastem na ziemi. Znalezione tu naczynia świadczą o tym, że ludzie mogli mieszkać w tych okolicach jeszcze wcześniej, w epoce neolitu, czyli ostatnim okresie epoki kamienia.

Meczet Jalila Khayata w jednym z najstarszych miast na ziemi, Irbil, Irak

BAGNA MEZOPOTAMII, IRAK
547. Wizyta w wiosce unoszącej się na wodzie
Kiedy: przez cały rok
Szerokość geograficzna: 31.0000   **Długość geograficzna:** 47.0000

Widok unoszących się na wodzie domostw Arabów Mad'an zamieszkujących tę część Iraku, gdzie Tygrys spotyka się z Eufratem, jest absolutnie niezwykły. Domy są wykonane z trzciny i gigantycznych traw przypominających bambus; nie ma tu żadnych gwoździ, drewna ani szkła. Mieszkający tam półkoczowniczy lud prowadzi takie proste życie od setek lat, choć nie zapobiegło to odwiecznym problemom wyznaczania granic – domy są wznoszone na grząskich wyspach, a mieszkańcy muszą je zakotwiczać, by nie wpadały na sąsiednie domostwa.

Niestety, mieszkańcy tych tradycyjnych budowli bardzo ucierpieli w czasach rządów Saddama Husajna, który niemal całkowicie wytępił ten lud. Bagna osuszano, a ich mieszkańców zmuszano do opuszczania ojczystej ziemi, przez co wielu z nich na dobre porzuciło tradycyjny styl życia. Od 2003 r. rozpoczął się proces przywracania bagien do początkowego stanu; podjęto też działania związane ze wspieraniem niewielkiej społeczności Arabów Mad'an, która zdołała przetrwać.

PROWINCJA ZI KAR, IRAK
548. Kreatywne lepienie w miejscu narodzin garncarstwa
Kiedy: przez cały rok (choć w lecie może być nieprzyjemnie gorąco)
Szerokość geograficzna: 30.9626
Długość geograficzna: 46.1018

Wizyta w „kolebce cywilizacji" na terenie dzisiejszego Iraku jest znakomitą okazją, by spróbować wytoczyć garnek na kole. Położone w Mezopotamii starożytne miasto Ur było ośrodkiem produkcji ceramiki – najstarsze odnalezione dotychczas koło garncarskie powstało właśnie w tych okolicach jakieś 3000 lat p.n.e.

PÓŁKULA PÓŁNOCNA   od 45°N do 30°N

ALEKSANDRIA, EGIPT
549. Nurkowanie w zatopionym pałacu
Kiedy: przez cały rok
Szerokość geograficzna: 31.2000
Długość geograficzna: 29.9187

Katastrofa, która wydarzyła się w jednej epoce, pozwala podziwiać cuda ludziom żyjącym w innych czasach: gdy trzęsienie ziemi zatopiło pałac królowej Kleopatry i starą latarnię morską w Aleksandrii, ówcześni Egipcjanie nie mogli wiedzieć, że wiele stuleci później te obiekty utworzą wspaniały teren podziwiany przez nurków. Dziś wystarczy wypożyczyć piankę do pływania i można ruszać na zwiedzanie tego wyjątkowego podwodnego muzeum.

ALEKSANDRIA, EGIPT
550. Rozkosze kąpieli w mleku
Kiedy: przez cały rok
Szerokość geograficzna: 31.2001
Długość geograficzna: 29.9187

Jedwabista pieszczota ciepłego mleka na skórze była jednym z zabiegów, którym poddawała się słynąca z urody Kleopatra (najbardziej lubiła używać do kąpieli oślego mleka). Naukowcy potwierdzają, że królowa miała rację – kwas mlekowy pozwala pozbyć się martwych komórek skóry, a jakie miejsce nadawałoby się na taką kąpiel lepiej niż rodzinne miasto Kleopatry?

SAHARA, MAROKO
551. Udział w Maratonie Piasków
Kiedy: co roku w kwietniu
Szerokość geograficzna: 31.1458
Długość geograficzna: -3.9677

Maraton Piasków, uważany za najbardziej wymagający bieg długodystansowy na świecie, to wyczerpująca impreza, podczas której zawodnicy pokonują w ciągu siedmiu dni około 230 km, zmagając się z temperaturami sięgającymi 50°C. Nikt nie powinien próbować czegoś takiego bez solidnego przygotowania treningowego i wsparcia profesjonalistów.

UTTARAKHAND, HIMALAJE, INDIE
552. Baśniowa feeria barw
Kiedy: główny sezon kwitnienia trwa od lipca do października
Szerokość geograficzna: 30.7280
Długość geograficzna: 79.6053

Trzej brytyjscy wspinacze – Frank Smythe, Eric Shipton i R.L. Holdsworth – mieli w 1931 r. szczęście, że zgubili się w Himalajach Zachodnich, w miejscu, w którym znajduje się teraz Park Narodowy Nanda Devi, i natrafili na jedną z najpiękniejszych dzikich łąk na świecie. Nazwali to miejsce „Doliną Kwiatów", a Smythe napisał później książkę o takim tytule.

Oczom Brytyjczyków ukazały się przepiękne szmaragdowozielone stoki porośnięte lasami brzozowymi, wspaniałe wodospady, tajemnicze kłębowiska chmur, a także łąki pełne drobnych, barwnych kwiatów górskich. Wspinacze musieli trafić do tej „krainy wróżek" między lipcem a październikiem, gdyż to właśnie wtedy dolina usłana jest bajecznymi kwiatami.

LADAKH, INDIE
553. Na tropie nieuchwytnego irbisa śnieżnego
Kiedy: od sierpnia do października
Szerokość geograficzna: 33.7563
Długość geograficzna: 77.2833

Irbisa (panterę śnieżną) niełatwo spotkać, mimo że w zimie te zagrożone koty schodzą z wysokich partii Himalajów w poszukiwaniu pożywienia. Trekking przez dolinę Rumbak, zamieszkiwaną przez te zwierzęta, to jedna z lepszych okazji, by spotkać któregoś z tych skrytych drapieżców.

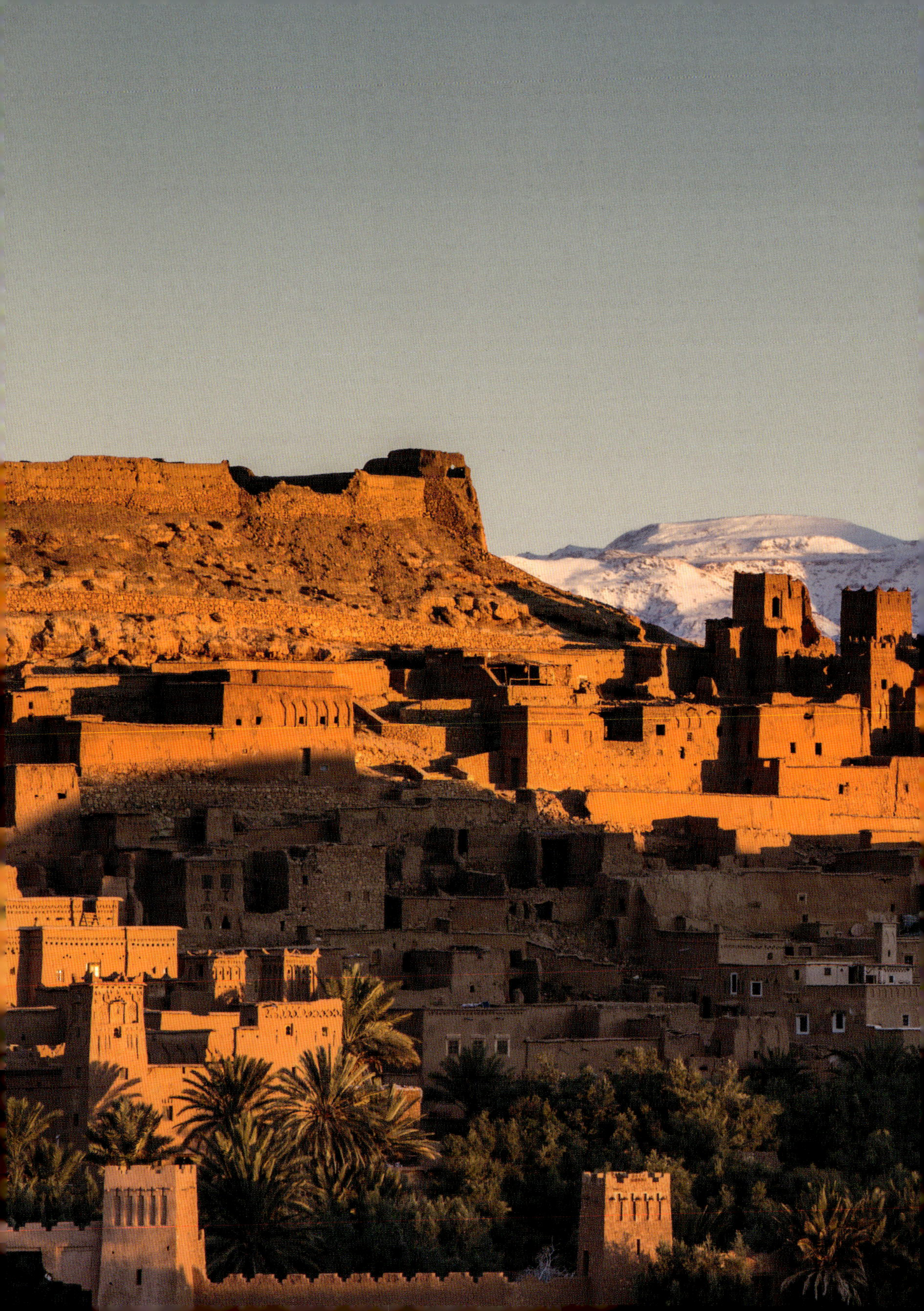

AJT BIN HADDU, MAROKO

554. Wschód słońca nad ksarem w Maroku

Kiedy: przez cały rok
Szerokość geograficzna: 31.0500
Długość geograficzna: -7.1333

Każdy, kto ogląda wschód słońca nad fortyfikacjami miasta Ajt Bin Haddu, może podziwiać cały stok skąpany w pomarańczowym świetle odbijanym przez budynki z cegły mułowej. Położony u stóp Atlasu Wysokiego ksar (umocnione miasto) Ajt Bin Haddu posłużył jako scenografia m.in. do filmów *Gladiator* i *Gra o tron*; to miasto często udaje też w produkcjach filmowych starą Jerozolimę.

Malownicza Petra w Jordanii o wschodzie słońca

PETRA, JORDANIA
555. Naturalny spektakl w Petrze o wschodzie słońca
Kiedy: od marca do maja
Szerokość geograficzna: 30.3286   **Długość geograficzna:** 35.4419

Petra to wyjątkowe miejsce – stworzona przez Nabatejczyków w IV w. p.n.e., jest w połowie zbudowana, w połowie zaś wykuta w otaczających ją skałach. Położona na skrzyżowaniu szlaków łączących Arabię, Egipt i Syrię, roztacza wyjątkową atmosferę – po części dzięki okolicznym górom, które pełne są jaskiń i tajnych przesmyków, a po części dzięki temu, że pozwala cofnąć się w czasie o 2000 lat.

Nie istnieje coś takiego jak nieodpowiednia pora na zwiedzanie tego zakątka, ale wschód słońca ukazuje go w pełni jego majestatu. Turyści docierają do Petry przez wąski kanion Siq, który za sprawą licznych zakrętów może przyprawiać o atak klaustrofobii; odwiedzających męczą też nieustanne prośby beduińskich dzieci o to, by kupić ich towary, ale to wszystko część uroku i magii tego miasta. Wąwóz w którymś momencie się rozszerza, wyprowadzając wprost na słynną budowlę – Skarbiec Faraona, który zyskał popularność dzięki filmowi Stevena Spielberga *Indiana Jones i ostatnia krucjata*. Fasada w stylu greckim robi niesamowite wrażenie zarówno swoimi rozmiarami, jak i szczegółowością zdobień oraz barwami, które o wschodzie słońca zmieniają się z sekundy na sekundę.

Nawet jeśli ktoś pojawił się tu na tyle wcześnie, by podziwiać spektakl porannych promieni rozjaśniających różowe skały, często zostaje w tym miejscu na cały dzień, chłonąc później jego atmosferę i zgiełk podczas zachodu słońca.

PÓŁKULA PÓŁNOCNA   od 45°N do 30°N

JORDANIA
556. Na dwóch kółkach znad Morza Martwego nad Morze Czerwone
Kiedy: przez cały rok
Szer. geogr.: 31.1806   **Dł. geogr.:** 35.7014 (zamek Al-Karak)

Podróż rowerowa łącząca Morze Martwe, położone na zachodzie Jordanii, z Morzem Czerwonym, na południu tego kraju, może się zamienić w wyprawę życia. Technicznie rzecz biorąc, Morze Martwe jest jeziorem – najgłębszym i najbardziej zasolonym na świecie. Ze względu na wysokie stężenie soli nie istnieje tu życie, stąd też ponura nazwa tego akwenu. Niewykluczone z kolei, że Morze Czerwone, część Oceanu Indyjskiego, zawdzięcza nazwę pewnemu gatunkowi morskich wodorostów. W przeciwieństwie do Morza Martwego obfituje w rozmaite formy życia. Tak czy inaczej, podróżując rowerem przez Jordanię, będziesz marzyć o wodzie, w której się można odświeżyć.

Przejazd na rowerze górskim znad jednego akwenu nad drugi trwa od sześciu do dziewięciu dni. Trasa wiedzie głównie drogami gruntowymi lub bocznymi dróżkami, ale trzeba się też będzie zmierzyć z pustynnym piaskiem i długimi podjazdami w bezlitosnym słońcu. Nagrodą są niesamowite widoki oraz mijane po drodze niezwykłe miejsca. W tej wyprawie kultura, dziedzictwo i tradycja Jordanii są równie istotne jak fantastyczna podróż na dwóch kółkach przez pustynny kraj.

EGIPT ORAZ INNE MIEJSCA
557. Pieczenie własnego chleba
Kiedy: przez cały rok
Szerokość geograficzna: 30.0444
Długość geograficzna: 31.2357 (Kair)

Świeży, ciepły bochenek chleba to jedna z tych prostych rzeczy, które sprawiają człowiekowi ogromną przyjemność; staje się ona podwójna, jeżeli ten chleb upieczesz własnoręcznie. Najstarsze ślady świadczące o używaniu zakwasu chlebowego pochodzą z XV w. p.n.e. z Egiptu. Smaczny, lekkostrawny, naturalny chleb wciąż jest wypiekany na terenie całego tego kraju.

STARE MIASTO, BAKU, AZERBEJDŻAN
558. Cofnąć się w czasie w stolicy Azerbejdżanu
Kiedy: przez cały rok
Szerokość geograficzna: 40.3667
Długość geograficzna: 49.8352

Kto nie chciałby rzucić od niechcenia: „Właśnie wróciłem z Azerbejdżanu"? To dodatkowy powód, by odwiedzić ten noszący ciekawą nazwę kraj i zobaczyć umieszczoną na liście światowego dziedzictwa UNESCO średniowieczną starówkę Baku łącznie z murami miejskimi i labiryntem urzekających wąskich uliczek.

KAIR, EGIPT
559. Karta przyszłość przepowie
Kiedy: przez cały rok (choć upały panujące w lecie mogą być nieprzyjemne)
Szerokość geograficzna: 30.0444
Długość geograficzna: 31.2357 (centrum Kairu)

Tajemniczy Egipt jest bodaj najlepszym miejscem na zgłębianie zakamarków własnej duszy dzięki intrygującym kartom tarota. Gra w karty została wynaleziona dawno temu w Kairze i dotarła do Europy pod koniec XIV w. Jeśli zaś chodzi o tarota, niektórzy uważają, że za pomocą tych kart można przepowiadać przyszłość.

EGIPT
560. Nauka gry na gitarze
Kiedy: przez cały rok
Szerokość geograficzna: 30.0444
Długość geograficzna: 31.2357 (centrum Kairu)

Nigdy nie jest za późno, by się nauczyć grać na jakimś instrumencie, a wywodząca się z Bliskiego Wschodu gitara będzie świetnym wyborem. Chętni mogą sięgnąć zarówno po instrument klasyczny, jak i po heavymetalową elektryczną żyletę Flying V – każdy znajdzie coś dla siebie.

Nurkowanie z żółwiami (zob. s. 338)

ROZDZIAŁ 4
PÓŁKULA PÓŁNOCNA
od 30°N do 15°N

PÓŁKULA PÓŁNOCNA   od 30°N do 15°N

▼ EVERGLADES, FLORYDA, USA
561. Krokodyle i aligatory pływające razem
Kiedy: przez cały rok
Szerokość geograficzna: 26.0000
Długość geograficzna: -80.7000

Aligatory kochają bagna słodkowodne, a krokodyle wolą wody słone. Zatem choć mogą się nam wydawać podobne, w rzeczywistości ich ścieżki rzadko się przecinają. Wyjątek to Everglades na Florydzie – tutejsze środowisko jest idealne dla obu gatunków. Aligatory są zwykle ciemniejsze i w przeciwieństwie do krokodyli, których uzębienie bardziej wystaje, mają zęby stosunkowo tępe – choć raczej nikt nie chciałby się o tym przekonać!

NOWY ORLEAN, LUIZJANA, USA
562. Rundka pokera w miejscu jego narodzin
Kiedy: przez cały rok
Szerokość geograficzna: 29.9500
Długość geograficzna: -90.0667

Podobno poker narodził się w Nowym Orleanie, skąd rozprzestrzenił się po całych Stanach dzięki parostatkom kursującym rzeką Missisipi, na których w wolnym czasie chętnie uprawiano hazard. Warto zagrać rundkę lub dwie w którymś z tutejszych barów lub na jednym z turystycznych statków pływających po rzece.

NOWY ORLEAN, LUIZJANA, USA
563. Zabawa z miejscowymi na paradach Second Line
Kiedy: przez cały rok (szczególnie podczas festiwali w kwietniu i w sierpniu)
Szerokość geograficzna: 29.9511
Długość geograficzna: -90.0715

Spadkobierczynie legendarnych nowoorleańskich pogrzebów jazzowych, parady Second Line, to żywiołowe, przepełnione powszechnym entuzjazmem celebracje życia; uroczystości, które przewijają się przez sąsiednie stany na przestrzeni całego roku. Warto wziąć udział w jednej z tych barwnych muzycznych imprez objazdowych prowadzonych przez kapele dęte.

Poszukiwanie krokodyli i aligatorów w Everglades na Florydzie, USA

Mardi Gras w Nowym Orleanie, USA

NOWY ORLEAN, LUIZJANA, USA
564. Szaleństwo Mardi Gras
Kiedy: od stycznia do lutego
Szerokość geograficzna: 29.9500   **Długość geograficzna:** -90.0667

Pomimo ogromnych zniszczeń spowodowanych huraganem Katrina w 2005 r. Nowy Orlean pokazał, że jego duch – wyrażany w dorocznych uroczystościach karnawałowych Mardi Gras – jest niezłomny. Ten czas folgowania sobie w jedzeniu, piciu i śpiewach przed rozpoczęciem Wielkiego Postu to tylko jedna z wielu nowoorleańskich imprez karnawałowych. Po tragedii z 2005 r. byłoby zrozumiałe, gdyby miasto skuliło się w sobie, liżąc rany i opłakując ofiary. Lecz to nie w jego stylu.

Wizyta w Nowym Orleanie powinna znaleźć się na liście każdego podróżnika. Warto przyjechać tu niezależnie od pory roku. Architektura jest odważna i efekciarska, jedzenie pełne niespodzianek, zakrawające wręcz na ekscentryzm, muzyka głośna i nieustająca. Prawie nie ma tygodnia bez choć jednej parady lub innej imprezy, jednak wszystkie hamulce puszczają w czasie Mardi Gras, ostatków, które tu trwają wyjątkowo długo: od Święta Trzech Króli po Środę Popielcową.

Mardi Gras można celebrować dwojako: podziwiając przedstawienia i występy z balkonu jednego z wielu domostw stojących wzdłuż trasy parady lub chłonąc tę atmosferę na samej ulicy, rozbrzmiewającej jazzem, drażniącej zmysły zapachem gumba i jambalai. To właśnie tak najpełniej doświadczymy hedonizmu Mardi Gras.

PÓŁKULA PÓŁNOCNA   od 30°N do 15°N

South Beach w Miami na Florydzie, USA

▲ MIAMI, FLORYDA, USA

565. Spacer aleją pod palmami nad oceanem w Miami

Kiedy: przez cały rok
Szerokość geograficzna: 25.7616
Długość geograficzna: -80.1917

Nie bez kozery miejsce to określa się mianem amerykańskiej Riwiery. Ocean Drive prowadzący do South Beach nie ma sobie równych pod względem architektury art déco w całych Stanach Zjednoczonych. Palmy rosnące pomiędzy ogromnymi pastelowymi budynkami sprawiają wyjątkowe wrażenie, przez co aleja nie przypomina żadnej innej w Stanach. Nocne życie również kwitnie tu jak nigdzie indziej!

NOWY ORLEAN, USA

566. Drogowe ucztowanie

Kiedy: przez cały rok
Szerokość geograficzna: 29.9510
Długość geograficzna: -90.0715

Przemieszczając się po amerykańskich drogach, koniecznie trzeba skosztować wszystkiego, co się przy nich sprzedaje na ząb: od najsmakowitszych placuszków krabowych w Marylandzie do byczych jąder w Teksasie – hamulcem może być tylko obawa o przejedzenie. Niezależnie od tego, czy ktoś woli mięsiste burgery, czy rewelacyjne żeberka, w tych jadłodajniach każdy znajdzie coś dla siebie.

ORLANDO, FLORYDA, USA

567. Znów poczuć się jak dziecko! – Walt Disney World

Kiedy: przez cały rok
Szerokość geograficzna: 28.4186
Długość geograficzna: -81.5811

Disneyland określany jest mianem „najszczęśliwszego miejsca na ziemi", co potwierdzają uśmiechy na twarzach dzieci i dorosłych. Warto dołączyć do tłumów zwiedzających ten park rozrywki, nieustannie plasujący się w czołówkach wszelkich rankingów. Spośród niezliczonych atrakcji wystarczy wymienić Pałac Kopciuszka i pełną przygód krainę Adventureland – resztę trzeba zobaczyć samemu.

CENTRUM KOSMICZNE KENNEDY'EGO, FLORYDA, USA
568. Start rakiety kosmicznej
Kiedy: przez cały rok
Szer. geogr.: 28.5241   **Dł. geogr.:** -80.6509

Możliwość zobaczenia rakiety kosmicznej odpalającej silniki i wystrzelającej w górę nie jest czymś codziennym, jednak w Centrum Kosmicznym Kennedy'ego na Florydzie taka okazja zdarza się częściej, niż można przypuszczać.

Ze wszystkich ośrodków kosmicznych w Centrum Kennedy'ego platforma znajduje się najbliżej obserwatorów, więc lepszego widoku turyści nie mają nigdzie indziej. To samo dotyczy dźwięku – ogłuszający huk silników rakiety dotrze do nas krótko po tym, gdy ujrzymy płomienie, dlatego pamiętajmy o zatyczkach do uszu! Wszystko to razem każdego przyprawi o gęsią skórkę.

Bilety są do kupienia online, choć trzeba mieć świadomość, że daty startów mogą się zmienić ze względu na warunki pogodowe lub z powodu problemów technicznych. Jednak nawet jeśli nie uda się zobaczyć startu, wciąż można mieć frajdę z tej wycieczki, chłonąc atmosferę latania w kosmos. Warto się przyjrzeć wysokiemu na 160 m „garażowi rakiet" i długiemu na 5 km obiektowi przeznaczonemu do lądowania promów kosmicznych.

SAN ANTONIO, TEKSAS, USA
569. Zawody we wspinaniu się na drzewa
Kiedy: co roku w sierpniu
Szerokość geograficzna: 29.4241
Długość geograficzna: -98.4936

Słuszny wiek to jeszcze nie powód, by się nie wspinać na drzewa – wymagana jest odrobina sprawności fizycznej, do tego dochodzi lekki niepokój spowodowany przebywaniem trochę zbyt wysoko, ale zapierający dech w piersiach widok z góry wynagradza to wszystko z nawiązką. Każdy, kto uważa, że jest wystarczająco dobry, może spróbować swych sił, współzawodnicząc z innymi. Teksańskie Międzynarodowe Zawody we Wspinaniu się na Drzewa mają już ponad 40 lat. Zawodników ocenia się pod względem szybkości, dokładności, postury i siły. Przez cały czas są asekurowani linami oraz mają kaski.

▶ CRYSTAL RIVER, FLORYDA, USA
570. Pływanie z manatami
Kiedy: od kwietnia do października
Szerokość geograficzna: 28.9024
Długość geograficzna: -82.5926

Te poczciwe zwierzęta podpływają do wybrzeży Florydy, kiedy wody są najcieplejsze. Świetnym pomysłem jest wizyta w Crystal River, jedynym miejscu, gdzie można legalnie pływać obok tych łagodnych, powolnych ssaków, choć można je też obserwować gdzie indziej.

Manat w Crystal River, Floryda, USA

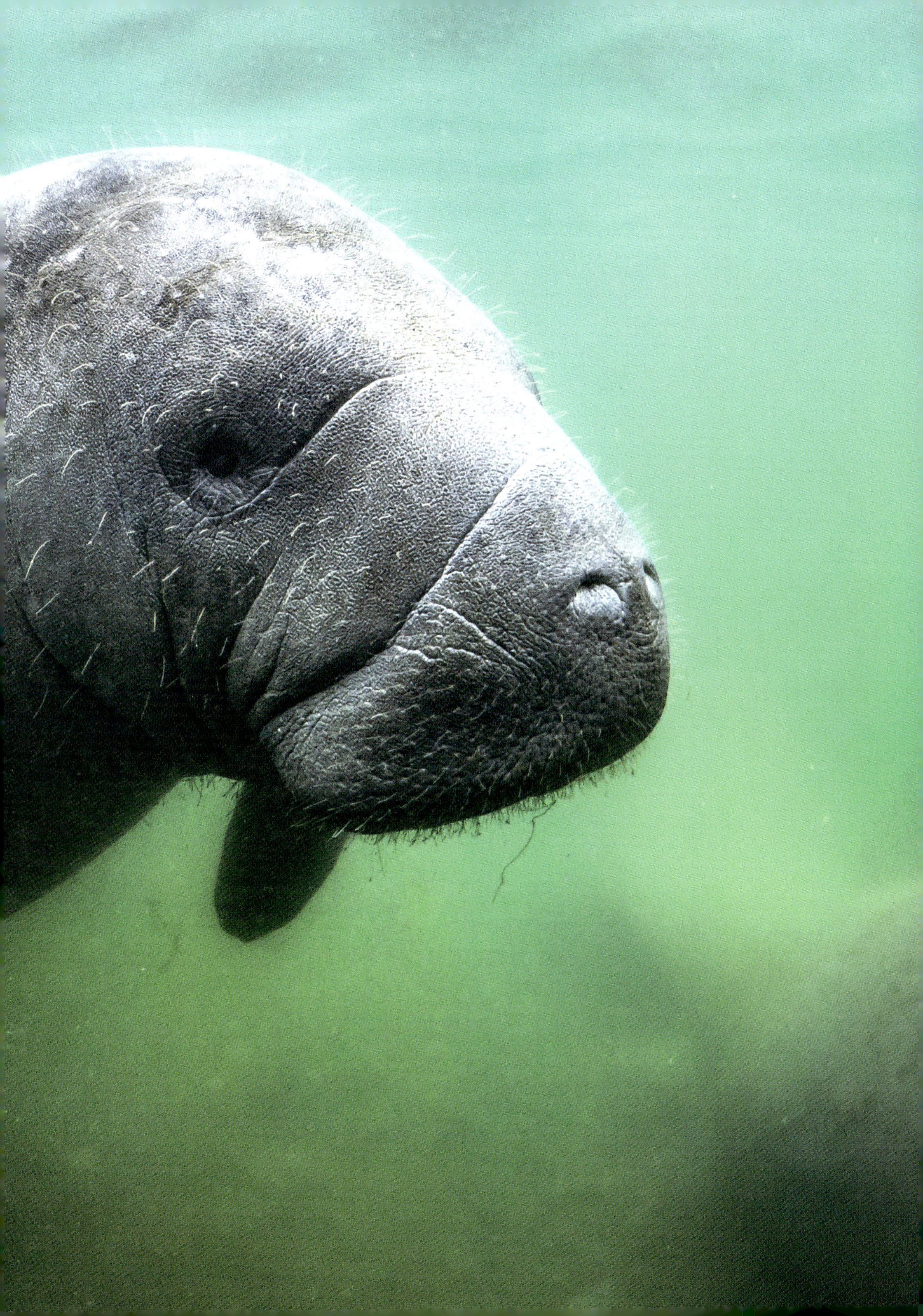

PÓŁKULA PÓŁNOCNA   od 30°N do 15°N

KOTLINA KATMANDU, NEPAL
571. Odkrywanie dziedzictwa Kotliny Katmandu
Kiedy: przez cały rok (choć odradza się okres od połowy czerwca do września – porę monsunową)
Szerokość geograficzna: 85.4278
Długość geograficzna: 27.6722 (Bhaktapur)

Pomimo nieustannego rozrastania się tętniącej życiem, rozgorączkowanej stolicy Nepalu Kotlina Katmandu wciąż pozostaje bezcennym skarbem kulturowym. W dobrze zachowanych średniowiecznych miastach – szczególnie w Bhaktapur – stojące blisko siebie domy, świątynie, pałace i place wyglądają niemal tak samo jak przed wiekami. Na terenie tym znajdują się również najświętsze dla hinduistów miejsca w Nepalu: w Paśupatinath u brzegów rzeki Bagmati można zobaczyć ważną świątynię Śiwy oraz szereg ghatów (schodów prowadzących ku rzece), na których palono zwłoki, a prochy wrzucano do rzeki. Dakszinkali to centralny punkt, w którym składano ofiary ze zwierząt – miejsce krwawe, choć interesujące. Buddhanath (Bodhnath) z kolei to serce tybetańskiej społeczności buddyjskiej; najważniejszym punktem jest tu słynna biała kopuła Wielkiej Stupy.

Niech trzęsienia ziemi, które nawiedziły Nepal w 2015 r., nie zniechęcą nikogo do odwiedzenia tego miejsca: choć w Kotlinie Katmandu faktycznie wyrządziły wiele szkód, ominęły liczne z najważniejszych miejsc, a większość tych, które doznały zniszczeń, została odbudowana.

SAURAHA, NEPAL
572. Kto chce pogłaskać słoniątko?
Kiedy: przez cały rok (choć odradza się okres od połowy czerwca do września – porę monsunową)
Szerokość geograficzna: 27.5747
Długość geograficzna: 84.4936

Tuż za miastem Sauraha, blisko głównego wejścia do Parku Narodowego Ćitwan, Centrum Hodowli Słoni zapewnia zwierzętom spokojne i bezpieczne warunki do łączenia się w pary. Miejsce to jest otwarte dla turystów, można więc zobaczyć – a nawet pogłaskać – urocze słoniątka.

LHASA, TYBET, CHINY
573. Dotknięcie nieba w „miejscu bogów"
Kiedy: przez cały rok
Szerokość geograficzna: 29.6578
Długość geograficzna: 91.1169

Lhasa oznacza „miejsce bogów" – co jest nader odpowiednim określeniem, zważywszy na to, że jako jedno z najwyżej położonych miast na świecie wydaje się sięgać nieba. Warto spojrzeć w górę, aby zobaczyć wznoszący się ponad wszystkim splendor pałacu Potala, do 1959 r. siedziby Dalajlamy.

REJON LIANGSHAN, SYCZUAN, CHINY
574. Potęga zapory Jinping-I
Kiedy: przez cały rok
Szerokość geograficzna: 28.1822
Długość geograficzna: 101.6314

Wspaniała, wysoka na 305 m zapora Jinping-I (najwyższa na świecie) spiętrzyła wodę, tworząc potężny zbiornik, dzięki któremu można pozyskiwać ogromne ilości hydroenergii. Zapora oprócz tuneli, w których woda napędza turbiny, ma w koronie cztery otwory przelewowe, a kiedy leci nimi woda – blisko 3 000 000 litrów na sekundę! – efekt jest porażający.

TYBET, CHINY
575. Oczyszczanie karmy za pomocą koła modlitwy
Kiedy: przez cały rok
Szerokość geograficzna: 29.6475
Długość geograficzna: 91.1175

Punkt obowiązkowy podczas pobytu w Tybecie: koła modlitwy – na ogół drewniane, metalowe lub kamienne – z wypisanymi na nich buddyjskimi mantrami. Wprawianie koła w ruch jest analogiczne do odmawiania modlitwy. Nie uważa się za obraźliwe, jeżeli z szacunkiem czyni to niebuddysta, więc nic, tylko zakręcić i oczyścić sobie karmę.

WARANASI, INDIE
576. Rejs po świętej rzece Gangesie
Kiedy: od listopada do marca
Szerokość geograficzna: 25.3176 **Długość geograficzna:** 82.9739

Jako jedno z najbardziej uduchowionych i najważniejszych hinduistycznych miejsc w Indiach, a zarazem jedno z najstarszych do dziś zamieszkiwanych miast na świecie Waranasi jest jednocześnie gorączkowe i spokojne. Co roku odwiedzają je tysiące osób – hinduistów i nie tylko – którzy przyjeżdżają, aby zanurzyć się w świętej rzece Gangesie na ghatach (kamiennych stopniach) lub umrzeć i zostać skremowanym na brzegu rzeki, a potem w postaci popiołów spłynąć z jej prądem.

Nie ma lepszego momentu, by chłonąć spokój tego miasta, niż rejs niewielką łódką o wschodzie słońca. To szansa, by zobaczyć setki pielgrzymów dokonujących ablucji na brzegu rzeki. O zachodzie słońca czuje się podobny spokój – gdy niebo różowieje, można wejść do wody w celu doświadczenia *aarti* – uroczystej ceremonii związanej z ogniem. Wierni puszczają na tej otaczanej czcią rzece świece w kielichach wykonanych z liści i kwiatów jako ofiarę dla bóstw.

O zmroku miasto osiąga swój duchowy punkt kulminacyjny: płynąc drewnianą łódką, można poczuć, jak atmosfera się elektryzuje, gdy tłumy zbierają się, by patrzeć na kapłanów odprawiających codzienny rytuał Agni Pudźa na ghacie Daśaśwamedh.

PROWINCJA JUNNAN, CHINY
577. Wędrówka do jednego z najświętszych miejsc buddyzmu
Kiedy: od maja do października
Szer. geograficzna: 28.8187   **Dł. geograficzna:** 99.7022

Tu możliwości jest wiele: od przyjemnej jednodniowej wycieczki do dwutygodniowej wymagającej wędrówki duchowym szlakiem *kora* – liczącym około 200 km długości Meili Xue Shan. Można się tu zachwycać 20 zapierającymi dech w piersiach szczytami i wznoszącą się na 6740 m n.p.m. Kawa Garpo – jednym z najświętszych buddyjskich miejsc.

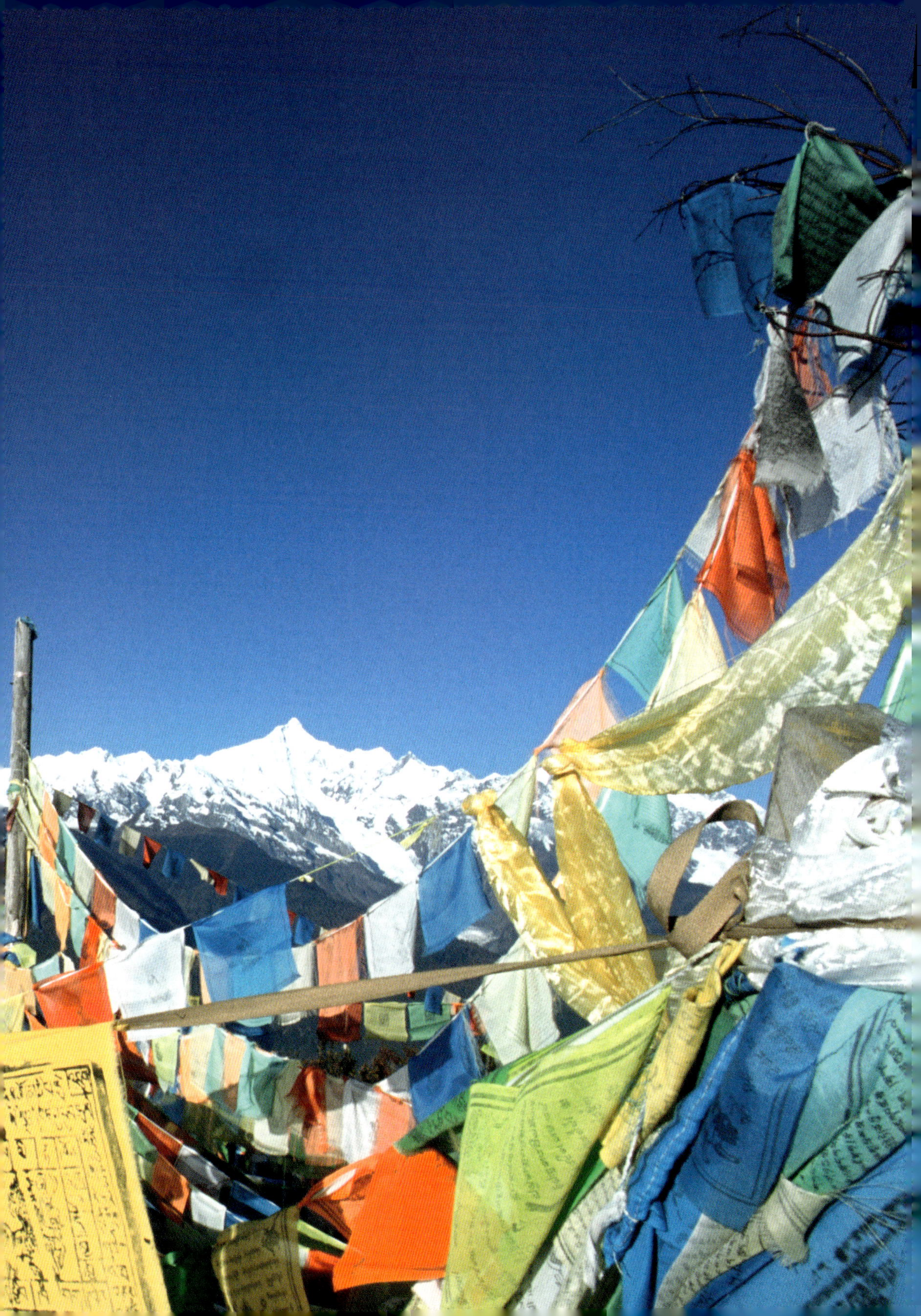

PÓŁKULA PÓŁNOCNA   od 30°N do 15°N

PÓŁNOCNY NEPAL
578. Trekking do obozu bazowego pod Mount Everestem
Kiedy: od października do kwietnia
Szerokość geograficzna: 28.0072 (w obozie bazowym)   **Długość geograficzna:** 86.8594

Wędrówka do południowego obozu bazowego pod Mount Everestem pozwala znaleźć się tak blisko najwyższej góry świata, jak to możliwe bez alpinistycznego przygotowania. Najsłynniejszy szlak w Nepalu, pozwalający podziwiać zapierające dech w piersiach widoki, wymaga 14–18 dni wędrówki. W ten sposób piechurzy mają czas na odpoczynek i aklimatyzację; na jednym z odcinków pokonuje się wysokość przekraczającą 5500 m n.p.m. To mozolna droga – każdego dnia od trzech do sześciu godzin idzie się na dużych wysokościach – jednak leży w zasięgu możliwości osób o w miarę dobrej kondycji.

Po drodze można się zatrzymywać w herbaciarniach oferujących jedzenie nepalskie, tybetańskie i zachodnie, jak również piwa i lokalne *rakshi*.

Szlak zaczyna się w Lukli, nieopodal pasa startowego – to w tym miejscu ląduje większość podróżnych. Za ścieżką prowadzącą do rzeki Dudhkosi droga wiedzie dalej do Namcze Bazar, miasta znanego jako „światowa stolica Szerpów". Następnie szlak biegnie w kierunku północno-zachodnim, przez niewielkie osady, rzekę Dudhkosi, dalej przecina jałowcowe lasy Tengboche; stąd rozciągają się niepowtarzalne widoki. Po krótkim odcinku prowadzącym w dół między jodłami i brzozami trasa sprowadza do Pangboche, gdzie znajduje się najstarsza buddyjska *gompa* („klasztor") w tym regionie. Odtąd wysokość będzie już tylko rosła. Wędrowcy po drodze widzą w oddali wioski, mijają maleńkie herbaciarnie i klasztory, na których powiewają kolorowe flagi modlitewne. Dalej szlak przebiega obok nagrobków wzniesionych ku czci tych, którzy zginęli w drodze na Mount Everest.

Ostatni odcinek prowadzi przez lodowiec Khumbu. Turyści podążają w ślad za himalaistami i ich tragarzami już prosto do celu. Z obozu (5364 m n.p.m.) od południowej strony góry rozpościera się piękny widok, jednak naprawdę niesamowite doznania czekają na tych, którzy wejdą na wznoszący się nieopodal szczyt Kala Pattar (5545 m n.p.m.).

Decyzja, kiedy najlepiej zacząć wyprawę, nie jest łatwa. W szczycie sezonu (od początku października do początku grudnia) na szlaku oraz w miejscach noclegowych może być naprawdę tłoczno. Okres od połowy grudnia do stycznia jest bardziej spokojny, ale jednocześnie zimniejsza i śnieżna pogoda (miejscami temperatura może spaść do −20°C) sprawia, że to nie najlepszy czas dla wspinaczy amatorów. Wiosną (od lutego do kwietnia) jest cieplej, a szlakiem wędruje mniej osób, lecz mgła, deszcz, a nawet śnieżyce mogą sprawić, że widoki nie będą najlepsze. Jednak bez względu na porę roku wędrówka do obozu bazowego będzie niezapomnianym przeżyciem.

Wędrówka do obozu bazowego pod Mount Everestem w północnym Nepalu

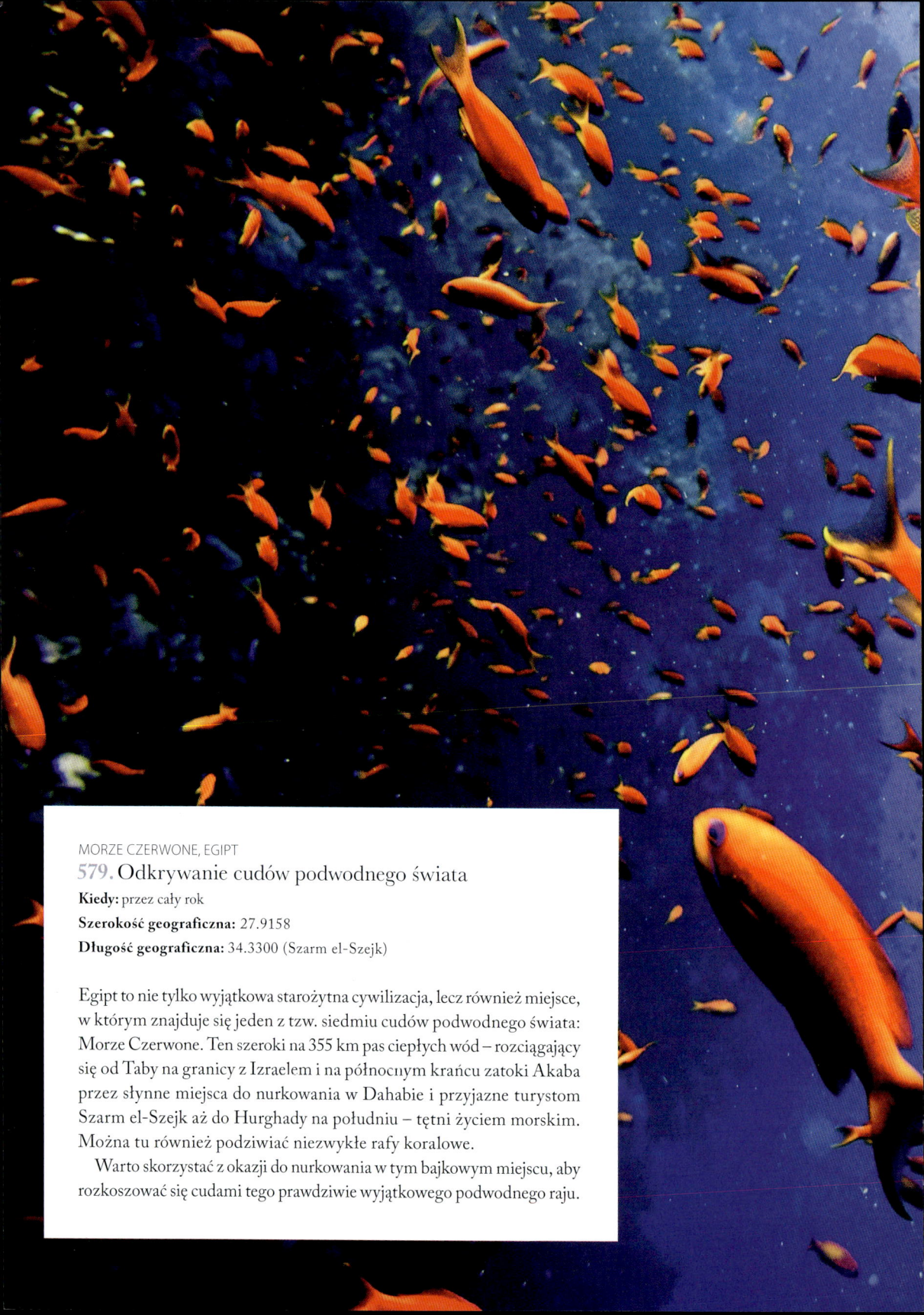

MORZE CZERWONE, EGIPT
579. Odkrywanie cudów podwodnego świata
Kiedy: przez cały rok
Szerokość geograficzna: 27.9158
Długość geograficzna: 34.3300 (Szarm el-Szejk)

Egipt to nie tylko wyjątkowa starożytna cywilizacja, lecz również miejsce, w którym znajduje się jeden z tzw. siedmiu cudów podwodnego świata: Morze Czerwone. Ten szeroki na 355 km pas ciepłych wód – rozciągający się od Taby na granicy z Izraelem i na północnym krańcu zatoki Akaba przez słynne miejsca do nurkowania w Dahabie i przyjazne turystom Szarm el-Szejk aż do Hurghady na południu – tętni życiem morskim. Można tu również podziwiać niezwykłe rafy koralowe.

Warto skorzystać z okazji do nurkowania w tym bajkowym miejscu, aby rozkoszować się cudami tego prawdziwie wyjątkowego podwodnego raju.

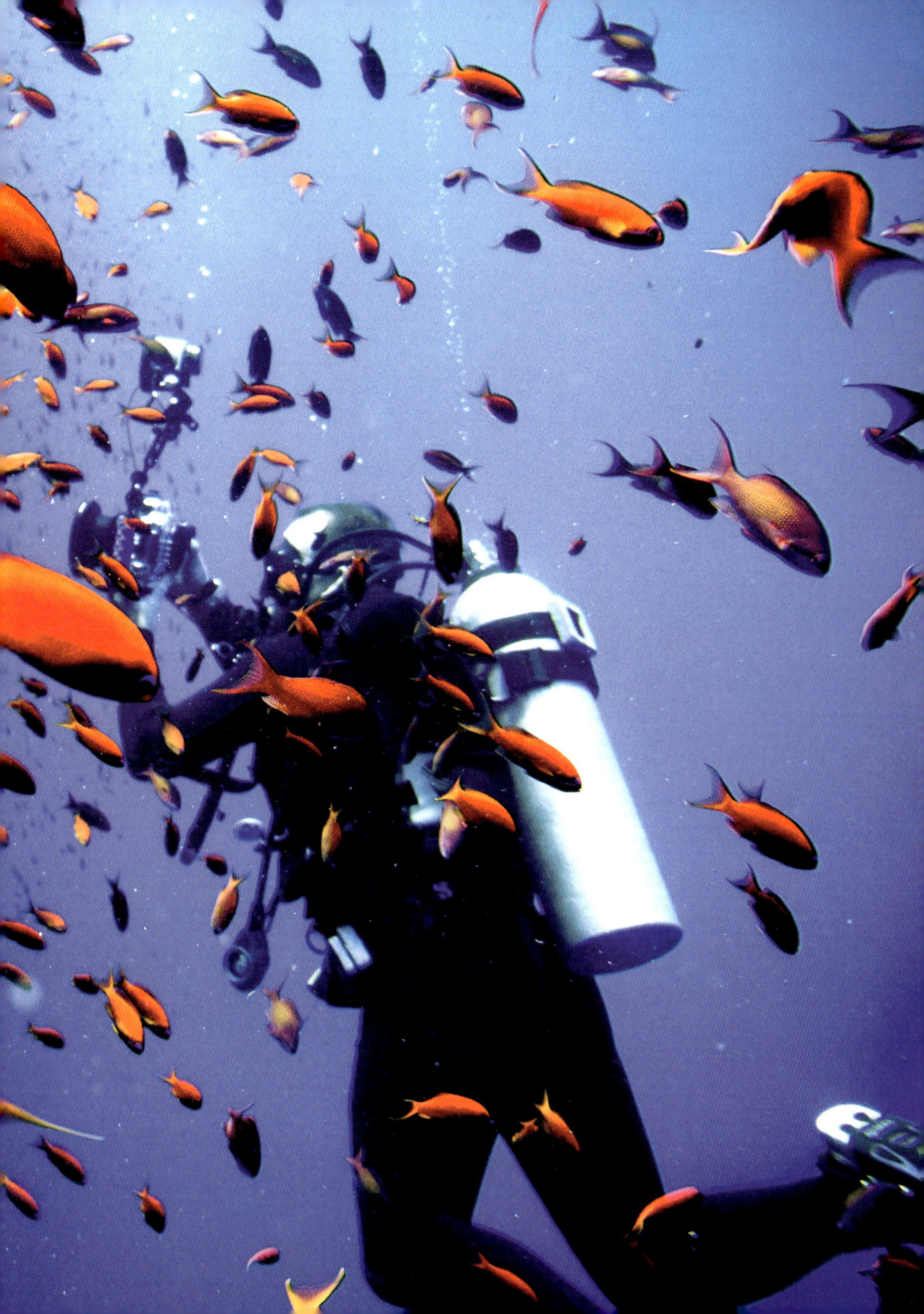

PÓŁKULA PÓŁNOCNA   od 30°N do 15°N

WRYNDAWAN, UTTAR PRADEŚ, INDIE
580. Podnosząca na duchu ceremonia hinduistyczna
Kiedy: od sierpnia do września
Szerokość geograficzna: 27.5650
Długość geograficzna: 77.6593

Z grubsza w połowie między Nowym Delhi a Agrą – gdzie znajduje się zapierający dech w piersiach Tadź Mahal – leży usiane licznymi świątyniami miasteczko Wryndawan. To święte miejsce z pewnością lepiej oddaje duszę kraju niż inne powszechnie znane miejscowości.

Zgodnie z tradycją Kryszna (bóstwo czczone przez hinduistów jako najwyższa siła) po raz pierwszy przybrał ludzką postać w znajdującej się nieopodal Mathurze, a większą część swego wczesnego życia spędził właśnie w mieście Wryndawan. Co roku, aby upamiętnić to szczególne wydarzenie, odprawiane są tutaj uroczyste ceremonie – jasne kolory, przepych i żarliwość religijna czynią z nich spektakularne widowisko.

Przeżycie jednej z najradośniejszych, najbardziej podnoszących na duchu uroczystości religijnej gwarantuje przywiezienie do domu niezwykłych wspomnień.

▶ LUNANA, BHUTAN
581. Ucieczka od rzeczywistości na Snowman Trek
Kiedy: przez cały rok
Szer. geograficzna: 27.5141   **Dł. geograficzna:** 90.4336

Niech nikt nie da się zwieść tej uroczej nazwie. Snowman Trek („Wędrówka Śniegowego Bałwana") to wyprawa wysokogórska, wymagająca od sześciu do ośmiu godzin wędrówki dziennie, jednak na tych, którzy zdecydują się podjąć to wyzwanie, czeka wspaniała nagroda.

Miesięczna przygoda w przepięknym, odległym Bhutanie to szansa na zatracenie się w widokach nie z tego świata, przebywanie wśród niezwykle przyjaznych ludzi i chłonięcie pełną piersią buddyjskiej kultury. Wędrówka wśród gór Lunany dostarczy również wielu okazji do wejścia na naprawdę duże wysokości – sześć szczytów przekracza 7000 m n.p.m. Podczas miesięcznej wyprawy trzeba przejść dziewięć przełęczy o wysokości ponad 4500 m n.p.m. – ta część stanowi prawdziwe wyzwanie. Oczywiście przyda się pewna sprawność fizyczna, jednak w żadnym razie nie jest to przedsięwzięcie tylko dla młodych ludzi czy zawodowych sportowców – trasą z powodzeniem wędrują również osoby po sześćdziesiątce.

Na szlaku Snowman Trek w Lunanie, Bhutan

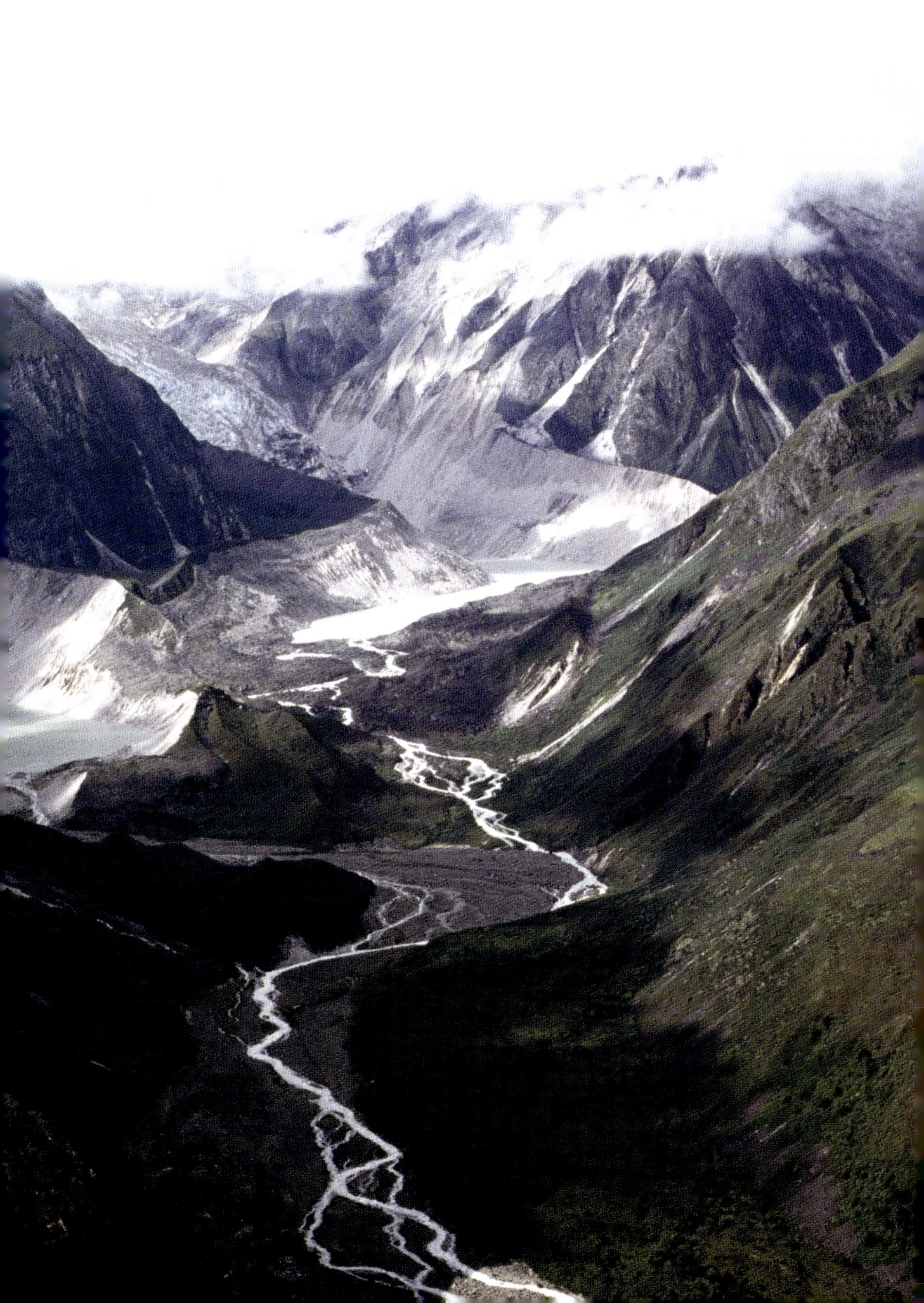

PÓŁKULA PÓŁNOCNA   od 30°N do 15°N

Z LA GOMERY (W. KANARYJSKIE) NA ANTIGUĘ (W. KARAIBSKIE)
582. Przepłynąć Atlantyk łódką
Kiedy: przez cały rok
Szerokość geograficzna: 28.1033   **Długość geograficzna:** -17.2193 (La Gomera)

Więcej osób zdobyło Mount Everest, niż przepłynęło Atlantyk łódką – tych drugich jest mniej więcej tyle, ile astronautów i kosmicznych turystów łącznie. To niewiarygodnie trudne przedsięwzięcie, wymagające sporych nakładów finansowych i wielu godzin przygotowań.

Na ogół załogi liczą cztery lub dwie osoby. Wiosłuje się parami – dwie godziny wiosłowania, dwie godziny przerwy – 24 godziny na dobę, nawet przez 50 dni, sypiając od przypadku do przypadku, jest to więc niesamowicie wyczerpujące. Problem stanowią również zdradliwe warunki atmosferyczne, czyli sztormy, do tego trzeba się liczyć z lekkim obłędem spowodowanym deprywacją sensoryczną – jedyne, co widać wszędzie wokół, to woda. Nawet najsilniejsi psychicznie ludzie mogą mieć poczucie, że łódź tak naprawdę stoi w miejscu.

Dlaczego zatem warto podjąć ten trud? Ci, którzy się na to zdecydowali, z zachwytem opowiadają, że to właśnie tam widzieli najcudowniejsze wschody i zachody słońca oraz najczystsze nocne niebo; wspominają fascynujące spotkania z wielorybami, delfinami i fokami. Mówią też o wyjątkowym poczuciu pracy zespołowej, które nie może się z niczym równać.

PARK NARODOWY ĆITWAN, NEPAL
583. W tętniącej życiem nepalskiej dżungli
Kiedy: od grudnia do kwietnia
Szerokość geograficzna: 27.5000
Długość geograficzna: 84.3333

Nie jest to spacerek, ale jeśli nie boimy się stawić czoła dokuczliwemu robactwu, wędrówka przez Ćitwan może być najlepszym sposobem, aby doświadczyć nepalskiej dziczy. Park Narodowy Ćitwan to 932 km^2 przebogatej dzikiej przyrody. Szczęściarze może zobaczą wargacza, lamparta, a nawet tygrysa bengalskiego w całym jego majestacie.

BHAKTAPUR, NEPAL
584. Twoja własna *thanka*
Kiedy: przez cały rok
Szerokość geograficzna: 27.7165
Długość geograficzna: 85.4298

Poszukiwanie nirwany jest prostsze, gdy ma się kilka odpowiednich narzędzi pomagających utrzymać się na właściwej duchowej ścieżce. Do takich narzędzi zalicza się na przykład *thanka* (malowany lub haftowany zwój o tematyce religijnej, po zwinięciu łatwy do przenoszenia). Nie trzeba być buddystą, aby docenić jej piękno. Niezwykłe geometryczne bogactwo oczu, uszu, ust, zwierząt i symboli duchowych zarówno wprawia w zachwyt, jak i zachęca do refleksji. Warto zamówić dla siebie *thankę* w Szkole Malowania Thanki Sunapati, jednej z działających tylko w Nepalu akademii tej starożytnej sztuki. Zwinięta w torbie podróżnej, będzie pod ręką, gdy najdzie cię ochota na chwilę medytacji.

TRONGSA, BHUTAN
585. Odkrywanie mniej znanych zakątków w Himalajach
Kiedy: wiosną, latem i jesienią
Szerokość geograficzna: 27.4997
Długość geograficzna: 90.5050

Tajemnicze, otoczone zewsząd lądem królestwo usytuowane wysoko na zboczach Himalajów – oto Bhutan, miejsce przynoszące radość każdemu, kto zechce je odwiedzić. Piesze wędrówki w tym przeuroczym miejscu są punktem obowiązkowym.

Choć jego mieszkańcy znani są jako „Ludzie Smoki", buddyjski Bhutan okazuje się miłym, przyjaznym miejscem o fascynującej historii i przepięknych widokach. W centrum znajduje się Trongsa Dzong, intrygująca wielopiętrowa układanka dziedzińców, zaułków i świątyń. Mieszka tam 200 mnichów. Wyjątkowo dobrym czasem na podróż będzie festiwal Tshechu na zakończenie starego roku.

PÓŁKULA PÓŁNOCNA   od 30°N do 15°N

GÓRA TEIDE, TENERYFA, WYSPY KANARYJSKIE, HISZPANIA
586. Na szczycie dymiącego wulkanu
Kiedy: przez cały rok (choć w środku zimy szczyt czasami jest zamknięty)
Szer. geogr.: 28.2725   **Dł. geogr.:** -16.6421

Góra Teide wznosi się na Teneryfie wysoko nad Wyspami Kanaryjskimi, przyciągając plażowiczów do najwyższego punktu Hiszpanii. Szczyt wulkanu znajduje się 3718 m n.p.m., co czyni go trzecim pod względem wysokości wulkanem na świecie mierzonym od podstawy (a ta znajduje się w głębinach dna oceanicznego).

Z głównej drogi można dojechać taksówką na wysokość około 3555 m, jednak na sam krater prowadzi zamknięta droga nr 10, a wniosek o pozwolenie na wjazd trzeba złożyć kilka tygodni przed planowaną wycieczką. Przejażdżka taksówką jest bez wątpienia łatwiejsza, ale o wiele więcej satysfakcji daje wejście na piechotę od Montaña Blanca. Po noclegu w schronisku wyrusza się w drogę dwie godziny przed wschodem słońca, aby na szczyt dotrzeć akurat wtedy, gdy słońce wyłoni się nad Atlantykiem.

LA GOMERA, WYSPY KANARYJSKIE, HISZPANIA
587. Gwizdacze na La Gomerze
Kiedy: przez cały rok
Szerokość geograficzna: 28.1033
Długość geograficzna: -17.2193

W świecie Snapchata, WhatsAppa i wszechobecnego Wi-Fi jest coś głęboko pokrzepiającego w wieści o *silbo gomero* – starożytnym języku używanym na górzystej wyspie La Gomera, języku, który nie jest stricte mową, lecz gwizdaniem. Komunikujący się ze sobą ludzie gwiżdżą od wzgórza do wzgórza, wykorzystując dwie gwizdane samogłoski i cztery spółgłoski. Metoda ta pozwala przekazać wiadomość ponad głębokimi dolinami i wąwozami, gdyż dźwięk ten dochodzi o 3 km dalej niż krzyk (średni dystans to 5 km).

Języka gwizdanego do dziś naucza się w szkołach, aby zachować tradycję. Brzmi jak miły dla ucha śpiew ptaków, a turystom wędrującym w dole, dokąd można dotrzeć z Teneryfy promem, zapewnia tym przyjemniejsze, wyjątkowe wrażenia.

▶ SARANGKOT, POKHARA, NEPAL
588. Poszybować jak ptak nad górami
Kiedy: od października do kwietnia
Szerokość geograficzna: 28.2439
Długość geograficzna: 83.9486

Fantastyczna przygoda czeka na tych, którzy zechcą popróbować sił w parahawkingu. Różnica między tą dyscypliną a paralotniarstwem polega na tym, że tutaj naszym powietrznym przewodnikiem będzie specjalnie przeszkolony ptak drapieżny – ścierwnik (białosęp). Dzięki temu, że leci się w tandemie – lotem steruje wyszkolony pilot – podczas lotu można karmić sępa i podziwiać jego lot. Niesamowite.

Parahawking nad górami w Nepalu

PÓŁKULA PÓŁNOCNA od 30°N do 15°N

▶ LUMBINI, NEPAL
589. Hołd złożony w miejscu narodzin Buddy
Kiedy: przez cały rok (choć odradza się okres od połowy czerwca do września – porę monsunową)
Szer. geogr.: 27.4840 **Dł. geogr.:** 83.2760

W dolinach Teraju w południowym Nepalu, tuż za szarawym, brudnym miastem Bhairahawa, leży Lumbini – kolebka buddyzmu. W ogrodzie, w punkcie upamiętniającym domniemane miejsce narodzin Buddy w 623 r. p.n.e., znajduje się świątynia Maya Devi. Opasana kolorowymi flagami modlitewnymi, zawsze jest pełna medytujących wyznawców. Niezależnie od przekonań religijnych miejsce to napełnia spokojem i zachęca do refleksji wszystkich odwiedzających.

Świątynię Maya Devi otacza rozległy, cichy park z licznymi klasztorami. Różnorodność stylistyczna odzwierciedla fakt, że ufundowali je wierni z całego świata. Na końcu, za enklawą zagrożonego gatunku żurawia indyjskiego, znajduje się utrzymana w japońskim stylu biała, jaśniejąca Śanti Stupa („Pagoda Pokoju"). Jeżeli podróżni są w stanie znieść dokuczliwy upał, najlepszą porą na zwiedzanie tego miejsca będzie maj, gdy obchodzi się Jayanti – urodziny Buddy (data jest ruchoma).

Miejsce narodzin Buddy – Lumbini w Nepalu

BHANGARH, INDIE
590. Wizyta w nawiedzonej wiosce
Kiedy: przez cały rok (tylko za dnia!)
Szerokość geograficzna: 27.0947
Długość geograficzna: 76.2906

Co powiecie na odwiedziny w ufortyfikowanej wiosce Bhangarh, słynącej ze starożytnych ruin? Wolno tam przebywać tylko w ciągu dnia, wstęp przed wschodem i po zachodzie słońca jest zabroniony. A to dlatego, że według legendy miejsce to zalicza się do najbardziej nawiedzonych na całej kuli ziemskiej!

DELHI, INDIE
591. Przejażdżka rikszą
Kiedy: przez cały rok
Szerokość geograficzna: 28.6139
Długość geograficzna: 77.2090

Podróż po Indiach jest nieważna, dopóki nie odbędzie się przejażdżki autorikszą – to wszechobecne tam trzykołowe taksówki. Na drogach nie mają sobie równych, gdy wciskają się w przesmyki – zdawałoby się – mniejsze od nich. Skręcają bez kierunkowskazów, przy ogłuszającym trąbieniu. To świetny sposób na zamienienie przyziemnego transportu w fascynującą miniprzygodę.

DARDŻYLING, INDIE
592. Zbiory herbaty w Dardżyling
Kiedy: od marca do września (choć odradza się okres od połowy czerwca do września – porę monsunową)
Szerokość geograficzna: 27.0500
Długość geograficzna: 88.2667

Hindusi kochają herbatę, a niemal jedna czwarta tej, jaką produkują, to popularna mieszanka rosnąca na zboczach wzgórz Dardżyling. Aby załapać się na zbieranie herbaty, najlepiej przyjechać między marcem a listopadem, starając się jednak unikać pory monsunowej, trwającej od czerwca do września.

AGRA, INDIE
593. Zachwycający Tadź Mahal
Kiedy: od listopada do marca **Szer. geogr.:** 27.1750 **Dł. geogr.:** 78.0419

Bez względu na to, ile zdjęć widziało się wcześniej, nic nie jest w stanie przygotować człowieka na urzekający splendor tej niepowtarzalnej budowli z białego marmuru. Wzniesiony przez władcę z dynastii Mogołów Szahdżahana jako grobowiec dla ukochanej żony, Mumtaz Mahal („Klejnot Pałacu"), która zmarła, wydawszy na świat ich czternaste dziecko, Tadź Mahal wznosi się majestatycznie w centrum kwitnącego, otoczonego murem ogrodu.

Warto wybrać się tu o wschodzie słońca, gdy jest nieco spokojniej, i nacieszyć wzrok zmieniającymi się pod wpływem światła barwami marmurowych kolumn oraz zaokrąglonych kopuł – od błękitu przez róż, pomarańcz aż do czystej, mieniącej się bieli.

PÓŁKULA PÓŁNOCNA   od 30°N do 15°N

▼ DŹAJPUR, RADŻASTAN, INDIE
594. Uczta dla zmysłów na indyjskim bazarze
Kiedy: przez cały rok
Szerokość geograficzna: 26.9000
Długość geograficzna: 75.8000

Radżastan słynie z barwnych bazarów – a nigdzie nie są one bardziej charakterystyczne niż te w Dźajpurze, największym mieście i stolicy stanu. Zatłoczone, głośne, ciasne – naprawdę nietrudno tu dosłownie przepaść. Sprzedaje się na nich wszystko, co można sobie wyobrazić, wrażenia napierają zewsząd na każdy zmysł. Trzeba pamiętać, żeby się targować; podawana cena nigdy nie jest tą ostateczną!

DŹAJPUR, RADŻASTAN, INDIE
595. Rzut oka na pałac „Różowego Miasta"
Kiedy: przez cały rok
Szerokość geograficzna: 26.9239
Długość geograficzna: 75.8267

Pięciopiętrowy, wymyślny pałac Wiatrów (Hawa Mahal) w opiumowym „Różowym Mieście" został zbudowany po to, aby damy dworu mogły się przyglądać życiu na zewnątrz, same pozostając w ukryciu. Dziś to pałac jest przedmiotem obserwacji turystów.

ASAM, INDIE
596. Oko w oko z nosorożcem
Kiedy: od listopada do kwietnia
Szerokość geograficzna: 26.5775
Długość geograficzna: 93.1711

Niewiele zwierząt ucieleśnia siłę tak jak nosorożec. Wystarczy jednak spojrzeć mu w oczy (z bezpiecznej odległości), aby dostrzec pewną bezbronność. Przekona się o tym każdy, kto odwiedzi Park Narodowy Kaziranga, zamieszkany przez jednorogie nosorożce indyjskie.

Tętniący życiem indyjski bazar w Dźajpurze, Radżastan, Indie

PÓŁKULA PÓŁNOCNA   od 30°N do 15°N

CAŁY ŚWIAT, ALE NAJLEPIEJ ZACZĄĆ OD HA'IL W ARABII SAUDYJSKIEJ
597. Lista światowego dziedzictwa UNESCO
Kiedy: przez cały rok
Szerokość geograficzna: 26.8578
Długość geograficzna: 40.3293 (Ha'il, Arabia Saudyjska)

Gdyby ktoś chciał spędzić tydzień w każdym miejscu wpisanym na listę światowego dziedzictwa UNESCO, podróż taka trwałaby 20 lat! Potrzebowałby niewyczerpanych środków finansowych i dobrej sieci kontaktów, żeby dotrzeć do niektórych z najtrudniej dostępnych lokalizacji.

Wszystkie miejsca będące na liście (stan na rok 2018 to 1092) mają w sobie coś wyjątkowego – albo ze względu na środowisko naturalne, albo z uwagi na wkład kulturowy. Ze 167 państw, na terenie których znajdują się miejsca z listy, najwięcej jest ich we Włoszech – aż 54.

Nie ma danych wskazujących, aby ktokolwiek odwiedził wszystkie miejsca z listy światowego dziedzictwa UNESCO, i zważywszy na to, że co roku przybywa mniej więcej 20 kolejnych, nie będzie łatwo za tym nadążyć.

OKOLICE JABAL AL-DUKHAN, BAHRAJN
598. „Drzewo Życia"
Kiedy: przez cały rok (jednak najlepiej od listopada do marca)
Szerokość geograficzna: 26.0386
Długość geograficzna: 50.5459

Jakimś cudem bahrajńskie Shajarat--al-Hayat („Drzewo Życia") radzi sobie z ograniczonymi zasobami wody na tyle dobrze, aby przetrwać na pustyni. Drzewo, rosnące nieopodal Jabal al-Dukhan, nie bez powodu zatem zdobyło sobie status mityczny. Warto dołączyć do rzeszy turystów przybywających tu, by podziwiać jedyną w promieniu wielu kilometrów roślinę, która w dodatku ma ponad 400 lat.

TIMBUKTU, MALI
599. Wycieczka do Timbuktu
Kiedy: od listopada do lutego
Szerokość geograficzna: 16.7666
Długość geograficzna: -3.0026

Timbuktu zawsze żyło otoczone aurą pewnego odosobnienia i tajemnicy. Znajdujące się na południowym skrawku bezkresnej Sahary, o 24 godziny i 966 km jazdy terenowej od stolicy kraju, Bamako, często jest określane jako leżące w środku głuszy. A jednak każdy odwiedzający przekonuje się, że to piękne, urzekające miasto wzniesione z cegły suszonej – nota bene od 1988 roku znajdujące się na liście światowego dziedzictwa UNESCO – ma znacznie więcej do zaoferowania. Koniecznie trzeba poznać jego fascynującą historię, wyjątkową architekturę oraz trzy imponujące meczety.

SAHARA, MAROKO
600. Być Berberem przez jedną noc
Kiedy: od kwietnia do maja
Szer. geogr.: 32.4162   **Dł. geogr.:** -5.6628

Zaledwie 250 km od tętniącego życiem Marrakeszu zaczyna się rozległa Sahara. Pustynia rozciąga się od zachodniego i południowego Maroka przez całą Afrykę – od Egiptu do Mauretanii.

Warto wybrać się na wycieczkę z Marrakeszu, by spędzić noc na pustyni wraz z Berberami, nomadami, którzy żyją tu od setek lat. To oni byli pierwotnymi mieszkańcami Maroka, jeszcze zanim w XVII wieku przybyli do niego Arabowie. Długa przejażdżka wielbłądem po wyboistym terenie prowadzi na pustkowie, skąd jak okiem sięgnąć na szerokim, odległym horyzoncie rysują się jedynie wydmy piaskowe.

Nocą na Saharze temperatura spada znacznie poniżej 0°C, jednakże nocleg przy ognisku – z tradycyjną muzyką i tańcami – gwarantuje, że podróżni nie zmarzną. Gdy zabawa się skończy, można się rozkoszować niesamowitym, niewyobrażalnym wręcz widokiem nieba – nigdzie indziej nie ma ono takiej głębi jak na pustyni.

PUSZKAR, RADŻASTAN, INDIE

601. Konkurs piękności…
wielbłądów!

Kiedy: w listopadzie
Szerokość geograficzna: 26.4897
Długość geograficzna: 74.5511

Oto niebywała gratka: dołączyć do setek tysięcy miłośników tych garbatych zwierząt, którzy co roku przybywają na targi wielbłądzie do Puszkaru. Oprócz handlu odbywa się tu pulsujący życiem festyn z nagrodami za najdłuższe wąsy, wiązaniem turbanów, zaklinaniem węży, straganami, a nawet z konkursem piękności – oczywiście dla wielbłądów.

PÓŁKULA PÓŁNOCNA   od 30°N do 15°N

GUWAHATI, ASAM, INDIE
602. Ostre wyzwanie dla kubków smakowych
Kiedy: przez cały rok
Szerokość geograficzna: 26.1445
Długość geograficzna: 91.7362

Kto lubi pikantne jedzenie i uwielbia sprawdzać wytrzymałość swoich kubków smakowych, ten, nie zważając na gwałtowne łzawienie oczu, powinien spróbować *bhut jolokia* („chilli duchów"). Ten ognisty przysmak, osiągający najwyższe wartości na oficjalnym pikantnościometrze (skali Scoville'a), jest nieodzownym elementem asamskiej kuchni.

STAN RADŻASTAN, INDIE
603. Zwiedzanie królewskich pałaców w Radżastanie
Kiedy: od października do lutego
Szerokość geograficzna: 26.5727
Długość geograficzna: 73.8390

Forty i pałace Radżastanu należą do najbardziej majestatycznych indyjskich budowli. Naprawdę warto wybrać się w te strony, by obejrzeć imponujące pomniki królewskiej przeszłości kraju – niektóre stoją od XVI wieku i do dziś zachowały się w idealnym stanie, robiąc takie samo wrażenie jak wtedy, kiedy zostały zbudowane.

WADI AL-HITAN, EGIPT
604. Odkrywanie skamielin wielorybów na pustyni
Kiedy: od listopada do kwietnia (by uniknąć upałów)
Szerokość geograficzna: 29.2725
Długość geograficzna: 30.0405

Warto dać się oszołomić ogromnej kolekcji skamielin wielorybich w Wadi al-Hitan. Stanowią one niemal brakujące ogniwo w ewolucji tych olbrzymich ssaków. Co więcej, miejsce to znajduje się 185 km od morza, co pokazuje, jak ogromne zmiany zaszły w układzie mórz i lądów na przestrzeni ostatnich 50 milionów lat.

GIZA, EGIPT
605. Odkrywanie tajemnic piramid
Kiedy: przez cały rok
Szerokość geograficzna: 29.9791
Długość geograficzna: 31.1343

Piramidy w Gizie są znacznie łatwiej dostępne, niż można przypuszczać. Te widoczne na kairskim horyzoncie monumentalne grobowce zbudowane zostały około 2500 r. p.n.e. Aby dotrzeć do tych pradawnych miejsc, trzeba złapać taksówkę – najlepiej o świcie, by mieć szansę na podziwianie niesamowitych efektów, jakie promienie wschodzącego słońca wywołują na kamiennych ścianach.

Można również wejść do środka i zwiedzać fascynujące tunele (uwaga na dużą wilgotność), choć jeśli ktoś cierpi na klaustrofobię, zapewne będzie wolał przejażdżkę wielbłądem wokół okazałych monumentów i sfinksów.

KARNAK, LUKSOR, EGIPT
606. Śladami faraonów
Kiedy: przez cały rok
Szerokość geograficzna: 25.6872
Długość geograficzna: 32.6396

Kroczenie śladami faraonów to doświadczenie przyprawiające o zawrót głowy. Karnak jest do tego idealnym miejscem – jego początki sięgają panowania Senusereta I, który rządził niemal 4000 lat temu. Jako część ogromnego miasta Teb Karnak stanowił centrum kultu i dzisiaj zalicza się do największych starożytnych obiektów tego typu na świecie. Obszar Amona-Re, jedyna z czterech sekcji udostępnionych dla turystów, niemal onieśmiela swym dostojeństwem. Ogromne pomniki, przestronne korytarze i bramy oraz wysoki na 29 m obelisk wprawiają odwiedzających w niemy zachwyt nad biegłością starożytnych w dziedzinie architektury.

PÓŁKULA PÓŁNOCNA   od 30°N do 15°N

OSTAN FARS, NA PÓŁNOC OD SZIRAZ, IRAN
607. Odkrywanie Persepolis
Kiedy: przez cały rok
Szerokość geograficzna: 29.9355
Długość geograficzna: 52.8915

Persepolis to starożytny ośrodek kultu imperium perskiego (w latach 550–330 p.n.e. było jego stolicą). Sam rozmiar tego miejsca, znanego również jako Tron Dżamszida, przyprawia o zawrót głowy. Ruiny zachowały się w dobrym stanie i można je zwiedzać. Osiemnaście filarów na ogromnym tarasie, bogato zdobione grobowce na zboczach gór oraz Naghsz-e Rostam, zlokalizowany 12 km od głównego punktu kompleksu – to wyjątkowy przykład nekropolii Achemenidów. Wszystko to razem daje wręcz nieco przytłaczające odczucie obcowania z historią.

GÓRY TIANZI, PROWINCJA HUNAN, CHINY
608. Z głową w chmurach
Kiedy: przez cały rok
(choć latem bywa bardzo wilgotno)
Szerokość geograficzna: 29.2057
Długość geograficzna: 110.3238

Eteryczne w swej okazałości, spowite mgłami góry Tianzi (najwyższy szczyt 1212 m n.p.m.) – z mewami, lasami i spiczastymi, przebijającymi chmury szczytami – sprawiają wrażenie nie z tego świata. Turyści pokonują niemal dwukilometrową trasę na szczyt kolejką linową od wejścia w Wulingyuan w Parku Narodowym Zhangjiajie. Można też wspiąć się na ten skalny filar pieszo – to raptem 3878 schodów!

◀ PROWINCJA SYCZUAN, CHINY
609. Podglądanie pand w ich własnym świecie
Kiedy: przez cały rok
Szerokość geograficzna: 29.5347
Długość geograficzna: 102.0845

Czy istnieje pod słońcem bardziej urocze zwierzę niż panda wielka? Każdy może ocenić to sam, odwiedzając sieć siedmiu rezerwatów natury w Syczuanie – mieszka tam ponad 30% całej światowej populacji pand. Po wcześniejszych ustaleniach można nawet pomóc w opiece nad tymi zachwycającymi amatorami bambusowej strawy.

Pandy w swoim środowisku, prowincja Syczuan, Chiny

WADI RUM, JORDANIA

610. Podróż śladami Lawrence'a z Arabii

Kiedy: przez cały rok
Szerokość geograficzna: 29.5846
Długość geograficzna: 35.4263

W Wadi Rum nakręcono większą część filmu *Lawrence z Arabii*. W rzeczywistości choć T.E. Lawrence przechodził przez niektóre z tych terenów podczas swoich podróży, bynajmniej nie był tu pierwszy. Wystarczy się rozejrzeć: na kamieniach widnieją liczne prehistoryczne rysunki i znaki.

PÓŁKULA PÓŁNOCNA   od 30°N do 15°N

▼ MEGHALAJA, INDIE
611. Przez rzekę po korzeniach drzew
Kiedy: od stycznia do maja i od września do grudnia
Szerokość geograficzna: 25.2717
Długość geograficzna: 91.7308

Niewykluczone, że są to najdziwniejsze mosty na świecie. Te żywe przejścia utworzone z figowców sprężystych, które przerzuciło przez rzekę plemię Khasi z północnych Indii, mogą wytrzymać ciężar nawet 50 osób. Chyba najbardziej niezwykła jest dwupoziomowa kładka w wiosce Nongriat, w lesie deszczowym w Czerapuńdżi.

SAINT-LOUIS, SENEGAL
612. Festiwal jazzowy w Saint-Louis
Kiedy: w maju
Szerokość geograficzna: 16.0333
Długość geograficzna: -16.5000

Saint-Louis, pełne energii senegalskie miasto, w maju przechodzi samo siebie, witając jazzowe znakomitości z całego świata. Muzycy gromadzą się tu, by razem śpiewać, scatować i tańczyć. Warto dołączyć do muzykujących grup i grupek i podziwiać jedne z najlepszych światowych występów.

SAHARA, REGION ALGIERII
613. W poszukiwaniu pustynnego kota
Kiedy: przez cały rok
Szerokość geograficzna: 25.5000
Długość geograficzna: 9.0000
(PN Tasili Wan Ahdżar, Algieria)

Być może jałowa Sahara nie jest najbardziej oczywistym miejscem, w którym szukalibyśmy uroczych kotków, jednakże nocny kot pustynny patrzący ogromnymi oczami i nadstawiający wręcz ponadwymiarowych uszu – wprawia w mrrrruczący zachwyt. Kto odwiedzi niesamowite parki narodowe Algierii, zapewne na własne oczy zobaczy któregoś z tych słodziaków.

Most z korzeni w lesie deszczowym w Czerapuńdżi, Indie

Restauracja Al Mahara w dubajskim hotelu Burdż al-Arab, Zjednoczone Emiraty Arabskie

MADHJA PRADEŚ, INDIE
614. Erotyczne płaskorzeźby w zabytkowym zespole świątynnym Khadźuraho
Kiedy: przez cały rok (choć odradza się okres od połowy czerwca do września – porę monsunową)
Szerokość geograficzna: 24.8500
Długość geograficzna: 79.9300

W odległym zakątku upalnego, szarawego centrum indyjskiego stanu Madhja Pradeś kryją się jedne z najlepiej zachowanych (w skali całego kontynentu), tchnące erotyzmem zabytkowe rzeźby. Ściany świątyń Khadźuraho pokryte są przykuwającymi wzrok płaskorzeźbami przedstawiającymi pary, trójkąty i całe grupy w szczycie miłosnych uniesień oraz niewiarygodną różnorodność wszelkich kombinacji i pozycji. Nadano im nawet miano „świątyń Kamasutry".

Wzniesione między IX a XII w. n.e. przez dynastię Ćandelów, świątynie zostały opuszczone krótko po ich ukończeniu, wraz z nadejściem fali najeźdźców afgańskich. Później zarosła je dżungla i przez stulecia pozostawały w ukryciu, zanim w latach 30. XIX w. zostały odkryte na nowo przez Brytyjczyków. Reliefy te oczarowują dziś turystów jak chyba żadne inne.

▲ DUBAJ, ZJEDN. EMIRATY ARABSKIE
615. Drinki na szczycie budynku i pod nim
Kiedy: przez cały rok
Szerokość geograficzna: 25.1409
Długość geograficzna: 55.1857

Najpierw oszałamiający widok na wybrzeże Dubaju z baru koktajlowego na 27. piętrze hotelu Burdż al-Arab, a następnie szybka przejażdżka windą w dół – do podwodnej restauracji, w której wszystkie ściany od podłogi do sufitu są przeszklone. Zwiedzający oglądają morze z lotu ptaka, po czym szybko przerzucają się na perspektywę mieszkańców głębiny.

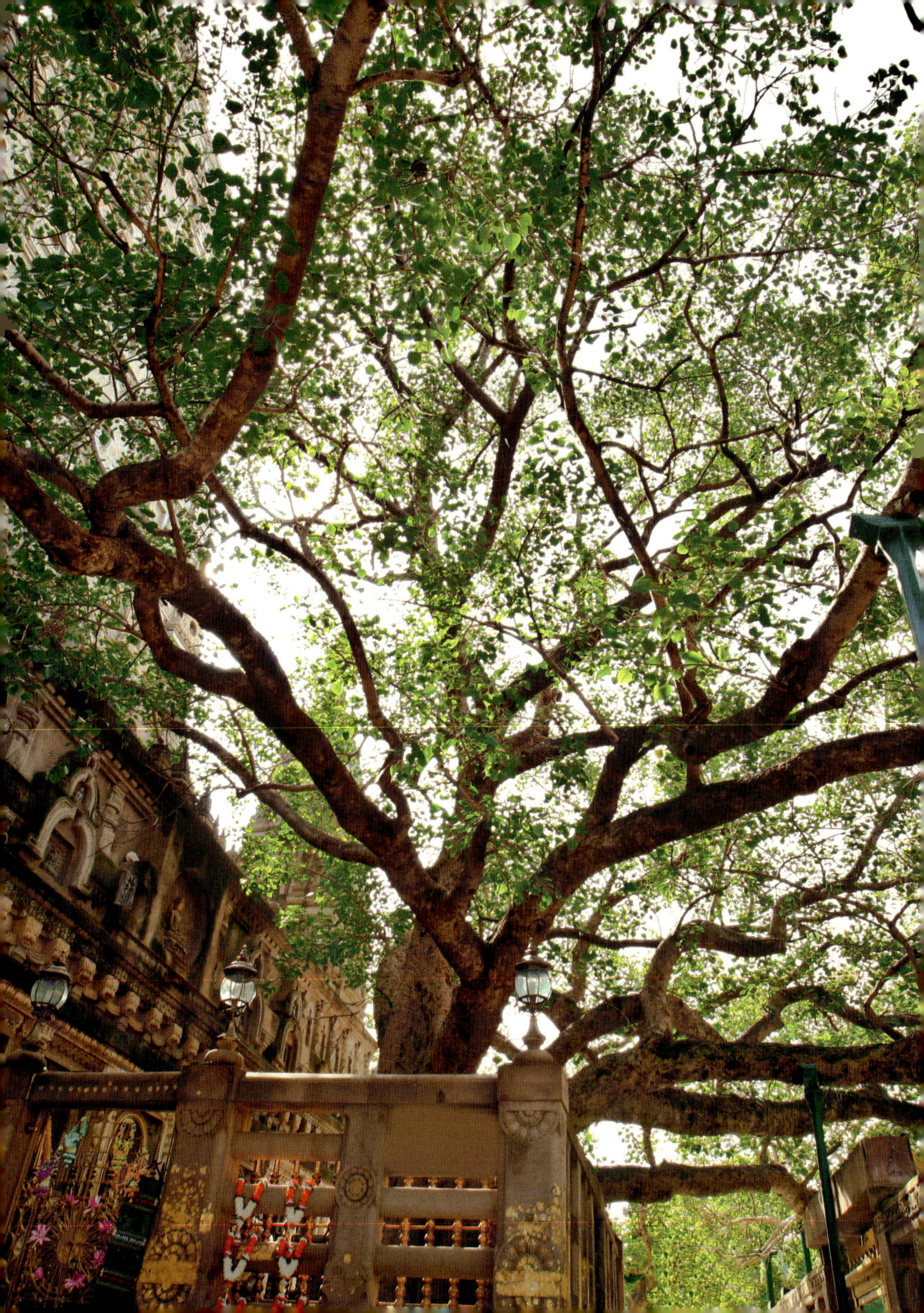

PÓŁKULA PÓŁNOCNA   od 30°N do 15°N

▶ AL JAYLAH, OMAN
616. Szukanie wody
na pustyni po omańsku
Kiedy: przez cały rok
Szerokość geograficzna: 24.5328
Długość geograficzna: 56.4923

Nie wszystkie pustynie są pozbawione wody. Od ponad 2000 lat w Omanie istnieje system irygacyjny znany jako *afladż* – to niewielkie kanały przylegające do urwisk, przez jałowe pustynie doprowadzające wodę ze źródeł do osad i pól. Tak więc na pustyni w Omanie pragnienie z pewnością podróżnikowi nie grozi.

Omańskie szukanie wody na pustyni – system irygacyjny w Al Jaylah

◀ BODH GAJA, BIHAR, INDIE
617. Odpoczynek w cieniu drzewa oświecenia
Kiedy: przez cały rok
Szerokość geograficzna: 24.6961
Długość geograficzna: 84.9870

Zbliżając się do zespołu świątynnego Mahabodhi w miejscowości Bodh Gaja, można go dostrzec już z odległości 10 km, gdyż wznosi się ponad linią drzew na wysokość 55 m. W tym właśnie miejscu Budda doznał oświecenia w trakcie medytacji pod drzewem Bodhi, przez siedem dni pozostając w zupełnym bezruchu.

Nadal żyje święte drzewo, również nazywane Mahabodhi, o którym mówi się, że jest bezpośrednim potomkiem tamtego. Miejsce to stanowi najważniejszy cel pielgrzymek buddystów z całego świata. Wierni przybywają tu, aby medytować i kontemplować nauki Buddy pod drzewem o liściach w kształcie serca. Warto usiąść w jego cieniu, by chłonąć spokój i dostojeństwo tego magicznego miejsca.

CZERAPUŃDŻI, INDIE
618. Śpiewanie w deszczu w Czerapuńdżi
Kiedy: od czerwca do sierpnia (gdy szanse na opady deszczu są największe)
Szerokość geograficzna: 25.2717
Długość geograficzna: 91.7308

Czy masz czasami ochotę, żeby w czasie deszczu – zamiast w pośpiechu nakładać kaptur i otwierać parasol, aby nie dosięgła cię jakaś zagubiona kropla – rozłożyć raczej szeroko ręce, odrzucić głowę do tyłu i zacząć śpiewać na cały głos? W Czerapuńdżi można to zrobić. Głośno!

Drzewo oświecenia – Mahabodhi w Bodh Gaja, Bihar, Indie

PÓŁKULA PÓŁNOCNA   od 30°N do 15°N

POCZĄTEK W GUANGZHOU, CHINY
619. Podróżowanie po świecie w zaciszu własnej kuchni
Kiedy: przez cały rok
Szerokość geograficzna: 23.1333
Długość geograficzna: 113.2667

„Śniadanie jedz jak król" – mówi powiedzenie, a cóż może być lepszego od witania każdego poranka ucztą właściwą dla innego narodu? Najlepiej zacząć od chińskich nadziewanych bułeczek na parze, *arepa*, czyli kukurydzianego ciasta z Kolumbii, na wierzchu którego kładzie się jajka lub dżem, albo tradycyjnego śniadania angielskiego z kiełbaskami, bekonem, jajkami, pieczarkami i pomidorami. Do wyboru są także francuskie croissanty, rosyjskie bliny (często z serem) oraz bligia – owoc z Jamajki, który po ugotowaniu wygląda jak jajecznica. W ten sposób podróż dookoła świata można zaliczyć w tydzień!

NIEOPODAL HUIZHOU, GUANGDONG, CHINY
620. Austriackie miasteczko w Chinach
Kiedy: przez cały rok
Szerokość geograficzna: 23.0667
Długość geograficzna: 114.4000

Jeśli kiedykolwiek zastanawiałeś się, na co milionerzy wydają swoje fortuny, odpowiedzi nie musisz szukać dalej niż w Hallstatt w prowincji Guangdong w Chinach. W porządku, może odrobinę dalej – trzeba też sprawdzić miasteczko Hallstatt w Austrii! Pierwsze jest repliką drugiego, zbudowaną za, bagatela, miliard dolarów.

Ta oryginalna, barwna alpejska miejscowość znajduje się na liście światowego dziedzictwa UNESCO. Wąskie brukowane uliczki, jasno pomalowane domy i malownicze jezioro nadają mu tradycyjny austriacki charakter. Oba miasteczka są wręcz bliźniaczo do siebie podobne, a to austriackie przyciąga dziś znacznie więcej turystów z Chin. Chińczycy już poprzednio zbudowali miniwersje Barcelony i Wenecji nieopodal Szanghaju.

◀ HAWANA, KUBA
621. Przejażdżka z fasonem klasycznym samochodem po Hawanie
Kiedy: przez cały rok
Szerokość geograficzna: 23.1136
Długość geograficzna: -82.3666

Klasyczne auta z lat 50. XX w. pozostały na kubańskich drogach z konieczności. Równie mocno uwielbiane jak eksploatowane, są w takim samym stopniu charakterystyczne dla Kuby co plakaty z Che Guevarą. Stanowią również pewne świadectwo ducha przetrwania wyspy. Przejażdżka takim cackiem w rzeczywistości może nie okaże się szczególnie płynna, z pewnością jednak będzie niezapomniana.

Przejażdżka z fasonem klasycznym samochodem w Hawanie na Kubie

Łowienie wielkiej ryby u brzegu Kuby, Karaiby

HAWANA, KUBA
622. Dymek puszczony w ojczyźnie cygara
Kiedy: przez cały rok
Szerokość geograficzna: 23.1136
Długość geograficzna: -82.3666

Nie trzeba być palaczem, żeby podczas podróży do tego kraju tytoniu zechcieć zaciągnąć się aromatycznym kubańskim cygarem. Technika produkcyjna prawdziwych kubańskich cygar jest dziś identyczna z tą sprzed stu lat, co nadaje im mocny, lecz autentyczny smak.

▲ WYBRZEŻA KUBY
623. Emocjonująca sztuka łowienia
Kiedy: dowolny miesiąc, zależnie od ulubionych gatunków
Szerokość geograficzna: 23.1799
Długość geograficzna: -81.1885

Hemingway świetnie ujął dramaturgię wielkiej sztuki łowienia ryb w opowiadaniu *Stary człowiek i morze*. Historia ta wyrosła na kanwie jego zamiłowania do tego zajęcia: gry w czekanie, później wynurzania się dostojnego marlina niebieskiego (żaglicy), a następnie walki z potężną rybą. Warto spróbować swoich sił w sztuce łowienia właśnie na Karaibach.

LA CECILIA, HAWANA, KUBA
624. Taniec pod gwiazdami – kubańska salsa
Kiedy: przez cały rok (choć odradza się sezon deszczowy od maja do października)
Szerokość geograficzna: 23.1012
Długość geograficzna: -82.4493

Kuba emanuje niesamowitą energią, a gdy energia ta przeradza się w zabawę i salsę, Kubańczycy wprost szaleją. Kto tylko czuje ten rytm, powinien odstawić na bok rum, rozluźnić biodra i dołączyć do tańca – salsa pod rozgwieżdżonym kubańskim niebem to naprawdę fantastyczna zabawa.

BIMMAH SINKHOLE, OMAN

625. Nura do dziury

Kiedy: przez cały rok
Szerokość geograficzna: 23.0361
Długość geograficzna: 59.0717

Bimmah Sinkhole w Omanie to lej krasowy uformowany wskutek rozpuszczania skalnego podłoża przez kwaśną wodę, co doprowadziło do zapadnięcia się wierzchniej warstwy skał. Co więcej, ta dziura w ziemi jest niezwykle piękna. Aż chce się dać nura do tej przeczystej, turkusowej wody, zewsząd otoczonej wysokimi skałami.

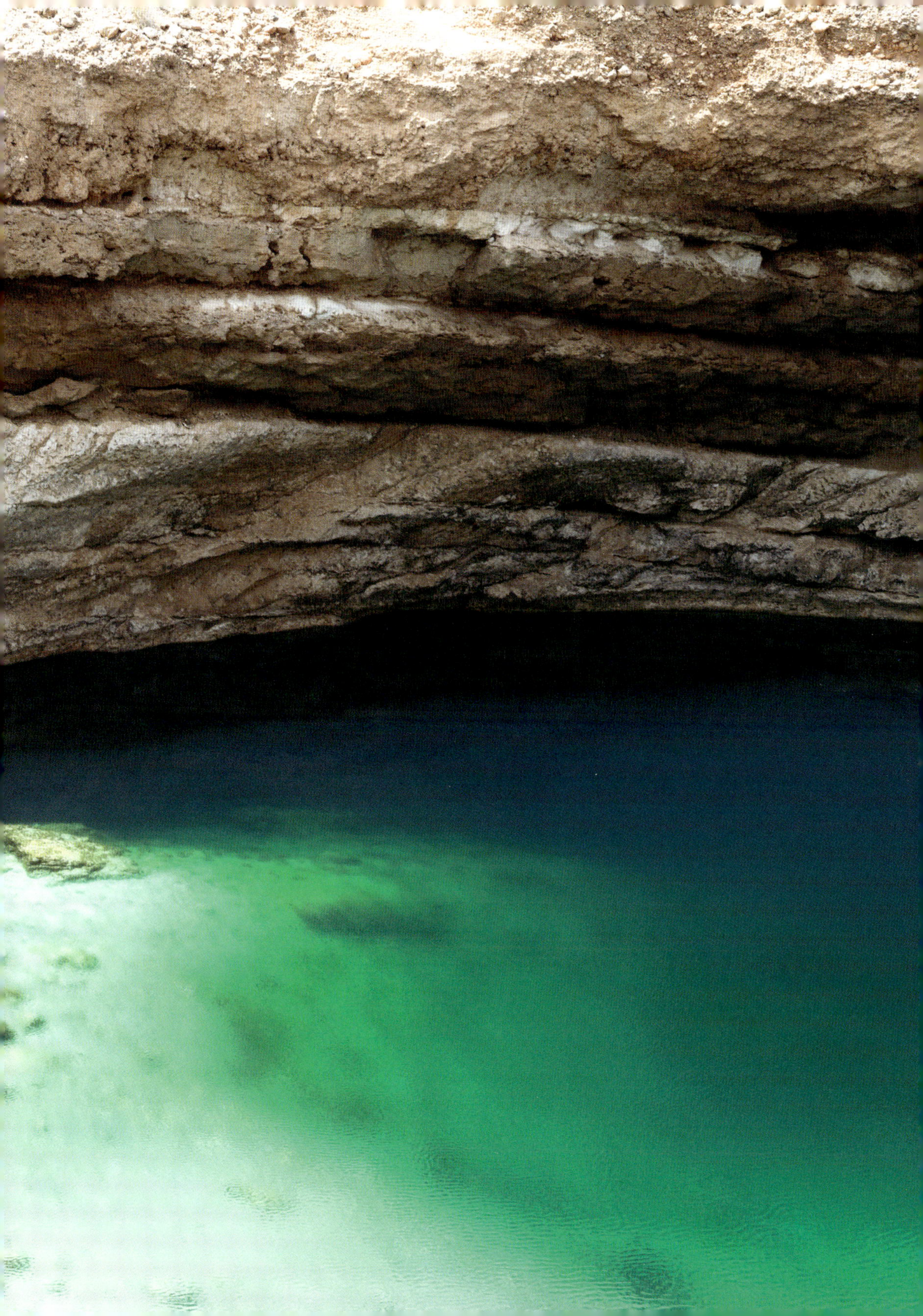

Międzynarodowy Festiwal Latawców w Ahmadabadzie, Indie

▲ AHMADABAD, GUDŹARAT, INDIE
626. Puszczanie latawców
Kiedy: 14 stycznia
Szerokość geograficzna: 23.0225
Długość geograficzna: 72.5714

Widok tysięcy kolorowych latawców kołyszących się na wietrze i tańczących po niebie sprawia, że serca wypełniają się szczerym, dziecięcym zachwytem, gdy w ten oto sposób dorocznym festiwalem celebruje się koniec zimy. Miasto jest otwarte 24 godziny na dobę. Widowisko można nie tylko oglądać, lecz także wziąć w nim udział.

HOWRAH, INDIE
627. Szykowna przejażdżka
Kiedy: przez cały rok
Szerokość geograficzna: 22.5818
Długość geograficzna: 88.3423

Angielskie słowo *posh* („szykowny") rzekomo pochodzi od *port out, starboard home* („na lewej burcie tam, po prawej z powrotem"). Chodziło o to, które kabiny na statkach parowych udających się do Indii wybierali zamożniejsi z pasażerów, aby się uchronić od słońca. W dzisiejszych Indiach *posh* można być, decydując się na przejażdżkę pierwszą klasą pociągiem odjeżdżającym z jednego z najbardziej ruchliwych i najstarszych dworców, Howrah.

STAN MAHARASZTRA, INDIE
628. Zachwycająca sztuka Grot Adźanty
Kiedy: przez cały rok (choć odradza się okres od połowy czerwca do września – sezon monsunowy)
Szerokość geograficzna: 20.5524
Długość geograficzna: 75.7004

Groty Adźanty, jedne z najwspanialszych i najlepiej zachowanych przykładów sztuki starożytnego świata, przyciągają rzesze turystów. Zostały wydrążone na zboczach urwistych wąwozów w kształcie podkowy, wysoko ponad wąską rzeką Waghorą. Buddyjscy mnisi wykuli je z bazaltowych skał i ozdobili szeregiem niezwykle plastycznych obrazów przedstawiających sceny z życia Buddy.

PÓŁKULA PÓŁNOCNA   od 30°N do 15°N

MUMBAJ, INDIE
629. Degustacja ulicznego jedzenia w Mumbaju
Kiedy: przez cały rok
Szerokość geograficzna: 18.9664
Długość geograficzna: 72.8136

Nie ma lepszego sposobu na zapoznanie się z południowoindyjskim jedzeniem niż wycieczka do Swati Snacks w Mumbaju. Do wyboru są tu najrozmaitsze przysmaki: od *pav bhaji* do *pani puri*, a do popicia najlepsze będzie tradycyjne *lassi*.

MUMBAJ, INDIE
630. Godzina szczytu na dworcu w Mumbaju
Kiedy: przez cały rok
Szerokość geograficzna: 18.9690
Długość geograficzna: 72.8188

Główna stacja kolejowa w Mumbaju, Dworzec Króla Śiwadźiego, to okazała neogotycka budowla z łukowymi sklepieniami i rzeźbionymi kolumnami. W godzinach szczytu jest zatłoczona, ale jeśli ktoś jest tu tylko przelotem, to nawet potrącanie się i wpadanie na innych – co swoją drogą nie spotyka się z pretensjami czy zjadliwymi uwagami – okazuje się w pewnym sensie całkiem fajne.

▼ KALKUTA, INDIE
631. Zakup bukieciku na największym rynku kwiatów w Indiach
Kiedy: przez cały rok
Szerokość geograficzna: 22.5667
Długość geograficzna: 88.3667

Nieopodal rzeki Hugli w Kalkucie znajduje się gwarny kwiatowy rynek Malik Ghat, największy tego typu targ w Indiach. Tysiące handlarzy sprzedają tu bukiety i girlandy, tak ważne w indyjskiej kulturze, stanowiące nieodzowny element wszelkich festiwali i uroczystości oraz będące dekoracjami w świątyniach.

Największy targ kwiatowy w Indiach – Malik Ghat w Kalkucie

PÓŁKULA PÓŁNOCNA   od 30°N do 15°N

NIZWA, OMAN
632. Podróż w czasie w Forcie Nizwa
Kiedy: przez cały rok
Szerokość geograficzna: 22.9171
Długość geograficzna: 57.5363

Jeden z najstarszych fortów w Omanie, Nizwa, to wspaniale zachowany XVII-wieczny przykład architektury obronnej. Można podziwiać jego okrągłą środkową wieżę o średnicy 36 m, zwieńczoną typowymi dla budowli arabskich, zaokrąglonymi blankami. Ogromna beżowa twierdza zmienia zabarwienie zależnie od położenia słońca na niebie: od brzoskwiniowego po różowawe.

HONGKONG, CHINY
633. Przytłaczająca potęga superstatków
Kiedy: przez cały rok (CSCL „Globe" można na bieżąco śledzić online)
Szerokość geograficzna: 22.3964
Długość geograficzna: 114.1095

Zwykle gdy widzimy kontenerowiec, patrzymy z brzegu na odległą figurkę. Warto jednak spróbować znaleźć się blisko takiego statku, aby poczuć skalę, doświadczyć ogromu bestii nieustraszenie przedzierającej się przez oceany. CSCL „Globe", największy statek na świecie, jest zarejestrowany w Hongkongu.

HONGKONG, CHINY
634. Dżonką do Portu Wiktorii
Kiedy: przez cały rok
Szerokość geograficzna: 22.3964
Długość geograficzna: 114.1094

Hongkong kojarzy się z absolutnym postępem technicznym, warto jednak zrobić ukłon w stronę przeszłości i popływać po Porcie Wiktorii starą, dobrą chińską dżonką z czerwonymi żaglami. Będzie to fantastyczne zderzenie tradycji i nowoczesności, tak przecież charakterystyczne dla Hongkongu.

▶ REZERWAT ŻÓŁWI RAS AL-DŻINZ, OMAN
635. Wykluwanie się żółwiątek
Kiedy: od lipca do października
Szerokość geograficzna: 22.4242
Długość geograficzna: 59.8303

Niewiele rzeczy może przebić wpatrywanie się w piasek i obserwowanie, jak jego ziarenka zaczynają się poruszać, gdy maleńkie łapki próbują wydostać się na powierzchnię. Żółwica wyszła z morza jakieś siedem czy dziewięć tygodni wcześniej, wykopała norę w piasku na plaży i złożyła blisko setkę jaj. Zagrzebała je i wróciła do morza, a teraz świeżo wyklute dzieci muszą same podążyć jej śladem. Dzielnie pokonują przeszkody w postaci kawałków wyrzuconego na plażę drewna, umykają krążącym nad głowami mewom i czającym się w piasku krabom, niestrudzenie pełzną ku pierwszemu chłodnemu opryskowi fal.

Obserwując to wszystko, nie sposób nie pochylić się w zadumie i nad cudownością natury, i nad jej bezwzględnością.

Świeżo wyklute żółwie w Rezerwacie Żółwi w Ras al-Dżinz, Oman

PÓŁKULA PÓŁNOCNA   od 30°N do 15°N

▶ MADHJA PRADEŚ, INDIE
636. Podglądanie tygrysa na wolności
Kiedy: parki narodowe są otwarte od listopada do czerwca
Szerokość geograficzna: 22.3333
Długość geograficzna: 80.6333 (rezerwat Kanha Tiger)

Nic nie jest w stanie przygotować człowieka na pierwszy kontakt z tygrysem w dziczy. Wydaje się to niewiarygodnym zaszczytem.

Najlepszym miejscem na spotkanie dzikich kotów w ich naturalnym środowisku jest wschodnia część stanu Madhya Pradesh. Znajdujący się tu rezerwat tygrysów powstał na dawnym królewskim terenie łowieckim. W Kanha Tiger Reserve mieszka aż około 40 tygrysów bengalskich z zaledwie 3200 żyjących na wolności na całym świecie.

Choć prawdopodobieństwo zobaczenia tygrysa w jednym z tutejszych parków jest większe niż gdziekolwiek indziej na świecie, bynajmniej nie ma gwarancji, że się to uda. Od marca do czerwca duszny, przedmonsunowy upał zmusza zwierzęta do wychodzenia na otwarte tereny do rzek i wodopojów. Najlepiej zarezerwować sobie trzy dni na pobyt w parkach i wybrać się na pięć lub sześć safari *game drive* z przewodnikami, a potem trzymać kciuki za powodzenie wyprawy.

Dziki tygrys w rezerwacie, stan Madhya Pradesh, Indie

UDAJPUR, INDIE
637. Chwila luksusu w pływającym hotelu
Kiedy: przez cały rok
Szerokość geograficzna: 24.5720
Długość geograficzna: 73.6790

Pływające pałace Udajpuru to niemal synonim romantyzmu i splendoru. Wznoszący się majestatycznie ponad wodami jeziora Pichola pałac na jeziorze (Taj Lake Palace) i pałac Dżagdiś przez setki lat były domami rodzin królewskich oraz gwiazd filmowych. Teraz każdy może zarezerwować tu pokój, gdyż budynki te są obecnie luksusowymi hotelami.

BENGAL ZACHODNI, INDIE
638. Wędrówka z widokiem na Mount Everest
Kiedy: od kwietnia do maja
Szerokość geograficzna: 27.0600
Długość geograficzna: 88.0000

Warto wybrać się na wędrówkę po Sandakphu, aby się cieszyć przeczystym, świeżym powietrzem, u stóp mając polne kwiaty, a dokoła kwitnące rododendrony. Widoki są tutaj doprawdy niesamowite. Można dostrzec Mount Everest i jego sąsiadów – Lhotse i Makalu – jak również ulubiony szczyt miejscowych, Kanczendzongę.

ABU ZABI, ZJEDN. EMIRATY ARABSKIE
639. Przejażdżka najszybszym rollercoasterem świata
Kiedy: przez cały rok
Szerokość geograficzna: 24.4832
Długość geograficzna: 54.6074

Załóż obowiązkowe gogle i pomknij najszybszym rollercoasterem świata. Formula Rossa w Świecie Ferrari Abu Zabi potrzebuje zaledwie pięciu sekund, aby osiągnąć swoją maksymalną prędkość – aż 240 km na godzinę!

PÓŁKULA PÓŁNOCNA   od 30°N do 15°N

GÓRY HOÀNG LIÊN, PROWINCJA LÀO CAI, WIETNAM
640. Wycieczka po imponujących wietnamskich górach
Kiedy: przez cały rok (najlepiej wybrać końcówkę września, czas żniw)
Szerokość geograficzna: 22.3033
Długość geograficzna: 103.7750 (góra Phan Xi Păng)

Porośnięte bujną roślinnością pasmo Hoàng Liên Sơn, u stóp którego rozciągają się robiące niesamowite wrażenie tarasy ryżowe, gwarantuje turystom przepiękne widoki. Piechurzy mają tu do wyboru niezliczone szlaki, a nad wszystkimi góruje Phan Xi Păng (3143 m n.p.m.), najwyższy szczyt Wietnamu i całych Indochin. Dla tych widoków naprawdę warto wybrać się na wędrówkę bez względu na porę roku, choć szczególnie dobrym momentem jest czas tuż przed dorocznymi zbiorami ryżu – pod koniec września. Wtedy pola ryżowe mienią się olśniewającymi odcieniami ciepłej, rozgrzewającej żółci.

▼ MANDALAJ, MJANMA
641. Droga do Mandalaj
Kiedy: przez cały rok
Szerokość geograficzna: 21.9750
Długość geograficzna: 96.0833

Upamiętniona w wierszu Rudyarda Kiplinga, a następnie w piosenkach Franka Sinatry i Robby'ego Williamsa droga do Mandalaj prowadzi do drugiego pod względem wielkości miasta Mjanmy (Birmy). Turyści przyjeżdżają tu podziwiać bogactwo kulturowe i religijne tego buddyjskiego ośrodka – skupia się w nim ponad 700 pagód.

Bryczka na drodze do Mandalaj, Mjanma

PÓŁKULA PÓŁNOCNA od 30°N do 15°N

SUNDARBANY, BANGLADESZ
642. Wypatrywanie tygrysa bengalskiego w lesie namorzynowym
Kiedy: przez cały rok (najlepiej między listopadem a lutym, gdy szansa na zobaczenie tygrysa jest największa)
Szerokość geograficzna: 21.9497   **Długość geograficzna:** 89.1833

Jeżeli chodzi o dziką przyrodę azjatycką, lasy namorzynowe w Sundarbanach w Bangladeszu są absolutnym numerem jeden. Znajdujące się w delcie trzech największych rzek regionu: Gangesu, Brahmaputry i Meghny w Zatoce Bengalskiej liczne wyspy, bagna, błota i zagajniki mangrowe stanowią niewiarygodny kalejdoskop dzikiej przyrody – włączając w to tygrysy bengalskie.

Rozciągające się na obszarze 10 000 km², Sundarbany obejmują trzy słynne rezerwaty dzikiej przyrody o niewiarygodnej wręcz bioróżnorodności. Fakt, że często przechodzą tędy sztormy, cyklony i fale pływowe, sprawia, że miejsce to jest dość niebezpieczne i liczba turystów pozostaje stosunkowo niewielka. Ponadto trudno się tutaj dostać, transport zorganizowany właściwie nie istnieje, brakuje również miejsc noclegowych. Jednakże podróżnicy, którzy pokonają te przeszkody, zostaną sowicie wynagrodzeni.

Wielu przyciąga przede wszystkim możliwość zobaczenia tygrysa bengalskiego. Zwierzęta te są wyjątkowe, ponieważ pływają w wodach i słodkich, i słonych; niestety znane są również z tego, że zjadają ludzi (zabijają około 10 osób rocznie). Jednak wycieczka z przewodnikiem jest bezpieczna i między listopadem a lutym można dostrzec te majestatyczne zwierzęta u brzegów rzeki.

PHÔNGSALI, LAOS
643. Tajemnica uprawy ryżu
Kiedy: od czerwca do grudnia (sezon uprawy ryżu)
Szerokość geograficzna: 21.6819
Długość geograficzna: 102.1090

Jak się uprawia ryż? Aby odpowiedzieć na to pytanie, nie trzeba co prawda wybierać się aż na rozległe pola ryżowe Phôngsali, ale naprawdę warto tu przyjechać ze względu na wyjątkową urodę i aurę tej okolicy. Cicha i spokojna lokalizacja to idealne warunki dla wielu rolników uprawiających ryż na tradycyjnych, podmokłych poletkach.

PALEIK, MJANMA
644. Wizyta w pagodzie węża
Kiedy: przez cały rok
Szerokość geograficzna: 21.8333
Długość geograficzna: 96.0667

Gdy trzy pytony założyły sobie dom w tej usytuowanej nieopodal Mandalaj pagodzie, owijając się wokół posągu Buddy, większość mnichów uznała, że węże te muszą być święte – i tak też je traktowano. Można przyjrzeć się ich codziennej kąpieli w wannie obsypanej płatkami kwiatów.

ARAKAN, MJANMA
645. Wschód słońca na świętym wzgórzu
Kiedy: przez cały rok
Szerokość geograficzna: 19.8100
Długość geograficzna: 93.9878

Shwe Taung to niewielkie miasteczko przy drodze z Rangunu do Pyain, znane z tutejszego posągu Buddy w Złotych Okularach oraz z pobliskiego pasma górskiego, Arakan, dominującego nad Zatoką Bengalską. Warto odwiedzić to święte wzgórze m.in. po to, aby napawać się wyjątkowo pięknymi wschodami i zachodami słońca.

PÓŁKULA PÓŁNOCNA od 30°N do 15°N

HONOLULU, HAWAJE, USA
646. Skok z samolotu
Kiedy: od marca do sierpnia
Szerokość geograficzna: 21.5799   **Długość geograficzna:** -158.1839

Na wieść o tym, że ktoś zamierza dla zabawy wyskoczyć z samolotu, większość ludzi zapyta: „Ale dlaczego?". Uczucie towarzyszące spadaniu w wielu osobach wzbudza lęk, a jednak mnóstwo innych właśnie o tym marzy. Spadochroniarstwo bez wątpienia dostarcza wyjątkowego zastrzyku adrenaliny. Wiąże się z ryzykiem, pobudza, zapiera dech w piersiach.

Najtrudniejszym elementem może być start – gdy trzeba zaufać lince spadochronu, następnie wyskoczyć, stojąc w progu drzwi samolotu, i poddać się grawitacji. To prawdopodobnie najtrudniejsze rzeczy do, nomen omen, przeskoczenia. Jednak gdy te przeszkody zostaną już pokonane, można rozkoszować się tym, co najlepsze – spadochroniarstwo to szansa na poczucie całkowitej wolności. Przez mniej więcej minutę spadasz, pikując ku ziemi z wysokości około 4300 m, nim pociągnięcie za linkę sprawi, że spadochron pomoże ci przejść do łagodnego lotu. Kolejne 10 minut to czas na spokojne szybowanie pod rozłożoną czaszą spadochronu. Teraz możesz spokojnie zachwycać się krajobrazami. Kiedy znów dotkniesz gruntu, jak jeszcze nigdy wcześniej poczujesz, że w pełni żyjesz.

Najbardziej zapierające dech w piersiach są skoki ze spadochronem na Hawajach. Honolulu to niesamowite miejsce na to, by znaleźć się w przestworzach. Wznosimy się wysoko ponad chmurami, po czym – bezpiecznie przywiązani do doświadczonego eksperta – wychodzimy z samolotu, aby cieszyć się swobodnym spadkiem z prędkością do 190 km na godzinę.

Gdy spadochron się otwiera, można podziwiać niesamowite widoki na archipelag hawajski, gdzie lazurowy ocean rozciąga się aż po horyzont, a zielony krajobraz górski wokół Honolulu zachęca do powrotu na ziemię.

MONTEGO BAY, JAMAJKA
647. Przetańczyć noc na Karaibach
Kiedy: w lipcu
Szerokość geograficzna: 18.4762
Długość geograficzna: -77.8939

Czy jest lepsze miejsce na reggae niż jego kolebka – Jamajka? W mieście Montego Bay co roku w lipcu odbywa się tygodniowy festiwal Reggae Sumfest. To jedno z największych w skali całego świata muzycznych zgromadzeń, łączące w sobie swobodną atmosferę, mnóstwo słońca i radość z zabawy.

Po całonocnych tańcach można zregenerować siły na Doctor's Cave Beach – przepięknej, usianej palmami plaży, której krystalicznie czysta woda zachęca do kąpieli i orzeźwienia. Jedni zanurkują, inni usiądą gdzieś w cieniu, by złapać oddech i odpocząć przed szaleństwem kolejnego podobnego wieczoru.

MIEDZIANY KANION, MEKSYK
648. Pociągiem przez Miedziany Kanion
Kiedy: przez cały rok
Szerokość geograficzna: 26.6858
Długość geograficzna: -97.7961

Ferrocarril Chihuahua al Pacifico (linia kolejowa wiodąca do Miedzianego Kanionu) niezmiennie znajduje się w czołówkach rankingów najbardziej niesamowitych dróg kolejowych na świecie. I nic dziwnego: żelazna trasa o długości 673 km jak dawniej zachwyca podróżnych. Po drodze do meksykańskiego wybrzeża Oceanu Spokojnego pociąg toczy się przez 37 mostów, a pasażerowie napawają się pięknym górskim krajobrazem. Do największych atrakcji należą niemal pionowe, przyprawiające o zawrót głowy ściany kanionu, ogromne wodospady oraz widoki na bezkresne, piaszczyste pustynie. Pasażerowie podziwiają szczyty Sierra Tarahumara. Warto również zrobić sobie po drodze przystanek, gdyż rdzenni mieszkańcy kanionu są równie interesujący co widoki.

PÓŁKULA PÓŁNOCNA   od 30°N do 15°N

OAHU, HAWAJE, USA
649. Zgubić się
w przepastnym labiryncie
Kiedy: przez cały rok
Szerokość geograficzna: 21.5258
Długość geograficzna: -158.0379

W lewo, w lewo, w lewo… a może to było w prawo… w lewo? Spróbuj znaleźć drogę do wyjścia w przepastnym, obejmującym 1 ha i 4 km ścieżek gigantycznym Labiryncie Ananasowym na Plantacji Dole na Hawajach. Przygotuj się na mieszankę zabawy i frustracji w tym największym na świecie labiryncie utworzonym przez żywe rośliny.

▼ SCHODY HAIKU, HAWAJE, USA
650. Schodami do nieba
Kiedy: przez cały rok
(lub nigdy – to nielegalne!)
Szerokość geograficzna: 21.4046
Długość geograficzna: -157.8250

Niemal 4000 schodów dzieli podróżnika od pociągającego hawajskiego pasma górskiego Ko'olau. Pomimo tabliczek zakazujących wejścia oraz strażników patrolujących okolice w dole, wiele osób ryzykuje zapłacenie mandatu, żeby wspiąć się po fenomenalnych Schodach Haiku, wzniesionych w latach 40. jako droga do usytuowanej na szczycie stacji radiowej. Czy znajdą się śmiałkowie gotowi podjąć ryzyko?

HAWAJE, USA
651. Tęczowa radość
w Tęczowym Stanie
Kiedy: przez cały rok
Szerokość geograficzna: 19.8967
Długość geograficzna: -155.5827

Popularnym hawajskim żartem jest ten o konieczności unikania tęczy. W rzeczywistości trudno o to, gdyż pojawiają się one codziennie – często kilka w tym samym czasie, czasem nawet na ponad pół godziny. To dodatkowa atrakcja w tym już i tak przecież idyllicznym miejscu.

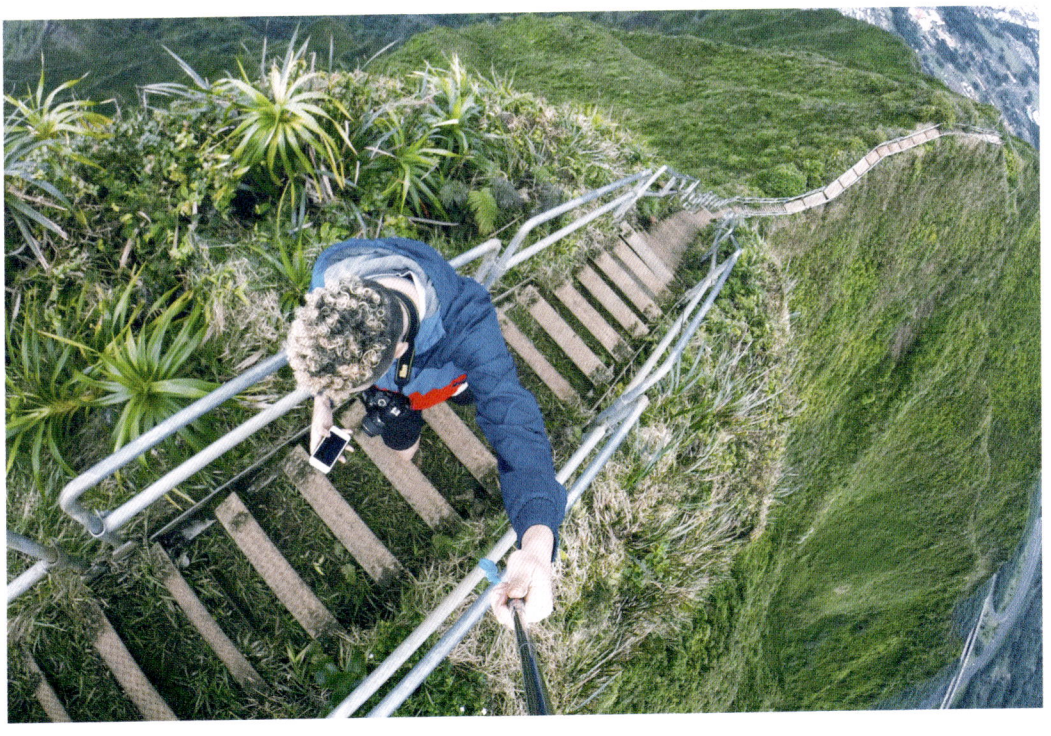

Schody do nieba – Haiku Stairs na Hawajach, USA

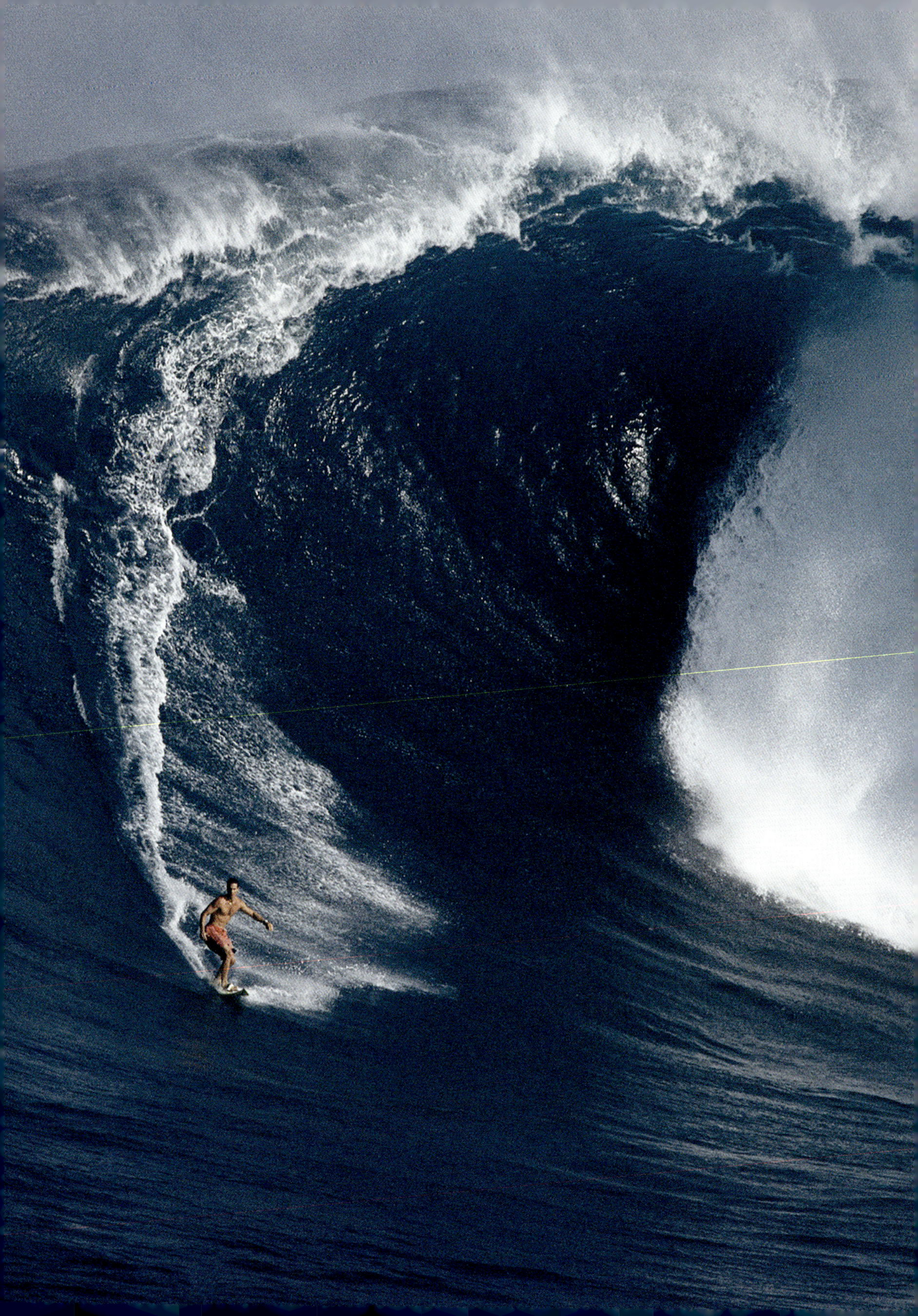

PÓŁKULA PÓŁNOCNA   od 30°N do 15°N

HONOLULU, HAWAJE, USA
652. Od *aloa* do *zdrastwujtie*
Kiedy: przez cały rok
Szerokość geograficzna: 21.3069
Długość geograficzna: -157.8583

Cechą dobrych podróżników jest sympatyczne pozdrawianie tubylców w każdym miejscu na świecie. Na początek dobrze nauczyć się, jak powiedzieć „dzień dobry" w różnych językach, od A do Z: od hawajskiego *aloa* po rosyjskie *zdrastwujtie*.

◀ HAWAJE, USA
653. Surfing na hawajskich falach
Kiedy: przez cały rok
Szerokość geograficzna: 21.2893 **Długość geograficzna:** -157.9174

Nie ma nic fajniejszego niż surfowanie w duchowym ośrodku tego sportu – na Wyspach Hawajskich. Archipelag ten, wyrastający z bezmiaru wód Pacyfiku, ma łącznie najdłuższe na świecie wybrzeże przyjazne surfowaniu. Sam tylko słynny North Shore w Oahu skupia aż 55 plaż na przestrzeni zaledwie 18 km.

Choć początkujący mogą unikać miesięcy zimowych, surfując w takich miejscach jak Jaws i Banzai Pipeline, które nie bez powodu zdobyły sobie reputację groźnych, od Honolulu do Maui jest wystarczająco dużo plaż odpowiednich dla osób na każdym poziomie zaawansowania.

Można się zapisać do szkoły surfingu – już po paru dniach będziemy siedzieć w kolejce, czekając na falę. Gdy nadejdzie, czas pracowicie wiosłować rękami i pochylić głowę, gdy fala uniesie nas wysoko w górę i wyrzuci w kierunku plaży. Co za adrenalina!

MAUI, HAWAJE, USA
654. *Hawaii drive-o*! – przejażdżka autostradą Hana
Kiedy: przez cały rok (pora deszczowa od listopada do marca)
Szerokość geograficzna: 20.8810
Długość geograficzna: -156.4438

Jak powiedział niegdyś pewien filozof, sensem życia jest sama podróż, a nie dotarcie do celu. Nigdzie indziej prawda ta nie wydaje się bardziej oczywista niż na tych przyprawiających o zawrót głowy, krętych drogach hawajskiej autostrady Hana. Z błękitnym oceanem po jednej stronie, a bujnym lasem deszczowym i wodospadami po drugiej nie można oprzeć się wrażeniu, że człowiek sunie przez środek raju. Na drodze do stromego wybrzeża Maui jest ponad 600 zakrętów i 55 mostów.

Surfowanie na hawajskich falach, USA

MAUI, HAWAJE, USA
655. Skok z klifu wzorem króla
Kiedy: przez cały rok
Szerokość geograficzna: 20.9178   **Długość geograficzna:** -156.6966

Odważni mogą pójść w ślady legendarnego króla, który podjął ryzyko i skoczył ze słynnego Pu'u Keka'a („Czarnej Skały") do krystalicznie czystej wody w dole. Przecinając nasłonecznioną plażę Ka'anapali, ten imponujący wulkaniczny występ skalny wisi nad głębokim, niebieskim oceanem.

Wielki król Kahekili, który panował w Maui od 1766 do 1793 r., był m.in. wielkim fanem skakania z klifu na Pu'u Keka'a. Tubylcy czcili go, uważając, że tylko prawdziwie błogosławiony człowiek może skoczyć ze skały, nie robiąc sobie krzywdy. Z czasem wyczyn ten stał się czymś w rodzaju narodowego hawajskiego sportu: co wieczór jeden śmiałek powtarza skok króla podczas ceremonii zachodu słońca.

Można obserwować, jak inni skaczą ze skały lub – jeszcze lepiej – spróbować samemu i dać nura do głębokiego oceanu. Zaleca się wybrać miejsce, w którym do skoków stoi kolejka miejscowych, bo te punkty są najbezpieczniejsze.

ZATOKA HA LONG, WIETNAM

656. Kajakiem w turkusowym raju

Kiedy: od marca do maja (gdy ryzyko wystąpienia mgły jest mniejsze)
Szerokość geograficzna: 20.9101
Długość geograficzna: 107.1839

Kajakowanie w tym miejscu ma w sobie coś niebezpiecznego, ponieważ wokół jaskiń wzdłuż skalnego wybrzeża znajduje się sporo zapadlisk krasowych. Jednak nie ma lepszego sposobu na to, aby cieszyć się turkusową wodą otaczającą ponad 3000 wapiennych i dolomitowych wysepek oraz dziewiczych plaż.

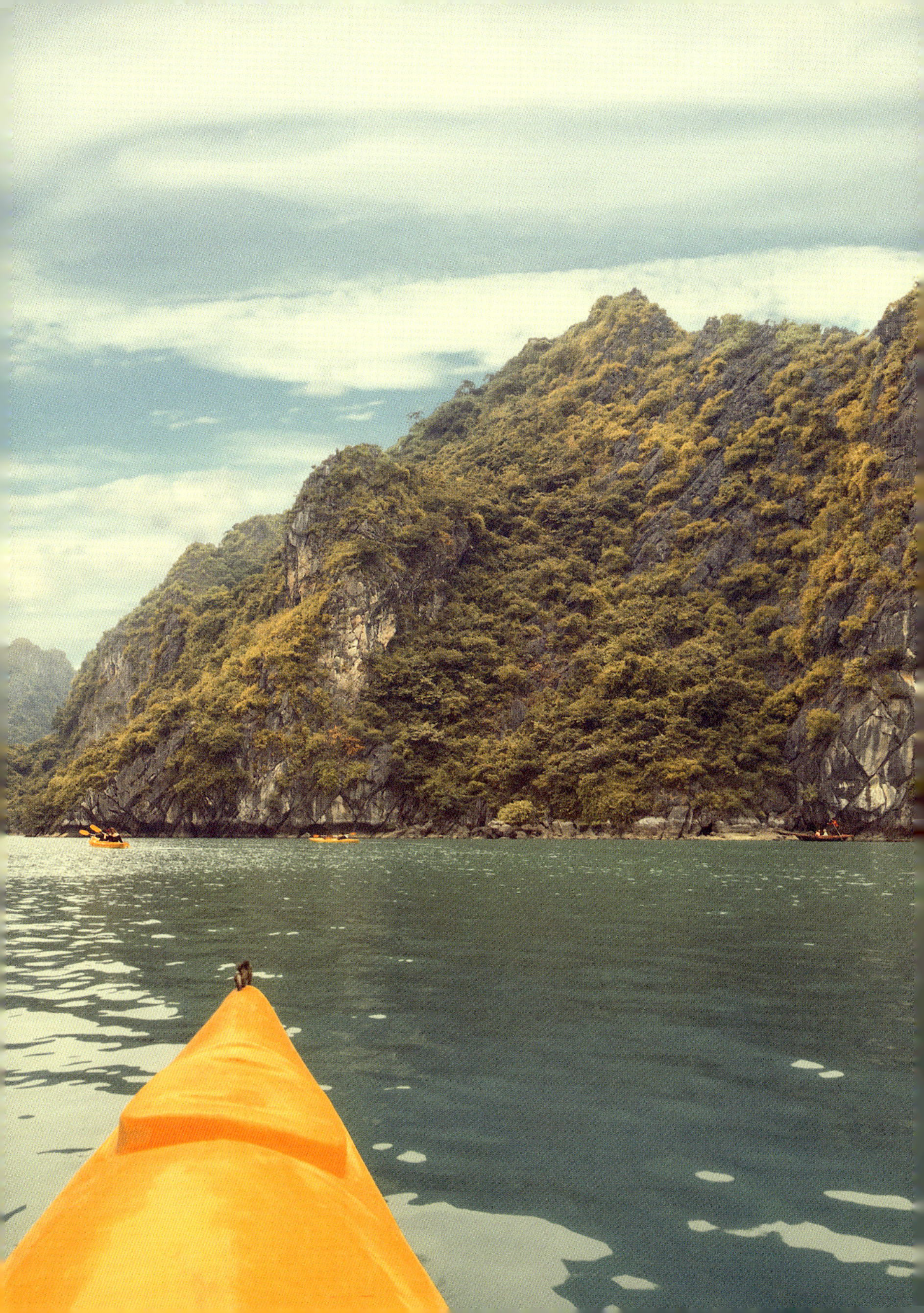

PÓŁKULA PÓŁNOCNA   od 30°N do 15°N

HAMPI, KARNATAKA, INDIE
657. Muzyczne filary w Hampi
Kiedy: przez cały rok (choć najpopularniejsza pora przypada na okres od października do lutego; dobrze jest sprawdzić, kiedy otwarte są świątynie)
Szerokość geograficzna: 15.3350
Długość geograficzna: 76.4600

Urzekające ruiny Hampi, pamiętające czasy XIV–XVI w., znajdują się pomiędzy ogromnymi głazami, przywodzącymi na myśl scenografię do *Flinstonów*. Każdy odwiedzający to miejsce może się przekonać, że są prawdziwe – podobnie jak wyjątkowo skomplikowane rzeźbienia zdobiące świątynie i plac targowy oraz oczywiście słynne, mistrzowsko wykonane „muzyczne filary".

MUMBAJ, INDIE
658. Podwieczorek z gwiazdami Bollywood
Kiedy: przez cały rok
Szerokość geograficzna: 18.9220
Długość geograficzna: 72.8334

W jednym z najbardziej luksusowych hoteli na świecie, okazałym Taj Mahal Palace, można dołączyć do tłumów mumbajskiej śmietanki towarzyskiej, aby cieszyć zmysły bogactwem mistrzowsko przygotowanych świeżych indyjskich przekąsek i słynnych, niezwykle kalorycznych, przepysznych słodyczy.

AL-WUSTA, OMAN
659. Walka o zachowanie oryksów arabskich
Kiedy: przez cały rok (choć latem upał może być dokuczliwy)
Szerokość geograficzna: 20.1739
Długość geograficzna: 56.5616

Oryks arabski, czczony na całym Środkowym Wschodzie, we wczesnych latach 70. znalazł się na skraju wyginięcia. Zlokalizowany na omańskiej pustyni Rezerwat Dzikiej Przyrody Al-Wusta to jedna z kilku organizacji usiłujących ustabilizować populację tych pięknych antylop. Warto je zobaczyć na własne oczy.

MEKKA, ARABIA SAUDYJSKA
660. Pielgrzymka do Mekki
Kiedy: przez cały rok
Szerokość geograficzna: 20.3941   **Długość geograficzna:** 40.8531

Każdy muzułmanin jest zobowiązany do odbycia pielgrzymki (hadż) do Świętego Meczetu w Mekce. Tam należy wykonać Tawaf – siedmiokrotne przejście w kierunku przeciwnym do ruchu wskazówek zegara wokół Al-Kaby, najświętszego miejsca islamu. Ma to symbolizować jedność i harmonię wszystkich wiernych.

Nie trzeba jednak być wyznawcą Allacha, aby ruszyć tym szlakiem – to niewiarygodnie piękne miejsce o ogromnych walorach edukacyjnych, więc warto je odwiedzić niezależnie od wyznawanej religii. Najlepiej zrobić to na spokojnie, z dala od tłumów pielgrzymów, choć trzeba przyznać, że w miejscu tym jest tłoczno przez cały rok. Al-Kaba, budynek w kształcie prostopadłościanu znajdujący się w centrum, jest najważniejszym punktem, przy którym zbierają się wszyscy muzułmanie na codzienne modlitwy. Czarny Kamień został tu umieszczony przez proroka Mahometa w 605 r., Maqam Ibrahim zaś to kamień z odciśniętymi śladami stóp Abrahama. Obok można też napić się wody ze studni Zamzam, przy której pielgrzymi zażywają orzeźwienia.

DŻUDDA, ARABIA SAUDYJSKA
661. Zachwyt nad fontanną Króla Fahda
Kiedy: przez cały rok
Szerokość geograficzna: 21.2854
Długość geograficzna: 39.2376

Fontanna Króla Fahda zachwyca wszystkich odwiedzających. Zbudowana na morzu nieopodal Dżuddy jako dar króla dla miasta, tryska wodą na wysokość 312 m – to wyżej niż wieża Eiffla. Przy budowie wzorowano się na fontannie na Jeziorze Genewskim, choć jej wysokość to zaledwie 140 m, co w zamyśle króla wydawało się zapewne nie dość imponujące!

PÓŁKULA PÓŁNOCNA   od 30°N do 15°N

MUMBAJ, INDIE
662. Śmiech to zdrowie
Kiedy: przez cały rok
Szerokość geograficzna: 18.9750
Długość geograficzna: 72.8258

Joga śmiechu narodziła się w latach 90. XX w. w Mumbaju i jest czymś dokładnie tak szalonym i zabawnym, jak wskazuje nazwa. Na podstawie badań nad korzyściami zdrowotnymi ze śmiania się urzędnik indyjskiego szpitala dr Madan Kataria postanowił odkryć, jak można wykorzystać śmiech do uśmierzania bólu i stresu psychicznego – tak powszechnego w dzisiejszym świecie – wśród ludzi, którzy tego najbardziej potrzebują.

Jogę śmiechu najlepiej praktykować z innymi, czas więc pozbyć się nieśmiałości i zahamowań i po prostu dołączyć do grupy. Na całym świecie istnieją tysiące klubów śmiechu, a jeszcze więcej lokalnych grup jogi śmiechu spotyka się codziennie na odrobinę zdrowego chichotu.

PUSTY KWARTAŁ, ARABIA SAUDYJSKA
663. Oddech przestrzeni Pustego Kwartału
Kiedy: przez cały rok
Szerokość geograficzna: 20.0952
Długość geograficzna: 48.7191

Niewiele miejsc nosi równie obrazowe nazwy jak Ar-Rab al-Chali („Pusty Kwartał"), rozległy obszar pustyni piaszczystej rozciągającej się na terytoriach Arabii Saudyjskiej, Jemenu, Omanu oraz Zjednoczonych Emiratów Arabskich. To właśnie ta pustka od lat przyciąga żądnych przygód podróżników.

Można wybrać się na wycieczkę kilkudniową lub kilkutygodniową (oczywiście najlepiej z przewodnikiem). I naprawdę warto: należy spodziewać się cudownego, usianego gwiazdami nocnego nieba, imponujących, wysokich na 200 m wydm piaskowych i rozsypanych tu i ówdzie kopalń soli. Tego miejsca nie odwiedza się ze względu na dziką przyrodę. Przyjeżdża się tu doświadczyć niemającej sobie równych na całym świecie rozległej nicości – stąd też wyjątkowo adekwatna nazwa.

▶ GUDŻARAT, INDIE
664. Oko w oko z ostatnimi dzikimi lwami azjatyckimi
Kiedy: od połowy października do połowy czerwca
Szerokość geograficzna: 21.1356
Długość geograficzna: 70.7967

Rzadko odwiedzany Park Narodowy Gir to 1153 km² lasu zamieszkiwanego przez ostatnie 523 żyjące na wolności lwy azjatyckie, mniejsze od swych afrykańskich kuzynów, lecz nie mniej imponujące. Podczas wycieczki jeepem będzie okazja, żeby je zobaczyć.

Jedna z ostatnich żyjących na wolności lwic w Parku Narodowym Gir, Indie

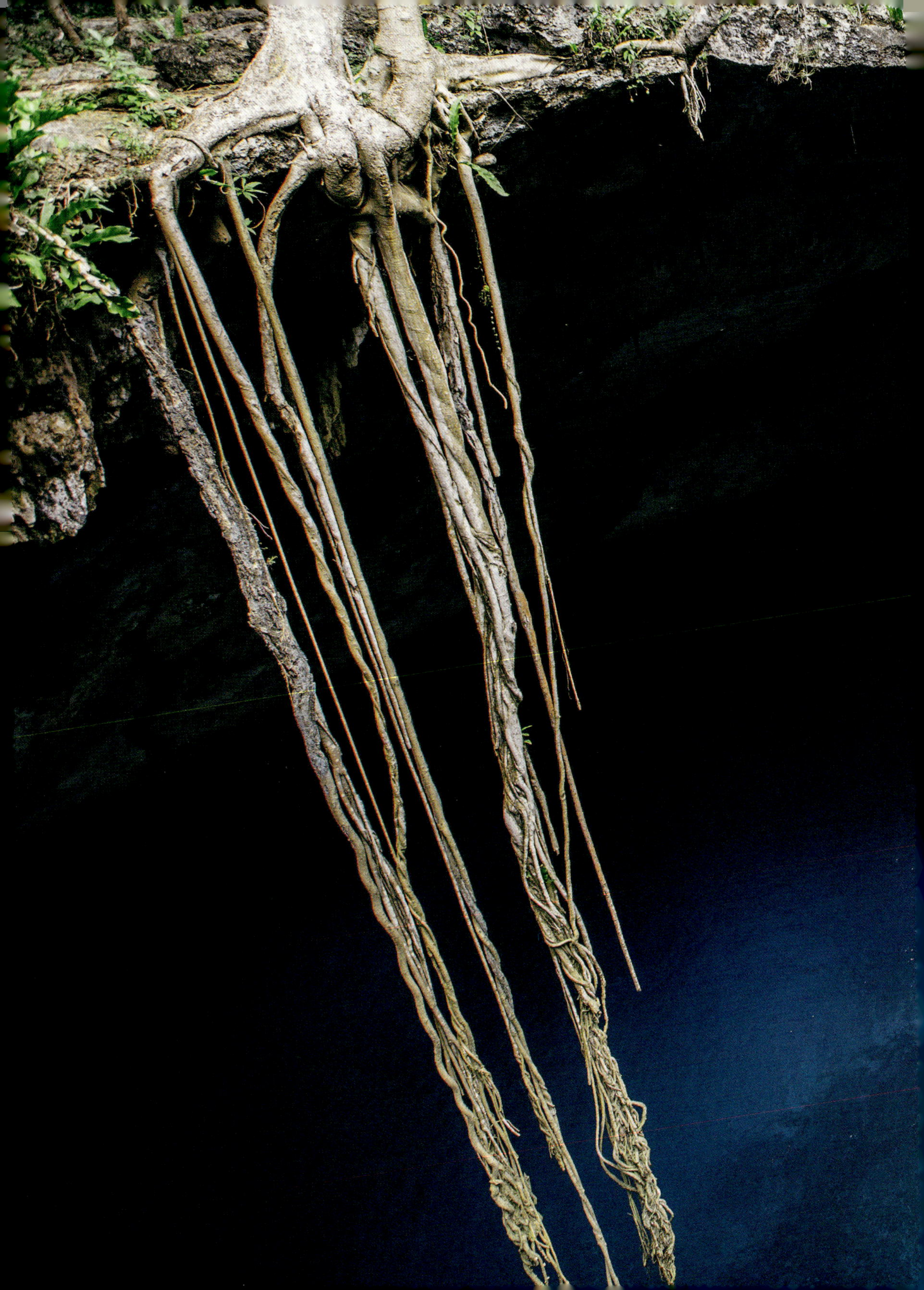

JUKATAN, MEKSYK

665. Pływanie
w podziemnym *cenote*

Kiedy: przez cały rok
Szerokość geograficzna: 20.7098
Długość geograficzna: -89.0943

Meksyk oferuje turystom fantastyczne plaże, jednak najbardziej emocjonujących okazji do pływania dostarczają podziemne baseny (*cenote*) – Majowie wierzyli, że można w nich rozmawiać z bogami. Na Jukatanie znajdziemy wiele takich bogatych w minerały zbiorników wodnych; są one przejrzyste, wręcz krystalicznie czyste, na ogół pełne kolorowych ryb.

PÓŁKULA PÓŁNOCNA   od 30°N do 15°N

▼ MICHOACÁN, MEKSYK
666. Trzepot tysięcy motyli
Kiedy: zimą (od października)
Szerokość geograficzna: 19.5665
Długość geograficzna: -101.7068

To doprawdy niewiarygodne, jak ogromna liczba motyli monarchów przylatuje co roku zimą do sosnowych i dębowych lasów w Michoacán. Turyści mogą odwiedzić dwie z ośmiu motylich kolonii, które są dostępne dla wszystkich: Sierra Chincua i El Rosario.

ZÓCALO, MIASTO MEKSYK, MEKSYK
667. Wizyta w centrum wszechświata
Kiedy: przez cały rok
Szerokość geograficzna: 19.4328
Długość geograficzna: -99.1333

Zócalo, główny plac w mieście Meksyku, zalicza się do największych placów miejskich na całym świecie. Był miejscem spotkań już od czasów Azteków – znajdował się niedaleko od Templo Mayor, historycznej przestrzeni sakralnej Azteków, którą uważali oni za centrum wszechświata.

TAXCO DE ALARCÓN, MEKSYK
668. Zakupy w srebrnej stolicy świata
Kiedy: przez cały rok
Szerokość geograficzna: 18.5564
Długość geograficzna: -99.6050

Leżące na zboczu góry w południowym Meksyku urokliwe kolonialne miasteczko Taxco de Alarcón ma długą historię związaną z wydobywaniem srebra i złotnictwem. Dziś można tu znalćć warsztaty i sklepy sprzedające biżuterię oraz inne cudeńka wykonane z pochodzącego stąd srebra. Sklepiki takie znajdują się niemal na każdym rogu, czas więc na zakupy!

Kolonia zimowa monarchów w Michoacán, Meksyk

PÓŁKULA PÓŁNOCNA   od 30°N do 15°N

▶ HAWAJE, USA
669. Erupcje wulkanów tuż pod nogami
Kiedy: przez cały rok
Szerokość geograficzna: 19.4100
Długość geograficzna: -155.2864

Naturalna potęga wulkanu wylewającego z siebie strumienie lawy ma w sobie coś pierwotnego. Na hawajskiej Wielkiej Wyspie można zobaczyć lawę wypływającą z Parku Narodowego Wulkany Hawai'i lub z terenu widokowego Kalapana. Krater Halema'uma'u szczególnie imponująco prezentuje się o zachodzie słońca.

Erupcja wulkanu na Hawajach, Stany Zjednoczone

MIASTO MEKSYK, MEKSYK
670. Artystyczne oblicze miasta Meksyku
Kiedy: od marca do maja
Szerokość geograficzna: 19.3496
Długość geograficzna: -99.1974

Artystyczne dusze powinny zawędrować do Niebieskiego Domu, obecnie Muzeum Fridy Kahlo, w którym ta wielka meksykańska malarka mieszkała w latach 1907–1954. To najsłynniejsze upamiętnienie artystki – znajduje się tam największa kolekcja jej dzieł, chociaż duch Fridy jest obecny wszędzie: w całym Coyoacán (dystrykcie, z którego pochodziła) oraz w domach i muzeach poświęconych artystce i rewolucjoniście Diego Riverze – mężczyźnie, którego Frida poślubiła aż dwa razy.

PLAŻA HO'OKENA, HAWAJE, USA
671. Nocleg na plaży i pobudka o świcie
Kiedy: przez cały rok
Szerokość geograficzna: 19.3827
Długość geograficzna: -155.9005

W rzeczywistości romantyzm takiego noclegu lekko się rozmywa, kiedy człowiek budzi się w śpiworze pełnym piasku i z krabami wplątanymi we włosy. Jednak zasypianie na plaży, gdy nad głową migoczą gwiazdy, a obok szumią fale uderzające o brzeg, to doprawdy niesamowite przeżycie.

WSZĘDZIE NA HAWAJACH, USA
672. Halo, hula!
Kiedy: przez cały rok
Szerokość geograficzna: 21.3069
Długość geograficzna: -157.8583

A może by tak nauczyć się swingować i bujać w prawdziwie polinezyjskim stylu? Można to zrobić, zapisując się na lekcje tradycyjnego hawajskiego tańca. Hula ma swoje źródła w uroczystościach religijnych i często wykonywana jest jako błogosławieństwo lub celebracja. Na większości wysp lekcje są bezpłatne. To doskonała okazja do wyśmienitej zabawy!

Kolorowe *trajineras* na kanałach Xochimilco, Meksyk

▲ XOCHIMILCO, MEKSYK
673. Weneckie klimaty w mieście Meksyku
Kiedy: przez cały rok
Szerokość geograficzna: 19.2572
Długość geograficzna: -99.1030

W kraju i tak wprost eksplodującym barwami kanały Xochimilco, znajdujące się na południu tuż za miastem Meksykiem, pod względem kolorystyki są nie do przebicia. Na ich wodach unoszą się *trajineras* – łodzie pomalowane na jasnoczerwono, niebiesko, zielono i żółto. Niektóre z nich zabierają turystów na rejsy po kanałach. Na innych z kolei występują zespoły mariachi lub wykonawcy grający na marimbie. Na jeszcze innych sprzedaje się kukurydzę i tacos. Przejażdżka po kanale wśród mrowia różnokolorowych łodzi dostarczy niezapomnianych wrażeń.

GUADALAJARA, MEKSYK
674. Emocje na *charreadzie*
Kiedy: przez cały rok (w niedziele)
Szerokość geograficzna: 20.6667
Długość geograficzna: -103.3500

Charreada to meksykańskie rodeo, w niektórych regionach traktowane jako sport narodowy. *Charros*, czyli kowboje noszący tradycyjne, kolorowe ubrania, biorą udział w konkurencjach obejmujących wiązanie tylnych nóg konia, jazdę na dzikiej klaczy oraz ujeżdżanie byków – trzymają się byka tak, jakby od tego zależało ich życie. Całość kończy się konkurencją pieszczotliwie zwaną „Ścieżką Śmierci" – to przeskakiwanie z nieosiodłanego konia na dziką klacz. Można wystąpić w takim rodeo – odbywają się one w każdą niedzielę w Guadalajarze – lub załapać się na zawody krajowe we wrześniu.

PÓŁKULA PÓŁNOCNA   od 30°N do 15°N

NEW PROVIDENCE, BAHAMY
675. Podwodne atrakcje – Ocean Atlas
Kiedy: przez cały rok (od czerwca do lipca jest większe ryzyko huraganów)
Szerokość geograficzna: 25.0519
Długość geograficzna: -77.4013

Krystalicznie czyste wody na Bahamach są idealnym miejscem dla nurków. Podczas zwiedzania warto zarezerwować sobie trochę czasu na podziwianie *Ocean Atlas*, pięciometrowej rzeźby zgarbionej kobiety, symbolizującej ciężar odpowiedzialności za ochronę środowiska, która spoczywa na młodych pokoleniach.

WIELKI KAJMAN, KAJMANY
676. Szaleństwo w najlepszym skateparku na świecie
Kiedy: przez cały rok
Szerokość geograficzna: 19.3221
Długość geograficzna: -81.2408

Ci, którzy znają się na rzeczy, twierdzą, że to najlepsze miejsce na świecie do robienia ollie, rail-slide'ów i 720°. Black Pearl Skate and Surf Park w George Town na wyspie Wielki Kajman to gigantyczny (prawie 5000 m² powierzchni i rekordowo duża powierzchnia elementów pionowych), ikoniczny i przepięknie usytuowany skate'owski raj na ziemi. Gotowi na wyzwanie?

SANTIAGO DE CUBA, KUBA
677. Kibicowanie na meczu bejsbolowym
Kiedy: przez cały rok
Szerokość geograficzna: 20.0344
Długość geograficzna: -75.8122

Oglądanie meczu bejsbolowego na Kubie, a już zwłaszcza w Santiago de Cuba, skąd pochodzi najlepsza kubańska drużyna, bardziej przypomina uczestniczenie w festiwalu niż obserwowanie rozgrywki sportowej. Tu trzeba dać się porwać atmosferze imprezy, włączając w to teatralne reakcje – buczenie i szaleństwo, gdy gra idzie źle lub dobrze.

KUBA
678. Gra w domino na ulicy
Kiedy: przez cały rok
Szerokość geograficzna: 22.1456
Długość geograficzna: -80.4364
(Cienfuegos)

Ludzie grający w domino w parkach i innych miejscach publicznych w kubańskich miastach i miasteczkach, takich jak Cienfuegos, to powszechny widok. Wystarczy podążać za charakterystycznym odgłosem przewracanych kostek, aby dołączyć do grających – najpierw jednak dobrze byłoby zapoznać się z zasadami kubańskiej odmiany tej gry.

HAWANA, KUBA
679. Balet w wielkim kubańskim stylu
Kiedy: przez cały rok
Szerokość geograficzna: 23.1368
Długość geograficzna: -82.3596

Ballet Nacional de Cuba to państwowa placówka zaliczana do najlepszych szkół baletowych na świecie. Podziwianie wysoko cenionych choreografii i znakomitych tancerzy w popadającym w ruinę *Gran Teatro de la Habana* (teatrze Wielkim w Hawanie) to prawdziwa uczta dla zmysłów.

VIÑALES, KUBA
680. Skuterem wśród mogotów
Kiedy: przez cały rok
Szerokość geograficzna: 22.6188
Długość geograficzna: -83.7066

Viñales to typowy kubański teren wiejski, w którym spotkamy ubogich rolników uprawiających swe pola i zobaczymy proste, parterowe chaty. Charakterystyczne dla tego miejsca są również strome mogoty – ostańce erozyjne (wysokie wzgórza o wyobłonych szczytach skrywające jaskinie). By z wiatrem we włosach pomknąć polnymi drogami, najlepiej skorzystać z taniego, łatwego do wynajęcia (i prowadzenia) skutera.

PÓŁKULA PÓŁNOCNA   od 30°N do 15°N

MIASTO MEKSYK, MEKSYK
681. Serenada zespołu mariachi
Kiedy: przez cały rok
Szerokość geograficzna: 19.4326
Długość geograficzna: -99.1332

Szlachetna tradycja mariachi ma swoje korzenie w XIX-wiecznym Meksyku Zachodnim. Występ muzykujących grup ubranych w kostiumy *charros* to obowiązkowy punkt dla odwiedzających Amerykę Łacińską. Kto znajdzie okazję, by uczestniczyć w tym niezwykłym doświadczeniu, nie marudzi, tylko tańczy do upadłego!

ZACATECAS, MEKSYK
682. Kolejką linową nad miastem
Kiedy: przez cały rok (jeśli nie jest zbyt wietrznie)
Szerokość geograficzna: 22.7667
Długość geograficzna: -102.5500

Najlepszym sposobem na zwiedzenie Zacatecas – historycznego, słynącego z wydobycia srebra miasta położonego w sercu Meksyku – jest przejażdżka kolejką linową. Wznosząca się na ponad 640 m, mknie ponad różową zabudową z kamienia o wyjątkowej barwie. A dookoła rozpościerają się cudne górskie widoki.

KALIFORNIA DOLNA, MEKSYK
683. Spotkania z wielorybami w Morzu Cortéza
Kiedy: od lutego do maja
Szerokość geograficzna: 28.0331
Długość geograficzna: -111.7749

Morze Cortéza, jak miejscowi nazywają Zatokę Kalifornijską, to najlepsze miejsce, aby znaleźć się blisko długopłetwców oceanicznych (humbaków) i płetwali błękitnych. Płetwal błękitny jest największym obecnie żyjącym zwierzęciem na świecie. Nieco mniejszy od niego humbak zachowuje się tak, jakby lubił pozować do zdjęć.

◀ FAJARDO, PORTORYKO
684. Kajakiem po rozświetlonym od środka morzu
Kiedy: przez cały rok (nocą)
Szerokość geograficzna: 18.3258
Długość geograficzna: -65.6524

Każde uderzenie wiosła pozostawia na wodzie poświatę, gdy kajak sunie przez magiczne, fascynujące bioluminescencyjne wody w Fajardo w Portoryko. To naturalne zjawisko jest możliwe dzięki idealnemu zrównoważeniu ekosystemu.

Morze rozświetlone bioluminescencją, Fajardo, Portoryko

PÓŁKULA PÓŁNOCNA   od 30°N do 15°N

▶ TULUM, MEKSYK
685. Wycieczka do jedynych ruin Majów na plaży
Kiedy: przez cały rok
Szerokość geograficzna: 20.1373
Długość geograficzna: -87.4633

Starożytni Majowie wiedzieli, co robią, wybierając miejsce na założenie Tulum – z widokiem na najpiękniejsze plaże meksykańskiego wybrzeża Morza Karaibskiego. Któż nie chciałby tu mieszkać? Warto zwiedzić ruiny znajdujące się w tym jakże nietypowym otoczeniu. Tulum powstało jako port morski przeznaczony do handlowania nefrytem i turkusem.

Jedyne budowle Majów wzniesione na plaży, Tulum, Meksyk

START: TEQUILA, MEKSYK
686. Degustacja „wielkiej piątki" drinków
Kiedy: przez cały rok **Szerokość geograficzna:** 20,7883 **Długość geograficzna:** -103,8414

Idąc tropem zabawy w zaliczenie „wielkiej piątki" Afryki, tę samą zasadę można zastosować do drinków i degustować je w miejscach, z których pochodzą. Listę taką każdy powinien stworzyć zgodnie z własnymi upodobaniami.

Na liście z pewnością powinna znaleźć się Tequila, ponieważ odwiedzenie tego miasta naprawdę otwiera oczy. W otaczających je wioskach rozpościera się widok na rozległe pola kolczastej niebieskiej agawy, z której wytwarza się ten alkohol. Większość ludzi umieściłaby na liście również szampana. Prawdziwy szampan – a nie zwykłe wino musujące – musi pochodzić z francuskiej Szampanii i przejść podwójny proces fermentacji (drugi zachodzi w butelce).

Porto należy wypić w mieście o takiej samej nazwie, w Portugalii, u ujścia Duero. Po jednej stronie rzeki leży Riwiera, po drugiej, w Vila Nova de Gaia, rozrzucone są posiadłości winiarskie, w których powstaje ten słynny na całym świecie trunek.

Pisco jest nieoficjalnym narodowym alkoholem Chile, produkowanym głównie w dolinie Elqui, na północ od Santiago. Głęboko w dolinie znajduje się niewielkie miasteczko Pisco Elqui, w którym mieszczą się dwie destylarnie pisco. W miejskim barze można zamówić *pisco sour* – koktajl na bazie miejscowego pisco, soku cytrynowego i białek jaj.

Niektóre drinki przyrządza się, nie produkuje, np. Manhattan. Dokładne jego pochodzenie trudno ustalić, choć wielu twierdzi, że wiąże się ono z nowojorskim Manhattan Clubem.

PÓŁKULA PÓŁNOCNA   od 30°N do 15°N

MORELOS, MEKSYK
687. Festiwal Bahidorá
Kiedy: w lutym
Szerokość geograficzna: 18.7056
Długość geograficzna: -99.0972

Bahidorá – tu nie tańczy się na parkiecie! Połowa zgromadzonych biegnie schłodzić się w wodzie, gdzie znajduje się scena dla DJ-a. Festiwal odbywa się w przepięknym miejscu, a gdy muzyka ucichnie, można wybrać się na kajaki.

CHIHUAHUA, MEKSYK
688. Wspinaczka po gigantycznych kryształach
Kiedy: gdy będzie dostęp
Szerokość geograficzna: 27.8508
Długość geograficzna: -105.4964

Niesamowite jaskinie pełne ogromnych kryształów zostały odkryte przez górników w kopalni srebra Naica. Ci z turystów, którzy mają na tyle dużo szczęścia, aby uzyskać możliwość wejścia do środka, mogą podziwiać imponujące kryształy. Niektóre z nich sięgają nawet 11 m, sprawiając, że człowiek czuje się jak karzełek. Aby odbyć taką wycieczkę, nieodzowny jest profesjonalny sprzęt oraz… wyjątkowo dobre znajomości.

XOCHIMILCO, MIASTO MEKSYK
689. Złożenie hołdu na Wyspie Lalek
Kiedy: przez cały rok
Szerokość geograficzna: 19.2901
Długość geograficzna: -99.0965

Turyści, którym uda się pokonać strach przed laleczką Chucky, mogą odwiedzić wyspę o smutnej historii, za to… z nawiedzonymi lalkami. Isla de las Munecas („Wyspa Lalek") to niewielka wysepka nazwana tak na pamiątkę dziewczynki, która wiele lat temu utonęła w tajemniczych okolicznościach. Niektórzy wierzą, że jej dusza mieszka teraz w lalkach. Odważni mogą tu przyjechać, by się przekonać, czy jest w tej opowieści jakieś ziarno prawdy.

▶ TIKÁL, GWATEMALA
690. Świt w tropikalnej puszczy w ruinach Majów
Kiedy: przez cały rok   **Szerokość geograficzna:** 17.2171   **Długość geograficzna:** -89.6233

Tikál jest największym miastem starożytnych Majów, jakie kiedykolwiek odkryto. Rozciągało się ono na obszarze nieco ponad 16 km², wzniesiono w nim około 3000 budynków, a zamieszkiwało je mniej więcej 50 000 ludzi. Dzięki temu zarówno archeolodzy, jak i turyści mają co eksplorować!

Ponieważ Tikál znajduje się w sercu tropikalnej puszczy, wycieczkę najlepiej rozpocząć przed świtem. Gdy słońce zacznie powoli wynurzać się zza horyzontu, będziesz już siedzieć na szczycie piramidy, sięgając wzrokiem w dal ponad koronami drzew i wsłuchując się w odgłosy lasu. Dźwięk ten można najtrafniej określić jako kakofonię. Wyje wyją – głośno. Budzące się ptaki dołączają do nich we wszechogarniającym porannym chórze. W miarę jak słońce wspina się wyżej, hałas staje się coraz głośniejszy.

Światło poranka stopniowo rozprasza cień, w którym tonie górująca nad drzewami świątynia. To ono w końcu ukazuje przybyszom źródła porannych dźwięków puszczy. A za dnia można już wyruszyć na zwiedzanie Tikál.

W centrum znajduje się Wielki Plac z dwiema świątyniami na północnym i południowym krańcu, a wzdłuż niego po obu stronach wznoszą się akropole wyrastające z serii trawiastych tarasów. Między poszczególnymi stanowiskami archeologicznymi biegną ścieżki. Widać również liczne świątynie, pałace, groby, ołtarze, groble, a nawet boisko. Bogactwo zabytków pozwoliło archeologom poznać wiele niezwykłych szczegółów dotyczących życia Majów.

Niektórzy turyści chcą cofnąć się w czasie i poznawać cywilizację tego ludu, inni wolą chłonąć atmosferę prastarych zabytków kryjących się w sercu puszczy, które ta niejako okiełznała. Niezależnie od tego, do której grupy się zaliczasz, opuścisz to miejsce pełen zachwytu i podziwu.

Prastare ruiny Majów w Tikál, Gwatemala

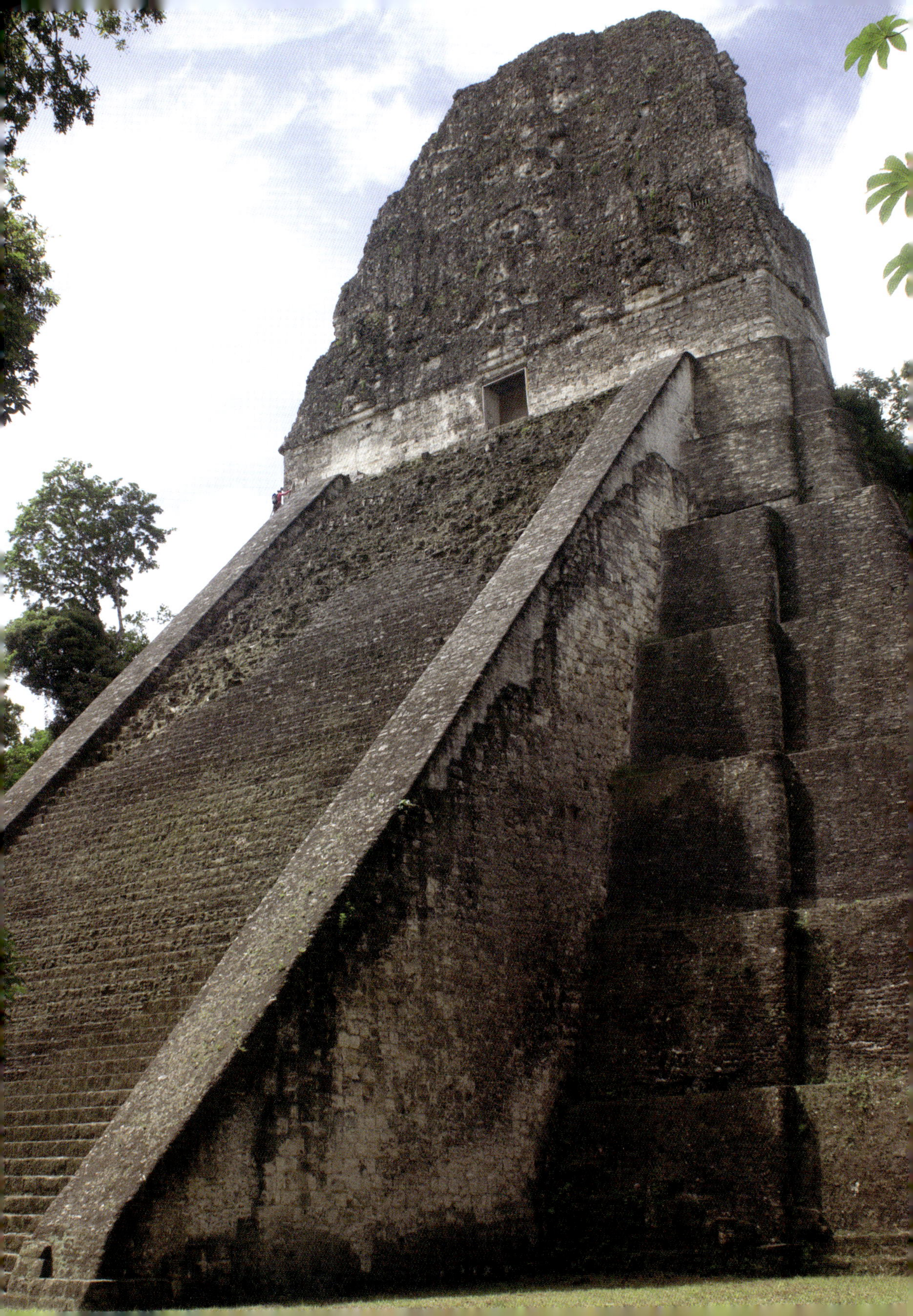

PÓŁKULA PÓŁNOCNA   od 30°N do 15°N

◀ LUANG PRABANG, LAOS
691. Spotkanie z mnichami w Luang Prabang
Kiedy: przez cały rok
Szerokość geograficzna: 19.8833
Długość geograficzna: 102.1333

Nad szarymi jezdniami i uroklimymi uliczkami Luang Prabang spokój unosi się przez cały dzień. Najbardziej jednak daje się to odczuć o wschodzie słońca, gdy setki przyodzianych w pomarańczowe szaty buddyjskich mnichów wychodzą, by na ulicach otrzymać jałmużnę od miejscowej ludności.

Mnisi w Luang Prabang, Laos

SAGADA, FILIPINY
692. Wśród wiszących trumien Sagady
Kiedy: przez cały rok
Szerokość geograficzna: 17.0996
Długość geograficzna: 120.9102

Zadziwiające wiszące trumny Sagady są przybite lub przywiązane do zboczy stromych klifów Doliny Echa w Prowincji Górskiej. Tradycja umieszczania zwłok w takich trumnach ma ponad dwa tysiące lat i podtrzymuje się ją do dzisiaj, chociaż na znacznie mniejszą skalę. Ciała układa się na spoczynek w pozycji embrionalnej, dlatego trumny mają nie więcej niż metr długości. Drewniane skrzynie ze zwłokami niebezpiecznie zwisające z nierównych skał stanowią naprawdę niesamowity widok.

KABAYAN, BENGUET, FILIPINY
693. W „jaskiniach ognistych mumii"
Kiedy: przez cały rok
Szerokość geograficzna: 16.5500
Długość geograficzna: 120.7500

Wędrówka zboczami gór nieopodal Kabayan na Filipinach zabierze nas do niezwykłych jaskiń – miejsc pochówku zawierających szczątki „ognistych mumii". Ludzkie zwłoki zostały zachowane w procesie uwędzenia – aby zmumifikować ciała, do ich wnętrza wdmuchano dym tytoniowy.

PÓŁKULA PÓŁNOCNA   od 30°N do 15°N

OAXACA, MEKSYK
694. Meksykańskie świętowanie Dnia Zmarłych
Kiedy: 1–2 listopada   **Szerokość geograficzna:** 17.0833   **Długość geograficzna:** -96.7500

Czy w śmierci może być coś radosnego? *Dia de los Muertos*, czyli Dzień Zmarłych, jest w Meksyku świętem narodowym. Tak naprawdę są to nawet dwa dni – 1 i 2 listopada – nieprzeznaczone na żałobę, lecz na afirmację życia i oddanie czci tym, którzy odeszli.

Meksykańska tradycja wyrasta z wiary starożytnych Azteków w Mictlan – coś w rodzaju otchłani zawieszonej między życiem a śmiercią, skąd duchy zmarłych mogą raz do roku zrobić sobie swoistą wycieczkę powrotną do domu. Aby pomóc im znaleźć drogę i powitać gości, buduje się nagrobki i ołtarze oraz przystraja się je ofiarami z pożywienia i napojów – to dla zmarłych, aby mieli się czym pokrzepić po tej długiej przecież podróży!

Miasto Oaxaca słynie z wyjątkowo barwnych celebracji Dnia Zmarłych, a zabawa zaczyna się już na tydzień przed 1 listopada, wraz z otwarciem pierwszych festynowych stoisk. Na wielkim „Targu Zmarłych", Mercado de Abastos, sprzedaje się wszystko, czego potrzeba, aby przygotować nadchodzące uroczystości.

Atmosferę specyficznego święta najlepiej chłonąć, spacerując przez miasto. Aby obejrzeć udekorowane groby i pomniki, trzeba się udać na cmentarz główny Oaxaca – jedną z największych miejskich nekropolii – lub na cmentarz Xoxocotlan, tuż za miastem.

Miejsca publiczne ożywają innym życiem, zaludnione postaciami przebranymi za szkielety, obficie przystrojonymi biżuterią, w kapeluszach i piórkowych boa. Od domu do domu chodzą muzycy i artyści w kostiumach i z wymalowanymi twarzami, przedstawiający *comparsas* – widowiska teatralne z muzyką, tańcami i jedzeniem posiłków przygotowanych jako ofiary na ołtarzach.

Świętowanie Dnia Zmarłych w Oaxaca, Meksyk

SANTA MARÍA DEL TULE, OAXACA, MEKSYK
695. Oddanie czci najstarszemu drzewu na świecie
Kiedy: przez cały rok
Szer. geogr.: 17.0447   **Dł. geogr.:** -96.6330

Określane jest mianem „najbardziej szalonego drzewa na świecie". Nie oznacza to, że imprezuje i robi rozróby w hotelach. Po prostu ten cypryśnik meksykański ma najgrubszy pień na świecie – o obwodzie niemal 42 m. Mówi się, że drzewo z Tule może mieć aż 6000 lat. Jego cień daje schronienie nawet 500 osobom jednocześnie, więc jest sporo miejsca na drzemkę!

BANAUE, FILIPINY

696. Spacer po rozległych tarasach ryżowych

Kiedy: przez cały rok
Szerokość geograficzna: 16.9241
Długość geograficzna: 121.0573

Podobno, gdyby rozpostrzeć filipińskie tarasy ryżowe płasko, rozciągałyby się wokół połowy kuli ziemskiej. Liczące ponad 2000 lat tarasy z polami ryżu, wpisane na listę światowego dziedzictwa UNESCO, łagodnie trawersują stoki w tym górzystym kraju. Wyżłobione za pomocą prymitywnych narzędzi, do dziś są wymownym znakiem trwałości, odzwierciedlając harmonię człowieka ze środowiskiem. Kamienno-błotne tarasy są dziełem ludu Ifugao, który zamieszkiwał te tereny przez stulecia, przekazując swoją tradycję z pokolenia na pokolenie. Zaawansowane techniki rolnicze i systemy nawadniania odzwierciedlają jego mistrzostwo w dziedzinie inżynierii, porównywalne do budowniczych piramid.

Spacer po tarasach ryżowych i noc w tradycyjnej chacie ludu Ifugao to punkt obowiązkowy podczas wycieczki na Filipiny. Można tu wędrować krętymi górskimi ścieżkami, podziwiając przepiękną scenerię; tarasy ryżowe rozciągają się w tych rejonach na długie kilometry. Po drodze warto odwiedzać niewielkie wioski, w których czas jakby się zatrzymał, bo przez stulecia niemal się nie zmieniły.

W zależności od tego, na kiedy taka podróż będzie zaplanowana, można podziwiać tarasy w rozmaitych odcieniach. Najzieleńsze są w kwietniu. W czerwcu i w lipcu zmieniają barwę na żółtawą, aby w sierpniu w pełni rozbłysnąć na złoto; później zaś brązowieją. Bez względu jednak na czas Banaue wprawia w oszołomienie swoją feerią barw.

Tarasy ryżowe w Banaue, Filipiny

KYAUK KA LAT, BA-AN, MJANMA
697. Błogi spokój w górach
Kiedy: przez cały rok
Szer. geogr.: 16.8182   **Dł. geogr.:** 97.6402

Jeśli ktoś szuka miejsca sprzyjającego medytacji, pełnego spokoju i piękna, znajdzie je w klasztorze Kyauk Ka Lat w Mjanmie (Birmie), sprawiającym wrażenie zakątka nie z tego świata. Najwyższa pagoda, zbudowana na małej wysepce pośrodku jeziora, wznosi się ponad wydającymi się zaprzeczać prawom grawitacji skalnymi kolumnami. Aby się tam dostać, trzeba przejść przez most i wspiąć się na górę po schodach.

Klasztor buddyjski jest czynny, skupia modlących się i medytujących mnichów. Uczucie spokoju, jakiego tu można doznać, jest po prostu błogie. O poranku wyspę zwykle spowija delikatna mgła, a zachody słońca wprost domagają się uwiecznienia na fotografii.

▼ RANGUN, MJANMA
698. Splendor Złotej Pagody Mjanmy
Kiedy: przez cały rok
Szerokość geograficzna: 16.8660
Długość geograficzna: 96.1951

Wznosząca się na wzgórzu Singuttara imponująca pagoda Szwedagon, sama wysoka na 99 m, zalicza się do najbardziej fascynujących budynków sakralnych na świecie. To górujący nad horyzontem Rangunu, mieniący się złotem cel licznych pielgrzymek buddystów, który nawet niebuddystom daje poczucie wyjątkowego pokoju. Szczególnie zachwycająco budowla prezentuje się o wschodzie i zachodzie słońca.

Złota Pagoda w Rangunie, Mjanma

PÓŁKULA PÓŁNOCNA   od 30°N do 15°N

▶ BELIZE
699. Zobaczyć tukana w jego naturalnym środowisku
Kiedy: od grudnia do maja
Szerokość geograficzna: 16.8535
Długość geograficzna: -88.2814

Tukan, jeden z najbardziej wyjątkowych ptaków na świecie, wygląda tak, jakby jego dziób rósł i rósł, podczas gdy reszta ciała jakoś pozostawała w tyle. Nietrudno zauważyć te piękne ptaki w ich naturalnym środowisku, po części ze względu na jasnozielony dziób i żółtą pierś, a po części dlatego, że zwykle trzymają się razem w głośno skrzeczących grupach. Tukan to narodowy ptak Belize, dlatego warto obserwować go właśnie tutaj.

Kolorowy tukan w Belize

ATOL LIGHTHOUSE REEF, BELIZE
700. Nurkowanie w Great Blue Hole
Kiedy: przez cały rok
Szerokość geograficzna: 17.3157
Długość geograficzna: -87.5348

Z łódki dla nurków wychodzi się prosto w krystalicznie czyste wody Lighthouse Reef. Już za moment zaczniemy powoli zanurzać się w głębię Great Blue Hole, gdzie czeka na nas jeden z najbardziej niesamowitych morskich widoków na świecie. W miarę przepływu cyfr na głębokościomierzu zmienia się to, co widać: na 12 m bąbelki powietrza wznoszą się po czystych wapiennych skałach w przejrzystej, wolnej od prądów wodzie; na 18 m pojawiają się niewyraźne zarysy karaibskiej rafy, żarłaczy tępogłowych i młotowatych; na 40 m schodzimy coraz wolniej, a Great Blue Hole otwiera się w przepastną jaskinię, usianą prastarymi stalaktytami niczym podwodna katedra powstała tysiące lat temu.

COCKSCOMB BASIN, BELIZE
701. W jedynym na świecie rezerwacie jaguarów
Kiedy: przez cały rok
Szerokość geograficzna: 16.7896
Długość geograficzna: -88.6144

Rezerwat przyrody Cockscomb Basin w Belize to wyjątkowe miejsce: jedyne poświęcone ochronie zagrożonych wyginięciem jaguarów. Choć nie ma gwarancji, że uda się zobaczyć któreś z tych skrytych zwierząt, w cudownym świecie tropikalnej puszczy jest tak fascynujące bogactwo flory i fauny, że podróżnik z pewnością opuści to miejsce oczarowany.

PÓŁKULA PÓŁNOCNA   od 30°N do 15°N

ROATÁN, HONDURAS
702. Odkrywcza wyprawa w podwodny świat
Kiedy: od stycznia do sierpnia
Szerokość geograficzna: 16.3298
Długość geograficzna: -86.5300

Nauka nurkowania i pływanie w ogromnie zróżnicowanym podwodnym świecie to doświadczenie nieporównywalne z żadnym innym. Otwiera oczy na zupełnie nową rzeczywistość. Szczególnie rafy koralowe sprawiają, że ludzie tak chętnie wracają pod wodę. Rafy to kolorowe, niejednorodne ekosystemy. W skali całego globu szacuje się, że na rafach mieszka ponad 4000 gatunków ryb, 700 gatunków koralowców oraz tysiące innych gatunków flory i fauny.

Roatan to wyspa u wybrzeża Hondurasu, długa na 77 km i szeroka na niespełna 8 km. Turystyka wyspy jest zorientowana głównie na nurków, ponieważ miejsce to idealnie się nadaje do nauki tego sportu. Tutejsza rafa znajduje się pod ochroną, dzięki czemu koralowce mają sielskie życie – a wraz z nimi również inne gatunki. Mieszka tu ogółem ponad 370 gatunków ryb, które często pływają w ławicy. Reprezentują całą paletę barw – niektóre są cętkowane, inne w paski – i są dosłownie wszędzie.

Gdy człowiek w końcu odwróci od nich wzrok i skieruje go na samą rafę, zobaczy jeszcze większą różnorodność życia: ze szczelin wystawiają pyski mureny, czułki homarów zdradzają ich kryjówkę pod skałami, a maleńkie robaki i skorupiaki dokładają swoją cegiełkę do tej oszałamiającej feerii barw.

Rafa to miejsce nie tylko dla najmniejszych części łańcucha pokarmowego – nurkowie powinni być świadomi również obecności większych zwierząt: przepływających obok płaszczek, żółwi i oczywiście rekinów. Większość tych ostatnich jest na ogół dość płochliwa i niezainteresowana zaczepianiem ludzi. Wokół Roatánu kręcą się żarłacze karaibskie, rekiny wąsate i głowomłoty, a zdarzają się też rekiny wielorybie.

Karaiby nie są jedynym miejscem umożliwiającym naukę nurkowania. Inne odpowiednie dla początkujących oraz oferujące równie nieprzebrane bogactwo morskiego życia to: Egipt, Izrael, Wielka Rafa Koralowa w Australii oraz Tajlandia.

Odkrywanie bogactw podwodnego świata u wybrzeży Roatánu, Honduras

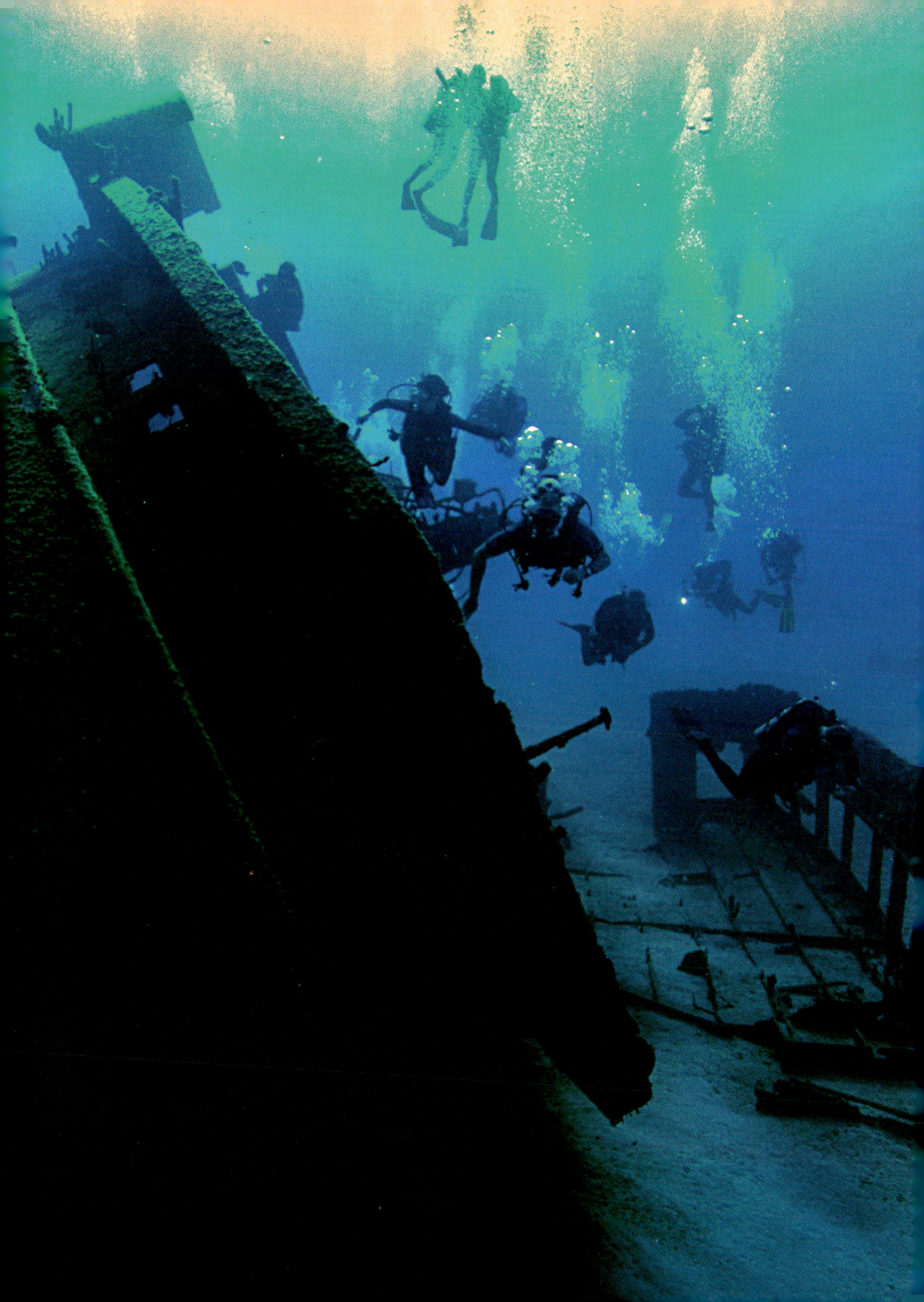

PÓŁKULA PÓŁNOCNA   od 30°N do 15°N

SƠN ĐOÒNG, WIETNAM
703. W rozległym labiryncie systemu jaskiń
Kiedy: przez cały rok
Szerokość geograficzna: 17.5911
Długość geograficzna: 106.2833

Wiele osób ma klaustrofobiczne myśli na samo wspomnienie o jaskiniach, ale pozostając na powierzchni, pozwolimy, by ominęło nas fascynujące bogactwo podziemnego świata. Naprawdę warto zdobyć się na odwagę i zejść do największej podziemnej jaskini w Parku Narodowym Phong Nha-Kẻ Bàng, aby zachwycić się podziemną rzeką i ogromnymi stalagmitami.

▼ DA NANG, WIETNAM
704. Wietnamska uczta na poboczu drogi
Kiedy: przez cały rok
Szerokość geograficzna: 16.0470
Długość geograficzna: 108.2062

Nadmorskie miasto Da Nang szybko staje się coraz nowocześniejsze, chociaż to wciąż najlepsze miejsce, aby poznać smakowitą tradycyjną kuchnię wietnamską. Jej elementem jest jedzenie w budkach przy drodze – ślinka wprost ciekne na sam widok *pho* (makaronu) i *xôi* (kleistego ryżu). A to dopiero początek listy specjałów!

Sprzedaż przekąsek na ulicy w Da Nang, Wietnam

PÓŁKULA PÓŁNOCNA   od 30°N do 15°N

START: CHIANG MAI, PŁN.-ZACH. TAJLANDIA
705. Motocyklem po Tajlandii
z dala od utartych szlaków
Kiedy: od listopada do lutego (chłodno),
od marca do czerwca (gorąco)
Szerokość geograficzna: 18.7061
Długość geograficzna: 98.9817

Połączenie fantastycznego klimatu i zachwycających scenerii tropikalnych sprawia, że przejażdżka motocyklem po pętli Mae Hong Son jest niesamowitym doświadczeniem. Początek to popularne Chiang Mai – tutaj zaczyna się długa na 596 km (w obie strony) podróż przez dżungle i spowite mgłą góry.

▼ HỘI AN, WIETNAM
706. Nowa garderoba szyta
na miarę w Wietnamie
Kiedy: przez cały rok
Szerokość geograficzna: 15.8833
Długość geograficzna: 108.3333

Urocze alejki Hội An zdominowane są przez branżę krawiecką – krawcy szyją tu z najrozmaitszych materiałów, od jedwabiu po skórę. Po przymiarce niektórzy nawet zawiozą podróżnika (na tylnym siedzeniu motoroweru mknącego krętymi uliczkami) do domu szwaczki, aby na własne oczy mógł zobaczyć, jak powstaje jego najnowszy zakup.

Sklepy z ubraniami na miarę w Hội An, Wietnam

ZIPOLITE, MEKSYK
707. Nago na plaży nudystów

Kiedy: przez cały rok
Szerokość geograficzna: 15.6630
Długość geograficzna: -96.5177

Czy są amatorzy opalania się w stroju Adama? Trudno zrozumieć, dlaczego między skąpym bikini a całkowitą nagością jest aż taka różnica – to pewnie kwestia wychowania. Na plaży nudystów w otoczeniu golutkich osób można szybko zdać sobie sprawę z tego, że nagość to w gruncie rzeczy nic takiego.

PÓŁKULA PÓŁNOCNA   od 30°N do 15°N

COBÁN, GWATEMALA
708. Zastrzyk kofeiny wśród upraw kawy
Kiedy: przez cały rok
Szerokość geograficzna: 15.4833
Długość geograficzna: -90.3667

Wycieczka po plantacji Chicoj w Cobánie pozwoli dowiedzieć się wszystkiego o kawie – jej uprawie, sprzedaży, tworzeniu idealnego wywaru. Po zastrzyku kofeiny można się zdecydować na zastrzyk adrenaliny, podziwiając plantację tym razem z lotu ptaka, z kolejki linowej.

STARE MIASTO W SANIE, JEMEN
709. Cofnąć się w czasie w prastarym mieście
Kiedy: przez cały rok (choć latem bywa nieznośnie gorąco)
Szerokość geograficzna: 15.3520
Długość geograficzna: 44.2075

Wyglądające tak, jakby pochodziło wprost z planu filmowego, zachwycające jemeńskie miasto Sana od ponad 2500 lat nieodmiennie hipnotyzuje turystów. Można tu podziwiać wyjątkowe, malownicze piętrowe meczety oraz domy wybudowane przed XI w. n.e.

PROWINCJA AMRAN, JEMEN
710. Podniebny spacer po „Moście Westchnień"
Kiedy: przez cały rok (choć latem bywa nieznośnie gorąco)
Szerokość geograficzna: 16.1818
Długość geograficzna: 43.7071

Podczas wycieczki do Jemenu koniecznie trzeba się wybrać na zapierający dech w piersiach most w Szaharze („Most Westchnień") – ale uwaga, nie jest to propozycja dla strachliwych! Ten na pierwszy rzut oka niebudzący zbyt wielkiego zaufania kamienny łuk zbudowano z wapienia w XVII w., aby połączyć dwie odległe od siebie wioski. I most trwa do dziś, rozpięty około 200 m nad dnem urwistego wąwozu, wśród szczytów al-Ahnum.

▶ GWATEMALA
711. Spotkanie z kwezalem herbowym
Kiedy: od października do kwietnia
Szerokość geograficzna: 15.2108
Długość geograficzna: -90.2182
(Biotopo del Quetzal)

Długie pióra w ogonie, karmazynowy brzuszek i jasnozielone ubarwienie sprawiają, że wybór kwezala herbowego jako gwatemalskiego ptaka narodowego absolutnie nie dziwi. Niestety, coraz trudniej go zobaczyć, gdyż wskutek wylesiania gatunek jest obecnie zagrożony wyginięciem. Kwezala można znaleźć w naturalnym rezerwacie przyrody Biotopo del Quetzal.

Kwezal herbowy w Gwatemali

Zachwycające jezioro Atitlán, Gwatemala (zob. s. 352)

ROZDZIAŁ 5
PÓŁKULA PÓŁNOCNA

od $15°$N do $0°$N

PÓŁKULA PÓŁNOCNA   od 15°N do 0° N

PARK NARODOWY CERRO VERDE, SALWADOR
712. Trekking wśród uśpionych wulkanów
Kiedy: od listopada do kwietnia
Szerokość geograficzna: 13.8310
Długość geograficzna: -89.6421

Miłośnicy natury nie mogą przegapić wycieczki do Parku Narodowego Cerro Verde – olbrzymiego parku będącego ważnym korytarzem ekologicznym (migracyjnym). Mieszka tu ponad 120 gatunków ptaków, wiele gadów, płazów i setki gatunków owadów. Park o powierzchni 4500 ha usiany jest niezliczonymi ścieżkami, wiodącymi m.in. wokół wulkanów Cerro Verde, Izalco i Santa Ana. Dla zapalonych piechurów chłodny klimat parku będzie idealny, a widok ze szczytu Santa Any – imponującego szmaragdowozielonego krateru – wynagrodzi trudy wędrówki.

▼ JEZIORO RETBA, SENEGAL
713. Jezioro o barwie truskawkowego szejka
Kiedy: od listopada do czerwca (kolory są wtedy najżywsze)
Szerokość geograficzna: 14.8388
Długość geograficzna: -17.2341

Choć może to wyglądać jak wyciek chemikaliów, cudowna różowa barwa jeziora Retba jest całkowicie naturalna. Akwen leży w pobliżu morza, oddzielony od niego wąskim pasem wydm, co sprawia, że wody jeziora są bardzo słone. To z kolei stwarza idealne środowisko dla czerwonych glonów, które rozwijają się bujnie, nadając wodzie niespotykany odcień. Jak przyjemnie zanurzyć w niej stopy, podziwiając ten cud natury!

Jezioro Retba o barwie truskawkowego szejka, Senegal

PÓŁKULA PÓŁNOCNA   od 15°N do 0° N

CHICHICASTENANGO, GWATEMALA
714. Zakupy na targu w górach
Kiedy: przez cały rok (dni targowe to czwartek i niedziela)
Szerokość geograficzna: 14.9450
Długość geograficzna: -91.1089

To tętniące życiem górskie miasteczko targowe, znane miejscowym jako „Chichi" (kto w ogóle ma czas, żeby wypowiedzieć Chichicastenango więcej niż raz?), obfituje w tkaniny, rękodzieła i wyroby snycerskie – wszystko w stylu Majów. Po skończeniu zakupów koniecznie trzeba poświęcić trochę czasu na zwiedzenie 400-letniego kościoła św. Tomasza.

▼ SAN ANDRÉS ITZAPA, GWATEMALA
715. Z wizytą u „diabelskiego" bożka Majów
Kiedy: przez cały rok
Szerokość geograficzna: 14.6194
Długość geograficzna: -90.8413

Gdy katolicyzm dotarł do Ameryki Łacińskiej, nie zastąpił wszystkich istniejących tam praktyk religijnych. W wielu częściach Gwatemali tubylcy wciąż wzywają pomocy Maximóna – bożka lub świętego eleganta przyodzianego w garnitur i kapelusz. Warto zobaczyć ołtarze wzniesione ku jego czci, na których w ofierze składa się cygara i rum.

Maximón – „diabelski" bożek w kapeluszu, Gwatemala

347

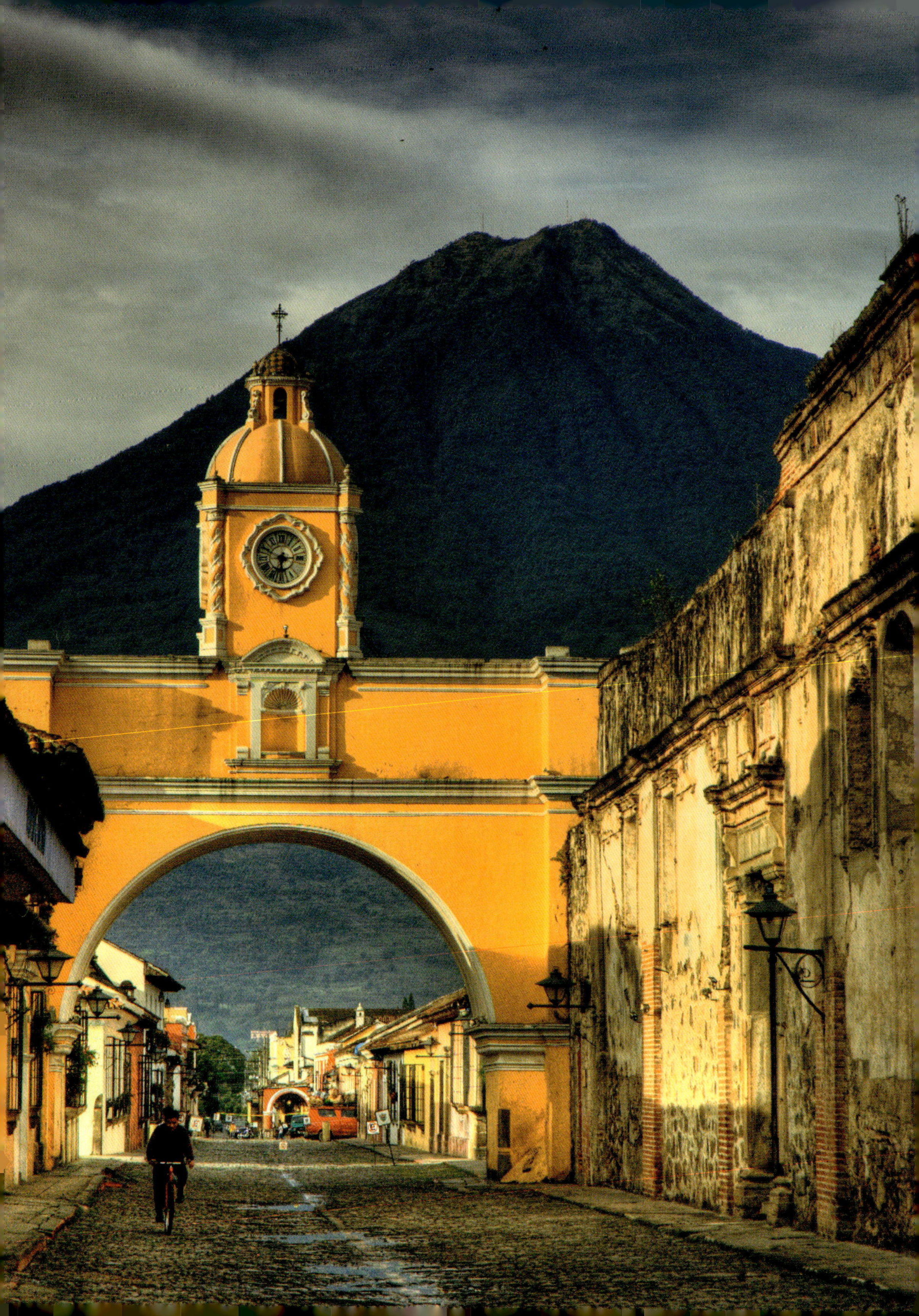

PÓŁKULA PÓŁNOCNA   od 15°N do 0° N

◀ START: ANTIGUA, GWATEMALA
716. Podróż w czasie i przestrzeni szlakiem dawnych stolic
Kiedy: przez cały rok
Szerokość geograficzna: 14.5667   **Długość geograficzna:** -90.7333 (Antigua w Gwatemali)

Zwiedzanie dawnych stolic to coś więcej niż turystyczne przeżycie – to możliwość zajrzenia w przeszłość kraju przy jednoczesnym zaobserwowaniu, jak się zmieniał i ewoluował na przestrzeni lat.

Zacząć warto od Antigui, byłej stolicy Gwatemali i miejsca wpisanego na listę światowego dziedzictwa UNESCO. To prawdziwa podróż w czasie: hiszpańskie budowle kolonialne ciągle stoją tu u podnóży trzech wulkanów, co tworzy wyjątkową mieszankę dawnego uroku i potęgi minionych wieków.

Fez w Maroku to kolejna była stolica warta odwiedzenia. Stare miasto jest plątaniną uliczek i zaułków wiodących na tętniące życiem place i rynki pełne hałaśliwych tłumów.

Była stolica Indii Brytyjskich, Kalkuta, zachwyca jako wspaniały pomnik architektury kolonialnej; do dziś zachowało się w niej również wiele ogrodów w angielskim stylu. Uderzające jest zderzenie powyższych ze smutną rzeczywistością będącą udziałem wielu współczesnych Hindusów – najuboższych obywateli. W rezultacie miasto jednocześnie zachwyca i szokuje.

I w końcu kolejna niezwykła stolica o przebogatej historii – Turku w Finlandii. Założone w XIII w., uważane jest za najstarsze miasto w tym kraju. Aby zobaczyć, jak wyglądało w XVIII w., warto odwiedzić Luostarinmäki, muzeum rękodzieła na otwartej przestrzeni.

KRAJ DOGONÓW, MALI
717. W świecie urzekającej architektury
Kiedy: od listopada do lutego (aby ominąć upały)
Szerokość geograficzna: 14.3489
Długość geograficzna: -3.6091

W sercu Mali, wzdłuż uskoku Bandiagara, znajduje się Kraj Dogonów (inaczej Pays Dogon). Tutaj przez ponad tysiąc lat mieszkał lud Dogonów. Wędrówka po tym terenie trwa od czterech do pięciu dni, a główną atrakcją są liczne malownicze wioski Dogonów. Wyróżniają je skupiska spichlerzy – gliniane budynki ze stożkowymi dachami krytymi strzechą, które często wydają się zwisać z klifu, niemalże wbrew grawitacji. Nic dziwnego, że w 1989 r. miejsce to zostało wpisane na listę światowego dziedzictwa UNESCO.

DŻENNE, MALI
718. Kruchość i dostojeństwo glinianego meczetu
Kiedy: przez cały rok (najlepiej w chłodniejszej porze: od października do marca)
Szerokość geograficzna: 13.9054
Długość geograficzna: -4.5560

Okazały Wielki Meczet w subsaharyjskim mieście Dżenne jest po prostu fascynujący. To największy na świecie wolnostojący budynek z cegły suszonej na słońcu. Warto przyjrzeć się z bliska ścianom, w które wmontowano bale palmowe (wymagające ciągłej konserwacji, czym zajmują się grupy wolontariuszy). Pod wpływem słońca ściany budowli nieustannie zmieniają barwę, co robi niesamowite wrażenie.

Antigua, była stolica Gwatemali

PÓŁKULA PÓŁNOCNA od 15°N do 0° N

Z MIASTA HO CHI MINH DO HANOI, WIETNAM
719. Przejażdżka „Ekspresem Zjednoczenia"
Kiedy: od września do grudnia i od marca do kwietnia
Szerokość geograficzna: 14.0583   **Długość geograficzna:** 108.2772

Dla włóczęgów i miłośników kolei przejażdżka pociągiem „Ekspres Zjednoczenia" jest niczym wisienka na torcie. Długa na 1726 km linia kolejowa rozciąga się od miasta Ho Chi Minh (dawniej: Sajgon) do Hanoi, stolicy państwa. Przejazd tą trasą pozwala poczuć smak i atmosferę prawdziwego Wietnamu.

W czasie wojny wietnamskiej linia ta była celem ataków bombowych armii amerykańskiej, co miało odciąć północ kraju od posiłków i broni. Po wojnie rząd nie ustawał w wysiłkach, by zjednoczyć obie części kraju; odbudowano wtedy również większość z 1334 mostów i 27 tuneli na tej linii. Ochrzczony na nowo mianem „Ekspresu Zjednoczenia", pociąg odbył swą inaugurującą jazdę w sylwestra 1976 r.

Istotą podróży ekspresem nie jest luksusowa przejażdżka – chodzi raczej o doświadczenie wyprawy kolejowej samej w sobie, a nie o przemieszczenie się z punktu A do punktu B.

„Ekspres Zjednoczenia" w Wietnamie

PÓŁKULA PÓŁNOCNA od 15° N do 0° N

WIETNAM
720. Tworzenie arcydzieł z piasku
Kiedy: przez cały rok
Szerokość geograficzna: 14.0583
Długość geograficzna: 108.2772
(prowincja Gia Lai)

Sztuka tworzenia obrazów piaskiem należy do cudownych tradycji wietnamskich: wykorzystując różnokolorowe ziarenka piasku, można stworzyć prawdziwe – choć niezbyt trwałe – arcydzieła. Chętni mogą wziąć udział w jednym z licznych kursów, które pomagają początkującym wykonać ich własne małe dzieła piaskowej sztuki.

SZLAK HO CHI MINHA, WIETNAM
721. Przejazd trasą Easy Rider Trail
Kiedy: od września do grudnia i od marca do kwietnia
Szerokość geograficzna: 14.0583
Długość geograficzna: 108.2772

„Easy Rider Trail" to bardziej charyzmatyczna nazwa Szlaku Ho Chi Minha, który w czasie wojny wietnamskiej służył jako droga dostaw dla Wietnamu Północnego. Niezależnie od nazwy trasa ta ma typowo wietnamski charakter – brak tu jakichkolwiek oficjalnych znaków czy wskazówek właściwych dla szlaków turystycznych. Dokoła rozpościerają się połacie soczystej zieleni pól ryżowych, wśród których kryją się osady zamieszkane co najwyżej przez kilkadziesiąt rodzin odciętych od zdobyczy cywilizacji. Tu i tam przy drogach widać ślady wojny pozostawione jako swoiste pomniki historii. Tytułem ostrzeżenia: nie należy dać się zwieść tej nazwie – nie ma nic łatwego w jeżdżeniu po Wietnamie, czymkolwiek! Jeżeli jednak weźmie się głęboki oddech, przejażdżka może okazać się ogromną frajdą, nawet jeśli podszytą lekkim dreszczykiem emocji.

JEZIORO LAK, WIETNAM
722. Wiosłowanie w dłubance
Kiedy: przez cały rok
Szerokość geograficzna: 12.4144
Długość geograficzna: 108.1851

Jednym z najlepszych sposobów na to, aby w pełni doświadczyć wschodu słońca, jest oglądanie z łodzi tańczących promieni odbijających się od lśniących wód jeziora Lak. Można podziwiać ten cudowny spektakl natury, płynąc czółnem – tradycyjną wietnamską łodzią wydrążoną z pnia drzewa.

MIASTO HO CHI MINH, WIETNAM
723. Zgłębianie tajemnic tuneli Củ Chi
Kiedy: przez cały rok
Szerokość geograficzna: 11.1437
Długość geograficzna: 106.4597

„W całej historii działań wojennych nie było terenu, który ucierpiałby bardziej wskutek bombardowań, ostrzeliwania, ataków z użyciem gazu; który zostałby tak totalnie ogołocony i zniszczony" – tak o sieci tuneli Củ Chi mówił dziennikarz BBC. Sieć ta, rozciągająca się na 120 km, zdecydowanie nie jest odpowiednim miejscem dla osób strachliwych i cierpiących na klaustrofobię. Chociaż to interesująca wycieczka, ciemno tu choć oko wykol, a szerokość ledwo pozwala na wciśnięcie się do środka.

WYSPA PHÚ QUỐC, WIETNAM
724. Nocne łowienie kalmarów
Kiedy: od kwietnia do stycznia
Szerokość geograficzna: 10.2899
Długość geograficzna: 103.9840

Podczas sezonu na kalmary ogromne ławice gromadzące się w zatoce po zachodzie słońca gwarantują przyjemny dreszczyk emocji związany ze złowieniem własnej kolacji. Uzbrojeni w wędki i przynęty, nawet najmniej doświadczeni wędkarze złowią co najmniej 20 kalmarów, które następnie gotuje się i podaje na miejscu.

PÓŁKULA PÓŁNOCNA   od 15°N do 0° N

JEZIORO ATITLÁN, GWATEMALA
725. Oszałamiające piękno jeziora Atitlán
Kiedy: przez cały rok
Szerokość geograficzna: 14.6907
Długość geograficzna: -91.2025

Na przestrzeni lat jeziora Atitlán, naprawdę majestatyczne w swoim pięknie, zyskało ogromną popularność wśród turystów. Jego głębokie wody odbijają błękit nieba w otoczeniu trzech wulkanów oraz falistej scenerii z licznymi szczytami i dolinami. Bez względu na to, czy zostaniemy na dole, czy też zdecydujemy się wspiąć na któryś z wulkanów, widoki, które ujrzymy, pozostaną z nami na całe życie.

BANGKOK, TAJLANDIA
726. Nauka tajskiego masażu głowy
Kiedy: przez cały rok
Szerokość geograficzna: 13.7563
Długość geograficzna: 100.5018

Tajski masaż głowy i szyi to wspaniały sposób na pozbycie się stresu i odnowę sił witalnych (szczególnie ważne dla osób, które całe dnie spędzają przy biurku). Warto więc nauczyć się tej sztuki, aby pomagać innym i sobie. Intensywne kursy w Tajlandii trwają około pięciu tygodni i mogą okazać się nawet pierwszym krokiem w stronę nowego zawodu.

KANCHANABURI, TAJLANDIA
727. Przez most na rzece Kwai
Kiedy: przez cały rok
Szerokość geograficzna: 14.0408
Długość geograficzna: 99.5037

Film *Most na rzece Kwai*, zdobywca siedmiu Oscarów z 1957 r., oparty jest na doświadczeniach około 60 000 więźniów alianckich, którzy byli zmuszani do pracy przy budowaniu czegoś, co znamy dziś jako „Kolej Śmierci". Gdy patrzy się na ten most (odbudowany po bombardowaniach alianckich w 1945 r.), wprost trudno uwierzyć, że miejsce, które pamięta tyle cierpienia, dziś tchnie spokojem i sprawia wręcz sielskie wrażenie.

BANGKOK, TAJLANDIA
728. Medytacja w tajskim klasztorze
Kiedy: przez cały rok
Szerokość geograficzna: 13.7563
Długość geograficzna: 100.5018

Świątynia Szmaragdowego Buddy to kolebka tajskiego buddyzmu, a Szmaragdowy Budda – medytująca figurka z nefrytu – to jeden z jego najświętszych symboli, czczony w całym kraju. Zdecydowanie warto odwiedzić to miejsce, bez względu na wyznanie.

▶ SIĔM RÉAB, KAMBODŻA
729. Poznanie zapomnianego imperium Kambodży
Kiedy: przez cały rok
Szerokość geograficzna: 13.4120   **Długość geograficzna:** 103.8646

Wczesnym rankiem wyprawa rusza na poszukiwanie przygód – w kambodżańskim lesie czekają doskonale zachowane szczątki zapomnianego niegdyś imperium Khmerów. To ogromny kompleks sakralny z licznymi świątyniami z piaskowca, w tym bodaj najsłynniejszą – Angkor Wat.

Świątynie te, w zamyśle twórców będące obrazem wszechświata, mają ściany pokryte skomplikowanymi płaskorzeźbami przedstawiającymi sceny z mitologicznych bitew oraz kotłowanie się niebieskich oceanów. Rzeźbione wizerunki bożków i potworów – z hinduskich i buddyjskich mitologii – spoglądają z góry na przybywających śmiertelników, gdy ci mozolnie wspinają się po stromych świątynnych schodach. Zgodnie z zamysłem architektów, koniecznie trzeba wejść na szczyt, aby stamtąd obserwować wschód słońca, idealnie wpasowujący się w jedno ze świątynnych wejść.

Zapomniane świątynie Angkor Wat w Siĕm Réab, Kambodża

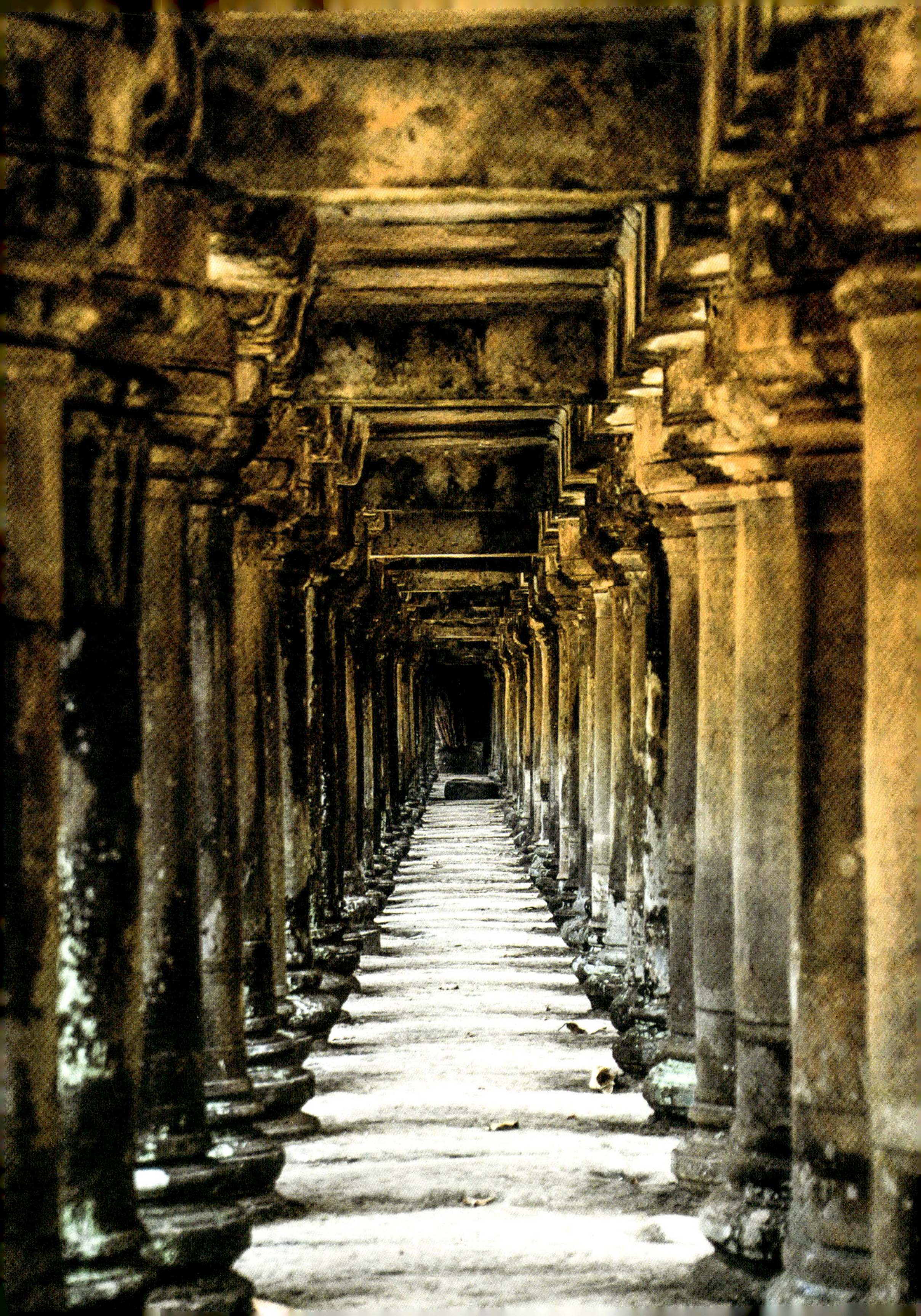

PÓŁKULA PÓŁNOCNA od 15°N do 0° N

▼ WYSPA KOKOSOWA, KOSTARYKA
730. Spotkanie z głowomłotami
Kiedy: najlepiej od czerwca do października
Szerokość geograficzna: 5.5282
Długość geograficzna: -87.0574

Młode głowomłoty (do 1,5 m długości) pływają w imponujących grupach, liczących nieraz po kilkaset osobników, co chroni je przed większymi drapieżcami. Warto zanurkować u wybrzeży Wyspy Kokosowej, aby zobaczyć setki tych ryb od spodu – widok naprawdę robi wrażenie.

KOSTARYKA
731. Sześć wiszących mostów w jeden dzień!
Kiedy: przez cały rok
Szerokość geograficzna: 10.3026
Długość geograficzna: -84.7959
(Rezerwat Las Mglisty Monteverde)

Komu niestraszna wysokość? W Rezerwacie Las Mglisty Monteverde na śmiałków czeka sześć wiszących mostów chybocących się między koronami drzew – najdłuższy z nich ma 300 m długości. Las ten cechuje ogromna bioróżnorodność – odnotowano tu 2,5% gatunków światowej fauny i flory.

KOSTARYKA
732. Galop wśród fal
Kiedy: przez cały rok
(o zachodzie słońca)
Szerokość geograficzna: 9.6298
Długość geograficzna: -82.6578
(Manzanillo, południowy kraniec wschodniego wybrzeża)

Czas spełnić marzenia o galopowaniu konno po tropikalnej plaży. Poczuć wiatr we włosach, mknąć jak strzała – choć z pełną gracją – gdy fale pluskają wokół kopyt wierzchowca. Wybrzeże Kostaryki ma aż 1290 km długości – na przejażdżkę o wschodzie słońca najlepiej wybrać brzeg karaibski, a zachód słońca podziwiać od strony Pacyfiku.

Głowomłoty (rekiny młoty) migrujące ku Wyspie Kokosowej, należącej do Kostaryki

CAYO GRANDE, WENEZUELA
733. Nurkowanie
w samotności
Kiedy: od listopada do kwietnia
Szer. geogr.: 11.7833
Dł. geogr.: -66.6167

Niewykluczone, że wycieczka na ten odległy, choć łatwo dostępny archipelag Wysp Karaibskich podpowie nam, że znaleźliśmy najlepsze w świecie miejsce do nurkowania. Fascynująca rafa koralowa, łąki podmorskie i zero tłumów. Czysta błogość.

PÓŁKULA PÓŁNOCNA   od 15°N do 0° N

LALIBELA, ETIOPIA
734. Kamienny majestat wykutych w skale kościołów
Kiedy: 7 stycznia (a także przez cały rok)
Szerokość geograficzna: 12.0309
Długość geograficzna: 39.0476

W tym świętym zakątku Etiopii znajduje się zupełnie wyjątkowe, zdumiewające dzieło sztuki architektonicznej: 11 ciosanych w litej skale kościołów, ręcznie wykutych w XIII w. Są to największe monolityczne rzeźby na ziemi.

To miejsce wprawia w niemy zachwyt bez względu na porę roku. Odwiedzający podziwiają kościoły, w których znajdują się dawne chrześcijańskie malowidła, przedmioty kultu i religijne akcesoria. Przewodnik prowadzi ich krętą siecią wąskich tuneli łączących budynki, nad którymi w tej samej chwili przechodzą setki tysięcy innych turystów.

Wizyta w czasie prawosławnego Bożego Narodzenia, 7 stycznia, jest czymś szczególnym. Tego dnia tysiące wiernych uczestniczą w dwunastogodzinnym bożonarodzeniowym nabożeństwie. Tłumy kapłanów i pielgrzymów szczelnie wypełniają 11 niezwykłych budowli, modlą się i śpiewają. Donośne głosy odbijają się echem od kamiennych ścian, sprawiając urzekająco piękne wrażenie.

Turyści w Biete Ghiorgis (kościół św. Jerzego) w Lalibeli, Etiopia

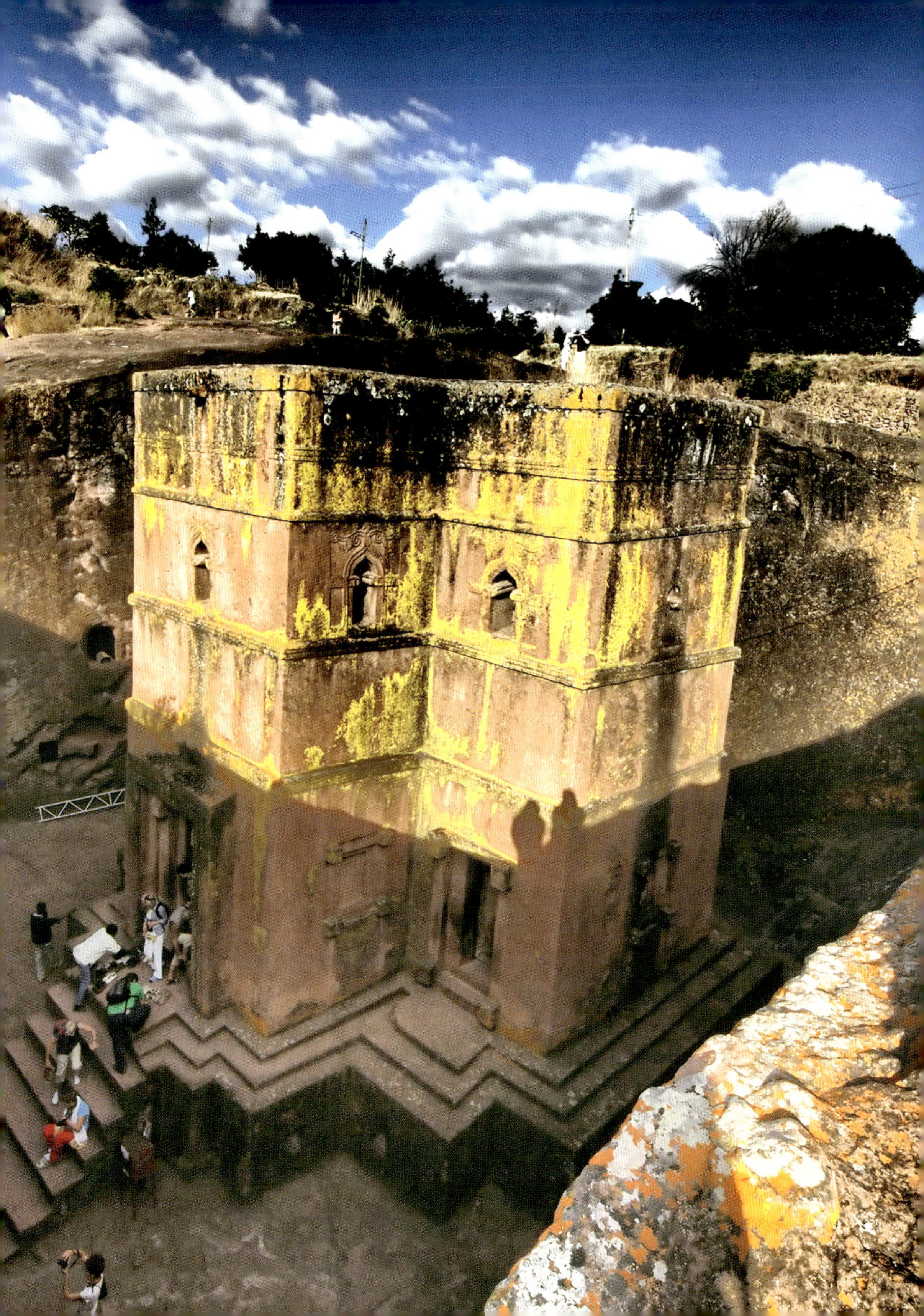

Zjeżdżanie po zboczu aktywnego wulkanu w Nikaragui

▲ KOŁO MALPAISILLO, NIKARAGUA
735. Zjazd po zboczu czynnego wulkanu
Kiedy: przez cały rok
Szerokość geograficzna: 12.5078
Długość geograficzna: -86.7022

Podróżnicy głodni adrenaliny mogą się skusić na szczególny rodzaj saneczkarstwa – zjazd po popiele aktywnego wulkanu Cerro Negro („Czarne Wzgórze") w Nikaragui. W czasie przyprawiającego o dreszcze, długiego na 488 m zjazdu amatorzy czarnego szaleństwa osiągają prędkość do 100 km/h. Wielu śmiałków chętnie podejmuje wyzwanie i nie żałuje.

GÓRY SEMIEN, ETIOPIA
736. Wędrówka po oszałamiających górach Semien
Kiedy: od listopada do marca
Szerokość geograficzna: 13.1833
Długość geograficzna: 38.0667

Jeśli ktoś wyobraża sobie Etiopię jako połacie jałowej, spragnionej ziemi, w Parku Narodowym Semien czeka go spora niespodzianka. Zapierający dech w piersiach krajobraz pofałdowanych nizin i okazałych szczytów górskich to niekoniecznie sceneria, z jaką kojarzy się ten kraj. Wędrówka tym pasmem jest satysfakcjonująca na wielu poziomach: miłośnicy natury mogą nacieszyć oczy trzytysięczną populacją dżelady brunatnej – zwierzęta bawią się tu na bujnych zielonych stokach. Tych, którym niestraszne wysokości, zachwycą niesamowite widoki na doliny u podnóży szczytów. Ponieważ znajdziemy się powyżej 4000 m n.p.m., wędrówka może nastręczyć pewnych trudności, jednak bez wątpienia jest warta tego wysiłku.

PÓŁKULA PÓŁNOCNA   od 15°N do 0° N

BOBO-DIOULASSO, BURKINA FASO
737. Zgłębianie tajników gry na *djembe*
Kiedy: przez cały rok
Szer. geogr.: 11.1649   **Dł. geogr.:** -4.3052

Pierwotnie *djembe* (co oznacza po prostu „bęben") było wykorzystywane przez nadwornych muzyków (znanych jako *grioci*) podczas ceremonii religijnych lub innych ważnych uroczystości. Instrument ten akompaniował tradycyjnemu snuciu opowieści o minionych pokoleniach, a także uroczystościom urządzanym z okazji zaślubin bądź narodzin. Sami *grioci* nadal spełniają swą dawną funkcję w całej Afryce Zachodniej, ale bęben *djembe*, doceniany ze względu na zaskakująco szeroką skalę, zrobił większą karierę i jest obecnie wykorzystywany przez wielu muzyków. Choć na pierwszy rzut oka może się wydawać, że nie ma w tym nic specjalnie trudnego, w rzeczywistości gra na *djembe* okazuje się dość skomplikowana. Ale czemu by nie spróbować?

WĄWÓZ NILU BŁĘKITNEGO, ETIOPIA
738. Zjazd do afrykańskiego Wielkiego Kanionu
Kiedy: przez cały rok
Szerokość geograficzna: 10.2920
Długość geograficzna: 37.0122

Ciekawym pomysłem na wycieczkę jest emocjonująca przejażdżka do wąwozu Nilu Błękitnego około 190 km na północ od Addis Abeby w Etiopii. Wąwóz głębokością niemal dorównuje Wielkiemu Kanionowi Kolorado, a jego krajobraz zachwyca bujną, soczystą zielenią, jakiej nie spodziewalibyśmy się w tym kraju. Nil Błękitny wziął nazwę od odcienia wody zabarwionej minerałami pochodzącymi z żyznej górskiej gleby.

▶ PHNOM PENH, KAMBODŻA
739. Owady na obiad
Kiedy: przez cały rok
Szerokość geograficzna: 11.5500
Długość geograficzna: 104.9167

Czy ktoś już próbował sałatki ze skorpiona, babeczek ze świerszcza albo Bug Maca? A może jadł samosę z tarantuli lub mrówce sajgonki? Nie? Koniecznie więc trzeba się wybrać do Bugs Café w Phnom Penh, baru serwującego owady i inne robale. Chodzi tutaj nie tylko o niespotykane smaki – owady są bogate w białko, a ponadto coraz częściej mówi się o nich jako o rozwiązaniu problemu związanego z wyżywieniem coraz większej liczby ludności naszej planety.

Coś na ząb – pieczona tarantula w Phnom Penh, Kambodża

PÓŁKULA PÓŁNOCNA   od 15°N do 0° N

▶ LA CIUDAD PERDIDA, SIERRA NEVADA DE SANTA MARTA, KOLUMBIA
740. Zostać odkrywcą i znaleźć zaginione miasto
Kiedy: od grudnia do marca (wędrówka jest łatwiejsza w porze suchej)
Szerokość geograficzna: 11.0382
Długość geograficzna: -73.9252

W 1972 r. w Sierra Nevada „odkryto" zaginione miasto (hiszp. La Ciudad Perdida). Archeolodzy zidentyfikowali je jako Teyunę – prawdopodobnie najważniejsze miasto ludu Taironów. Jego korzenie sięgają 800 r. n.e. – zostało zatem założone mniej więcej 650 lat przed Machu Picchu. Uważa się, że opustoszało z nadejściem konkwistadorów.

Miasto składa się ze 169 tarasów połączonych wybrukowanymi drogami, które przebiegają przez niewielkie okrągłe placyki. Do dziś zachowało się tu wiele nadających się do zwiedzania schodkowych przejść, kanałów, ścieżek, domów oraz magazynów. A to i tak zaledwie niewielka część, jaka została niejako odzyskana z gąszczu dżungli – drzewa i pnącza kryją znacznie więcej pozostałości miasta.

Podróżnicy powinni się przygotować na kilkudniową wędrówkę wśród gęstych zarośli. Dopiero po paru dniach dojdą do 1200 kamiennych schodów prowadzących do zaginionego miasta.

PARK NARODOWY TAYRONA, KOLUMBIA
741. Drzemka w hamaku na tropikalnej plaży
Kiedy: od listopada do maja lub od lipca do sierpnia (aby ominąć porę deszczową)
Szerokość geograficzna: 11.2882
Długość geograficzna: -74.1517

Nie ma nic bardziej relaksującego od leżenia w hamaku na plaży: delikatne bujanie na wietrze, świeżość powietrza, uderzenia fal przy brzegu. W Parku Narodowym Tayrona w Kolumbii nie trzeba nawet mieć ze sobą własnego hamaka – spokojnie można wypożyczyć go na miejscu.

ADDIS ABEBA, ETIOPIA
742. Posiłek po etiopsku
Kiedy: przez cały rok
Szerokość geograficzna: 9.0300
Długość geograficzna: 38.7400

Etiopskie jedzenie może przyprawić o zawrót głowy, dlatego – by jej nie stracić – warto w stolicy kraju skorzystać z oferty firmy Go Addis. Z miejscowym przewodnikiem grupa spaceruje od jednej kawiarni do drugiej, od restauracji do restauracji i uczy się jeść *indżera* (tradycyjny podpłomyk) tak, jak robią to tubylcy.

GONDER, ETIOPIA
743. Historyczne zamki Gonderu
Kiedy: przez cały rok
Szerokość geograficzna: 12.6000
Długość geograficzna: 37.4667

Ten zbudowany przez cesarza w XVI i XVII w. i otoczony murem kompleks zabytkowych zamków i pałaców pasowałby nawet do średniowiecznej Anglii. Tu, w Etiopii, spacer wokół tego miejsca daje niezrównaną możliwość zajrzenia w fascynującą przeszłość tego kraju.

EL TOTUMO, KOLUMBIA
744. Pływanie w kraterze wulkanu błotnego
Kiedy: przez cały rok
Szerokość geograficzna: 10.7444
Długość geograficzna: -75.2414

Przekroczenie krawędzi i wskoczenie do „krateru" El Totumo, wulkanu błotnego w północnej Kolumbii, wymaga nie lada odwagi. Stopy nie dotkną podłoża, ale konsystencja błota utrzyma nas na powierzchni, a jednocześnie zafundujemy sobie fantastyczny zabieg dla skóry.

La Cuidad Perdida (zaginione miasto) w Sierra Nevada, Kolumbia

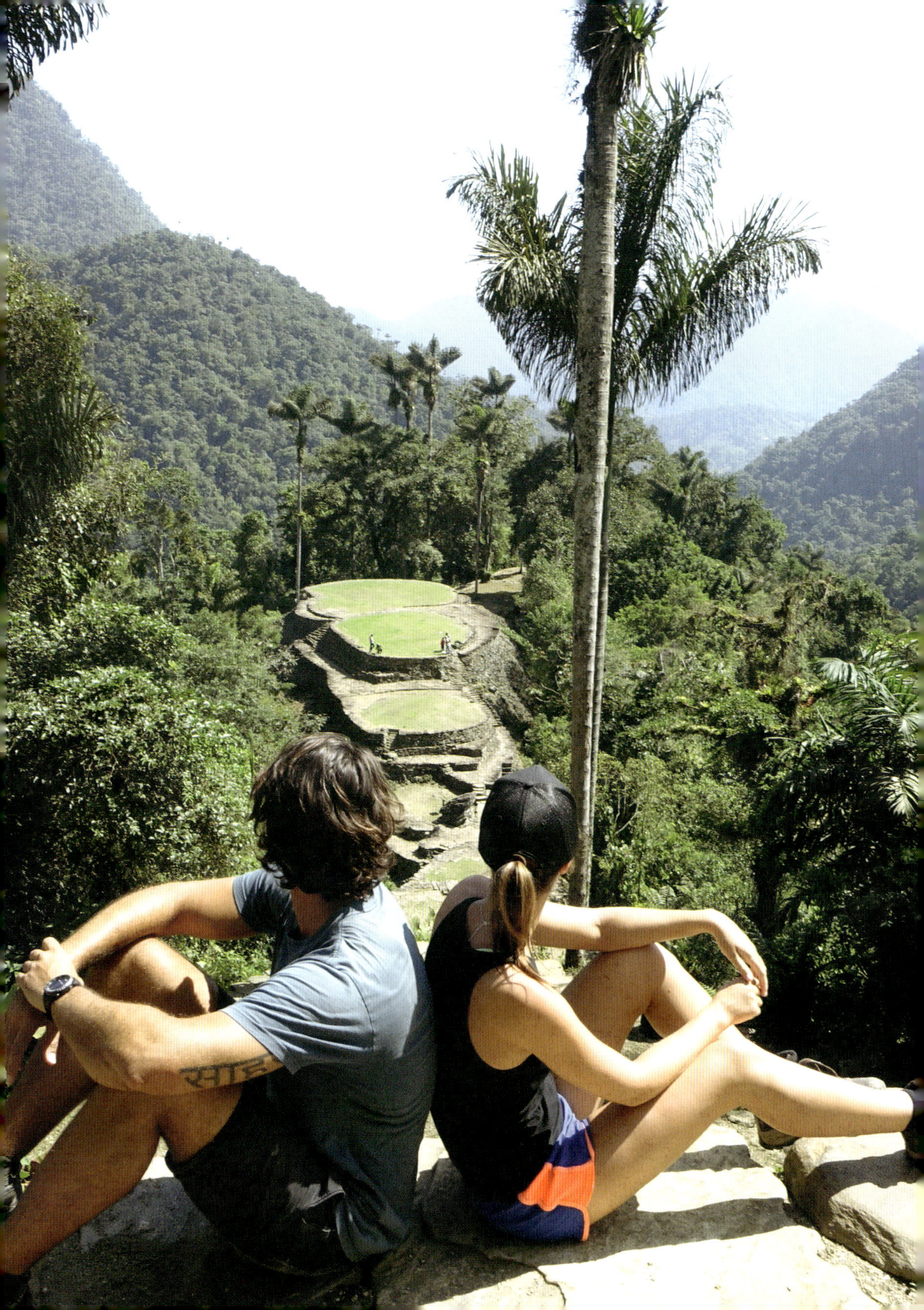

POCZĄTEK W TRYNIDADZIE I TOBAGO

745. Przez Karaiby – z plaży na plażę

Kiedy: najlepiej od grudnia do kwietnia, aby ominąć porę deszczową i huragany
Szerokość geograficzna: 10.6918   **Długość geograficzna:** -61.2225

Podjęcie decyzji, którą z licznych karaibskich plaż wybrać na wakacyjny wypoczynek, może nastręczyć nie lada trudności, dlatego… czemu by nie odwiedzić ich wszystkich?

Podróż zaczyna się u zachodniego wybrzeża Wenezueli i wiedzie na północ, w kierunku Trynidadu i Tobago, wysp o niezwykle urozmaiconej linii brzegowej.

Najcudowniejszy, błyszczący biały piasek i turkusowe wody czekają na północy, na wyspach Małych Antyli: Grenadzie, Barbadosie, Saint Lucii, Dominice. Następnie droga prowadzi na zachód w stronę ekskluzywnych Dziewiczych Wysp Brytyjskich, które są istnym rajem dla miłośników plażowania. Potem karaibska trasa zmierza w kierunku Ameryki Środkowej, gdzie można się skierować albo na północ – na wyspy Turks i Caicos oraz Bahamy – albo w stronę różnorodnych kultur Republiki Dominikany, Haiti, Kuby i Jamajki.

Następnie drogą lądową wzdłuż linii wybrzeża podążamy na południe – przez Meksyk, Belize i Honduras. Na karaibskim wybrzeżu Nikaragui okazuje się, że drogi są tu nie najlepsze, ale już Kostaryka i jej fenomenalne plaże zapewne zatrzymają podróżnika na dłużej.

W Panamie region prowincji Bocas del Toro ma do zaoferowania świetne plaże oraz mnóstwo wartych odwiedzenia wysepek. Dalej, w kolumbijskim mieście Cartagena de Indias, architektura zachwyca bardziej niż samo wybrzeże.

I w końcu ostatni odcinek plażowego tournée – powrót do Wenezueli na wyspę Margarita, której piaszczyste brzegi uwielbiają wszyscy turyści. Teraz jedyne zadanie, jakie stoi przed doświadczonym plażowiczem, to wybór ulubionego miejsca.

PÓŁKULA PÓŁNOCNA   od 15°N do 0° N

▶ KOSTARYKA
746. Wypatrywanie nieuchwytnego krzywego noska
Kiedy: przez cały rok
Szerokość geograficzna: 10.6731
Długość geograficzna: -85.0150
(PN Wulkanu Tenorio)

Tapiry panamskie to skryte zwierzęta – wyczuwają obecność człowieka i uciekają, zanim zostaną zauważone. Największą szansę, by je dostrzec, przyrodnik ma o świcie i o zmierzchu, gdy są najbardziej aktywne. Można też zaczaić się na nie przy wodopoju na jeziorze Tapir w Parku Narodowym Wulkanu Tenorio.

Urocza krótka trąbka tapira panamskiego, Kostaryka

KOSTARYKA
747. Podglądanie leniwca w naturze
Kiedy: przez cały rok
Szerokość geograficzna: 9.3923
Długość geograficzna: -84.1370
(PN Manuel Antonio)

Leniwce trudno dostrzec w stanie dzikim, ponieważ śpią do 20 godzin na dobę, a kiedy nie śpią, zwykle i tak tkwią prawie bez ruchu. Mimo to warto włożyć trochę trudu w wypatrzenie tego najwolniejszego ssaka na świecie – obserwowanie go jest niemal komiczne.

PORT-OF-SPAIN, TRYNIDAD I TOBAGO
748. Wrzucić na luz podczas szalonej imprezy
Kiedy: od lutego do marca
(dwa dni przed Środą Popielcową)
Szerokość geograficzna: 10.6617
Długość geograficzna: -61.5194

W zakątku świata znanym z gorących fiest co roku odbywa się Karnawał na Trynidadzie. Można tutaj dołączyć do tanecznego szaleństwa calypso, muzyki granej przez zespoły dęte oraz *soca* – połączenia calypso z muzyką indyjską. Zabawa odbywa się w dwa dni poprzedzające Wielki Post.

KOLUMBIA
749. Kolorowa miejska przygoda
Kiedy: przez cały rok
Szerokość geograficzna: 10.3910
Długość geograficzna: -75.4794
(Cartagena)

Zapomnij o autokarach turystycznych; lokalne autobusy w Cartagena de Indias – jak i w całej Kolumbii – są bogato zdobione barwnymi malunkami, a rozbrzmiewa w nich muzyka idealna do tańczenia salsy. Każda przejażdżka wydaje się imprezą – a to wszystko zaledwie za kilka pesos.

CARTAGENA DE INDIAS, KOLUMBIA

750. Barwne echa wielkiej literatury

Kiedy: przez cały rok
Szerokość geograficzna: 10.3910
Długość geograficzna: -75.4794

Okazała żółta kopuła katedry wznoszącej się w samym sercu starego miasta w Cartagena de Indias wydaje się wręcz bajkowo nierealnym widokiem. Wokół niej przy wąskich uliczkach tłoczą się pastelowe domy, cieniste podcienia, przytulne knajpki i barwne stragany – wszystko to sprawia wrażenie, że prawdziwe życie jest kolorowe i toczy się na zewnątrz. Niewątpliwie właśnie ta aura przyciągnęła do miasta kolumbijskiego powieściopisarza Gabriela Garcíę Márqueza – opowieści wyłaniają się tu z każdego zaułka. Istnieje jeszcze jeden ważny powód, aby odwiedzić to niezwykłe miejsce: w Cartagenie co roku odbywa się festiwal literacki ku czci noblisty.

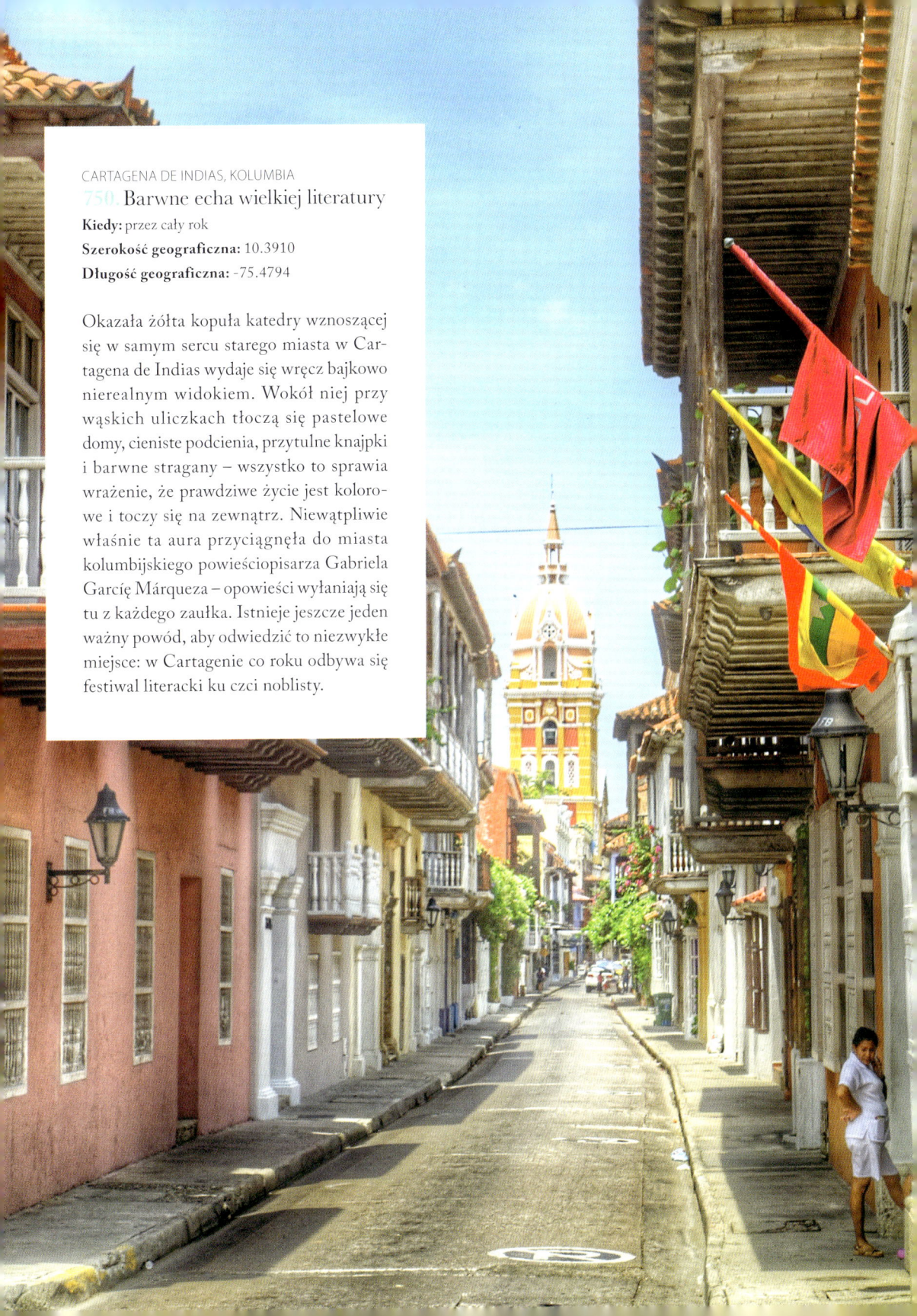

MADURAJ, TAMILNADU, INDIE
751. Magia hinduistycznej świątyni
Kiedy: od października do marca
Szerokość geograficzna: 9.9252
Długość geograficzna: 78.1198

Imponujący zespół świątynny Minakszi w 2500-letnim mieście Maduraj wprawia w zachwyt wszystkich odwiedzających. Nad horyzontem wznosi się dumnie 14 jaskrawo pomalowanych wysokich bram – gopur. Najokazalsza z nich, wysoka na blisko 60 m XVII-wieczna południowa gopura Minakszi, pokryta jest tysiącami malowanych stiukowych figur bóstw i postaci mitologicznych.

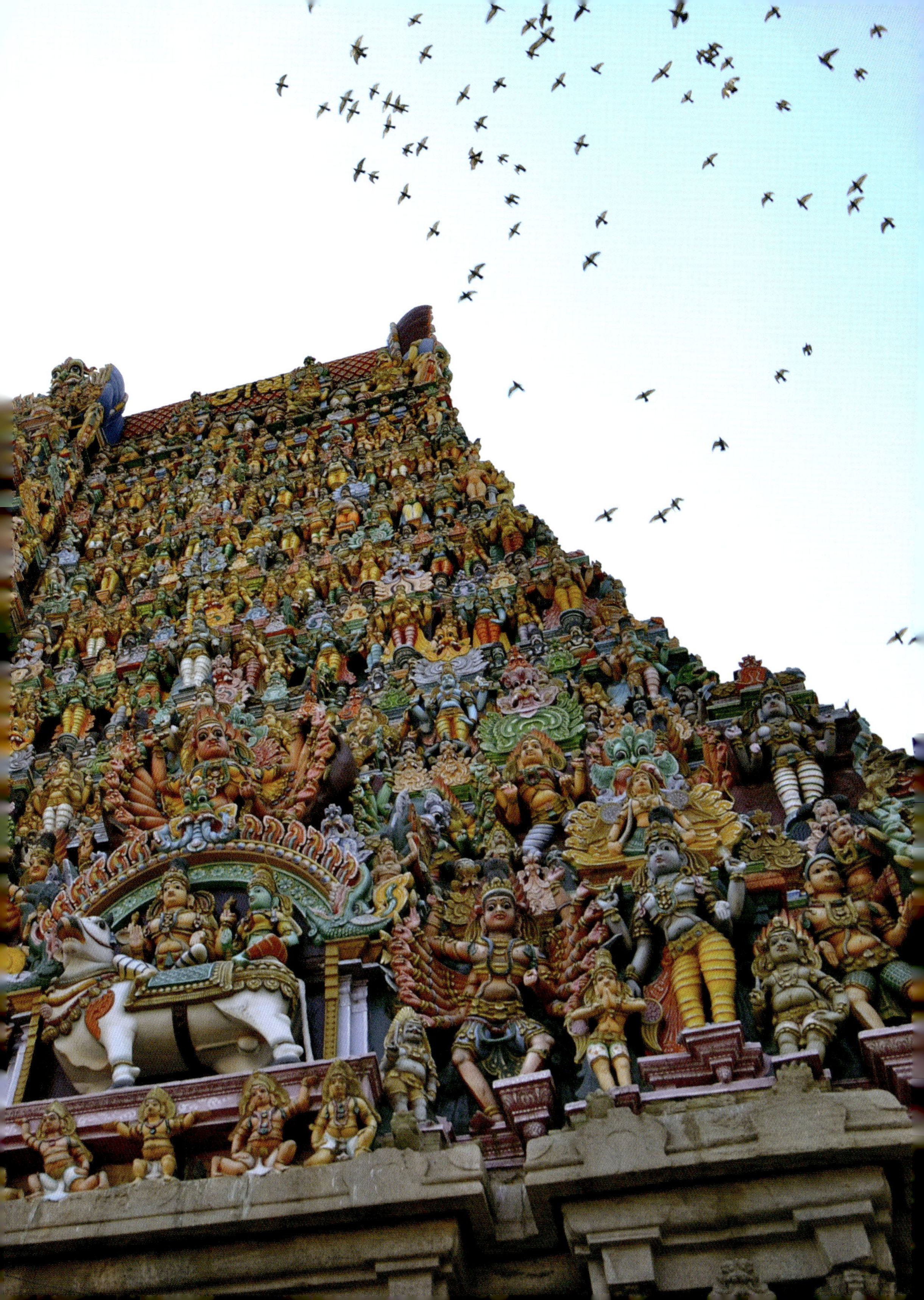

PÓŁKULA PÓŁNOCNA   od 15°N do 0° N

DELTA MEKONGU, LAOS
752. Wschód słońca nad deltą Mekongu
Kiedy: przez cały rok
Szerokość geograficzna: 10.0090
Długość geograficzna: 105.8240

Świt. Cisza. Wyruszamy w podróż łodzią po delcie Mekongu, zbiegu dróg wodnych znanym jako „Rzeka Dziewięciu Smoków" – wypływają one z gór Tybetu i jako Mekong toczą wody do Morza Południowochińskiego przez Laos, Kambodżę i Wietnam. Nim upał stanie się nieznośny, a rozgardiasz dnia zakłóci spokój, wskakujemy na długą łódź, by nacieszyć się sielskim obrazem rybaków zarzucających sieci.

WODOSPAD LA PAZ, KOSTARYKA
753. Filmowanie kolorowych żab
Kiedy: przez cały rok
Szerokość geograficzna: 10.1473
Długość geograficzna: -84.5318

Nie ma chyba bardziej charakterystycznego symbolu Kostaryki niż jej fenomenalne bogactwo żab i ropuch: nocne rzekotki czerwonookie, żaby błękitne, żaby szklane oraz toksyczne drzewołazowate (na szczęście dla człowieka nie są groźne). Najłatwiej zauważyć te płazy w „żabich ogrodach" znajdujących się na terenie całego kraju. Gdy już się tam dotrze, można nakręcić własny krótki film przyrodniczy o tych barwnych stworzeniach. Najlepiej zapisać się na wycieczkę z przewodnikiem po ostojach żab i motyli albo odwiedzić ranarium przy wodospadzie La Paz.

WULKAN POÁS, KOSTARYKA
754. W siarkowych oparach aktywnego wulkanu
Kiedy: przez cały rok (jednak najlepiej wybrać się przed południem, gdy wulkan jest spowity chmurami)
Szerokość geograficzna: 10.1978
Długość geograficzna: -84.2306

Wnętrze mierzącego 1,5 km szerokości krateru wulkanu Poás ukazuje bulgoczące ciemnoturkusowe jezioro. Od czasu do czasu można też dostrzec gejzery wybuchające wskutek ciśnienia tworzącego się wewnątrz góry. Uwaga: wycieczka jest niebezpieczna – wulkan niedawno wznowił aktywność, ostatnią erupcję odnotowano w 2017 r.

GEORGETOWN, GUJANA
755. Odwiedziny u turystycznych kopciuszków
Kiedy: przez cały rok
Szerokość geograficzna: 6.8013
Długość geograficzna: -58.1551

Gujana to państwo w Ameryce Południowej porośnięte dziewiczymi lasami tropikalnymi, oficjalnie uznane za najrzadziej odwiedzany kraj świata. Nieoficjalnie (brakuje konkretnych danych liczbowych) palmę pierwszeństwa w tej konkurencji dzierży Nauru, państwo położone na północny wschód od Australii i tak małe, że można je obejść dookoła w jeden dzień.

SRI LANKA
756. Studnia w prezencie
Kiedy: przez cały rok
Szerokość geograficzna: 7.8742
Długość geograficzna: 80.6511
(Dambulla)

Zakasać rękawy i pomóc ludziom cierpiącym na niedostatek wody – oto bez wątpienia jedna z najbardziej satysfakcjonujących form wolontariatu, jakie można sobie wyobrazić. Wiele organizacji charytatywnych pracuje na rzecz tych, którzy pozbawieni są dostępu do wody pitnej. (Czy zdajemy sobie sprawę, że w takiej sytuacji znajduje się aż 1/6 ludności ziemi?). Sri Lanka to jedno z miejsc, w których do takiej inicjatywy można dołączyć.

GWINEA RÓWNIKOWA
757. Bezruch w równikowej strefie ciszy
Kiedy: przez cały rok (zależnie od pogody)
Szerokość geograficzna: 3.7504
Długość geograficzna: 8.7371

Strefa ciszy to nie tylko stan umysłu, lecz również jak najbardziej realny teren na świecie – rozciągający się w strefie równikowej między 5°N a 5°S. Na tym obszarze wiatr zamiera nawet na całe tygodnie, co dla żeglarzy bywa naprawdę niebezpieczne. Jeżeli ktoś zdecyduje się wypłynąć na szerokie wody w tej okolicy, powinien zrobić to łodzią, której silnik zabierze go z powrotem na ląd.

YAP, MIKRONEZJA
758. W towarzystwie diabłów morskich
Kiedy: przez cały rok
Szerokość geograficzna: 9.5557
Długość geograficzna: 138.1399

Rozpiętość płetw diabłów morskich żyjących w Yap w Mikronezji sięga nawet 6 m – są one ogromne jak słonie. Mimo gigantycznych rozmiarów ryby te zachwycają wdziękiem, a ujrzenie ich z bliska podczas pływania lub nurkowania to niezapomniane przeżycie.

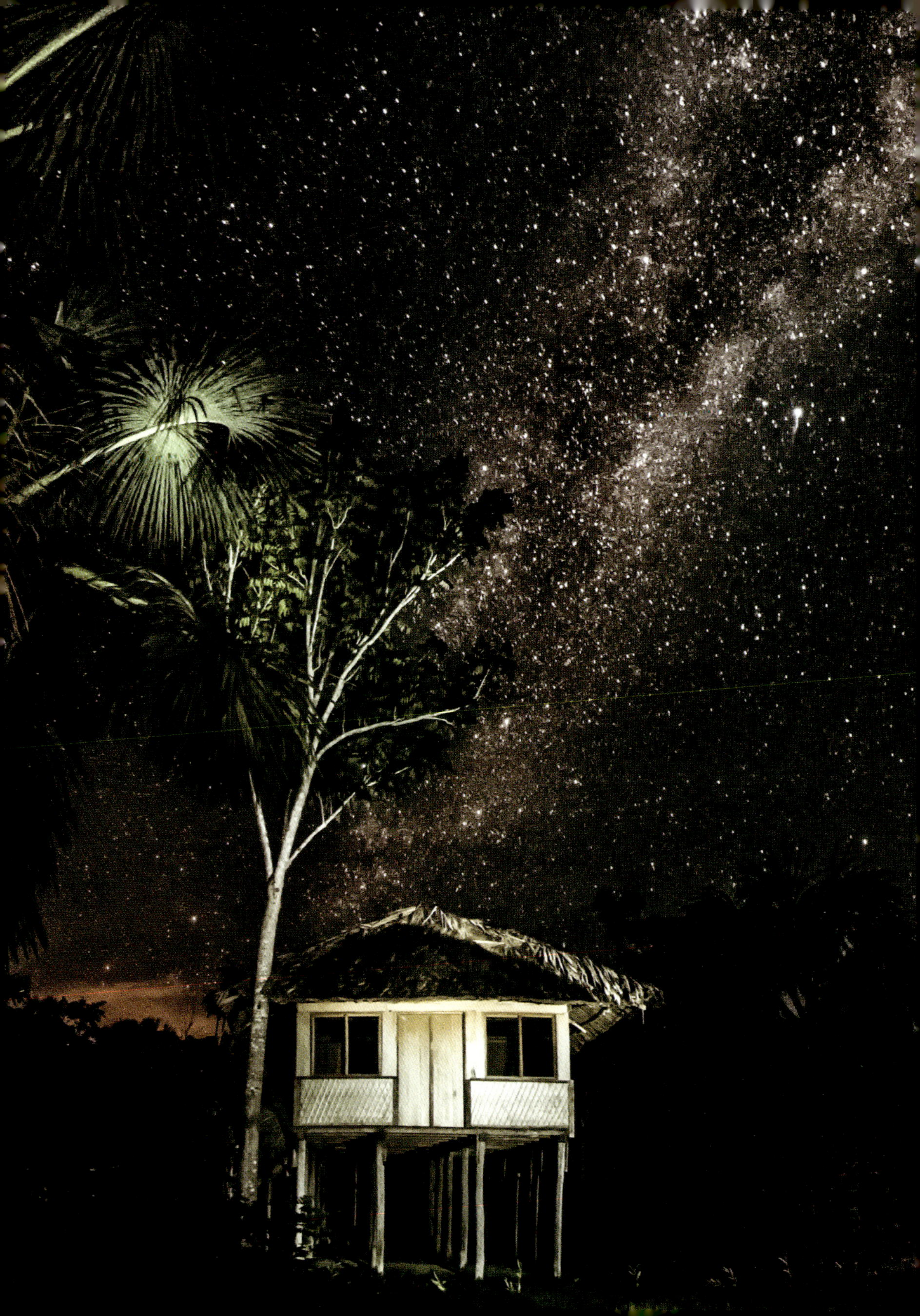

PÓŁKULA PÓŁNOCNA od 15°N do 0° N

DELTA ORINOKO, WENEZUELA
759. Złapać oddech i cieszyć się życiem
Kiedy: przez cały rok (mech jest najobfitszy w porze deszczowej, od maja do czerwca)
Szerokość geograficzna: 9.5500
Długość geograficzna: -62.7000

W szerokiej, wachlarzowatej delcie rzeki Orinoko, od przeszło 8500 lat żyje lud Warao. Domy tych Indian stoją na palach na skraju dróg wodnych, wystawione na działanie żywiołów, a pokryte jedynie strzechą. Nazwa plemienia oznacza „ludzi łódki" i łatwo zobaczyć, skąd wzięło się to określenie – Warao spędzają mnóstwo czasu w łodziach, łowiąc w odnogach delty, jak również wybierając się na polowanie do lasu.

Podczas podróży do tego miejsca warto się zatrzymać w budynkach podobnych do tradycyjnych domostw i spędzać czas, wędrując po dżungli lub pływając łódką po rzece. Tubylcy prowadzą spokojne życie, co daje fantastyczną okazję do obcowania z przyrodą: można tu się natknąć na ogromne wydry, różowe delfiny rzeczne, kajmany okularowe i żółwie rzeczne. Na lądzie z kolei spotkamy leniwce, małpy kapucynki oraz niezliczone barwne bogactwo wszelkiego ptactwa, a także wyjce – te z pewnością będzie przede wszystkim słychać!

Ogromna obfitość przyrody zachęca do dłuższego pobytu w delcie Orinoko. Spokój i sielskość tego miejsca szybko budzą w człowieku pragnienie, by właśnie w takim tempie żyć już zawsze. Być może ze zdziwieniem zauważysz, jak szybko przyzwyczaiłeś się nawet do wrzasku wyjców.

Życie płynie beztrosko w delcie Orinoko, Wenezuela.

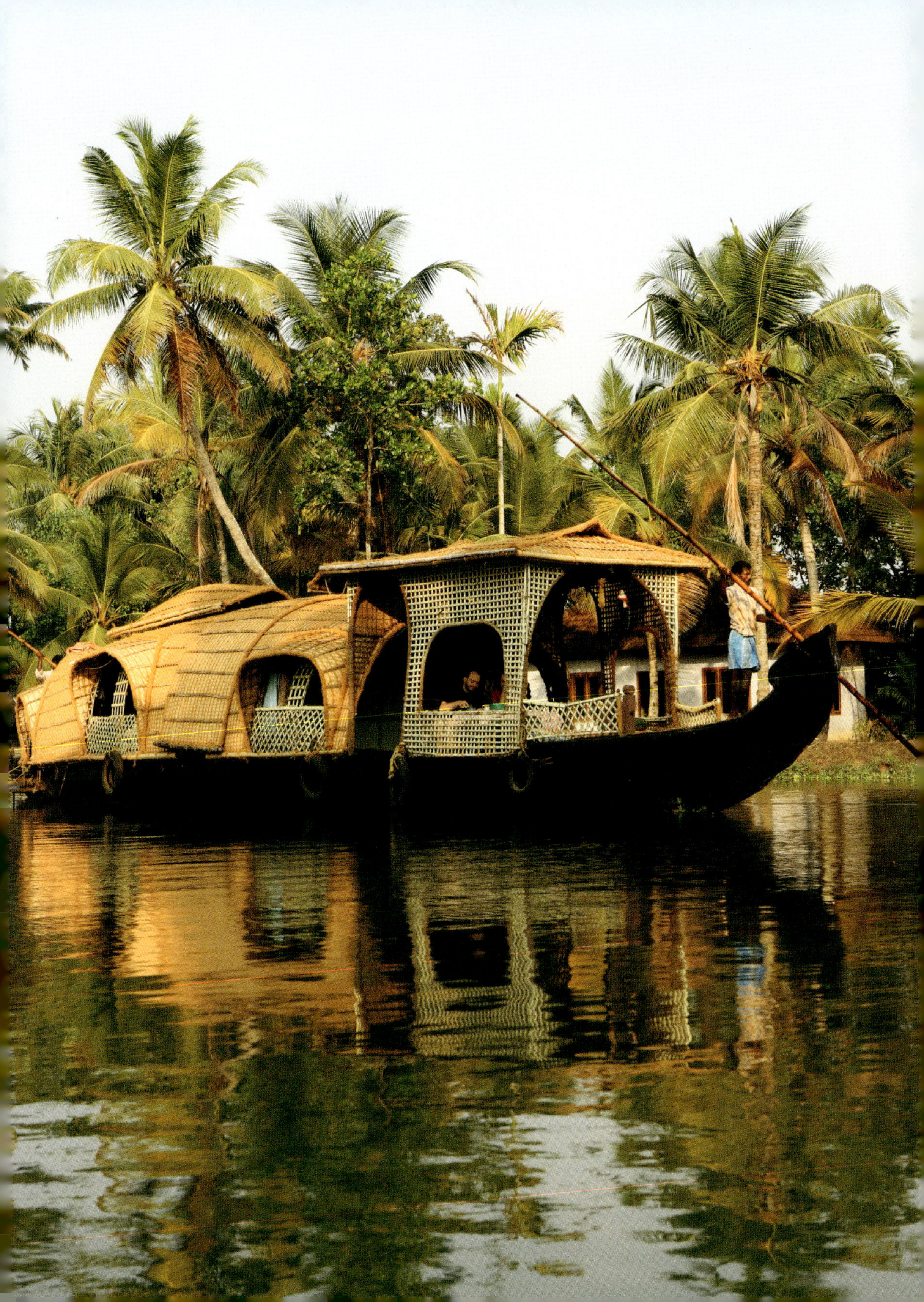

PÓŁKULA PÓŁNOCNA   od 15°N do 0° N

◀ ALAPPUZHA, KERALA, INDIE
760. Błogie lenistwo na rozlewisku
Kiedy: od września do marca
Szerokość geograficzna: 9.4900
Długość geograficzna: 76.3300

Indyjska Alappuzha, znana również jako Alleppey i zwana „Wenecją Wschodu", to sieć przecinających się kanałów prowadzących do rozlewiska w przepięknej prowincji Kerali. By poznać to skupisko dziewiczych jezior i lagun, najlepiej wybrać się w rejs tradycyjną barką mieszkalną. Warto poświęcić kilka dni i nocy, aby w pełni doświadczyć tego stylu i tempa życia i dogłębnie zanurzyć się w rzeczywistości śródlądowych dróg wodnych. Zaskakujące, ile się tu dzieje. Życie wioski toczy się między brzegami rzeki: ludzie kąpią się, piorą ubrania, myją naczynia.

Ponadto otwiera się przed nami niewiarygodne bogactwo natury! Mieszkają tu kraby, żaby, żółwie, wydry, zimorodki i kormorany, a fascynująca obfitość flory nadaje krajobrazowi głęboką, soczyście zieloną barwę. Rejs po tym rozlewisku pozwala doświadczyć spokoju i piękna na niespotykaną skalę.

MORSKI PARK NARODOWY KO SURIN, TAJLANDIA
761. Rzut oka na życie Mokenów, nim stanie się pieśnią przeszłości
Kiedy: od listopada do kwietnia
Szerokość geograficzna: 9.4344
Długość geograficzna: 97.8681

Koczowniczy lud Mokenów, jedno z najszybciej kurczących się plemion morskich cyganów, rozproszony jest po archipelagu Mergui u wybrzeży Tajlandii i Mjanmy. Niestety, ludzie ci z trudnością wiążą koniec z końcem. Przez większą część roku mieszkają na łodziach, a ich dzieci są świetnymi pływakami na długo przed tym, zanim nauczą się chodzić, i widzą pod wodą tak dobrze jak delfiny. To niezwykłe plemię, żywiące się tylko tym, co złowi i znajdzie, zamieszkuje wioski wzniesione na palach w Morskim Parku Narodowym Ko Surin. Wizyty turystów odwiedzających to miejsce pomagają wspierać słabo rozwiniętą lokalną gospodarkę.

ARCHIPELAG SOKOTRA, JEMEN
762. Wyprawa po smoczą krew
Kiedy: od lutego do kwietnia
Szerokość geograficzna: 12.4634
Długość geograficzna: 53.8237

Nieziemskie, wyglądające jak olbrzymie grzyby drzewa smoczej krwi (*Dracaena cinnabari*) rosną wyłącznie tutaj, na wyspach położonych około 350 km od wybrzeży Jemenu. Skąd taka nazwa? Ano stąd, że kiedy się je ścina, wypływa z nich ciemnoczerwona żywica, smocza krew, tradycyjnie wykorzystywana w medycynie.

PHANGAN, TAJLANDIA
763. Impreza przy pełni księżyca na Ko Phangan
Kiedy: o pełni księżyca
Szerokość geograficzna: 9.7318
Długość geograficzna: 100.0135

Imprezy przy pełni księżyca stały się czymś w rodzaju tajskiego hippisowskiego stereotypu, jednak nie bez powodu cieszą się ogromną popularnością. Całonocna balanga na plaży Hat Rin na wyspie Phangan wciąż jest na pół duchową imprezą, z którą niewiele innych może się równać. Warto przy okazji zwiedzić resztę zachwycająco spokojnej wyspy.

GÓRA MAYON, FILIPINY
764. Wspinaczka na dymiący stożek
Kiedy: od lutego do kwietnia
Szerokość geograficzna: 13.2544
Długość geograficzna: 123.6850

Pod względem estetycznym żaden inny wulkan nie ma szans z górą Mayon, będącą najbardziej idealnym stożkiem na świecie. Góra zachwyca wdziękiem, ale jest niebezpieczna – to najaktywniejszy wulkan na Filipinach. Trud wędrówki przez las, wśród głazów i dalej przez łąki zostanie sowicie wynagrodzony widokami ze szczytu.

Błogie lenistwo na indyjskim rozlewisku, Kerala

PÓŁKULA PÓŁNOCNA   od 15°N do 0° N

▼ THENMALA, KERALA, INDIE
765. Safari w motylim raju
Kiedy: przez cały rok
Szerokość geograficzna: 8.9500
Długość geograficzna: 77.0667

Dla ponad 100 gatunków motyli – włączając w to wiele rzadko spotykanych – 3,5 ha Motylego Parku Safari w indyjskim stanie Kerala jest pełnym tropikalnych roślin domem. Wycieczkę należy zaplanować bardzo precyzyjnie: niektóre gatunki w postaci dorosłej żyją zaledwie cztery dni.

KERALA, INDIE
766. Nauka gotowania w stylu keralskim
Kiedy: od listopada do marca
Szerokość geograficzna: 9.9257
Długość geograficzna: 76.6717

Usytuowany na bujnym, soczyście zielonym wzgórzu keralskiej wioski Ogród Przypraw Pimenta jest idealnym miejscem na przyrządzanie południowoindyjskiego jedzenia. Właściciel Jacob najpierw zabierze podróżników na zakupy, a gdy wrócą z potrzebnymi przyprawami, nauczy ich, jak komponować aromatyczne potrawy, delikatnie przyprawione na indyjską modłę.

KERALA, INDIE
767. Barwny spektakl kathakali
Kiedy: przez cały rok
Szerokość geograficzna: 10.8505
Długość geograficzna: 76.2711

Przy rytmicznej muzyce przed naszymi oczami rozgrywa się odwieczna walka dobra ze złem. W niepowtarzalnym teatrze kathakali niezwykle efektowne, barwne nakrycia głowy oraz stroje z XVII-wiecznej Kerali wprawią w niemy zachwyt każdego fotografa.

Rusałka *Tirumala limniace* w Kerali, Indie

ZATOKA PHANG NGA, TAJLANDIA
768. Kajakiem wśród zachwycających skał
Kiedy: przez cały rok
Szerokość geograficzna: 8.4481
Długość geograficzna: 98.5116

„Wyspa Jamesa Bonda", przemykanie między lagunami i uformowanymi przez wapienie jaskiniami, obserwowanie orłów… Wyprawa kajakiem po zatoce Phang Nga jest rewelacyjnym pomysłem na jednodniową wycieczkę. To również wyśmienita okazja dla tych, którzy dopiero zaczynają swoją przygodę z kajakami na morzu.

OD KANHANGADU DO PLAŻY POOMPUHAR, INDIE
769. Wędrówka po subkontynencie indyjskim
Kiedy: od grudnia do lutego
Szerokość geograficzna: 12.3094 **Długość geograficzna:** 75.0961

Indie od tysięcy lat przyciągały duchowych pielgrzymów i poszukiwaczy przygód. Czy istnieje lepszy sposób na to, aby doświadczyć ducha tego niezwykłego subkontynentu, niż porzuciwszy utarte szlaki, udać się na pieszą wędrówkę od Morza Arabskiego do Zatoki Bengalskiej? Popularna trasa wiedzie wzdłuż świętej rzeki Kaweri, która płynie na południowy wschód od źródeł do morza. Mający początek na zachodnim wybrzeżu Kanhangadu szlak o długości 805 km rozpoczyna się wspinaczką po Ghatach Zachodnich – to właśnie tutaj, w Bhagamandali, bije źródło Kaweri. Dalej rzeka znika pod ziemią, a pojawia się u podnóża góry, skąd płynie do Zatoki Bengalskiej.

Do najciekawszych punktów na tej trasie należą tama Krishna Raja Sagara, wymyślne świątynie w Somanathapurze, imponujące wodospady Shivasamudram i tajemnicze Hogenakkal. Następnie mija się kręte przesmyki, wioski zachwycające bujną, soczystą zielenią i osnute mgłą góry. W końcu można dotrzeć do Srirangam, wyspy na rzece Kaweri, na której znajduje się imponujący Sri Ranganathaswamy, największy kompleks sakralny w Indiach.

Następnie szlak zmierza w stronę Zatoki Bengalskiej i pięknej plaży Poompuhar, u brzegów której Kaweri kończy swój bieg – a wędrowiec swoją wyprawę.

PÓŁKULA PÓŁNOCNA od 15°N do 0° N

SIGIRIJA, SRI LANKA
770. Wspinaczka do pałacu na skale
Kiedy: przez cały rok
Szerokość geograficzna: 7.9563
Długość geograficzna: 80.7601

Sigirija (w języku syngaleskim „Lwia Skała") to ogromna (200 m wysokości) samotna skała górująca nad okolicznymi wioskami. Na jej płaskim szczycie znajdują się pozostałości pałacu królewskiego oraz rozległe, liczące ponad 1600 lat ogrody.

Do pałacu z różnych stron prowadzą liczne schody. Pierwsze zaczynają się u podnóża i zmierzają ku Lustrzanej Ścianie – wysokiej na 3 m i długiej na ponad 180 – zbudowanej z kamienia i otynkowanej. Ściana, dziś pokryta napisami zostawionymi przez dawnych turystów (niektóre pochodzą aż z VIII w.), niegdyś była idealnie wypolerowana, aby mógł się w niej przeglądać król w drodze do fresków. Niektóre z nich są widoczne do dzisiaj – dzięki temu, że znajdują się w zacienionych miejscach, wciąż można podziwiać ich żywe kolory i niesamowitą precyzję, z jaką zostały wykonane.

Droga na samą górę wiedzie schodami, które kiedyś prowadziły do kamiennej paszczy lwa. Do dziś zachowały się jednak tylko wyciosane łapy. Tędy król ze swoją świtą przechodził do zespołu pałacowego, na który składały się liczne budynki otoczone bujną roślinnością ogrodów.

Piękno, które niegdyś przyciągnęło tu mieszkańców, także dziś intryguje rzesze turystów. Jednakże odwiedzający przybywają tu również z czystego podziwu dla kunsztu budowniczych, którzy na szczycie skały wznieśli tak imponujące pałace.

Sigirija – pradawny pałac na wysokiej skale, Sri Lanka

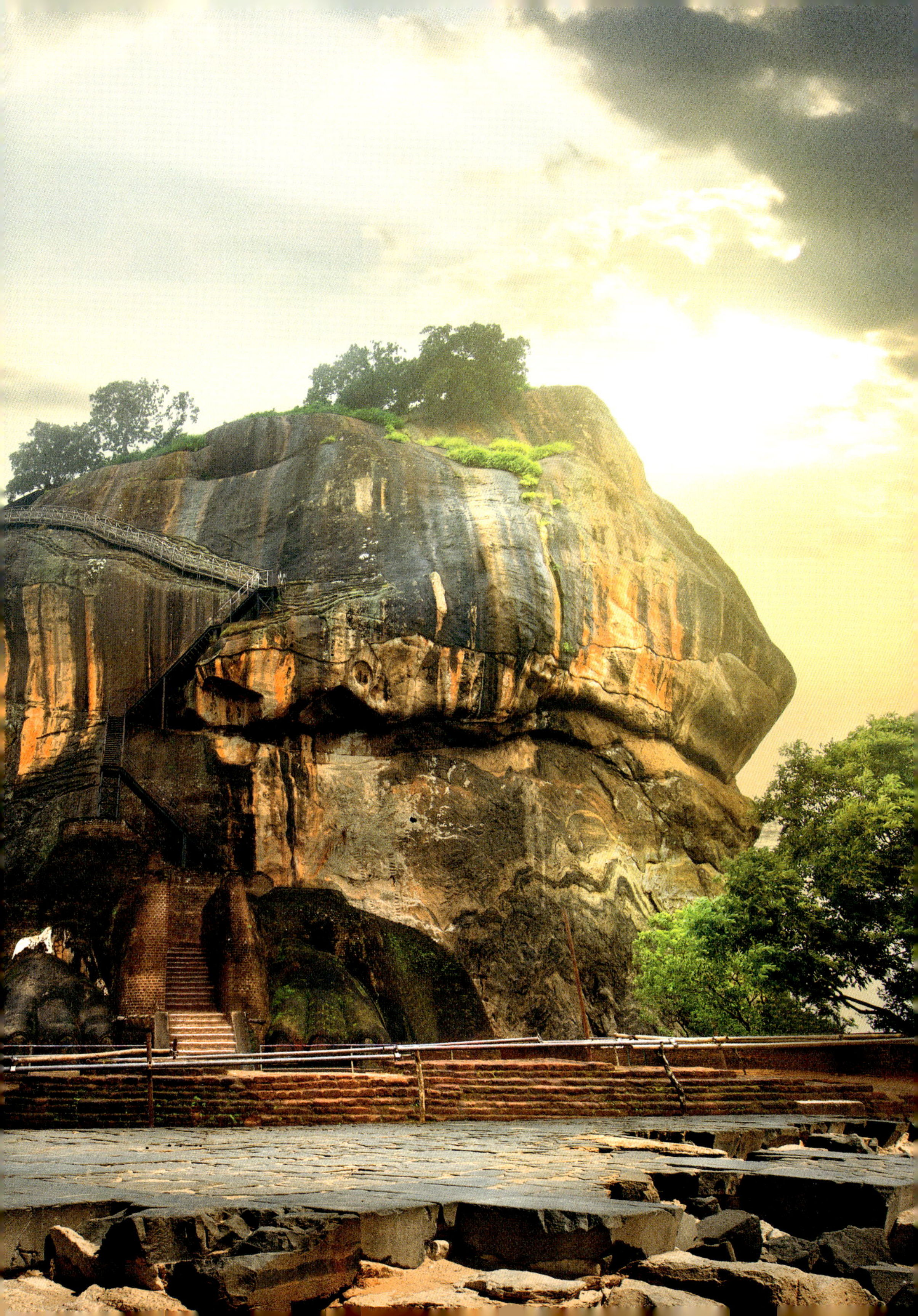

PÓŁKULA PÓŁNOCNA   od 15°N do 0° N

Wegetariański festiwal Takua Pa na wyspie Phuket, Tajlandia

▲ PHUKET, TAJLANDIA
771. Inspirująca kuchnia wegetariańska
Kiedy: w październiku
Szerokość geograficzna: 7.8804
Długość geograficzna: 98.3922

Zważywszy na to, że gwałtowny wzrost liczby ludności na świecie staje się faktem, a hodowla pochłania o wiele więcej zasobów niż uprawa roli, w przyszłości wegetarianizm może być już nie tylko jedną z opcji do wyboru. Jeśli ktoś chciałby zrezygnować z mięsa choć na kilka dni, na wspaniałym wegetariańskim festiwalu Phuket znajdzie wiele inspirujących pomysłów.

WYSPA PHI PHI LEH, TAJLANDIA
772. Jak na filmowej *Niebiańskiej plaży*
Kiedy: przez cały rok
Szerokość geograficzna: 7.7461
Długość geograficzna: 98.7784

Wszyscy, którzy oglądali *Niebiańską plażę* z Leonardo DiCaprio w roli głównej, wiedzą, że nawet w raju nie zawsze wszystko układa się niebiańsko. Mimo to dla takiego piasku i gęstej, bujnej dżungli warto urządzić sobie wycieczkę na wyspę Phi Phi Leh, na której kręcono ten film.

SRI LANKA
773. Rejs wśród chmur
Kiedy: od stycznia do kwietnia
Szerokość geograficzna: 7.4675
Długość geograficzna: 80.6234
(Matale)

W jeździe wśród chmur w otoczeniu egzotycznej flory i fauny po spowitym mgiełką tajemnicy płaskowyżu Sri Lanki jest coś magicznego. W tym lesie, sprawiającym wrażenie czegoś zupełnie nie z tego świata, można się natknąć m.in. na lutungi białobrode, słonie i lamparty – a to wszystko na wysokości aż 2500 m!

PÓŁKULA PÓŁNOCNA   od 15°N do 0° N

KANDY, SRI LANKA
774. W poszukiwaniu zęba Buddy
Kiedy: 10 dni, zaczynając pod koniec sierpniowej pełni księżyca
Szerokość geograficzna: 7.2905   **Długość geograficzna:** 80.6337

Życie doprawdy bywa niezwykle barwne: w Kandy na Sri Lance setki ludzi tłoczą się, by ujrzeć złotą skrzynkę na grzbiecie bogato przystrojonego słonia – skrzynkę, która być może zawiera prawdziwy ząb Buddy.

Pielgrzymki do Esala Perahera w Kandy są z pewnością wyjątkowe. Według legendy święty nauczyciel został skremowany w V w. p.n.e., ale jedna z jego czcicielek wykradła ząb, który następnie przeszmuglowała do Sri Lanki. Ówczesny król Megavanna wystawiał relikwię na pokaz i tak narodziła się tradycja, która trwa do dzisiaj.

Podczas uroczystości wykorzystuje się replikę, którą kapłan przyodziany w uroczysty jedwabny strój pokazuje wiernym właśnie w postaci złotej skrzynki umieszczonej na grzbiecie słonia. Do marszu dołącza szykownie przystrojona gromada wiernych. Widowisko wywołuje niezwykłe wrażenie: gorliwość pielgrzymujących grup, chorążowie z flagami, żonglerzy z ognistymi przedmiotami i mistrzowie głośno strzelających biczów – wszystko to sprawia, że przemarsz jest niezwykle barwny i hałaśliwy.

Nad ranem przewodniczący modłów zanurza miecz w wodach Mahaveli Ganga jako symbol zakończenia uroczystości, a ku czci Buddy sadzi się drzewa.

„WYSPA MAŁP", MALEZJA
775. Nauka przetrwania na bezludnej wyspie
Kiedy: od marca do października
Szerokość geograficzna: 6.2941   **Długość geograficzna:** 99.7113

Jeśli kiedykolwiek myślałeś o tym, żeby tak po prostu uciec na trochę od zwykłej, szarej codzienności, stać się choć na chwilę Robinsonem Crusoe, teraz to marzenie może się ziścić. Za niewielkim pasem wody u wybrzeży Malezji znajduje się wysepka idealnie pasująca do wyobrażenia o bezludnej wyspie. Między usianym kurortami Langkawi a prywatną wyspą Rebak Besar ta niewielka wysepka, złożona tylko z piasku i drzew, pozostała bezimienna, nieokiełznana i niezamieszkana – z wyjątkiem małp, od których wzięła swój przydomek: „Wyspa Małp".

Niełatwo się tam dostać, jednak na Langkawi z pewnością znajdziemy kogoś, kto chętnie nam pomoże i w pogodny dzień podrzuci nas łodzią na to nęcące spokojem i pustką wybrzeże.

W tym raju rozbitka z wyboru jedynym dziełem rąk ludzkich jest drewniana skrzynia znajdująca się na obrzeżach wyspy. Można w niej schować swoje rzeczy, aby nie dobrały się do nich małpy. Mając problem rabusiów z głowy, warto się skupić na szlifowaniu umiejętności przetrwania: za pomocą liny lub liści palmowych spróbuj zbudować szałas, a jeśli weźmiesz ze sobą odpowiedni ekwipunek, będziesz mógł się przekonać, czy jesteś w stanie przyrządzić sobie na obiad rybę pieczoną na żarze. W końcu nie ma większej satysfakcji niż owoc – lub ryba – pracy rąk własnych.

Największą korzyścią płynącą z tego odosobnienia są cisza i spokój. To idealne miejsce na powrót do natury; szansa na oczyszczenie umysłu z codziennych zmartwień i nabranie sił przed dalszą wyprawą.

PÓŁKULA PÓŁNOCNA   od 15°N do 0° N

WENEZUELA
776. Kapibary na wolności i na talerzu
Kiedy: przez cały rok
Szerokość geograficzna: 7.8817
Długość geograficzna: -67.4687
(San Fernando de Apure)

Kapibary, największe gryzonie na świecie, większość czasu spędzają, wylegując się w błocie i drzemiąc. Gdy nie śpią, zazwyczaj żerują. Będąc w Wenezueli, można skosztować potrawki z tych zwierząt – uważane są one za miejscowy przysmak.

KOLUMBIA
777. „Rzeka Pięciu Kolorów"
Kiedy: od września do listopada
Szerokość geograficzna: 2.1817
Długość geograficzna: -73.7865

Co roku przez kilka miesięcy między porą deszczową a suchą roślinność na dnie rzeki Caño Cristales w Serrania de la Macarena przybiera intensywnie czerwony odcień. Żółty piasek, zieleń wodorostów oraz błękit wody mieszają się, tworząc „Rzekę Pięciu Kolorów".

SAN GIL, KOLUMBIA
778. Jazda w dół wodospadu
Kiedy: przez cały rok
Szerokość geograficzna: 6.3797
Długość geograficzna: -73.1668

W chwili, w której przekroczysz krawędź wodospadu Juan Curi z pasem bezpieczeństwa na biodrach i liną w ręku, nie będzie już odwrotu. Przez 70 m, dopóki stopy znów nie zetkną się z lądem, będziesz się opuszczał na linie, chlastany biczami wodnymi.

▶ SALTO ANGEL, WENEZUELA
779. Wyprawa do najwyższego wodospadu świata
Kiedy: przez cały rok
Szerokość geograficzna: 5.9675
Długość geograficzna: -62.5356

Głęboko w sercu wenezuelskiego lasu równikowego znajduje się najwyższy na świecie wodospad: Salto Angel. Nie jest łatwo się do niego dostać – najpierw trzeba dolecieć awionetką do Parku Narodowego Canaima, następnie popłynąć łodzią w górę rzeki, a w końcu pieszo pokonać ostatni odcinek, prowadzący już bezpośrednio do olbrzymiej kaskady. Na miejscu trzeba zadrzeć głowę wysoko, wysoko do góry – wysokość wodospadu od rzeki Churun do samej krawędzi wynosi aż 979 m. Salto Angel robi gigantyczne wrażenie, huk wody jest ogłuszający, a pływanie w jednym z kotłów eworsyjnych u podnóża wodospadu to ogromna frajda.

Najwyższy wodospad na świecie: Salto Angel w Wenezueli

PÓŁKULA PÓŁNOCNA   od 15°N do 0° N

ZATOKA LIMÓN, PANAMA
780. Majersztyk inżynierii wodnej
Kiedy: przez cały rok
Szerokość geograficzna: 9.3459
Długość geograficzna: -79.9305

Zbudowany na początku XX w. długi na 80 km Kanał Panamski, tworzący skrót dla statków kursujących m.in. między Nowym Jorkiem a Kalifornią, jest prawdziwym arcydziełem sztuki inżynieryjnej. Podczas rejsu po tym kanale można podziwiać genialny system trzech śluz Gatuńskich, które podnoszą statki na poziom 26 m lub obniżają je, umożliwiając przepłynięcie przez sztuczne jezioro Gatún.

WYSPA GIBRALEÓN, PANAMA
781. Mieszkać jak niedźwiedź w Panamie
Kiedy: przez cały rok (na najlepszą zabawę można liczyć wiosną lub latem)
Szerokość geograficzna: 8.5156
Długość geograficzna: -79.0462

Ciekawym pomysłem na spędzenie czasu na świeżym powietrzu jest zbudowanie przytulnego, odpornego na warunki atmosferyczne legowiska – takiego jak w brytyjskim serialu *Przetrwać na wyspie z Bearem Gryllsem*. Jednak najpierw zapewne lepiej poćwiczyć w ogrodzie lub gdzieś za miastem niż na niezamieszkanej wyspie Gibraleón.

VOLCÁN BARÚ, PANAMA
782. Widok na dwa oceany
Kiedy: przez cały rok (w zależności od pogody)
Szerokość geograficzna: 8.8088
Długość geograficzna: -82.5423

Uśpiony wulkan Barú, najwyższy punkt na mapie w Panamie, oferuje turystom jedno z najbardziej niezwykłych doświadczeń na świecie. W pogodny dzień można z jego szczytu zobaczyć Pacyfik z jednej i Atlantyk z drugiej strony.

GUATAPÉ, KOLUMBIA
783. Wspinaczka po arcydługich skalnych schodach
Kiedy: przez cały rok
Szerokość geograficzna: 6.2311
Długość geograficzna: -75.1535

Między miastami Guatapé i El Peñol w Kolumbii na rozległej nizinie wnosi się wysoka na 220 m skała – La Piedra del Peñol, na której szczyt prowadzą ciekawie skonstruowane schody z 659 stopniami. Z góry rozpościera się fenomenalny widok na całą okolicę.

PRZESMYK DARIÉN, MIĘDZY PANAMĄ A KOLUMBIĄ
784. Spacer z jednego kontynentu na drugi
Kiedy: w porze suchej – od grudnia do kwietnia
Szerokość geograficzna: 7.9000
Długość geograficzna: -77.4600

Przesmyk Darién, łączący Panamę z Kolumbią i Amerykę Północną z Południową, można przejść pieszo, choć nie jest to propozycja dla osób bojaźliwych. To spacer przez dżunglę, mokradła i góry wśród węży, skorpionów, krokodyli… nie wspominając o wyjętych spod prawa ludziach, którym na tej bezpańskiej ziemi nie grożą żadne konsekwencje. Tak to wygląda – istnieje ryzyko natknięcia się na każdą przeszkodę, jaką można sobie wyobrazić. Dlatego w trosce o własne bezpieczeństwo najlepiej zatrudnić lokalnego przewodnika i przygotować się na trzy dni wymagającej przeprawy. Trud zostanie nam sowicie wynagrodzony!

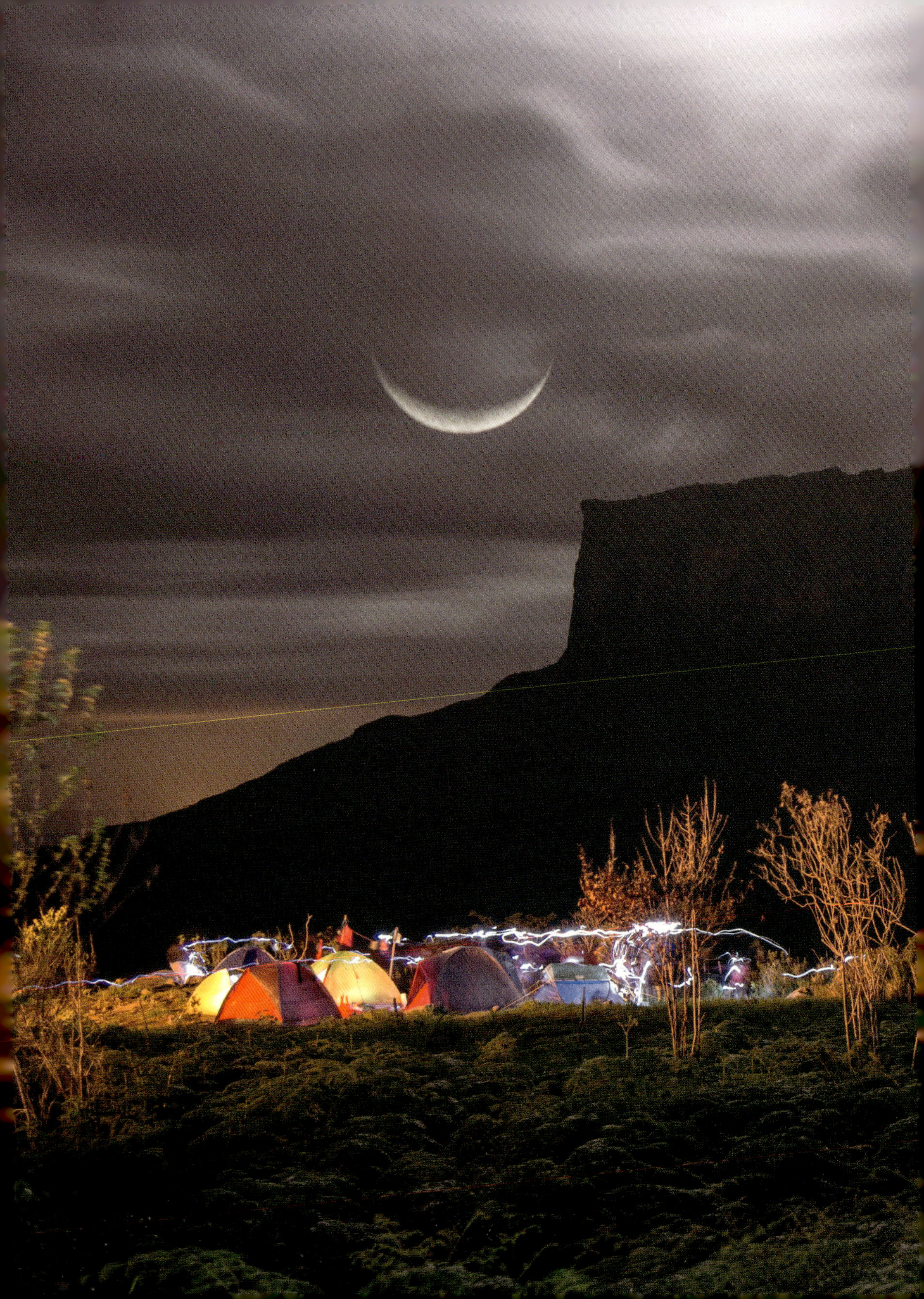

GRAN SABANA, WENEZUELA

785. Wędrówka górska po jednych
z najstarszych skał świata

Kiedy: przez cały rok
Szerokość geograficzna: 5.1517
Długość geograficzna: -60.7571

Górująca na wysokości 2810 m n.p.m. i rozciągająca się na 8 km szerokości góra Roraima jest najwyższym szczytem w Gran Sabanie. Na tym rozległym obszarze znajdują się jedne z najstarszych geologicznych formacji skalnych świata, jak również najwyższy wodospad na świecie: Salto Angel.

Wspinaczka na tę prastarą górę jest zdecydowanie najważniejszym punktem podróży do tego regionu. Nieustraszeni wędrowcy są w stanie zdobyć szczyt w pięć dni, nocując po drodze w namiotach. Wędrówka jest niesamowitym doświadczeniem w dużej mierze dzięki wyjątkowej rzeźbie terenu oraz unikatowej faunie. Można się tu natknąć na gatunki, które nie występują nigdzie indziej poza wilgotnym mglistym płaskowyżem Roraimy. Należą do nich m.in. endemiczne ropuchy *Oreophrynella nigra*, kolibry, rosiczki i inne mięsożerne rośliny, na szczęście żywiące się owadami, a nie łydkami wędrowców.

Wodna wioska Kampong Ayer w Bandar Seri Begawan, Brunei

▲ BANDAR SERI BEGAWAN, BRUNEI
786. Wizyta w wodnej wiosce
Kiedy: przez cały rok
Szerokość geograficzna: 4.8827
Długość geograficzna: 114.9443
(Bandar Seri Begawan)

Kampong Ayer („Wodna Wioska") to na pierwszy rzut oka kolejna osada pełna chat – te jednak wzniesione są całkowicie na palach i połączone szeregiem nadwodnych ścieżek. Tu, w sercu stolicy Brunei, Bandar Seri Begawan, mieszka 40 000 osób. Można nawet złapać wodną taksówkę, aby odbyć szybką przejażdżkę po wiosce.

MALEDIWY
787. Kolacja na dnie morza
Kiedy: przez cały rok
Szerokość geograficzna: 3.6175
Długość geograficzna: 72.7232
(restauracja Ithaa)

Ithaa na Malediwach jest pierwszą na świecie całkowicie oszkloną podwodną restauracją. Można cieszyć się w niej wyrafinowanym jedzeniem, obserwując jednocześnie cuda podwodnego życia – przepływające ławice ryb, rekiny oraz przepiękne koralowce. A wszystko to aż 5 m pod powierzchnią wody.

MALEDIWY
788. Wyspiarskie luksusy w domu na palach
Kiedy: od grudnia do kwietnia; od maja do listopada to najlepszy czas na nurkowanie
Szerokość geograficzna: 4.1755
Długość geograficzna: 73.5093
(stolica Male)

Zatrzymując się w chacie zbudowanej na palach w raju na Oceanie Indyjskim, można się poczuć niczym prawdziwa gwiazda. Domy te wyposażono we wszystko, co trzeba: taras, baseny, hamaki. Około 1190 wysepek tworzących idylliczne Malediwy ma do zaoferowania turystom krystalicznie czystą, ciepłą wodę oraz cudowne piaszczyste plaże.

PÓŁKULA PÓŁNOCNA od 15°N do 0° N

CHESOWANJA, KENIA
789. Prehistoryczna sztuka wzniecania ognia
Kiedy: przez cały rok
Szerokość geograficzna: 0.6321
Długość geograficzna: 36.0567

Nasi przodkowie nauczyli się wzniecać ogień prawdopodobnie półtora miliona lat temu w Kenii. Ilu z nas jednak może się pochwalić umiejętnością rozpalenia ognia wyłącznie za pomocą pocieranych patyków? Chesowanja zachęca, aby dać ujście drzemiącej w nas pierwotnej naturze i nauczyć się prastarych metod przetrwania.

JEZIORO BARINGO, KENIA
790. Raj dla obserwatorów ptaków
Kiedy: od października do kwietnia
Szerokość geograficzna: 0.6321
Długość geograficzna: 36.0567

Jezioro Baringo jest domem dla wielu hipopotamów i krokodyli, choć to przede wszystkim miłośnicy ptaków przybywają tu z całego świata, przyciągnięci niewiarygodnym bogactwem i liczbą występujących tu pierzastych przyjaciół. Każdy powinien sprawdzić, ile z 450 gatunków odnotowanych tu ptaków uda mu się dostrzec w tym prawdziwym ornitologicznym raju.

▼ JEZIORO TURKANA, KENIA
791. Nurkowanie z miejscowymi w jeziorze Turkana
Kiedy: przez cały rok
Szerokość geograficzna: 3.5833
Długość geograficzna: 36.1167

Niezwykły „marsjański" krajobraz jeziora Turkana sprawia wrażenie nie z tego świata. W okolicy znaleziono najstarsze ludzkie szczątki na ziemi. Do dziś mieszka w tych rejonach również kilka rzadkich plemion kenijskich. Podróżnik zaś, zmęczony upałem, może się ochłodzić, pływając w wodach tego przepięknego jeziora.

Flamingi nad jeziorem Turkana, Kenia

PÓŁKULA PÓŁNOCNA od 15°N do 0° N

JASKINIE BATU, MALEZJA
792. Modlitwa w najświętszych jaskiniach
Kiedy: przez cały rok
Szerokość geograficzna: 3.2365
Długość geograficzna: 101.6816

Miejsce totalnie zapierające dech w piersiach z wielu powodów. Na początek – oszałamia sama skala i wręcz oślepiający blask wysokiego na 42,7 m jasnozłotego posągu Murugana. Im głębiej, tym powodów do zachwytu jest więcej: po robiącym wrażenie wejściu i 272 schodach, które prowadzą do wnętrza jaskiń, oczom wędrowców ukazują się hinduistyczne rzeźby, malowidła, bogato zdobione kapliczki oraz stalagmity i stalaktyty. Ponadto w jaskiniach znajdują schronienie makaki, ogromne pająki i nietoperze.

Jako najbardziej popularna hinduistyczna świątynia poza granicami Indii, sanktuarium to przyciąga rzesze odwiedzających. Szczególnie zaś tętni życiem podczas świąt, kiedy organizowane są liczne parady i uroczystości.

GEORGE TOWN, PENANG, MALEZJA
793. Street art w malezyjskim George Town
Kiedy: przez cały rok
Szerokość geograficzna: 5.4167
Długość geograficzna: 100.3167

Najnowsza moda w mieście George Town? Pozowanie do fotografii na tle ciekawych kompozycji street art. Można spędzić całe godziny, przemierzając uliczki, tropiąc odjechane wydrapane na murach rysunki i karykatury oraz interaktywne winiety poukrywane w każdym zaułku i zakątku miasta.

SABAH, BORNEO, MALEZJA
794. Spotkanie z dalekim kuzynem
Kiedy: przez cały rok
Szer. geogr.: 5.5281
Dł. geogr.: 118.3045

Kasztanowłosy orangutan to jeden z najbliższych krewnych człowieka. Obserwowanie tych łagodnych, przypominających ludzi ssaków w ich naturalnym środowisku sprawia ogromną radość. Orangutany w stanie dzikim żyją wyłącznie na Borneo i Sumatrze, a największe grupy zajmują obszary wokół rzeki Kinabatangan.

PÓŁKULA PÓŁNOCNA   od 15°N do 0° N

Pociąg na trasie Jungle Railway, Malezja

▲ MALEZJA
795. Koleją przez Malezję
Kiedy: od marca do października
Szerokość geograficzna: 2.5800
Długość geograficzna: 102.6132 (Gemas, dworzec kolejowy)

Wijąca się przez centralną część Malezji linia kolejowa Jungle Railway wbrew swej nazwie wcale nie prowadzi przez samą dżunglę. Swój początek ma w Gemas, dalej przez 500 km wiedzie wśród farm, lasów oraz *kampongi* (małych wiosek) aż to Tumpat na północno-wschodnim wybrzeżu.

Zbudowana przez Tamilów na początku XX w. Jungle Railway była początkowo wykorzystywana wyłącznie przez pociągi towarowe do transportu cyny i kauczuku. W 1938 r. otworzono ją jednak dla ruchu pasażerskiego i od tego czasu w ten właśnie sposób funkcjonuje.

Wagony są proste, lokomotywy stare i powolne, opóźnienia na porządku dziennym, a bilety czasami trudno zdobyć – ale te niedogodności w pewnym sensie stanowią istotną część specyficznej atmosfery prawdziwej lokalnej przygody. Co ciekawe, pociąg nie zatrzymuje się w najpopularniejszych miejscach turystycznych; daje raczej możliwość wglądu w zwykłą wiejską codzienność malezyjskich osad.

PN TAMAN NEGARA, MALEZJA
796. W pradawnym lesie równikowym
Kiedy: przez cały rok
Szerokość geograficzna: 4.3920
Długość geograficzna: 102.4046

Uznawany za najstarszy las równikowy na ziemi Park Narodowy Taman Negara obejmuje ogromne połacie Malezji. Chroni nieprzebrane bogactwo flory i fauny: słonie, tygrysy, tapiry, lamparty, nosorożce, orchidee, paprocie, bukietnicę Arnolda (zob. przygoda 801.) oraz wiele gatunków owadów. Szczególnie warto się zdecydować na wędrówkę nocą. Wyszkoleni przewodnicy pokażą po drodze najważniejsze ciekawostki.

PÓŁKULA PÓŁNOCNA   od 15°N do 0° N

MALAKKA, MALEZJA
797. Hybrydowa kultura Peranakanów
Kiedy: przez cały rok
Szerokość geograficzna: 2.2061
Długość geograficzna: 102.2471

Trzy grupy tworzące trzon społeczeństwa Malezji to Malajowie, Chińczycy i Hindusi, jednakże kraj ten zamieszkuje również niezwykły lud: Peranakan. To potomkowie Chińczyków, którzy osiedlili się na półwyspie i zaczęli wchodzić w związki małżeńskie z Malajkami. Do mężczyzn z ludu Peranakan należy się zwracać przez *baba* (pan), a do kobiet przez *nyonya* (pani). Ludność ta zasymilowała się i przyjęła wpływy kultury malajskiej, zachowując chińskie wierzenia i zwyczaje. Nigdzie indziej kultura tego ludu nie jest obecna w większym stopniu niż w Malakce, mieście figurującym na liście światowego dziedzictwa UNESCO. Osobliwe domy Peranakanów wkomponowują się tu w pełen majestatu historyczny rdzeń miasta.

▼ KENIA
798. Tańce na plemiennym weselu w Kenii
Kiedy: przez cały rok
Szerokość geograficzna: 2.0048
Długość geograficzna: 37.4985 (okolice Korr)

W północnej Kenii śluby odbywają się niemal co tydzień. Mieszkają tu bodaj najbardziej fascynujące z kenijskich plemion. Zaproszenia na taką uroczystość nie można odrzucić. Kobiety Rendille noszą przepiękne ozdoby – kolorowe bransoletki i naszyjniki – a silni, przystojni wojownicy Samburu nakładają efektowne nakrycia głowy ozdobione piórami. Warto dołączyć do setek gości przybywających z okolicznych wiosek na całonocne tańce. Uroczystość często rozpoczyna się bębnieniem i tradycyjnymi pieśniami, następnie zaś przeistacza się w istny szał hipnotyzujących śpiewów i żywiołowego skakania, co jest wręcz zaraźliwe.

Wojownicy Samburu tańczący w północnej Kenii

PÓŁKULA PÓŁNOCNA   od 15°N do 0° N

PARK NARODOWY BAKO, BORNEO, MALEZJA
799. Nos w nos z nosaczem sundajskim
Kiedy: przez cały rok
Szerokość geograficzna: 1.7167
Długość geograficzna: 110.4667

W Parku Narodowym Bako na Borneo żyją trzy gatunki małp, włączając w to zagrożone wyginięciem, niewystępujące w żadnym innym kraju nosacze sundajskie. Mieszka ich tutaj około 100, istnieje więc spora szansa, że któregoś uda się zobaczyć. Łatwo je rozpoznać po ogromnym – i szczerze mówiąc, nieco śmiesznym – zwisającym nosie. Aby zwiększyć szansę na spotkanie tych zwierząt, należy się udać na plażę wieczorem w czasie odpływu, gdyż właśnie wtedy opuszczają kryjówki, aby szukać pożywienia przy bagnach namorzynowych. Łatwo z kolei zauważyć makaki – stanowią liczniejszą grupę i są całkiem śmiałe, zwłaszcza kiedy próbują zwędzić człowiekowi jedzenie. W Bako występują też lutungi srebrzyste.

Park ożywia się o zmierzchu, więc najlepiej zostać tu na noc w jednym z bungalowów.

LAGOS, NIGERIA
800. Zabawa w klubie New Afrika Shrine
Kiedy: przez cały rok
Szerokość geograficzna: 6.6229
Długość geograficzna: -3.3591

Jako dom legendarnego Feli Kutiego, Shrine było najsłynniejszym klubem nocnym w Afryce. Zamknięty po śmierci Kutiego w 1997 r., został ponownie otwarty przez jego syna Fermiego i stał się ośrodkiem sztuki performatywnej i muzyki funky. Najlepszym czasem na wycieczkę do tego miejsca jest doroczny festiwal Felabration.

SARAWAK, BORNEO, MALEZJA
801. Smród największego kwiatu na świecie
Kiedy: brak ustalonego okresu kwitnienia (choć na ogół najpełniej rozkwita od listopada do lutego)
Szerokość geograficzna: 1.6905
Długość geograficzna: 109.8459

Nazwa rośliny *Rafflesia arnoldii* pochodzi od sir Thomasa Stamforda Rafflesa (gubernatora Jawy Brytyjskiej w latach 1811–1815) i od przyrodnika Josepha Arnolda, który dzięki malezyjskiemu przewodnikowi „odkrył" ją na Sumatrze w 1818 r. By dotrzeć do kwitnącej bukietnicy Arnolda, musieli się przedzierać przez las równikowy, gdyż to właśnie tam rośnie ta pasożytnicza roślina, niewytwarzająca samodzielnie korzeni, łodyg ani liści, tylko „kwiat gnijącej padliny" o średnicy sięgającej 1 m. Określenie to opisuje wygląd i smród kwiatu, który przyciąga zapylające go muchy – oraz ludzi. W Parku Narodowym Gunung Gading jest niemal stuprocentowa szansa na spotkanie ze słynnym śmierdzielem.

HRABSTWO LAIKIPIA, KENIA
802. Safari na garbatym grzbiecie
Kiedy: od stycznia do lutego i od lipca do października
Szerokość geograficzna: 0.3771
Długość geograficzna: 36.7884

Safari na grzbiecie wielbłąda daje większą swobodę niż podróżowanie jeepem. To również możliwość przebywania bliżej przyrody. Wielbłądy będą taszczyć nasz ekwipunek, bez względu na to, dokąd się udamy. Człowiek może po prostu iść obok, napawając się otoczeniem i nie martwiąc się o paliwo. Wyżyny poprzecinane są tu strumieniami i rzekami, w których przez większą część roku płynie woda. Na tym obszarze mieszka blisko połowa kenijskiej populacji nosorożców czarnych, kilka grup likaonów, powiększające się stado zebr Grevy'ego, a także żyrafy, słonie, hipopotamy, gazele, strusie, orły i kameleony. Koniecznie trzeba mieć oczy dookoła głowy!

PÓŁKULA PÓŁNOCNA   od 15°N do 0° N

Idealne miejsce na koktajl – hotel Raffles w Singapurze

▲ SINGAPUR
803. Wytworny koktajl w hotelu Raffles
Kiedy: przez cały rok
Szerokość geograficzna: 1.2949
Długość geograficzna: 103.8545

Hotel Raffles w Singapurze w swych najlepszych czasach bez wątpienia był synonimem luksusu. Zatrzymywali się tu wszyscy, którzy coś znaczyli – od Ernesta Hemingwaya do Noëla Cowarda, od Liz Taylor do Avy Gardner. Long Bar uraczy nas słynnym drinkiem Singapore Sling, a my będziemy mieli okazję zobaczyć, jacy celebryci bawią tu dzisiaj.

PENANG, MALEZJA
804. Jedzenie na ulicy w Penang
Kiedy: przez cały rok
Szerokość geograficzna: 5.4000
Długość geograficzna: 100.2333

Smakosze z pewnością zachwycą się apetyczną gamą potraw, jakie ma do zaoferowania Penang, stolica ulicznego jedzenia Azji Południowo-Wschodniej. Kalejdoskopowa mieszanka najrozmaitszych kuchni odzwierciedla wielokulturowe dziedzictwo tego kraju: łączą się tu tradycje kulinarne indyjskie, chińskie, malezyjskie i ludu Peranakan (zob. przygoda 797.).

EKWADOR
805. Twój osobisty storczyk
Kiedy: przez cały rok
Szerokość geograficzna: 0.0260
Długość geograficzna: -78.6324
(rezerwat Orchidei El Pahuma)

Przed wyborem storczyka należy się dobrze zastanowić. Niektóre kwiaty mogą przetrwać aż sześć miesięcy, a inne umierają zaledwie po kilku godzinach. Istnieje aż 25 000 gatunków orchidei, z czego w Ekwadorze znajdziemy przynajmniej 4000.

PÓŁKULA PÓŁNOCNA   od 15°N do 0° N

SINGAPUR
806. Rzut oka w przyszłość
Kiedy: przez cały rok
Szer. geogr.: 1.3520   **Dł. geogr.:** 103.8198

Prawdziwy majstersztyk sztuki architektonicznej oraz uczta dla wyobraźni – Ogrody przy Zatoce w Singapurze dają wgląd w przyszłość zielonych miast. Rozciągają się na 100-hektarowym obszarze ziem wydartych morzu, nieopodal przystani. Popijając drinka, turyści mogą tu rozkoszować się zapierającym dech w piersiach widokiem i podziwiać niesamowite bogactwo tropikalnego ogrodnictwa oraz artystycznego kunsztu twórców szklanych pawilonów Flower Dome i Cloud Forest. Trudno oprzeć się wrażeniu, że człowiek znajduje się na planie filmu science fiction, jak również zachwytowi nad tym, co ludzkość może osiągnąć, gdy właściwie wykorzystuje swój geniusz.

OTAVALO, EKWADOR
807. Sprzedać własne dziergane dzieło
Kiedy: przez cały rok
Szerokość geograficzna: 0.2343
Długość geograficzna: -78.2611

Otavalo w Ekwadorze to istna feeria barw: czapki, swetry, torby, bluzy, szaliki, koce – jest tu absolutnie wszystko, co da się zrobić z wełny. Miejscowi sami ją pozyskują z runa oraz wyrabiają sprzedawane na miejscu towary. Turysta, zainspirowany tutejszą tradycją, też może coś wydziergać i sprzedać. Dostać pieniądze za wyrób własnych rąk – to doprawdy wspaniałe uczucie. Teraz pozostaje tylko znaleźć najbliższy targ i… do dzieła!

EKWADOR
808. Filmowanie kolibrów
Kiedy: przez cały rok
Szerokość geograficzna: 0.0511
Długość geograficzna: -78.7783
(Mindo)

Ponieważ podczas żerowania kolibry zawisają na chwilę w jednym miejscu w powietrzu, idealnie nadają się do uchwycenia na fotografii bądź filmie. W Ekwadorze żyją 163 gatunki tych wspaniałych ptaków. Pozostaje zatem znaleźć miejsce, które sobie wybrały, ustawić aparat i rozpocząć nagrywanie.

Lwy w kraterze Ngorongoro,
Tanzania (zob. s. 402)

ROZDZIAŁ 6
PÓŁKULA POŁUDNIOWA

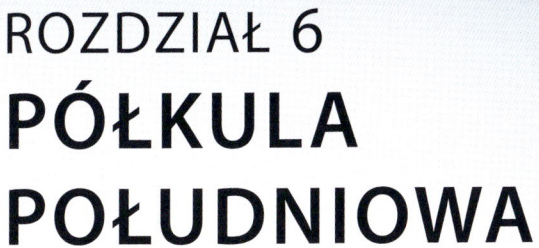

od 0°S do 15°S

ITACARÉ, BAHIA, BRAZYLIA
809. Nauka capoeiry
Kiedy: przez cały rok
Szerokość geograficzna: -14.2791   **Długość geograficzna:** -38.9946

Capoeira, sztuka walki łącząca w sobie oszałamiającą mieszankę tańca, akrobatyki, muzyki i walki, jest wręcz do bólu brazylijska. Dotarła tu wraz z niewolnikami przywiezionymi z Angoli, a z powodu prześladowań, które cierpieli, stała się agresywną formą walki – często z bronią – i jako taka początkowo była w Brazylii prawnie zakazana. Obecnie jest znana w całym kraju, a największą popularnością cieszy się w Bahii. Ruchy capoeiry cechują siła fizyczna, gibkość i delikatność – a wszystko to do rytmu podawanego przez *berimbau* – jednostrunowy instrument nierozerwalnie związany z capoeirą. W Brazylii istnieje wiele szkół i *metres* (mistrzów) capoeiry, aby jednak w pełni doświadczyć zanurzenia w tej sztuce i kulturze, należy udać się do Itacaré w Bahii. Uwaga, może to oznaczać początek capoeirowego uzależnienia!

PÓŁKULA POŁUDNIOWA   od 0°S do 15°S

DOLINA MINDO, EKWADOR
810. Początek nałogowego obserwowania ptaków
Kiedy: przez cały rok
Szerokość geograficzna: -0.0487   **Długość geograficzna:** -78.7752

Wielu ludzi twierdzi, że podglądanie ptaków to zajęcie nie dla nich. Gdyby jednak przyprowadzić ich do lasów mglistych w Ekwadorze, pewnie zaczęliby pociągać za rękaw przewodnika, wskazując tego czy tamtego ptaka, by zapytać o jego nazwę. W Ekwadorze żyje ponad 1600 gatunków ptaków i choć cały kraj jest istnym rajem dla ich miłośników, największe ptasie skupiska występują w lesie mglistym w regionie Choco.

Już pierwsza przygoda z obserwowaniem ptaków szybko może człowieka wciągnąć. Zachwyca nie tylko oszałamiające bogactwo kolorów, ale też najróżniejsze kształty dziobów i ogonów. Fotografowanie i rozpoznawanie pierzastych przyjaciół to fantastyczne hobby, zachęcające do odwiedzenia cudownych zakątków ziemi i dające wgląd w zachwycającą różnorodność natury. Ale uwaga – to nie jest tania pasja!

Pieprzojad czerwonorzytny w Ekwadorze

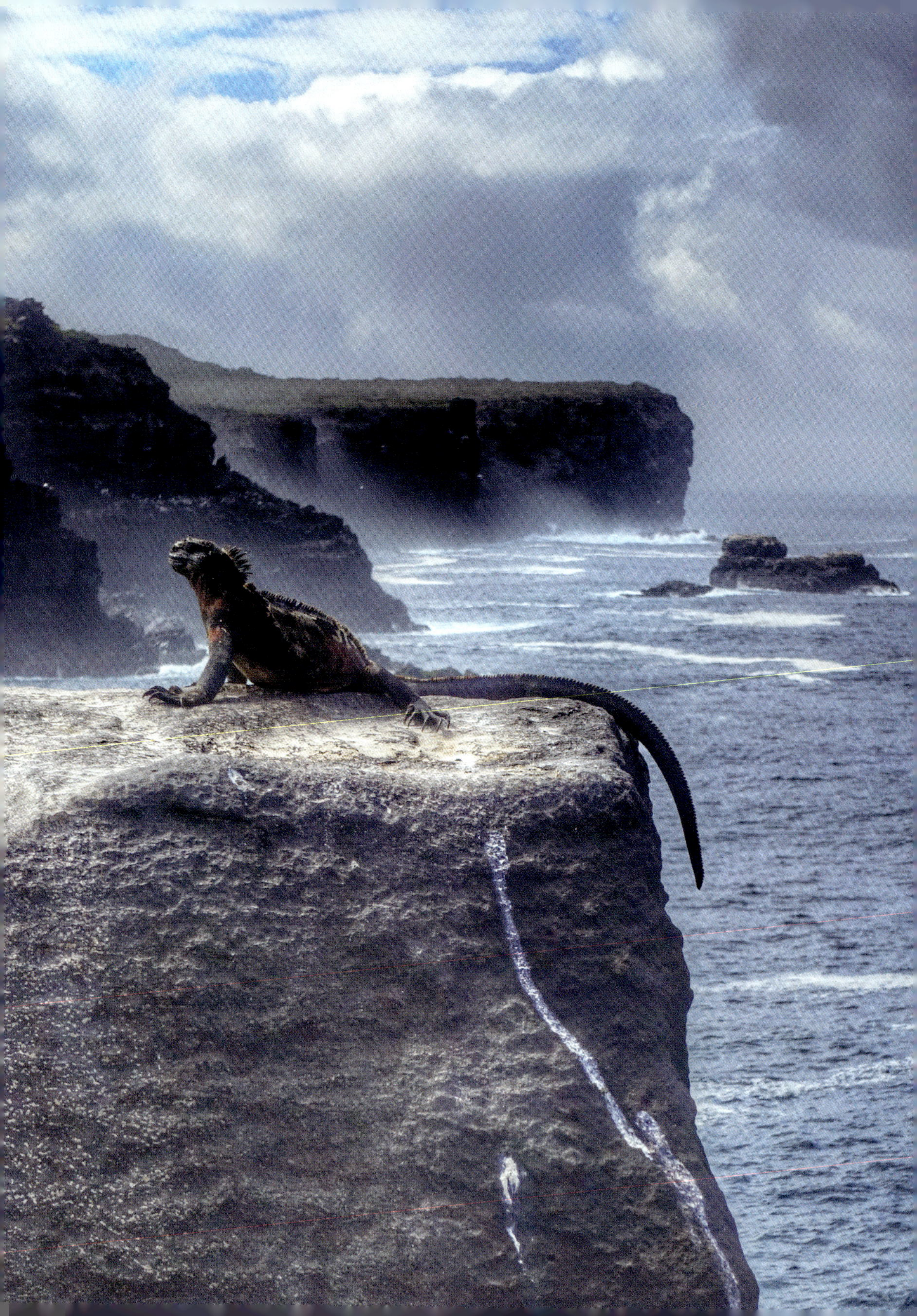

PÓŁKULA POŁUDNIOWA   od 0°S do 15°S

WYSPY GALÁPAGOS, EKWADOR
811. Śladami Charlesa Darwina
Kiedy: przez cały rok
Szerokość geograficzna: -0.7500
Długość geograficzna: -90.3167

15 września 1835 r., niemal cztery lata po opuszczeniu Wielkiej Brytanii, Charles Darwin dotarł do mało znanego archipelagu znajdującego się ponad 900 km od wybrzeża Ekwadoru i zamieszkiwanego przez dziwne stworzenia. Spędził tu na badaniach przyrodniczych pięć tygodni, co okazało się inspiracją dla jego poglądów na naturę i w 1858 r. zaowocowało rewolucyjnym dziełem *O powstawaniu gatunków*.

Przejście śladami Darwina po archipelagu Galapagos to fenomenalna okazja do zgłębienia jednego z najniezwyklejszych miejsc na ziemi. Zwierzęta i ptaki, z których wiele nie występuje nigdzie indziej na świecie, nie przejawiają strachu przed człowiekiem, dzięki czemu można zobaczyć je z bardzo bliska.

Zależnie od planu podróży i pory roku można natknąć się tutaj na gigantyczne żółwie słoniowe (z hiszpańskiego właśnie *galápagos*), fregaty, głuptaki niebieskonogie oraz legwany morskie. Żyją tu również lwy morskie, pingwiny, żółwie zielone, orlenie cętkowane oraz ogromne ławice ryb młotowatych. A to dopiero początek długiej listy mieszkańców tego fascynującego zakątka.

Największe wrażenie robią jednak zięby Darwina, występujące na większości wysp archipelagu. Na pierwszy rzut oka wyglądają niezbyt imponująco, jednak spojrzenie z bliska pokazuje, że dzioby tych ptaków różnią się między sobą zależnie od tego, jaką niszę ekologiczną zajmuje dany gatunek – wskazuje to na ewolucyjne przystosowanie poszczególnych gatunków do ściśle określonego środowiska. To właśnie ta obserwacja odegrała olbrzymią rolę w rozwoju myśli Darwina.

Legwany morskie (jedyne w świecie jaszczurki pływające w słonej wodzie) na wyspach Galápagos

PÓŁKULA POŁUDNIOWA od 0°S do 15°S

▼ JEZIORO NAIVASHA, KENIA
812. Tam, gdzie rozstępuje się ziemia
Kiedy: przez cały rok
Szerokość geograficzna: -0.7754
Długość geograficzna: 36.3715

Wielkie Rowy Afrykańskie w Afryce Wschodniej to miejsce, w którym płyta arabska stopniowo coraz bardziej oddala się od afrykańskiej – w tempie około 2,5 cm rocznie. Strome ściany Wielkich Rowów Afrykańskich najlepiej obserwować z płaskodennej doliny. To widok dosłownie tak stary jak ludzkość.

Z NAIROBI DO MOMBASY, KENIA
813. Pociągiem wśród ciekawskich żyraf
Kiedy: przez cały rok
Szerokość geograficzna: -4.0500
Długość geograficzna: 39.6667

Nocny pociąg z Nairobi do Mombasy to punkt obowiązkowy w czasie wycieczki do Kenii. Rozkładane łóżka w pierwszej klasie i wygodny dwuosobowy przedział sprawiają, że można odpłynąć... Rano podróżni delektują się filiżanką kawy, a za oknem migają żyrafy w parkach narodowych wokół Mombasy.

NAIROBI, KENIA
814. Obserwowanie wylęgających się ptaków
Kiedy: przez cały rok
Szerokość geograficzna: -1.2920
Długość geograficzna: 36.8219

Zaobserwowanie, jak na świecie pojawia się nowe życie, powinno być punktem obowiązkowym na każdej liście. Wyjątkowo rozczulającym widokiem jest wykluwanie się nieporadnego pisklęcia. Największe jaja składają strusie, a ich pisklęta szybko stają na nogi. Jeśli ktoś chce na własne oczy zobaczyć ten cud życia, powinien się udać do Kenii na którąś z olbrzymich strusich farm.

Jezioro Naivasha w dolinie Wielkich Rowów Afrykańskich, Kenia

PÓŁKULA POŁUDNIOWA od 0°S do 15°S

▶ NAIROBI, KENIA
815. Pogłaskać słoniątko w sierocińcu
Kiedy: przez cały rok
Szerokość geograficzna: -1.2920
Długość geograficzna: 36.8219

David Sheldrick Wildlife Trust to swego rodzaju sierociniec dla młodych słoni i nosorożców. Jego misją jest ochrona afrykańskiej dzikiej przyrody. Odwiedziny w tym chwytającym za serce miejscu dostarczą okazji do bliskiego obcowania z tymi majestatycznymi zwierzętami – takiej wizyty z pewnością nie da się zapomnieć.

Słoniątko w David Sheldrick Wildlife Trust w Nairobi, Kenia

SALVADOR, BRAZYLIA
816. Uczestniczenie w obrzędach *candomblé*
Kiedy: przez cały rok
Szerokość geograficzna: -12.9731
Długość geograficzna: -38.5099

Pomieszczenie pełne wiernych, kapłanki, w które wstępują duchy przodków… – tego przeżycia nie sposób szybko zapomnieć. Podczas obrzędów *candomblé* będzie okazja, by zobaczyć, jak przy rytmicznych uderzeniach bębnów wyznawcy wchodzą w stan podobny do transu.

BELÉM, AMAZONIA, BRAZYLIA
817. Smaki amazońskiej kuchni
Kiedy: przez cały rok
Szerokość geograficzna: -1.4558
Długość geograficzna: -48.5039

Na smakoszy czeka w brazylijskiej Amazonii nie lada gratka: podstawą regionalnej kuchni są ryby, w tym tak egzotyczne gatunki jak (ważąca ponad 200 kg!) *pirarucu*. Warto również spróbować *tacacá*, zupy krewetkowej zawierającej *jambu* – roślinę o właściwościach znieczulających. Sprawia ona, że język drętwieje.

MANAUS, BRAZYLIA
818. Strach przed gigantycznymi mrówkami
Kiedy: przez cały rok
Szerokość geograficzna: -3.0528
Długość geograficzna: -60.0151

Przemierzają poszycie leśne z niesamowitą szybkością, szukając pożywienia i polując na owady za pomocą silnego jadu. Kiedy wstrzykują ofierze truciznę, sprawiają jej ostry ból, który trwa nawet do 48 godzin. Amazońskie mrówki trudno pokochać od pierwszego wejrzenia, ale obserwowanie tych ogromnych jak na mrówki stworzeń (niektóre mają nawet 3–4 cm długości) bez wątpienia jest ekscytujące.

BAÑOS, EKWADOR

819. Bujanie się nad przepaścią…

Kiedy: przez cały rok
Szerokość geograficzna: -1.3964
Długość geograficzna: -78.4247

Casa del Arbol to domek na drzewie w Ekwadorze z nietypowym dodatkiem: huśtawką bujającą się nad urwiskiem. Pod spodem – przepaść, naprzeciwko – niesamowity widok na wulkan Tungurahua. Sceneria wprawi w zachwyt każdego śmiałka, który odważy się pohuśtać nad skrajem wąwozu. Jacyś chętni?

PÓŁKULA POŁUDNIOWA   od 0°S do 15°S

▶ Z ALAUSI DO SIBAMBE, EKWADOR
820. Wszyscy wsiadać, drzwi zamykać!
Kiedy: przez cały rok
Szerokość geograficzna: -1.8312
Długość geograficzna: -78.1834 (Ekwador)

W podróży pociągiem jest coś romantycznego, co trudno przebić. Poczucie wolności i zachwyt nad ludzkim geniuszem, który poprowadził linie kolejowe przez najbardziej nieprawdopodobne tereny.

Być może najlepszym tego przykładem jest El Nariz del Diablo („Diabli Nos") w Ekwadorze. Po serii serpentyn wśród wulkanów linia biegnie mrożącym krew w żyłach odcinkiem łączącym Alausi z Sibambe. Stroma skała w Andach, którędy biegnie ta trasa, wznosi się na wysokość 2600 m, a od przepaści dzieli podróżnych tylko niewielka metalowa barierka. Warto rozejrzeć się także za kamieniem przedstawiającym samego Belzebuba, również wykutego w skale. Trzeba także pamiętać, aby ubrać się na cebulkę, ponieważ zmiany temperatury są tu częste i gwałtowne.

Pociąg sunący po El Nariz del Diablo, Ekwador

CUENCA, EKWADOR
821. Napawanie się kolonialną atmosferą
Kiedy: przez cały rok
Szerokość geograficzna: -2.8992
Długość geograficzna: -79.0153

Spacer wybrukowanymi uliczkami w Cuence w Ekwadorze pomiędzy urokliwymi strzelistymi wieżami kościelnymi, rotundami i łukowatymi oknami z czasów kolonialnych – tak, to jest to! Miejsce to nie bez powodu znajduje się na liście światowego dziedzictwa UNESCO. Wycieczka taka przypomina nieco podróż w czasie i daje choć na krótką chwilę możliwość doświadczenia niespiesznego, spokojniejszego stylu życia.

KOŁO QUITO, EKWADOR
822. Jeden krok i hop – po drugiej stronie świata!
Kiedy: przez cały rok
Szerokość geograficzna: 0.0000
Długość geograficzna: -78.4544

W Ekwadorze (którego nazwa oznacza równik) znajduje się słynny park Mitad del Mundo („Środek Świata") z pomnikiem pokazującym podział świata na półkule północną i południową oraz zaznaczoną na ziemi symboliczną linią graniczną. Nowoczesne techniki pomiaru wykazały jednak 240-metrową niedokładność. Rzeczywistą „granicę" przekroczymy w znajdującym się nieopodal skansenie Intiñan.

MIRADOURO DA LUA, ANGOLA
823. Kosmiczne wrażenia w księżycowym krajobrazie
Kiedy: przez cały rok
Szerokość geograficzna: -8.8803
Długość geograficzna: 13.1964

Kiedy zostawi się kogoś w Miradouro da Lua i poprosi, by odgadł, gdzie się znajduje, zapewne obstawi Arizonę – a może nawet kosmos (nazwę nie bez powodu tłumaczy się jako „widok księżyca"). W Miradouro da Lua – nieopodal Luandy w Angoli – można się zachwycać przedziwnie wyżłobionymi formacjami geologicznymi oraz podziwiać psychodeliczne wręcz wschody słońca, gdy promienie padają na czerwone skały.

401

PÓŁKULA POŁUDNIOWA　　od 0°S do 15°S

NAIROBI, KENIA
824. Eksperymenty kulinarne
Kiedy: przez cały rok
Szerokość geograficzna: -1.3291
Długość geograficzna: 36.8013

Jednym z fajniejszych aspektów podróżowania jest możliwość poznania lokalnego jedzenia. Czasami potrzeba jednak czegoś więcej niż tylko apetytu: posilanie się w pewnych miejscach na świecie wymaga solidnego żołądka i… żądzy przygód.

Okazji do próbowania niezwykłych dań nie brakuje: smażone na głębokim tłuszczu tarantule w Kambodży, jaja w proszku w Chinach czy larwy jadowitych mrówek w Meksyku. Podróżując po Islandii, można spróbować kiszonego rekina, w Kanadzie delektować się nosem łosia w galarecie, a w Izraelu szarańczą w czekoladzie.

W Kenii słynna restauracja Carnivore w Nairobi serwuje wiele niezwykłych mięs. Można tu zamówić wszystko – kelnerzy będą przynosić grillowane mięso krokodyla, jądra byka czy kotlety ze strusia tak długo, dopóki nie opuścimy flagi na maszcie przy naszym stoliku. Warto zatem przyjść z otwartym umysłem i… pustym brzuchem.

BAÑOS, EKWADOR
825. Z górki na pazurki!
Kiedy: przez cały rok
Szerokość geograficzna: -1.3928
Długość geograficzna: -78.4269

W Baños w Ekwadorze czeka wiele atrakcji. Miasteczko, usytuowane w dolinie wśród bujnie zalesionych wzgórz, zgodnie z nazwą znane jest przede wszystkim z leczniczych wód – tubylcy od lat zażywają kąpieli w tutejszych gorących źródłach. Okoliczne wzgórza obfitują w wodospady, a najlepszym sposobem, aby je podziwiać, jest przejażdżka rowerem w dół. Różnica wysokości na odcinku 64 km w drodze z Baños do Puyo to aż 914 m. Na trasie mija się dwanaście wodospadów, m.in. Diabelski Kocioł, gdzie wody kłębią się gwałtownie między dwiema ścianami kanionu. Jeśli ktoś nie ma nic przeciwko temu, by nieco zmoknąć, może przejść za wodospad do jaskini. Z tego miejsca rozciąga się wprost fenomenalny widok, niczym zza wodnej kotary. Gdy wędrowiec będzie już gotowy na powrót do Baños, nie musi się martwić o pedałowanie pod górę – wystarczy zamachać na lokalny autobus, a rower bez problemu przewiezie się na jego dachu.

▶ PARK NARODOWY WULKANÓW, RWANDA
826. Z wizytą u rodziny goryli górskich
Kiedy: przez cały rok
Szerokość geograficzna: -1.5098
Długość geograficzna: 29.4875

Odnalazłszy w sobie duszę nieustraszonego podróżnika, warto wybrać się na wycieczkę z przewodnikiem szlakiem goryli przez Park Narodowy Wulkanów w Rwandzie. Ten rozległy, spowity chmurami pas gór uwieczniony został w filmie z Sigourney Weaver *Goryle we mgle*. W rwandyjskiej części parku (obejmuje on również terytorium Ugandy i Demokratycznej Republiki Konga) niemal na 100% natkniesz się na srebrnogrzbietego goryla (przy sporym szczęściu nawet wraz z dziećmi!). To przeżycie, którego nie sposób zapomnieć.

KRATER NGORONGORO, TANZANIA
827. Szaleństwo w afrykańskim edenie
Kiedy: najlepiej od czerwca do września; w kwietniu i w maju bywa mokro, lecz ruch jest wtedy mniejszy
Szerokość geograficzna: -3.1740
Długość geograficzna: 35.5639

Zamieszkiwany przez ludzi od ponad trzech milionów lat, szeroki, żyzny krater Ngorongoro jest domem niezliczonych gatunków stworzeń, m.in. lwów, zebr, antylop i nosorożców. Miejsce to zostało wpisane na listę światowego dziedzictwa UNESCO. Jeżeli ktoś planuje safari, jest to zdecydowanie jedna z najlepszych możliwości, z którą niewiele – nawet w skali całego globu – może się równać.

Goryl górski w swoim naturalnym środowisku, Park Narodowy Wulkanów, Rwanda

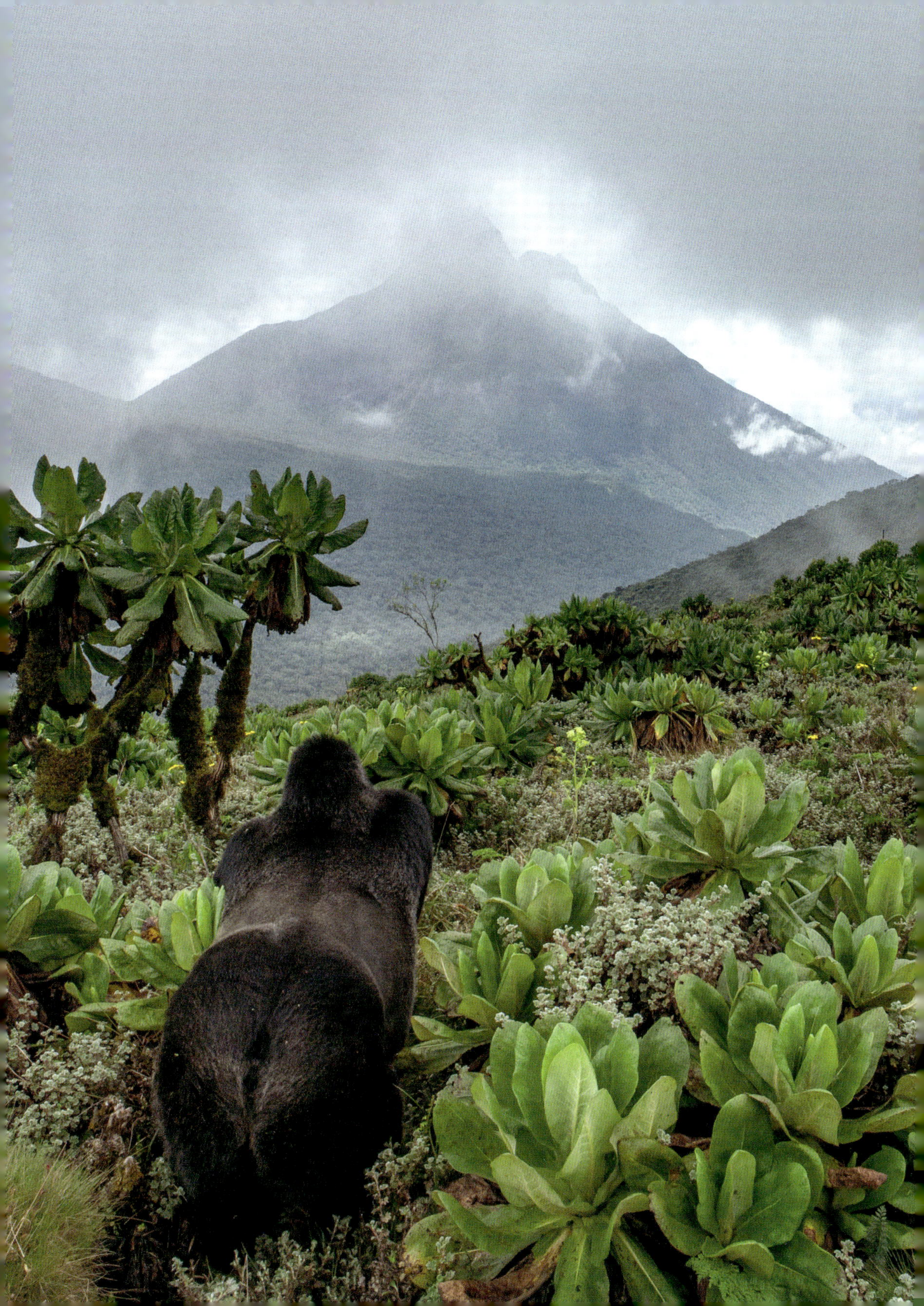

PÓŁKULA POŁUDNIOWA   od 0°S do 15°S

JEMBRANA, BALI, INDONEZJA
828. Wyścigi bawołów i… pokaz mody
Kiedy: od lipca do listopada
Szerokość geograficzna: -8.3000
Długość geograficzna: 114.6667

Jeżeli w Jembranie jest coś zabawniejszego niż doroczne wyścigi bawołów wodnych, są to bez wątpienia pokazy mody – naturalnie… bawole. Ubrane i ozdobione od kopyt po rogi, zwierzęta te biorą udział w konkursie na najlepszą kreację. Kto nie widział bawoła w wytwornym nakryciu głowy, ten tak naprawdę nic jeszcze nie widział!

Wyścigi bawole – znane jako Makepung – odbywają się jednak jak najbardziej na serio. Dżokeje powożą tradycyjnymi drewnianymi wozami ciągniętymi przez parę bawołów, konkurując o pożądany Puchar Gubernatora. Wyścigi odbywają się zwykle w niedzielne poranki, zanim upał nie stanie się na tyle nieznośny, by dokuczać zwierzętom w zaprzęgach. Można chłonąć atmosferę zabawy, podziwiać umiejętności i męstwo jeźdźców, jak również kolorowe ubrania i malowane rogi bawołów. A wszystko to przy muzyce i w na wskroś rozrywkowym duchu.

INDONEZJA
829. Filiżanka najdroższej kawy świata – kopi luwak
Kiedy: przez cały rok
Szerokość geograficzna: -0.5897
Długość geograficzna: 101.3431

Najdroższa kawa na świecie – jedna filiżanka kosztuje 100 dolarów! – bywa nazywana „kawą kocich odchodów". I nie bez powodu… Wytwarza się ją bowiem z ziaren zjedzonych i nadtrawionych przez podobne do kotów cywety (łaskuny), których odchody są następnie zbierane, oczyszczane i parzone. Delektując się małą czarną, pamiętajmy, że to żyjące na wolności cywety produkują kawę najwyższej jakości.

YOGYAKARTA, JAWA, INDONEZJA
830. Własny batik
Kiedy: przez cały rok
Szerokość geograficzna: -7.8014
Długość geograficzna: 110.3644

„Batik" to termin pochodzący z indonezyjskiej wyspy Jawa, opisujący tradycyjną metodę woskowania i farbowania tkanin, pozwalającą otrzymać pożądaną barwę i odpowiedni wzór. Można nauczyć się tej sztuki w Yogyakarcie, miejscowości słynącej z wytwarzania i sprzedawania ogromnych bali tkanin na rynku Beringharjo.

INDONEZJA
831. Najsmrodliwszy owoc świata – mniam!
Kiedy: przez cały rok
Szerokość geograficzna: -0.7892
Długość geograficzna: 113.9213
(okolice PN Betung Kerihun)

Powiedzieć, że duriany są przysmakiem dla koneserów, to mało: smród tych zielonych, kłujących owoców porównywany jest do ścieków lub fetoru rozkładających się zwłok. Miłośnicy twierdzą, że jeśli tylko uda się pokonać obrzydzenie wywołane wonią, można docenić przyjemny kremowy smak. Chyba warto dać temu owocowi szansę, traktując go jako swoisty południowo-wschodnioazjatycki rytuał przejścia.

INDONEZJA
832. Dostrzec łowczyka leśnego przy stawie w dżungli
Kiedy: przez cały rok
Szerokość geograficzna: -0.7892
Długość geograficzna: 113.9213
(okolice PN Betung Kerihun)

Barwnie upierzony zimorodek, jeden z najpiękniejszych ptaków na świecie, występuje na całym globie. Jednakże w Indonezji ich mnogość i różnorodność gatunków są nieporównywalne z żadnym innym miejscem. Szczególnie zachwycający jest łowczyk leśny. Największą szansę na obserwowanie tego ptaka mamy przy zbiornikach wodnych w dżungli, gdy łowczyki szukają pożywienia.

PÓŁKULA POŁUDNIOWA   od 0°S do 15°S

▼ KAMIENNE MIASTO, ZANZIBAR, TANZANIA
833. Pogubić się w krętych uliczkach Kamiennego Miasta
Kiedy: przez cały rok
Szerokość geograficzna: -6.1622
Długość geograficzna: 39.1921

Kamienne Miasto w Zanzibarze jest cudownym labiryntem wąskich, krętych uliczek pamiętających koniec XIX w., gdy ulice jeszcze nie musiały być na tyle szerokie, by mogły po nich jeździć auta. Tak ścisła zabudowa oznacza, że upał i promienie słoneczne nie mają tu dostępu, za to przyjemna, chłodna bryza morska – jak najbardziej.

Najlepszym sposobem na chłonięcie niezwykłej atmosfery miasteczka jest wędrowanie jego zaułkami i zakamarkami. Można spacerować od jednych bogato zdobionych drewnianych drzwi do kolejnych, na Gizenga Street odwiedzać sklepy, w których sprzedaje się przyprawy i najrozmaitsze przedmioty, oraz po prostu cieszyć się przepływającym przed oczami życiem – dziećmi biegnącymi do szkoły, osiołkami i motocyklami.

ZANZIBAR, TANZANIA
834. Ośmiornica na obiad
Kiedy: przez cały rok (przy odpływie)
Szerokość geograficzna: -6.3159
Długość geograficzna: 39.5446

Ośmiornice to szczwane bestie. Potrafią wczołgać się do dziury w skale i otoczyć wejście kamieniami, aby się schować. Przy odpływie, gdy woda odsłania skały, można spróbować je przechytrzyć i złapać sobie jedną na obiad.

Kręte uliczki Kamiennego Miasta w Zanzibarze, Tanzania

PÓŁKULA POŁUDNIOWA   od 0°S do 15°S

▼ WULKAN MERU, TANZANIA
835. Wschód słońca nad Kilimandżaro
Kiedy: od czerwca do lutego
Szerokość geograficzna: -3.2392
Długość geograficzna: 36.7627

Trzydniowa wspinaczka na początku może się wydawać bułką z masłem, ale dopiero trzeciego dnia zabawa (lub ból!) rozkręca się na całego. Nie ma szans, aby się wyspać, ponieważ wyruszyć trzeba bardzo wcześnie – bardzo, bo o pierwszej w nocy – żeby na szczyt Meru dotrzeć dokładnie o wschodzie słońca. Meru to druga pod względem wysokości góra w Tanzanii, często traktowana jako próba aklimatyzacyjna przed wyprawą na Kilimandżaro. Widok z tego szczytu jest jednak równie imponujący. Można stąd podziwiać Kilimandżaro skąpane w promieniach budzącego się słońca, które tańczą, fundując wędrowcom oszałamiający czerwono-pomarańczowo-różowy spektakl.

Wschód słońca nad Kilimandżaro, Tanzania

WYSPY GALÁPAGOS, EKWADOR
836. Pląsy głuptaka niebieskonogiego
Kiedy: wiosną
Szerokość geograficzna: -0.6518
Długość geograficzna: -90.4056

Czasami natura potrafi wprawić w niemy zachwyt, a czasem jest po prostu zabawna. Oglądanie głuptaka niebieskonogiego – niezgrabnie wyglądającego ptaka, którego nogi faktycznie mają niebieskawe zabarwienie – gdy ten wije się w tańcu godowym, dostarcza niezłej rozrywki.

PÓŁKULA POŁUDNIOWA   od 0°S do 15°S

ARUSZA, TANZANIA
837. Obserwacja kameleona w akcji
Kiedy: przez cały rok
Szerokość geograficzna: -3.2088
Długość geograficzna: 36.7157

Tanzania kojarzy się przede wszystkim z dziką rozrywką i safari, ale jest też drugim pod względem wielkości skupiskiem kameleonów na świecie – zaraz po Madagaskarze. Można zbliżyć się tutaj do tych niezwykłych gadów i podziwiać niesamowity spektakl, gdy zaczynają naśladować ruch gałęzi, obracają oczy o 360° i wyciągają długie języki, aby schwytać ofiarę.

DEMOKRATYCZNA REPUBLIKA KONGA
838. Safari śladem niezwykłych ptaków
Kiedy: od czerwca do sierpnia (chłodne, suche miesiące)
Szerokość geograficzna: -1.0554
Długość geograficzna: 23.3645 (miasteczko Ikela)

Niedawno odkryty na nowo w leśnych nizinach Demokratycznej Republiki Konga niewiarygodnie pięknie upierzony paw kongijski został okrzyknięty najbardziej nieuchwytnym ptakiem na świecie. Przez przeszło 80 lat uważano go za gatunek wymarły – na szczęście niesłusznie. Być może uda się go zaobserwować podczas wyprawy łączącej kemping z pieszymi wędrówkami.

PÓŁKULA POŁUDNIOWA   od 0°S do 15°S

▶ FERNANDO DE NORONHA, BRAZYLIA
839. Raj na ziemi u wybrzeży Brazylii
Kiedy: przez cały rok
Szerokość geograficzna: -6.5181   **Długość geograficzna:** -49.8624

Fernando de Noronha to surrealistycznie piękny archipelag położony około 350 km od wybrzeży Brazylii. Znalazł się na liście światowego dziedzictwa UNESCO ze względu na swój kruchy i niezwykle ważny ekosystem.

Wiele osób przyciąga tu przede wszystkim bogate życie morskie – nurkowie mają mnóstwo okazji do zabawy z żółwiami morskimi, delfinami, grindwalami krótkopłetwymi i innymi zwierzętami morskimi. Plaże są dziewicze, niczym nieskażone, a na lądzie czekają pierwszorzędne szlaki turystyczne. Większość turystów zatrzymuje się w maleńkiej stolicy Vila dos Remédios, pełnej uroczych domków w stylu rokoko, albo w Porto de Santo Antonio, jedynym porcie w tej okolicy.

Minusy? Z uwagi na kruchość i wrażliwość ekosystemu liczba turystów podlega ścisłym ograniczeniom. Ci, którzy przyjadą, muszą zapłacić podatek ekologiczny. Ze względu na usytuowanie oraz atrakcyjność i ogromne zainteresowanie, jakim cieszy się to miejsce, ceny również są wysokie. No i komary, chmary komarów. Jeśli jednak komuś uda się pokonać wszystkie niedogodności, będzie mógł powiedzieć: „Oto znalazłem raj!".

MANAUS, BRAZYLIA
840. Rejs po potężnej Amazonce
Kiedy: przez cały rok
Szerokość geograficzna: -3.0528   **Długość geograficzna:** -60.0151

Amazonka, jeden z najpotężniejszych światowych systemów rzecznych, swym dorzeczem zajmuje połowę terytorium Brazylii. Znajduje się tu aż 1/5 światowych zasobów wód słodkich. Najlepszym sposobem na poznanie tej rzeki jest wycieczka łodzią.

Warto więc wybrać się w prywatny rejs rzecznym stateczkiem, wyposażonym w przytulne rustykalne kabiny z osobnymi łazienkami, jak również w pomieszczenia wspólne, w których można nawiązywać kontakty towarzyskie ze współpasażerami. Podróż taka daje możliwość podziwiania niesamowitego krajobrazu dżungli oraz sposobność do bliskiego obcowania z dziką przyrodą.

Amazonia jest jednym z najbardziej bioróżnorodnych regionów na świecie – w tutejszych lasach równikowych żyje około 10% wszystkich znanych gatunków. Dlatego warto skorzystać z możliwości wskoczenia do mniejszej łódki, aby powiosłować w głąb lasu i płynąc wąskimi kanałami, z bardzo bliska obserwować niewiarygodne bogactwo flory i fauny.

Wybrzeże Fernando de Noronha, Brazylia

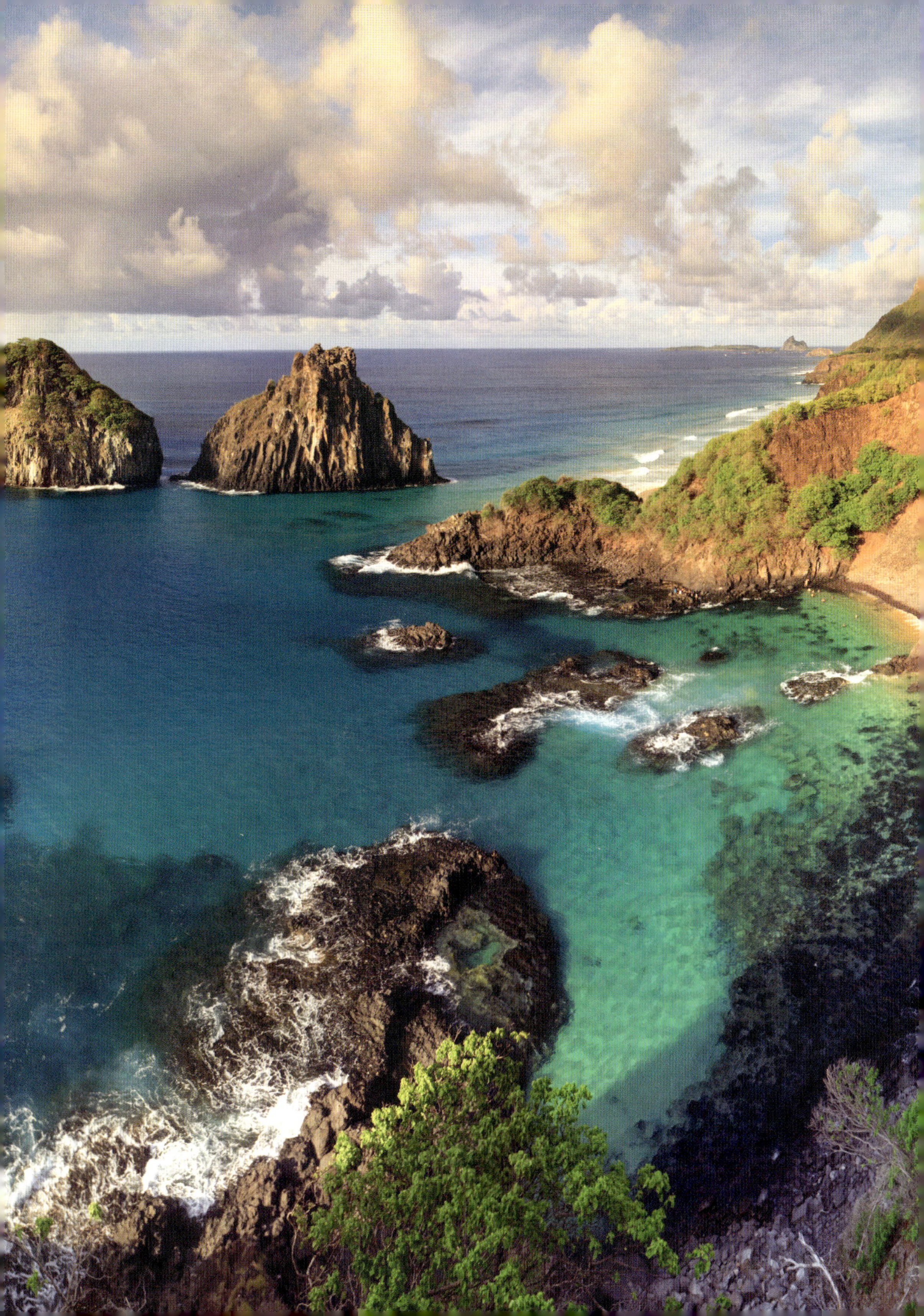

WYSPY GILI, LOMBOK, INDONEZJA
841. Błogi spokój na wyspie bez ruchu drogowego
Kiedy: przez cały rok
Szer. geogr.: -8.3500   **Dł. geogr.:** 116.0600

Piaszczyste wyspy Gili, tulące się do wyspy Lombok w Indonezji, na mapie przypominają trzy małe dymki z komiksu. To prawdziwe oazy spokoju. Zabroniony jest tutaj wszelki ruch drogowy, więc wypoczynku nie zakłócą odwiedzającym ani spaliny, ani hałas silników.

INDONEZJA
842. Spotkanie z największą jaszczurką świata
Kiedy: przez cały rok
Szerokość geograficzna: -8.5876
Długość geograficzna: 119.4367
(PN Komodo)

Warany z Komodo zostały odkryte zaledwie 100 lat temu, a dziś można spotkać je już tylko w jednym jedynym miejscu na świecie: w Parku Narodowym Komodo w Indonezji, wpisanym na listę światowego dziedzictwa UNESCO. Park obejmuje archipelag kilkuset maleńkich wysepek, na których mieszka łącznie około 6000 waranów.

MARKIZY, POLINEZJA FRANCUSKA
843. Żegluga na kraniec świata
Kiedy: od kwietnia do września
Szerokość geograficzna: -8.8605
Długość geograficzna: -140.1421 (wyspa Nuku Hiva)

Jeżeli zachwyca nas odległy, obłędnie piękny krajobraz wulkaniczny, musimy udać się na wyprawę łodzią do najbardziej oddalonego od stałych lądów skupiska wysp na świecie. Rozsiane ponad 1350 km na północny wschód od wybrzeży Tahiti (a najbliższy ląd kontynentalny, terytorium Meksyku, leży w odległości ponad 4900 km) Markizy to tropikalny raj przez wielkie „R".

Wyspy te należą do Polinezji Francuskiej, w południowej części Oceanu Spokojnego. Wyprawa na Markizy nie jest czymś, do czego można podejść lekceważąco. To swoisty obrzęd przejścia dla żeglarzy specjalizujących się w rejsach oceanicznych. Najpopularniejsza droga wiedzie z Meksyku i wysp Galápagos, dodatkowo niektóre firmy transportowe oferują turystom nieformalne usługi pasażerskie.

PÓŁKULA POŁUDNIOWA   od 0°S do 15°S

PAPUA-NOWA GWINEA
844. Popisy godowe rajskich ptaków
Kiedy: przez cały rok
Szerokość geograficzna: -5.8667
Długość geograficzna: 144.2167

W sercu lasu równikowego w Papui-Nowej Gwinei można zobaczyć rajskie ptaki dające przepiękny, spektakularny pokaz taneczny, gdy same rywalizują o względy samic. Dla oczarowanych turystów jest to doprawdy fascynujący widok – kolorowe, pełne ekspresji ptasie zaloty.

▼ PAPUA-NOWA GWINEA
845. Odwiedziny u strasznych Błotnych Ludzi
Kiedy: przez cały rok
Szerokość geograficzna: -9.4438
Długość geograficzna: 147.1802

Niewiele państw zachowało swoje tradycje i poczucie odmienności w takim stopniu jak Papua-Nowa Gwinea. A oryginalny, niemal przerażający taniec Błotnych Ludzi, czyli wojowników plemienia Asaro, jest bez wątpienia jednym z takich przykładów. To niezmiernie interesujące, choć nieco przerażające widowisko – upiorne postacie ludzkie, poszarzałe od błota, z ogromnymi glinianymi maskami o budzących grozę grymasach oraz z ostrymi włóczniami w rękach tańczą do charakterystycznego rytmu w taki sposób, że wprowadzają widzów w trans.

Wojownicy Asaro – Błotni Ludzie z Papui-Nowej Gwinei

PARK NARODOWY MADIDI, BOLIWIA
846. Pływanie z różowymi delfinami
Kiedy: od maja do października
Szerokość geograficzna: -14.4422 (przy Rurrenabaque, wejściu do PN Madidi)
Długość geograficzna: -67.5283

Bodaj najbardziej zdumiewający mieszkańcy barwnych wód Parku Narodowego Madidi to *bufeos*, inie amazońskie, popularnie zwane różowymi delfinami. Można obserwować je z łodzi, płynąc Amazonką, jednak aby zbliżyć się do tych pięknych, zabawnych stworzeń, najlepiej wskoczyć do wody i pływać razem z nimi.

PÓŁKULA POŁUDNIOWA   od 0°S do 15°S

JEZIORO NIASA, MALAWI
847. Wyjątkowy festiwal muzyczny
Kiedy: od września do października
Szerokość geograficzna: -11.8817
Długość geograficzna: 34.1694

Festiwal muzyczny Lake of Stars odbywa się na zachwycającej plaży jeziora Niasa z czyściutkim piaskiem i idealnie przejrzystą turkusową wodą. Wieczorem to miejsce zmienia się w parkiet taneczny, na którym szaleństwo trwa do białego rana – aż do chwili, gdy promienie słońca zaczynają swój poranny spektakl na tafli wody. Rozbrzmiewa tu mieszanka muzyki afrykańskiej i europejskiej, a nogi same rwą się do tańca.

JEZIORO NIASA, MALAWI
848. Narciarstwo wodne na jeziorze tektonicznym
Kiedy: przez cały rok
Szerokość geograficzna: -11.6701
Długość geograficzna: 34.6856

Gigantyczne jezioro Niasa (około 580 km długości) jest rajem dla miłośników sportów wodnych i być może najlepszym miejscem na świecie do jazdy na nartach wodnych. Ciepłe wody, idylliczne otoczenie – czegóż chcieć więcej! Jeśli szybka jazda nie jest dla nas, mamy do wyboru kajaki, nurkowanie lub wycieczki łódką. Na tym akwenie każdy znajdzie coś dla siebie.

SAMOA
849. Powitać słońce, zanim zrobi to reszta świata
Kiedy: przez cały rok
Szerokość geograficzna: -13.4993
Długość geograficzna: -172.7872

Wschód słońca na wyspie Samoa jest czymś, co trudno przebić. Jedna z „wysp skarbów" na południowym Pacyfiku jest jak żywcem wyjęta z pocztówki: krystalicznie czyste wody, bielusieńki piasek i pełen wodospadów las równikowy. Wiele osób tak właśnie wyobraża sobie raj. Jest jeszcze jeden powód, dla którego warto odwiedzić to miejsce: tutaj jako pierwsi na całym globie zobaczymy nadejście nowego dnia, a także nowego roku.

▶ PN KASANKA, ZAMBIA
850. Przelot chmary nietoperzy owocożernych
Kiedy: od października do grudnia
Szerokość geograficzna: -12.5833
Długość geograficzna: 30.2000

Co roku 10 milionów małych nietoperzy owocożernych zlatuje do niewielkich połaci lasu w Parku Narodowym Kasanka. Warto obserwować ten niezwykły spektakl, gdy zwierzęta opuszczają swoje schronienia i wracają do nich – jest ich tak dużo, że niebo staje się dosłownie czarne.

Nietoperze owocożerne w Parku Narodowym Kasanka, Zambia

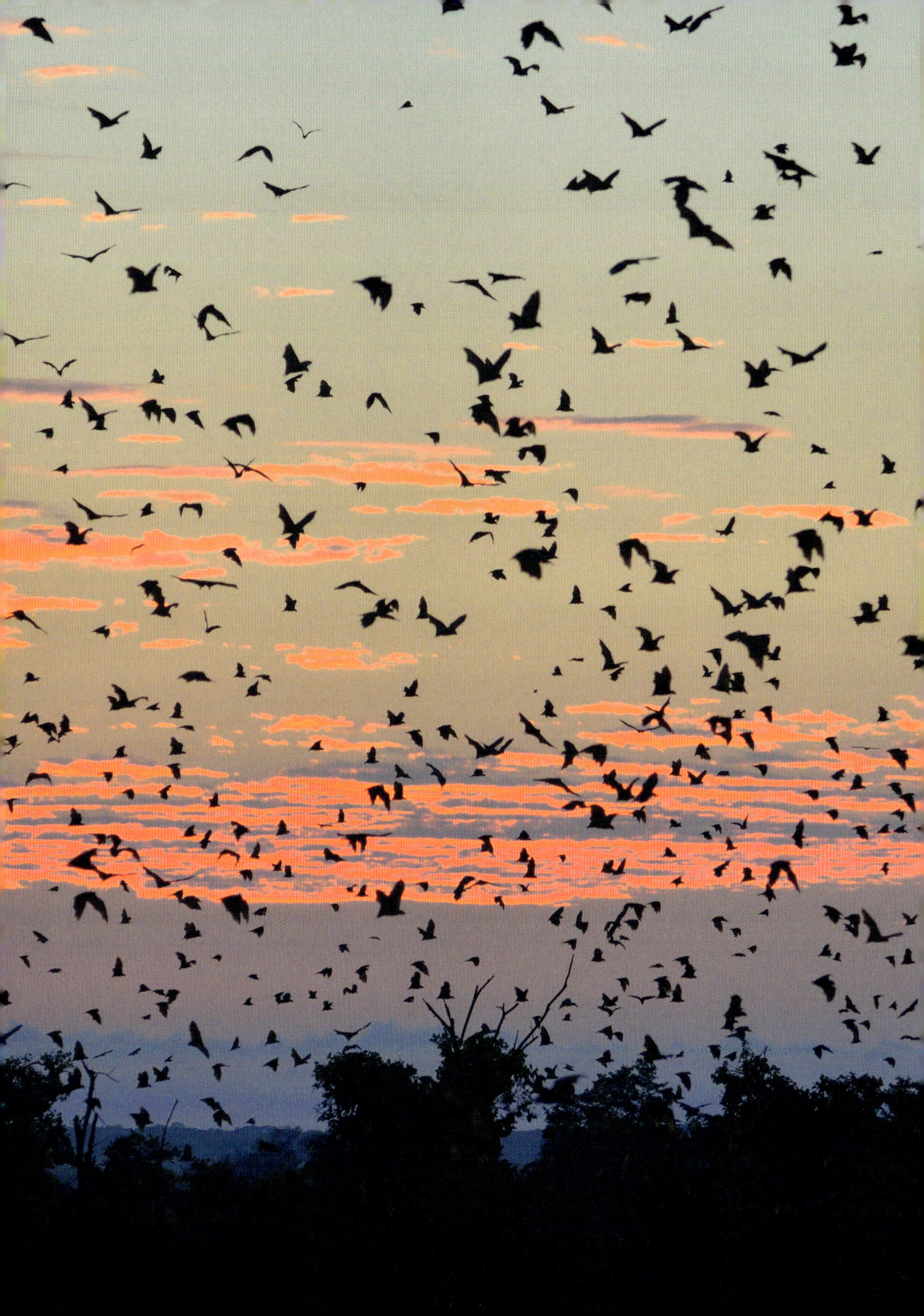

PÓŁKULA POŁUDNIOWA   od 0°S do 15°S

SERENGETI, TANZANIA
851. Obserwowanie wielkiej migracji gnu
Kiedy: od lipca do października
Szerokość geograficzna: -6.3690
Długość geograficzna: 34.8888

Wielka migracja gnu jest jednym z najbardziej niesamowitych afrykańskich spektakli: na otwartej przestrzeni obejmującej setki kilometrów kwadratowych ponad milion gnu i 200 000 zebr wędruje zwartą grupą do Masai Mary. Najlepszy widok na tę masę przemieszczających się zwierząt rozpościera się z doliny rzeki Seronery, w której obserwatorzy mogą obozować w warunkach od luksusowych do spartańskich – wedle upodobań. W punkcie kulminacyjnym turyści wychodzą z obozu, aby przyglądać się wędrującym stadom, a przy okazji wyłowić okiem lwy i inną grubą zwierzynę.

DZIELNICA PELOURINHO, SALVADOR, BRAZYLIA
852. Festiwal barw w Pelourinho
Kiedy: przez cały rok (miłośnicy dobrej zabawy powinni wybrać karnawał)
Szerokość geograficzna: -12.9731
Długość geograficzna: -38.5099

Budynki kolonialne Pelourinho, dzielnicy Salvadoru, pomalowane są na zielono, żółto, czerwono, różowo, niebiesko, pomarańczowo i… to tylko jedna strona ulicy. A ciągną się tu całe rzędy ulic pełne kolorowych budynków ciasno stłoczonych między eleganckimi kościołami o wysokich dzwonnicach i barokowych krużgankach. Wśród tej feerii barw mieści się mnóstwo świątyń kultury: szkoły muzyczne, szkoły tańca oraz capoeiry. Co tydzień we wtorek wieczorem brukowane uliczki wypełniają się muzyką i tańcem, a imprezy ciągną się do późna.

▶ MACHU PICCHU, PERU
853. Wędrówka prastarym inkaskim szlakiem
Kiedy: przez cały rok
Szerokość geograficzna: -13.1631
Długość geograficzna: -72.5450

Niemal każdy, kto przyjeżdża do Peru, odwiedza Machu Picchu i dzieje się tak nie bez powodu. Pozostałości tego położonego wysoko w Andach miasta Inków robią olbrzymie wrażenie i dają wgląd w geniusz tej dawnej cywilizacji.

Wycieczkę można zaliczyć w jeden dzień, wyruszając z Cuzco, lecz jeśli tylko ktoś podoła wędrówce przez góry, będzie to zdecydowanie lepsza możliwość.

Przejście szlakiem trwa cztery dni, a wiele odcinków pokrywa się dokładnie z pierwotną trasą Inków – od czasu do czasu można się nawet natknąć na ślady pierwotnych mieszkańców tych gór, takie jak brukowane ścieżki, schody wykute w skale, a nawet kilka tuneli.

W kulminacyjnym punkcie wędrówki po raz pierwszy wędrowcom ukazuje się Machu Picchu, oglądane z punktu zwanego „Wrotami Słońca". Wielu turystów wstaje bardzo wcześnie, aby dotrzeć tu dokładnie o wschodzie, a skąpane w czerwono-złotych promieniach prastare miasto w dolinie poniżej przyzywa podróżnych, by zeszli zgłębić jego tajemnice.

RN PAMPAS GALERAS, PERU
854. Wśród alpak, gwanak, lam i wikunii andyjskich
Kiedy: przez cały rok
Szerokość geograficzna: -14.7502
Długość geograficzna: -74.3822

Dobrze jest być ekspertem w jakiejś egzotycznej dziedzinie, choćby dlatego, że można się wtedy popisać w towarzystwie! Podróż do Rezerwatu Narodowego Pampas Galeras w Peru sprawi, że wyjedziesz stąd bogatszy o wiedzę dotyczącą tego, jak rozróżnić lamę po długich uszach, a alpakę po pysku, oraz tego, że wikunia andyjska (narodowe zwierzę Peru) i większe od niej gwanako żyją na wolności.

Ruiny miasta Inków, Machu Picchu, Peru

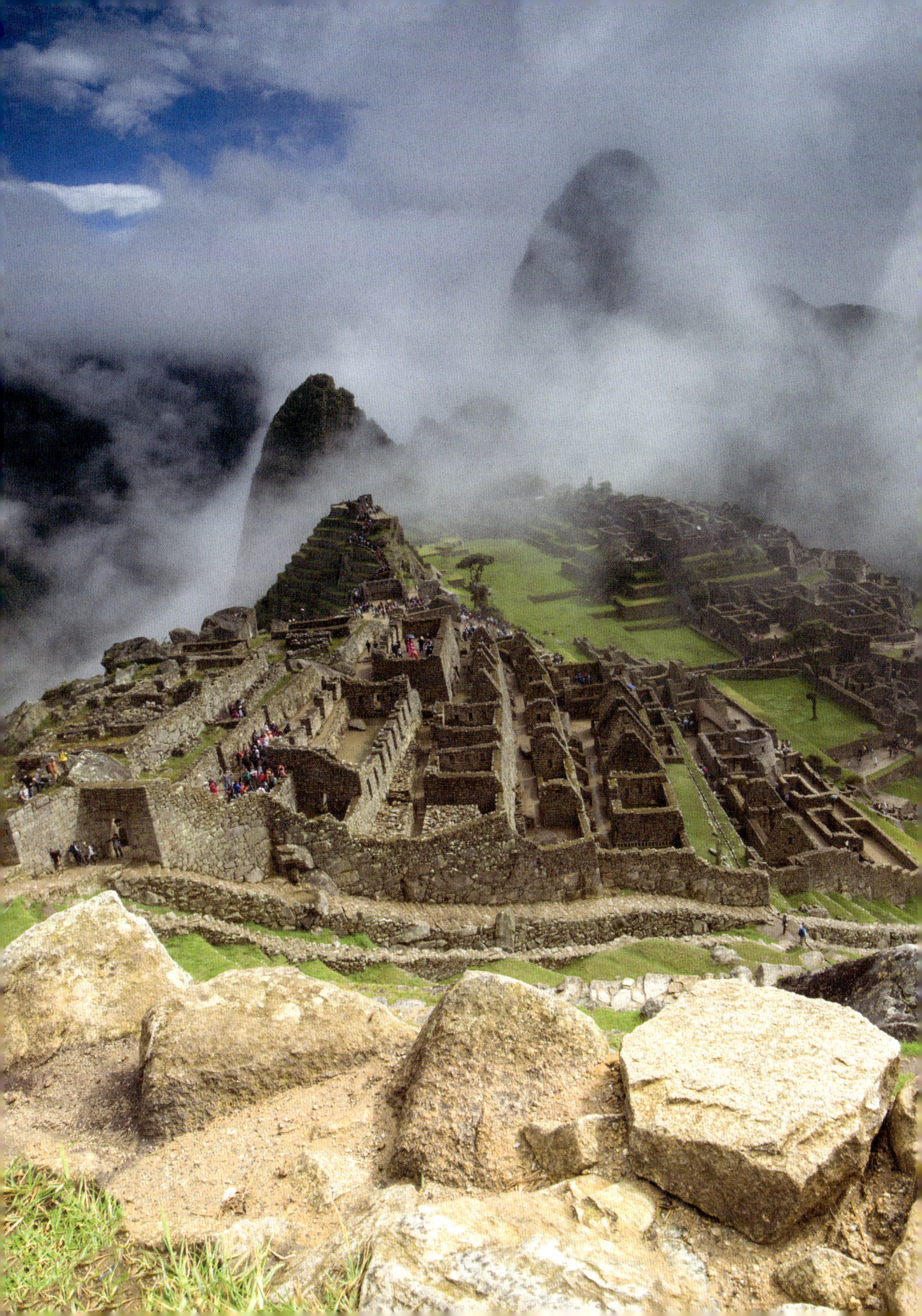

PÓŁKULA POŁUDNIOWA   od 0°S do 15°S

PN KAKADU, AUSTRALIA
855. Wypatrywanie krokodyli na Terytorium Północnym
Kiedy: przez cały rok
Szerokość geograficzna: -13.0922
Długość geograficzna: 132.3937

Park Narodowy Kakadu, położony w Terytorium Północnym Australii, jest gigantyczny – obejmuje teren równy połowie Szwajcarii! Tam w regionie o jakże pasującej nazwie „Rzeki Aligatora" mieszka wiele zagrożonych gatunków. Największą atrakcją są krokodyle różańcowe (lubiące zarówno słodką, jak i słoną wodę), osiągające ponad 4 m długości.

W. BOŻEGO NARODZENIA, AUSTRALIA
856. W krainie złodziei kokosów
Kiedy: przez cały rok (okres migracji przypada na październik–listopad)
Szerokość geograficzna: -10.4475
Długość geograficzna: 105.6904

Gdy mowa o cudach i dziwach dzikiej przyrody, trudno nie wspomnieć o krabach palmowych (zwanych też rabusiami kokosowymi) na australijskiej Wyspie Bożego Narodzenia. Te skorupiaki o rozmiarach małego kota i rozstawie odnóży sięgającym 90 cm na oczach wszystkich zwinnie wspinają się na drzewa po kokosy.

SACSAYHUAMÁN, PERU
857. Oddanie czci inkaskiemu bogu słońca
Kiedy: 24 czerwca
Szerokość geograficzna: -13.5050
Długość geograficzna: -71.9801

Cytadela Sacsayhuamán (w języku keczua „sokół" albo „myszołów rdzawogrzbiety"), założona około 900 r. n.e., to niezwykła budowla o ogromnym znaczeniu w historii Inków. Do dziś w porze przesilenia letniego odbywa się tu fascynujący Festiwal Słońca. Można na nim podziwiać widowiska teatralne ku czci boga słońca Inti, na które składają się parady z lamami, muzyka i tańce ludowe.

TIPÓN, NIEOPODAL CUZCO, PERU
858. Peruwiańskie przysmaki, w tym… świnka morska
Kiedy: przez cały rok
Szerokość geograficzna: -13.5708
Długość geograficzna: -71.7831

Jak mawiają, pożywienie jednego jest domowym zwierzątkiem drugiego. Świnka morska (zwana w Peru *cuy*) to nieodłączny element peruwiańskiej kuchni. Łatwa w hodowli, najpierw hasa po domu, a następnie ląduje na grillu. Niektórzy mówią, że w smaku przypomina kurczaka. Sami możemy się o tym przekonać w Tipón nieopodal Cuzco, znanym ze swoich *cuyerias*.

HUACACHINA, PERU
859. Pustynnym quadem przez peruwiańskie piaski
Kiedy: przez cały rok
Szerokość geograficzna: -14.0875
Długość geograficzna: -75.7633

Poczuć się jak w *Mad Maxie* – no, poza bronią – i mknąć kilka godzin przez pustynne wydmy Huacachiny quadem typu buggy. Wow! Po zaparkowaniu można się cieszyć niesamowitym zachodem słońca, sandboardingiem oraz mistyczną oazą rozrywkowego miasta Huacachiny.

PERU
860. Bajeczne ary w naturalnym środowisku
Kiedy: przez cały rok
Szerokość geograficzna: -12.5825
Długość geograficzna: -69.1933

Kolorowo upierzone amazońskie ary swoim wyglądem zachwycają nie tylko dzieci. Najlepszym miejscem na obserwację tych ptaków w naturze jest położony w peruwiańskiej Amazonii największy światowy raj geofagów – czyli zwierząt, które tak jak ary uzupełniają sobie dietę ziemią. Gromadzą się one o świcie, tworząc oszałamiającą feerię barw.

Tajemnicze rysunki z Nazca, Peru

PŁASKOWYŻ NAZCA, PERU
861. Tajemnicza moc rysunków z Nazca
Kiedy: przez cały rok
Szerokość geograficzna: -14.7390   **Długość geograficzna:** -75.1300

Na pierwszy rzut oka nic na pustyni Nazca nie uderza jako szczególnie zaskakujące. Ale to tylko pozory. Gdy spojrzy się na ten obszar z lotu ptaka – siedząc w awionetce – szczęki natychmiast opadają. Oto na piasku widać niesamowite zarysy: gigantyczny pająk, kondor, setki idealnie prostych linii i figur geometrycznych.

To dzieło ludu Nazca zostało stworzone przypuszczalnie między 200 r. p.n.e. a 600 r. n.e. Rysunki powstały przez usunięcie górnej warstwy skał, a tym samym odsłonięcie leżącego pod spodem kontrastującego kolorystycznie jasnego piasku. Na suchej, bezwietrznej pustyni piasek formuje skorupy i całymi latami nie poddaje się erozji. To właśnie dzięki temu linie są widoczne do dziś.

Dlaczego zostały tam utworzone i jak lud Nazca był w stanie nakreślić tak ogromne kształty, gdy lotnictwo było pieśnią bardzo odległej przyszłości, do dziś pozostaje tajemnicą. Jedno z badań wysunęło hipotezę o związkach tych linii z astrologią, inni znawcy twierdzą, że wyznaczały one szlaki pielgrzymek. Mówiono nawet o wizytach kosmitów.

Dlaczego te obrazy powstały, prawdopodobnie na zawsze pozostanie zagadką. Każdy może spróbować znaleźć własne rozwiązanie, przelatując nad nimi – a nuż uda się dostrzec coś naprowadzającego na trop, z którego skorzystają naukowcy?

Uluru (Ayers Rock) na Terytorium
Północnym Australii (zob. s. 435)

ROZDZIAŁ 7
PÓŁKULA POŁUDNIOWA
od 15°S   do 30°S

PÓŁKULA POŁUDNIOWA   od 15°S do 30°S

Kondor wielki szybujący nad kanionem Colca, Peru

▲ KANION COLCA, PERU
862. Wypatrywanie szybujących kondorów wielkich
Kiedy: przez cały rok (najlepiej o świcie)
Szerokość geograficzna: -15.6093
Długość geograficzna: -72.0896

Uchwycić majestatyczną sylwetkę kondora, który błyskawicznie mknie nad kanionem – to jest to! Kondory są największymi latającymi ptakami na półkuli zachodniej, a rozstaw ich skrzydeł sięga 3 m. Łatwo zrozumieć, dlaczego ten królewski ptak zajmuje tak ważne miejsce w andyjskim folklorze.

RAROTONGA, WYSPY COOKA
863. Rytm muzyki południowego Pacyfiku
Kiedy: w kwietniu lub w maju
Szerokość geograficzna: -21.2292
Długość geograficzna: -159.7763

Istnieje wiele powodów, by odwiedzić pełne uroku Wyspy Cooka z ich szafirowoniebieską laguną. Gdy w końcu się tu znajdziemy, w żadnym razie nie wolno nam przegapić południowopacyficznych tańców! Festiwal Island Dance na Rarotondze to okazja, by zobaczyć najlepsze tradycyjne występy.

CHIRUNDU, ZAMBIA
864. Spływ kanadyjką po Zambezi
Kiedy: przez cały rok
Szerokość geograficzna: -16.0271
Długość geograficzna: 28.8509

Większość safari nie wymaga opuszczania jeepa czy autobusu, dlatego aby pełniej doświadczyć bliskości natury, warto wsiąść w łódkę i powiosłować jedną z najwspanialszych afrykańskich rzek. Safari w kanadyjce po Zambezi to wyprawa przez niczym nieskażoną głuszę, w trakcie której człowiek ma szansę z bliska obserwować dziką przyrodę. Szczególnie godna polecenia jest czterodniowa wyprawa z Chirundu do Parku Narodowego Mana Pools.

PÓŁKULA POŁUDNIOWA   od 15°S do 30°S

JEZIORO TITICACA, BOLIWIA
865. Poczuć pod stopami pływającą wyspę
Kiedy: przez cały rok
Szerokość geograficzna: -15.9254
Długość geograficzna: -69.3354

Na pływających wyspach na jeziorze Titicaca żyje lud Uro. Mieszkańcy zbudowali te wyspy z trzciny porastającej brzegi jeziora. Naturalnie wymagają one nieustannego naprawiania i wzmacniania. Z każdym krokiem można czuć pod stopami drganie wyspy, która również leciutko się wtedy zapada.

POTOSÍ, BOLIWIA
866. Na kolanach w kopalni srebra
Kiedy: przez cały rok
Szerokość geograficzna: -19.5722
Długość geograficzna: -65.7550

Wejście do kopalni w Potosí nie jest szczególnie przyjemne, ale jeśli się na to zdobędziesz, przekonasz się, że to niezła lekcja pokory. Powietrze jest tu ciężkie i gorące, a tunele są bardzo wąskie, co czyni to przeżycie naprawdę klaustrofobicznym. Nic dziwnego, że górnicy brali z sobą pod ziemię papierosy i alkohol, by zjednać sobie bóstwo tego podziemnego świata, El Tio („wujaszka").

Z LA PAZ DO EL ALTO, BOLIWIA
867. Kolejką górską z miasta do miasta
Kiedy: przez cały rok
Szerokość geograficzna: -16.4897
Długość geograficzna: -68.1193

Boliwijczycy to bodaj jedyni ludzie na świecie, którzy dojeżdżają do pracy głównie kolejką linową. Mi Teleférico, rozpięta na przyprawiającej o zawrót głowy wysokości około 4000 m n.p.m., łączy La Paz z El Alto. Dziesięciominutowa ekscytująca przejażdżka daje możliwość podziwiania niezwykle malowniczych krajobrazów w dole.

▶ AREQUIPA, PERU
868. Odnalezienie spokoju w klasztorze Santa Catalina
Kiedy: przez cały rok
Szerokość geograficzna: -16.4090
Długość geograficzna: -71.5375

Przekraczając bramy klasztoru Santa Catalina w Arequipie, człowiek trafia do miasta w mieście. To pełna spokoju przystań pełna łagodnych łuków, fontann, dziedzińców i ogrodów. Wąskie ochrowe i błękitne uliczki prowadzą od kaplic do pomieszczeń mieszkalnych, pralni i na patio. Ten cichy, rozległy klasztor zajmuje cały kwartał miasta. Spacer po tej oazie jest prawdziwym balsamem dla duszy, a spokój i prostota życia zakonnic udzielają się również turystom.

Klasztor Santa Catalina w Arequipie, Peru

PÓŁKULA POŁUDNIOWA   od 15°S do 30°S

▶ BAHIA, BRAZYLIA
869. Mleko prosto z kokosa
Kiedy: przez cały rok
Szerokość geograficzna: -16.4871
Długość geograficzna: -39.0789
(Arraial d'Ajuda)

Aby w pełni cieszyć się piciem mleczka kokosowego wprost z owocu, trzeba to robić na plaży w upale. W ten sposób można się przekonać, jak bardzo orzeźwiający jest ten nektar natury. To również znakomite lekarstwo na kaca.

Orzeźwiający łyk prosto z owocu kokosa w Bahii, Brazylia

Z LA PAZ DO COROICO, BOLIWIA
870. Przejazd najniebezpieczniejszą drogą świata
Kiedy: przez cały rok
Szerokość geograficzna: -16.4897
Długość geograficzna: -68.1193
(La Paz)

Znana jako „droga śmierci", ta długa na prawie 70 km trasa na odcinku z La Paz do Coroico opada o około 3450 m i nieodmiennie przyciąga rzesze żądnych adrenaliny turystów. Biegnie po zboczach gór, co oznacza mnóstwo stromych zjazdów, osuwisk, słabą widoczność oraz, niestety, wiele ofiar. Dobrym pomysłem na bezpieczną przeprawę jest rowerowa wycieczka górska z przewodnikiem.

LA PAZ, BOLIWIA
871. Zakupy na Bazarze Czarownic
Kiedy: przez cały rok
Szerokość geograficzna: -16.5000
Długość geograficzna: -68.1500

Będąc w La Paz, koniecznie trzeba odwiedzić maleńkie sklepiki na Bazarze Czarownic. Pełno w nich dziwnych i zachwycających mikstur, proszków, amuletów, aromatów, posążków oraz tak oryginalnych składników, jak wysuszone płody lam czy liście kakaowca. Sklepiki te prowadzone są przez kobiety z ludu Ajmara znane jako „czarownice". Twierdzą one, że potrafią uzdrawiać, oraz sprzedają talizmany.

BOLIWIA
872. Misje jezuickie w Chiquitos
Kiedy: przez cały rok
Szerokość geograficzna: -17.3500
Długość geograficzna: -63.5833
(w San Javier)

Na obszarze odległego od cywilizacji, szaroburego regionu Chiquitos rozsianych jest sześć z najwspanialszych kościołów epoki kolonialnej w całej Ameryce Łacińskiej. Odrestaurowane z pietyzmem, figurują na liście światowego dziedzictwa UNESCO jako pozostałości szeregu pionierskich jezuickich osad z XVII w., które w dużym stopniu zmieniły wschodnią część kraju. Szczególnie na uwadze należy mieć najstarsze zachowane jezuickie miasto – San Javier.

BORA-BORA, POLINEZJA FRANCUSKA
873. Kąpiel w rajskiej lagunie
Kiedy: przez cały rok
Szer. geogr.: -16.5064   **Dł. geogr.:** -151.7494

Bora-Bora to należąca do Polinezji Francuskiej wyspa otoczona laguną i rafą koralową. Można tu pływać, nurkować, chlapać się przy brzegu i wykorzystać każdy dostępny sposób, aby jak najpełniej poznać bogactwo morskiego życia, obfitujące w rekiny, płaszczki i inne stworzenia.

PÓŁKULA POŁUDNIOWA od 15°S do 30°S

TIAHUANACO, BOLIWIA
874. Jedne z najstarszych ruin na świecie
Kiedy: przez cały rok
Szerokość geograficzna: -16.5542
Długość geograficzna: -68.6782

Ameryka Południowa jest prawdziwym rajem dla tropicieli tajemnic starożytnych cywilizacji – znajduje się tu wiele pozostałości po najstarszych cywilizacjach świata, wyznaczających etapy o krytycznym znaczeniu w historii rozwoju ludzkości. Niesamowite miasto Tiahuanaco działa na ludzką wyobraźnię: niektórzy twierdzą, że istniało już około 1500 r. p.n.e., choć przypuszczalnie zostało założone w IV w. p.n.e. Stolicę wczesnego imperium, które panowało nad większą częścią południowych Andów wokół jeziora Titicaca, dla Europy odkryli konkwistadorzy w XVI w.

Splądrowane ruiny Tiahuanaco częściowo odsłonięto w ramach wykopalisk prowadzonych pod czujnym okiem UNESCO. Teraz każdy może sam odkryć w sobie żyłkę archeologa i zachwycać się niezwykłymi znaleziskami, podziwiając pozostałości po pałacach, monolity z wyrytymi na nich obrazami, świątynie i tajemnicze piramidy.

Kamienna figura w Tiahuanaco, Boliwia

PÓŁKULA POŁUDNIOWA od 15°S do 30°S

Krawędź Wodospadu Wiktorii, Zambia

▲ DIABELSKI BASEN, WODOSPADY WIKTORII, ZAMBIA
875. Poleżeć na skraju Wodospadu Wiktorii
Kiedy: od połowy sierpnia do połowy stycznia
Szerokość geograficzna: -17.9244
Długość geograficzna: 25.8559

Wodospady Wiktorii na rzece Zambezi mają wysokość 108 m. Z pewnością nikt nie jest na tyle szalony, aby wypłynąć na rzekę ponad nimi, prawda? Ha! Po zambijskiej stronie rzeki, kiedy poziom wody wystarczająco opada, naturalna ściana skalna przy krawędzi wodospadu, która znajduje się na tyle blisko powierzchni, aby stworzyć swoisty basen, sprawia, że przy odrobinie odwagi można doń bezpiecznie wpłynąć. Znany jako „diabelski basen", nie jest on jednak miejscem dla strachliwych. Aby tam dotrzeć, trzeba przejść skalną ścieżką i wpłynąć na Zambezi, po czym dać się ponieść prądowi na skraj klifu. Prąd jest wyczuwalny, ale śmiałkowie dzięki naturalnej skalnej ścianie bezpiecznie tkwią w miejscu.

Z TRANCOSO DO ARRAIAL D'AJUDA, BRAZYLIA
876. Całodzienny spacer po plaży
Kiedy: przez cały rok (przy odpływie)
Szerokość geograficzna: -16.5906
Długość geograficzna: -39.0958 (Trancoso)

Pierwotnie Trancoso było miejscem tak niedostępnym, że można tam było dotrzeć wyłącznie, wędrując cały dzień wzdłuż plaży. Dziś przy odpływie droga ta nadal jest dostępna i pozwala przejść brzegiem oceanu do oddalonego o 15 km Arraial d'Ajuda.

Miasto słynie z rustykalnego uroku i dziewiczych plaż, toteż spacer wzdłuż szmaragdowego morza będzie czystą przyjemnością nawet pomimo okazjonalnej konieczności wspięcia się po skałach czy brodzenia w wodzie.

PÓŁKULA POŁUDNIOWA   od 15°S do 30°S

Idealnie nazwane zwierzątko – aj-aj, mieszkaniec Madagaskaru

▲ MADAGASKAR
877. Aj-aj, czyli oko w oko z leśnym cudaczkiem
Kiedy: przez cały rok (po zmierzchu)
Szerokość geograficzna: -18.7669
Długość geograficzna: 46.8691

Aj-aj (palczak madagaskarski), przypominający pluszowego misia z kościstymi palcami i wytrzeszczonymi oczami, niby nie powinien wydawać się uroczy, a jednak... Te nocne ssaki naczelne mieszkają tylko na Madagaskarze i specyficzny sposób szukają pożywienia. Pukają w drzewo, nasłuchują echa i gdy znajdą komorę z pasożytami, wygryzają niewielką dziurę w drewnie, w którą następnie wkładają długi, kościsty środkowy palec, aby w ten sposób wydobyć jedzenie.

RZEKA MANGOKY, MADAGASKAR
878. Uroki dzikiej przyrody nad rzeką Mangoky
Kiedy: od kwietnia do listopada (w porze suchej)
Szerokość geograficzna: -21.5857
Długość geograficzna: 43.7220

Wyspa Madagaskar nie przypomina żadnego innego miejsca na ziemi. Odcięta od południowo-wschodniego wybrzeża Afryki przez Ocean Indyjski, jest ostoją niesamowitej, endemicznej bioróżnorodności. Blisko 90% madagaskarskich gatunków nie występuje nigdzie indziej na całej planecie.

Warto udać się na zachodnie wybrzeże, aby odkrywać wyspę drogami wodnymi – w ten sposób można dotrzeć do najcudowniejszych zakamarków tego przyrodniczego raju. Spływ tratwą wzdłuż spokojnej rzeki Mangoky to świetna propozycja: długa na 564 km rzeka płynie z centralnych wyżyn do Kanału Mozambickiego, oddzielającego wyspę od Afryki. Płynie się wśród piaskowcowych klifów, mija się lasy baobabowe, a od czasu do czasu wśród gałęzi drzew widać obserwujące podróżnych lemury.

PÓŁKULA POŁUDNIOWA od 15°S do 30°S

MENABE, MADAGASKAR
879. Świat wywrócony do góry korzeniami
Kiedy: przez cały rok
Szerokość geograficzna: -20.2508
Długość geograficzna: 44.4183

Niesamowita aleja Baobabów, którą najlepiej przejść się o świcie bądź o zmierzchu, pełna jest „drzew odwróconych do góry korzeniami". Warto zauważyć, jak bardzo karłowate gałęzie koron przypominają system korzeniowy, aby zrozumieć, skąd wzięła się legenda mówiąca o uciekających drzewach, które posadzono odwrotnie, żeby je wreszcie zatrzymać na miejscu.

REGION KUNENE, NAMIBIA
880. Niezwykły lud Himba
Kiedy: od kwietnia do maja
Szerokość geograficzna: -18.0556
Długość geograficzna: 13.8406

W południowo-zachodnim regionie Namibii, Kunene, mieszka jedno z najczęściej fotografowanych plemion na świecie: Himba. Lud ten znany jest z malowania skóry na rudobrązowo, z wymyślnych fryzur i skąpych ubiorów, odsłaniających większą część ciała. Himbowie często trafiają na okładki magazynów oraz występują w filmach dokumentalnych na całym świecie. Można ich spotkać podczas wycieczki zorganizowanej ze stolicy regionu, Opuwo. W ten sposób podróżni poznają ciekawostki związane z tradycyjnym stylem życia tego ludu.

NAMIBIA
881. Wspinaczka na największą wydmę świata
Kiedy: od kwietnia do maja
Szerokość geograficzna: -24.5464
Długość geograficzna: 15.3297

Najwyższa dostępna dla turystów wydma na świecie, Wydma 7, zwana Big Daddy lub Crazy Dune, ma 383 m wysokości (liczone od podstawy, choć ta wysokość jest zmienna) i znajduje się na pustyni w Namibii. Przemierzanie tych pomarańczowych piasków uformowanych przez wiatry wiejące znad Atlantyku jest szczególnie niesamowite o świcie. Gdy wstaje słońce, ma się wrażenie, jakby widok pochodził nie z tego świata.

KSIĘSTWO HUTT RIVER, AUSTRALIA ZACHODNIA
882. Zostać księciem we własnym mikropaństewku
Kiedy: przez cały rok
Szerokość geograficzna: -28.0910
Długość geograficzna: 114.4489

Obejmujące zaledwie 75 km² i przyciągające 40 000 turystów rocznie księstwo Hutt River założone zostało w 1970 r. przez farmera Leonarda Casleya (obecnie nazywa on sam siebie księciem Leonardem I Huttem), który wszedł w spór z rządem australijskim z powodu zmniejszenia zamówień na dostawy pszenicy. Choć żadne państwo nie uznaje oficjalnie tej mikronacji, widnieje ona w Google Maps.

Zakładanie mikropaństewek wydaje się coraz bardziej popularne – obecnie istnieje ich ponad setka – i można je zakładać na całym świecie. Ciekawe, że to właśnie Australia ma ich najwięcej: to tutaj powstały Aeterna Lucina, Cesarstwo Atlantium, Wielkie Księstwo Avramu oraz Niepodległe Państwo Rainbow Creek. Nic nie stoi na przeszkodzie, by wzorować się na księciu Leonardzie I i założyć własne państwo!

COOBER PEDY, AUSTRALIA PŁD.
883. Skarb wykopany na pustyni
Kiedy: przez cały rok
Szerokość geograficzna: -29.0111
Długość geograficzna: 134.7556

Aby znaleźć własny opal w Coober Pedy, wystarczy przyjechać i zacząć kopać – tak właśnie w 1915 r. pierwszy opal znalazł tu 14-letni chłopak. Niektóre opale znajdują się zaledwie 20 cm pod ziemią, inne leżą wprost na powierzchni.

Świeżo złowiona piranią w Pantanal, Brazylia

▲ PANTANAL, BRAZYLIA
884. Uczta ze świeżo złapanej piranii
Kiedy: przez cały rok (choć najlepszy czas to pora sucha, od maja do września)
Szerokość geograficzna: -19.0089
Długość geograficzna: -57.6528 (Corumbá)

Pokrywające obszar większy od terytorium Francji Pantanal jest największym na świecie mokradłem słodkowodnym, zamieszkiwanym przez olbrzymią liczbę dzikich zwierząt: kajmany okularowe, jaguary i pancerniki o wdzięcznej nazwie zębolita olbrzymia. Jedną z największych miejscowych atrakcji jest łowienie piranii – warto więc zatrzeć ręce i spróbować, aby było co ugrillować na obiad!

REZERWAT MOREMI GAME, DELTA OKAWANGO, BOTSWANA
885. Zachwyt nad ostatnim edenem na ziemi
Kiedy: najlepiej od lipca do września
Szerokość geograficzna: -19.1667
Długość geograficzna: 23.1667

Delta Okawango często bywa nazywana „ostatnim edenem na ziemi", ponieważ jest to jedno z największych mokradeł słodkowodnych na świecie. Dziewicza, nieskażona przyroda i fascynujące krajobrazy przywodzą na myśl czasy, gdy stopa człowieka jeszcze w tym miejscu nie postała.

Najbardziej zdumiewa fakt, że delta znajduje się w samym sercu pustyni – przepłynąwszy setki kilometrów, rzeka rozlewa się i wsiąka w grunt, donikąd nie uchodzi. W ten sposób pośród morza piasku powstał bujny, prawdziwie wyjątkowy ekosystem charakteryzujący się ogromną różnorodnością flory i fauny.

Można tu zobaczyć mnóstwo zwierząt: od maleńkich owadów do największych skupisk słoni w Afryce, od zwierząt wodnych po te, które przystosowały się do życia na pustyni.

W podróż najlepiej wybrać się między lipcem a wrześniem, po opadach, gdy setki tysięcy zwierząt gromadzą się w tej olbrzymiej oazie, uciekając od pustynnego żaru.

DELTA OKAWANGO, BOTSWANA

886. Cześć, hipopotamie!

Kiedy: od maja do września
Szerokość geograficzna: -19.6510
Długość geograficzna: 22.9059

Beczułkowaty tułów i ogromna paszcza – oto „koń rzeczny", jedno z najdziwniejszych stworzeń zamieszkujących brzegi rzek Afryki Subsaharyjskiej. Wizyta na żyznych terenach nad rzeką Chobe i w delcie Okawango da szansę na obserwowanie tych potężnych bestii.

WYBRZEŻE SZKIELETOWE, NAMIBIA
887. Spacer upiornym wybrzeżem szkieletów
Kiedy: przez cały rok
Szer. geogr.: -20.0000   **Dł. geogr.:** 13.3333

Namibijskie Wybrzeże Szkieletowe to miejsce w pełni zasługujące na tę upiorną nazwę. Portugalscy żeglarze zwali je również „bramą do piekieł", a tubylcy „ziemią, którą bóg stworzył w gniewie". Tak czy inaczej, jest to okolica wyjątkowo nieprzyjazna.

    Mimo to w jakiś sposób zachwyca nieuchwytnym pięknem. Wzdłuż wybrzeża spaceruje się po wydmach, których barwy mienią się od złota do czerwieni. Rzeki przecinające pustynię tworzą na niej zielone oazy i wodopoje dla dzikich zwierząt. To również istny raj dla ornitologów. Interesująco oczywiście wyglądają liczne wraki statków, które roztrzaskały się niegdyś o brzegi – ich liczba przekracza tysiąc. Dlaczego rozbiło się ich tu aż tyle? Powodem są zdradliwe skały oraz prądy morskie, a także spowijająca wszystko mgła. Do najbardziej znanych rozbitych tutaj jednostek należy niemiecki statek „Eduard Bohlen", który dotarł w te strony w 1909 r. Pustynne piaski, początkowo osadzone w pewnej odległości od brzegu, z czasem połączyły się z lądem, więc pordzewiały kadłub znajduje się 457 m od wody, co tworzy nader surrealistyczny widok.

    Pomimo swego rozmiaru i – jak mogłoby się wydawać – jałowego otoczenia pustynia ta w zadziwiającym stopniu tętni życiem. Świetną propozycją będzie wyprawa w głąb jednego z koryt rzecznych. Takie safari to okazja, aby zobaczyć słonie, antylopy, żyrafy, hieny i rzadkie pustynne lwy namibijskie.

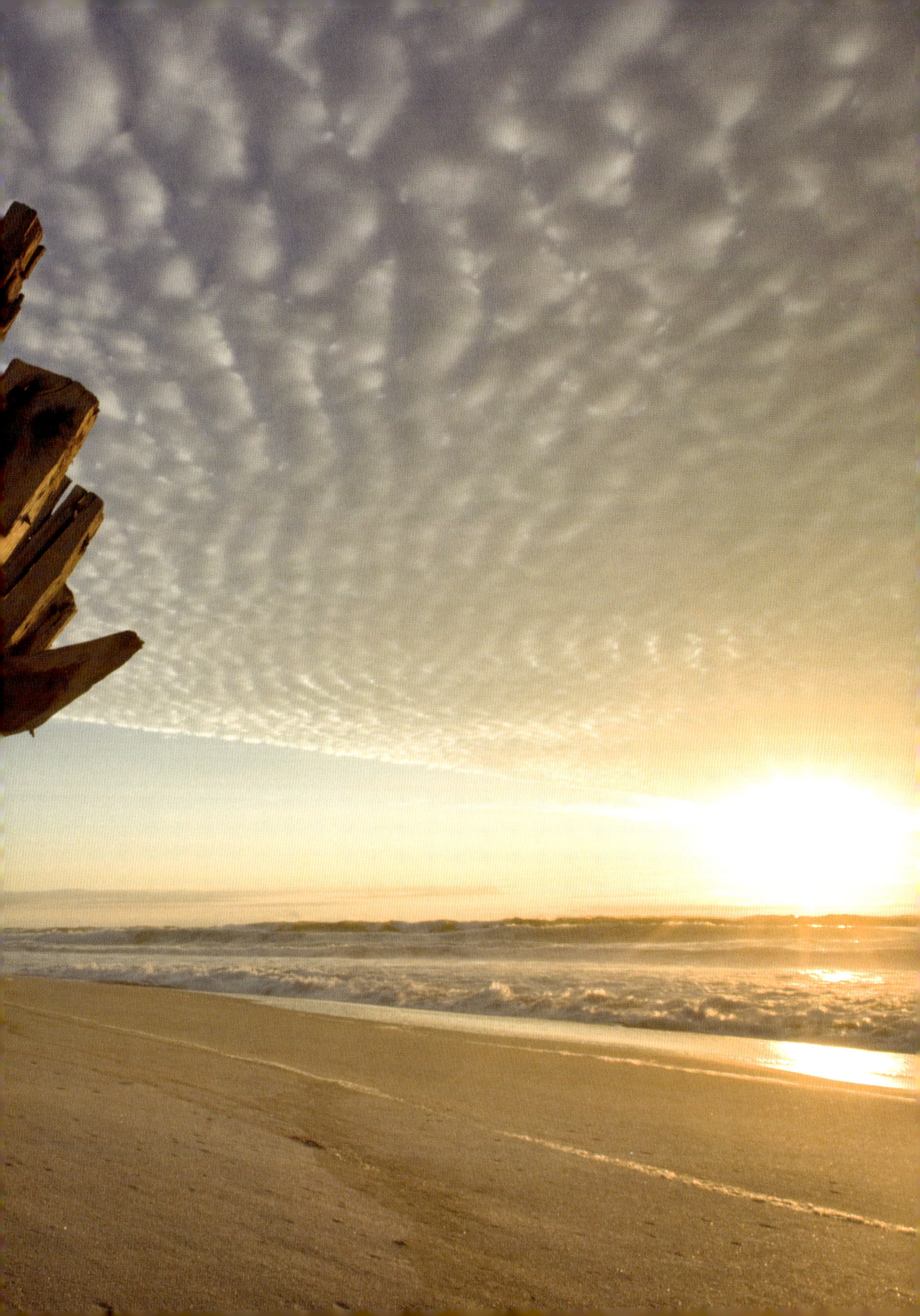

PÓŁKULA POŁUDNIOWA   od 15°S do 30°S

SALAR DE UYUNI, BOLIWIA
888. Przeprawa przez największe solnisko na świecie
Kiedy: przez cały rok (najlepiej w suchej zimowej porze: od maja do października)
Szerokość geograficzna: -20.1431 (Isla del Pescado)
Długość geograficzna: -67.8075

W południowo-zachodniej Boliwii znajduje się Salar de Uyuni, największe solnisko na świecie. Obszar ten, rozpościerający się na powierzchni 10 582 km^2 i na wysokości 3600 m n.p.m., otoczony górami i dymiącymi wulkanami, około 12 000 lat temu był głębokim, rozległym jeziorem.

Z miasteczka Uyuni warto się wybrać na kilkudniową wycieczkę jeepem przez całe solnisko i okolicę, aby odkryć najpopularniejsze atrakcje tego regionu: porośniętą ogromnymi kaktusami Isla del Pescado („Wyspę Rybną"), czerwone i szmaragdowozielone jeziora w Rezerwacie Narodowym Fauny Andyjskiej Eduardo Avarua, gejzer Sol de Mañana oraz formacje skalne na Pampa Siloli.

Najlepszym czasem na wycieczkę jest pora sucha, zimą (od maja do października), choć czasami bywa wtedy bardzo zimno. Niewiele osób decyduje się na podróż latem, w porze deszczowej, ale każdy, kto wybierze się właśnie wtedy, zostanie sowicie wynagrodzony prawdziwie magicznym widokiem: gdy ogromne połacie słonej ziemi zostają zalane wodą, przekształcają się w rozległe lustro, idealnie odbijające otaczające je góry i niebo.

▶ CHAMAREL, MAURITIUS
889. Baśniowa „ziemia siedmiu kolorów"
Kiedy: przez cały rok
Szerokość geograficzna: -20.4259
Długość geograficzna: 57.3894

Chamarel, „ziemia siedmiu kolorów", zachwyca każdego, kto przyjeżdża na Mauritius. Widok jest tak niesamowity, że wydaje się wręcz złudzeniem optycznym. Kolorowe pagórki we wszystkich kolorach tęczy w dystrykcie Rivière Noire na Mauritiusie zostały uformowane przez wietrzenie skał wulkanicznych – zawarte w nich minerały utworzyły oszałamiającą feerię barw: ziemia mieni się odcieniami brązu, czerwieni, fioletu, purpury, błękitu, zieleni aż do soczystej żółci.

SALAR DE UYUNI, BOLIWIA
890. Namierzyć wszystkie gatunki flamingów
Kiedy: przez cały rok
Szerokość geograficzna: -20.1338
Długość geograficzna: -67.4891

Aż trzy gatunki flamingów – chilijski, andyjski i krótkodzioby – żyją w Ameryce Południowej i można je wszystkie zobaczyć w regionie solniska Salar de Uyuni. Flaming karmazynowy występuje na Karaibach i w Meksyku, mały – w Afryce, a różowy – na południu Europy, w Afryce i Azji.

TUŻ ZA POTOSÍ, BOLIWIA
891. Noc w starej hacjendzie
Kiedy: przez cały rok
Szerokość geograficzna: -19.5500
Długość geograficzna: -65.8500

Hacienda de Cayara, zlokalizowana w żyznej dolinie tuż za Potosí, a zbudowana w 1557 r., jest żywym muzeum. Można się tu zachwycać przepiękną kaplicą z czasów kolonialnych, biblioteką liczącą 6000 wolumenów oraz całą gamą najrozmaitszych zabytków – od 500-letniej zbroi aż do broni z epoki kamienia.

QUEENSLAND, AUSTRALIA
892. Tropem skrytego dziwoląga
Kiedy: od maja do sierpnia
Szerokość geograficzna: -21.1078
Długość geograficzna: 148.5422 (Eungella)

Kiedy europejscy naukowcy po raz pierwszy ujrzeli dziobaka australijskiego (wypchanego), byli przekonani, że padli ofiarą żartu. Stworzenie wyglądało jak zszyte z kilku różnych zwierząt: kaczki, bobra i wydry. Warto poszukać tego skrytego dziwoląga samemu, podróżując do Broken River w Australii, gdzie jest szansa na wytropienie go w naturze.

„Ziemia siedmiu kolorów"
w dystrykcie Rivière Noire, Mauritius

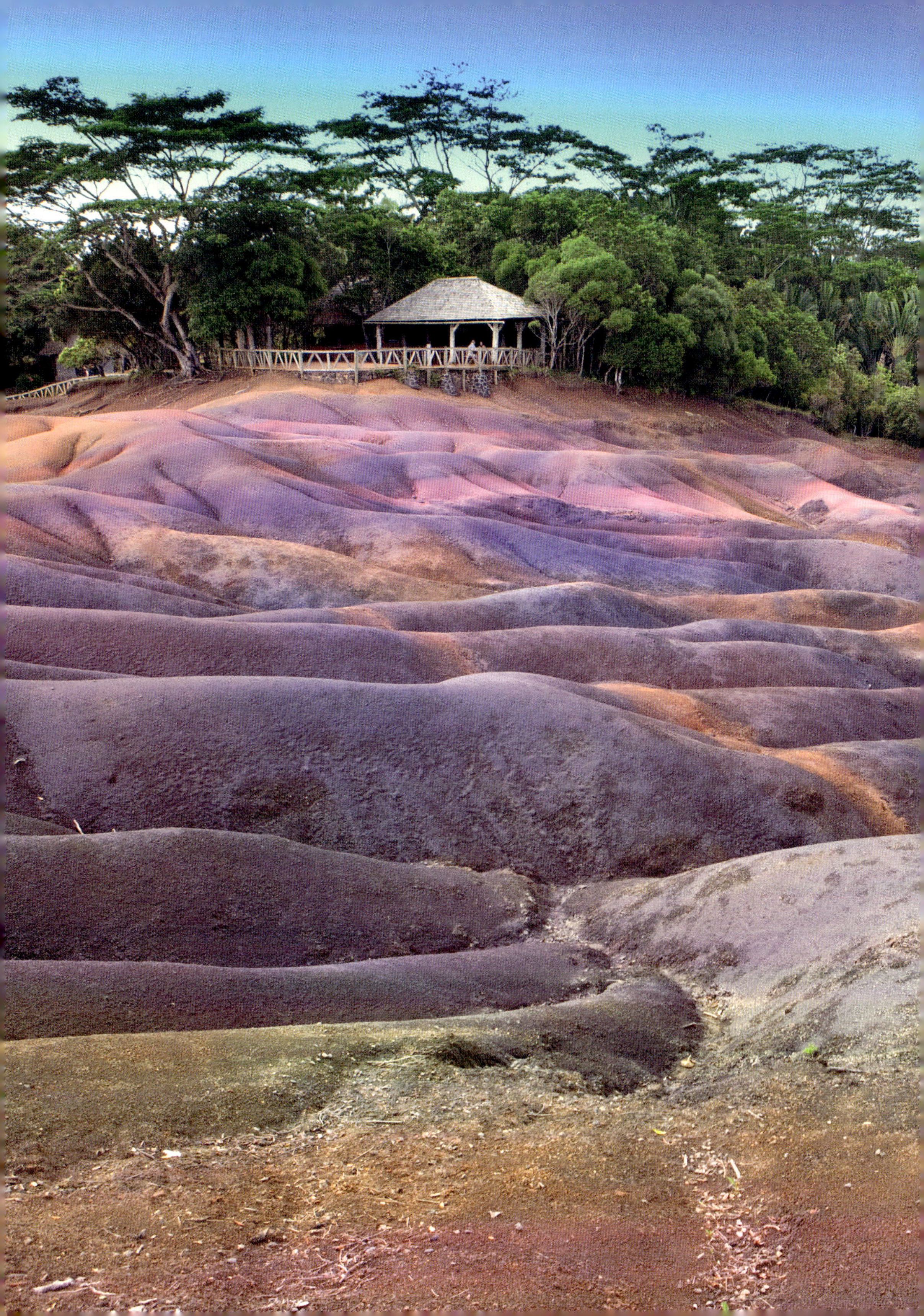

Rekiny wielorybie to największe ryby na świecie, Australia

▲ RAFA NINGALOO, AUSTRALIA
893. Bok w bok z największą rybą świata
Kiedy: od marca do września
Szerokość geograficzna: -21.9331
Długość geograficzna: 114.1281

A może by tak wypłynąć na rafę Ningaloo w poszukiwaniu rekinów wielorybich? Te łagodne, ogromne zwierzęta (osiągają zwykle do 12 m długości) nie mają nic przeciwko pływającym obok nich ludziom, a żywią się wyłącznie planktonem. Można śmiało nurkować i zachwycać się tym, z jaką gracją te giganty machają olbrzymimi ogonami. Warto zwrócić też uwagę na ich ubarwienie – nie ma dwóch rekinów wyglądających dokładnie tak samo.

QUEENSLAND, AUSTRALIA
894. Idealne miejsce na chwilę refleksji
Kiedy: przez cały rok
(najlepiej od maja do września)
Szerokość geograficzna: -16.1700
Długość geograficzna: 145.4185

Jeżeli szukasz spokojnego miejsca, w którym mógłbyś się oddać medytacji, spacer przez mający aż 150 milionów lat las równikowy Daintree w tropikach na północnym krańcu Queensland to coś dla ciebie. Setki kilometrów ścieżek i niezliczone puste plaże sprawiają, że można spokojnie medytować wśród odgłosów puszczy.

WIELKA RAFA KORALOWA, AUSTRALIA
895. Nurkowanie w Wielkiej Rafie Koralowej
Kiedy: przez cały rok
Szerokość geograficzna: -16.4472
Długość geograficzna: 145.8173

Największy system rafy koralowej na świecie, czyli Wielka Rafa Koralowa u wybrzeży Australii, jest siedliskiem niewyobrażalnej wręcz różnorodności i bogactwa morskiego życia. Aby jak najpełniej tego doświadczyć, należy wypożyczyć sprzęt do nurkowania. Obserwowanie z bliska niesamowitej feerii barw rozlicznych gatunków to niepowtarzalne przeżycie.

PÓŁKULA POŁUDNIOWA   od 15°S do 30°S

REPUBLIKA POŁUDNIOWEJ AFRYKI
896. Przebieżka z likaonami
Kiedy: przez cały rok
Szerokość geograficzna: -24.0727
Długość geograficzna: 31.6250
(PN Krugera)

Likaon pstry zalicza się do najbardziej zagrożonych wyginięciem ssaków Afryki, choć wciąż można go spotkać w takich miejscach jak Park Narodowy Krugera, w których walczy się o przetrwanie tego gatunku. Likaony są sprytne i przebiegłe: obserwowanie i słuchanie sfory w akcji robi olbrzymie wrażenie.

DO SALTY, ARGENTYNA
897. Wycieczka z własnymi dziećmi
Kiedy: przez cały rok
Szerokość geograficzna: -24.7821
Długość geograficzna: -65.4231

Nie ma lepszego sposobu, aby zacieśnić więź ze swoim dzieckiem, niż wspólne podróżowanie, a jednym z najlepszych pomysłów na wycieczkę są drogi w Argentynie. Na północnym wschodzie zachwycają magiczne krajobrazy i tradycyjne wioski gauchów. Nie brakuje tu również dróg dla miłośników mocniejszych wrażeń!

PUSTYNIA ATAKAMA, CHILE
898. Uwiecznić swoje imię wśród gwiazd
Kiedy: przez cały rok
Szerokość geograficzna: -24.6272
Długość geograficzna: -70.4042

Pustynia Atakama to jedno z najlepszych miejsc na całej kuli ziemskiej dla obserwatorów nocnego nieba. Znajdują się tu liczne ośrodki astronomiczne, w tym Obserwatorium Paranal i jego słynny Bardzo Duży Teleskop. Jeśli ktoś wypatrzy na niebie „własny" obiekt, liczne organizacje online umożliwiają nadanie mu (nieoficjalnej) nazwy.

TERYTORIUM PÓŁNOCNE, AUSTRALIA
899. Ucieczka od tłumów do Red Centre
Kiedy: przez cały rok (od maja do września jest chłodniej)
Szerokość geograficzna: -24.2498
Długość geograficzna: 131.5118

W Kanionie Królów, nie tak znanym jak wznosząca się po sąsiedzku skała Uluru (Ayers Rock) czy skały Kata Tjuta (Olga), przez przeszło 20 000 lat mieszkali Aborygeni. Wymagający pewnego wysiłku sześciokilometrowy spacer wzdłuż krawędzi kanionu pozwoli podziwiać fantastyczne, nieporównywalne z niczym innym widoki.

TERYTORIUM PÓŁNOCNE, AUSTRALIA
900. Piknik pod gwiazdami przy skale Uluru
Kiedy: przez cały rok (choć najlepiej wybrać porę nowiu)
Szerokość geograficzna: -25.3450
Długość geograficzna: 131.0361

To kolacja w restauracji o milionie gwiazd(ek)! Można tu chłonąć cudowną atmosferę spokoju, w ciszy delektując się kolacją w tym tajemniczym miejscu z widokiem na słońce zachodzące nad Uluru. A gdy na niebie rozbłyśnie Droga Mleczna, cicho pyknie korek od szampana… Magia.

PÓŁNOCNY QUEENSLAND, AUSTRALIA
901. Spacer tunelami lawowymi
Kiedy: przez cały rok
Szerokość geograficzna: -18.2011
Długość geograficzna: 144.5961

Można oczywiście chodzić po zakrzepłej, ostygłej lawie, ale żeby spacerować w niej w środku? W Undarze, w północnej części Queenslandu, dla turystów udostępniono tunele lawowe. Powstały, gdy świeża lawa krzepła i tworzyła zastygłą skorupę z wierzchu, wewnątrz zaś płynęła dalej, aż… przepłynęła, pozostawiając puste korytarze.

PÓŁKULA POŁUDNIOWA   od 15°S do 30°S

RIO DE JANEIRO, BRAZYLIA
902. Uroki brazylijskiej architektury
Kiedy: przez cały rok
Szerokość geograficzna: -22.9090
Długość geograficzna: -43.1766

Fasada Teatru Miejskiego w Rio de Janeiro jest istną ucztą dla zmysłów. Eklektyczna architektura – niebieskie kopuły, skomplikowane mozaiki, złote ornamenty i ogromne kolumny – nieodmiennie zachwyca odwiedzających. To naprawdę robi wrażenie.

RIO DE JANEIRO, BRAZYLIA
903. W cieniu potężnego Chrystusa
Kiedy: przez cały rok
Szerokość geograficzna: -22.9524
Długość geograficzna: -43.2114

Olbrzymi 38-metrowy posąg Chrystusa Odkupiciela ustawiony na szczycie góry Corcovado w Rio de Janeiro jest znany na całym świecie. Zaprojektował go francuski rzeźbiarz polskiego pochodzenia Paul Landowski. Warto podejść bliżej, aby w pełni odczuć ogrom i siłę czystobiałej rzeźby. U jej podstawy znajduje się minikapliczka.

RIO DE JANEIRO, BRAZYLIA
904. Megakoncert w Rio
Kiedy: ostatni odbył się w 2006 r., kolejne, miejmy nadzieję, przed nami
Szerokość geograficzna: -22.9698
Długość geograficzna: -43.1869

Występ The Rolling Stones na plaży Copacabana w Rio de Janeiro zgromadził dwa miliony fanów. Nieważne, że jedynie z kilku pierwszych rzędów było cokolwiek widać; chodziło o samo uczestniczenie w fantastycznej imprezie. Warto wypatrywać kolejnego wielkiego wydarzenia, jakie może tu zostać zorganizowane w przyszłości.

NITERÓI, RIO DE JANEIRO, BRAZYLIA
905. Legendarne arcydzieło brazylijskiego geniusza
Kiedy: przez cały rok
Szerokość geograficzna: -22.9078
Długość geograficzna: -43.1259

Brazylijski architekt Oscar Niemeyer słynie z wyjątkowych budowli. Jego niezwykle charakterystyczne dzieło, Muzeum Sztuki Współczesnej w Niterói, wyglądem przypominające zawieszony nad oceanem latający spodek, po prostu zapiera dech w piersiach. Warto zaplanować wycieczkę do tego niesamowitego miejsca i przy okazji podziwiać rozpościerający się stąd imponujący widok.

PÓŁKULA POŁUDNIOWA   od 15°S do 30°S

Świątynia futbolu – stadion Maracanã w Rio de Janeiro, Brazylia

▲ RIO DE JANEIRO, BRAZYLIA
906. Kibicowanie w sanktuarium futbolu
Kiedy: przez cały rok
Szerokość geograficzna: -22.9122
Długość geograficzna: -43.2302

Kiedy stadion Maracanã ożywa, widać, dlaczego rozgrywane tutaj mecze piłki nożnej uchodzą za najbardziej ekscytujące na świecie. Dajmy się porwać elektryzującej atmosferze, uczcie dla zmysłów – szczególnie podczas wielkich rozgrywek mistrzowskich lub lokalnych derbów.

RIO DE JANEIRO, BRAZYLIA
907. Siatkówka na plaży w Rio
Kiedy: przez cały rok
Szerokość geograficzna: -22.9847
Długość geograficzna: -43.1986

Zanim siatkówka plażowa dotarła do Brazylii, grano w nią na Hawajach i we Francji. Nie ma jednak cienia wątpliwości, że to brazylijskie plaże Rio de Janeiro są jej duchowym domem. Zawsze toczy się tu jakaś gra, a w licznych pobliskich szkołach można szlifować swoje umiejętności – czemu by więc się nie przyłączyć?

WYSPA NANUYA LEVU, FIDŻI
908. Skok do jeziora w stroju Adama
Kiedy: przez cały rok
Szerokość geograficzna: -16.9667
Długość geograficzna: 177.3833

Okej, żeby popływać w stroju Adama, nie trzeba jechać od razu na bezludną wyspę, wystarczy oddalić się od ewentualnej publiczności. Wolność, jaką daje pływanie bez ubrania, jest nie do przecenienia. To czysta afirmacja życia. A więc kąpielówki na bok i chlup do wody pod gołym niebem w zgodzie z tym, jak nas stworzył Bóg.

PARATY, BRAZYLIA
909. Stanąć na wodzie i wiosłować
Kiedy: od maja do grudnia
(aby ominąć porę deszczową)
Szerokość geograficzna: -23.2201
Długość geograficzna: -44.7205

Wydaje się to prastarą umiejętnością i taką prawdopodobnie jest, jednak paddleboarding (czyli pływanie z wiosłem na desce) to stosunkowo nowa dyscyplina, dostępna na wielu pięknych wybrzeżach. Wymaga mniej kręcenia się niż surfowanie i jest spokojniejsza od pływania kajakiem. Warto spróbować swoich sił w tym sporcie na spokojnych wodach w Paratach – w ten sposób mamy szansę opłynąć wybrzeże, jednocześnie podziwiając bogactwo życia morskiego.

PÓŁKULA POŁUDNIOWA od 15°S do 30°S

BRAZYLIA
910. Zabawa z pigmejką karłowatą
Kiedy: przez cały rok
Szerokość geograficzna: -3.1316
Długość geograficzna: -59.9825
(okolice Manaus)

Te niebywale urocze maleńkie małpki ważą mniej niż 100 g i mieszkają w lasach równikowych w brazylijskim dorzeczu Amazonki. Trzymanie w ręku najmniejszej małpki świata to nieoceniony zaszczyt.

BONITO, BRAZYLIA
911. Długa, leniwa wycieczka w głębiny
Kiedy: przez cały rok
Szerokość geograficzna: -21.1286
Długość geograficzna: -56.4929

Bonito, ukryte w południowo-zachodnim zakątku brazylijskiego Mato Grosso do Sul, jest ośrodkiem ekoturystyki w tym regionie. Warto skorzystać z okazji do długiego, spokojnego nurkowania w krystalicznie czystych wodach Rio Olho d'Água, najpiękniejszego miejsca w okolicy.

BRAZYLIA
912. Na przekór arachnofobii
Kiedy: przez cały rok
Szerokość geograficzna: -22.9068
Długość geograficzna: -43.1728
(Rio de Janeiro)

Każdy, kto ma aspiracje, by zostać doświadczonym podróżnikiem, musi jakoś pogodzić się z myślą, że w wielu miejscach na świecie można się natknąć na naprawdę ogromne stwory. Kto chciałby oswoić ten strach, może wziąć do ręki największego pająka, tarantulę, oczywiście pod czujnym okiem eksperta. Brazylia obfituje w pająki, a pajęcza stolica świata to odpowiednie miejsce na taki test.

▶ RIO DE JANEIRO, BRAZYLIA
913. Udział w imprezie nad imprezami
Kiedy: od lutego do marca
(przed wielkim postem)
Szerokość geograficzna: -22.9068
Długość geograficzna: -43.1729

Karnawał definiuje Rio de Janeiro jak chyba nic innego. W czasie trwającego pięć dni karnawałowego szaleństwa, tuż przed rozpoczęciem wielkiego postu, ulice ożywają przy dźwiękach samby, a dwa miliony ludzi wychodzą na zewnątrz, żeby się bawić pod gołym niebem. Punktem kulminacyjnym jest parada szkół samby, jednak dołączyć do balangi można wszędzie i w każdym czasie.

Karnawał w Rio de Janeiro, Brazylia

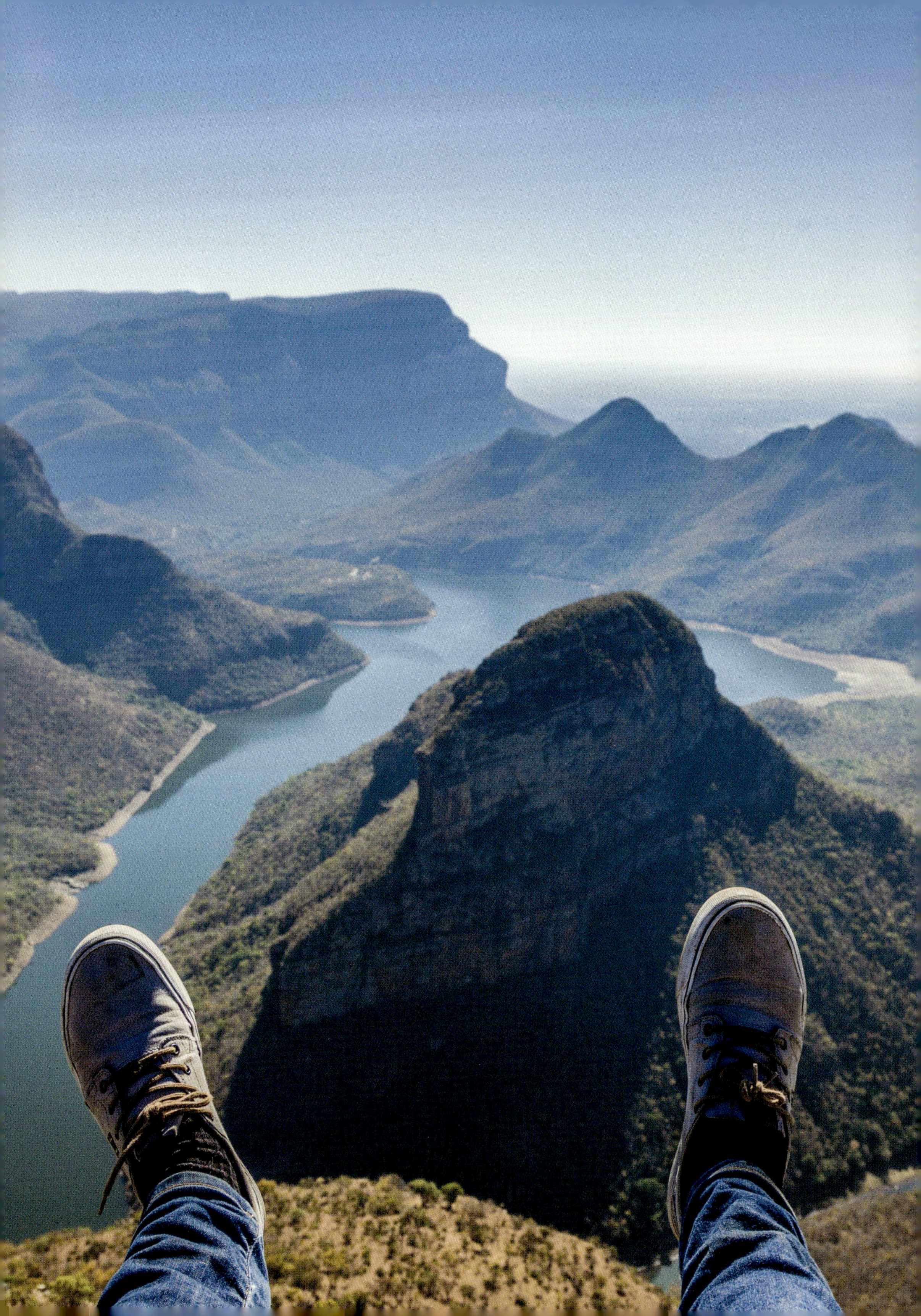

◀ REPUBLIKA POŁUDNIOWEJ AFRYKI
914. Zaliczyć afrykańską „wielką piątkę"
Kiedy: przez cały rok
Szerokość geograficzna: -24.8167
Długość geograficzna: 26.2167
(Rezerwat Madikwe Game)

Wskakujesz do jeepa w Rezerwacie Madikwe Game i wyostrzasz wzrok, wypatrując przyczajonych lwów, wyłaniających się zza krzaków słoni i pławiących się w rzece hipopotamów. Trzeba mieć bystre oko, by wypatrzeć brodzące na mokradłach bawoły oraz skryte lamparty – te ostatnie najtrudniej dostrzec.

Lampart i słoń to dwie pozycje z „wielkiej piątki", Republika Południowej Afryki.

◀ GÓRY SMOCZE, RPA
915. Widok z „Okna Boga"
Kiedy: przez cały rok
Szerokość geograficzna: -24.5911
Długość geograficzna: 30.8128

Legendarny punkt widokowy na kanion rzeki Blyde w Górach Smoczych, nazywany „Oknem Boga", w pełni zasługuje na to miano. Oprócz wyjątkowej formacji geologicznej widok uświetnia bujna górska zieleń. Można tu spacerować, pływać lub jeździć rowerem – albo wybrać wszystkie trzy możliwości.

GÓRY SMOCZE, RPA
916. Wędrówka po Górach Smoczych
Kiedy: przez cały rok
Szerokość geograficzna: -28.9233
Długość geograficzna: 29.1339

Przejście szlakiem Gór Smoczych to przedsięwzięcie warte trudu. Wędrówka jest długa (63 km), wyczerpująca, przebiega daleko od cywilizacji i nieraz prowadzi skrajem przepaści. Jednak zapierające dech w piersiach widoki strzelistych iglic, zachwycająca dzikość przyrody i widoczne gdzieniegdzie rysunki naskalne Buszmenów wynagrodzą ten wysiłek z nawiązką.

ZATOKA KOSI, RPA
917. Szczęki na żywo
Kiedy: przez cały rok
Szerokość geograficzna: -25.8463
Długość geograficzna: 28.3023

Ujrzenie płetwy rekina przebijającej taflę wody bywa tyleż przerażające, ile zachwycające. W zatoce Kosi – szeregu połączonych z sobą czterech nieskazitelnych jezior – to częsty widok. Należy mieć na uwadze, że aby podróżować po tym obszarze, warto mieć porządne auto z napędem na cztery koła.

Kanion rzeki Blyde w Górach Smoczych, Republika Południowej Afryki

Kwiaty na pustyni Atakama, Chile

▲ PUSTYNIA ATAKAMA, CHILE
918. Dywan kwiatów na pustyni
Kiedy: od września do listopada
Szerokość geograficzna: -23.8634
Długość geograficzna: -69.1328

To najbardziej suche miejsce na ziemi – na niektóre obszary od 400 lat nie spadła ani jedna kropla deszczu. Na tej jałowej pustyni znajdują się wioski z chatami z cegły suszonej na słońcu, a sceneria działa po prostu hipnotyzująco. Kiedy jednak nadchodzi deszcz, pustynia budzi się do życia. Rozpościerający się przed oczami żywy dywan różowych i pomarańczowych kwiatów to widok, którego po prostu nie można przegapić!

ARGENTYNA
919. Wsiąść do „pociągu wśród chmur"
Kiedy: przez cały rok
Szerokość geograficzna: -24.7821
Długość geograficzna: -65.4231
(Salta)

Na ogół powód do podróży pociągiem to po prostu konieczność przemieszczenia się z punktu A do punktu B. Przejażdżka z Salty do San Antonio de los Cobres w Argentynie okazuje się jednak czymś zupełnie innym: to mrożąca krew w żyłach jazda na dużej wysokości „pociągiem wśród chmur". Dla wielu będzie to doświadczenie najbliższe lataniu bez odrywania stóp od ziemi.

QUEENSLAND, AUSTRALIA
920. Przejażdżka po baaaardzo długiej plaży
Kiedy: przez cały rok
Szerokość geograficzna: -25.2663
Długość geograficzna: 153.1561

Jak w ogóle wyobrazić sobie długą na 120 km plażę? Może być naprawdę trudno, ale tak właśnie wygląda wybrzeże Wielkiej Wyspy Piaszczystej w Queenslandzie. Wypożyczmy więc terenówkę i jedźmy plażą, która ciągnie się i ciągnie, i ciągnie…

PÓŁKULA POŁUDNIOWA od 15°S do 30°S

SZLAK WOLNOŚCI, Z DURBANU DO KAPSZTADU, RPA

921. Rowerem przez Afrykę

Kiedy: przez cały rok, choć najwygodniej wiosną (od marca do maja) i jesienią (od września do października)
Szerokość geograficzna: -29.6006 **Długość geograficzna:** 30.3794 (Pietermaritzburg)

Trudno wyobrazić sobie trasę rowerową obejmującą więcej naturalnych wzniesień niż Szlak Wolności, który rozciąga się od wschodniego do zachodniego wybrzeża Afryki przez 2200 km, wznosząc się i opadając po drodze w sumie aż o 37 km. Droga, mająca początek w Pietermaritzburgu nad Oceanem Indyjskim, wiedzie przez niezliczone, niczym nieskażone dzikie tereny, sześć łańcuchów górskich, parki i rezerwaty naturalne aż do wybrzeża atlantyckiego za Kapsztadem.

Rower górski jest w tej wyprawie nieodzowny, a przebycie całej trasy to nie lada wyzwanie. Śmiałków czeka 27 dni pedałowania przeplatanego chwilami pieszej wędrówki i koniecznością niesienia roweru, przez sześć do ośmiu godzin dziennie.

Najwięksi zapaleńcy mogą spróbować swoich sił w dorocznym wyścigu Freedom Challenge przez Republikę Południowej Afryki, który odbywa się w połowie zimy. Uczestnicy współzawodniczą niekiedy w bardzo mroźnych warunkach, pozbawieni nawigacji GPS i innych pomocy. Z kolei ci traktujący rywalizację mniej poważnie mogą podzielić sobie trasę i zaliczać ją etapami. Albo po prostu wskoczyć na siodełko na miłą jednodniową przejażdżkę, a następnie udać się w inne ciekawe miejsca w tym regionie. Republika Południowej Afryki ma w końcu do zaoferowania wiele atrakcji.

Pedałowanie przez Afrykę do Kapsztadu w Republice Południowej Afryki

PARK NARODOWY RICHTERSVELD, NAMIBIA

922. Śladami smoków

Kiedy: od maja do września
Szer. geogr.: -28.0643 **Dł. geogr.:** 17.1905

Mając bujną wyobraźnię, można uznać, że namibijski Kanion Fish River został utworzony przez uderzenie ogona smoka. Naukowcy wyjaśniają jednak, że jest to dzieło erozji wodnej oraz efekt zapadnięcia się dna doliny, do którego doszło ponad 500 milionów lat temu. Miejscowi mawiają, że ich cud natury ustępuje miejsca tylko Wielkiemu Kanionowi Kolorado. Bez względu na to, która hipoteza przekonuje nas bardziej, nie ulega wątpliwości, że długa na około 160 km i głęboka na 550 m rozpadlina robi olbrzymie wrażenie.

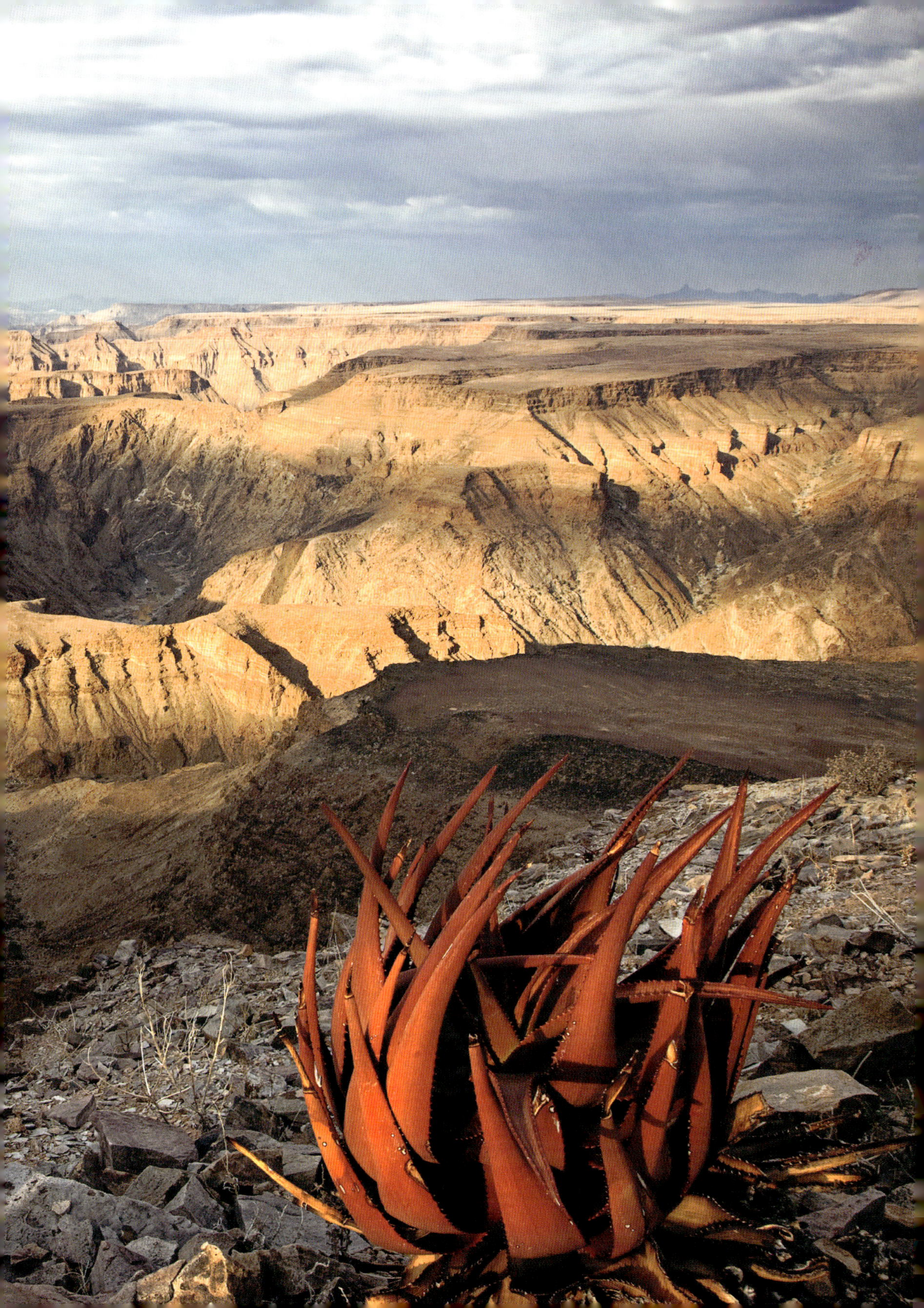

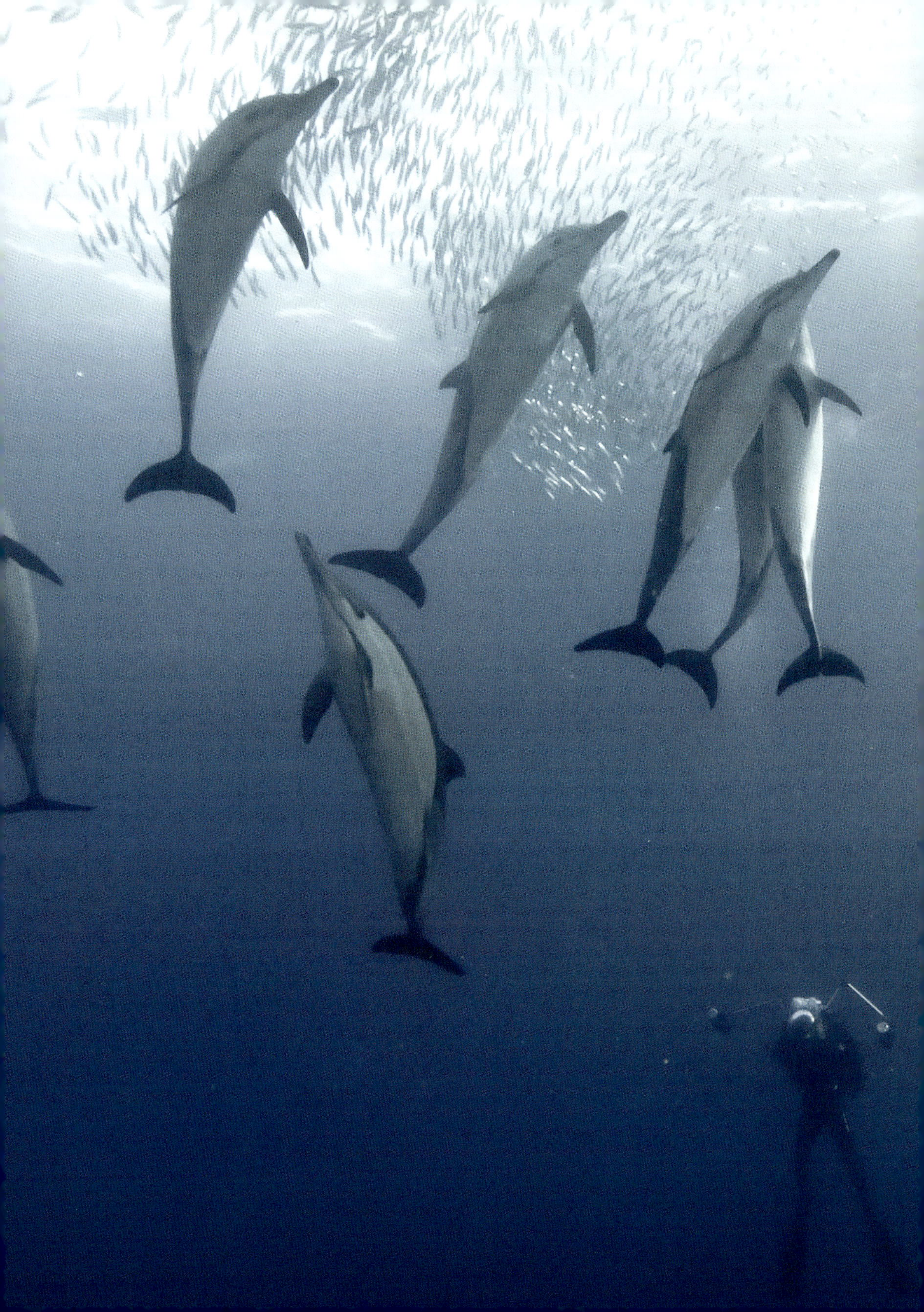

SPRINGBOK, RPA
923. Kwiatowe safari
Kiedy: w czasie sezonu kwitnienia: od lipca do września
Szerokość geograficzna: -29.6655
Długość geograficzna: 17.8880

Kiedy nadchodzą pierwsze deszcze, dotychczas suchy i zapylony Namaqualand staje się prawdziwym oceanem barw. Warto zatrzymać się w miasteczku Springbok, aby nasycić się pięknem kwiatowego festiwalu. W szczycie sezonu (od lipca do września) podawane są tu na bieżąco informacje dotyczące kwitnienia poszczególnych gatunków. Dominują dzikie stokrotki, rośnie również wiele storczyków, żywych kamieni (przypołudników) oraz innych sukulentów.

◀ KWAZULU-NATAL, RPA
924. Nurkowanie wśród migrujących sardynek
Kiedy: od maja do lipca
Szerokość geograficzna: -28.5305
Długość geograficzna: 30.8958

Jedna z największych morskich migracji: co roku latem miliony srebrzystych sardynek przemieszczają się na północ z przylądka Cape Point. Nurkowanie z ławicą tych ryb jest doprawdy wyjątkowym doświadczeniem.

Nurkowanie z sardynkami u brzegów prowincji KwaZulu-Natal, Republika Południowej Afryki

PÓŁKULA POŁUDNIOWA   od **15°**S do **30°**S

WYSPA WIELKANOCNA, CHILE
925. Wchód słońca na Wyspie Wielkanocnej
Kiedy: przez cały rok
Szerokość geograficzna: -27.1167
Długość geograficzna: -109.3667

Hen, gdzieś na Oceanie Spokojnym, w odległości około 2250 km od najbliższego zamieszkanego miejsca, leży Wyspa Wielkanocna (Rapa Nui), jedno z najbardziej odosobnionych miejsc na świecie. Na tej maleńkiej wysepce narodziła się fascynująca kultura, której najbardziej urzekającym przejawem są *moai* – monolityczne kamienne posągi. Niezapomniany jest widok słońca wschodzącego zza Ahu Tongariki, rzędu 15 ogromnych *moai* na północno-wschodnim krańcu wyspy.

SAN PEDRO DE ATACAMA, CHILE
926. Zachód słońca w Dolinie Księżycowej
Kiedy: przez cały rok
Szerokość geograficzna: -22.9087
Długość geograficzna: -68.1997

Już na pierwszy rzut oka widać, skąd chilijska Dolina Księżycowa wzięła nazwę – porozsiewane tu i ówdzie szczyty i ogromne kratery w tej części pustyni Atakama są typowo „księżycowe". Najlepiej podziwiać je z wysokości wydm i o zachodzie słońca, kiedy błyszczą fascynującą czerwienią i złotem.

SALTA, ARGENTYNA
927. Spojrzenie przez największy Skyspace
Kiedy: przez cały rok (w pn. zamkn.; w porze deszczowej, od grudnia do marca, Skyspace może być wyłączony z użytku)
Szerokość geograficzna: -25.5132
Długość geograficzna: -66.3925

Gdy spoglądamy w niebo przez jedną z instalacji Jamesa Turrella, odkrywamy zupełnie nową perspektywę. W winiarni Colomé i Muzeum Jamesa Turrella – jednej z najstarszych argentyńskich winiarni i największej (jak do tej pory) konstrukcji Skyspace – niebo wydaje się niemającym granic bezbrzeżnym granatem. Warto delektować się przy tym lampką wytwarzanego tu wyjątkowego trunku.

Wschód słońca na Wyspie Wielkanocnej, Chile

PÓŁKULA POŁUDNIOWA   od 15°S do 30°S

Wodospady Iguazú, na granicy Argentyny i Brazylii

Z ARGENTYNY DO CHILE
928. Przez Andy na końskim grzbiecie
Kiedy: latem
Szerokość geograficzna: -27.7882
Długość geograficzna: -64.2739 (punkt startowy w Argentynie)

Oto jeden z najlepszych pomysłów na południowoamerykańską przygodę: zobaczyć Andy z perspektywy dawnych pionierów i przemytników, przemierzając góry konno. Takie wycieczki organizowane są przez liczne firmy – w tydzień lub 10 dni z Chile do Argentyny lub z Argentyny do Chile. Tempo jest równe i w miarę komfortowe (choć nowicjuszy mogą nieco uwierać siodła).

Stary pionierski szlak wiedzie doliną Puelo w głąb patagońskiej głuszy z jej dziewiczymi jeziorami, bujnymi lasami i orzeźwiającym górskim powietrzem pozwalającym oczyścić umysł. Jeźdźcy suną przez rozległe połacie porośnięte trawą pampasową, mijają dymiące wulkany, gęste lasy równikowe i pokryte śniegiem szczyty. Trudno wyobrazić sobie wyprawę przemierzającą bardziej różnorodne obszary.

To idealny sposób na zanurzenie się w lokalnej kulturze: wędrowiec ma szansę zatrzymać się w rustykalnej chacie i po całodziennej wyprawie dostać zaproszenie na *asado* („grilla").

▲ WODOSPADY IGUAZÚ, ARGENTYNA
929. Spacer za wodospadem
Kiedy: przez cały rok
Szerokość geograficzna: -25.6867
Długość geograficzna: -54.4447

Wodospady Iguazú, położone na granicy Argentyny i Brazylii, niezmiennie wprawiają wszystkich w niemy zachwyt. Ponad 250 kaskad śmiało może stawać w szranki nawet z Wodospadem Wiktorii. Tu można przejść ścieżkami, które prowadzą tak blisko spienionych strumieni, jak to tylko możliwe – od dołu, od góry, a nawet za kotarę wody.

Park Narodowy Torres del Paine
w Chile (zob. s. 471)

ROZDZIAŁ 8
PÓŁKULA POŁUDNIOWA
od 30°S   do 90°S

PÓŁKULA POŁUDNIOWA   od 30°S do 90°S

▼ AUSTRALIA ZACHODNIA
930. Żółte dywany kwiatów
Kiedy: od lipca do września
Szerokość geograficzna: -30.4326
Długość geograficzna: 115.4378
(PN Badgingarra)

W podróż przez Australię Zachodnią najlepiej wybrać się wiosną, gdy jak okiem sięgnąć wszędzie rozpościerają się żółte dywany polnych kwiatów. W czasie tego dorocznego widowiska, jakie przygotowuje dla podróżnika natura, pobocza dróg mienią się wszystkimi odcieniami żółci, różu i bieli.

NOWA POŁUDNIOWA WALIA, AUSTRALIA
931. Śpiewanie *Traviaty* na dachu autobusu
Kiedy: przez cały rok
Szerokość geograficzna: -31.8841
Długość geograficzna: 141.2177

Złóżmy hołd jednej z najsłynniejszych scen filmowych: któż nie pamięta *Priscilli, królowej pustyni* i Guya Pearce'a śpiewającego arię operową w niebotycznych srebrnych szpilkach na dachu autobusu? Śpiewamy *Sempre Libera* z opery *Traviata* Verdiego. Obecność srebrnego kostiumu wedle uznania.

HERMANUS, RPA
932. Oglądanie wielorybów w świetle księżyca
Kiedy: od sierpnia do listopada
Szerokość geograficzna: -34.4092
Długość geograficzna: 19.2504

Hermanus w Republice Południowej Afryki to stolica wielorybiego świata. Można tu podziwiać ogromne, ważące nawet do 90 ton walenie południowe, gdy wystawiają ogony i chlustają dokoła wodą. Ten fascynujący widok szczególne wrażenie robi przy świetle księżyca.

Polne kwiaty w Parku Narodowym Badgingarra, Australia Zachodnia

Strusie na Szlaku Ogrodów w Republice Południowej Afryki

Z MOSSEL BAY DO STORMS RIVER, RPA
933. Południowoafrykańskim Szlakiem Ogrodów
Kiedy: przez cały rok (szczególnie od maja do grudnia)
Szerokość geograficzna: -34.4092   **Długość geograficzna:** 19.2504 (początek w Hermanusie)

Rozpościerający się od Mossel Bay w Prowincji Przylądkowej Zachodniej do Storms River południowoafrykański Szlak Ogrodów jest kwiecistym rajem – z idealnym klimatem, majestatyczną przyrodą i białymi, piaszczystymi wybrzeżami. Drogę tę można spokojnie przejechać w jeden dzień, jednak piękno podróży tkwi przede wszystkim w odkrywaniu miejsc, w których można się na chwilę zatrzymać.

W drodze z zachodu na wschód (choć technicznie rzecz biorąc, nie jest to już część Szlaku Ogrodów) jest okazja do obserwowania wielorybów. Gansbaai to kolejny obowiązkowy przystanek. Tutaj można zanurkować w klatce i przeżyć bliskie spotkanie z żarłaczem białym (zob. przygoda 961). Z kolei zjazd przez Oudtshoorn – „strusią stolicę świata" – do jaskini Cango daje szansę na rozpoczęcie przygody z alpinizmem jaskiniowym.

Knysna to przeurocze przybrzeżne miasteczko z lokalnym browarem i rezerwatem słoni. W Rezerwacie Przyrody Robberg, nieopodal Plettenberg Bay, czekają na podróżnika wymagające, lecz piękne szlaki turystyczne, a samo Plettenberg jest idealnym miejscem na relaks i zapisanie w pamięci wszystkich mijanych cudów. Ostatnim przystankiem będą parki safari niedaleko miasta Port Elizabeth.

PÓŁKULA POŁUDNIOWA   od 30°S do 90°S

NOWA POŁUDNIOWA WALIA, AUSTRALIA
934. Przechadzka po parku rzeźb na pustkowiu
Kiedy: przez cały rok
Szerokość geograficzna: -31.9559
Długość geograficzna: 141.4651

Sztuka jest obecna wszędzie i Broken Hill w Nowej Południowej Walii bynajmniej nie należy do wyjątków. Można tu podziwiać górujące nad horyzontem pustynne rzeźby, które sprawiają, że krajobraz nabiera zupełnie nowego wymiaru.

SYDNEY, AUSTRALIA
935. W najsłynniejszym australijskim budynku
Kiedy: przez cały rok
Szerokość geograficzna: -33.8571
Długość geograficzna: 151.2152

Sydney Opera House jest arcydziełem architektury o tak ogromnym znaczeniu, że każdy, kto przybywa do tego miasta, musi je zobaczyć. Jednakże zachwycając się imponującym wyglądem zewnętrznym, zapomina się czasem, że wewnątrz tej światowej klasy świątyni kultury dzieje się również wiele. Warto więc sprawdzić, które z licznych pozycji – od baletu i opery przez koncerty symfoniczne, muzykę teatralną do innych występów i przedstawień – szczególnie przykują naszą uwagę.

COQUIMBO, CHILE
936. Słodkie futrzaki w swoim żywiole
Kiedy: przez cały rok
Szerokość geograficzna: -31.5458
Długość geograficzna: -71.1022

Niektórych zwierząt trzeba dotknąć, aby w nie uwierzyć – szynszyla jest jednym z nich. Te andyjskie gryzonie mają 60 włosów w każdym mieszku włosowym, co sprawia, że ich ciała pokryte są wyjątkowo miękkim futerkiem. Można je obserwować w naturze w Rezerwacie Narodowym Las Chinchillas w Chile, jednak nie należy głaskać zwierzątek żyjących na wolności.

ZIEMIA OGNISTA, CHILE
937. Żaglowcem wokół przylądka Horn
Kiedy: przez cały rok
Szerokość geograficzna: -55.9817
Długość geograficzna: -67.2695

Przylądek Horn to miejsce dobrze znane wilkom morskim. Wiejące tu silne wiatry, prądy morskie oraz góry lodowe sprawiają, że wody te należą do najbardziej nieprzyjaznych żeglarzom. Do dzisiaj żeglowanie tą trasą stanowi nie lada wyzwanie, które podejmują tylko najlepsi. Warto więc skorzystać z okazji, aby popłynąć tędy z doświadczonym kapitanem i poczuć to samo, co czuli żeglujący na tych wodach śmiałkowie na przestrzeni wieków.

SAN ALFONSO DEL MAR, ALGARROBO, CHILE
938. Nauka pływania w największym basenie świata
Kiedy: przez cały rok
Szerokość geograficzna: -33.3496
Długość geograficzna: -71.6523

Większość osób uczy się pływać na lokalnych pływalniach, w których woda jest w najlepszym przypadku letnia. Wyobraźmy sobie tylko, o ileż większą frajdą może być nauka pływania na największym basenie świata! San Alfonso del Mar w Algarrobo w Chile to imponująca pływalnia o długości 1013 m – co oznacza, że zmieściłoby się tu aż 20 basenów olimpijskich. Napełniana jest 250 milionami litrów morskiej wody pompowanej z Oceanu Spokojnego (która wcześniej jest oczywiście filtrowana i odpowiednio przygotowywana). Krystalicznie czyste wody tego gigantycznego basenu czynią go wprost wymarzonym miejscem do pierwszych postępów w kraulu czy żabce.

VALPARAÍSO, CHILE

939. Kolejką szynowo-
-linową przez Valparaíso

Kiedy: przez cały rok
Szerokość geograficzna: -33.0472
Długość geograficzna: -71.6127

Jest coś ikonicznego w kolejkach naziemnych Valparaíso, chilijskiego nadmorskiego miasta, którego kolorowe domy tulą się do stromych górskich zboczy. Kolejki te zostały zbudowane, ponieważ na takiej stromiźnie trudno było o rozwój innego rodzaju transportu.
  No to jazda!

PÓŁKULA POŁUDNIOWA   od 30°S do 90°S

Dom Pabla Nerudy w Isla Negra, Chile

▲ CASA DE ISLA NEGRA, CHILE
940. Z wizytą w niezwykłym domu Pabla Nerudy
Kiedy: przez cały rok
Szerokość geograficzna: -33.4429
Długość geograficzna: -71.6838

Dla mieszkańców Chile Pablo Neruda jest kimś więcej niż tylko najsłynniejszym narodowym poetą – to prawdziwy bohater narodowy. W tym kraju można zwiedzić trzy jego domy; wszystkie pełne zachwycających, ekscentrycznych przedmiotów świadczących o niesamowitej pasji i afirmacji życia artysty.

POŁUDNIOWE WYBRZEŻE CHILE
941. Wśród fiordów na południu Chile
Kiedy: przez cały rok
Szerokość geograficzna: -52.1667
Długość geograficzna: -74.6667

Z lotu ptaka południowe wybrzeże Chile wygląda jak rozdrobniona masa maleńkich wysepek, które odkruszyły się od głównego lądu. Z poziomu morza rozpościera się zapierający dech w piersiach widok na przepiękne fiordy i jeziora, soczyście zielone wyspy oraz imponujące lodowce.

PATAGONIA, CHILE
942. Bieg „na koniec świata"
Kiedy: przez cały rok
Szerokość geograficzna: -31.4092
Długość geograficzna: -70.5437

Na ekstremalny wyścig Patagonian Expedition Race, w którym konkurują ze sobą czteroosobowe drużyny, składają się: trekking, wspinaczka, pływanie kajakiem i jazda na rowerze przez setki kilometrów malowniczego krajobrazu południowej Patagonii. Nazywany „ostatnim dzikim wyścigiem", Patagonian Expedition Race trwa około tygodnia, a w jego trakcie przez dłuższy czas można nie spotkać żywej duszy. Gotowi na wyzwanie?

PÓŁKULA POŁUDNIOWA   od 30°S do 90°S

SANTIAGO, CHILE
943. Zbudować dom dla nieznajomego
Kiedy: przez cały rok
Szerokość geograficzna: -33.4566
Długość geograficzna: -70.5978

Niemal 10% ludności Chile żyje w trudnych warunkach mieszkaniowych. Kraj ten jest również bardzo podatny na katastrofy naturalne, dlatego chilijski rząd wraz z organizacją Habitat for Humanity dokładają starań, aby pomóc społecznościom i poszczególnym rodzinom zmagającym się z tymi problemami. Każdy może włączyć się w tę akcję i podać pomocną dłoń – a nawet dwie. To nie tylko poczucie satysfakcji, ale też dobra zabawa, świetny sposób na zbudowanie więzi z innymi podróżnikami oraz możliwość poznania małych, niezwykle serdecznych społeczności.

SANTIAGO, CHILE
944. Gra w szachy w Chile
Kiedy: przez cały rok
Szerokość geograficzna: -33.4379
Długość geograficzna: -70.6504

Klub szachowy w Santiago spotyka się po wschodniej stronie Plaza de Armas niemal każdego popołudnia. Z dołączeniem nie ma problemu – wystarczy podejść i zapytać. Jednak uwaga: standardy są wysokie, a gra toczy się szybko. Jeżeli nasza partia skończy się szybciej, niż zdążymy powiedzieć „hetman bije skoczka na g5", znajdziemy tu wystarczająco wiele innych atrakcji. Miejsce to jest zawsze tłoczne – pełne mówców, artystów i pucybutów.

PUCÓN, CHILE
945. Ślizgiem po zboczu wulkanu
Kiedy: od czerwca do grudnia
Szerokość geograficzna: -39.4208
Długość geograficzna: -71.9391

Idealnie stożkowy wulkan Villarrica, ze szczytem oprószonym śniegiem, czasem nawet buchający lekko dymem, jest niemal ikoną wulkanu. Po długiej, mozolnej wspinaczce na szczyt nasz trud zostanie wynagrodzony niesamowitymi widokami. Jednak najfajniejszą częścią wyprawy będzie zjazd na sankach. Szuuu!

PÓŁKULA POŁUDNIOWA od 30°S do 90°S

▶ AUSTRALIA I CAŁY ŚWIAT
946. Nauka kręcenia hula-hoopem
Kiedy: przez cały rok
Szerokość geograficzna: -33.8674
Długość geograficzna: 151.2069
(Sydney)

Wiele osób bawiło się tak w dzieciństwie – moda ta narodziła się w Australii w latach 50. – niewielu jednak osiągnęło w tej dziedzinie mistrzostwo. Jest mnóstwo powodów, dla których warto spróbować jeszcze raz: to świetna zabawa, rewelacyjna aktywność fizyczna, a w Sydney istnieje ogrom fantastycznych zajęć praktycznych, podczas których można się znów poczuć jak dziecko.

Ojczyzną kręcenia hula-hoopem jest Australia.

PALM BEACH, SYDNEY, AUSTRALIA
947. Grill na plaży
Kiedy: od października do marca
Szerokość geograficzna: -33.5965
Długość geograficzna: 151.3241

Grill na plaży to kwintesencja prostoty i słodyczy życia. A gdy jest to grill w miejscu publicznym (wiele takich ustawiono na australijskich plażach), proste życie staje się jeszcze prostsze.

AUSTRALIA ZACHODNIA, AUSTRALIA
948. Plażowanie z kangurami
Kiedy: przez cały rok (najlepiej latem)
Szerokość geograficzna: -33.9944
Długość geograficzna: 122.2325

Czy może być coś bardziej australijskiego niż kangur skaczący po piaszczystej plaży? Australijskie selfie należy zrobić nad Lucky Bay w Parku Narodowym Cape Le Grand na idyllicznym południowym wybrzeżu Zachodniej Australii. Białe plaże zostały tu zaanektowane przez grupę kangurów i nie będzie przesadą stwierdzenie, że torbacze z widoczną przyjemnością pozują do zdjęć!

SYDNEY, AUSTRALIA
949. Surfowanie u brzegów plaży Bondi
Kiedy: przez cały rok
Szerokość geograficzna: -33.8910
Długość geograficzna: 151.2777

Niewiele nazw w świecie surferów jest tak ikonicznych jak plaża Bondi. To zachwycające miejsce pełne wakacyjnego luzu, opalonych na brązowo ciał, smażących się na słońcu turystów i barów pełnych drinków z bąbelkami. Aby mieć z tej wycieczki jeszcze większą frajdę, należy popłynąć na plażę promem z centrum Sydney.

KAPSZTAD, RPA
950. Piknik na Górze Stołowej
Kiedy: przez cały rok
Szer. geogr.: -33,9628
Dł. geogr.: 18,4098

Piknik na płaskiej Górze Stołowej górującej nad Kapsztadem w Republice Południowej Afryki to punkt obowiązkowy na liście każdego wędrowca. Można tam dotrzeć kolejką linową lub poświęcić parę godzin na nietrudną wspinaczkę, by zjeść obiad na bez wątpienia największym stole świata.

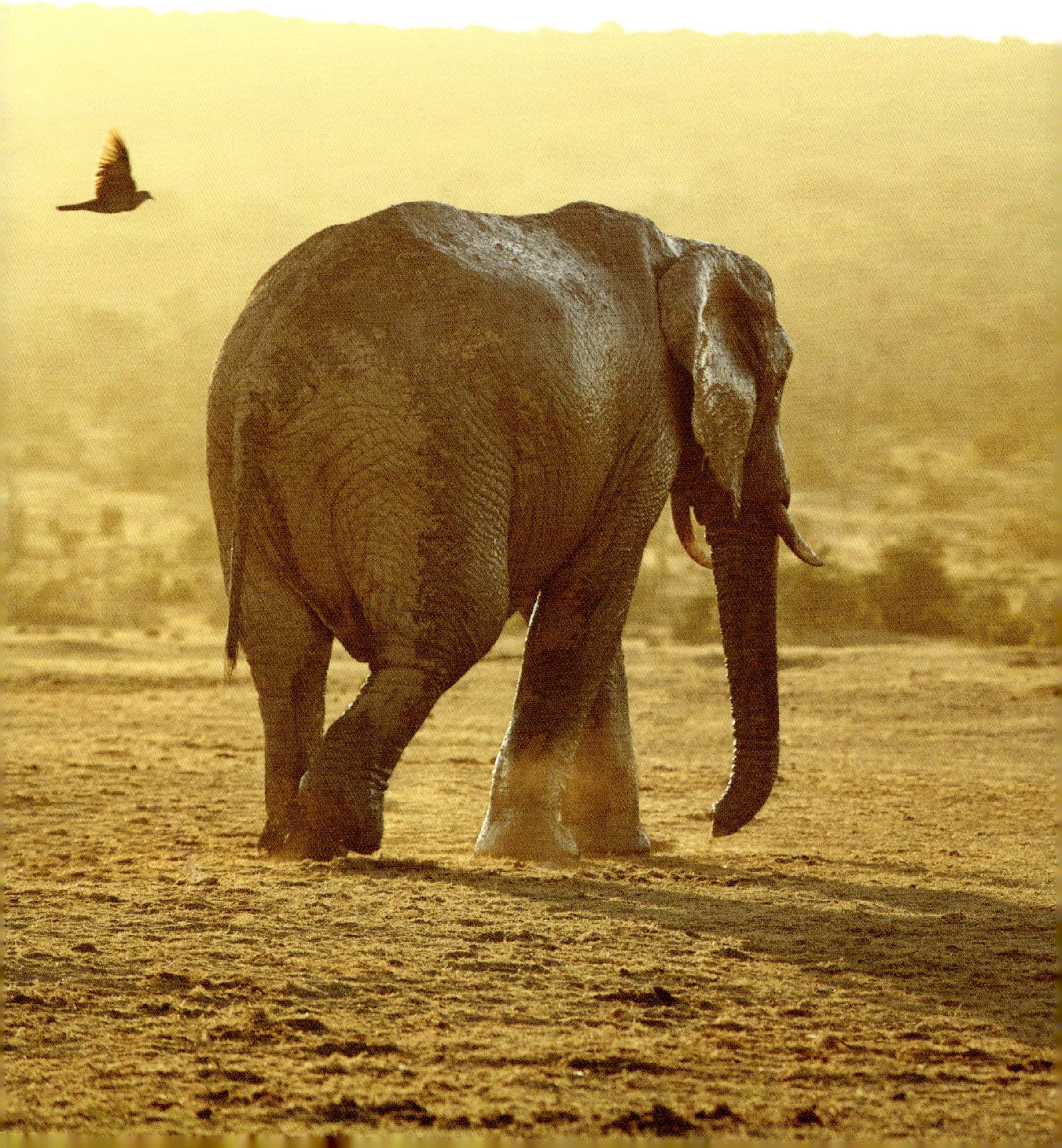

PÓŁKULA POŁUDNIOWA od 30°S do 90°S

REPUBLIKA POŁUDNIOWEJ AFRYKI
951. Pradawnymi śladami słoni z Knysny
Kiedy: przez cały rok (wycieczki zorganizowane odbywają się we wrześniu)
Szer. geogr.: -34.0333 **Dł. geogr.:** 23.2000
(lasy niedaleko Knysny)

Jeszcze 200 lat temu słonie zamieszkujące lasy Knysny nieopodal Parku Narodowego Garden Route mogły bez przeszkód wędrować starymi, utartymi szlakami migracyjnymi. Dziś to my możemy przejść ścieżkami, którymi one niegdyś chadzały i miejmy nadzieję, że będą jeszcze wędrować w przyszłości: 400-kilometrowym korytarzem ekologicznym z Eden do Addo. Korytarz ten zaczął powstawać w 2006 r. W zamyśle twórców chodziło o stworzenie serii pięciu korytarzy łączących najważniejsze obszary chronione, aby uformować drogę wiodącą przez naturalny las o wdzięcznej nazwie „Ogród Eden" (na wybrzeżu) i dalej do Parku Narodowego Addo Elephant.

Aby w pełni poznać cuda tego obszaru, wybierz się na 18-dniową wycieczkę z przewodnikiem (nazwaną Great Corridor Hike) organizowaną zawsze we wrześniu. To najbardziej bioróżnorodny korytarz ekologiczny na świecie, prowadzący przez siedem łańcuchów górskich, zahaczający o teren sześciu parków narodowych i rezerwatów przyrody oraz przechodzący przez dwie rzeki.

Wyprawa wymaga dobrej kondycji fizycznej i psychicznej, ale po drodze znajdują się przygotowane dla uczestników kempingi, a codziennie wieczorem dostaniemy ciepły posiłek. Po drodze eksperci dzielą się z podróżnikami wiedzą o tutejszej faunie i florze.

Niewykluczone, że podczas wycieczki będziemy także świadkami powstawania pierwszego w Republice Południowej Afryki szlaku mającego służyć utworzeniu wzdłuż całej trasy punktów ochrony środowiska. Napotkamy też kamienne słonie, *Aartmoeders* – tego widoku długo nie zapomnimy. Upamiętniające powstanie korytarza ekologicznego między Parkiem Narodowym Garden Route i Rezerwatem Przyrody Roberrg, symbolizują odwieczne prawo słoni z Knysny do swobodnego przemieszczania się po tym terytorium.

Słoń w korytarzu ekologicznym z Eden do Addo, Republika Południowej Afryki

PÓŁKULA POŁUDNIOWA   od 30°S do 90°S

▼ ARGENTYNA
952. Siedem zachwycających jezior Patagonii
Kiedy: przez cały rok
Szerokość geograficzna: -40.1572
Długość geograficzna: -71.3524
(San Martín de Los Andes)

Przejażdżka drogą Siedmiu Jezior jest najlepszym sposobem na odkrywanie zachwycającego, naturalnego piękna Patagonii. Rozpoczynamy w San Martín de Los Andes i przez jeden dzień autem lub trzy–cztery dni rowerem snujemy się długą na 107 km trasą, podziwiając przepiękne widoki.

NEUQUÉN, PATAGONIA, ARGENTYNA
953. Polowanie na prawdziwe dinozaury
Kiedy: przez cały rok
Szerokość geograficzna: -38.9459
Długość geograficzna: -68.0731

W tej okolicy odkryto niemal kompletne, mające ponad 100 milionów lat szkielety giganotozaura, świetnie zachowane ślady oraz pierwsze (ze wszystkich tego typu znalezisk na świecie) jaja dinozaurów. Wycieczki są organizowane z pobliskiego Neuquén. Zdecydowanie warto się tu wybrać – a nuż dopisze ci szczęście i też coś odkryjesz?

WELLINGTON, NOWA ZELANDIA
954. Wietrzne miasto na antypodach
Kiedy: przez cały rok
Szerokość geograficzna: -41.2889
Długość geograficzna: 174.7772

Nie, to nie Chicago, lecz Wellington w Nowej Zelandii dzierży palmę pierwszeństwa w konkurencji na najbardziej wietrzne miasto na ziemi. Co więcej, to również Wellington jest najdalej wysuniętą na południe stolicą świata. Wiatr wieje tu ze średnią prędkością 29 km/h, a rekordowy wynik to aż 248 km/h. Przygotujmy się, może trochę dmuchać!

Siedem przepięknych jezior Patagonii, Argentyna

PÓŁKULA POŁUDNIOWA   od 30°S do 90°S

SAN ANTONIO DE ARECO, ARGENTYNA
955. Jazda konno z *gauchos* przez tradycyjne argentyńskie *estancias*
Kiedy: przez cały rok
Szerokość geograficzna: -34.2500
Długość geograficzna: -59.4667

Od patagońskiej głuszy i płaskich jak naleśnik połaci porośniętych trawą pampasową przez wrzosowiska i zbocza gór Central Sierras aż do wilgotnych terenów północnych – rozległe argentyńskie *estancias* (rancza) patrolowane są przez *gauchos* (kowbojów), być może najbardziej charakterystycznych, heroicznych bohaterów tego kraju, otoczonych romantyczną mitologią. Warto przyłączyć się do tych doświadczonych jeźdźców, aby wraz z nimi odbyć niezapomnianą wyprawę, której zwieńczeniem będzie *asado* (grill) – solidna porcja wołowiny lub jagnięciny na pokrzepienie po pełnym trudów dniu.

GAIMAN, PATAGONIA, ARGENTYNA
956. Walijska herbatka w Patagonii
Kiedy: przez cały rok
Szerokość geograficzna: -43.2895
Długość geograficzna: -65.4920

W 1865 r. około 153 Walijczyków z rodzinami wyruszyło z Wielkiej Brytanii i udało się do północno-wschodniej Patagonii, aby założyć tam kolonię. Choć przez kilkadziesiąt lat było trudno, społeczność walijska w końcu okrzepła i rozkwitła. Dziś można tu usłyszeć język walijski, co roku odbywa się kilka *eisteddfodów* (festiwali kulturalnych), a na całym obszarze znajduje się mnóstwo świetnie zachowanych tradycyjnych kaplic. Największą atrakcją turystyczną są jednak walijskie herbaty serwowane w uroczych *casas de té* (herbaciarniach) w miasteczku Gaiman, najbardziej charakterystycznym dla walijskiej Patagonii. Można się tu spodziewać szerokiego wyboru domowych wypieków, do których dostaje się filiżankę herbaty (lub kawy).

BUENOS AIRES, ARGENTYNA
957. Tango tańczone w Argentynie
Kiedy: przez cały rok
Szerokość geograficzna: -34.6033
Długość geograficzna: -58.3817

Tango – płomienne, namiętne, dzikie, z wpływami muzyki afrykańskiej, europejskiej i lokalnej. Taniec nierozerwalnie związany z Argentyną, w stolicy której narodził się pod koniec XIX w. W całym mieście odbywają się występy i pokazy, ale lekcja tańca jest obowiązkowa! Nie pozostaje więc nic innego, jak włożyć odpowiednie buty i uczyć się, jak zatańczyć tango w iście południowoamerykańskim stylu.

BUENOS AIRES, ARGENTYNA
958. W poszukiwaniu najlepszego steku
Kiedy: przez cały rok
Szerokość geograficzna: -34.6033
Długość geograficzna: -58.3817

Buenos Aires powstało dzięki przetwórstwu wołowiny. Pierwszorzędne *parrillas* (restauracje serwujące steki) raczą przyjezdnych przepysznymi, soczystymi i olbrzymimi porcjami steków. Można spróbować takich specjałów jak *bife de chorizo* (polędwica), *ojo de bife* (żeberka z kością) czy też *tira de asado* (żeberka bez kości).

BUENOS AIRES, ARGENTYNA
959. Zaprojektować własny nagrobek
Kiedy: przez cały rok
Szerokość geograficzna: -34.6036
Długość geograficzna: -58.3815

La Recoleta w Buenos Aires to jeden z najsłynniejszych cmentarzy całej Ameryki: niemal dosłownie całe miasto pełne wymyślnych nagrobków. Warto może zaczerpnąć inspirację, aby zaprojektować swój własny? W końcu nie ma lepszego sposobu, by sprawić, żeby ludzie pamiętali o tym, ile fascynujących punktów udało nam się odhaczyć na liście marzeń, którą właśnie zaliczamy…

463

PÓŁKULA POŁUDNIOWA   od 30°S do 90°S

START: BUENOS AIRES, ARGENTYNA
960. Rewolucyjna podróż przez Amerykę Południową
Kiedy: przez cały rok
Szerokość geograficzna: -34.6037
Długość geograficzna: -58.3816 (Buenos Aires)

Zanim Che Guevara rozpoczął karierę jako charyzmatyczny rewolucyjny przywódca, wybrał się w swą legendarną, trwającą dziewięć miesięcy podróż motocyklową, w 2004 r. uwiecznioną w filmie *Dzienniki motocyklowe*. Podążenie jego śladami przez Andy do dziś stanowi swoisty rytuał przejścia dla wielu zmotoryzowanych miłośników dwóch kółek.

Przygoda zaczyna się w argentyńskiej stolicy i wiedzie przez kurort Miramar. Droga prowadzi w głąb lądu przez region malowniczych jezior, mija fascynujące jeziora lodowcowe i lasy, zmierzając ku oprószonym śniegiem szczytom Andów. To niewiarygodnie ekscytująca podróż, podczas której nieustannie towarzyszy człowiekowi niesamowity krajobraz malowniczych gór.

Nie wolno przegapić największej na świecie kopalni odkrywkowej miedzi w Chuquicamacie na południu Chile – to w tym miejscu zaczęła się rodzić polityczna świadomość Che Guevary. Dalej trasa biegnie do Peru, gdzie warto zobaczyć szlak Inków oraz kosmopolityczną stolicę Limę. Stąd droga będzie się wiła wśród amazońskich lasów równikowych na terytorium Kolumbii i Wenezueli.

Będziemy pełną piersią chłonąć otwarte przestrzenie i zachwycającą scenerię, zdobywać niesamowite doświadczenia, mknąc przez południowoamerykański kontynent tak, jak kilkadziesiąt lat temu robił to Che Guevara. Przed nami fantastyczne przygody, tankujemy więc bak do pełna i ruszamy!

Przez całą Amerykę Południową – z Argentyny do Wenezueli

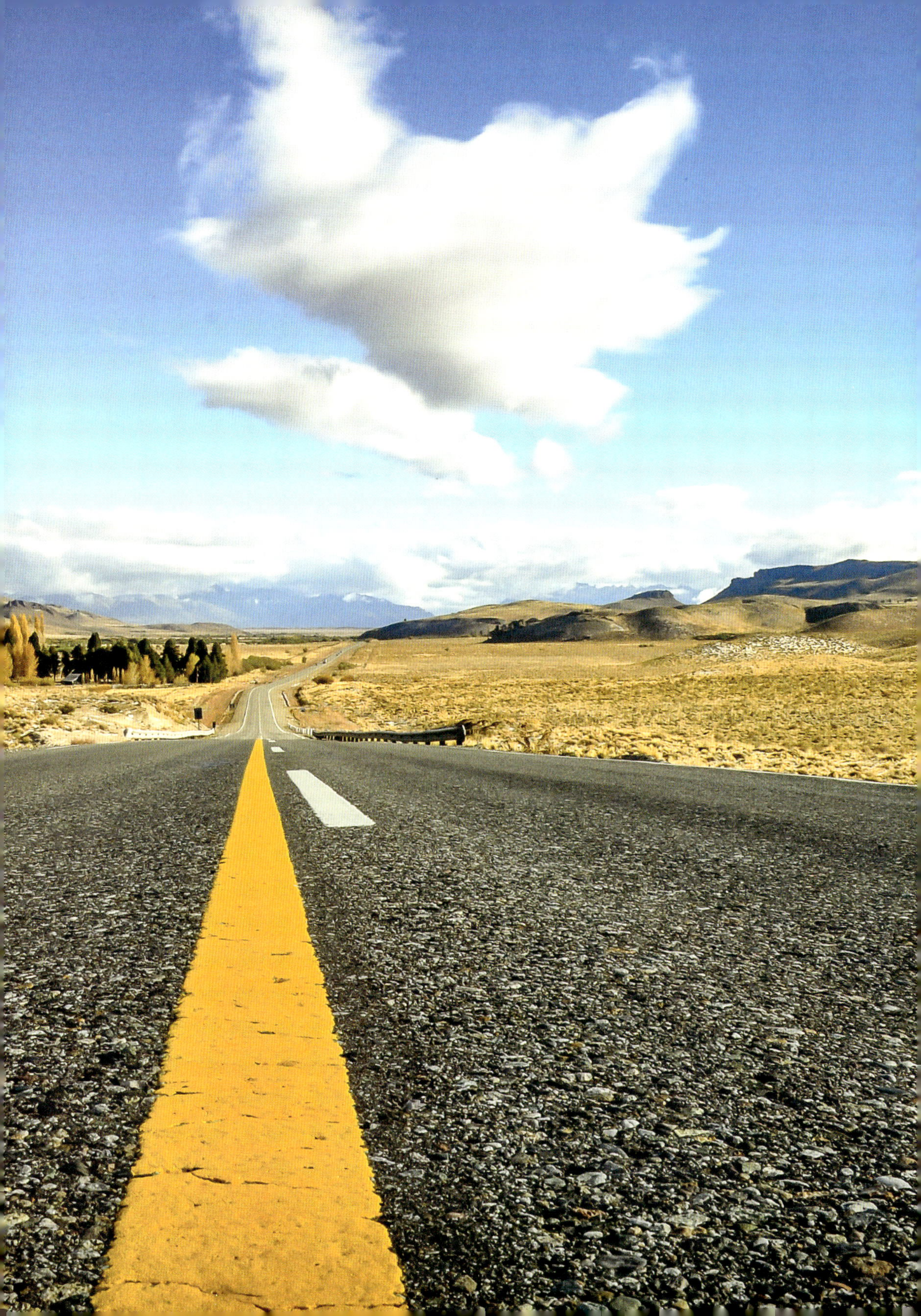

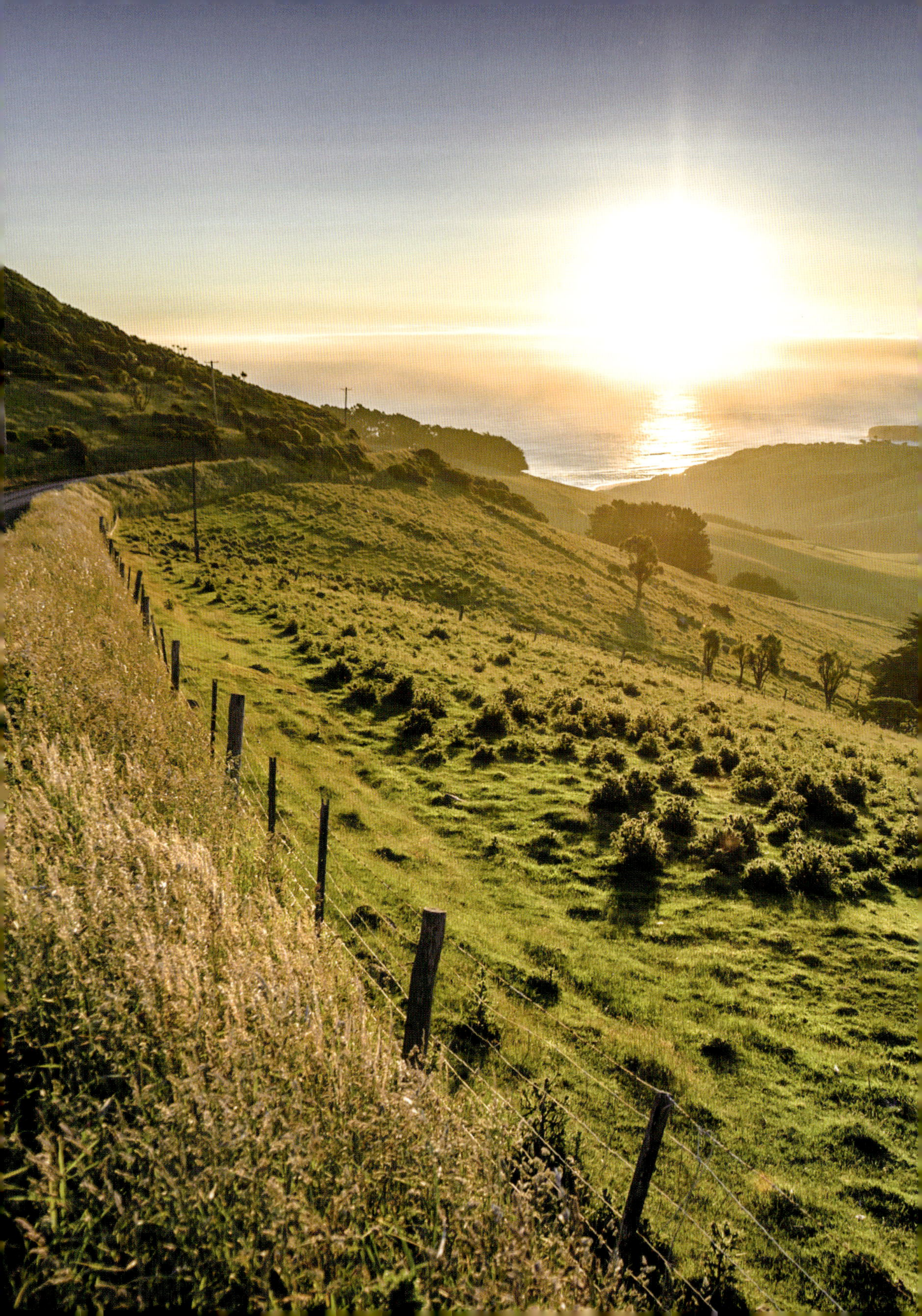

PÓŁKULA POŁUDNIOWA   od 30°S do 90°S

KLEINBAAI, RPA
961. Bliskie spotkanie z żarłaczami białymi
Kiedy: przez cały rok
Szerokość geograficzna: -34.6150
Długość geograficzna: 19.3530

To propozycja dla odważnych: choć w stalowej klatce jest się całkowicie bezpiecznym, widok ogromnych białych zębów tych ogromnych stworzeń, znajdujących się zaledwie o kilka metrów dalej, na zawsze wyryje się w pamięci. Gotowi skonfrontować *Szczęki* z rzeczywistością? Klatka do nurkowania już czeka.

START: CANBERRA, AUSTRALIA
962. Wycieczka przez zaskakujące stolice
Kiedy: przez cały rok
Szerokość geograficzna: -35.3075
Długość geograficzna: 149.1244

Wszyscy fani geograficznych quizów wiedzą, że niektóre stolice zawsze sprawiają graczom trudność: Australia, Turcja, Szwajcaria, Kanada, Brazylia, Maroko – żeby wymienić tylko kilka z nich. Czy ktoś potrafi wyrecytować stolice tych państw i wskazać je na mapie? Jeśli nie, to może warto je odwiedzić? (Na marginesie: Canberra – nie Sydney; Ankara – nie Stambuł; Berno – nie Zurych; Ottawa – nie Toronto; Brasília – nie Rio de Janeiro; Rabat – nie Marrakesz).

◀ Z CAPE REINGA DO STIRLING POINT, NOWA ZELANDIA
963. Drogą długą jak Nowa Zelandia
Kiedy: przez cały rok
Szerokość geograficzna: -34.4287
Długość geograficzna: 172.6804 (punkt najbardziej wysunięty na północ)

Autostrada Stanowa 1, długa na 2033 km, prowadzi przez całą Nową Zelandię od północnego przylądka, Cape Reinga, do Stirling Point na południu.

Co czeka podróżnych po drodze? Cape Reinga to dziki, odosobniony zakątek o surowym pięknie (zob. przygoda 979., s. 474); jazda do Auckland jest magiczna, a samo miasto (największe w Nowej Zelandii) urzekające. Dalej na południu znajduje się Hamilton, charakteryzujące się ogromnym bogactwem kulturowym, oraz największe jezioro, Taupo. Po minięciu zachwycającego ujścia rzeki Porirua szosa doprowadza do stolicy kraju, Wellington, z jej zapierającą dech w piersiach sceną artystyczną.

Na drodze od Cieśniny Cooka do Wyspy Południowej zabawa rozkręca się jeszcze bardziej. Trasa biegnie przez rozległe, niezwykle malownicze tereny wiejskie. W Blenheim czekają rejs łodzią i bardzo dobre wina, a w Kaikourze można obserwować delfiny i wieloryby. Stamtąd jedzie się już prosto do urokliwego Christchurch. Wschodnie wybrzeże jest cudowne, szosa przebiega przez Timaru, Oamaru, Dunedin i Gore. Invercargill to najbardziej wysunięte na południe miasto – tutaj też kończy się droga. Serdeczność ludzi, wspaniałe jedzenie i picie, przepiękne widoki – Nowa Zelandia zachwyca pod każdym względem.

PŁW. COROMANDEL, NOWA ZELANDIA
964. Własna termalna sadzawka
Kiedy: przez cały rok
Szerokość geograficzna: -36.7612
Długość geograficzna: 175.4981

Na nowozelandzkim półwyspie Coromandel można dosłownie wykopać sobie prywatne termalne bajorko. Człowiek łapie za szpadel i po dwóch godzinach pracy na plaży o jakże adekwatnej nazwie Plaża Gorącej Wody relaksuje się w naturalnym gorącym źródełku wytryskującym z podziemnej szczeliny. Temperatura wody sięga 64°C, co nawet jak na plażę jest wyjątkowym gorącem!

Szosa prowadząca przez całą Nową Zelandię, od Cape Reinga do Stirling Point

Albatrosy nieopodal Otago, Nowa Zelandia

BAY OF ISLANDS, WYSPA PÓŁNOCNA, NOWA ZELANDIA
965. Żeglowanie po rajskim labiryncie
Kiedy: przez cały rok (najlepiej od listopada do lutego)
Szerokość geograficzna: -35.2807
Długość geograficzna: 174.0910 (Paihia)

Przylecieć do Nowej Zelandii i nie wybrać się w rejs? To wprost nie do pomyślenia. Urzekający obszar Bay of Islands – usiany dziesiątkami zatoczek i 144 wysepkami zewsząd otoczonymi krystalicznie czystą błękitną wodą – jest idealnym miejscem na rozpoczęcie przygody z żeglarstwem. Umiarkowany, subtropikalny klimat i morskie cuda Bay of Islands czynią to miejsce jedną z głównych nowozelandzkich atrakcji. Bez względu na to, czy wypożyczysz jacht, zdecydujesz się na leniwy rejs zorganizowany, wsiądziesz do najnowszej łodzi odrzutowej czy do kajaka, wypłynięcie na nowozelandzkie wody będzie niezapomnianym przeżyciem. Dużą popularnością cieszą się również nurkowanie i pływanie z delfinami. Mknięcie przez wodę to czysta przyjemność, a brak zanieczyszczenia świetlnego sprawia, że nocny rejs na zawsze zapisze się w pamięci.

▲ OTAGO, NOWA ZELANDIA
966. Albatrosy z bliska
Kiedy: przez cały rok
Szerokość geograficzna: -45.8337
Długość geograficzna: 170.6152

Na dzikim i surowym przylądku Taiaroa Head (nieopodal portu Otago) gniazdują albatrosy ciemnoskrzydłe. To jedyne miejsce, w którym te duże ptaki żyją blisko ludzi. Można je podziwiać w locie tam, gdzie znajdują się pod czujną opieką Royal Albatross Centre.

PÓŁKULA POŁUDNIOWA   od 30°S do 90°S

▼ WYSPA KANGURA, AUSTRALIA
967. Spotkanie z kangurami na ich wyspie
Kiedy: przez cały rok
Szerokość geograficzna: -35.7752
Długość geograficzna: 137.2142

Większość osób wybiera się do Australii, by zobaczyć kangury, koale i walabie, może więc pójść na całość i po prostu odwiedzić Wyspę Kangura? W tym wyjątkowym regionie Australii, usytuowanym 113 km od wybrzeży Adelajdy, znajduje się kilka rezerwatów przyrody. Najsłynniejszym z nich jest bodaj Flinders Chase National Park, park narodowy na wschodnim wybrzeżu wyspy. Tutaj kangury i walabie skaczą radośnie obok kitanek lisich, borsuków workowatych, kotików (uchatek), dziobaków australijskich i dzikich koali. Tereny te zamieszkuje również niezwykle różnorodne i liczne ptactwo, w tym kolonie małych pingwinów oraz zagrożone wyginięciem rybitwy nadobne i kulony australijskie.

NOWA POŁUDNIOWA WALIA, AUSTRALIA
968. Nauka gry na banjo
Kiedy: przez cały rok (w styczniu odbywa się największy festiwal muzyki country)
Szerokość geograficzna: -31.0911
Długość geograficzna: 150.9304

Tamworth w Nowej Południowej Walii to australijskie centrum muzyki country – a zatem właśnie tam powinien się udać muzyk, aby szlifować umiejętność gry na banjo. Obowiązkowy punkt repertuaru to *Waltzing Matylda* – to najsłynniejsza australijska ballada włóczęgów z *outbacku*, którą każdy powinien znać.

Przyjaźni mieszkańcy Wyspy Kangura, Australia

PÓŁKULA POŁUDNIOWA   od 30°S do 90°S

▶ WAITOMO, NOWA ZELANDIA
969. Baśniowa grota
w prawdziwym świecie
Kiedy: przez cały rok
Szerokość geograficzna: -38.2609
Długość geograficzna: 175.1036

Jaskinia Waitomo Glowworm wygląda niczym żywcem wyjęta z baśniowej scenerii. Warto zobaczyć setki tysięcy magicznych żywych światełek (larw muchówki), ozdabiających wnętrza jaskini i rzucających przepiękną poświatę na formacje skalne, które obserwuje się, płynąc łódką pod nimi. Niesamowite.

NOWA ZELANDIA I WYSPY COOKA
970. Dwa sylwestry
w ciągu jednego dnia
Kiedy: 31 grudnia
Szerokość geograficzna: -36.8406
Długość geograficzna: 174.7400
(Auckland)

Nowa Zelandia to jedno z miejsc, które jako pierwsze świętują nadejście nowego roku, a do Wysp Cooka po drugiej stronie linii zmiany daty nowy rok dociera znacznie później. Obie lokalizacje oddalone są od siebie zaledwie o dwie godziny lotu, więc kolejny nowy rok można powitać najpierw w Auckland, a później w Avarua.

Baśniowa grota w prawdziwym
świecie – jaskinia Waitomo
Glowworm, Nowa Zelandia

PÓŁKULA POŁUDNIOWA   od 30°S do 90°S

PARK NARODOWY TORRES DEL PAINE, CHILE
971. Tułaczka w głuszy na końcu świata
Kiedy: od października do kwietnia (choć lepiej unikać okresu od stycznia do lutego, gdy tłumy są największe)
Szerokość geograficzna: -50.9423   **Długość geograficzna:** -73.4068

Choć parki narodowe w każdym kraju oferują ogromną różnorodność przyrody i fantastyczne widoki, niewiele może się równać z magicznym Parkiem Narodowym Torres del Paine w Chile na południu kraju. Park ten obejmuje obszar niemal 2400 km^2, a surowe krajobrazy i turkusowe jeziora zapierają dech w piersiach. To głusza, jednak wyjątkowo przyjazna wędrowcom, którzy chcą spędzić tydzień na wycieczce dookoła całego parku albo przez kilka dni nacieszyć oczy najwspanialszymi z cudów, które park ma do zaoferowania.

Torres del Paine zawdzięcza nazwę trzem wyniosłym skalnym wieżom wznoszącym się w sercu parku – najwyższa z nich ma 2850 m n.p.m. Północna jest rajem dla doświadczonych alpinistów (samo dotarcie do bazy trwa pięć godzin, a sprzęt trzeba mieć z sobą). Historia zna tylko czterech wyczynowców, którzy zdobyli wszystkie trzy wieże w trakcie jednej wyprawy.

Na szczęście zwykły podróżnik nie musi wspinać się na szczyt wież, aby nacieszyć oczy malowniczymi widokami. To, co widać z drogi, jest równie niezapomniane – można stąd dostrzec choćby sylwetki wież górujących nad turkusowymi wodami jeziora Nordenskjöld. Pejzaż ten będzie się powtarzał raz po raz z różnymi jeziorami i pod różnymi kątami w czasie wędrówki przez park, jednak nie sposób się nim znużyć. To miejsce zachwyca wszystkich odwiedzających – szczególnie tych, którzy poszukują niezapomnianych widoków malowniczego krajobrazu Patagonii.

QUEENSTOWN, NOWA ZELANDIA
972. Przejażdżka łodzią odrzutową
Kiedy: przez cały rok
Szerokość geograficzna: -44.9140
Długość geograficzna: 168.6822

Przejażdżka łodzią odrzutową przez kanion Shotover, kiedy osiąga się prędkość nawet do 137 km/h, jest niesamowitym doświadczeniem i atrakcją niezmiennie przyciągającą tutaj turystów od 1965 r. Warto na moment przestać krzyczeć z emocji i zachwycić się nieskażonym pięknem tego raju.

JEZIORO TEKAPO, NOWA ZELANDIA
973. Miejsce z pocztówki
Kiedy: przez cały rok
(wędrówki od października do kwietnia, narty od maja do września)
Szerokość geograficzna: -43.8837
Długość geograficzna: 170.5327

Wyobraźmy sobie nieprawdopodobnie malownicze jezioro lodowcowe, piękne niczym z obrazka. Nad pagórkowatymi terenami górują oprószone śniegiem szczyty, woda jest turkusowa, a na horyzoncie widać strzelistą wieżę kościoła. Taka sceneria istnieje naprawdę – nieopodal jeziora Tekapo na nowozelandzkiej Wyspie Południowej. Jakby tego było mało, jezioro znajduje się pośrodku największego na świecie parku ciemnego nieba. To istny raj dla miłośników gwiazd.

QUEENSTOWN, NOWA ZELANDIA
974. Skok na bungee w kolebce tego sportu
Kiedy: przez cały rok
Szerokość geograficzna: -45.0090
Długość geograficzna: 168.8990

Skakanie dla zabawy z wysokich obiektów (oczywiście z odpowiednim zabezpieczeniem) jest stosunkowo nowym wynalazkiem ludzkości. Jeśli komuś wystarczy odwagi, może skorzystać z okazji i skoczyć na bungee tam, gdzie przeszło 30 lat temu dyscyplina ta się narodziła: w Nowej Zelandii. Most wiszący Kawarau Gorge na Wyspie Południowej to pierwszy na stałe otwarty obiekt do skakania na bungee.

Hydroplan na jeziorze Taupo, Nowa Zelandia

▲ JEZIORO TAUPO, WYSPA PÓŁNOCNA, NOWA ZELANDIA
975. Lot hydroplanem
Kiedy: przez cały rok
Szerokość geograficzna: -38.7931
Długość geograficzna: 175.9713

Czy to łódka? Czy to samolot? Cóż, w połowie to, w połowie to. Hydroplanem można polecieć z pilotem i jeszcze jednym pasażerem. Ten jednosilnikowy samolot śmigłowy porwie chętnego z wód jeziora Taupo. Taki lot to naprawdę świetna przygoda: poniżej widać dzikie brzegi jeziora, przeczystą turkusową wodę, oprószone śniegiem kratery wulkanów, skaliste góry i dziewicze lasy. Warto więc wskoczyć na pokład, aby przeżyć wspaniałą przygodę, startując i lądując na jeziorze w kalderze.

TAUMATA, WYSPA PÓŁNOCNA, NOWA ZELANDIA
976. Odwiedziny w miejscu o jednej z najdłuższych nazw na świecie
Kiedy: przez cały rok
Szerokość geograficzna: -40.3460
Długość geograficzna: 176.5402

Taumatawhakatangihangakoauauotamateaturipuka-kapikimaungahoronukupokaiwhenuakitanatahu to pełna maoryska nazwa wzgórza w regionie Hawke's Bay w Nowej Zelandii. Znajduje się ono w *Księdze rekordów Guinnessa* jako miejsce o najdłuższej nazwie na świecie. Określenie to w wolnym tłumaczeniu oznacza „miejsce, w którym Tamatea, człowiek z wielkimi kolanami, który zjeżdżał, wspinał się i połykał góry, znany jako »zjadacz ziemi«, grał na flecie dla swej ukochanej". Uff! Warto tu dotrzeć dla samej możliwości zrobienia zdjęcia obok tabliczki z tym niewiarygodnie długim napisem.

PÓŁKULA POŁUDNIOWA   od 30°S do 90°S

TONGARIRO ALPINE CROSSING, WYSPA PÓŁNOCNA, NOWA ZELANDIA
977. Najfajniejsza jednodniowa wędrówka w Nowej Zelandii
Kiedy: przez cały rok (zimą konieczne rakiety)
Szerokość geograficzna: -39.1447   **Długość geograficzna:** 175.5814

Któż nie chciałby się wybrać na wycieczkę długim na 19,4 km szlakiem przechodzącym przez dwa kratery wulkaniczne oraz nad jeziorami: Szmaragdowym i Błękitnym? Ten przepiękny szlak, wytyczony w urzekającej wulkanicznej scenerii przez Park Narodowy Tongariro na Wyspie Północnej, uważany jest za najlepszą propozycję na jednodniową wędrówkę w tym kraju.

Wszystkie drogi prowadzące pod górę „Diabelskimi Schodami" są wymagające, jednak im wyżej się wchodzi, tym piękniejsze widoki roztaczają się przed oczami. Można choćby spojrzeć w dół czerwonego krateru – formacje wulkaniczne sprawiają wrażenie niemal nie z tego świata. Po przeciwnej stronie widać z kolei niezliczone szczyty w dolinie Oturere. Warto zostać chwilę na górze, by podziwiać mieniące się w dole dwa kolorowe jeziora. Później trasa mija je, zmierzając do lasu, w którym kończy się wędrówka.

▶ ROBBENEILAND, KAPSZTAD, RPA
978. Wizyta w słynnym afrykańskim więzieniu
Kiedy: przez cały rok
Szerokość geograficzna: -33.8076
Długość geograficzna: 18.3712

Choć to zaledwie maleńka skała nieopodal wybrzeża Kapsztadu, Robben Island jest miejscem o ogromnym znaczeniu w historii Republiki Południowej Afryki. W czasie apartheidu było głównym więzieniem i to tutaj osadzeni zostali trzej przyszli premierzy: Jacob Zuma, Kgalema Motlanthe oraz – najsławniejszy z trójki – Nelson Mandela.

Warto wybrać się na wyspę, która ze swoim fascynującym muzeum została wpisana na listę światowego dziedzictwa UNESCO. Zwiedzanie jest o tyle niezwykłe, że turystów oprowadzają byli więźniowie.

Robben Island w Kapsztadzie, Republika Południowej Afryki

CAPE REINGA, NOWA ZELANDIA

979. Tam, gdzie spotykają się i tańczą dwa oceany

Kiedy: przez cały rok
Szerokość geograficzna: -34.4287
Długość geograficzna: 172.6804

W tym dzikim zakątku, usytuowanym na północnym krańcu Wyspy Północnej, Morze Tasmańskie spotyka się z Oceanem Spokojnym. Maorysi nazywają to „miejscem odlotu dusz". Z latarni morskiej rozpościera się fascynujący widok na burzliwe wody, na które oddziałują pływy morskie.

PÓŁKULA POŁUDNIOWA od 30°S do 90°S

Kiwi na wyspie Kapiti, Nowa Zelandia

▲ WYSPA KAPITI, NOWA ZELANDIA
980. Spotkanie z kiwi
Kiedy: przez cały rok
Szerokość geograficzna: -40.8516
Długość geograficzna: 174.9158

Położona między Wyspą Północną a Południową wyspa Kapiti daje wyjątkową możliwość obserwowania kiwi i innych zagrożonych wyginięciem ptaków nielotów w ich naturalnym środowisku. Można zostać na noc w namiocie lub chacie, aby zobaczyć te pierzaste stworzenia w ich idealnym środowisku, całkowicie wolnym od drapieżników.

QUEENSTOWN, NOWA ZELANDIA
981. Dreszczyki kanioningu
Kiedy: od października do kwietnia
Szerokość geograficzna: -45.0311
Długość geograficzna: 168.6625

Kanioning to zgłębianie tajemnic kanionów na różne sposoby: wspinaczka, skakanie, zjazdy tyrolką czy opuszczanie się na linach alpinistycznych – zależnie od tego, czy ktoś woli szaleć w wodzie, czy na suchych skałach i w stromych, bezlitosnych, choć surowo pięknych wąwozach. Chętnych jest coraz więcej!

KAIKOURA, NOWA ZELANDIA
982. Pływanie z kotikami
Kiedy: przez cały rok
Szerokość geograficzna: -42.4212
Długość geograficzna: 173.7098

Nurkowanie z kotikami nowozelandzkimi w płytkich wodach wokół półwyspu Kaikoura to wielka frajda. Zwierzęta te są niezwykle przyjazne, przemiłe i bardzo ciekawskie, a przede wszystkim najwyraźniej autentycznie się cieszą z interakcji z ludźmi.

PÓŁKULA POŁUDNIOWA   od 30°S do 90°S

▶ TASMANIA, AUSTRALIA
983. Rowerem przez tasmański raj
Kiedy: przez cały rok
Szerokość geograficzna: -42.8819
Długość geograficzna: 147.3238

Dla zapalonych cyklistów świetnym pomysłem jest wycieczka po wschodnim wybrzeżu tej australijskiej wyspy: jazda po krętych dróżkach, z których rozpościerają się niesamowite widoki, i zatrzymywanie się po drodze w parkach narodowych. Można się również wybrać na zorganizowaną wycieczkę na Green Island – prawdziwy zielony raj dla miłośników dwóch kółek.

Pedałowanie przez tasmański raj

SYDNEY, AUSTRALIA
984. Największy hit na świecie
Kiedy: przez cały rok
Szerokość geograficzna: -33.8674
Długość geograficzna: 151.2069

IMAX to wciągający, ekscytujący sposób na obejrzenie kinowego hitu – szczególnie niezbyt wymagającego filmu akcji. Obejrzyjmy choć jeden w Darling Harbour w Sydney (gdy zakończą się prace związane z przebudową kompleksu).

MOERAKI, WYSPA POŁUDNIOWA, NOWA ZELANDIA
985. Selfie na tle tajemniczych głazów
Kiedy: przez cały rok
Szerokość geograficzna: -45.3630
Długość geograficzna: 170.8488

Tu i ówdzie na plażach nowozelandzkiej Wyspy Południowej rozsiane są liczne poduchowate głazy. Wyglądem nieco przypominają gigantyczne jaja albo przeogromne bezy, w rzeczywistości jednak są naturalnymi formacjami skalnymi o średnicy sięgającej nawet 3 m i wadze kilku ton. Te niezwykłe skały uformowane zostały z osadów dna morskiego około 60 milionów lat temu. Tworzą wyjątkowy krajobraz, na tle którego można sobie zrobić oryginalne selfie. Takiej okazji nie należy przegapić.

PÓŁKULA POŁUDNIOWA   od 30°S do 90°S

PN WESTLAND, WYSPA POŁUDNIOWA, NOWA ZELANDIA
986. Spacer po lodowcu
Kiedy: przez cały rok
Szerokość geograficzna: -43.4645
Długość geograficzna: 170.0176

Dziesięć minut lotu helikopterem i z bujnie porośniętych lasami zboczy górskich w Alpach Południowych można się znaleźć na białym, niebiesko-szarawym lodowcu Fox. Ten rozległy jęzor stałego lodu mieści się w dolinie tak stromej, że wypchnęła ona lodowiec jeszcze niżej – w efekcie powodując jego zetknięcie z rozciągającym się w dole lasem tropikalnym. Dzięki temu Fox jest jednym z najłatwiej dostępnych lodowców na świecie.

Gdy przygotujemy sprzęt, a do butów przyczepimy raki, będziemy gotowi wyruszyć na podbój tego pooranego bruzdami lodowego podłoża. Spowite mgłą szczyty górują nad podróżnikiem, gdy zapina uprząż i spuszcza się po linie do szczeliny lodowcowej albo przeciska się przez błękitną grotę lodową. Przez cały czas słychać szum wodospadów, który zapisze się w naszych wspomnieniach jako ścieżka dźwiękowa tej wyprawy.

CHRISTCHURCH, NOWA ZELANDIA
987. Koleją przez Alpy Południowe
Kiedy: przez cały rok
Szerokość geograficzna: -43.5320
Długość geograficzna: 172.6362

Każdy, kto oglądał *Władcę Pierścieni*, jest świadomy piękna krajobrazów Nowej Zelandii, a TranzAlpine to bodaj najpiękniejsza trasa kolejowa na świecie. Czteroipółgodzinna podróż z Christchurch do Greymouth przez spowite mgłą Alpy Południowe i zachwycające lodowce wprawi w zachwyt nie tylko fanów filmów Petera Jacksona.

Chodzenie w powietrzu w Porters Pass, Nowa Zelandia

▶ CHRISTCHURCH, NOWA ZELANDIA
988. Krok w nieznane
Kiedy: przez cały rok
(ale nie w wietrzne dni)
Szerokość geograficzna: -43.5321
Długość geograficzna: 172.6362

Slackline sprowadził chodzenie po linie do poziomu, który większość ludzi jest w stanie zaakceptować – kilka stóp nad ziemią. Wymaga to tak ogromnej koncentracji nad zachowaniem równowagi, że miłośnicy tej aktywności porównują ją do medytacji – wkraczania do przestrzeni, po której stopy na ogół się nie poruszają. Warto podjąć to wyzwanie i gdy tylko opanuje się podstawy, zawiesić sobie poprzeczkę wyżej, udając się na wyprawę ponad kanionami – na przykład do Porters Pass, przełęczy nieopodal Christchurch.

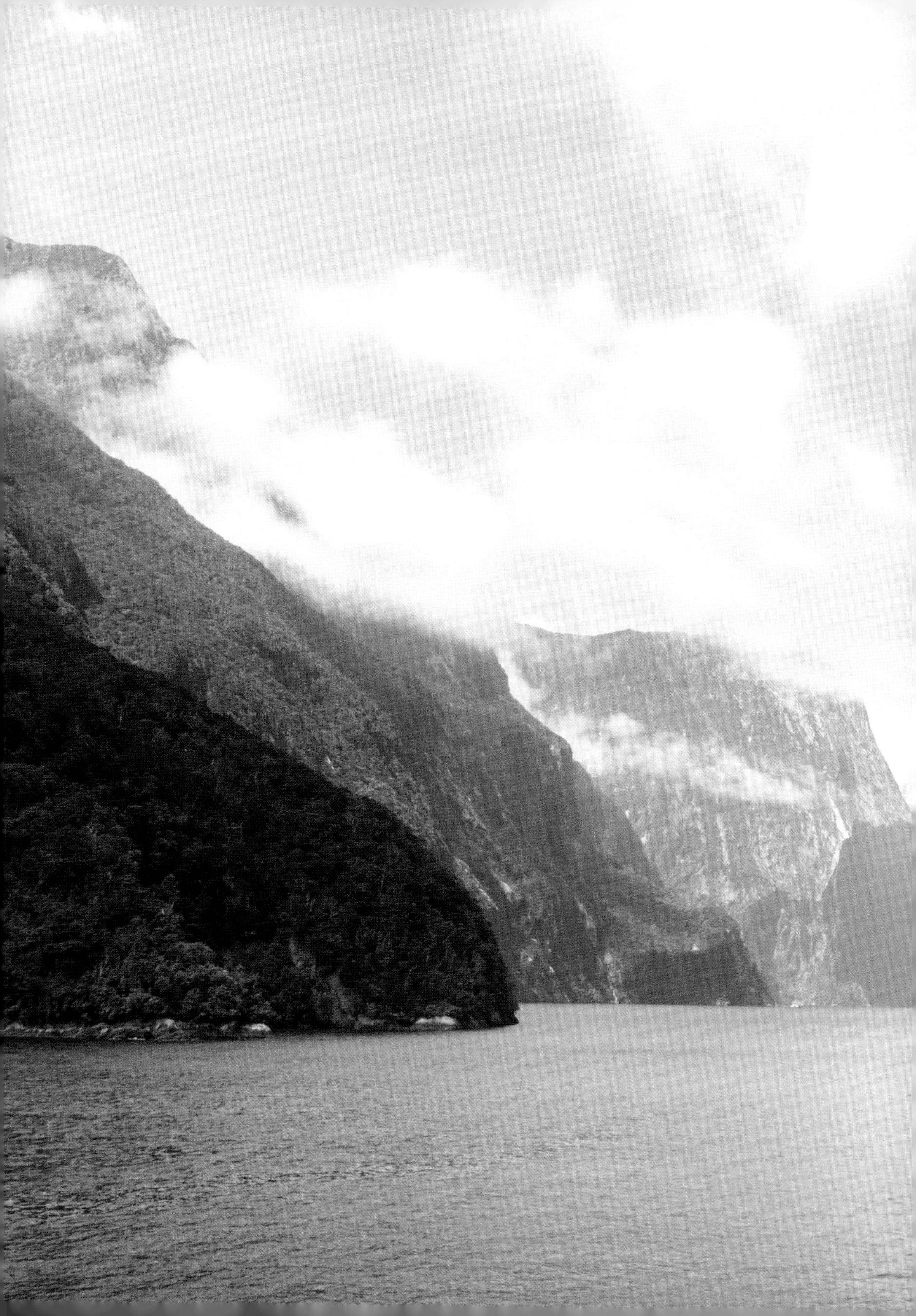

ZAT. MILFORDA, WYSPA POŁUDNIOWA, NOWA ZELANDIA
989. Zachwyt nad ósmym cudem świata
Kiedy: przez cały rok
Szerokość geograficzna: -44.6716
Długość geograficzna: 167.9256

Ten fiord śmiało może stawać w szranki z każdym skandynawskim. Powiedzieć, że Zatoka Milforda jest oszałamiająca, to nic nie powiedzieć. Wpatrując się w zatoki i wodospady, które Rudyard Kipling nazwał „ósmym cudem świata", można stracić poczucie czasu. To naprawdę przepiękne miejsce.

PÓŁKULA POŁUDNIOWA od 30°S do 90°S

▶ DUNEDIN, NOWA ZELANDIA
990. Zbieranie miodu manuka
Kiedy: przez cały rok
Szerokość geograficzna: -45.8787
Długość geograficzna: 170.5027

Miód manuka uważa się za cudowny produkt – jest pożywny, zdrowy i nade wszystko przepyszny. W miejscu takim jak Blueskin Bay nieopodal nowozelandzkiego miasta Dunedin organizowane są „pszczele wycieczki". Z odpowiednim wyposażeniem można samemu zebrać słodki skarb prosto ze źródła.

Zbieranie miodu manuka w Blueskin Bay, Dunedin, Nowa Zelandia

START: MATAMATA, WYSPA PÓŁNOCNA, NOWA ZELANDIA
991. Podróż do Śródziemia
Kiedy: przez cały rok
Szerokość geograficzna: -37.8575 **Długość geograficzna:** 175.6797

Plan filmowy Hobbiton w Matamacie to jedna z licznych atrakcji przyciągających do Nowej Zelandii fanów *Władcy Pierścieni*. Ujęcia kręcono w ponad 150 zakątkach w różnych miejscach w kraju. Sam Hobbiton leży w regionie Waikato, o dwie godziny drogi od Auckland. Warto wybrać się na wycieczkę z przewodnikiem po miejscach z planu filmowego i odwiedzić Shire, a w nim zachwycające dbałością o szczegóły mieszkania hobbitów, w tym słynny Bag End Bilbo Bagginsa.

Imponujące szczyty górujące nad bujną zielenią roślin – to właśnie czyni scenerię Nowej Zelandii tak wyjątkową i zachwycającą; nic dziwnego, że właśnie tę okolicę uznano za najbliższą wyobrażeniu Śródziemia. Z Matamaty warto wyruszyć na południe do Wellington (Park Regionalny Kaitoke stał się elfim Rivendell), Nelson, Canterbury, Mackenzie (gdzie rozgrała się słynna bitwa na polach Pelennoru), Southern Lakes oraz Fiordland (który w filmach przedstawiony jest jako las Fangorn).

DUNEDIN, NOWA ZELANDIA
992. Arcystroma uliczka
Kiedy: przez cały rok
Szerokość geograficzna: -45.8492
Długość geograficzna: 170.5342

Krótka, prosta, wybetonowana ulica Baldwin w mieście Dunedin w Nowej Zelandii jest tak stroma, że gdyby ją pokryto asfaltem, ten w lecie po prostu by spłynął. Można tu wziąć udział w dorocznym wydarzeniu Baldwin Street Gutbuster – wyścigu na szczyt i z powrotem. Jeśli ktoś niekoniecznie ma siłę, by podjąć to wyzwanie, może spokojnie wgramolić się na szczyt we własnym tempie w dowolnym dniu w roku.

PÓŁKULA POŁUDNIOWA   od 30°S do 90°S

PATAGONIA, ARGENTYNA
993. Patagoński lodowiec z bliska
Kiedy: od października do marca
Szerokość geograficzna: -50.4691
Długość geograficzna: -73.0311

Zobacz jeden z niewielu wciąż postępujących lodowców i daj się oszołomić potędze i majestatowi jego błyszczącego, błękitnego lodu. Z zataczającej pętlę trasy pieszej będziesz podziwiać niesamowite widoki, a wycieczki zorganizowane mogą nawet przechodzić przez sam lodowiec.

ARGENTYNA
994. Drink schłodzony lodem z lodowca
Kiedy: od listopada do kwietnia
Szerokość geograficzna: -50.4691
Długość geograficzna: -73.0311

Lód z lodowca w niczym nie przypomina kostek lodowych, które trzymamy w zamrażarce. Jest krystalicznie czysty i tak też smakuje. Można wrzucić go do drinka, aby się delektować wyjątkowym napojem.

▼ USHUAIA, ZIEMIA OGNISTA, ARGENTYNA
995. Wizyta w pingwiniej stolicy świata
Kiedy: od listopada do marca
Szerokość geograficzna: -54.8000   **Długość geograficzna:** -68.3000

Fani wyfraczonych ptaków o chybotliwym chodzie zdecydowanie powinni się udać do Argentyny, gdzie za jednym razem można zobaczyć najwięcej gatunków pingwinów. Rejs z Ushuai na Ziemi Ognistej to szansa na obserwowanie przedstawicieli aż siedmiu gatunków. Najlepszy czas na taką wycieczkę to okres od listopada do marca. Wtedy jest najcieplej, a ptaki spędzają więcej czasu na wybrzeżu, zajmując się pisklętami.

Pingwinia stolica świata – Ushuaia w Argentynie

PÓŁKULA POŁUDNIOWA   od 30°S do 90°S

WYSPA PETERMANNA, ANTARKTYDA
996. Pływanie pod taflą lodu
Kiedy: od lutego do marca
Szerokość geograficzna: -65.1667
Długość geograficzna: -64.1667

Kiedy aby wybrać się na wakacje, potrzeba pozwolenia od lekarza, międzynarodowej licencji nurka oraz rejestru nurkowań – coś musi być na rzeczy. Nurkowanie polarne nie jest propozycją dla strachliwych ani dla niedoświadczonych (trzeba być wprawionym w nurkowaniu w zimnej wodzie oraz zaliczyć przynajmniej 30 nurkowań w skafandrze). Jednak nagrodą jest przeżycie nieporównywalne z nurkowaniem w jakimkolwiek innym miejscu na świecie – wśród niesamowitych formacji lodowych, błyszczących i mieniących się wszystkimi odcieniami błękitu i granatu.

Zachwyca również fascynujące życie morskie – w tych ostatnich nieskażonych wodach na świecie mieszkają gigantyczne, podobne do stonóg równonogi, 34-ramienne rozgwiazdy i ryby białokrwiste (pozbawione hemoglobiny we krwi). Można także mieć okazję do nurkowania z lampartami morskimi oraz pingwinami, choć tu należy się słowo ostrzeżenia: niewykluczone, że zobaczymy, jak te pierwsze zjadają te drugie...

▶ SYDNEY, AUSTRALIA
997. Zbiorowa nagość dla sztuki
Kiedy: trzeba obserwować profil Spencera Tunicka, aby nie przegapić kolejnych planowanych wydarzeń
Szerokość geograficzna: -33.8568
Długość geograficzna: 151.2153

Czy nie każdy marzy w tajemnicy o tym, by się rozebrać przy ludziach? Okej, może nie każdy. Jednak dla tych, którzy tego pragną, uczestniczenie w projekcie Spencera Tunicka to możliwość włączenia się w fantastyczne dzieło sztuki będące afirmacją człowieka i świata, w którym żyje. W 2010 r. w Sydney Opera House pozowało aż 5000 ludzi.

GREAT OCEAN ROAD, WIKTORIA, AUSTRALIA
998. Przejazd wzdłuż wybrzeża Australii
Kiedy: przez cały rok
Szerokość geograficzna: -38.6805   **Długość geograficzna:** 143.3914

Podróż wzdłuż niezwykle malowniczego południowego wybrzeża Australii jest czymś fenomenalnym. Długa na 243 km trasa, znana jako droga stanowa B100, wymaga od kierowcy wyjątkowego skupienia, ale widoki, jakie się stąd rozpościerają, są tego warte. Najlepiej przemieszczać się ze wschodu na zachód, ponieważ Australijczycy jeżdżą lewą stroną drogi. W ten sposób będziemy sunąć po stronie oceanu.

Z Torquay surferzy mogą udać się na Bells Beach, popularną plażę. Od maja do września warto też zatrzymać się w Lorne i obserwować, jak samice waleni południowych opiekują się młodymi. Od zatoki Apollo szosa skręca w głąb lądu i widok oceanu zastępują bujne lasy równikowe Parku Narodowego Great Otway.

Dobrze jest zboczyć z drogi tam, gdzie Cieśnina Bassa styka się z otwartym oceanem – to miejsce nie wybaczało marynarzom najdrobniejszych błędów i przeszło do historii jako wybrzeże wraków. W końcu nie można nie zobaczyć Dwunastu Apostołów – olbrzymich kolumn z wapienia wznoszących się na niemal 40 m ponad taflą Pacyfiku.

Za Dwunastoma Apostołami leży XVIII-wieczne miasteczko Port Fairy. Stąd można dotrzeć do mety – miasta Allansford nieopodal Warrnambool.

PÓŁKULA POŁUDNIOWA   od 30°S do 90°S

PRZEZ AUSTRALIĘ
999. Pociągiem przez antypody
Kiedy: przez cały rok
Szerokość geograficzna: -34.9214   **Długość geograficzna:** 138.5970 (stacja kolejowa Adelaide)

Długa podróż kolejowa przez Australię pozwala podziwiać niewiarygodne krajobrazy, cudowne wschody i zachody słońca, a wszystko to przy hipnotyzującym stukocie kół o szyny.

Pierwotna transkontynentalna trasa australijska The Ghan rozciągała się na 2979 km od tropikalnego miasta Darwin przez serce tajemniczego Red Centre, sielankowe równiny i winnice Australii Południowej aż do Adelajdy.

Linia Indian Pacific łączy Sydney i Perth, a tym samym Ocean Spokojny z Indyjskim. Ma 4352 km długości, z czego większa część wiedzie przez nizinę Nullarbor. Nazwa ta pochodzi z łaciny: *null arbor* oznacza „zero drzew". Można się zatrzymać w Kalgoorlie, regionie słynącym z kopalni złota, w miasteczku widmie Cook czy w Broken Hill, zagłębiu kopalni srebra. Podróż pociągiem przez Australię to magiczny sposób na spokojne poznawanie pradawnego i fascynującego świata kryjącego się po drugiej stronie globu.

W 2010 r. Sydney Opera House w Australii była miejscem fotograficznego przedsięwzięcia na szeroką skalę.

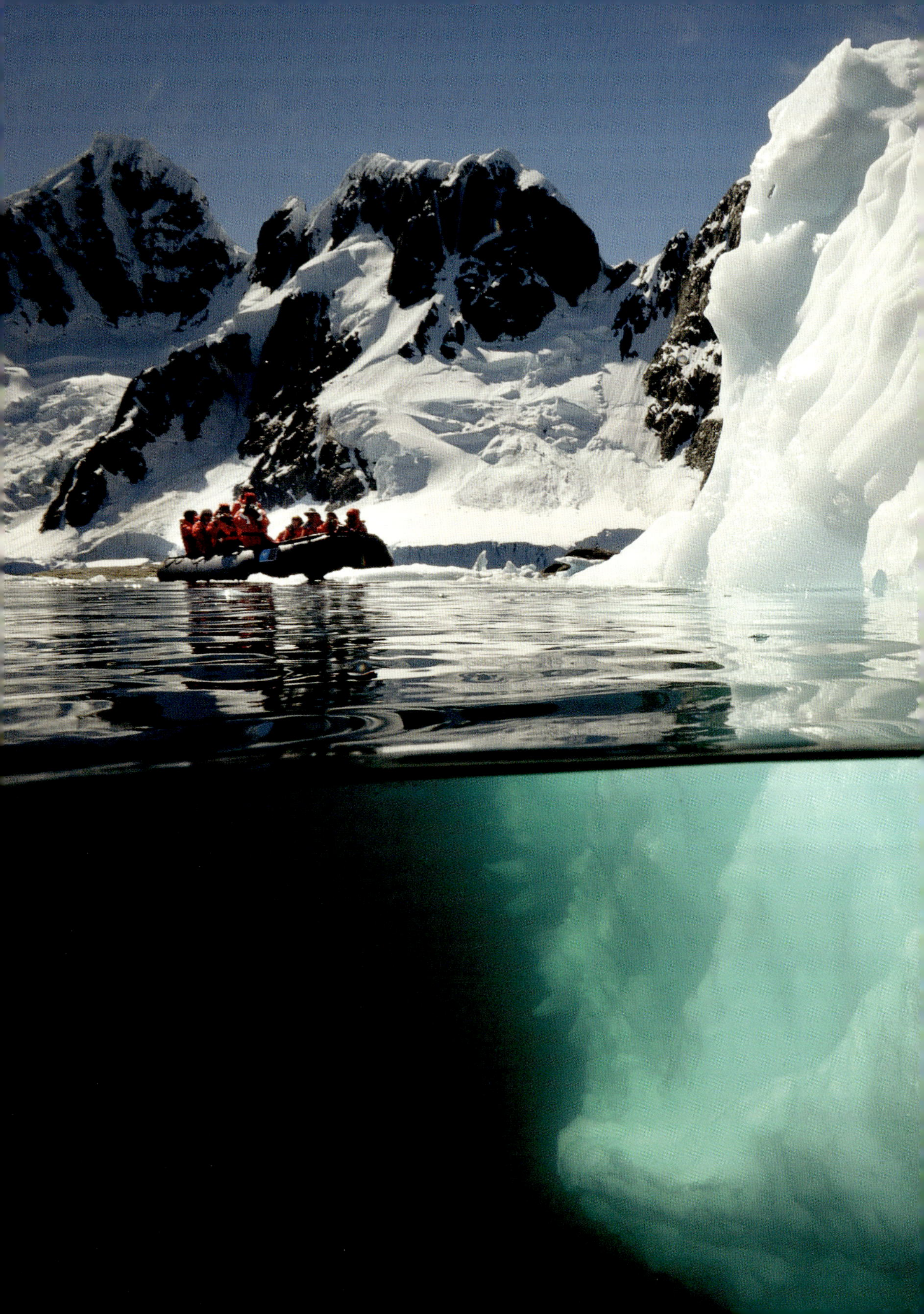

CHILIJSKIE TERYTORIUM ANTARKTYCZNE
1,000. Postawić stopę na Antarktydzie
Kiedy: od października do marca
Szer. geogr.: -55.0991   **Dł. geogr.:** -69.2747

Antarktydę można odwiedzić w ramach osobnej wyprawy albo części podróży po Ameryce Południowej. Dlaczego warto? Żeby zobaczyć wyjątkową naturę, krajobraz niezmącony ręką człowieka. Żeby chłonąć historię odkrywców, którzy dotarli tu przed nami. W cieplejszych miesiącach (od października do marca, zanim ponownie zaczyna się osadzać lód) kursują tu niewielkie statki turystyczne. Nieustraszeni podróżnicy mogą nawet polecieć w lokalne góry na ekstremalną jazdę na nartach albo na wyprawę w kierunku bieguna południowego. Najłatwiej chyba dostać się tu z chilijskiego Punta Arenas – rejs łodzią na Antarktydę z najgęściej zaludnionego ośrodka na południu trwa zaledwie tydzień.

Będzie okazja do obserwowania pingwinów, wielorybów, delfinów, lwów morskich, fok i albatrosów. Rejsy z Wyspy Króla Jerzego zabierają chętnych na liczne inne wysepki. Odpowiednio przeszkoleni przewodnicy podzielą się z nami wiedzą z dziedzin glacjologii, oceanografii i biologii regionu. Niebo nad Antarktyką nie ma sobie równych – mieniące się bielą i błękitem, zabarwione lazurowymi i zielono-niebieskimi odcieniami. To widok, którego nigdy nie zapomnimy.

INDEKS

ALGIERIA
Dżurdżura, góry 128
Sahara 300

Anglia zob. Wielka Brytania

ANGOLA
Miradouro da Lua 401

ANTARKTYDA
biegun południowy 10
Chilijskie Terytorium Antarktyczne 485
Petermanna, Wyspa 482
Vinsona, Masyw 10

ANTIGUA I BARBUDA
Antigua 290

ARABIA SAUDYJSKA
Dżudda 320
Ha'il 295
Mekka 320
Pusty Kwartał 321

ARGENTYNA 10, 442, 462, 481
Aconcagua, góra 10
Andy, góry 449
Buenos Aires 464
Iguazú, wodospady 449
Patagonia 481
Gaiman 463
Neuquén 462
Salta 435, 448
San Antonio De Areco 463
Ziemia Ognista
Ushuaia 31, 481

ARKTYKA
biegun północny 10

AUSTRALIA 458, 483
Alpy Australijskie, góry 128
Australia Południowa
Coober Pedy 427

Australia Zachodnia 452, 458
Albany 20
Hutt River, Księstwo 427
Bożego Narodzenia, Wyspa 416
Canberra 467
Kangura, Wyspa 469
Ningaloo, rafa 434
Nowa Południowa Walia 452, 454, 469
Queensland 432, 434, 435, 442
Sydney 454, 458, 476, 482
Palm Beach 458
Tasmania, wyspa 476
Terytorium Północne 435
Wielka Rafa Koralowa 434
Kakadu, Park Narodowy 416
Wiktoria
Great Ocean Road 482

AUSTRIA
Bregencja 116
Großglockner Hochalpenstraße, szosa 123
Innsbruck, okolice 116
Salzburg 116
Wiedeń 114, 115
Sacher, hotel 115

AZERBEJDŻAN
Baku
Stare Miasto 271

BAHAMY 20
New Providence 327

BAHRAJN
Jabal al-Dukhan 295

BANGLADESZ
Sundarbany 313

BELGIA
Brugia 79
Bruksela 79, 86
Hannut 79

BELIZE 337
Cockscomb Basin 337
Lighthouse Reef, atol 337

BHUTAN
Lunana 288
Trongsa 290

Birma zob. Mjanma

BOLIWIA 422
La Paz 422
Madidi, Park Narodowy 411
Potosí 421, 432
Salar de Uyuni 432
Tiahuanaco 424
Titicaca, jezioro 421
z La Paz do Coroico 422
z La Paz do El Alto 421

BOTSWANA
Okawango, delta 429
Moremi Game, rezerwat 428

BRAZYLIA 439
Amazonia
Belém 399
Bahia 422
Itacaré 394
Bonito 439
Fernando de Noronha 408
Iguazú, wodospady 449
Manaus 399, 408
Pantanal 428

Paraty 438
Rio de Janeiro 436, 437, 439
Niterói 436
Salvador 399
Pelourinho, dzielnica 414
z Trancoso do Arraial d'Ajuda 425

BRUNEI 384

BUŁGARIA
Stara Płanina, góry 158

BURKINA FASO
Bobo-Dioulasso 359

CHILE
Algarrobo
San Alfonso del Mar 454
Andy, góry 128, 449
Atakama, pustynia 435, 442
Coquimbo 454
Isla Negra 456
Patagonia 456
Pisco Elqui 329
południowe wybrzeże 456
Pucón 457
San Pedro de Atacama 448
Santiago 457
Torres del Paine, Park Narodowy 471
Valparaíso 455
Wielkanocna, Wyspa 448
Ziemia Ognista, wyspa 454

CHINY 166, 238
Chang'an–Tienszan, korytarz 237
Chundżerab Daban 214

INDEKS

Gansu
  Zhangye Danxia 224
Guangdong
  Huizhou 304
Guangzhou 304
Harbin 137
Hongkong 310
Hunan, prowincja 298
  Tianzi, góry 298
Junnan, prowincja 282
Panjin 238
Pekin 224, 238, 239
Syczuan, prowincja
  280, 298
  Liangshan, rejon 280
Szanghaj 264
Tybet 280
  Lhasa 280
Weinan, prefektura
  Hua Shan 243
Xi'an
  Lintong, dzielnica 237

CHORWACJA
Biševo 155
Dubrownik 160
Mali Ston 141
Mljet, wyspa 158
Plitwickie, Jeziora 140
wybrzeże Dalmacji 140
Zadar 140

CZECHY
Karlowe Wary 99
Kutná Hora 99
Praga 98

DANIA
Billund 37
Jutlandia
  Tønder 52
Kopenhaga 50
Roskilde 50
Sund, cieśnina 51
zob. też Grenlandia

DEMOKRATYCZNA REPUBLIKA KONGA
407

EGIPT 271
Aleksandria 267
Czerwone, Morze 286
Giza 297
Kair 271
Luksor
  Karnak 297
Wadi al-Hitan 297

EKWADOR 390, 391
Baños 400, 402
Cuenca 401
Galapágos, wyspy
  20, 397, 406
Mindo, dolina 395
Otavalo 391
Quito 401
z Alausi
  do Sibambe 401

ESTONIA
Hiuma 35
Tallinn 35

ETIOPIA
Addis Abeba 360
Gonder 360
Lalibela 356
Nilu Błękitnego,
  Wąwóz 359
Semien, góry 358

EUROPA
Dunaj, rzeka 118

FIDŻI
Nanuya Levu,
  wyspa 437

FILIPINY
Banaue 335
Benguet
  Kabayan 332
Mayon, góra 373
Sagada 332

FINLANDIA
Helsinki 19
Kakslauttanen 16
Kuusamo
  Ruka 18
Kvarken Północny 18
Laponia 18
Tampere
  Rauhaniemi, plaża 19
Turku 349

FRANCJA 110, 149
Alpy Francuskie 128
Arboussols 165
Burgundia 125
Camargue 148
Fontainebleau 114
Forêt d'Orient 114
Giverny 87
Île-de-France
  Poissy 106
Korsyka, wyspa 165
La Manche,
  cieśnina 93
La Plagne 132
Langwedocja 144
Lazurowe Wybrzeże 149
  Cannes 144, 148
  Saint-Tropez 152
Le Puy-en-Velay 128
Les Houches 128
Lourdes 153
Normandia 113
Paryż 107, 186
  Gare de Lyon 112
  La Fée Verte 87
  Luwr 107
  Musée d'Orsay 108
  Notre-Dame,
    katedra 112
  Père-Lachaise,
    cmentarz 113
  Place du Tertre 106
  Pola Elizejskie 107
  Wersal 112

Pireneje
  Bagnères-de-Bigorre
    157
Prowansja 149
Sekwana, rzeka 87
Strasburg 114
Szampania 329
Val Thorens 113

Galápagos, wyspy
zob. Ekwador

GRECJA
Ateny 212
Egejskie, Morze 218
Jońskie, Wyspy
  Itaka, wyspa 213
Mykonos, wyspa 218
Peloponez
  Argolida 213
Santoryn (Thira),
  wyspa 215
  Oia 217
Skopelos 189

GRENLANDIA
Ilulissat 20
Qaanaaq 20

GUJANA
Georgetown 368

GWATEMALA
Antigua 349
Atitlán, jezioro 352
Chichicastenango 347
Cobán 343
San Andrés
  Itzapa 347
Tikál 330

GWINEA RÓWNIKOWA 368

HISZPANIA
Andaluzja 218
  Costa de la Luz 227
  Genalguacil 210
  Grenada 210

INDEKS

Lanjarón 210
Sewilla 226
Baleary, archipelag
   Ibiza, wyspa 168
Barcelona 163, 170, 171
Bilbao 180
Buñol 195
Kanaryjskie, Wyspy
   La Gomera, wyspa
      290, 291
Kastylia-La Mancha
   Cuenca 191
Logroño 163
Madryt 162, 226, 227
   Prado 108
Majorka, wyspa 141
Praia das Rodas 163
Świętego Jakuba,
   drogi 155
Tarragona 169
Teneryfa, wyspa
   Teide, góra 291
Urdaibai, rezerwat
   biosfery Kortezubi 158
Walencja 194

HOLANDIA 62
Amsterdam 69, 70
Flevoland 66
Groningen 62
Haga 70
Nederlandse
   Kustroute 85
Oss 72

HONDURAS
Roatán 338

INDIE
Agra 293
Asam 294
   Guwahati 297
Bengal Zachodni 311
Bhangarh 292
Bihar
   Bodh Gaja 303
Czerapuńdżi 303

Dardżyling 292
Delhi 292
Gudżarat 321
   Ahmadabad 308
Himalaje, góry
   Leh–Manali,
      droga 246
   Uttarakhand 267
Howrah 308
Kalkuta 309, 349
Karnataka
   Hampi 320
Kerala 374
   Alappuzha 373
   Thenmala 374
Ladakh, kraina 267
Madhja Pradeś 301, 311
Maharasztra 308
McLeod Ganj (Górna
   Dharamsala) 257
Meghalaja 300
Mumbaj 309, 320, 321
od Kanhangadu do
   plaży Poompuhar 375
Pendżab
   Amritsar 258
Radżastan 297
   Dźajpur 294
   Puszkar 296
Tamilnadu
   Maduraj 366
Udajpur 311
Uttar Pradeś
   Wryndawan 288
Waranasi 281

INDONEZJA 404, 410
Bali, wyspa
   Jembrana 404
Jawa, wyspa
   Yogyakarta 404
Lombok
   Gili, wyspy 410
Puncak Jaya, góra 10

IRAK
Kurdystan 266

Mezopotamia 266
Zi Kar, prowincja 266

IRAN
Demawend 255
Fars, ostan 298
Isfahan 255

IRLANDIA
Clare
   Lisdoonvarna 56
Cork, hrabstwo 70
Dublin 58, 59
Galway
   Lough Corrib, jezioro 60
Kerry
   Skellig Michael,
      wyspa 72
Mayo
   Croagh Patrick 56

IRLANDIA PÓŁNOCNA
zob. Wielka Brytania

ISLANDIA 20, 22
Błękitna Laguna 22
Reykjavík 22
Skaftafell 20, 24
Skjálfandi, zatoka 21
Viðey, wyspa 20
wybrzeże 22

IZRAEL
Hajfa 258
Jerozolima
   Stare Miasto 258
   Ściana Płaczu 259
Masada 258
Tyberiada 259

JAMAJKA
Montego Bay 314

JAPONIA 231, 232, 257
Abashiri 252
Alpy Japońskie 128
Ashikaga 230
Gifu
   Nagara, rzeka 235

Hakone 240
Hitachinaka 232
Honsiu, wyspa 231
   Fudżi, góra 227
Ishikawa, prefektura
   Kanazawa 229
Kii, góry 250
Kioto 252
Kiusiu, wyspa 256
   Ibusuki 256
Kobe 252
Nagano 229
Nagano, prefektura
   Togakushi 228
   Yamanouchi 228
Niigata, prefektura 229
   Echigo-Tsumari 240
Osaka 252
Sapporo 229
Tokio 74, 231, 232, 252
   Omiya 231
   Shibuya 227
   Tsukiji 253
Yamanashi,
   prefektura 240

JEMEN
Amran, prowincja 343
Sana
   Stare Miasto 343
Sokotra, archipelag 373

JORDANIA 261
Martwe, Morze 259
Morze Martwe–Morze
   Czerwone 271
Petra 270
Wadi Rum 299

KAJMANY
Wielki Kajman, wyspa
   327

KAMBODŻA
Phnom Penh 359
Siĕm Réab 352

INDEKS

KANADA 25, 56, 96
Alberta 65, 122
Banff, Park Narodowy 88
Canadian Rockies, góry 128
Kolumbia Brytyjska 56, 96
Vancouver, miasto 95
Vancouver, wyspa 96
Niagara, wodospad 187
Quebec 124
Montreal 124
Toronto
wieża CN 188
z Whitehorse do Dawson City 28

Karaiby, wyspy 290, 362

Kaspijskie, Morze 171

KAZACHSTAN
Nursułtan (daw. Astana) 104

KENIA 388
Baringo, jezioro 385
Chesowanja 385
Laikipia, hrabstwo 389
Nairobi 398, 399, 402
Naivasha, jezioro 398
Turkana, jezioro 385
z Nairobi do Mombasy 398

KIRGISTAN
Issyk-kul, jezioro 171

KOLUMBIA 360, 364, 380
Cartagena de Indias 365
Darién, przesmyk 31, 381
El Totumo 360
Guatapé 381
San Gil 380

Sierra Nevada de Santa Marta, góry
La Ciudad Perdida 360
Tayrona, Park Narodowy 360

KOREA POŁUDNIOWA
Icheon 218
Pohang 218
Seul 218

KOSTARYKA 354, 364
Kokosowa, Wyspa 354
La Paz, wodospad 368
Poás, wulkan 368

KUBA 327
Hawana 304, 305
La Cecilia 305
Santiago De Cuba 327
Viñales 327
wybrzeża 305

LAOS
Luang Prabang 332
Mekong, rzeka, delta 368
Phôngsali 313

LIBAN
Kasarwan 215

LITWA
Szawle 53

ŁOTWA
Poruka 40
Turaida 40

MADAGASKAR 426
Mangoky, rzeka 426
Menabe 427

MALAWI
Niasa, jezioro 412

MALEDIWY 384

MALEZJA 387
Batu, jaskinie 386
Borneo, wyspa
Bako, Park Narodowy 389
Sabah 386
Sarawak 389
Malakka 388
Penang 390
George Town 386
Taman Negara, Park Narodowy 387
„Wyspa Małp" 379

MALI
Dżenne 349
Kraj Dogonów 349
Timbuktu 295

MAROKO 262
Ajt Bin Haddu 269
As-Suwajra 260
Fez 349
Marrakesz 258, 260, 264
Sahara 267, 295

MAURITIUS
Chamarel 432

MEKSYK
Chihuahua 330
Guadalajara 326
Jukatan 323
Kalifornia Dolna 328
Meksyk, miasto 325, 328
Xochimilco 330
Zócalo 324
Michoacán 324
Miedziany Kanion 314
Morelos 330
Oaxaca 333
Santa María del Tule 334

Taxco de Alarcón 324
Tequila 329
Tulum 329
Xochimilco 326
Zacatecas 328
Zipolite 342

MIKRONEZJA
Yap 369

MJANMA (BIRMA)
Arakan 313
Ba-an
Kyauk Ka Lat 336
Mandalaj 312
Paleik 313
Rangun 336

MONAKO 153
Riwiera Francuska 153

MONGOLIA 105, 166
Ałtaj, góry 105
Dood Cagaan nuur, jezioro 104

NAMIBIA 427
Kunene, region 427
Richtersveld, Park Narodowy 444
Wybrzeże Szkieletowe 430

NEPAL 284
Bhaktapur 290
Ćitwan, Park Narodowy 290
Katmandu, Kotlina 280
Lumbini 292
Mount Everest, góra 10
Pokhara
Sarangkot 291
Sauraha 280

NIEMCY 66
Baden-Baden 118

489

Bawaria
  Neuschwanstein, zamek 118
 Berlin 66, 68, 69
  Spandau 66
  Tiergarten, park 69
 Darmstadt 95
 Donaueschingen 118
 Kilonia 66
 Monachium 119
 Oberammergau 118
 Rothenburg 119

NIGERIA
 Lagos 389

NIKARAGUA
 Malpaisillo 358

NORWEGIA 10
 Bardu
  Polar Park 10
 Bergen 13
 Geilo 13
 Jostedal 13
 Lofoty, wyspy 13
 Å 13
 Oslo 37
 Preikestolen 10
 Rogaland 37
 Stavanger 37
 Svalbard,
  archipelag 10, 11
 zachodnie
  wybrzeże 14

NOWA ZELANDIA 470
 Kapiti, wyspa 475
 Wellington 462
 Wyspa Południowa
  Christchurch 477
  Dunedin 480
  Kaikoura 475
  Milforda, Zatoka 479
  Moeraki 476
  Otago, region 468
  Queenstown 471, 475
  Tekapo, jezioro 471

 Westland, Park
  Narodowy 477
 Wyspa Północna
  Bay of Islands 468
  Cape Reinga,
   przylądek 474
  Coromandel,
   półwysep 467
  Matamata 480
  Taumata 472
  Taupo, jezioro 472
  Tongariro Alpine
   Crossing 473
  Waitomo,
   jaskinia 470
  z Cape Reinga do
   Stirling Point 467

oceany 20
 Atlantycki 290

OMAN
 Al Jaylah 303
 Al-Wusta 320
 Bimmah Sinkhole 306
 Nizwa 310
 Ras al-Dżinz,
  rezerwat 310

PAKISTAN
 Chundżerab
  Daban 214

PALESTYNA
 Betlejem 259

PANAMA
 Darién, przesmyk
  31, 381
 Gibraleón, wyspa 381
 Limón, zatoka 381
 Volcán Barú,
  góra 381

PAPUA-NOWA GWINEA 411

PERU 414, 416
 Arequipa 421

 Colca, kanion 420
 Cuzco
  Tipón 416
  Huacachina 416
  Machu Picchu 414
  Nazca,
   płaskowyż 417
  Pampas Galeras,
   Rezerwat
   Narodowy 414
  Sacsayhuamán 416

POLINEZJA FRANCUSKA
 Bora-Bora,
  wyspa 423
 Markizy,
  wyspy 410

POLSKA
 Krutynia, rzeka 34
 Nowe Czarnowo 63
 Pieniny, góry
  Dunajec, rzeka 119
 Wyżyna Śląska
  Błędowska,
   Pustynia 63

PORTORYKO
 Fajardo 328
 Lizbona 194
 Porto 194, 329

REPUBLIKA POŁUDNIOWEJ AFRYKI (RPA)
 435, 441, 461
 Hermanus 452
 Kapsztad 459
  Robbeneiland 473
 Kleinbaai 467
 Kosi, zatoka 441
 KwaZulu-Natal 447
 Smocze, Góry 441
 Springbok 447
 z Durbanu do
  Kapsztadu
  Szlak Wolności 443

 z Mossel Bay do
  Storms River 453

ROSJA
 Elbrus, góra 10
 Kazań 50
 Komi, Republika 13
 Kostomarowo 105
 Moskwa
  48, 49, 50
 Niżny Nowogród 50
 Petersburg 34
  Ermitaż 34, 108
 Syberia 12
 z Moskwy do
  Władywostoku 48

RPA zob. Republika
 Południowej Afryki

RUMUNIA
 Bran 132
 Bukowina 117
 Turda 132

RWANDA
 Wulkanów, Park
  Narodowy 402

SALWADOR
 Cerro Verde, Park
  Narodowy 346

SAMOA 412

SENEGAL
 Retba, jezioro 346
 Saint-Louis 300

SINGAPUR 390, 391

SŁOWACJA
 Tatrzański Park
  Narodowy 102

SŁOWENIA
 Moravske Toplice 128

SRI LANKA 368, 378
 Kandy 379
 Sigirija 376

INDEKS

STANY ZJEDNOCZONE (USA) 174, 180, 182
Alaska 30, 101
  Barrow 30
  Cooper Landing 30
  Denali, góra 10
  Denali, Park Narodowy 26
  Lower Herring Bay 30
  Prudhoe Bay 31
  z Anchorage do Nome 30
Arizona 196
  Apache, hrabstwo 222
  Coyote Buttes 203
  Monument Valley 201, 220
  Phoenix 249
  Sedona 192
Connecticut
  Hartford 172
Dakota
  Południowa 185
  Badlands, Park Narodowy 185
Floryda
  Centrum Kosmiczne Kennedy'ego 277
  Crystal River 278
  Everglades 274
  Miami 276
  Orlando 276
Georgia
  Augusta 221
  Savannah 172
Georgia–Maine
  Appalachów, Szlak 242
Hawaje 315, 317, 325
  Haiku, schody 315
  Honolulu 314, 317
  Ho'okena, plaża 325
  Maui, wyspa 317
  Oahu, wyspa 315
Illinois
  Alton 186

John Muir Trail, szlak 204
Kalifornia 198, 204, 209
  Beverly Hills 242
  Doliny Śmierci, Park Narodowy 220
  Jamestown 205
  Kings Canyon, Park Narodowy 204
  Long Beach 249
  Los Angeles 183, 242, 247, 248, 249
  Monterey 205
  Mount Whitney, góra 204
  Pomona, tor wyścigowy 248
  San Diego 244
  San Francisco 205, 207
  San Jose 206
  Sausalito 207
  Sekwoi, Park Narodowy 204
  Temblor Range 209
  Yosemite, Park Narodowy 204, 242
Kansas
  Lebanon 189
Karolina Północna 223
Kentucky
  Louisville 177
Kolorado 187, 206
  Cortez 200
  Denver 189
  Leadville 177
  Maroon Bells 180
  Mesa Verde, Park Narodowy 201
Kolorado, rzeka 193
Luizjana
  Nowy Orlean 274, 275, 276
Massachusetts 172
  Boston 174
  Foxborough 174

Michigan
  Detroit 244
Montana 100, 122
Nebraska
  Black Rock, pustynia 175
  Goldfield 206
  Las Vegas 182, 221, 223
  Seward 220
  Strefa 51 201
New Jersey
  Jackson 188
Nowy Jork, miasto 74, 176, 177, 178, 179, 180, 183, 186
  Broadway 178
  Brooklyn 186
  Central Park 178
  Coney Island 177
  Ellis Island 180
  Long Island 199
  Manhattan 178, 179, 182, 183
  MoMA 108
Nowy Jork
  New Windsor 172
  stan 185
Nowy Meksyk 199
  Albuquerque 245
  Columbus 245
  Lincoln 249
  Santa Fe 223
Oregon
  Beavercreek 136
Pensylwania
  Walnutport 182
Seattle 101
Teksas
  San Antonio 278
Tennessee 223
  Memphis 245
  Nashville 220, 223
  Pigeon Forge 244

Utah 200
  Monument Valley 201, 220
  Wielkie Jezioro Słone 172
Vermont 190
Waszyngton 101, 136, 198, 199
Wielkie Równiny 204
Wyoming 187
  Yellowstone, Park Narodowy 184
z St. Charles na Zach. Wybrzeże 198
Zachodnie Wybrzeże 187, 198

Szkocja zob. Wielka Brytania

SZWAJCARIA 116
  Adelboden 126
  Alpy, góry 124
  Appenzell 125
  Eiger, góra 127
  Montreux 125
  Sankt Moritz 126
  Ticino 125

SZWECJA 35
  Harads 25
  Jukkasjärvi 24
  Sund, cieśnina 51
  Sztokholm 35
  z Abisko do Hemavan 25

świat (cały) 25, 78, 79, 93, 125, 177, 180, 200, 231, 247, 295, 458

TADŻYKISTAN 257

TAJLANDIA
  Bangkok 352
  Chiang Mai 341
  Kanchanaburi 352

INDEKS

Ko Surin, Morski Park
    Narodowy 373
Phang Nga, zatoka 375
Phangan 373
Phi Phi Leh, wyspa 378
Phuket, wyspa 378

TANZANIA
Arusza 407
Kilimandżaro, góra 10
Meru, wulkan 406
Ngorongoro, krater 402
Serengeti, Park
    Narodowy 414
Zanzibar 405
    Kamienne Miasto 405

TRYNIDAD I TOBAGO 362
Port-of-Spain 364

TUNEZJA
Matmata 254

TURCJA
Anatolia 215
Çıralı
    Chimera 215
Denizli, prowincja 213
Fethiye 216
Göreme 213
Isparta 215
Kapadocja 211
Konya 213
Stambuł 162, 168
Szlak Licyjski
    z Fethiye do Antalyi 215

TURKMENISTAN
Derweze 255

UKRAINA
Klewań 85

USA zob. Stany
Zjednoczone

UZBEKISTAN
Buchara 191
Samarkanda 191

Walia zob. Wielka
Brytania

WENEZUELA 380
Cayo Grande 355
Gran Sabana 383
Orinoko, rzeka,
    delta 371
Salto Angel,
    wodospad 380

WĘGRY
Budapeszt 120

WIELKA BRYTANIA
63, 93, 98
Anglia 78, 79
    Aldermaston 86
    Brighton 25
    Dorset 94
    Dungeness 71
    Hampshire 92
    Kent 81
    Kumbria 52
    La Manche, cieśnina 93
    Liverpool 58, 59
    Londyn 74, 75, 76, 77,
        78, 79, 80, 81, 85, 95,
        108, 186
    Norfolk 56
    od wybrzeża
        do wybrzeża 53
    Oksford 71
    Padstow 95
    Somerset 92
    South Downs, Park
        Narodowy 93
    Sussex 99
    Thames Head 73
    Wakefield 58
    Whitby 25, 52
    Wiltshire 90
    Yorkshire 95
    z Minehead
        do Poole 82
Irlandia Północna
    Grobla Olbrzyma 45
    Ulster Way 54

Szetlandy, wyspy 25
    Mainland, wyspa 25
Szkocja 37
    Arbroath 41
    Argyll 45
    Dornoch 37
    Edynburg 45
    Hebrydy, wyspy 37
    Inverness, zamek 38
    Lochaber 42
    Mull, wyspa 45
    Saint Andrew 42
    Schiehallion 42
    Skye, wyspa 40
    z Fort William
        do Mallaig 41
    z Milngavie do Fort
        William 47
Walia 42
    Pembrokeshire Coast,
        Park Narodowy 71
    Rhondda, dolina 74
    Snowdon, góra 56

WIETNAM 351
Da Nang 340
Ha Long, zatoka 318
Hanoi 350
Ho Chi Minh, miasto
    350, 351
Ho Chi Minha,
    Szlak 351
Hội An 341
Lak, jezioro 351
Lào Cai, prowincja
    Hoàng Liên, góry 312
Phú Quốc, wyspa 351
Sơn Đoòng 340

WŁOCHY
Apulia 195
Basilicata
    Matera 195
Emilia-Romania
    Bolonia 145
    Parma 144

Kampania
    Amalfi 146
    Wezuwiusz,
        wulkan 155
Liguria 143
    Portofino 143
Lombardia
    Como 122
    Mediolan 122, 130
    Naquane 132
Piemont
    Alba 160
    Turyn 131
Rzym 170
    Fontanna di Trevi 160
    Watykan 165
Sycylia
    Palermo 213
Toskania
    Florencja 142, 144, 145
    Gaiole in Chianti 153
    Piza 145
    San Gimignano 151
    Saturnia 160
    Siena 153
Trydent 130
Wenecja 133, 134,
    135, 180
Wenecja Euganejska
    Murano 132
    Padwa 134
    Werona 135

WYSPY COOKA 470
Rarotonga, wyspa 420

ZAMBIA 412
Chirundu 420
Kasanka, Park
    Narodowy 412
Wiktorii,
    Wodospady 425

**ZJEDNOCZONE EMIRATY
ARABSKIE (ZEA)**
Abu Zabi 311
Dubaj 301

WSPÓŁAUTORZY

TIM BARNETT

Wielki fan niedocenianych gór i dolin Walii. Żyje z pisania o sporcie i podróżach i łączy te pasje, pracując przy organizowaniu największych sportowych wydarzeń na całym świecie, gdy tylko nadarza się taka sposobność. Ostatnio był w Australii, Azerbejdżanie, Chinach, we Włoszech, w Norwegii i Rosji, jak również w rodzinnej Wielkiej Brytanii. Choć w czasie pracy nad tą książką zaliczył kilka miejsc ze swojej listy marzeń, czeka go jeszcze długa droga – tak w sensie dosłownym, jak i metaforycznym – zanim osiągnie pełny tysiąc. Kempingi, piesze wycieczki i ogniska – takie wyprawy cieszą się szczególnym zainteresowaniem Tima.

MICHAELA BUSHELL

Od blisko 20 lat Michaela pracuje jako autorka i redaktorka. Pisała o superbohaterach, logistyce i zakupach. Dzięki swojej pracy miała okazję jeździć po piaskach Sahary w Afryce, szukać potwora z Loch Ness w Szkocji i brać udział w uroczystościach w Kraju Kwitnącej Wiśni. Jeździła również na wielbłądach w Kairze, słoniach w Azji i tuk-tukami w Tajlandii. Wyszła za mąż we Francji, w ramach podróży poślubnej wspięła się na wulkan, a obecnie mieszka w południowym Londynie z mężem, synem i córką.

KIKI DEERE

Kiki, wychowywana dwujęzycznie w Londynie i w Turynie, to autorka i dziennikarka podróżnicza regularnie pisząca dla licznych wydawców publikacji turystycznych – zarówno online, jak i tradycyjnych (m.in. Lonely Planet online oraz dla magazynów brytyjskich). Pisała dla Rough Guides i Dorling Kindersley. Dzięki pracy miała okazję podróżować do najdalszych zakątków świata – od brazylijskiej Amazonii do Batanes, najbardziej odosobnionej prowincji na Filipinach. W połowie Włoszka, uwielbia dobre jedzenie. Kiki tweetuje ze swoich podróży – @kikideere.

SONYA PATEL ELLIS

Jest pisarką, redaktorką, artystką i założycielką Projektu Herbarium, przestrzeni dyskusyjnej zorientowanej głównie na związki między przyrodą, sztuką, literaturą, nauką i kulturą. Dzieli się swoją pasją z innymi, uczestnicząc w wydarzeniach, warsztatach, projektach autorskich, wystąpieniach i wystawach – włączając w to współpracę z Garden Museum oraz Biblioteką Brytyjską. Wśród jej publikacji znajdują się *Nature Tales: Encounters with Britain's Wildlife*, artykuły dla „Sunday Times Travel Magazine" i „Herbier" – magazynu online związanego z Projektem Herbarium.

LOTTIE GROSS

Lottie to pisarka i dziennikarka podróżnicza, redaktorka i specjalistka do spraw mediów społecznościowych. Dokumentuje swoje podróże od 2012 r., kiedy przez dwa miesiące kręciła krótkie filmy w Kenii. Obecnie jest redaktorką portalu RoughGuides.com – pisze, redaguje i zleca tworzenie treści. Opowieści z podróży Lottie znajdziemy w „National Geographic Traveller", na Mashable.com, w magazynie „SUITCASE" oraz w prasie brytyjskiej, m.in. „Guardianie" i „Observerze". Miłośniczka pustynnych bezkresów, podczas podróży zakochała się w scenerii kenijskich, namibijskich i radżastańskich pustyń.

WILL JEFFREYS

Will – i jako pisarz, i jako ojciec – lubi wychodzić poza utarte schematy. We wczesnej młodości podróżował po Europie i Ameryce Łacińskiej. Teraz ciałem podróżuje po bliżej położonych obszarach, ale duchem wciąż zwiedza najdalsze zakamarki globu. Ma nadzieję, że pewnego dnia zabierze swoje dzieci w miejsca, które stały mu się szczególnie bliskie i z którymi łączą się jego wyjątkowo szczęśliwe wspomnienia: tańczenie na spontanicznej imprezie w Salvadorze, skakanie ze szmaragdowych wodospadów w Wenezueli i jazda rowerem w tandemie w deszczowy dzień po Kornwalii.

WSPÓŁAUTORZY

TESS LAMACRAFT

Tess, freelancerka, zajmuje się redakcją i pisaniem. Wraz z dwójką dzieci mieszka w Londynie. Pisała dla krajowych gazet i magazynów, takich jak: „Family Traveller", „Woman's Own" i „Good Living" oraz dla brytyjskiego „Daily Mirror". Była na safari w Afryce, we Włoszech wspinała się na Wezuwiusz, jeździła na wielbłądzie po marokańskich pustyniach i nurkowała w Egipcie. Na osobistej liście marzeń wciąż ma mnóstwo punktów do zrealizowania, jednak przy całej swojej pasji do dalekich podróży w słoneczne dni uwielbia również włóczyć się po londyńskim South Banku.

SHAFIK MEGHJI

Shafik to pisarz, podróżnik, dziennikarz i autor przewodnika po południowym Londynie. Jest współautorem ponad 30 książek z serii Rough Guides, poświęconych podróżowaniu przez m.in. Argentynę, Australię, Boliwię, Chile, Indie, Laos, Meksyk i wiele innych. Shafik pisze teksty publikowane w różnych miejscach na świecie: dla „Guardiana", południowochińskiej „Morning Post" oraz dla „Huffington Post". Jego teksty zostały opublikowane w kilku antologiach. Regularnie występuje również w talkRADIO. Jest członkiem Brytyjskiego Klubu Pisarzy Podróżniczych oraz Królewskiego Towarzystwa Geograficznego.

NICK MOORE

Nick, dziennikarz sportowy i muzyczny, pracował m.in. dla „FourFourTwo", „The Independent", „The Timesa", „Q" oraz Międzynarodowego Komitetu Olimpijskiego. Autor kilku książek, m.in. *The Rough Guide to Cult Football* i *Daft Names Directory*. Ponadto Nick gra na perkusji w walijskim zespole psychodelicznego rocka Howl Griff. Pochodzi z Lancashire w Anglii, a obecnie mieszka w domu na łodzi w West Byfleet z dziewczyną, dwoma synami i dwoma kotami.

HELEN MORGAN

Helen Morgan, autorka książek i redaktorka, mieszka w Reading w Anglii z mężem i dwójką dzieci. Jako pisarka podróżnicza przeszła szwedzkimi śladami Ingmara Bergmana, rozpływała się w średniowiecznym pięknie widoków piazza del Campo w Sienie i walczyła z upałem i poczuciem osamotnienia w bezlitosnej Dolinie Śmierci. Wielka fanka dobrego kina, na swojej liście marzeń ma jeszcze do zaliczenia m.in. Park Narodowy Tikal w Gwatemali, znany również jako świątynia Massassi na czwartym księżycu Yavina (*Gwiezdne wojny: część IV – Nowa nadzieja*). Jej dzieci natomiast wolałyby wycieczkę do Laponii.

HELEN OCHYRA

Helen jest pisarką podróżniczą, redaktorką i prezenterką. Mieszka w Londynie, jednak połowę czasu spędza w podróży. Uwielbia odkrywać tajemnicze zakątki w odwiedzanych przez siebie miejscach i chętnie dzieli się tym z innymi w artykułach, przewodnikach i filmikach. Przyznaje jednak, że czasami kusi ją, by najlepsze zachować dla siebie. Helen pisze dla licznych gazet, magazynów i portali internetowych. Napisała również przewodniki po Australii, Nowej Zelandii i Hiszpanii. Można śledzić jej podróże na Twitterze i Instagramie @helenochyra.

CHRISTIAN SADLER

Christian to redaktor, pisarz i twórca treści współpracujący przy licznych kampaniach podróżniczych, które ukazały się online lub drukiem w prasie brytyjskiej – w „Guardianie" i „Observerze". Miał szczęście podróżować po całym świecie, a na jego liście miejsc, które trzeba odwiedzić, znajdują się Kraj Basków w Hiszpanii, Tajlandia i Wietnam. Choć mieszka w Londynie, nie wykluczałby możliwości przeniesienia się z rodziną do Melbourne lub Nowego Jorku.

WSPÓŁAUTORZY

PAUL SIMPSON

Paul, wielokrotnie nagradzany dziennikarz, pisze dla „Wanderlust", „Q" i „Financial Times". W 1994 r. był redaktorem „FourFourTwo", największego na świecie magazynu futbolowego. Jest również autorem poczytnych książek: *The Rough Guide to Elvis*, *The Rough Guide to Westerns*, *Movie Lists: 397 Ways to Pick a DVD* oraz współautorem, wraz z Uli Hesse, *Who Invented the Stepover?*. Podróże, które wspomina ze szczególną nostalgią, to przejażdżka tramwajem vaporetto z Fondamente Nove na Burano we Włoszech, przejazd pociągiem do Takayamy w Japonii oraz wędrówka wybrzeżem z Whitstable do Seasalter w Anglii.

KATH STATHERS

Kath, autorka i redaktorka, mieszka w Londynie z partnerem i dwójką dzieci. Pracując jako pisarka podróżnicza, była już niemal wszędzie – od Islandii do piasków Dubaju. Jej teksty publikowała brytyjska prasa, m.in. „The Times" i „Guardian", pojawiały się również w wielu magazynach. Najszczęśliwsza jest wtedy, gdy może wyruszyć w kolejną podróż – czy jest to szczyt Sagrada Família w sercu Barcelony (ten punkt ostatnio odhaczyła na swojej liście marzeń), czy zagłębianie się w głuszę Ameryki Południowej. Na jej liście ciągle znajdują się oglądanie zorzy polarnej oraz nauka surfowania.

ŹRÓDŁA FOTOGRAFII

g = góra, d = dół

4 Corners: Maurizio Rellini/SIME 70; Olimpio Fantuz/SIME 150–151; Jacques Boussaroque/Onlyfrance/Sime 152; Bruno Cossa/SIME 306–307; Richard Taylor 332; Guido Cozzi 342; Roberto Rinaldi/SIME 355; Beniamino Pisati 405; Richard Taylor 460–461

Alamy: age fotostock 40–41; Bildarchiv Monheim GmbH 106; Glasshouse Images 116; wanderluster 120; Nino Marcutti 154–155; MELBA PHOTO AGENCY 159; Janos Csernoch 164; Luca Quadrio 171; BLM Photo 175; Zoonar GmbH 312; J.T. Lewis 338–339; Alan Novelli 398; Robert Wyatt 452; Danita Delimont 456; Gábor Kovács 462; David Wall 468; Hideo Kurihara 472; epa european pressphoto agency b.v. 483

Getty: Jordan Siemens przód okładki; Cameron Davidson 12; Joe Klementovich 18; Silvia Otte 19; Peter Mather 28–29; Ron Crabtree 32–33; Sylvain Sonnet 34; Donar 46–47; Cultura RM Exclusive/Philip Lee Harvey 48; Philippe Jacquemart/EyeEm 49; www.tonnaja.com 54–55; Michelle McMahon 60–61; Sjoerd van der Wal 67; Soo Hon Keong 68; Sergio Pitamitz 69; Michael Steele 71; EMMANUEL DUNAND 72; Keith Hursthouse 73g; CARL DE SOUZA 75; Dark Horse 80; Damien Davis, Cricklade 82–83; Ken Gillham/robertharding 87; Matt Cardy 92; Boris Trdina 98–99; Jeff Kravitz 101; GREG BAKER 104; Christian Kober 119; New York Daily News Archive 121, 188; ullstein bild 123; aetb 124; Robert Boesch 127; AGF 131; Cultura RM Exclusive/WALTER ZERLA 135; DuKai photographer 137; Romina Amato/Red Bull 138–139; Papics55 141; Alexander Rieber/EyeEm 142; Paul Williams—Funkystock 143; Bruno De Hogues 144; Nadia Isakova 149; Neil Emmerson/robertharding 178; Ray Laskowitz 179; RADEK MICA 181; Christopher Pillitz 182; DON EMMERT 183; Seth K. Hughes 185; Bettmann 186; Tom Nebbia 187; Education Images 191; Scott Stulberg 192–193; Alessandro Miccoli/EyeEm 195; Murat Taner 198; Pete Turner 199; Bill Hatcher 200; AJ Wilhelm 205; Alan Tobey 208–209; Westend61 210; Istvan Kadar Photography 211; Shaheer Shahid 214; Johnny Greig 216; photography is a play with light 219; Lauren Bentley Photography 222; ROSLAN RAHMAN 223; Bkamprath 228; The Asahi Shimbun 230, 234–235; Tristan Brown 236; Feifei Cui-Paoluzzo 237; flocu 243; Allen J. Schaben 248; Rei Tsugamine 250–251; Kevin Schafer/Minden Pictures 256; Martin Moos 257; TJ Blackwell 266; Anne Dirkse 270; Stanislaw Pytel 272–273; Bob Sacha 275; Edward Slater 277; Leisa Tyler 282–283; Puanruthai Suwuttananun 284–285; z przyzwoleniem 286–287; De Agostini/G. De Vecchi 288–289; Ira Block 292; Jim Zuckerman 296; Christophe Boisvieux 298; Amos Chapple 300; Jason Edwards 303; Ross Woodhall 305; Frank Bienewald 308; WIN-Initiative 309; John Warburton-Lee 310; Ephotocorp 311; Felisha Carrasco/EyeEm 315; Adria Photography 321; Mint Images—Frans Lanting 324, 337; G. Brad Lewis 325; Viaggiare 326; Michael S. Lewis 334; Norbert Eisele-Hein 335; Pham Le Huong Son 340; Jeremy Woodhouse 344–345; Dave Wilson, WebArtz Photography 348; Alvaro Faraco 358; NZSteve 359; LucyMaynard144 366–367; Tim Draper 372; ManuMNair 374; Natthawat 378; Marcelo Andre 382–383; Anup Shah 386; Tui De Roy/Minden Pictures 395; Jami Tarris 399; Filmuphigh.com 406–407; Michele Falzone 408–409; Dallas Stribley 410; Fabian von Poser 412–413; Atlantide Phototravel 424; Pete Oxford 426; Lost Horizon Images 429; Paul Souders 430–431; Ary Diesendruck 439; Vincent Grafhorst/Minden Pictures 444–445; Alexander Safonov 446–447; traumlichtfabrik 448; Ignacio Palacios 450–451; Dirk Bleyer 453; Ed Norton 457; Gerhard Zwerger-Schoner 466; Blaine Harrington III 473; Mark Meredith 474; Tui De Roy 475; Andrew Bain 476; Anthony Maw 481; David Doubilet 484–485

iStock: Kalypso World Photography 6–7; yulkapopkova tył okładki, 21; George Clerk 44, 77; DeadDuck 51; bulentumut 52; Joel Carillet 53; meshaphoto 59; Maciej Błędowski 63; Alexander Ishchenko 84; Saro17 tył okładki, 102–103; Leminuit 107; Razvan 110–111; bluejayphoto 115; kalasek 117; andrearoad 122; USO 148; MaFelipe 162–163; Marje 173; f9photos 246; alvaher 255; Meinzahn 294; arthit somsakul 302; lena_serditova 318–319; suttipon 336; DavorLovincic 356–357; Christian Wheatley 362–363; jakkapan21 422; VV-pics 423; Konstik 433; Diriye 441g; alfnqn 442; PeopleImages.com tył okładki, 443; Kseniya Ragozina 455; LazingBee 480

National Geographic Creative: DAVID EDWARDS 105; RALPH LEE HOPKINS 245; XPACIFICA 253; PATRICK MCFEELEY 316; DAVID LIITTSCHWAGER 328; RAUL TOUZON 333; STEVE WINTER 343; Frans Lanting 364, 388; MARK COSSLETT 380; JOE SCHERSCHEL 469; PAUL ZAHL 470

Rex Features: Everett Collection/REX/Shutterstock 76, 244

Shutterstock: Enfi 190; LUISMARTIN 194; Roy Firth 226; oneinchpunch 247; givaga 376–377; Pascal zum Felde 387; KalypsoWorldPhotography 401; upslim 438; Dudarev Mikhail tył okładki, grzbiet

Również: www.pauledmundson.com tył okładki, 8–9, 14–15, 36, 146–147, 170; www.reubenkrabbe.com 11, 97, 136; Chris Burkard 16–17, 23, 26–27, 64–65, 88–89, 100, 184; Photo by Guillaume Dutilh @ photoxplorer.com 22, 375; Asaf Kliger www.icehotel.com 24; www.chrishigginsphoto.com 31; ljcphoto.co.uk 38–39; www.wildernessprints.com 57; www.alpine-photography.com 62; www.dumitrutira.com 73b; Paulo del Valle tył okładki, 78, 112, 133, 134, 145, 176, 212, 217, 221, 261, 274, 276, 299, 437, 478–479; Instagram @andreanoni_15 86; www.paulkporterphotography.com 90–91; www.gillallcock.com 94; juanjerezphotos.com tył okładki, 108–109; www.valthorens.com 113; © MaxCoquard www.bestjobers.com 114, 161, 322–323; www.thecambrianadelboden.com 126; www.cloud9adventure.com 128–129; Łukasz Kasperek 140, 384; www.oliviaohlen.com 156–157, 233; www.brendansadventures.com 166–167, 201, 224–225, 268–269, 304, 331, 341, 400, 415, 420, 421, 428; www.davidoliete.com 169, 260, 262–263; Matthew Gee 196–197, 259, 265; @dani.daher tył okładki, 202–203; www.tentsile.com 204; www.instagram.com/king_roberto tył okładki, 43, 206–207, 239; Megan Perkins 241; Gary He/INSIDER IMAGES 254; www.simonjpierce.com 278–279, 354, 434; www.tommiandlyndell.wix.com/ourtravels 281, 293, 361, 365, 396–397; www.parahawking.com tył okładki, 291; Jumeirah 301; www.alexblairphotography.co.uk 329, 392–393, 417, 449, 464–465; www.instagram.com/marinebalmette 346; Jorge Lara/Mister Menu's Lake Atilan Foodie Tour 347; Rusty Goodall 350; www.instagram.com/dhalsmith 353; Brad Holland 369; https://500px.com/asayeghr 370–371; Lorna Buchanan-Jardine 385; © RAFFLES SINGAPORE WWW.RAFFLES.COM 390; Michael Lorentz, Safarious 391, 441d; www.instagram.com/giovanicordioli 394, 436; Chris Whittier 403; www.laurenjadehill.com 411; @KS Imagery/facebook 418–419; Jeffrey Sweers 425; www.lucastefanutti.com tył okładki, 440, 459; Lauren Azor 458; www.bengingold.com 477

Wydawca anglojęzycznego oryginału, Quintet Publishing, dołożył wszelkich starań, aby właściwie opisać pochodzenie materiału ilustracyjnego. Jakiekolwiek pomyłki czy pominięcia są niezamierzone – wydawca będzie wdzięczny za podpowiedź, która pomoże skorygować je w przyszłych wydaniach książki.